Jackson Pollock – Die Biografie

BÜLENT GÜNDÜZ

JACKSON POLLOCK
DIE BIOGRAFIE

parthas berlin

Für meine Eltern und Sabine

1. Auflage 2013
© 2013 Parthas Verlag Berlin
Alle Rechte vorbehalten

Parthas Verlag Berlin
Gabriela Wachter
Planufer 92d – 10967 Berlin
www.parthasverlag.de

Lektorat: Juliane Köhler, Gabriela Wachter
Gestaltung und Satz: Pina Lewandowsky
Umschlagabbildung: Jackson Pollock (Foto: Martha Holmes /
Time & Life Pictures / Getty Images) © Pollock-Krasner Foundation /
VG Bild-Kunst, Bonn 2013

Gesamtherstellung: CPI books

Jede Form der Wiedergabe oder Vervielfältigung, auch auszugsweise,
erfordert die schriftliche Zustimmung des Verlags.

ISBN 978-3-86964-068-6

Inhalt

Einführung 7
1 Geburt und frühe Kindheit (1912–1917) 11
2 Kindheit und Jugend (1917–1928) 20
3 Erste Gehversuche als Künstler (1928–1930) 33
4 Neustart in New York (1930–1931) 47
5 Pollock entdeckt die Bildhauerei (1931–1933) 64
6 Neue Wege (1933–1935) 76
7 Inspiration durch die Muralisten (1936–1938) 95
8 Psychotherapie 117
9 Graham und Picasso (1939–1941) 125
10 Lee Krasner 146
11 Die große Liebe (1941–1942) 157
12 Die Surrealisten kommen (1943) 170
13 Begegnung mit Peggy Guggenheim (1943) 188
14 Der Durchbruch (1943–1944) 206
15 Erste große Erfolge (1944–1945) 224
16 Neubeginn auf dem Lande (1946–1947) 245
17 Dripping 261
18 Freuden und Sorgen (1947–1948) 281
19 Auf dem Weg an die Spitze (1948–1949) 295
20 Auf dem Gipfel (1949–1950) 305
21 Ruhmreiche Zeiten (1950) 336
22 Wohin führt der Weg? (1950–1951) 354
23 Auf und ab (1951–1952) 366
24 Kritikerschelte (1953) 385
25 Grabenkämpfe (1953–1956) 404
26 Dem Ende entgegen (1956) 419
27 Der Vorhang fällt (1956) 436
Epilog 448

Anmerkungen 453
Ausgewähltes Literaturverzeichnis 473
Bildnachweis 480
Personen- und Sachregister 481

Jackson Pollock, ca. 1949 (Fotograf: Wilfrid Zogbaum)

Einführung

Ein großartiges Finale in einem spannenden Bieterkrimi war es nicht, und doch verbreitete sich in Windeseile in der Kunstwelt, was die *New York Times* am 2. November 2006 verkündete: Der Hollywood-Magnat David Geffen habe das Bild *Number 5, 1948* des amerikanischen Malers Jackson Pollock (1912–1956) für sagenhafte 140 Millionen US-Dollar verkauft. Es sei damit das teuerste Gemälde der Welt. Den Mega-Deal eingefädelt hatte das Auktionshaus Sotheby's, doch eine Stellungnahme war man nicht bereit abzugeben. Wer das Werk erwarb, ist bis heute ein gut gehütetes Geheimnis, allerdings wird vermutet, dass es sich bei dem Käufer um den mexikanischen Milliardär David Martinez handeln könnte.

Dieses Ereignis ist aber nur eine Episode unter den unzähligen Erzählungen und Legenden, die Pollocks Leben und Werk durchziehen und zum »Mythos Jackson Pollock« beigetragen haben. Halbwahres, aber auch grobe Unwahrheiten ranken sich um einen der bedeutendsten Künstler des 20. Jahrhunderts. Da Pollock selbst äußerst schweigsam war und sich auch in Interviews meist eher verschwommen äußerte, hat er zu diesem Umstand nicht unwesentlich beigetragen. So waren es vor allem Zeitzeugen, Freunde und seine Ehefrau Lee Krasner (1908–1984), die das Bild des Künstlers entwarfen. Abwechselnd wird Pollock als tumber Tölpel, irrer Alkoholiker, gescheiterte Existenz, großes Genie, charismatischer Mann oder sexbesessenes Monster dargestellt. Sein frühzeitiger Tod bei einem Unfall, den er in alkoholisiertem Zustand verursachte, beflügelte den Mythos des zum Unglück verdammten Künstlers. Nicht wenige sahen in ihm einen James Dean der Kunst.

Begonnen hatte alles mit dem amerikanischen *Life*-Magazin, das in einer Ausgabe des Jahres 1949 fragte: »Ist er der größte lebende Maler der Vereinigten Staaten?«, und Pollock mit Zigarette im Mundwinkel vor einem seiner Bilder zeigte. Das Magazin bezog sich auf einen Artikel des einflussreichen Kunstkritikers Clement Greenberg, in dem dieser den Künstler als den besten Maler der USA gelobt hatte. Über Nacht wurde Pollock berühmt und der US-amerikanischen Bevölkerung ein neuer Held gegeben.

Doch den Erfolg konnte Pollock nicht genießen. Bis heute ist sich die Kunstwelt über den Maler uneins. Immer wieder wird behauptet, er habe nicht zeichnen können, weshalb er sich den Tröpfelbildern, den Dripping-Bildern, zugewandt habe. Doch das ist falsch. Schaut man sich Pollocks Skizzenbücher an, so finden sich darin durchaus handwerklich überzeugende Zeichnungen. Der Künstler erfasste Räume und Strukturen sehr genau, auch Gesichter vermochte er einwandfrei wiederzugeben. Dass er sie dennoch nur selten zeichnete, ist wohl auf seinen Lehrer Thomas Hart Benton (1889–1975) zurückzuführen, der eine präzise figürliche Erfassung verlangte. Pollock mühte sich so sehr mit diesen Vorgaben ab, dass seine Bilder oft angestrengt wirken oder in wilden Kritzeleien enden, die Zeugnis von seinen Frustrationen geben. Der Künstler scheiterte an der eigenen Ungeduld und dem Gefühl, mit akademischen Normen nichts erreichen zu können. Schon früh versuchte er sich im Ausdruck der eigenen Gefühle und Gedanken, während sich die Kommilitonen noch in naturgetreuem Abzeichnen übten.

Ein weiterer Mythos rankt sich um Pollocks Schweigsamkeit. Wiederholt wurde behauptet, Pollock sei dumm, könne sich nicht artikulieren und sei unbelesen. Dabei wird gern übersehen, dass Pollock durchaus in der Lage war, stundenlang über ein Thema oder ein Bild zu dozieren – wenn er nur wollte. Seine umfangreiche Bibliothek und zahlreiche Briefe belegen, dass Pollock weder dumm noch ungebildet war. Doch er war scheu, geradezu krankhaft schüchtern. Erst wenn er ein wenig Alkohol zu sich genommen hatte, legte er diese Schweigsamkeit ab und sprach begeistert über Kunst. Leider blieb es meist nicht bei einer geringen Menge Alkohol, und schon bald war Pollock zu betrunken, um noch etwas Sinnvolles von sich zu geben. Dann wurde aus dem sanftmütigen und sensiblen Menschen ein Raufbold, der sich prügelte, Frauen beleidigte und sie sexuell belästigte – ein Macho, der seine Vorstellungen vom Mannsein rücksichtslos auslebte. Seine »Auftritte« in der Künstlerkneipe Cedar Tavern in New York sind bis heute legendär.

Für zahlreiche Gerüchte über Pollock trägt auch Lee Krasner eine gewisse Verantwortung. Schon zu dessen Lebzeiten achtete sie sehr genau darauf, was über Pollock geschrieben und geäußert wurde, und nach seinem Tod strickte sie ihre eigenen Legenden weiter. Immer wieder erzählte sie die Geschichte von ihrer ersten Begegnung in Pollocks Atelier und betonte dabei, wie sehr sie Pollocks Bilder gefangen genommen hätten. Sehr viel wahrscheinlicher ist allerdings, dass die Künstlerin erst später die Bedeutung der Werke erkannte. Zu Beginn war sie vermutlich eher von dem Mann fasziniert und weniger von dem Maler, der so anders malte als alle Kunstschaffenden, die sie kannte. Auch Pollocks Werk blieb von Ausschmückungen nicht verschont. So behauptete sie, das Wandgemälde *Mural* sei in einem gewaltigen Schaffensakt in einer einzigen Nacht entstanden – eine Legende, wie sich inzwischen herausgestellt hat.

Auch um Krasners Rolle in Pollocks Karriere bildeten sich allerlei Mythen. Sie sei es gewesen, die den blässlichen Regionalisten Pollock an die europäische Moderne herangeführt und zu dem gemacht habe, was er war. Das ist sicher nicht ganz falsch, in der Tat hatte Krasner einen gewichtigen Anteil an Pollocks Entwicklung, allerdings nicht in künstlerischer Hinsicht. Als Krasner und Pollock sich kennenlernten, war dieser der jungen Künstlerin bereits weit voraus, hatte einen ganz eigenen Stil entwickelt. Die Künstler der europäischen Moderne waren ihm längst vertraut und hatten durch Pollocks Förderer John Graham Eingang in sein Werk gefunden. Anders als Krasner jedoch war Pollock kein Kopist der Europäer.

Schließlich trugen auch die Kunsthistoriker nicht unwesentlich zum Mythos Pollock bei. Es gibt kaum ein Œuvre eines Künstlers aus den USA, das so ausführlich untersucht und beleuchtet wurde, wie das von Pollock, und sich dennoch jeder Deutung entzieht. Dabei sind es nicht nur die entgrenzten Farblandschaften der Dripping-Bilder aus den Jahren 1947 bis 1950, die sich einer Interpretation verschließen, sondern auch die großartigen und vielfältigen Werke, die zwischen 1938 und 1945 entstanden, sowie die Arbeiten nach 1950, in denen Pollock zu figurativen surrealistischen Darstellungen zurückkehrte. Trotzdem wurde und wird weiterhin wild spekuliert. Pollock hatte in den 1930er Jahren mehrere Therapien begonnen und war bestens mit dem Denken der Psychoanalytiker Sigmund Freud und Carl Gustav Jung vertraut. Deren Ideen und Vorstellungen von Symbolen und Zeichen ließ Pollock bewusst in seine Arbeiten einfließen. In den 1970er Jahren tobte dann in den USA ein heftiger Streit um die Auslegung seiner Bildwerke und einige Kritiker versuchten sich in der Analyse und Deutung von Pollocks psychoanalytisch beeinflussten Arbeiten. Dabei gelangten sie zu teils aberwitzigen Interpretationen, die Pollock vermutlich lediglich mit einem abfälligen »Bullshit« kommentiert hätte.

Pollock selbst lehnte eine Deutung seiner Bildwerke ab und war der Meinung, dass man sie schlicht betrachten und genießen solle, schließlich hinterfrage man auch ein Blumenbeet nicht nach den Intentionen des Gärtners, sondern erfreue sich an seiner Schönheit. Der Künstler war sehr darum bemüht, Aussagen zu verschleiern, indem er sich lyrische Titel ausdachte und die Dripping-

Bilder ohne Namen beließ, sie stattdessen lieber durchnummerierte. Einige Kunstkritiker monierten, dass Pollocks Arbeiten kaum mehr als Dekorationen seien, dass es ihnen an einer Bildaussage fehle und es Pollock nur noch um den Malakt als solchen gehe. Doch dieser wusste genau, was er in seinen Bildern ausdrücken wollte, und überließ nichts dem Zufall. So gilt es, sich den Bildwerken vorurteilsfrei zu nähern. Nicht immer gelingt das, aber in vielen Arbeiten ist durchaus Pollocks Gefühl zu »erkennen«. Vieles lässt sich in den Bildern lesen und doch wieder nichts, immer jedoch ist jene höchste Spannung zu bemerken, eine ungewöhnliche Dynamik und Kraft, der sich der Betrachter kaum zu entziehen vermag. Auch das macht den Mythos und die Faszination Pollock aus.

Immer wieder wird behauptet, dass solche Bilder jeder schaffen könne. Ich entgegne dann gern, dass man es ruhig einmal versuchen solle. Es ist bis heute niemandem gelungen, Pollocks beste Arbeiten auch nur annähernd zu kopieren und dabei dieselbe Energie und Vitalität zu erreichen. Wie kein anderer Künstler gelang es Pollock, seine innere Welt in Linien und Klecksen auszudrücken.

Wiederholt wurde ich gefragt, warum ich gerade über Pollock schreibe. Es ist ebenjene schwere Zugänglichkeit zu seinem Werk sowie seine Persönlichkeit, die ihn so interessant werden lassen. Kaum ein anderer Künstler hat sein Leben und sein Werk so eng miteinander verwoben. Seine Arbeiten – und nicht nur die Dripping-Bilder – üben eine besondere Faszination aus, einen fesselnden Reiz, und ähnlich verhält es sich mit dem charismatischen Künstler selbst. Es ist vor allem Jackson Pollock, dem der Abstrakte Expressionismus der New York School jene weltweite Aufmerksamkeit verdankt, die sich ab den späten 1940er Jahren bemerkbar machte.

Kapitel 1
Geburt und frühe Kindheit (1912–1917)

Der 28. Januar 1912 war ein herrlicher Wintertag in Cody, Wyoming. Die Sonne schien und der über Nacht gefallene Schnee hatte die Landschaft in ein zartes Weiß gehüllt.[1] Dr. Frank Waples, der örtliche Arzt, war auf eine Ranch außerhalb des Ortes gerufen worden, weil es Probleme bei einer Schwangeren gab, die seit Stunden mit heftigen Wehen kämpfte. Die Geburt verlief zunächst normal, doch als der kleine Junge sich durch den Geburtskanal schob, bemerkte Dr. Waples, dass etwas nicht stimmte. Als er es endlich geschafft hatte, das Baby auf die Welt zu holen, sah er, dass das Neugeborene die Nabelschnur um seinen Hals gewickelt hatte. Der Kopf war dunkelblau angelaufen, sein Körper schlaff, und der Kleine begann trotz mehrerer Klapse nicht zu atmen. Nur mühsam gelang es Waples, den kleinen Jungen ins Leben zu bringen. Das Baby wog stolze 5 500 Gramm und erhielt den Namen Paul Jackson Pollock.[2] Es war das fünfte Kind der Familie, nach Charles Cecil (1902–1988), Marvin Jay (1904–1986), Frank Leslie (1907–1994) und Sanford »Sande« Leroy (1909–1963). Die schwere Geburt hatte der Mutter so zugesetzt, dass sie keine weiteren Kinder mehr bekommen durfte. Gerade weil es ihr letztes Kind sein sollte, liebte die Mutter den Kleinen abgöttisch, er war von nun an ihr »Baby«.[3]

Jacksons Eltern Stella May (1875–1958) und LeRoy Pollock (1876–1933) waren beide in Tingley, Iowa, aufgewachsen und stammten aus streng presbyterianischen Elternhäusern. 1895 lernten sich die beiden kennen und verliebten sich, doch sollte es noch einige Zeit dauern, bis sie den Bund der Ehe schlossen. Stella zog, vom Wunsch nach einem besseren Leben getrieben, zu ihrer Schwester nach Colorado, wo sie schnell Arbeit fand, während LeRoy in Tingley zurückblieb. Doch die beiden hielten Kontakt und Stella wurde im Frühjahr 1902 schwanger. Das erste Kind des Paares, Charles Cecil Pollock, erblickte am 24. Dezember 1902 das Licht der Welt. Stella behauptete später in Tingley, sie und

LeRoy hätten schon zu Beginn des Jahres in Denver heimlich geheiratet. In Wahrheit jedoch fand die Trauung erst im Januar 1903 in Alliance, Nebraska, statt, wo sich das Paar verabredet hatte, um nach Cody im US-Bundesstaat Wyoming zu ziehen.[4] Dort hatte LeRoy in der Zwischenzeit Arbeit gefunden. Anfangs war er Tellerwäscher in einem Hotel, dann betätigte er sich als Handwerker und schließlich schuftete er in einem Steinbruch. Doch die harte Arbeit hinterließ Spuren und LeRoy erkrankte. Überdies war die Familie gewachsen. Inzwischen galt es, zwei weitere Kinder zu versorgen, was mit dem kargen Lohn eines Hilfsarbeiters nur schwer zu leisten war. 1908 nahm er deshalb eine Arbeitsstelle als Aufseher auf der Schafranch der Familie Watkins an. Dort verdiente er 400 Dollar pro Jahr, was der Familie einen bescheidenen Wohlstand sicherte.[5] Die Pollocks bezogen ein Häuschen mit zwei Zimmern, das sich auf dem Gelände der Ranch befand, am Fuße des Heart Mountain inmitten einer busch- und graswachsenen Ebene. Stella richtete ihr Haus gemütlich ein, fast immer gab es Blumen, die Fenster schmückten Gardinen. Daneben verliehen Bilder an den Wänden und bequeme Möbel dem Holzhaus eine behagliche Atmosphäre.

Stella war ein willensstarker, energischer Mensch. Sie hatte ein markantes Gesicht, eine gedrungene, kräftige Figur, breite Schultern und einen üppigen Busen. Ihre dunkelbraunen Haare trug sie fast immer zu einem Haarknoten zurückgesteckt, dennoch hing ihr meist eine Strähne ihres dichten Haares in das blasse Gesicht. Als älteste Tochter einer armen Siedlerfamilie hatte sie eine freudlose Kindheit durchlebt. Die Schule hatte sie bereits nach der sechsten Klasse verlassen. Schon früh musste sie im Haushalt zur Hand gehen, weshalb sie bereits als Kind meisterhaft kochen konnte. Sie hütete ihre Geschwister und versorgte die Tiere auf der elterlichen Farm. Ihr Vater verdiente sein Geld hauptsächlich als Maurer und Zimmermann, die Mutter verdingte sich als Weberin. 1895 lernte sie LeRoy Pollock kennen, einen Klassenkameraden ihrer jüngeren Schwester Anna, und verliebte sich in ihn.

LeRoy hatte dunkles, dichtes Haar und blaue Augen. Die Sonne hatte seine Haut ledrig gegerbt, er war klein und schmal, sein Gesicht hatte etwas Knabenhaftes. Der schüchterne Mann galt als ruhig und sensibel. Schon früh hatte sich LeRoy durch sein Leben kämpfen müssen: Nachdem seine Schwester und die Mutter nur kurz nacheinander gestorben waren, gab ihn sein überforderter Vater im Alter von drei Jahren fort und LeRoy wuchs in armen Verhältnissen bei Pflegeeltern auf. Die Pollocks, die LeRoy nur wenig Liebe entgegenbrachten, schickten ihn zur Arbeit auf nahe gelegene Farmen. Den ohnehin geringen Lohn behielten sie ein. Der Heranwachsende scheint bei den Pollocks sehr unglücklich gewesen zu sein. Zweimal lief er von zu Hause fort, beide Male kehrte er erst nach mehreren Wochen abgemagert und ausgehungert zu ihnen zurück. Trotzdem adoptierten ihn seine Pflegeeltern noch kurz vor seinem einundzwanzigsten Geburtstag. LeRoy nahm ihren Nachnamen »Pollock« an, wünschte diesen jedoch nur wenige Jahre später wieder abzulegen. Von einer Namensänderung riet ihm ein Anwalt indes ab, da das Verfahren zu teuer gewesen wäre.[6]

Seinen Namen verdankt Cody keinem Geringeren als »Buffalo Bill«, der mit bürgerlichem Namen William Frederick Cody hieß und die kleine Stadt 1896 gegründet hatte. Der legendäre Büffeljäger galt als ein wahrer Held des Wilden Westens, jener legendären Zeit der Pioniere und Cowboys, die in Cody noch zu Beginn des 20. Jahrhunderts überaus lebendig war. Die endlose Weite der kargen Landschaft, eine Eisenbahnlinie mit mächtigen Dampfrössern, Indianer und allerhand Cowboys, die auf den nächsten Job warteten, vermittelten Besuchern ein Bild, als wäre die Zeit stehen geblieben.

Jackson war erst zehn Monate alt, als die Familie Cody verließ, und er kehrte nie wieder in seine Geburtsstadt zurück. Sein gesammeltes Wissen über die Stadt bezog er aus Geschichten der Familie und einer Handvoll vergilbter Fotografien. Viele der Anekdoten, die er später über Cody und seine Einwohner zum Besten gab, gingen auf Erfahrungen und Schilderungen seiner Brüder zurück. Cody hatte in Wirklichkeit keinen Einfluss auf seine Entwicklung und sein Leben. Dennoch sollte sich Jackson in seinem Leben immer wieder auf diesen Ort berufen und – wann immer es möglich war – erwähnen, dass er dort geboren worden war. Er mochte es, mit Cody und dem Mythos vom Wilden Westen identifiziert zu werden.

Die Familie Pollock lebte fast zehn Jahre im Bundesstaat Wyoming. Dann empfahl ein Arzt dem an rheumatischem Fieber leidenden LeRoy Pollock, in eine Region mit wärmerem Klima umzusiedeln. Stella drängte ohnehin bereits seit Längerem auf einen Umzug, da sie das harte Farmerleben leid war und sich für die Familie ein angenehmeres Leben sowie für die Kinder eine bessere schulische Ausbildung wünschte.[7] Die Pollocks beschlossen, in den Süden Kaliforniens zu ziehen. LeRoy machte sich im Oktober 1912 auf den Weg nach San Diego, um dort Arbeit und Unterkunft zu finden; Ende November reiste ihm die Familie nach.[8] Doch nur wenige Wochen nach der Ankunft wurden ihre Träume durch einen Blizzard zerstört. Der Sturm vernichtete die Orangenplantagen der

Stadt und die Farmer gerieten in finanzielle Schwierigkeiten. Arbeit war hier nicht mehr zu finden und eine eigene Plantage wäre ein zu großes finanzielles Wagnis gewesen. LeRoy musste sich folglich erneut auf die Suche nach einem Ort zum Leben und Arbeiten machen.[9]

Im August 1913 ließen sich die Pollocks schließlich in Phoenix im Bundesstaat Arizona nieder. Außerhalb der Stadt erwarb LeRoy eine Farm mit ein paar Hektar Land. Das Wohnhaus befand sich inmitten eines üppigen Gartens mit einer kleinen Pferdekoppel und einer Scheune, an den wiederum die Getreide- und Lupinenfelder der Farm grenzten. Drei Zimmer gliederten das einfache Lehmziegelhaus. Der große Raum, in den man beim Betreten des Hauses gelangte, diente als Wohnzimmer. Dahinter befand sich eines der Schlafzimmer, in dem die fünf Kinder in drei Eisenbetten schliefen. Ein Bett mussten sich Charles und Marvin Jay teilen, ein weiteres war für Sanford und Jackson bestimmt, nur Frank hatte ein Bett für sich. War das Wetter warm, so durften die Kinder auch draußen schlafen. Ein Bad gab es in dem Gebäude nicht, dafür aber ein Plumpsklo hinter dem Haus.

Von Anfang an war Stella Pollock das Haus in Phoenix verhasst. Sie hatte Cody schließlich nicht verlassen, um ihr Leben an einem ganz ähnlichen Ort in gleicher Weise fortzuführen. Statt eines eleganten Stadthauses besaß sie wieder

Die Familie Pollock in Phoenix, ca. 1914

nur ein schäbiges Farmhaus, und statt eines Lebens voller Annehmlichkeiten musste sie weiter als Farmersfrau schuften. Doch sie beschwerte sich selten und litt eher still. Abends blätterte sie nach der Hausarbeit in Magazinen, Zeitschriften und Katalogen und träumte sich in bessere Zeiten.

Stella, die stets perfekt gekleidet und zurechtgemacht war, erwartete von ihrer Familie das Gleiche. Sie legte großen Wert auf ein adrettes Aussehen ihrer Söhne und achtete auf deren Sauberkeit, auch wenn dies für die arme Familie nicht immer einfach war. Die Kinder waren nur deshalb gut gekleidet, weil ihnen Stella die Kleidung selbst nähte. Dazu erhielten die Söhne jedes Jahr ein neues Paar Schuhe. Die Mutter hätte sich sicher geärgert, hätte sie erfahren, dass die Jungen ihre Schuhe auf dem Weg zur Schule meist auszogen und auf einem Baum versteckten. Gutes Benehmen und ein beherrschtes Auftreten waren ihr wichtig, doch trotz ihrer Strenge wurden die Kinder niemals drastisch bestraft. Ihr Missfallen bekundete Stella auf andere Weise. Ihr Druckmittel waren die Mahlzeiten: Die Kinder mussten bei jedem Abendessen anwesend sein und wer etwas angestellt hatte, erhielt keinen Nachtisch.

Die Söhne hatten großen Respekt vor der Mutter und versuchten, es ihr stets recht zu machen. Sie hatten gelernt, Stellas Launen und Stimmungen perfekt zu lesen, und taten alles, um unter keinen Umständen ihr Missfallen zu erregen. Niemandem gelang dies besser als Jackson, der stets erpicht darauf war, seiner Mutter zu gefallen. Er bettelte förmlich um ihre Liebe und lief beim kleinsten Anlass weinend zu ihr. Stella ging auf Jacksons Bedürfnisse allerdings nur selten ein. Sie behandelte ihn so distanziert, wie sie es mit all ihren Söhnen tat. Ihre Zurückhaltung muss ihn hart getroffen und ihm das Gefühl vermittelt haben, nicht geliebt zu werden.[10] Liebe drückte sich bei seiner Mutter vor allem durch Fürsorge aus, nur selten nahm sie ihre Kinder in den Arm oder küsste sie.[11]

Stella führte ein strenges Regiment. Sie leitete das Familienleben mit eiserner Hand und prägte mit ihrer Dominanz auch die eheliche Beziehung. Dafür behütete sie ihren Mann und umsorgte ihn; es durfte ihm an nichts fehlen, sogar seine Kleidung legte sie ihm morgens bereit. Offene Streitigkeiten gab es nie, doch war die Beziehung der Eltern nicht besonders liebevoll und das Eheleben nicht immer harmonisch. Während sich die Mutter mit Hingabe um Haus und Garten kümmerte und gelegentlich auch das Vieh versorgte, widmete sich LeRoy seiner geliebten Farm. Die Arbeit auf dem Feld erfüllte ihn, hier blühte er auf und war glücklich. Sein größter Ansporn war es, dem dürren Boden eine gute Ernte abzuringen. LeRoy liebte seine Tiere, er ging sanft und liebevoll mit ihnen um, was für einen amerikanischen Farmer zu Beginn des 20. Jahrhun-

LeRoy Pollock, um 1930

derts eher ungewöhnlich war. Die größeren Tiere tötete er mit dem Gewehr, das Schlachten der Hühner hingegen war eine Handarbeit, die er gern seiner Frau überließ. Bemerkenswert waren auch seine Liebe zur klassischen Musik und seine Begeisterung für Bücher. Oft las er den älteren Söhnen vor dem Zubettgehen im Schein der Öllampe noch Geschichten vor oder lauschte andächtig den Rezitationen seiner Söhne.[12]

Für Jackson war der Vater eine schemenhafte Figur, die er nur am Rande seiner kindlichen Welt wahrnahm, denn die Leseabende waren zu Jacksons Zeiten eher selten geworden. Zu seinen jüngeren Söhnen hatte der Vater auch tagsüber wenig Kontakt. Während die älteren Söhne mit ihm auf den Feldern arbeiteten oder zur Schule gingen, verblieben Sanford und Jackson bei der Mutter im Haus. Für Jackson war der Vater daher eine zwar nahe, aber auch unerreichbare Persönlichkeit. Trotzdem soll er jedes Mal geweint haben, wenn der Vater die Farm verließ.[13]

Der kleine Jackson war das Nesthäkchen der Familie, ein wahrer Wonneproppen mit dichtem blondem Haar, großen Augen und einem neckischen

LeRoy Pollock in Arizona, 11. Oktober 1925

Grübchen am Kinn. Schüchtern und ängstlich hing er ständig am Rockzipfel seiner Mutter und wagte kaum einen Schritt ohne sie. Schon als Kind war Jackson ein überaus sensibler und empfindsamer Mensch, die Umwelt nahm er mit all seinen Sinnen intensiv wahr. Wie sein Bruder Sanford später einmal betonte, habe Jackson schon in seiner Kindheit eine beinahe übernatürliche Sensibilität entwickelt, die der Empfindsamkeit seines Vaters gleichzukommen schien.[14]

Die Welt des Bauernhofs war für den Jungen ein Ort voller Zumutungen. Zum einen gab es Gyp, den Familienhund, der neugierige kleine Kinder nicht mochte, zum anderen die Hühner, die – da äußerst nervös und gereizt, wenn Kinder mit ihnen spielen wollten – eine stete Gefahrenquelle waren. Am schlimmsten trieb es der Hahn, ein übellauniger Gesell, der mit seinem ständigen Imponiergehabe Schrecken und Terror verbreitete. Eine fast traumatische Erfahrung machte der junge Jackson 1923: Als ihm ein Freund den Umgang mit der Axt zeigen wollte, wurde ihm aus Versehen ein Fingerglied abgehackt. Sogleich war der Hahn zur Stelle, pickte das Stückchen Finger auf und verschlang es.[15]

Als Nesthäkchen wurde Jackson von allen behütet; er musste nicht helfen, sondern konnte schalten und walten, wie es ihm beliebte. Ihm selbst erschien dies jedoch eher wie eine Ächtung als ein Privileg: Während seine Brüder wie Männer behandelt wurden und auf der Farm helfen durften, war er zum bloßen

Jackson Pollock beim Füttern der Hühner, 1914

Zuschauen verdammt. Wurde die Arbeit verteilt, ergriff er jede noch so kleine Chance, um seinen guten Willen unter Beweis zu stellen. Er war froh, wenn er der Mutter Gemüse aus dem Garten holen oder mit dem Vater Rattenlöcher aufstöbern durfte. Bis weit in seine Teenagerzeit hinein wurde Jackson – sehr zu seinem Leidwesen – von den älteren Brüdern wie ein Baby behandelt. Jackson litt unter der Distanz zu den älteren Brüdern und ihrer Missachtung. Sein großes Vorbild war sein ältester Bruder Charles, den er für sein vielfältiges Können bewunderte: Charles konnte lesen, war ein meisterlicher Murmelspieler, konnte schießen, Kaugummi kauen, Blasen machen und pfeifen. Und Charles war mobil, er hatte ein eigenes Pony. Gespannt lauschte der jüngste Bruder den Geschichten Charles', dessen Erzählungen von Kinofilmen, Zirkusvorstellungen und Autoshows.[16]

Schon früh durfte Charles mit der Unterstützung Stellas eigene Wege gehen. Für sie waren alle Söhne kleine Genies und potenzielle Künstler, weshalb sie sie nach Kräften förderte. Sie bestärkte Charles in dem Wunsch, nicht als Farmer dem väterlichen Vorbild zu folgen. Mit sieben Jahren entdeckte Charles in einem verlassenen Schulgebäude bei Cody auf dem Boden eine Unmenge von verstreutem Papier, auf das Schreibübungen gekritzelt worden waren. Das Muster gefiel ihm so sehr, dass er versuchte, es nachzuahmen. Und er fing an, aus den Zeitschriften seiner Eltern die Reproduktionen von Kunstwerken auszuschneiden und sie zu sammeln.[17] Kurz nach der Ankunft in Phoenix wurde ihm deshalb erlaubt, Zeichenstunden bei einer Nachbarin der Pollocks zu nehmen.[18] Überdies begann Charles mit der Ölmalerei. Dem Vater missfiel das, denn er hätte sich vielmehr gewünscht, dass sein Ältester mehr auf der Farm helfen und eines Tages in seine Fußstapfen treten würde. Charles' Mutter indes verteidigte ihn vehement. Jackson verfolgte die Aktionen seines Bruders mit großem Neid und beobachtete ihn bei seinen künstlerischen Tätigkeiten. Auf die Frage, was er einmal werden wolle, wenn er groß sei, antwortete er in jenen Jahren stets: »Ich will ein Künstler werden wie mein Bruder Charles.«[19] Charles hingegen schenkte seinem jüngsten Bruder nur wenig Beachtung.[20] Was gar nicht so leicht war, denn wo immer Charles auch hinging, versuchte Jackson ihm zu folgen.

Das einzige Familienmitglied, das Jackson in jener Zeit wirklich nahestand, war sein Bruder Sanford. Die beiden Jüngsten bildeten eine eingeschworene Gemeinschaft, spielten zusammen und erkundeten die Farm. Jackson liebte Sande heiß und innig, da dieser der einzige war, der ihm die gewünschte Aufmerksamkeit entgegenbrachte. Wegen des geringen Altersunterschieds waren sie die idealen Spielkameraden, auch wenn sich Sande manchmal darüber beklagte, dass er von der Mutter dazu gezwungen wurde, auf den kleineren Bruder aufzupassen und ihn überallhin mitzunehmen. Doch auch im Haus benötigte Jackson eine Aufsichtsperson – eine Rolle, die ebenfalls Sanford zufiel und von diesem auch noch dann ausgeübt wurde, als er eigentlich schon zur Schule hätte gehen können. Damit die Eltern die Farm bewirtschaften konnten, musste er zu Hause bleiben und den Jüngsten in seine Obhut nehmen.[21] Man kann sich leicht vorstellen, dass Sande darüber nicht begeistert war.

Kapitel 2
Kindheit und Jugend (1917–1928)

1917 geriet die Farm der Pollocks, wie viele andere Farmen in der Umgebung auch, in Schwierigkeiten,[1] da sich die Marktlage für Agrarprodukte änderte. In der Region um Phoenix kam der Baumwollanbau in Mode und immer mehr Farmer wandten sich statt der Milchwirtschaft nun dem »weißen Gold« zu. Aus dem Süden zogen viele Landwirte in die Region, um ebenfalls Baumwolle anzubauen. In der Folge sank der Bedarf an Futterpflanzen, und Farmer, die sich auf deren Produktion spezialisiert hatten, hatten mit Absatzschwierigkeiten zu kämpfen. Die Pollocks konnten auf ihrem Grundstück keine Baumwolle anbauen, da der sandige Boden dafür zu trocken war. Wasser und Dünger versickerten allzu schnell, als dass die Pflanzen sie hätten aufnehmen können. Der Familie drohte der Ruin. Verzweifelt zog LeRoy, dessen Erzeugnisse sich auf dem Markt kaum noch verkaufen ließen, von Restaurant zu Restaurant, um seine Waren direkt anzubieten.[2]

Schon vor geraumer Zeit hatte Stella den Wunsch geäußert, nach Kalifornien zu ziehen, um dort ein besseres Leben zu finden. In ihrer Vorstellung war Kalifornien das gelobte Land, vor allem aber hatte sie gehört, dass die Schulen dort die besten des Landes seien. Im Leben auf der Farm sah sie keine Zukunft mehr, sie wollte fort.[3] LeRoy sah das anders: Für ihn hatte sich mit der Farm ein Lebenstraum erfüllt, den er trotz aller Schwierigkeiten nicht einfach aufgeben wollte. In der Tierzucht sah er noch immer einen Grundstock für die Zukunft. Doch das Familienoberhaupt musste schließlich resigniert aufgeben. Stellas verschwenderischer Lebensstil und die wirtschaftliche Situation hatten zum finanziellen Kollaps und zum Anfang vom Ende der Familie Pollock geführt. In einem Brief schrieb LeRoy Jahre später: »Ich wünschte, wir alle könnten wieder auf einer großen Farm leben, mit Schweinen, Kühen, Pferden und Hühnern. Die glücklichste Zeit war die, als wir alle auf einer Farm lebten. Wir hatten unglaublich viel zu tun, aber wir waren gesund und glücklich.«[4]

Stella besorgte sich eine Karte der USA, schrieb die Handelskammern verschiedener Städte an und bat um Broschüren. Nächtelang blätterte sie darin und las LeRoy die Vorzüge der Westküstenstädte vor: ideales Klima, moderne Städte, eine aufstrebende Wirtschaft, ein gutes Bildungsangebot – unzählige Möglichkeiten, um erfolgreich und glücklich zu werden. Zu Beginn hielt LeRoy noch dagegen, doch bald wurde er es müde, Abend für Abend gegen die Umzugspläne seiner Frau anzukämpfen. Während sie sich besessen von der Idee zeigte, Phoenix zu verlassen, musste er einsehen, dass sich die finanzielle Lage der Familie bereits rettungslos zugespitzt hatte.[5] Im Mai 1917 versteigerten die Pollocks schließlich ihre Farm und zogen nach Nordkalifornien.

Als neue Bleibe hatte die Mutter Chico gewählt,[6] eine Kleinstadt, die einst durch Gold- und Diamantenfunde einen beachtlichen Aufschwung erlebt hatte. Hier erwarben die Pollocks ein gepflegtes Haus mit einem wundervollen Garten; auf dem großen Grundstück standen Pfirsich-, Aprikosen- und Birnbäume. Das Haus hatte eine hübsche Veranda, einen Wintergarten, ein großzügiges Wohnzimmer, Holzdielen, elektrischen Strom, fließendes Wasser und eine Toilette im Innern – eine für das beginnende 20. Jahrhundert geradezu luxuriöse Ausstattung. Doch stand der Neuanfang in Chico unter keinem guten Stern, denn LeRoy Pollock verfügte über nur geringe Kenntnisse im Obstanbau. Er zeigte sich zwar bemüht, das Handwerk zu erlernen, und besuchte einige Seminare, allerdings musste – um das Land profitabel bewirtschaften zu können – die Anbaufläche vergrößert werden. Bei seinen Überlegungen zur Erweiterung der Obstplantage bemerkte Pollock mit Entsetzen, dass große Teile des erworbenen Landes versalzen waren, weshalb nichts darauf wachsen würde. In seiner Verzweiflung begann er auf den Reisfeldern der Region zu arbeiten und erkrankte prompt an Malaria.[7] In jener Zeit zog sich LeRoy Pollock immer mehr in sich selbst zurück und versank in Depressionen. Er trank viel und saß oft über Stunden im Wohnzimmer, tabakkauend und den Blick ins Leere gerichtet.[8] Stella ließ das kalt, sie verdrängte die Probleme und gab sich der Verschönerung des Hauses hin, das sie zweimal pro Jahr tapezierte und liebevoll ausschmückte. Sie gab das Geld auch weiterhin mit vollen Händen aus und ließ es der Familie an nichts fehlen.[9] Der kleine Jackson wurde unterdessen im September 1918 eingeschult und durfte nun endlich seine Brüder in die Schule begleiten.

Ende des Jahres 1918 verschärfte sich die Lage der Familie weiter. Das Ende des Ersten Weltkrieges führte dazu, dass die europäischen Bauern wieder auf ihre Felder zurückkehren konnten und der Bedarf der amerikanischen Armee nach

Nachschub verloren ging. Für die kleine Farm der Pollocks war dies verheerend, denn auf einen Schlag brach ihnen das ohnehin schon schmale Einkommen weg, während das Haus noch mit Hypotheken belastet war.[10] Also mussten die Pollocks erneut ihre Farm verkaufen,[11] bevor sie 1920 nach Janesville ziehen und ein Hotel erwerben konnten. Die älteren Söhne Charles und Jay verkündeten trotzig, dass sie bei ihren Freunden in Chico bleiben würden, um die Highschool zu beenden.

Das neue Anwesen in Janesville war ein trostloser Ort. Das Haus war umgeben von mächtigen Ulmen, einem kleinen Obstgarten und 81 Hektar Nutzwald.[12] Im Innern war es düster, die Bäume und eine große überdachte Veranda ließen nur wenig Licht herein. Im Erdgeschoss gab es eine Bar und ein Speisezimmer, im Obergeschoss gelangte man von einem langen Korridor in zwanzig Gästezimmer, die mehr oder weniger behaglich eingerichtet waren.

Auch für den achtjährigen Jackson muss der Umzug nach Janesville enttäuschend gewesen sein. Das Klima war rau, und der von dichten Wäldern umgebene Ort am Rande der Sierra Nevada im Nordwesten Kaliforniens bestand nur aus wenigen Häusern, einem kleinen Laden, einer Post und dem Hotel der Pollocks. Es gab kaum Spielkameraden, die Umgebung und das unwirtliche Wetter verhinderten größere Ausflüge und Entdeckungstouren. Also zog sich Jackson in die kleine private Welt des Diamond Inn zurück. Einzig eine Sache konnte ihn begeistern: Zum ersten Mal begegneten ihm hier echte Cowboys. Wenn sie in den Wintermonaten im Hotel einkehrten, erzählten sie Geschichten von wilden Schießereien und ihren Abenteuern in den Weiten des Westens. Überdies gab es in Janesville Indianer, die auf den umliegenden Farmen beschäftigt waren. Bereits in Phoenix hatte Jackson die Bekanntschaft von Indianern gemacht; gemeinsam mit den Nachbarskindern hatte Jackson dort Ausflüge in das Umland unternommen und alte indianische Höhlen und Siedlungshügel entdeckt.[13] In Janesville boten sie nun eine gelungene Abwechslung im alltäglichen Einerlei. Alljährlich im Frühjahr versammelten sie sich in der Stadt, um im Tal des Honey Lake den rituellen Bärentanz abzuhalten. Jack, Sande und Frank waren begeistert von dem Trubel in der Stadt. Sie zogen den Maidu-Indianern hinterher bis zum Lone Pine, einer Lichtung in den Pinienwäldern, auf welcher die Zeremonie und die anschließende Festlichkeit stattfinden sollten. Gebannt beobachteten die Brüder die umfangreichen Vorbereitungen.[14] Die Indianer zogen ihre Stammeskleidung an und schmückten den großen Platz. Es wurden Feuer entfacht und überall wurde gekocht und gegrillt; Kunsthandwerker zeigten ihre Fertigkeiten. Schließlich setzten selbstgebaute Rasseln ein,

Frank, Sande, Jackson und LeRoy Pollock (v. l. n. r.) im Tonto National Forrest, 1924

die Indianer versanken in einen monotonen Gesang, beteten und tanzten mit dem Bären. Auf diese Weise feierten sie den Kreislauf des Lebens und dankten der Natur für ihre reichen Gaben. Mehrfach berichtete Pollock Freunden später von diesen eindrücklichen Erlebnissen.[15]

Als sich Stella einmal eine Blutvergiftung zugezogen hatte und ins Krankenhaus eingewiesen werden musste, engagierte LeRoy eine Indianerin des Wadatkut-Stammes als Haushälterin. Sie blieb ein paar Wochen und wurde zu einer Freundin der Familie. Die junge Frau brachte den Pollocks die Indianer und ihre Mythen näher. Für die Wadatkut, einen Stamm der Paiute, hatte jeder Gegenstand und jedes Handeln in der realen Welt eine Bedeutung für die spirituelle Welt. Feiern, tanzen, malen – alles war von einem religiösen Sinn geprägt. Die Kräfte der Natur und die Träume der Nacht wurden als Zeichen aus einer anderen Welt gedeutet.[16]

1923 oder 1924 besuchte Jackson zusammen mit Sande, Frank und seinem Vater indianische Kultstätten. Während eines Ausfluges zu den Indianerruinen im Cherry Creek Canyon am Osthang des Aztec Peak fanden Sande und Jackson eine Höhle, die den Indianern einst als Behausung oder ritueller Ort gedient hatte. Hier entdeckten sie an den Wänden sechshundert Jahre alte Handabdrücke.[17]

Jackson fand das alles unglaublich spannend, denn bei dem Kind, das in einer weniger frommen Familie aufwuchs, erzeugten die Geschichten und Mythen der Indianer eine ganz besondere Faszination. Der rituelle Umgang der Indianer mit ihren Ängsten, ihre Vorstellung eines Lebens im Einklang mit der Natur und nicht zuletzt ihre farbenfrohe Handwerkskunst beeindruckten den Jungen nachhaltig.

Stella arbeitete den ganzen Tag im Hotel und kümmerte sich eher nebenbei um die Familie, dennoch lief das Hotel sehr schlecht. Wieder einmal war die Familie vom Fortschritt überrollt worden. Mit dem Auto wurden die Menschen mobiler und Reisende gelangten schneller von einem Ort zum anderen. Viele Hotelübernachtungen wurden obsolet, da die Durchreisenden nicht mehr gezwungen waren, wegen eines Anschlusses die Nacht in einem Hotel zu verbringen. Die finanzielle Situation der Pollocks wurde erneut prekär.

LeRoy Pollock war häufig betrunken – ein Zustand, der nicht selten in einem aggressiven Verhalten mündete. Er war wütend auf seine Frau, die ihn in seinen Augen mit ihrem Wunsch nach einem besseren Leben erst in diese Misere gebracht hatte, und zornig auf sich selbst, weil er ihrem Drängen widerstandslos nachgegeben hatte. Für ein Leben als Hotelier war er nicht gemacht, er widmete sich ausschließlich dem Garten, den wenigen Obstbäumen und seinen Schafen. Meist ging er schon frühmorgens aus dem Haus und kehrte erst am Abend zurück. Dann saß er mit den Landvermessern beisammen, die im Hotel logierten. Irgendwann beschloss er, sich ihnen anzuschließen und künftig fernab der Familie sein Geld zu verdienen. Eines Morgens packte er seine Sachen und zog mit den Landvermessern von dannen.[18] Das Leben des Familienoberhaupts war von nun an geprägt von einer Wanderschaft durch das halbe Land, von einem schlecht bezahlten Job zum nächsten. Er arbeitete als Landvermesser oder Straßenbauer, gelegentlich auch als Tagelöhner auf Farmen.

Stella blieb geschockt und traurig zurück, auch wenn sie einsehen musste, dass die Familie einen Zuverdienst nötig hatte. Trotz all der Schwierigkeiten liebte sie LeRoy, und dass ihr Ehemann sie verlassen und die Ehe damit faktisch beendet hatte, betrübte sie tief. In den folgenden Jahren versuchte sie immer wieder, ihrem Mann nahe zu sein und in die Nähe seiner Aufenthaltsorte zu ziehen. Sie verkaufte das Hotel und zog mit den Kindern im Juli 1921 nach Orland in der Nähe von Chico, wo Charles und Jay noch immer lebten.[19] Wenigstens die Kinder wollte sie beieinander wissen. Doch die Familie zerfiel weiter: An Weihnachten offenbarte Charles seiner Mutter, dass er nach Los Angeles ziehen wolle, um Kunst zu studieren. Und Jay verließ 1921 die Schule, nachdem er sich vom Vater einen Job als Landvermesser hatte besorgen lassen. Auch ihr Drittgeborener, Frank, versuchte die Schule zu umgehen und arbeitete bereits als Tagelöhner auf den Farmen der Umgebung.

Stella erwarb in Chico eine alte Farm und verfolgte erneut ihren Traum eines behaglichen Heims. Auf das Farmerleben indes hatte sie noch immer wenig Lust und da auch die älteren Söhne einem Farmerdasein abgeschworen hatten, hielt sich die Familie lediglich einen kleinen Nutzgarten und zwei Kühe für den Eigenbedarf. Die Pollocks lebten vor allem von den Schecks, die LeRoy jeden Monat schickte.[20] Stella hatte wohl gehofft, dass ihr Mann – sobald sie eine Farm gekauft hätte – zurückkommen würde, doch ließ sich LeRoy auch in den nachfolgenden Monaten nicht blicken. Stattdessen führte er seine Wanderschaft durch das ganze Land fort.

Für Jackson bedeutete der Weggang des Vaters eine kleine Katastrophe. Der Junge, der ohnehin nicht viel von seinem Vater gehabt hatte, wuchs nun gänzlich ohne ein männliches Vorbild auf. Sein Bild vom Mannsein basierte nicht auf eigenen Erlebnissen oder dem Abarbeiten an einer Vaterfigur, sondern auf konkreten Vorstellungen, wie ein Mann zu sein hätte. Das wechselvolle Familienleben war für ihn sicherlich schwer; durch die ständigen Umzüge wuchs er praktisch entwurzelt auf. Immer wenn der schüchterne Junge Freunde gefunden hatte, zog die Familie wieder fort und er musste von vorn beginnen. Vielleicht ist dies der Grund, weshalb sich Jackson später so häufig auf Cody bezog, wenn es um seine Kindheit ging. Auch seine älteren Brüder konnten den Vater nicht ersetzen, sie zogen nach und nach aus und ließen ihn mit der Mutter und Sande allein zurück.

Der sensible Jackson war ein ernstes und ruhiges Kind, doch mit Beginn der Pubertät wurde er aufgeweckter und abenteuerlustiger. Jackson erwarb sich nun den Ruf eines Draufgängers und Provokateurs. Die Mutter konnte ihren Zögling nicht bremsen. Freunde der Familie erinnerten sich später in Interviews, dass es bei den Pollocks Mitte der Zwanzigerjahre hoch herging. Es war immer Leben im Haus, wenn die beiden jüngsten Pollock-Brüder daheim waren. Liebstes Hobby der beiden war die Jagd. Häufig zogen sie los, um in der kargen Landschaft Hasen, Erdhörnchen und Vögel zu erlegen.

In den ersten Jahren seines Lebens war Kunst für Jackson noch nicht interessant. Wie seine Familie später berichtete, habe er in seiner frühen Kindheit nicht eine Zeichnung kreiert.[21] Erst sein Bruder Charles weckte in dem Jüngeren ein Interesse für die Kunst. Jackson hatte seinen ältesten Bruder kaum noch gesehen, nachdem dieser die Familie in Chico verlassen hatte. Doch war Charles' Kunst bei den seltenen Begegnungen stets ein Thema, beispielsweise wenn er für die Schülerzeitung oder das Jahrbuch der Highschool Zeichnungen geschaffen hatte. Nach dem Schulabschluss nahm er einen Job als Botenjunge

Jackson Pollock in Südkalifornien, ca. 1927

bei der *Los Angeles Times* an und stieg schon bald zum Grafiker im Feuilleton der Zeitung auf. Nun war er für Layout, Repro und Schriftgestaltung zuständig. Als er genug Geld zusammen hatte, schrieb er sich 1922 am Otis Art Institute ein.

Das Otis öffnete Charles das Tor zu einer neuen Welt, zu der auch *The Dial* gehörte, ein Kulturmagazin mit Geschichten, Gedichten, Literaturkritiken und Schwarz-Weiß-Reproduktionen von Kunstwerken. Für Charles war das Magazin eine Offenbarung. Er begann, Ausschnitte aus den Heften nach Hause zu schicken, und brachte bei seinen Besuchen immer wieder auch Kunstbücher mit. Der elfjährige Jackson und der dreizehnjährige Sande blätterten begeistert in den Büchern und Zeitschriften des Bruders.[22] Zum ersten Mal begegneten den Jungen hier die Bilder der europäischen Avantgarde und sie unterhielten sich angeregt über die Kunst. Sande begann sogar selbst zu zeichnen und offenbarte dabei schon recht bald ein gewisses Talent.[23] Er saß nun oft vor dem Zeichenblock, verewigte alles, was er sah, und nahm selbst auf Ausflüge immer seinen Skizzenblock mit. Jackson sah das zwar eher skeptisch, doch um seinem Bruder Charles zu imponieren und um Sande nachzueifern, begann auch er mit der Zeichenkunst.[24]

Charles war indessen am Otis Art Institute nicht glücklich. Stundenlang mussten die Schüler nach Vorlagen und Modellen zeichnen. Er fühlte sich unterfordert und langweilte sich im Beruf wie an der Schule. Wollte er aufregende Kunst sehen, so musste er sich Zeitschriften besorgen oder Museen und Galerien besuchen. Eine Schau erregte bei dem jungen Künstler besonderes Interesse: Im Exhibition Park sah er verschiedene Werke mexikanischer Muralisten, und die eindrücklichen Bilder von José Clemente Orozco (1883–1949), Diego Rivera (1886–1957) und David Alfaro Siqueiros (1896–1974) faszinierten ihn. Er hatte bereits beschlossen, nach Mexiko zu fahren, als ihm zufällig eine Ausgabe des Kinomagazins *Shadowland* in die Hände fiel. In diesem entdeckte er einen Artikel über den New Yorker Künstler Thomas Hart Benton, der ihn sogleich in den Bann zog. Ein befreundeter Kunstkritiker bestärkte Charles daraufhin, nach New York zu fahren und sich an der Art Students League einzuschreiben, an der Benton gerade Lehrer geworden war. So kam es, dass Charles ein Kunststudium in Bentons Klasse begann.[25]

Charles war Benton auf Anhieb sympathisch und bald auch privat bei den Bentons ein willkommener Gast. 1927 bezog er im selben Haus eine Wohnung und fuhr mit der Familie des Kunstlehrers im darauffolgenden Sommer sogar in den Urlaub. Bentons Frau Rita verköstigte den Kunststudenten, wofür dieser sich mit gelegentlichem Babysitten bedankte; Rita Benton war es auch, die ihm schließlich eine Arbeitsstelle besorgte. Charles war von seinem Lehrer äußerst angetan und bewunderte ihn sehr. Er war bestrebt, seinem Vorbild nachzueifern, und änderte sogar seinen Kleidungsstil von einem eher dandyhaften Äußeren zu legerer Ungezwungenheit. Der bodenständige, pragmatische Benton veränderte Charles und dessen Malstil in kürzester Zeit vollkommen.[26]

Im Laufe des Jahres 1922 nahmen die finanziellen Probleme der Familie erneut zu und da Stella ohnehin nicht glücklich war, entschloss sie sich, die Farm wieder aufzugeben.[27] Sie wollte einmal mehr Frank, Sande und Jack in die Nähe ihres Vaters bringen, der gerade in Arizona tätig war, und zog deshalb mit ihren Söhnen auf eine Farm in der Nähe von Phoenix, wo sie eine Beschäftigung als Haushälterin gefunden hatte.[28] Doch auch hier ließ sich LeRoy nur selten blicken.

Im September 1924 stand daher ein erneuter Umzug für die Familie an. Stella, die noch eine Zeit lang auf einer anderen Farm als Köchin gearbeitet hatte, zog es nun wieder zurück nach Kalifornien. Sie glaubte, den Kindern dort eine bessere Schulbildung ermöglichen zu können, denn in Phoenix wurden die Pollock-Jungs mit zwanzig Schülern aus acht Klassenstufen in einem einzigen Raum unterrichtet.

Auf den Rat eines Freundes hin entschied sich Stella diesmal für die östlich von Los Angeles gelegene Stadt Riverside. Das Bild dieser wohlhabenden Stadt wurde von hübschen Stadthäusern und breiten Alleen geprägt. Stella hatte endlich einen Ort gefunden, der ihr gefiel – endlich war sie das Farmleben los, frei von Staub und harter Arbeit. Sie mietete ein kleines Haus mit sechs Zimmern, einer Veranda und einem großen Portal, das mit Elefanten verziert war. Nach Charles und Jay begann nun auch Frank, eigene Wege zu gehen und sich von der Familie abzulösen, sodass bald nur noch Sande und Jack bei Stella wohnten. Doch blieben Riverside und seine Umgebung der perfekte Ort für die beiden abenteuerlustigen Brüder. Die fruchtbare Region mit ihren weitläufigen Orangenhainen lud zum Spielen und Jagen ein. Dahinter erhob sich ein felsiges Gebirge, das zur Mojave-Wüste hin abfiel – ein ideales Terrain für Teenager und ein faszinierender Ort zum Zeichnen. Kurz nach seinem sechzehnten Geburtstag im Mai 1925 erwarb Sanford für 12 Dollar einen alten klapprigen Ford Modell T. Den beiden jüngsten Pollocks eröffnete das Gefährt neue Möglichkeiten und ein ungeheures Freiheitsgefühl. Endlich konnten sie weite Ausflüge in die Umgebung unternehmen. Sie fuhren in die Berge und Wüste und erkundeten die Natur. Tagelang durchstreiften sie die endlosen Weiten von Arizona, Utah und Wyoming und zeigten sich gefesselt vom Anblick des Grand Canyon. Häufig durchquerten sie die ehemaligen Stammesgebiete der Indianer, die sie schon bei ihren beiden Aufenthalten in Phoenix entdeckt hatten, besuchten die indianischen Pueblo-Ruinen und die Kunsthandwerksmärkte der Maricopa- und Pima-Indianer.[29]

Im Sommer 1927 fuhren Sande und Jackson mit dem Ford erneut in die Nähe des Grand Canyon. Dort verbrachten sie den Sommer und arbeiteten mit den Landvermessern im Camp des Vaters, den sie während ihres Aufenthalts jedoch nur selten zu Gesicht bekamen, da er in einem anderen Team beschäftigt war. LeRoy Pollock hätte ohnehin nicht gewusst, wie er mit den Jungen hätte umgehen sollen. Und auch die Brüder waren nicht gerade begeistert davon, Zeit

Pfeife rauchend am Rand des Grand Canyon, Sommer 1927

mit einem Vater zu verbringen, den sie kaum kannten, und gingen lieber ihrer eigenen Wege.

Jackson machte die körperliche Arbeit Spaß und er galt schon bald als gewissenhafter Mitarbeiter.[30] Oft verbrachten die halbstarken Burschen ihre freie Zeit am Grand Canyon, suchten sich einen Ausblick und genossen stundenlang die Aussicht und das wechselnde Farbenspiel, das Sonne und Wolken kreierten. Fotos zeigen Sanford und Jackson entspannt und Pfeife rauchend am Rand des Grand Canyon, zu zweit oder in Gesellschaft von Kollegen.

In ihren Teenagerjahren identifizierten sich die beiden Brüder mit dem Wilden Westen, obwohl sie dessen große Zeit nur aus Erzählungen kannten. Sanford und Jackson sehen auf den Fotos jener Jahre wie Cowboys aus: Cowboyhut, Cowboystiefel und Jeans waren die bevorzugten Kleidungsstücke. Sie verbrachten viel Zeit mit Louis Jay, einem Kollegen ihres Vaters, der behauptete, ein echter Cowboy zu sein. Oft saßen die beiden jüngsten Pollocks mit ihm zusammen, rauchten ein Pfeifchen und lauschten andächtig seinen Geschichten. Der Riese mit den breiten Schultern, dunklen Augen und strahlend weißen Zähnen trug stets Cowboystiefel und riesige Gürtelschnallen; er verkörperte die Aura des Cowboys perfekt.[31]

Als jüngste Mitarbeiter mussten die Brüder allerhand Späße auf ihre Kosten ertragen. Wahrscheinlich war es auch als ein Scherz gemeint, als einer der älteren Landvermesser ihnen eine Flasche mit Alkohol reichte. Doch weil sie um ihr Ansehen bei den raubeinigen Männern fürchteten, griffen sie zu. Die beiden Jungen fanden schnell Gefallen an dem Stoff, auch wenn Jackson den Alkohol nicht vertrug und schnell betrunken war. Für die Männer war es ein Heidenspaß, dabei zuzusehen, wie sich Jackson allabendlich berauschte, bis er sich volltrunken auf dem Boden wälzte. Der Alkohol wurde zum Männlichkeitsritual und avancierte zum bevorzugten Freizeitvergnügen. Vermutlich entdeckte Jackson hier, dass Alkohol ihn beruhigte und seine sensible und schüchterne Seite befriedete.[32] LeRoy Pollock habe es nach Aussagen Franks nicht einmal mitbekommen, dass seine Söhne sich betranken, und Stella tolerierte es dem Anschein nach.[33]

Kaum war das Brüdergespann zurück und das neue Schuljahr angebrochen, begann Jacksons raubeiniges Cowboy-Image zu bröckeln. Er besuchte inzwischen die Highschool in Riverside, doch statt wie alle anderen Jungen in seiner Freizeit Football zu spielen, bevorzugte Jackson das ROTC, ein Ausbildungskorps zur Rekrutierung und Ausbildung zukünftiger Offiziere der US-Armee. Was zunächst heroisch klingt, war in Wahrheit nichts anderes als eine Möglichkeit, dem harten Football durch gelegentliches Marschieren zu entkommen. Ein Footballspiel glich in einem Dorf der 1920er Jahre mehr einer Rauferei als einem geordneten Sport. Auch bei anderen unter Jungen üblichen Schlägereien hielt Jackson sich zurück – was bemerkenswert ist bei einem Menschen, dem in seinem späteren Erwachsenenleben der Ruf vorauseilte, sich ständig und überall zu prügeln. Sanford erinnerte sich viele Jahre später an eine Situation, in der er sich in Gesellschaft eines Freundes mit einigen anderen Jungen treffen wollte, um »eine Sache auszutragen«. Jackson war mit von der Partie, weigerte sich jedoch zu kämpfen. Sande war so wütend, dass er Jackson der Feigheit beschuldigte – was Jackson niemals vergessen sollte.[34]

Pollock blieb nicht lange beim ROTC. Als ihn ein studentischer Offizier wegen einer zerknitterten Uniform harsch zurechtwies, packte ihn Jackson am Kragen und beschimpfte ihn vor der gesamten Truppe als einen »gottverdammten Hurensohn«. Jackson musste das ROTC daraufhin verlassen, doch war er von seinem Ruf als Feigling befreit.[35]

Jackson zog sich in dieser Zeit immer mehr in sich selbst zurück und wurde zu einem Menschen, dem es schwerfiel, seine Gefühle zu zeigen. Doch zugleich konnte er auch aggressiv, jähzornig und aufbrausend sein. Jackson, der sich von den Erinnerungen an die schöne Zeit am Grand Canyon verlocken ließ, begann darüber nachzudenken, ob er nicht die Schule verlassen sollte. Auf einen Brief, den er in dieser Zeit an seinen Vater schrieb, antwortete dieser ungewohnt of-

Jackson Pollock in Unterhemd und mit einer Pfeife in der Hand, ca. 1928

fen: »Ich bin sehr traurig, dass ich Euch Jungs nicht mehr helfen kann, und manchmal glaube ich, dass ich im Leben versagt habe – aber man kann die Dinge nun mal nicht ungeschehen machen, ich kann mich nur bemühen, heute und in Zukunft das Beste zu tun, in der Hoffnung, dass Du tust, was für Dich gut und richtig ist.«[36] Er empfahl seinem Sohn außerdem, unbedingt weiter zur Schule zu gehen, um sich möglichst viel Bildung anzueignen. Der Brief verfehlte seine Wirkung nicht: Jackson setzte seinen Schulbesuch fort. Allerdings nur für zwei Monate, dann hatte er endgültig genug.[37]

In den folgenden Monaten löste sich die Pollock-Familie vollends auf. Charles setzte seine Studien bei Benton fort, Frank – der bei ihm wohnte – studierte Literatur an der Columbia University, und Jay arbeitete weiterhin bei den Landvermessern. Sande, der die Schule inzwischen abgeschlossen hatte, erhielt eine Stelle bei der *Los Angeles Times* und ging ebenfalls eigene Wege. Jackson war nun auf sich allein gestellt und langweilte sich. Den Rest des Schuljahres lungerte er herum und trank. Da der Genuss von Alkohol aufgrund der Prohibitionsgesetze verboten war, musste Jackson andere Wege finden, um an den begehrten Stoff zu gelangen – und stellte ihn kurzerhand selbst her. Den Sommer verbrachte er in einem Arbeitercamp in den St. Bernadino Mountains in Südostkalifornien.[38]

Im September 1928 schrieb Pollocks Vater seinem Sohn einen weiteren ausführlichen Brief. Eindringlich erklärte er Jackson, wie wichtig es sei, mit offenen Augen durchs Leben zu gehen:

Das Geheimnis des Erfolgs ist große Neugier, Interesse am Leben, Interesse an Sport und an Freuden, Interesse an Deinem Studium, Interesse an Deinen Kommilitonen, Interesse an den kleinen Dingen der Natur, Insekten, Vögeln, Blumen, Blättern & etc. Mit anderen Worten sei immer allem um Dich herum aufgeschlossen & je mehr Du lernst, desto mehr kannst Du alles wertschätzen & desto mehr kannst Du Spaß und Freude im Leben ermessen. Ich glaube nicht, dass ein junger Kerl zu ernst sein sollte.[39]

Der Vater lobte außerdem Stella und entschuldigte sich bei Jackson für das finanzielle Fiasko, das die Eltern angerichtet hatten. Zum Schluss erwähnte er noch den vergangenen Sommer:

Zweifellos hattest Du ein paar harte Tage bei Deiner Arbeit in Crestline in diesem Sommer. Ich kann mir das Klettern im Steilhang, das heiße Wetter & etc. gut vorstellen, aber diese harten Dinge sind es, die den Charakter und den Körper formen.[40]

Kapitel 3
Erste Gehversuche als Künstler (1928–1930)

Im Sommer 1928 zogen der sechzehnjährige Jackson und seine Mutter nach Los Angeles. Jackson sollte hier zur Schule gehen und schrieb sich an der Manual Arts High School ein, einer berufsvorbereitenden Highschool mit Schwerpunkt auf den Künsten. Dass er gerade diese Schule wählte, dürfte mehrere Gründe gehabt haben. Inzwischen war sein Interesse an der Kunst gewachsen. Er schien registriert zu haben, dass Kunst ihm die Möglichkeit bot, Gefühle zu verarbeiten. Außerdem hatte schon Charles diese Schule besucht, und seinem älteren Bruder nachzueifern, erschien Jackson noch immer als der beste Weg.

Von Anfang an empfand Pollock die Schule jedoch als »langweiligen« Ort, der einzig und allein aus »Regeln und Pausenklingeln« zu bestehen schien.[1] Wahre Begeisterung weckte lediglich ein Kunstkurs, den Frederick John de St. Vrain Schwankovsky (1885–1974), der Dekan der Kunstfakultät, fünfmal in der Woche in einem Atelier im Erdgeschoss gab. »Schwany«, wie ihn die Studenten nannten, war ein attraktiver Mann mit dunklem Haar, Oberlippenbärtchen und Spitzbart. Er hatte an der Art Students League in New York Kunst studiert und dann in Hollywood als Bühnendesigner gearbeitet. Nachdem ihm dort gekündigt worden war, hatte er sich als Lehrer an der Manual Arts beworben.

Mit seinen unorthodoxen Lehrmethoden sorgte der exzentrische Dozent für Aufsehen. Als er kurz nach Pollocks Studienbeginn einmal Nacktmodelle in die Zeichenklasse mitbrachte, kam es zu einem Eklat, der Schwankovsky fast seinen Lehrstuhl kostete. Jackson bewunderte ihn dafür. An seine Brüder in New York schrieb er im Oktober 1929:

Wir können uns glücklich schätzen, dass dies die einzige Schule der Stadt ist, die Modelle hat. Obwohl es schwierig ist, ein Nacktmodell zu finden und die Erlaubnis der Direktion zu bekommen, ist Schwankavsky [sic!] so mutig, das durchzusetzen.[2]

Schwankovsky ließ seine Schüler gern experimentell arbeiten. Sie sollten durch Versuche mit Farben und Materialien ihr Bewusstsein erweitern und nur malen, was sie fühlten.[3] Eines seiner Lieblingsexperimente war es, die Studenten Ölfarbe auf eine Glasplatte mit Wasser gießen oder Wasserfarben in Alkohol und Terpentin fließen zu lassen. Die Farbtropfen verwirbelten, liefen ineinander und trennten sich wieder. So entstanden abstrakte Muster auf dem Glas. Dann spannte er die Platten auf eine Töpferscheibe und ließ sie in raschem Tempo rotieren, sodass die Farben wilde Farbstrudel bildeten. Anschließend wurde ein Papier auf die Fläche gedrückt und das Muster verewigt.[4] Für Jackson waren diese Experimente ganz neue Erfahrungen. Sie bestärkten ihn in seinem Wunsch, Künstler zu werden.

Schon bald gehörte Jackson zu den Studenten im engsten Kreis um Schwankovsky. Die Gruppe vermittelte ihm das Gefühl einer Familie: In den Freunden fand Jackson neue Brüder und in Schwankovsky eine Vaterfigur. Dominiert wurde die Gruppe von Phillip Goldstein (1913–1980), der sich später als Philip Guston einen Namen machte. Mit dabei waren ferner Jacksons engster Freund Manuel Tolegian (1911–1983) sowie Reuben Kadish (1913–1992), mit dem Pollock sein Leben lang eng befreundet blieb. Später zählte auch Harold Lehman (1913–2006) zu diesem illustren Kreis.

Die Jungen waren eine eingeschworene Gemeinschaft. Tolegian hatte hinter dem Haus seiner Eltern einen Hühnerstall zu einem »Atelier« umgebaut.[5] In dem fensterlosen Raum verbrachten die Freunde den halben Tag und zeichneten, rauchten und diskutierten über Kunst. Mit den entstandenen Werken schmückten sie die Wände des Schuppens. Während seine Freunde glaubten, er habe »Rhythmus und Energie«[6], war Pollock davon überzeugt, dass er ein miserabler Zeichner sei. Und verglichen mit Lehman und Guston war er es vermutlich auch.

Aus seiner Highschool-Zeit sind keine Zeichnungen erhalten, doch enthüllen Jacksons Arbeiten aus späteren Jahren durchaus zeichnerisches Talent. So zeigt sein Porträt von Betty Fulton aus dem Jahr 1938, dass Pollock imstande war, naturgetreu nachzuzeichnen. Das Porträt, das er vom Titelbild des *Life*-Magazins abgezeichnet hatte, widerlegt den Mythos, dass Pollock keine Gesichter zeichnen konnte. Doch Jackson haderte wohl hauptsächlich mit den konventionellen Vorgaben der Lehrer, die er nicht erfüllen konnte oder wollte. Seine Zeichnungen offenbaren den inneren Kampf zwischen dem Wunsch nach Ausdruck und dem zähen Ringen mit der naturgetreuen Abbildung. Für Jackson wurde das Zeichnen zu einer lebenslangen Qual.

Schwankovsky hatte nicht nur künstlerisch Einfluss auf Pollock, sondern erweckte in ihm auch ein Interesse für Religion und Spiritualität – etwas, das der Junge bis dahin kaum gekannt hatte und ihm in den nachfolgenden Jahren helfen sollte, sich mit dem Gefühl der Entfremdung und der fehlenden eigenen Identität auseinanderzusetzen. An Charles schrieb er im Januar 1930: »Ich mache ständig neue Erfahrungen und es geht ständig auf und ab, sodass mein Geist unbeständig bleibt. […] Meine Briefe klingen zweifellos egoistisch, aber momentan interessiere ich mich am meisten für mich selbst.«[7]

Die Pollocks waren Presbyterianer, die ihre Religion allerdings nicht praktizierten. Charles erzählte, dass er zu Hause nie eine Bibel gesehen habe und man auch nie zur Kirche gegangen sei. Religiösen Einfluss hatte nur LeRoys Adoptivmutter, die von den Pollocks als sehr fromm beschrieben wurde. Marvin Jay erzählte, dass alle in die Kirche gehen mussten und sonntags nicht gespielt werden durfte, wenn die ältere Dame zu Besuch war. LeRoy war diese extreme Religiosität zuwider.[8] Er schrieb seinem Sohn einige Ratschläge:

Ich glaube, Deine Gedanken zur Religion sind in Ordnung. Ich denke, jede Person sollte nach dem eigenen Gewissen denken, handeln und glauben, ohne zu viel Druck von außen. Auch ich glaube, dass es eine größere Kraft gibt, eine höhere Macht, einen Regierenden, ein Etwas, das das Universum kontrolliert. Was es ist & in welcher Form, das weiß ich auch nicht. Es kann sein, dass unser Intellekt oder Geist im Raum weiterlebt, wenn er sich von diesem Körper löst. Nichts ist unmöglich und wir wissen, dass nichts zerstört wird, es verändert sich nur chemisch. Wenn wir ein Haus und seinen Inhalt verbrennen, dann verändern wir seine Form, aber die gleichen Elemente existieren weiter. Gas, Dampf, Asche, es ist alles noch da, nur in anderer Form.[9]

Schwankovsky war ein Freund der ukrainischen Aristokratin Helena Petrovna Blavatsky, deren Lehren zu jener Zeit durch die gesellschaftliche Oberschicht Europas und Amerikas waberten. 1875 hatte sie in New York die Theosophische Gesellschaft gegründet, die eine okkulte Religion verbreitete, eine Mischung aus Gnosis, islamischem Sufismus, jüdischer Kabbala und mystischen Lehren, gespickt mit hinduistischen und buddhistischen Elementen.[10]

Zu einem der wichtigsten spirituellen Orte der Theosophen wurde Ojai, eine rund 100 Kilometer nordwestlich von Los Angeles gelegene Stadt, in der sich einer der spirituellen Lehrer der Theosophen niedergelassen hatte. Sein Name war Jiddu Krishna und er wurde Krishnamurti genannt. Krishnamurti war ein dunkelhäutiger Inder mit geheimnisvoller Aura, der in seinem Heimatland entdeckt und nach England zur Ausbildung geschickt worden war. Nachdem er seine geistige Ausbildung dort abgeschlossen hatte, wurde er nach Ojai entsandt, wo die Theosophische Gesellschaft ein Grundstück erworben hatte. Hier predigte Krishnamurti nun täglich Tausenden von Anhängern – unter ihnen auch Schwankovsky – seine spirituelle Weltanschauung.[11] Ende der Zwanzigerjahre begann Krishnamurti, sich von den Theosophen loszusagen und eigene Wege zu gehen. Er brach bewusst mit dem Image des nahenden Messias und betrachtete sich stattdessen als spirituellen Philosophen.

Schwankovsky lud Krishnamurti ein, der Manual Arts einen Besuch abzustatten. Der Philosoph erschien und Jackson lauschte den Einführungen des Meisters gebannt. Er war sofort von den Lehren Krishnamurtis und den Theosophen begeistert; die Mischung aus Wissenschaft, Mystik und Religion faszinierte ihn sehr. Pollock fuhr sogar für eine Woche nach Ojai – in Begleitung von Schwankovsky, Tolegian und Goldstein –, um den Meister in dessen Lager zu hören. Jeden Morgen saßen die Schüler zu Füßen des spirituellen Lehrers, lauschten dessen Worten und stellten Fragen, sobald dieser geendet hatte. Die Nachmittage waren ausgefüllt mit Spaziergängen oder kulturellen Veranstaltungen. In seiner Begeisterung begann Jackson, dem Guru nachzueifern. Er trug sein Haar lang und kleidete sich ähnlich seinem Vorbild. Noch Jahre später sprach er stets mit besonderem Eifer von dem indischen Philosophen.

Ein kleines Buch hatte es Jackson besonders angetan: *Light on the Path* von Mabel Collins, eine Handlungsanweisung für das Leben in zweiundvierzig Leitsätzen. An Charles schrieb Jackson folgende Worte:

Ich bin immer noch an der Theosophie interessiert und lese ein Buch namens Light on the Path. Alles, was es zu sagen hat, scheint im Gegensatz zum Wesen des modernen Lebens zu stehen, aber wenn man es verstanden hat und danach lebt, ist es ein hilfreicher Ratgeber. Ich wünschte, Du könntest eines bekommen und mir sagen, was Du darüber denkst. Es kostet nur 30 Cent, wenn Du keines finden kannst, schicke ich Dir eines.[12]

Der wichtigste Punkt auf dem Weg hin zum eigenen Glück war für Krishnamurti die geistige Freiheit. Auf Jacksons Ängste und Sorgen hatte Krishnamurti stets die perfekte Antwort. Er lehrte, dass Inspiration wichtiger als Ausbildung sei, Impuls wichtiger als Intellekt. Ein Künstler müsse den Intellekt und den Verstand beiseite lassen und seine inneren Gefühle mit seiner Kunst in Einklang bringen. Für Krishnamurti entsprang alle Wahrheit aus einem inneren Impuls heraus – so wie später für Jackson die Kunst.[13]

Während der Glaube in der Familie Pollock keine große Rolle spielte, war die Politik allgegenwärtig; aktuelle Entwicklungen wurden häufig heftig diskutiert. LeRoy Pollock war Sozialist und sympathisierte mit der Arbeiterbewegung. Mit Begeisterung vernahm er die Nachricht von der russischen Revolution. Jackson indes trat nur selten mit politischen Äußerungen in Erscheinung und auch seine Kunst blieb stets unpolitisch. Seine einzige echte politische Handlung ist mehr als eine Provokation zu verstehen und endete in einem Desaster. Das Footballteam der Schule lieferte sich mit den künstlerisch begabten Studenten wahre Schlachten. Bei einem Auftritt von Schwankovsky stürmten Mitglieder der Footballmannschaft die Bühne und skandierten Kampfgesänge. Für Jackson, der ebenso wie Guston und Tolegian Sport verabscheute, war diese Provokation der Anlass zu einem Gegenschlag. Sie ließen ein anonymes Flugblatt drucken, das *Journal of Liberty*, in dem sie die Studenten dazu aufriefen, sich gegen die zunehmende Bedeutung des Sports an der Manual Arts zu wehren. Sie forderten, der Bildung wieder mehr Raum zu geben, und plädierten für eine Schulreform.[14] Jackson wurde beim Verteilen des Flugblattes vom Hausmeister erwischt. Er verriet nichts und wurde bestraft; die Freunde schwiegen.[15] Im März 1929 wurde Jackson für den Rest des Schuljahres von der Schule verwiesen. Stella wollte retten, was zu retten war, und wurde mit ihrem jüngsten Sohn beim Direktor vorstellig. Jackson musste sich für sein Verhalten entschuldigen und bat um eine zweite Chance, doch der Direktor blieb hart. Auch die Bitte Stellas, Jackson wenigstens den Besuch von Schwankovskys Klasse zu ermöglichen, lehnte der Direktor kategorisch ab.

Der Schulverweis trieb Pollock in die Arme der radikalen Politik. Guston nahm ihn mit zu kommunistischen Treffen und der junge Pollock sympathisierte bald offen mit der Arbeiterbewegung. Bei den Treffen machte er erstmals Bekanntschaft mit der Kunst der Bewegung, sah Bilder der mexikanischen Muralisten Orozco, Rivera und Siqueiros. Die Muralisten kämpften für einen radikalen Wechsel in der Kunst und Politik Mexikos. Ihre Kunst fußte auf der Technik der europäischen Freskenmalerei. Ihre politischen Überzeugungen hielten sie auf übergroßen, in realistischem Stil gestalteten Wandbildern fest. An seine Brüder Charles und Frank schrieb Jackson im Oktober 1929:

Bei kommunistischen Treffen, an denen ich teilnahm, nachdem ich im letzten Jahr von der Schule verwiesen worden war, habe ich das Werk von Rivera kennengelernt. Ein Bild von ihm hängt nun im Museum. Vielleicht habt Ihr es gesehen, Dia de Flores. Ich habe in Creative Art im Januar 1929 was über Rivera gesehen. Natürlich bewundere ich seine Arbeit.[16]

LeRoy Pollock akzeptierte den Gedanken, dass sein Sohn sich nicht für die Schule begeistern konnte und den Lehren eines Gurus folge. Als Jackson jedoch nach seiner Suspendierung nicht zu arbeiten begann, hatte er die Grenzen des Erlaubten überschritten. LeRoy besorgte seinem Sohn einen Arbeitsplatz bei einem Straßensanierungstrupp in Santa Ynez, bei dem er gerade tätig war.[17] Zu Beginn war die Stimmung noch gut, auch wenn sich Vater und Sohn nicht viel zu sagen hatten. Doch änderte sich dies schlagartig, als Jackson dem Vater offenbarte, dass er zurück nach Los Angeles wolle. Es kam zum Streit und zu einer tätlichen Auseinandersetzung. LeRoy Pollock war enttäuscht von seinem Sohn. Er war sich sicher, dass »aus Jackson niemals etwas werden wird«, wie Charles später erzählte. Doch Jackson setzte sich durch.[18]

Als er zu Hause in Los Angeles eintraf, war er allein. Mit dem Vater hatte er sich zerstritten, die Mutter, die ihn für zwei Wochen in Santa Ynez besucht hatte, war von dort aus zur Großmutter nach Iowa gefahren, seine Brüder waren in alle Winde verstreut. Sande war nur selten daheim. Er arbeitete viel und war, wann immer er konnte, in Riverside bei seiner Freundin Arloie. Jackson war einsam und desillusioniert; er grämte sich, weil er den Vater enttäuscht hatte, saß niedergeschlagen herum und trank. In seiner Not wandte er sich in einem Brief an Charles, mit dem er in den letzten Jahren nur wenig Kontakt gehabt hatte, und klagte ihm sein Leid. Die Antwort folgte im Oktober 1929:

Dein Brief hat mich zutiefst erschüttert und ich muss Dir unbedingt einen langen Brief schreiben, um Dir möglichst klarzumachen, wie verrückt Dein momentanes Verhalten im Umgang mit Deinen Problemen ist. Ich will mich nicht in Deine persönlichen Probleme einmischen, aber ich interessiere mich für Dich und auch ich bin durch Phasen von Depression, Melancholie und Unsicherheit gegangen, die drohten, meine Bemühungen für die Zukunft zunichte zu machen.

Ich finde es schade, dass ich Dich in den letzten Jahren so wenig gesehen habe, während Du Dich so schnell entwickelt hast. Nun weiß ich kaum etwas über Dein Naturell und Deine Interessen. Anscheinend bist Du sensibel und intelligent und es ist wichtig, dass sich diese Talente normal und vollständig entwickeln und nicht einfach weggeworfen werden.

Ich weiß, das ist kein einfaches Thema, und ich weiß auch, dass es manchmal unmöglich erscheint, sich an unser Schulsystem anzupassen, wenn man intelligent und sensibel ist. Dennoch müssen wir Weisheit und Klugheit auf diesem oder einem anderen Weg erlangen [...].

Diese Errettungsphilosophie, der Du momentan erliegst, ist eine Verneinung, die keinen Platz im Amerika des 20. Jahrhunderts haben sollte. Wenn eines ganz klar ist, dann die Tatsache, dass wir in einem der wahrscheinlich wunderbarsten Länder aller Zeiten leben – in einem unsagbaren Wohlstand, mit einer ungeheuren Kraft im Dienste der Intelligenz, aber bereit, wenn wir uns unserer Verantwortung nicht stellen, uns zu zerstören. [...] Ich will nicht glauben, dass Du mit Deinen Talenten auf diese Herausforderung verzichten willst, für ein kontemplatives Leben, das keinen Wert besitzt, weil es die Realität ignoriert – für eine Religion, die in diesen Tagen ein Anachronismus ist – für das Festhalten an einem okkulten Mystizismus, deren Vertreter in diesem Land nur kommerzielle Interessen verfolgen. Ich weiß sehr wohl, dass wir in harten, unverfrorenen und unsympathischen Umständen leben, aber es sind auf jeden Fall keine dauerhaften, es verändert sich schnell und es unterliegt der Kontrolle. [...] Die Möglichkeiten für ein gutes Leben sind heute viel zahlreicher als in jedem anderen Zeitalter.

Ich freue mich sehr, dass Du Interesse an der Kunst zeigst. Ist es nur ein generelles Interesse oder überlegst Du, ob Du Maler werden solltest? Haben Dich die Möglichkeiten der Architektur jemals interessiert? Für einen echten Künstler ist das ein lohnendes Betätigungsfeld, wenn Verstand und unvorstellbarer Wohlstand des Landes echte Talente brauchen. Lloyd Wright, einer der besten Architekten des Landes, lebt und arbeitet in Los Angeles. Ich glaube nicht, dass er schon einen Markt für seine Leistungen gefunden hat, aber die Zeit ist nicht mehr fern, bis solche Männer bemerkt werden. Wenn Dich Architektur interessiert, ist es vielleicht eine günstige Gelegenheit, eine Lehre zu machen.

Ich habe wegen meines Interesses an der Wandmalerei, die ja auch etwas mit Architektur zu tun hat, auch schon darüber nachgedacht, ob ich nicht nach Los Angeles zurückkehren sollte, wenn ich mit Wright arbeiten könnte. Kennst Du die Arbeiten von Rivera und Orozco in Mexiko City? Das ist das Beste, was es seit dem 16. Jahrhundert gegeben hat. Die Creative Art vom Januar 1929 enthielt einen Artikel über Rivera, und die Arts vom Oktober 1927 einen Artikel über Orozco. Ich wünschte, Du könntest sie lesen, ebenso wie den Artikel von Benton in Creative Art vom Dezember 1928. Das sind Männer mit Vorstellungsvermögen und Intelligenz, die die Instrumente der modernen Welt kennen und nutzen. [...]

Glaub nicht schon jetzt, dass Du in dieser Welt einfach falsch bist und zu nichts taugst. Es gibt viele Dinge, die es wert sind, danach zu streben, und für die Deine Talente wichtig sind. Deinen Weg zu finden, ist sicher schwer, aber die Qual der Ungewissheit wird letztlich eine wichtige Erfahrung sein. Es gibt keinen einfachen Weg zur Freiheit. Der Weg zu dauerhafter physischer und geistiger Freiheit muss hart erkämpft werden.

Es wäre gut, wenn Du die Schule beenden würdest, wenn es Dir möglich oder erträglich erscheint, nicht weil es an sich etwas bedeutet, sondern weil ein Grundwissen nötig ist, wie unpassend es auch immer angeboten wird. Es sei denn, Du hast das Gefühl, dass Du es auch allein erreichen kannst. Ich würde die Religion aus Deinem Studienprogramm herauslassen, bis Deine emotionale Anpassung an das Leben stabiler ist. Psychologie ist wertvolle Lektüre – auch die Soziologie, und die Letztere ist praxisbezogener und mildert so die Launen der anderen.

Es würde mich sehr freuen, wenn Du mir mehr über Deine Interessen schreiben würdest.[19]

Der Brief schien Jackson aus seiner Lethargie und Depression zu reißen. Er interessierte sich wieder mehr für die Kunst und veränderte sich äußerlich. Seine ohnehin schon langen Haare ließ er sich monatelang nicht mehr schneiden. Offen missachtete er die Kleidungsgepflogenheiten der Schule: Das Hemd trug er offen, an den Füßen steckten die schweren Stiefel der Landvermesser.[20] Auch gegen die Vorgaben der Schulleitung, welche Kurse zu besuchen seien, rebellierte er. Statt Englisch, Geschichte, Naturwissenschaften, Mathematik und Kunst zu belegen, schrieb er sich in zwei Englischkurse (Amerikanische Literatur und Zeitgenössische Literatur) und zwei Kunstkurse ein: in Schwankovskys Zeichenunterricht und einen Töpferkurs.[21] Der Englischunterricht bereitete Jackson schon bald Probleme. Die Kurse erforderten, dass man in der Gruppe sprach – eine Tortur für den schüchternen Jackson. Er begann den Unterricht zu schwänzen und schaute irgendwann nur noch sporadisch vorbei.

Auch der Sport brachte Jackson wieder Ärger ein. Das Footballteam suchte Leute, die sich aufgrund ihrer Statur für das Footballspiel eigneten. Kurz vor dem wichtigen Spiel gegen die Poly High ging die Angst um, dass man gegen die ärgsten Konkurrenten verlieren könnte. Ein jeder, der auch nur den Anschein erweckte, den Sport zu beherrschen, wurde verpflichtet. Jackson weigerte sich und wurde in das Büro des Trainers beordert. Dort wurde er so wütend, dass es zu einem Handgemenge mit dem Coach kam. Die Angelegenheit endete damit, dass Pollock in das Büro des Direktors gerufen wurde. Dieser hatte genug von den Eskapaden seines Schülers und verwies ihn von der Schule.[22] In einem Brief an Charles und Frank gab Jackson seine Sicht der Dinge kund:

Ich bin wieder von der Schule verwiesen worden. Der Dekan der Sportfakultät und ich haben uns geprügelt. Wir waren beim Direktor, aber er war zu dumm, sich meine Sicht anzuhören. Er hat mich rausgeworfen und ich soll eine andere Schule finden. Einige Lehrer setzten sich für mich ein, deshalb gibt es eine kleine Chance auf meine Rückkehr. Wenn ich nicht zurück kann, weiß ich noch nicht, was ich tun werde. Ich habe darüber nachgedacht, nach Mexiko zu gehen, wenn man dort eine Existenz aufbauen kann. [...]

Wenn ich wieder zur Schule gehen darf, muss ich vorsichtiger sein. Mein ganzes Auftreten lässt alle denken, ich sei ein fauler Revolutionär aus Russland. Ich werde sehr zurückhaltend sein müssen, bis ich wieder einen besseren Ruf habe. Es bringt nichts, mit einer Kanonenkugel gegen eine Armee zu kämpfen.[23]

Zur selben Zeit war Pollock in ernste Probleme mit der Polizei verstrickt. Gemeinsam mit einem Freund hatte er zwei Mitschülerinnen, die hatten »ausreißen« wollen, Geld geliehen. In seinem Brief begründete er die Tat: »Wir haben es aus Freundschaft getan. Aber jetzt haben sie uns und ich bin nicht sicher, was dabei herauskommen wird. Die Strafe liegt bei sechs bis zwölf Monaten Freiheitsentzug. Weil wir minderjährig sind, wird es wahrscheinlich auf einen Jugendarrest hinauslaufen. Sie haben die Mädchen heute in Phoenix wiedergefunden und bringen sie zurück.«[24] Pollock wurde zwar nicht bestraft, durfte aber vorerst nicht wieder zurück zur Manual Arts, obwohl sich seine Lehrer für ihn einsetzten und auch Stella beim Direktor für die Wiederaufnahme ihres Sohnes warb. Traurig und deprimiert zog sich Jackson zurück. Die Rebellion der letzten Monate hatte nichts gebracht außer Ärger mit seinen Eltern und der Schule. Er stolperte von einer Krise in die nächste und wurde von Albträumen gequält; immer wieder trank er größere Mengen Alkohol. Sein Selbstvertrauen war auf dem Nullpunkt angelangt. In seinem Brief an Charles und Frank schrieb er: »Ich zweifle an meinem Talent, also was auch immer ich werden möchte, ich werde es nur durch viel Studium und Arbeit erreichen. Ich habe Angst davor, dass es gekünstelt und mechanisch wirkt.«[25]

Auf der Suche nach sich selbst und einem Ziel im Leben begann Pollock erneut, sich intensiver mit der Kunst auseinanderzusetzen. Er abonnierte die Kunstzeitschriften *Creative Art* und *The Arts* und berichtete enthusiastisch, dass ihm deren Lektüre einen ganz neuen Blick eröffne. Er befasste sich ausführlich mit den Muralisten und schrieb Charles, dass er sich von der Religion verabschiedet habe. Im gleichen Brief ging er auch auf seine sozialen Probleme ein: »Menschen haben mir immer Angst gemacht und mich gelangweilt, also habe ich mich in meine Schale zurückgezogen und materiell nichts erreicht. Tatsächlich ist das Sprechen in der Gruppe für mich so beängstigend, dass ich nicht mehr logisch denken kann.«[26]

Ab Januar 1930 durfte Jackson halbtags auf Probe wieder zur Schule gehen. Seinem Bruder Charles schrieb er am 31. Januar 1930:

Die Schule ist immer noch langweilig, aber ich habe mich mit den Regeln und dem Pausengeläut ein wenig abgefunden, weshalb ich in letzter Zeit keine Probleme hatte. Dieses Mal werde ich halbtags gehen, den Rest des Tages verbringe ich lesend und arbeitend hier zu Hause. Ich bin mir ziemlich sicher, ich werde viel mehr erreichen können. In der Schule besuche ich den Zeichen- und den Töpferkurs. Ich habe angefangen, ein bisschen was mit Ton zu machen, und hierfür ein wenig Zuspruch von meiner Lehrerin erhalten.

Ich sage es Dir ganz offen, meine Zeichnungen sind mies, es mangelt ihnen an Ungezwungenheit und Rhythmus, sie sind kalt und leblos. Sie sind das Porto nicht wert, um sie Dir zuzuschicken. [...] Ehrlich gesagt habe ich es auch noch nie richtig probiert und ein Bild zu Ende geführt, angeekelt verliere ich schnell das Interesse. Aquarellfarben mag ich, aber ich habe noch nicht viel damit gemacht. Obwohl ich glaube, dass ich Künstler sein könnte, habe ich bisher weder mir selbst noch jemand anderem bewiesen, dass es in mir steckt. [...]

Die sogenannte glücklichste Phase des Lebens, die Jugend, ist für mich eine verdammte Hölle. Wenn ich zu einem Schluss über mich und mein Leben gelangen könnte, würde ich vielleicht etwas entdecken, wofür es sich zu arbeiten lohnt. Meine Stimmung hellt sich mit Illusionen ein paar Wochen auf, dann aber geht es wieder steil bergab ins Nichts. Je mehr ich darüber nachdenke und je mehr ich lese, umso dunkler wird es um mich herum.[27]

Bemerkenswert ist, dass Pollock »Ungezwungenheit und Rhythmus« suchte, während die anderen Studenten bemüht waren, möglichst detailgetreu vom Original abzuzeichnen, und sich mit Perspektive, Licht und Schatten plagten. Die Ungezwungenheit schien für ihn essenziell wichtig zu sein. Er wollte sich von formalen Prinzipien lösen, ein Wunsch, der sein weiteres Arbeiten bestimmen sollte. Doch bemerkte er nur, dass er anders war als seine Mitschüler und die an sich selbst gestellten Forderungen nach Loslösung von konventionellen Prinzipien nicht erfüllen konnte, ohne gegen die Anforderungen der Lehrer zu verstoßen.

Jackson zeichnete inzwischen immerzu und überall, allerdings schien er das Gefühl zu haben, nicht wirklich voranzukommen. Zu groß war die Kluft zwi-

Jackson Pollock,
ca. 1930

schen dem, was er wollte und konnte, und dem, was die Lehrer verlangten. So verlagerte sich sein Interesse auf die Bildhauerei. Er mochte die Arbeit mit Ton und investierte viel Zeit und Kraft darin. Seine Arbeiten aus dieser Periode sind nicht erhalten, doch waren sie nach Aussagen von Zeitzeugen sehr abstrakt, wirkten immer unfertig. Als seine Lehrerin Hazel Martin meinte, er müsse auch einmal eine Skulptur fertigstellen, damit sie die Werke brennen könne, gab er zu ihrer Überraschung an, dass sie bereits fertig seien.[28] In jener Zeit erkannten die ersten Personen in Pollocks Umfeld, welche Kraft und Energie seinen Arbeiten innewohnte, insbesondere seine Skulpturen zeugten von einem besonderen Talent.[29] Auch an der Arbeit mit Hammer und Meißel hatte er Gefallen gefunden. Er kaufte Kalk- und Sandsteinblöcke und lagerte sie in Tolegians Atelier. Dort verbrachte er ganze Abende damit, auf die Quader einzuhämmern.

Auch im zweiten Semester war Jackson nur ein Schüler »auf Bewährung«. Er durfte den Kunstkurs von Schwankovsky und den Töpferkurs von Hazel Martin besuchen, doch wurden diese Kurse für den Abschluss nicht anerkannt.

Während andere junge Männer in Jacksons Alter längst das andere Geschlecht für sich entdeckt hatten, zeigte sich Pollock ganz mit sich selbst beschäftigt. Doch zu Beginn des Jahres 1930 wurde sein Leben um eine Erfahrung reicher: Er verliebte sich. Die Angebetete lernte er auf der Party eines Freundes kennen. Die Musikstudenten und -studentinnen der Manual Arts kamen häufig zusammen, um spontan zu musizieren; unter ihnen fand sich irgendwann im Januar 1930 auch eine junge Frau am Klavier.

Berthe Pacifico war eine kleine Person mit zarten Gesichtszügen und langen, schwarzen Haaren. Jackson war sofort begeistert von ihr und versuchte, ihr nahe zu sein. Berthe fühlte sich von Jacksons Bewunderung geschmeichelt. Sie mochte sein Lächeln und seine schüchterne und unbeholfene Art. Von den Pacificos wurde Jackson wie ein Familienmitglied aufgenommen; er aß häufig bei ihnen und blieb abends meist so lang, bis Berthe ihn dezent hinauskomplimentierte. Stundenlang lauschte er Berthe bei ihren Klavierübungen. Oft zeichnete er sie dabei, ihre Hände, ihr Gesicht, ihre Haare. Hunderte Zeichnungen fertigte er an, ließ sie jedoch keine davon sehen. Und obwohl er eigentlich kein Geld besaß, raffte er zusammen, was er auftreiben konnte, um ihr Geschenke zu kaufen. Waren Berthe und Jackson allein, so wollte er vor allem eines: Er sehnte sich nach Nähe und dem Kuss eines Mädchens. Sie zu küssen, so erzählte Berthe später, habe sie ihm jedoch nur einmal erlaubt.[30]

Im Juni 1930 kündigte sich Besuch an: Charles kam mit Frank aus New York zu einem Besuch an die Westküste. Charles, der wohl bemerkt hatte, dass Jackson Aufmerksamkeit brauchte, verbrachte viel Zeit mit seinem jüngsten Bruder. Die beiden fuhren nach Claremont und schauten sich ein Wandbild an, das Orozco gerade in der Mensa des Pomona College vollendet hatte.[31] Die Mensa ist ein sakral wirkender Raum mit Spitzbögen, hohen Fenstern und einer schweren Holzvertäfelung an Wänden und Decke. An der dem Eingang gegenüberliegenden Seite öffnet sich, hinter einem mehrfach gestuften Spitzbogen, eine Ni-

José Clemente Orozco, *Prometheus* (Mittelteil), 1930, Fresko, Pomona College, Claremont, Kalifornien

sche, in deren Zentrum sich ein Kamin befindet. Darüber hat Orozco seinen *Prometheus* gemalt. Halb stehend und halb kniend reckt der übergroße Held die Arme in den Himmel, um das Feuer zu erreichen; die Decke schmückt ein abstraktes Gebilde, aus dem Flammen züngeln. Um die kolossale Gestalt des Prometheus erstreckt sich ein Meer aus verlorenen Seelen, ein hoffnungsloses und ängstliches Menschengewirr in Grau- und Brauntönen. Von der linken Schmalwand blicken Zeus, Hera und Io zum Himmel empor. Die rechte Wand ist in zwei Register unterteilt: In der oberen Bildhälfte sind zwei Kentauren dargestellt, unten wird eine Frau von einer Schlange umschlungen. Wild lodert das Bild in Rot- und Gelbtönen, der Himmel ist in dunklem Blau gehalten, Spuren von Grün und hellerem Blau ergänzen die Farbkomposition. Es ist ein düsteres Bild, das Hoffnungslosigkeit, Schmerz und Qual suggeriert und dennoch voll roher Kraft erscheint.

Jackson war begeistert. Auch wenn er die Intention des Bildes nicht erkannt haben dürfte, so war es doch genau das, was er machen wollte. Für Pollock war der Anblick des Wandbildes eine fast religiöse Erfahrung, die ihn tief prägte: ein Bild als Ausdruck von Emotionen, das tiefe Gefühle beim Betrachter weckt. Charles erklärte ihm das Werk und dessen Entstehung. Auch erzählte er vom Künstlerleben in New York, von den Muralisten und von Thomas Hart Benton.

Jackson Pollock, Charles Pollock und Manuel Tolegian (v. l. n. r.), 1930

Pollocks Gedanken und Gespräche drehten sich fortan nur noch um die Kunst und um seinen älteren Bruder Charles, den er inzwischen zutiefst bewunderte und verehrte.[32]

Anfang September wollten Charles und Frank zurück nach New York.[33] Sie drängten Jackson, mit ihnen zu gehen und sich dort ganz seiner Kunst zu widmen. Jackson musste nur kurz überlegen. An der Manual Arts hatte er keine Zukunft mehr. Seine Freundin Berthe lehnte zwar die Bitte ab, ihn zu begleiten, doch hatte dies auf seine Entscheidung keinen Einfluss mehr. Jackson war bereit, seinem neuen Ziel alles andere unterzuordnen: Er wollte nach New York und dort Kunst studieren. Sein großes Interesse galt dem Barock; er wollte malen und Skulpturen schaffen, wie es die Barockkünstler einst taten. Dies konnte er nur bei Charles' Lehrer Benton.[34] So verließen die drei Pollock-Brüder Los Angeles im September 1930 und machten sich in einem uralten Buick auf den Weg nach New York.

Kapitel 4
Neustart in New York (1930–1931)

Ende der 1920er Jahre schlingerten die USA und mit ihnen die gesamte Weltwirtschaft in eine Rezession. Überproduktionen von Konsumgütern und Agrarprodukten konnten nicht mehr abgebaut werden, viele Fabriken mussten schließen. Im Herbst 1929 erlitt die New Yorker Börse einen gewaltigen Kurssturz, der viele Vermögen vernichtete. Millionen von Menschen wurden arbeitslos, verloren ihre Wohnungen und litten Hunger. Die Slums der Vorstädte wuchsen dramatisch an, denn es traf nicht nur die Ärmsten. Auch Mittelstand und Oberschicht waren plötzlich existenziell bedroht.

Für den achtzehnjährigen Pollock war New York selbst ein Jahr nach dem furchtbaren Börsenkrach eine aufstrebende Stadt. An allen Ecken wurde gebaut; die Skyline von Manhattan, die bis heute beeindruckende Silhouette der Stadt, entstand und avancierte zum Wahrzeichen des modernen Amerika. Wolkenkratzer wie das Empire State Building (1929–31), das Chrysler Building (1928–30) und das Bank of Manhattan Company Building (1929/30) wurden zum sichtbaren Ausdruck eines neuen Selbstbewusstseins der USA. Im Gegensatz zu den Kleinstädten, in denen Jackson aufgewachsen war, und dem eher geruhsamen Los Angeles war New York eine lebhafte Metropole, die nie zur Ruhe kam – bunt, quirlig und ein Schmelztiegel der Kulturen.

Die New Yorker Kunstszene war für Pollock etwas Neues und Spannendes. Die Begegnung mit anderen Künstlern, die großen Museen und Galerien – das alles beeindruckte den jungen Mann aus dem Westen. Die Mehrzahl der amerikanischen Künstler und die wenigen Galerien des Landes konzentrierten sich damals auf die heimliche Hauptstadt der USA. Im Stadtteil Greenwich Village lebten Künstlergrößen wie Marcel Duchamp (1887–1968), Alfred Stieglitz (1864–1946), Georgia O'Keeffe (1887–1986), Edward Hopper (1882–1967) und Stuart Davis (1894–1964). Auch die Mitglieder der Ashcan School, einer Künstlergruppe des amerikanischen Realismus, hatten sich hier versammelt, ebenso wie die Regionalisten um Thomas Hart Benton, mit ihren typischen Darstellungen des ländlichen Amerika.

Seit der Armory Show von 1913 – einer gigantischen Ausstellung, auf der rund 1250 Exponate der Moderne von amerikanischen und europäischen Künstlern gezeigt worden waren –, war eine Diskussion um die Identität und die Ausrichtung der amerikanischen Kunst im Gange.[1] Standen noch zu Beginn des 20. Jahrhunderts die Künstler der von Stieglitz gegründeten Galerie 291 im Zentrum der Debatten, wuchs bald auch die Aufmerksamkeit für die Maler realistischer urbaner Motive der Ashcan School um John French Sloan (1871-1951), Robert Henri (1865-1929) und dessen Schüler Edward Hopper. Nach dem Zweiten Weltkrieg wurde diese Bewegung von den Regionalisten abgelöst, die sich von der europäischen Malerei lossagten, um eine originäre amerikanische Malerei in der Darstellung des amerikanischen Landlebens zu finden.

Die Armory Show hatte nicht nur die Künstler elektrisiert, auch die amerikanischen Sammler begannen nun, Kenntnis von den einheimischen Künstlern zu nehmen. Legendär wurde in diesem Zusammenhang der Salon des Stahlbarons Walter Conrad Arensberg und dessen Frau Louise: In ihrem New Yorker Appartement trafen sich zu manchen Zeiten jede Nacht Künstler und Intellektuelle, um zu rauchen, zu trinken und zu diskutieren. Aus diesem Zirkel heraus gründete sich die erste amerikanische Künstlervereinigung, die Society of Independent Artists, deren erste Ausstellung 1917 gleich den großen Durchbruch brachte, nachdem ihr Präsident Marcel Duchamp mit seinem signierten Pissoir *Fountain* für einen handfesten Skandal gesorgt hatte. 1920 gründeten

Eingang zur Armory Show, 69th Regiment Armory, New York, 1913

Blick in die Ausstellungsräume der Armory Show, 1913

Katherine S. Dreier und Duchamp zudem die Société Anonyme, eine Künstlerorganisation zur Förderung und Verbreitung der modernen Kunst in Amerika. Bis 1943 wurden über hundert Ausstellungen, Lesungen und Symposien organisiert.

Eine weitere bedeutende Kunstförderin, Gertrude Vanderbilt Whitney, hatte 1918 in Greenwich Village den Whitney Studio Club gegründet, um den jungen amerikanischen Künstlern eine Ausstellungsplattform zu bieten. Als das Metropolitan Museum of Art die Schenkung ihrer Sammlung von 700 Kunstwerken amerikanischer Künstler ablehnte, entschloss sie sich kurzerhand zu der Gründung eines eigenen Museums: 1931 entstand das Whitney Museum of American Art, das sich ausschließlich der amerikanischen Kunst des 20. Jahrhunderts widmet. Damit hob es sich von den bereits bestehenden großen New Yorker Häusern des Museum of Modern Art (MoMA) und des Metropolitan Museum ab, die sich weitgehend der europäischen Kunst verschrieben hatten. Auch die Galerieszene lebte auf. 1931 gründete Pierre Matisse, der Sohn des berühmten französischen Malers Henri Matisse, in Manhattan eine Galerie. Die entsprechenden Ausstellungsräume richtete er im Fuller Building, heute Flatiron Building genannt, ein. Im gleichen Jahr eröffnete auch der Kunsthändler Julien Levy eine Galerie an der Madison Avenue.

Das Gebäude der
Art Students League,
215 West 57th Street,
New York

Jackson kam in den ersten Wochen bei seinem Bruder Charles in dessen Wohnung am Union Square unter.² Er schlief auf der Couch und verbrachte die Tage mit seinem großen Bruder, der ihn mit New York vertraut machte und in die lokale Kunstszene einführte. Geld verdiente Jackson keines; er lebte von dem, was ihm Charles in die Hand drückte, und dem Taschengeld, das er von seiner Mutter Stella erhielt. Während Jackson auf seine Einschreibung an der Art Students League wartete, belegte er einen Kurs für Bildhauerei bei dem Künstler Ahron Ben-Shmuel am Greenwich House, einem Nachbarschaftsprojekt in der Nähe von Charles' Wohnung.³ Am 29. September 1930 konnte er endlich das ersehnte Studium an der Art Students League beginnen, woraufhin er eine kleine Wohnung in der 240 West 14th Street bezog.⁴

Die Art Students League war in einem vornehmen, im Stil der Neorenaissance errichteten Gebäude in der 57th Street untergebracht. Die Schule war 1875 gegründet worden, von Lemuel E. Wilmarth und einigen Schülern der National Academy of Design, die einen neuen, weniger akademisch geprägten Schultypus kreieren wollten, der sich an die Arbeit der Pariser Ateliers anlehnen sollte. Die Studierenden durften ohne akademische Zwänge lernen und arbeiten, sie mussten keine Pflichtkurse belegen und es gab weder akademische Grade noch Anwesenheitslisten. Die Einschreibung erfolgte von Monat zu Monat neu; es war erlaubt, einen Kurs so lange zu besuchen, wie man wollte, sofern man nur die monatliche Kursgebühr von zwölf Dollar aufbringen konnte. Alle wichtigen Entscheidungen wurden im sogenannten Kontrollrat getroffen, einem Gremium aus zwölf Studenten und Lehrern, die von den Lernenden und den Lehrenden gewählt wurden.

Für Jackson war die Schule ein fantastischer Ort: keine Sportfanatiker, keine Kleidungsvorschriften, stattdessen Kunstkurse, die nach Wahl besucht werden konnten – welch ein herrlicher Platz zum Studieren und Arbeiten! Jackson entschied sich sogleich für einen Zeichenkurs bei Charles' Lehrer Thomas Hart Benton. Stilbildend für eine ganze Generation amerikanischer Maler wurde dieser auch für Jackson rasch zum bewunderten Archetyp des männlichen Künstlers. Benton, als Chauvinist verrufen, bot in seiner Mischung aus künstlerischem Streben und übertrieben zur Schau getragener Männlichkeit ein geradezu heroisches Vorbild für den jungen Jackson.

Thomas Hart Benton (Fotograf: Carl van Vechten)

Benton war 1889 in Missouri geboren worden. Sein Vater, ein Kongressabgeordneter der Demokraten, galt als Verfechter der Interessen des »kleinen Mannes«, obwohl die Familie wohlhabend war. Als sich ihr Sohn für den Berufsweg des Künstlers entschloss, waren die Bentons dagegen, weil sie fürchteten, ihr Sohn könnte so werden, wie die gehobene Gesellschaft Washingtons, die ihnen dekadent erschien. Doch obgleich sich Thomas Hart mit seinem Berufswunsch durchsetzte, führte er in gewisser Weise auch die Familientraditionen fort. Er wollte, dass sich die Kunst an den Bedürfnissen der kleinen Leute orientierte, und als Patriot war er außerdem der Ansicht, dass es eine eigene amerikanische Kunst geben müsse, die mit der europäischen auf einer Stufe zu stehen habe. Er glaubte fest daran, dass Kunst etwas bewirken und eine Gesellschaft verändern könne, wenn der Künstler dies nur wolle. 1908 verließ der junge Benton Amerika und ging nach Paris, um dort Kunst zu studieren. Er besuchte die Ausstellungen der Impressionisten, kam mit dem Kubismus in Kontakt und setzte sich intensiv mit dem Schaffen Paul Cézannes (1839–1906) auseinander. An der Kunstschule der Académie Julian, einem Treffpunkt der amerikanischen Künstler in Paris, lernte er die Synchromisten Stanton Macdonald-Wright (1890–1973) und Morgan Russell (1886–1953) kennen und versuchte sich in den folgenden Jahren an der Weiterentwicklung der Kunsttheorien Cézannes und der Kubisten. Er wurde einer der ersten abstrakten Künstler Amerikas, doch während sich seine Kollegen erst allmählich der abstrakten Malerei zuwandten, war Benton bald desillusioniert und wollte nichts mehr davon wissen.[5] Er glaubte, dass diese Kunst Amerikanern nichts vermitteln könne; die Ideen der Europäer waren für ihn intellektuelle Spielereien fernab der amerikanischen Wirklichkeit. 1913 kehrte er in die USA zurück und arbeitete an einem eigenen Stil. Er verdingte sich zunächst als technischer Zeichner für die US-Navy, bevor er sich 1920 in New York niederließ und in dem für ihn typischen regionalistischen Stil zu malen begann.

Im Jahr 1929 erhielt er seinen ersten großen Auftrag. Es galt, eine Serie großformatiger Wandgemälde zu erschaffen, die Motive aus der amerikanischen Geschichte und Kultur darstellen sollten. Für Benton hatte die Wandmalerei eine besondere Bedeutung: »Die leeren Wände versetzen mich in einen erhabenen Gemütszustand, sie bündeln meine Energie. [...] Ein ungestümes Gefühl der Freiheit überkommt mich. Nichts interessiert mich mehr. Wenn ich erst einmal an der Wand stehe, male ich mit absoluter Sinnenlust.«[6] Zeitgleich mit dem mexikanischen Muralisten Orozco begann Benton 1930, die Wände der New School for Social Research auszuschmücken. Orozco schenkte der Mensa das Epos *A Call for Revolution and Universal Brotherhood*, ein Werk, das Lenin, Gandhi und den mexikanischen Rebellenführer Felipe Carrillo verherrlicht und den Humanismus sowie Sozialismus preist. Benton schuf *America Today*, eine Serie von zehn großformatigen Tafeln, deren Bildinhalte aus den Skizzen entstanden waren, die Benton in den Sommern zuvor auf seinen Reisen durch Amerika angefertigt hatte. Auf den Tafeln mit bedeutungsschwangeren Titeln wie *Deep South*, *Midwest*, *Steel*, *Coal*, *Instruments of Power*, *City Building* oder *City Activities with Subway* setzte Benton dem modernen Amerika – den Arbeitern und Bauern, dem technischen Fortschritt und der amerikanischen Industrie – in der ihm eigenen plakativen Malweise ein Denkmal. Die Bilder verraten allerdings wenig über den tatsächlichen Zustand des Landes zum Zeitpunkt ihrer Entstehung, denn sie heroisieren eine durch die Weltwirtschaftskrise bereits untergegangene Epoche. Von der Großen Depression, den fünf Millionen Arbeitslosen und den leeren Fabrikgebäuden erfährt der Betrachter hier nichts. Benton erschuf stattdessen das Bild eines aufstrebenden und fortschrittlichen Amerika, das sich zu neuen Höhen aufschwingt. Er malte lebensgroße, muskulöse Arbeiter, Maschinen in dynamischer Bewegung und eine urbane, in Vergnügungen schwelgende Gesellschaft. Nur am Rande lässt Benton Kritik aufkommen, indem er der Dekadenz der Städte das puritanische Landleben entgegensetzt. Man spürt Bentons Unbehagen angesichts der aufkommenden Macht maschineller Technologien, die die Lebenswelt der Menschen verstärkt zu beherrschen scheinen; auch Rassenprobleme lässt Benton hier und da anklingen. Ein Bild, das sich der aktuellen Entwicklung Amerikas

Thomas Hart Benton, *City Activities with Subway*, 1930/31, Tempera und Öllasur auf Leinen, The Metropolitan Museum of Art, New York

annimmt, malte Benton indes erst gegen Ende der Arbeiten; die Auswirkungen der Wirtschafts- und Finanzkrise waren inzwischen zu deutlich geworden, als dass man sie noch länger hätte ignorieren können. In dem Wandbild mit dem Titel *Outreaching Hands* vereinte er die ökonomischen Gegensätze des Landes: Links sind die ausgestreckten Hände der Armen zu sehen, die nach Brot verlangen, rechts die Hände von Börsenspekulanten voller Geld. Im Hintergrund ragt ein Gefängnisbau mit vergitterten Fenstern empor.

Die Bilder transportieren die Aussage: »Seid stolz auf euer Land!« Benton wollte die Menschen in ihrer Hoffnung bestärken, dass die USA sich aus der wirtschaftlichen Depression befreien könnten, indem er an den Pioniergeist erinnerte, der das Land einst vorangebracht hatte, und an das amerikanische Nationalgefühl appellierte: »Amerikanische Kunst«, betonte Benton, »kann nicht von einem Künstler geschaffen werden, wenn er nicht den amerikanischen Weg lebt, sich nicht wie ein Amerikaner benimmt und nicht in Amerika leben möchte.«[7] Ebendies hatte sich Benton während seiner Reisen durch das Land auf die Fahnen geschrieben. Er hatte mit den Menschen gelebt, sich mit ihnen unterhalten und ihren Lebensstil aufgesaugt. Mit seinen Werken stieg

Thomas Hart Benton, *Outreaching Hands*, 1930/31, Tempera und Öllasur auf Leinen, The Metropolitan Museum of Art, New York

Benton zu Beginn der 1930er Jahre, gemeinsam mit den Künstlern Grant Wood (1891–1942) und John Steuart Curry (1897–1946), zu einem der führenden Vertreter des Regionalismus und des American Scene Painting auf.

Orozcos und Bentons Wandgemälde lösten in den USA heftige Diskussionen aus. Die Konservativen verabscheuten Orozcos sozialistische Revolutionsmalerei und riefen dazu auf, Benton zu folgen. Ihnen gefiel die Idee, eine eigenständige amerikanische Malerei zu entwickeln. Linke Gewerkschafter hingegen kritisierten Benton und sein Werk, sie lobten Orozco und die anderen Muralisten. Auch viele Künstlerkollegen vermochten sich mit Bentons Malerei nicht anzufreunden, sie empfanden seine Gemälde als geschmacklos und langweilig.

Als Pollock im September 1930 in New York ankam, hatte Benton den Zyklus *America Today* fast fertiggestellt. Das Projekt begeisterte Pollock; häufig drückte er sich in der Nähe der New School herum, in der Hoffnung, seinem Lehrer bei der Arbeit zuschauen zu dürfen. Bei diesen Gelegenheiten versuchte er auch, sich nützlich zu machen. So posierte er für seinen Meister, damit dieser Details malen konnte, wusch Pinsel aus, rührte Farben an und säuberte den Boden. Gelegentlich erhielt er dafür ein paar Dollar, doch war es Pollock schon Belohnung genug, seinem Idol bloß zusehen zu dürfen. Seinem Vater schrieb er: »Benton gehört inzwischen zu den wichtigsten amerikanischen Malern der Gegenwart. Er hat die Kunst aus den muffigen Ateliers ans Licht der Welt gebracht, das ist sehr wichtig für die Menschen.«[8]

Bentons Unterrichtsraum, das »Atelier 9«, lag im fünften Stock direkt unter dem Dach der Art Students League. Dort oben war es ruhig, kaum ein Student verirrte sich hierher. Durch zwei Dachfenster drang ein sanftes Licht herein und tauchte den Raum in einen diffusen Schimmer. Bentons Unterricht fand werktags von 19 bis 22 Uhr statt; etwa zehn bis zwölf Studenten nahmen regelmäßig daran teil. Ein Freund ausführlicher Anleitungen oder gar tiefsinniger Vorträge war Benton nicht. Bisweilen ließ er sich tagelang nicht im Unterricht blicken und überließ es stattdessen seinen älteren Studenten, die Arbeiten der Anfänger zu kontrollieren und zu bewerten. Zweimal in der Woche, meist dienstags und donnerstags, schaute Benton jedoch vorbei und gab ein persönliches Urteil ab. Eilig kam er dann die Treppe heraufgelaufen, betrat den Raum und rief noch im Türrahmen barsch: »Jemand Interesse an einer Kritik?«[9] Antworteten die Studenten nicht sogleich, machte er auf dem Absatz kehrt und verschwand. Wünschte man aber seine Meinung zu hören, so trat er vor das Werk des Studenten und erging sich in allgemeinen Lehrsätzen oder führte Korrekturen mit Stift und Zeichenkohle aus. Benton legte großen Wert auf die besondere Herausarbeitung der Muskelgruppen, Oberflächen waren für ihn von eher untergeordneter Bedeutung. Die Linie und der Raum waren für Benton wichtiger als die Farben. Seine Werke kennzeichnet ein bewusst plastischer Stil, den er auch seinen Studenten zu vermitteln suchte. Die Modelle für seine Studenten wählte er deshalb nach der Körperform aus und ließ sie ihre Konturen noch durch entsprechende Posen betonen. Er ermutigte seine Studenten sogar, die Landschaft eines menschlichen Körpers durch das Abtasten der Modelle kennenzulernen, einen jeden Knochen und Muskel zu erfühlen. Die Schüler sollten »die Weichheit, die Spannungen, die Aus- und Einbuchtungen, die einen menschlichen Körper ausmachen, klar verstehen und ausdrücken können«[10]. Zudem empfahl er den Studenten eindringlich, die Arbeiten der alten Meister der Renaissance und des Barock zu studieren – und tatsächlich sind es vor allem El Grecos überstreckte Körperformen, die Pollocks Skizzenbücher in jenen Jahren füllen. Benton selbst übernahm auf vielen seiner Bilder die räumliche Aufteilung und die figurativen Grundformen El Grecos und Tintorettos, so etwa in seinem Gemälde *The Ballad oft the Jealous Lover of Lone Green Valley* (1934), in dem auch Jackson als Mundharmonikaspieler auftaucht. Aber auch die Werke Rubens' und Michelangelos gehörten zu Bentons bevorzugten Studienobjekten. Der Lehrer forderte von seinen Studenten, genau hinzuschauen. Der Künstler Mervin Jules, ein ehemaliger Student der Art Students League, erinnerte sich später an die Strapazen, die ihnen Benton bei der Analyse der alten Meister auferlegte: »Jeder Teil des Bildes musste in rechteckige Formen unterteilt und dann rekonstruiert werden – alles von der Hüfte eines Pferdes bis zur Windung einer ausgestreckten Hand. Dann mussten die Lichtverhältnisse analysiert werden. Wenn wir damit fertig waren, mussten wir transparentes Papier auf die Zeichnungen legen und die Bilder in Schwarz-Weiß nachzeichnen, um die Lichtverhältnisse abzubilden.«[11] Obwohl Benton die Kunst der Kubisten als unästhetisch ablehnte, nutzte er deren Techniken der Reduzierung auf geometrische Grundformen, um einen Bildraum zu vereinfachen und dadurch begreifbar zu machen. Komplexe Bildkompositionen zu fragmentieren, zu reduzieren und dann zu übertragen hatte allerdings im 16. Jahrhundert schon der italienische Maler Luca Cambiaso erprobt.[12]

Benton verlangte viel von seinen Studenten. Viele trauten sich anfangs kaum, um die Meinung des Lehrers zu bitten, sie warteten lieber ab. Auch Jackson fürchtete sich vor der Kritik Bentons, weshalb er in den ersten Wochen kaum ein einziges Wort mit seinem Lehrer wechselte. Nach den Annehmlichkeiten bei Schwankovsky muss Bentons formalistische Strenge für Jackson sehr einschüchternd gewesen sein. Der Lehrmeister erinnerte sich 1959 an Jacksons

Thomas Hart Benton, *The Ballad of the Jealous Lover of Lone Green Valley*, 1934, Tempera und Öl auf Leinwand, Spencer Museum of Art, University of Kansas, Laurence, Kansas

erste Monate an der Art Students League: »Jackson war komplett neben sich, es war ihm unmöglich, während des Zeichnens eine logische Abfolge einzuhalten. Man konnte ihm schlichtweg nichts beibringen.«[13] Wie Benton in seiner Autobiografie schreibt, glaubte er zu Beginn, dass Pollocks zeichnerisches Talent eher gering ausgeprägt sei.[14] Wirft man jedoch einen Blick auf die Skizzenbücher Pollocks aus seinen Studententagen, muss Benton widersprochen werden. Der junge Künstler war sehr wohl in der Lage, Bildräume und Proportionen korrekt zu erfassen, zu analysieren und nach Bentons Methode wiederzugeben, wenn auch nicht in dem Maße, wie der Meister das vielleicht von seinen Schülern erwartete. Wichtiger als Talent waren für Benton jedoch der innere Wille und die Leidenschaft für die Kunst – und beides habe Pollock im Überfluss besessen.[15] Zudem sei er ein gelehriger Schüler gewesen, der ein feines Gespür für Farbe und Rhythmus offenbart habe: »Jackson verlor regelmäßig die Proportionen, aber er erfasste instinktiv den Rhythmus, der den Figuren innewohnt.«[16]

Nach den verspielten Experimenten bei Schwankovsky und den Theosophen mit ihrem Streben nach vollkommener Freiheit war die harte Arbeit bei Benton eine Tortur für Pollock. Seinen Missfallen erregte vor allem das »Kopieren«, bei dem über die Abbildungen von Gemälden ein transparentes Papier gelegt wurde, um in der Folge die wichtigsten Figuren durchzuzeichnen. Auf diese Weise sollten die Studenten deren räumliches Verhalten und deren Beziehung zueinander erkennen. Benton erklärte dazu: »Was ich wollte, waren keine Kopien, auch keine kubistischen Kopien, sondern dass die Schüler eine plastische Vorstellung bekamen.«[17] Pollock schien nicht über die Geduld zu verfügen, um sich auf ein derart stupides Arbeiten konzentrieren zu können. Er legte sein Transparentpapier grundsätzlich neben die Gemälde und begann, diese freihändig nachzuzeichnen. Dabei konzentrierte er sich ganz auf die Köperstrukturen, Gesichter deutete er nur als ovale Konturen an, auf eine Darstellung der Hände verzichtete er meist. Dieser Umstand brachte ihm nach seinem Tod den Ruf ein, weder Hände noch Gesichter zeichnen zu können.

Pollock arbeitete wie besessen. Stundenlang saß er vor dem Zeichenblock und widmete auch der Ausarbeitung kleinster Details eine Ewigkeit. Wieder und wieder korrigierte er die Zeichnungen, bis sie seinen Vorstellungen annähernd entsprachen, denn wirklich perfekt waren sie für ihn nie. Oft kritzelte er mit dem Bleistift so lange über das Papier, bis die Konturen kaum noch zu erkennen waren; viele Stellen auf seinen Zeichnungen sind fast gänzlich schwarz. Betrachtet man die Skizzen und vergleicht sie mit denjenigen von Benton, wird erkennbar, dass Jackson die Figuren weniger stark fragmentierte und in eckige Grundformen zerlegte. Sein Stil ist weniger abstrakt und kubistisch, seine Arbeiten bleiben näher am Original: Die Formen sind sanfter und runder und die Darstellungen von Licht und Schatten realistischer als bei Benton.

Pollock konnte also durchaus zeichnen. Erst der verzweifelte Versuch, die Zeichnungen nach Bentons Vorgaben zu verändern, führte zu den extremen Schraffuren und Kritzeleien, die seine Arbeiten auszeichnen. Pollocks Anspannung und Qual sieht man den Skizzenbüchern förmlich an, seine Studien zeugen vom fortwährenden Kampf mit dem Zeichenstift. Charles bemerkte einmal, dass »Jacksons Zeichnungen vom lebenden Objekt nicht die gleiche Atmosphäre hatten, wie die einiger Studenten [...], aber malerisch waren sie, ja. Und in Jacks Analyse war nicht die einzelne Linie wichtig, sondern eine Gruppe von Linien.«[18] Dennoch hielt sich hartnäckig die These, Jackson habe das Zeichnen nicht beherrscht.

Zwischen Benton und Pollock entstand rasch eine freundschaftliche Beziehung, die manche auch als Vater-Sohn-Verhältnis beschrieben.[19] Benton mochte Jackson und dessen rohe und unkultivierte Art, der Junge aus einfachen Verhältnissen war ganz nach seinem Geschmack. Auch Jackson war auf Anhieb von seinem Lehrer begeistert und genoss die Aufmerksamkeit eines väterlichen Freundes. Benton übte einen großen Einfluss auf Pollock aus, der selbst dann anhielt, als sich Pollock schon lange von Bentons Art zu malen verabschiedet hatte und seiner eigenen Wege ging. Sein ganzes Verhalten, sein Umgang mit Alkohol, seine vulgäre Ausdrucksweise, seine Aggressivität – Jackson hatte sich bei seinem Lehrer einiges abgeschaut. Pollock übernahm damals vermutlich auch die Ansichten Bentons das andere Geschlecht betreffend. Der Lehrer ignorierte seine Studentinnen geflissentlich und war der Meinung, »Frauen sollten keine Künstler sein«, wie sich Studentinnen später erinnerten.[20] Bentons Figuren sind betont männlich wiedergegeben, sie verfügen über maskuline Züge mit ausgeprägten muskulösen Körperformen und sind in heroischen Posen als Arbeiter und Bauern auf dem Feld, in Fabriken, in Bordellen oder beim Sport dargestellt. Die trinkenden, lachenden, schuftenden und fluchenden Männer des Westens wurden von ihm glorifiziert.

Pollock war bemüht, Bentons Stil und dessen Bild vom amerikanischen Mann nachzueifern. Viele Schüler der damaligen Zeit begeisterten sich für den Regionalismus, doch für Jackson war dieser mehr als nur eine künstlerische Richtung, er war eine Lebensphilosophie. Und wenn Benton sich als »Western Artist« sah, dann wollte auch Jackson ein Künstler aus dem Westen sein. Er begann über seine Familie zu sprechen, erzählte Geschichten vom Wilden Westen, von seiner Kindheit auf einer Ranch, von der Wüste und den vielen Entbehrungen. Er kleidete sich wie ein Cowboy, trug Jeans, Hut und Cowboystiefel. Bentons Ansicht, die USA als Quelle künstlerischen Ausdrucks zu nutzen, wurde für Pollock – auch hinsichtlich der Selbstinszenierung – zur Maxime.

Für die meisten Studenten war Pollock ein unnahbarer und zurückhaltender Kommilitone, der nur selten seine Meinung äußerte. Der Maler George McNeil schilderte ihn rückblickend als schüchtern und still: »Er war oft allein, er hasste Menschenmassen, besuchte nur selten Vernissagen und suchte in Ausstellungen immer die Räume, in denen sich wenige Menschen aufhielten. Nur wenn er getrunken hatte, kam er aus sich heraus, und er trank viel. Dann war er ein Macho, er fühlte sich stark und groß.«[21] Von der plötzlichen Wesensänderung, die bei Pollock infolge des übermäßigen Alkoholgenusses eintrat, erzählten später viele seiner damaligen Freunde. Sie beschrieben, wie aus einem ruhigen Menschen plötzlich ein aggressiver und großmäuliger Chauvinist und Choleriker wurde, bei dem der Alkohol sämtliche Hemmungen fortzuspülen schien.

Doch Pollocks ausschweifender Alkoholkonsum war inzwischen wohl auch einem anderen Umstand geschuldet: Er ertränkte seine Depressionen und die Frustration über die Qualen beim Zeichnen in Alkohol. Die anfängliche Euphorie über den Neubeginn in New York und die Entdeckung seiner künstlerischen Ambitionen schienen der Angst vor den eigenen Unzulänglichkeiten zu weichen. Immer häufiger verschwand Jackson in Bars und betrank sich dort hemmungslos. Während er tagsüber wie ein Wilder arbeitete, gab er sich nachts dem Alkohol hin, um den nächsten Tag zu überstehen. Jackson geriet in dieser Zeit zum ersten Mal in den Teufelskreis aus Frustration, Depression und Alkoholsucht. Sein Bruder Charles versuchte immer wieder, Jackson aufzurichten und ihm Mut zu machen. Doch Jackson verweigerte Hilfe und Trost. Er vergrub sich hinter einer Wand aus Verbitterung, Ärger, Schweigen und Groll. In diesen ersten Jahren in New York verwandelte er sich in den grantigen, schwermütigen Menschen, der er zeit seines Lebens bleiben sollte.

In dieser Zeit ließ Jackson nur wenige Personen an sich heran. Zu ihnen gehörte Bentons Ehefrau Rita, eine warmherzige und lebhafte Frau mit dunklen Haaren und ebenso dunklen Augen. Sie stammte aus Italien und war sehr stolz darauf. Ihren Akzent pflegte sie mit Hingabe, da Englisch in ihren Augen eine barbarische Sprache war.

Schon zu Jacksons Lebzeiten wurde gemunkelt, er habe eine Affäre mit Rita Benton gehabt – ein Gerücht, zu dem er selbst nicht wenig beitrug, indem er seinem Bruder Frank und einigen Freunden von einer sexuellen Beziehung zu Rita erzählte.[22] Diese hatte anscheinend heftig mit dem jungen Künstler geflirtet. Wie Jackson später seiner Frau Lee Krasner erklärte, sei Rita eine Frau gewesen, die mit ihren Reizen sehr gut umzugehen verstand. Sie habe ihn verführt, ihn dann jedoch, als es schließlich zum Äußersten kommen sollte, plötzlich abgewiesen.[23] Einem Freund antwortete Lee später auf die Frage, ob Pollock eine Affäre mit Rita Benton gehabt habe: »Absolut nein. Das hätte er mir gesagt. Jackson hat mir alles gesagt.«[24] Auch Charles war sich sicher, dass das Gerücht nicht stimmte, und fügte überdies hinzu, dass Tom Benton ein solches Verhältnis nicht ohne Weiteres geduldet hätte.[25] Benton selbst schrieb später einmal: »Er [Pollock] sagte Rita, dass sie die ideale Frau sei und die einzige, die er jemals geliebt habe. So rührselig dies auch klang, wir wissen, dass etwas Wahres daran war. Er liebte Rita und hat sich stets daran erinnert, wie sie auf ihn achtete, als seine Lage als junger Künstler hoffnungslos schien.«[26] Einem Sammler erzählte Benton allerdings bei anderer Gelegenheit, dass seine Frau Jackson »die Feuertaufe im Bett« gegeben habe.[27]

Die Studenten mochten Rita Benton vor allem deshalb, weil sie regelmäßig am Sonntagabend zu einem gemeinsamen Essen lud. Rita kochte Spaghetti und die Studenten steuerten Getränke bei. An einem dieser Sonntagabende brachte Benton auch die Pollock-Brüder mit, und da Rita sofort von Jackson angetan war, war er von da an einmal pro Woche bei den Bentons zu Gast. Sie wurden rasch zu einer zweiten Familie für ihn. Jackson verdiente sich ein paar Dollar hinzu, indem er den Benton-Sprössling beaufsichtigte, die Fenster und Böden putzte oder Kleinigkeiten reparierte. War er einmal krank, so kümmerten sich die Bentons um ihn.[28] Alkoholische Getränke rührte Jackson bei ihnen nur selten an; Tom und Rita fielen aus allen Wolken, als sie schließlich von seiner Trunksucht erfuhren. Offenbar fühlte er sich in der Familie so wohl, dass ihm das Trinken nicht nötig erschien. Hier fand er das liebevolle Familienleben, das er in seiner Kindheit nicht kennengelernt hatte. Die Ehe der Bentons muss Pollock fasziniert haben. Benton gab sich zwar gern den Anschein völliger Unabhängigkeit, brauchte seine Frau jedoch. Während er sich ganz auf seine Karriere konzentrierte, organisierte sie den Haushalt, sein Leben und seine Geschäfte. Über seine Machoallüren sah sie meist hinweg oder fuhr ihm kurz entschlossen über den Mund. Sie entschuldigte seine Ausbrüche und wies ihn zurecht, wenn er fluchte oder zu viel trank. Trotz Bentons aufgesetzter Männlichkeit war die Ehe tatsächlich immer gleichberechtigt.[29]

Viele Stunden verbrachte Jackson mit Thomas Piacenza Benton, genannt T. P., dem kleinen Sohn der Familie. Er spielte mit ihm oder erzählte Geschichten aus dem Wilden Westen. Im Mittelpunkt der Geschichten, die sich um wilde Hengste, wütende Stiere, einsame Wölfe, Goldminen und Lagerfeuer drehten, stand stets der »freche Jack«. Der Held kämpfte mit zahlreichen Unwägbarkeiten, gegen Indianer, Stürme, die unbarmherzige Wüste und wilde Tiere. In seiner Autobiografie schrieb Benton: »Der freche Jack, das war Jackson, so wie er sich sah, der starke Jack ohne all die Frustrationen.«[30] Für den jungen T. P. wurde Jackson zu einem Idol.

Ein Höhepunkt im gesellschaftlichen Leben der Kunststudenten waren auch die Montagabende bei den Bentons, an denen man zunächst gemeinsam aß und dann musizierte. Benton hatte die Musikgruppe »Harmonica Rasclas« gegründet, um amerikanische Folksongs zu spielen. Obgleich kein begabter Musiker, war auch der junge Pollock Teil des Ensembles. Da er mit der Mundharmonika und Bentons eigenwilligem Notensystem aus Ziffern nicht zurechtkam, gab ihm Benton schließlich eine Maultrommel. An seine Familie schrieb Pollock: »Ich kann zwar überhaupt nicht spielen, aber es hilft mir nachts beim Einschlafen und es macht mir Spaß.«[31]

Im Juni 1931, kurz nach der Hochzeit von Charles und Elizabeth, brachen Jackson und Manuel Tolegian zu einer Reise quer durch die USA auf. Sie wollten per Anhalter durch das Land reisen, um – dem Vorbilde Bentons nacheifernd – Eindrücke des ursprünglichen Amerika zu sammeln und in Skizzen festzuhalten. Mit einem Erdbeer-Laster gelangten die beiden nach Pennsylvania, dann über Cleveland weiter bis Indianapolis. Sie kamen nur langsam voran und Jackson schlug vor, es wie die Landstreicher zu halten, die längere Strecken häufig in Güterwaggons zurücklegten. Tolegian zeigte sich von der Idee nur wenig begeistert; er fürchtete, ausgeraubt zu werden, und zog es vor, auf andere Weise zu reisen.[32] Also trennten sich die Wege der beiden Freunde. Tolegian trampte und Jackson wollte in Minneapolis auf einen fahrenden Zug aufspringen – ein waghalsiges Manöver, das aufgrund der Schnelle des Zuges misslang und Jackson eine Nacht im Gefängnis einbrachte. Sein anschließender Versuch, eine Mitfahrgelegenheit zu ergattern, scheiterte, da Tausende von Arbeitslosen nach einer Möglichkeit suchten, nach Westen zu gelangen. Auf seinem Weg entlang der Route 40 kam Pollock auch in die Stadt Terre Haute, ein Zentrum der Montanindustrie, in dem die Kohle- und Stahlindustrie das Stadtbild bestimmten. Der Ort war zu jener Zeit ein Sündenpfuhl, in dem ein raues Klima herrschte – Gewalt, Kriminalität und Prostitution waren an der Tagesordnung. Prompt landete Pollock auch hier für kurze Zeit im Gefängnis. Dem Mississippi folgend, gelangte Pollock nach St. Louis und von dort aus weiter nach Kansas. Trotz großer Hitze und Trockenheit musste Jackson die meiste Zeit laufen, weshalb er nur langsam vorwärtskam. Erst im Süden Kansas' fand er erneut Gelegenheit, auf einen fahrenden Zug aufzuspringen. Und dieses Mal hatte er Glück.

Für viele Menschen war die illegale Reise in einem Güterwagen die einzige Möglichkeit, eine große Strecke möglichst kostenfrei zurückzulegen. Und so reisten weit mehr Menschen auf den Güterwaggons, als es reguläre Reisende in den Passagierzügen gab. Man hockte nachts eng zusammengedrängt in den dunklen Waggons, tagsüber wich man vor der Enge und Hitze auf die offenen Wagen aus. Es war eine bunte Truppe, die da unterwegs war: Vom Arbeit suchenden Durchschnittsamerikaner über den Landstreicher bis zum Kriminellen waren alle sozialen Schichten vertreten. Die meisten waren junge Männer, die oftmals betteln oder stehlen mussten, um den gröbsten Hunger zu stillen. Ständig waren die Reisenden der Gefahr ausgesetzt, erwischt zu werden – für einen bis dahin gut behüteten Teenager konnte eine solche Reise leicht zu einem Albtraum werden.

Weiter führte die Fahrt für Jackson durch Oklahoma, Texas und die San Bernadino Mountains. Irgendwann verlegte er sich wieder auf das Trampen, wobei er mit Tolegian zusammentraf.[33] Gemeinsam machten sie sich im letzten Teil der Reise nach Los Angeles auf. Als Jackson dort nach dreiwöchiger Reise Anfang Juli eintraf, war er kaum wiederzukennen, so müde, abgemagert und schmutzig war er.[34] In einem Brief an Charles und Frank verklärte er seine Reise allerdings: »Meine Reise war toll. Ich hatte einen Haufen Ärger und war zweimal im Gefängnis, aber die Erfahrung war es wert. Wäre mir nicht das Geld ausgegangen, ich wäre jetzt noch unterwegs.«[35] Er schwärmte von der Landschaft und den Menschen und berichtete von den endlosen Massen umherreisender Leute auf der Suche nach Arbeit. Am Ende bekannte Pollock freimütig, dass man – entgegen des einstigen Vorhabens – nur wenig gezeichnet habe. Doch die Erfahrungen dieser Reise hatten Pollock geprägt, in seinem Brief schrieb er poetisch von einem »Farbschwall« für sein Skizzenbuch.

In Los Angeles besuchte er seine alten Freunde von der Manual Arts. Frustriert musste er feststellen, dass er sich noch immer mit Bentons Vorgaben abmühte, während seine ehemaligen Kollegen in der Kunstszene von Los Angeles bereits zu kleinem Ruhm gelangt waren. Erste Sammler interessierten sich für Harold Lehman und Phillip Goldstein, die eine kleine Galerie besaßen. Das Ehepaar Arensberg hatte die beiden entdeckt und begann ihre Werke zu kaufen. Um die jungen Künstler hatte sich ein illustrer Kunstzirkel gebildet, dessen Mentor Bentons Freund Stanton Macdonald-Wright war.

Aber Jackson hatte auch ein positives Erlebnis: Ein alter Bekannter wurde zu einem neuen Freund. Reuben Kadish, ein kleiner, hagerer und ernster junger Mann mit Nickelbrille und elegantem Filzhut, hatte, nachdem er von der Manual Arts verwiesen worden war, am Otis Art Institute weiterstudiert. Allerdings hatte es ihn auch hier nicht lange halten können – zu reglementiert war der Arbeitsablauf, zu langweilig das Abzeichnen aus Büchern. Nachdem er die Schule zusammen mit Goldstein aufgrund von »Aufmüpfigkeiten« hatte verlassen müssen, setzten die beiden jungen Künstler ihre Arbeit in einem gemeinsamen Atelier fort.

Von Beginn an verstanden sich Pollock und Kadish prächtig, auch wenn sie auf den ersten Blick ein sehr ungleiches Paar darstellten. Jackson bewunderte Kadishs intelligente, einfühlende Art, er mochte dessen Gespür für Kunst ebenso wie dessen rebellisches Wesen. Während Jacksons Aufenthalt besichtigten sie Galerien und Museen und diskutierten rege über Kunst und Politik.

Den August verbrachten Pollock und Tolegian auf Vermittlung LeRoy Pollocks in einem Holzfällercamp in Big Pines. Hier arbeiteten Pollocks Vater und sein

Bruder Marvin Jay bei einem Straßenbauunternehmen. Nach ein paar Wochen gerieten Tolegian und Pollock in Streit, woraufhin Tolegian abreiste. Pollock hingegen blieb sogar noch, als den Holzfällern die Arbeit ausging, obwohl das Verhältnis zwischen ihm und seinem Vater laut Tolegian auch in diesem Sommer angespannt war.[36] Jackson wusste nicht, wie er künstlerisch und beruflich weitermachen sollte. Fragen über seine Zukunft quälten ihn: Was wollte er in seinem Leben erreichen? Würde er jemals von seiner Kunst leben können? Seine Zweifel rührten nicht zuletzt von seinem Vater her, der ihn unter Druck gesetzt zu haben schien. LeRoy hielt seinen Sprössling für einen faulen Herumtreiber und Taugenichts – und ließ ihn das deutlich spüren. Zutiefst verunsichert schrieb Jackson an Charles:

Die Leute haben Dir vielleicht schon erzählt, dass ich Holz fälle – ich bin seit heute fertig mit der Arbeit – und nachdem ich gerechnet habe, ist nur verdammt wenig übrig – gerade genug, um mein Salz zu bezahlen – auf jeden Fall geht es mir besser und ich fühle mich gut. Ich wünschte, Du und Frank hättet den Sommer über herkommen können – es ist eine echte Erholung. Ich vermute, der kurze Aufenthalt auf dem Land half. Trotzdem habe ich keine nennenswerte Zeichnung angefertigt. Ich muss noch viel bei Benton lernen und ganz schön üben – der alte Haufen hier draußen ist ziemlich verrückt – obwohl sie schlecht von mir denken. […]
Ich weiß nicht, was ich versuchen und was ich tun soll – immer mehr erkenne ich, dass ich etwas brauche, um meinen Lebensunterhalt zu bestreiten – und es sieht wohl so aus, dass ich loslegen muss, wenn ich jemals starten will. Und was es noch viel schlimmer macht, ich habe überhaupt kein Interesse daran. Es ist nicht schwer, zurückzukehren – und ich denke, ich finde etwas, was ich machen kann – was meinst Du?[37]

Charles' Antwort ließ nicht lange auf sich warten. Er überredete seinen Bruder, nach New York zurückzukehren und sein Studium fortzusetzen. Am 22. September 1931 überführte Pollock ein Auto nach Oklahoma City, von wo aus er schließlich per Anhalter nach New York aufbrach.[38]

Kapitel 5
Pollock entdeckt die Bildhauerei (1931–1933)

Zurück in New York begann für Jackson das zweite Jahr an der Art Students League. Erneut schrieb er sich bei Benton ein, der seine Klasse nun »Mural Painting« nannte, obwohl er an seinem Unterricht nichts änderte. Die Klasse traf sich nun immer von Montag bis Samstag zwischen 9 Uhr und 12.30 Uhr.[1]

Benton kümmerte sich inzwischen intensiv um Pollock, immer wieder korrigierte er dessen Arbeiten und gab Ratschläge. Die beiden trafen sich sogar zu Privatstunden in Bentons Wohnung in der Hudson Street.[2] Pollock begann mit Ölfarbe zu experimentieren, was sich jedoch als schwerer erwies, als er es sich vorgestellt hatte. Der junge Künstler rang mit sich und dem Material, wie er es vorher schon bei den Zeichnungen getan hatte. Seine Werke hängte er nicht auf, sondern stellte sie auf den Boden mit der Bildfläche zur Wand. Zeichnungen wurden weder signiert noch datiert und in regelmäßigen Abständen wieder zerrissen. Aus diesem Grund existieren heute nur wenige frühe Arbeiten Pollocks. Einige konnte Charles retten, indem er die zerstörten Zeichnungen in einer Mappe sammelte.[3]

Heftige Selbstzweifel trieben Jackson erneut in eine schwere Depression. Hatte er zuvor nur abends und nachts getrunken, gab er sich dem Alkohol nun zu den unterschiedlichsten Tageszeiten hin, an den Wochenenden ebenso wie an den Arbeitstagen. Manchmal verschwand er für einige Tage, um irgendwann auf der Couch eines Freundes oder in einem Hauseingang wieder zu sich zu kommen. Meist war er mit Freunden unterwegs; die jungen Künstler trafen sich in Ateliers oder Wohnungen, musizierten, tanzten und stürzten billigsten Fusel in sich hinein. Mehrfach musste er Nächte im Gefängnis verbringen, da er durch unduldsames Benehmen oder Prügeleien aufgefallen war. Am Heiligabend 1931 stürmte er in eine Kirche und verwüstete sie derart, dass die Polizei gerufen werden musste, um ihn in Gewahrsam zu nehmen. Charles war gezwungen, zum Polizeirevier zu kommen und seinen jüngeren Bruder abzuholen. Ein anderes Mal wurde er festgenommen, weil er in einem Nachtklub randaliert und dabei einen Polizisten angegriffen hatte. In einer überwiegend von Puerto Ricanern besuchten Tanzhalle begann Pollock ebenfalls eine Schlägerei; erst als er durch ein Messer verletzt wurde, trat er den Rückzug an. Mehrfach attackierte er Menschen auf offener Straße und prügelte sich mit Freunden und Bekannten. Auch Frauen wurden Opfer seiner Alkoholexzesse. Wenn er nüchtern war, verhielt er sich ihnen gegenüber freundlich und schüchtern. War er jedoch betrunken, verwandelte sich seine Zurückhaltung in eine subversive Ruhe, aus der es unversehens herausbrechen konnte. Seine Machoallüren und seine heftige Wut entluden sich in wüsten Beschimpfungen und vulgären Grapschereien.[4]

Jackson wohnte zu diesem Zeitpunkt in Charles' Atelier in der 49 East 10th Street. Bei einem Besuch von Frank Pollock und dessen Verlobter Marie kam auch deren Freundin Rose Miller mit. Die junge Frau fand sofort Gefallen an dem in sich gekehrten, unbeholfenen Jungen; sie hatte später eine kurze Affäre mit ihm.[5] Als Gastgeschenk hatte Frank eine Flasche Whiskey mitgebracht, ohne zu ahnen, was er damit heraufbeschwor. Die kleine Fete ging gemütlich los, doch ehe man sich versah, war Pollock betrunken. Er begann, Rose wild zu begrapschen, und je mehr sie sich wehrte, desto intensiver wurden seine Zudringlichkeiten. Marie versuchte, Jackson wegzuziehen, und war angesichts der Reaktion des sonst so schüchternen Jungen erschrocken. Jackson, dessen Gesicht vor Wut glühte, wandte sich zu Marie um und explodierte förmlich. Er griff nach der Axt, die neben dem kleinen Ofen stand, der das Atelier beheizte, schwang sie wild fuchtelnd über Maries Kopf und schrie: »Du bist ein liebes Mädchen, Marie, und ich mag dich. Ich würde es wirklich hassen, dir deinen Kopf abzuschlagen.«[6] Alle waren erschrocken, es herrschte Totenstille. Dann warf Jackson die Axt in eines von Charles' Gemälden an der Wand. Die Axt traf das Gemälde mit solcher Wucht, dass sie in der Wandfläche stecken blieb.

Dieses Ereignis sollte nicht ohne Nachspiel bleiben. Jackson hatte ein Bild zerstört, das Charles bereits verkauft und nur für eine Ausstellung ausgeliehen hatte. Charles war wütend und zwang Jackson zum Auszug. Aber da die Familie sich einig war, dass einer der Brüder auf Jackson aufpassen müsse, bezog schließlich Frank mit ihm ein winziges Appartement in der West 114th Street.

Durch diesen Vorfall war der Familie bewusst geworden, unter welch großen Problemen ihr Nesthäkchen mittlerweile litt. Charles glaubte zwar noch immer, dass Jacksons Probleme nichts Ungewöhnliches für einen Heranwachsenden seien, doch zur Vorsicht wollte er seinen jüngeren Bruder gemeinsam mit Frank streng überwachen. Auf Charles' Initiative hin erhielt Jackson, der bis dahin nur gelegentlich als Kellner und Tellerwäscher in einem Restaurant gearbeitet hatte, eine feste Teilzeitanstellung als Hausmeister im Gemeindezentrum Greenwich House.[7]

Um ihn im Sommer von den Verlockungen der Stadt fernzuhalten, beschlossen die älteren Brüder, ihn erneut auf Reisen zu schicken. Mit Frank, Marie und seinem Kommilitonen Whitney Darrow machte sich Jackson daher im Mai 1932 in einem gelben Packard Six auf den Weg nach Los Angeles. Hier traf er seinen neuen Freund Reuben Kadish wieder, der inzwischen als Assistent des mexikanischen Muralisten David Alfaro Siqueiros tätig war. Kadish assistierte dem Künstler beim Malen und fungierte als dessen Sekretär und Chauffeur. Gemeinsam mit Sanford Pollock und Harold Lehman war er gerade damit beschäftig, Siqueiros bei der Fertigstellung des Wandgemäldes *América Tropical* zu helfen. Von den kommunistischen Idealen und den eindringlichen Bildern des mexikanischen Künstlers war Kadish beeindruckt. Ganze Abende brachten er und Jackson damit zu, über Kunst und Politik zu diskutieren, wobei Kadish versuchte, den Freund von den Revolutionsideen der Sozialisten zu überzeugen. Überdies erzählte er ihm vom Leben Siqueiros', der in Mexiko aufgrund von Gewerkschaftsaktivitäten inhaftiert worden und dann in die USA ins Exil geflüchtet war. In seinen Werken widmete er sich meist der Revolution oder der als heldenhaft glorifizierten Arbeiterklasse, die sich dem Kapitalismus entgegenstellte und gegen die Unterdrückung kämpfte.

Jackson war von Siqueiros und dessen Kunst nicht wirklich überzeugt. Er war sich sicher, dass José Clemente Orozco der bessere Künstler sei und sein *Prometheus* unerreicht. Dennoch besuchte er in diesem Sommer die Chouinard School of Art – eine Kunstschule in Los Angeles, an der Siqueiros zu jener Zeit lehrte – und schaute sich ein dort von dem Maler geschaffenes Wandbild an.[8] Das Außenfresko mit dem Titel *Mitin Obrero* war mit Lackfarben der Firma DUCO gemalt worden. Obwohl Jackson die Arbeiten Orozcos und einiger anderer Künstler schon seit Langem verehrte, hatte er sich bisher stets an Bentons Vorgaben gehalten und sich mit dessen formalistischen Ansichten abgemüht. Doch war er in seinem zweijährigen Studium an der Art Students League nur wenig vorangekommen, seine Arbeiten blieben kaum mehr als Imitationen von Bentons Stil. Die Begegnung mit den Muralisten machte Jackson klar, wie direkt, emotional und spontan diese arbeiteten. Ihre Bilder sprühten vor Energie. Wie kontrolliert und berechnet Bentons Stil gegenüber diesen Muralisten wirkte!

Im Laufe dieses Sommers wandelte sich Pollocks Zeichenstil.[9] Die Konturen seiner zunächst klar umrissenen Figuren beginnen zu verschwimmen, enden in wilden Schraffuren und lösen sich in einem Spiel aus Licht und Schatten auf. Ungezwungene Kritzeleien bedecken das Papier, und vielleicht war es zunächst eher der Vorgang eines inneren Kampfes, eine emotionale Besänftigung, als ein bewusstes Malen. Doch Jackson erkannte bald, dass dies mehr war als ein Ausbruch von Wut. Es war ein Akt spontaner Reaktion, ein Ausdruck von Gefühlen, die auf dem Papier ihren Niederschlag fanden. Pollock begann zu experimentieren, aus den Studien zu El Grecos Werken wurden plötzlich dynamische, wilde Szenen. Er fertigte Zeichnungen, wie er sie von Benton her kannte, und transformierte sie dann. Die so geschaffenen abstrakten Figuren lösten sich von dem Vorbild der Renaissance, und mit seiner neuen Art zu zeichnen wandte sich Jackson schnell auch von Bentons Bildsujets ab.

Für die Rückfahrt nach New York hatte Whitney Darrow ein Ford Modell A Coupé für 150 Dollar erworben. Durch die endlosen Wüsten Arizonas, New Mexicos und Texas' ging die Fahrt Richtung Osten. Während die Wüste auf Darrow eher beklemmend wirkte, war Pollock ganz in seinem Element. Die beiden mieden die Ortschaften, schliefen stattdessen unter freiem Himmel in der Wüste und waren begeistert von dem Farbenspiel, das sich ihnen bot.

Jackson genoss das kleine Abenteuer und gab einmal mehr den Cowboy. Abends saß man am Lagerfeuer und briet die Jagdbeute, die Jackson mit seiner Flinte erlegt hatte; morgens stand Jackson früh auf und kümmerte sich um das Frühstück. Über Tag wurde gefahren, und während Darrow am Steuer saß, machte es sich Jack auf dem Beifahrersitz bequem. Die Füße aufs Armaturenbrett gelegt, spielte er Maultrommel oder rauchte genüsslich eine selbst gedrehte Zigarette. Angehalten wurde nur, wenn Jackson zeichnen wollte. Darrow erzählte später von Jacksons künstlerischem Treiben: »Er hat viele Wüstenszenen gezeichnet, immer wieder Kakteen, Berge oder die Straße, das tat er mit unglaublicher physischer Energie, fast schon ekstatisch.«[10] Alkohol habe Pollock, wie sich Darrow zu erinnern glaubte, während dieser Reise keinen angerührt.[11]

Zurück in New York zog Jackson in Charles' neues Atelier in der 46 Carmine Street, ein kleines Appartement mit zwei Räumen.[12] Im vorderen Zimmer arbeitete Charles, im hinteren lebte Jackson. Nachdem Benton aus seinem Urlaub auf Martha's Vineyard zurückgekehrt war, ernannte er Jackson zum Klassenaufseher. Zu dessen Aufgaben zählten nun die Betreuung der Studenten, das Führen der Anwesenheitslisten und die Auswahl der Modelle.[13] Was für die meisten Studenten eine eher lästige Pflicht gewesen wäre, erschien Jackson wie ein Geschenk. Endlich erhielt er ein wenig Anerkennung und wurde überdies

67

von der monatlichen Schulgebühr befreit. Zum ersten Mal fühlte er sich angenommen und als Künstler respektiert. Darüber hinaus wurde Pollock im Dezember 1932 zu einem vollwertigen Mitglied der Art Students League. Zu den Privilegien der Mitglieder gehörte unter anderem die samstägliche Nutzung des Grafikateliers. Dieses nutzte Pollock fortan gelegentlich für die Schaffung von Lithografien im Stile Bentons, bis ihm 1935 die Mitgliedschaft wegen ungezahlter Beiträge gekündigt wurde.[14]

Während die Künstler und Schriftsteller der »Lost Generation« nach Amerika zurückkehrten und das durch die Wirtschaftskrise gebeutelte Land samt seiner Gesellschaft in Grund und Boden schrieben, sehnte sich die Bevölkerung danach, wieder stolz auf ihre Heimat sein zu können. Bentons in seinen Werken anklingende Heroisierung Amerikas kam da gerade recht, seine Bilder mit ihrer wirklichkeitsnahen Darstellung alltäglicher Szenen waren auch für die einfache Bevölkerung nachvollziehbar. Der Regionalismus wurde zur gefeierten Kunstrichtung Amerikas und Benton zum Sprachrohr dieser Bewegung. Am 24. Dezember 1934, auf dem Höhepunkt seiner Popularität, zierte Benton das Cover des *Time*-Magazins und wurde zusammen mit den Regionalisten Curry und Wood als neuer Held der amerikanischen Kunst gefeiert. Benton erwies sich in der Folge als glänzender Rhetoriker, der in Interviews wiederholt den Fokus darauf richtete, dass sich Amerika auf seine Wurzeln, seine Geschichte und seine Traditionen besinnen müsse. Immer wieder beschwor er die Kunst der Pioniere Amerikas, die er als einfach, aber authentisch und traditionell beschrieb.

Doch was einst als Verteidigung des realistischen Malstils begonnen hatte, entwickelte sich nun zu einem Kreuzzug gegen die Abstraktion. In Bezug auf die Gemälde von Cézanne, auf den sich viele der abstrakt malenden Künstler bezogen, schimpfte Benton: »Wir sollten uns schon fragen, ob eine Tischdecke und ein Apfel [...] die Mühe wert sind, sie bildhaft interessant darzustellen. Stillleben und ihre geometrischen Entsprechungen, die in ihren Aussagen sehr beschränkt sind, werden dann durch kryptische und hochtrabende Titel und Erklärungen gewürdigt – man bemüht sich, eine Aussage in einen gänzlich leeren Bildgegenstand zu transportieren.«[15]

Als die Art Students League plante, die europäischen abstrakten Maler Hans Hofmann (1880–1966) und George Grosz (1893–1959) einzustellen, war Benton strikt dagegen. Ein Land, das ohnehin schon mit einer am Boden liegenden Wirtschaft zu kämpfen hatte, sollte seiner Ansicht nach nicht noch Fremden Beschäftigung bieten.[16] Die Vertreter der abstrakten Kunst waren verärgert und

Thomas Hart Benton, *Arts of the South*, 1932, Tempera und Öl auf Leinwand, New Britain Museum of American Art, New Britain, Connecticut

begehrten auf, es kam zu einer öffentlichen Auseinandersetzung um abstrakte Kunst. Als Benton den nationalen Zug seiner Kunst betonte, wetterten die Abstrakten zurück, dass Benton seinen Stil vor allem von den italienischen Renaissancemalern abgekupfert habe – wie dies auch Wood und Grant bei den flämischen Malern getan hätten –, sodass dies sicher keine amerikanische Erfindung sei.[17] Die abstrakten Künstler wollten nicht zu einem langweiligen, platten Stil zurück, und die linken Medien geißelten den Regionalismus als »aufkeimenden Faschismus«. Dieser Vorwurf bezog sich vor allem auf einige Darstellungen von Afroamerikanern in einer 1932 vollendeten Serie von Wandgemälden für das Whitney Museum of American Art, *The Arts of Life in America*. In dieser hatte Benton die amerikanische Unterschicht beim Amüsement dargestellt. Zu sehen sind Männer und Frauen, die gemeinsam singen und tanzen, musizieren und trinken. Eine der größeren Tafeln, *Arts of the South*, zeigt die afroamerikanische Landbevölkerung bei einem vergnüglichen Gelage – eine Szene, die viele Betrachter an die Zeit der Sklaverei erinnerte. Bentons Absicht war es wohl, zu zeigen, dass auch die arme Stadt- und Landbevölkerung, trotz des kargen Lebens, Spaß und Unterhaltung genoss. Doch die Kritiker unterstellten dem Künstler, er versuche mit seinem Bild, die zaghafte Aufnahme von schwarzen Amerikanern in die amerikanische Hochkultur zu unterlaufen. Man warf ihm Rassismus vor.[18]

Auch mit den mexikanischen Muralisten geriet Benton aneinander. Die abstrakten Züge, die Stilisierung und die Anlehnung an die Kunst mesoamerikanischer Kulturen waren nicht nach Bentons Geschmack. Noch dazu waren viele Mexikaner überzeugte Kommunisten – eine Richtung, die von Benton rundweg abgelehnt wurde. Er war der Meinung, dass der Kommunismus eine europäische Erfindung sei und daher ungeeignet, den amerikanischen Arbeitern aus ihrer Misere zu helfen, geschweige denn amerikanische Gefühle auszudrücken und zu erfassen. Mit den Malern des Sozialistischen Realismus, die noch zu Beginn versucht hatten, Benton für sich zu vereinnahmen, kam es wegen seiner demagogischen Ergüsse zu einem Bruch. Bentons Hasstiraden richteten sich unverhohlen auch gegen die Großen seiner Zeit, gegen Pablo Picasso (1881–1973), Henri Matisse (1869–1954) und Georges Braque (1882–1963). In einem Interview behauptete er: »Es gibt keine Künstler in Paris, überhaupt keine.«[19] – wofür ihn die Kunstwelt mit Missachtung strafte. Mitte der Dreißigerjahre hatte sich Benton völlig isoliert. Der Name Benton war tabu, Kritiker äußerten sich nur noch selten und wenn, dann abfällig über ihn. Benton begegnete dieser Geringschätzung mit Angriffen auf die Kunstszene und Schmähreden gegen die scheinbar verweichlichte Kunstwelt.

Pollock und einige seiner Kommilitonen hingen auch weiterhin an den Lippen ihres Mentors und verehrten den Regionalismus wie eine Religion. Studenten, die sich gegen Benton wandten, wurden angefeindet. Einmal mussten die Schüler Bentons ihren Lehrer gar vor »Kommunisten« schützen, die bei einer Podiumsveranstaltung mit Stühlen nach ihm warfen. Die eingeschworene Gemeinschaft erntete großes Misstrauen und Bentons Klasse schmolz immer mehr zusammen. Zählte Bentons Klasse 1930 noch zweiundzwanzig Schülerinnen und Schüler, so kamen 1932 nur noch sieben Studenten in seinen Unterricht. Als sein Kurs aufgrund der schwindenden Teilnehmerzahl zeitweise von der Schließung bedroht war, zogen Benton-loyale Studenten in die Cafeteria und versuchten, neue Kommilitonen für den Kurs zu gewinnen.[20]

Anlässlich der 1933 geplanten Weltausstellung in Chicago beauftragte der Bundesstaat Indiana Benton im Dezember 1932 mit der Schaffung eines großen Wandgemäldes, das Indianas Geschichte illustrieren sollte. An seinen Vater schrieb Pollock am 3. Februar 1933 bewundernd: »Benton hat einen tollen Auftrag draußen in Indianapolis für eines der staatlichen Gebäude ergattert – 200 Fuß lang und 12 Fuß hoch. Die Tafeln werden auf der Weltausstellung in Chicago zu sehen sein, wenn sie im Mai fertig sind. Nachdem er sich sein ganzes Leben mit den Dingen des Alltags abgemüht hat, wird er langsam als wichtigster amerikanischer Maler anerkannt. Er hat die Kunst aus den muffigen Ateliers in die Welt und das Geschehen um ihn herum gebracht, was auch eine große Bedeutung für die Menschen hat.«[21]

Weil Bentons Unterricht für die Zeit seiner Abwesenheit nicht fortgeführt wurde, schrieb sich Pollock in die Zeichenklasse von John French Sloan ein.[22]

Sloan, einer der Mitbegründer der Ashcan School, schilderte in seiner Kunst das amerikanische Alltagsleben und vor allem das Großstadtleben in New York. Wie für viele andere amerikanische Künstler auch war für ihn die Armory Show von 1913 eine Offenbarung gewesen, in deren Folge er seinen realistischen Malstil zugunsten eines an die Impressionisten und die Fauvisten angelehnten Stils mit stärkerer Farbigkeit und expressiverem Pinselstrich wandelte.

Sloan zeichnete mit äußerster Genauigkeit und Präzision, seine Skizzen sind gekennzeichnet von harten und weichen Schraffuren, die den Objekten Tiefe verleihen und Licht und Schatten in die Bilder bringen. Er galt als unnachgiebiger Lehrer, der seinen Studenten viel abverlangte,[23] was Pollock vor gänzlich neue Herausforderungen stellte. Der Stil Bentons war nicht mehr gefragt, Pollocks mühsam erlernte Techniken waren obsolet – er musste von vorn beginnen. In dieser Zeit entstand *The Miners (Die Bergleute)*, eine der ersten erhaltenen Zeichnungen Pollocks. Deutlich erkennt man noch Bentons Stil, aber auch die von Sloan bevorzugten Schraffuren zur Visualisierung von Tiefe und Form. Doch Pollock war unzufrieden. Desillusioniert schrieb er am 3. Februar 1933 an seinen Vater: »Wir haben eine Vertretung, von der ich wenig halte und bei der ich wahrscheinlich nicht lange bleiben werde.«[24] Nur wenige Wochen nach der Einschreibung gab er den Kurs wieder auf.

Der einundzwanzigjährige Pollock war inzwischen so frustriert von der Malerei, dass er sich der Bildhauerei zuwandte. Schon an der Manual Arts in Los Angeles hatte Jackson mit dieser Form der Kunst experimentiert und vor allem mit Ton, aber auch mit Kalk- und Sandstein gearbeitet. Im Februar 1932 hatte Jackson geschrieben: »Ich glaube, die Bildhauerei ist mein Medium. Ich bin nicht zufrieden, bis ich nicht einen Berg aus Stein mit einem Presslufthammer gestalten kann und ihm meinen Willen aufgezwungen habe.«[25]

Pollock begann an einer Serie von tönernen Kleinskulpturen zu arbeiten, die er schwarz und weiß bemalte – ähnlich den Maquetten, die Benton für die Wandgemälde in der New School for Social Research angefertigt hatte.[26] Sein Freund Whitney Darrow beschrieb die Arbeiten später als »wirbelnde Objekte mit interessanten Formen und großer Energie«[27].

Ab dem Januar 1933 besuchte Pollock einen Bildhauerkurs im Greenwich House. Seinem Vater schrieb er: »Ich nehme in den Morgenstunden an einem Bildhauerkurs teil. Ich glaube, ich mag es. Ich habe zwar noch nicht viel zustande gebracht außer ein paar Versuchen, einen runden Stein zu glätten, […] aber es macht Spaß und ist verdammt harte Arbeit.«[28] Immer wieder betonte Pollock die physische Anstrengung des Malens, die Arbeit und den Kampf mit der Oberfläche. Leben und künstlerisches Arbeiten waren für ihn schon früh untrennbar miteinander verbunden:

Ich gehe jeden Morgen in die Schule und habe gelernt, was sich lohnt, im Bereich der Kunst erlernt zu werden. Es ist für mich nur eine Frage der Zeit und des harten Arbeitens, bis dieses Wissen ein Teil von mir geworden ist. Gut siebzig Jahre noch und ich werde ein guter Künstler sein – Künstler zu sein ist das Leben selbst – ich meine, es zu leben. Und wenn ich Künstler sage, meine ich es nicht im buchstäblichen Sinne des Wortes – sondern als Mann, der Dinge erschafft – der etwas erschafft, was die Erde formt, ob es nun die Ebenen des Westens sind oder das Eisenerz von Penn[sylvania]. Es ist alles ein großes Spiel des Konstruierens – manchmal mit dem Pinsel – manchmal mit der Schaufel – manche nutzen auch einen Stift.[29]

Seiner Mutter schrieb Pollock: »Ich schätze, ich komme voran, Malerei und Bildhauerei sind das Leben selbst (für die, die es machen) und man profitiert davon, indem man sich entwickelt und Lebenserfahrungen sammelt – es übertrifft die Lebenserfahrungen nicht. Es ist also eine Frage der Jahre – eines Lebens. Technisch muss ich noch viel lernen. Ich bin interessiert und ich mag es, was die Hauptsache ist.«[30]

Pollocks Lehrer am Greenwich House war Ahron Ben-Shmuel, dessen Kurs er schon einmal unmittelbar nach seiner Ankunft in New York besucht hatte. Ben-Shmuel, der ägyptisch-jüdische Wurzeln besaß, galt als exzentrischer Einzelgänger, als cholerisch, unnahbar und vulgär. Als Lehrer war er nicht sonderlich engagiert, doch verfügte er über den Ruf eines begabten Künstlers. Anders als viele Bildhauer arbeitete Ben-Shmuel direkt und nicht mit Maquetten, jenen kleinen Skulpturmodellen, die von Künstlern als vorbereitende Entwürfe oder zum Zweck der Präsentation angefertigt werden. Das Arbeiten ohne Vorstudien faszinierte Pollock, da sich auf diese Weise bildhauerisch spontan arbeiten ließ und Gefühle unmittelbar, ohne großes Nachdenken, zum Ausdruck gebracht werden konnten. Bald schon half Jackson im Atelier von Ben-Shmuel aus.[31]

Kurz nachdem er sich bei Ben-Shmuel eingeschrieben hatte, belegte er einen weiteren Kurs im Greenwich House: einen Bildhauerkurs bei Robert Laurent, einem französischstämmigen Amerikaner, der naive Abstraktion und europäische Moderne perfekt kombinierte.[32] Auch Laurent arbeitete ohne Vorstudien und Maquetten. Die Schüler saßen abends in seinem Atelier und formten Nacktmodelle in Ton. War eine Arbeit gut, so wurde von ihr ein Abguss erstellt, der Rest landete wieder im Vorratsbehälter für Lehm. Viele Studenten in der Klasse waren bereits ausgebildete Bildhauer oder verdienten ihr Geld mit der Kunst. Jackson hingegen war ein Anfänger, der sich mit den Lehmklumpen plagte, die ihm aus der Vorratstonne zugeteilt wurden. Wie schon bei Benton musste er sich auch hier mit den Proportionen der Figuren abmühen. Dabei imitierte er erneut Bentons plastischen Stil und schuf schmale Figuren mit langen Armen.[33]

Seine Lehrer wie auch Mitstudenten bemerkten schnell, dass Jackson ein Gefühl für Form und Material besaß. Aber das reichte Jackson nicht, er strebte nach Perfektion. Nur wenige Wochen später verließ er Laurents Kurs und die Art Students League, um sich ganz der Skulptur zu verschreiben. Den Rest des Frühlings widmete er der Arbeit in Ben-Shmuels Klasse und der Hausmeisterstelle im Greenwich House, für die er als Entlohnung einen Arbeitsraum und Werkmaterial erhielt. Nach Hause schrieb er: »Ich glaube, ich habe schon mal geschrieben, dass ich jetzt meine ganze Zeit der Bildhauerei widme – tagsüber bearbeite ich Steine und abends modelliere ich mit Ton – es interessiert mich unglaublich – ich mag es lieber als die Malerei – auch wenn Zeichnen die Essenz von allem ist.«[34]

Mit Hammer und Meißel rückte Pollock dem Stein über Stunden zu Leibe, bis sich eine Form ergab. Wie Ben-Shmuel arbeitete auch er ohne Vorlage, folgte lediglich einer Vorstellung von dem, was er aus dem Stein herausarbeiten wollte. Nach Bentons Zeichenübungen und Sloans Schraffuren muss dieses direkte Arbeiten für Jackson wie eine Erlösung gewesen sein. Endlich konnte er in einem freien kreativen Prozess tätig sein, einfach seine Werkzeuge nehmen und ein Werk beginnen. Doch war es keineswegs so leicht, wie Pollock es sich vorgestellt hatte. Aus seinem Kopf purzelten so viele Bilder, dass er nicht imstande war, sie in der nötigen Schnelle auf den wehrhaften Stein zu übertragen. Wo er mit Stift und Pinsel noch korrigieren und nacharbeiten konnte, zeigten sich Hammer und Meißel schlicht zu langsam und endgültig. Pollock merkte rasch, dass das Material seinen Bedürfnissen nicht entsprach. Seine Gedanken und Gefühle waren zu wechselhaft und vielschichtig für ein so beständiges Material und das damit einhergehende langsame Herantasten an eine finale Form. Hinzu kam, dass er sich noch immer mit Bentons Vorlagen abmühte und verzweifelt versuchte, diese in dreidimensionale Objekte zu überführen. »Er wollte einfach nur kleine Figuren machen, wie er sie für Bentons Murals schuf«, erzählte der Künstler Philip Pavia (1911–2005), ein Kommilitone Pollocks. »Er imitierte Benton einfach. Da waren wir ernsthaften Bildhauer und er hat diese kleinen

Figuren nach Bentons Ideen gemacht.« Aber auch Pavia bestätigte, dass Pollock »Rhythmus« habe: »Er hatte wirklich ein Gefühl dafür.«[35] Von seinen Arbeiten vollendete Pollock nur eine einzige, ein etwa 10 Zentimeter großes Gesicht eines Mannes.[36]

Als Benton im Herbst 1933 nach New York zurückkehrte, kam Pollock nicht wieder in dessen Zeichenklasse zurück – er sollte nie wieder eine Kunstschule besuchen. Den Kontakt zu Benton hielt Pollock jedoch; er nahm auch weiterhin an den Abenden bei den Bentons teil, an denen gemeinsam gegessen und musiziert wurde.

Am 6. März 1933 erreichte die Pollock-Brüder in New York ein trauriges Telegramm: Ihr Vater war am Vortag um 8.30 Uhr verstorben. Im Dezember 1932 war LeRoy Pollock an einem grippalen Infekt erkrankt. Im Januar hatte er versucht, wieder zur Arbeit zu gehen, musste jedoch nach zwei Tagen zurück ins Bett, da er zusammengebrochen war; hohes Fieber und ein schlechter Allgemeinzustand gaben Anlass zur Sorge. Nach zwei Krankenhausaufenthalten stand fest, dass er an einer bakteriellen Herzmuskelentzündung als Folge der verschleppten Erkältung litt. Die Ärzte waren machtlos.[37]

Als Frank, Charles und Jackson das Telegramm erhielten, überlegten sie, ob man zum Begräbnis fahren solle, und verwarfen dies schließlich, da ihnen das Geld dazu fehlte.[38] Jackson schrieb am 8. März an seine Mutter:

Ich kann gar nicht glauben, dass Vater nicht mehr da ist. Trotz all Eurer Briefe haben wir nicht wirklich verstanden, wie krank er wirklich war. Ich wünschte, wir könnten kommen – es ist schwer für Euch drei, das alles zu bewältigen – und dort zu sein macht alles noch schwerer. Bitte, Mutter, sei nicht zu traurig, es ist etwas, was im Leben irgendwann unausweichlich geschieht, wenn auch nicht so früh wie bei Vater. Ich bin froh, dass er nicht allzu lange an das Bett gefesselt war und nicht allzu großes Leid erdulden musste.[39]

In einem späteren Brief schrieb Jackson: »Ich habe immer das Gefühl, ich hätte Vater besser kennen müssen. Ich wollte noch so viel für ihn und Dich tun – so vieles hätte noch gesagt werden müssen – und nun ist er weg.«[40]

Zum ersten Mal kamen die Pollock-Brüder im Sommer nicht nach Los Angeles zurück – trotz der Bitten ihrer Mutter und Sandes. Jackson hatte den Tod des Vaters äußerlich ruhig und gelassen aufgenommen und schien den Verlust gut zu verkraften. Er wusste, dass der Vater nicht viel von ihm und seinen Ambitionen gehalten hatte. Das machte den Abschied leichter.

Am Freitag, den 10. März 1933, wurde LeRoy Pollock im Beisein von Stella, Jay, Sande und deren Freundinnen Marie und Arloie auf dem Forest-Lawn-Friedhof in Glendale beigesetzt. Auch ein paar Verwandte und Kollegen von LeRoy waren dort, um ihm die letzte Ehre zu erweisen.[41]

Kapitel 6
Neue Wege (1933–1935)

Im April 1933 zog Jackson mit seinem Bruder Charles und dessen Frau Elizabeth in das oberste Stockwerk eines Gebäudes in der 46 East 8th Street. Er erhielt einen in der Wohnung weiter hinten gelegenen Raum mit direktem Zugang zum Treppenhaus. Dies garantierte Charles und Elizabeth ein wenig Privatsphäre und dem jüngeren Mitbewohner ein wenig Unabhängigkeit.[1]

Im Mai fuhr Jackson mit seinem Lehrer Ahron Ben-Shmuel zur »Sommerfrische« in den Osten Pennsylvanias, wo dieser ein altes Haus inmitten der ländlichen Region des Delaware River besaß. Es lag idyllisch in einem riesigen Garten mit allerlei Steinen und Felsblöcken – ein ideales Werkmaterial für die beiden Künstler. Jackson hatte sich entschlossen, den Sommer mit Ben-Shmuel zu verbringen, auch wenn dies bedeutete, dass er seine Familie im Westen nicht sehen und nur schwer an Alkohol gelangen würde. Doch schon wenige Wochen nach der Ankunft reiste er wieder ab. Der Grund ist bis heute ungeklärt: Fühlte er sich allein oder fehlte ihm der Alkohol? Oder lag es womöglich am exzentrischen Charakter des Lehrers? Letzteres erscheint nicht unwahrscheinlich, denn was auch immer geschehen war, es musste dramatisch gewesen sein. Als der Bildhauer Richard Davis die beiden Künstler besuchte, fasste Pollock die Gelegenheit am Schopf, packte seine Sachen und zog mit Davis davon. Ben-Shmuels Atelier sowie dessen Kurs sollte er danach nie wieder aufsuchen.[2]

Den Rest des Sommers verbrachte Pollock gemeinsam mit Davis am Fuße des Seven Pine Mountain in den Poconos, einem Mittelgebirge im äußersten Nordosten Pennsylvanias. Das kleine Häuschen, in dem die beiden wohnten, lag in einer Senke mitten im Wald und war nur spärlich eingerichtet. Der dichte Laubwald ließ kaum Licht hindurch und es herrschte Totenstille, die nur das Vogelgezwitscher durchbrach. Kein Wunder also, dass die Region den Namen Devil's Hole, zu Deutsch »Teufelsloch«, trägt. Die beiden Künstler verbrachten die Zeit mit Zeichnen und Modellieren, wofür sie an einem Wochenende sogar

Modelle aus New York anreisen ließen. Wenn Davis das Gefühl hatte, dass eine Tonskulptur fertig war, fuhr er in die Stadt und ließ von ihr einen Abguss fertigen. Die Freunde kochten zusammen und diskutierten über Kunst; manchmal spielten sie Karten, tranken ein Bier oder fuhren ins nahe Städtchen Cresco. Einige Male reisten sie auch in das nur zwei Stunden entfernte New York und verbrachten dort einige Tage in Davis' Penthouse, um die Annehmlichkeiten der Großstadt zu genießen. Es ist wenig bekannt über diese drei Monate in Pennsylvania, doch Jackson taten sie anscheinend gut. Er begleitete Davis nicht zurück nach New York, sondern entschied, auch den Winter in Devil's Hole zu verbringen. Doch hielt er nur bis in den Dezember aus, dann wurde es so kalt, dass er aufgeben musste.[3] Zurück in New York sah er davon ab, sich erneut bei seinem Bruder Charles einzuquartieren, und bezog ein kleines Zimmer in der East 58th Street.[4]

Die Aufhebung der Prohibition im Dezember 1933 bescherte Pollock wieder einen ungehinderten Zugang zum Alkohol. In der Folge nahm sein Umgang mit dem ersehnten Stoff bislang unbekannte Ausmaße an. Wann immer er konnte, betrank er sich hemmungslos, was nicht selten – wie schon in den beiden Jahren zuvor – in einem unhaltbaren Verhalten mündete: Bei den ohnehin wilden Partys jagte er Frauen durch die Räume nach und begrapschte sie dreist. Er wurde aggressiv und begann wüste Streitereien, die gelegentlich in Schlägereien ausarteten. Häufig fand er sich in üblen Spelunken wieder. Er warf Schaufensterscheiben ein und pöbelte Passanten an, immer wieder schwankte er auf die Straße und forderte die vorbeifahrenden Autos auf, ihn zu überfahren. Andere Male versank er in eine endlose Stille und starrte dumpf vor sich hin.[5]

Es war in jener Zeit, da Pollock sich erstmals einem Dritten offenbarte. An der Art Students League hatte er den jungen Künstler Peter Busa (1914–1985) kennengelernt. Die beiden wurden enge Freunde und schlugen sich ganze Nächte um die Ohren. Bei einem Teller Baked Beans sprachen sie über Kunst, Benton und dessen Methoden. Hierbei erzählte Jackson, dass er Probleme habe und versuche, damit klarzukommen. Als Busa fragte, ob es der Alkoholismus sei, der ihn so beschäftige, antwortete Jackson: »Nein, das ist nur ein Teil des Ganzen. Es geht um das, was mich zum Alkohol gebracht hat.« Als Busa nachhakte, weshalb er so viel Alkohol trinke, brach es aus Pollock heraus und er begann zu weinen: »Ich weiß es auch nicht.«[6]

Zu jener Zeit beschloss Pollock, sich wieder der Malerei zuzuwenden. Sein Malstil hatte sich drastisch verändert, die durch die Muralisten inspirierte Los-

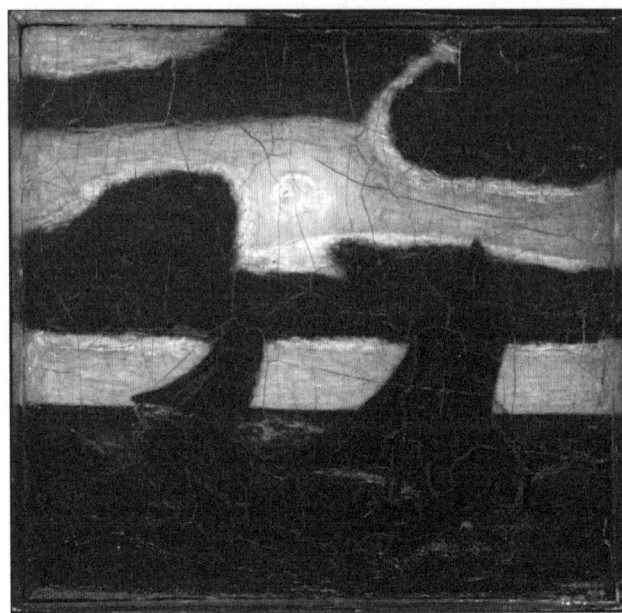

Albert Pinkham Ryder, *Moonlight Marine*, 1870–90, Öl auf Holz, The Metropolitan Museum of Art, New York

lösung von Benton setzte sich fort. Er begann immer stärker zu abstrahieren, malte in dunklen Farben, düster, emotional und sehr dynamisch. Erkennbar ist in dieser Zeit der Einfluss des amerikanischen Malers Albert Pinkham Ryder (1847–1917), dessen Arbeiten Jackson aus den Ferargil Galleries kannte, in denen auch Benton ausstellte. Ryder hatte kleinformatige Landschaften und Seestücke von geradezu magischer Wirkkraft geschaffen. Seine Gemälde kennzeichnet ein pastoser Farbauftrag, der oft in mehreren Schichten entstand – durch das Übereinandermalen verschiedener Farben und Firnisse, unter Verwendung dunkler Töne wie Braun, Schwarz, Grün und Ocker. Der mehrschichtige Farbauftrag suggeriert ein Gefühl von Unbestimmtheit und Unschärfe, als ob Nebel dem Betrachter entgegenwaberte. Pollock war von den Werken fasziniert.

Im Bestreben, seinem neuen Vorbild nachzueifern, kreierte er stimmungsvolle Landschaftsbilder. Die Meeres- und Küstenansichten aus den Anfangsjahren seiner Karriere zeigen sich unverkennbar von Ryders Werken inspiriert: ein kleines Boot in wogender See, im Hintergrund der aufgewühlte Himmel mit dramatisch inszenierten Wolkenfetzen – ein Anblick, wie er sich häufig im Œuvre Ryders findet. Von dessen Einfluss zeugen auch die anderen Landschaftsbilder Pollocks. 1933 malte Pollock das Gemälde *Landscape with Rider*

Jackson Pollock, *Landscape with Rider II (Landschaft mit Reiter II)*, 1933, nicht erhalten

I (Landschaft mit Reiter I), dessen Bildsujet von Ryders Werken *Sentimental Journey, The River* oder *Hunter's Rest* inspiriert worden zu sein scheint: Es zeigt eine Landschaft, die kaum erkennbar, nur flächig angedeutet ist; in der linken Bildhälfte steht ein toter Baum, rechts befindet sich ein Reiter auf einem Esel. Eine zweite Version des Bildes – *Landscape with Rider II (Landschaft mit Reiter II)* – folgte kurze Zeit später. Doch hat sie außer dem Bildaufbau nur wenig mit dem ersten Werk gemein. Sie wirkt düsterer. Der abgestorbene Baum, der Reiter und sein Tier sind jetzt klar erkennbar; unter dem Baum findet sich das Skelett eines Rindes. War die Landschaft im Hintergrund zuvor lediglich flächig angedeutet, erscheint sie nun als wilder Strudel. Ausgehend von einem Rund im Hintergrund stieben dichte Wirbel durch das Bild. Ist es das Farbenspiel eines Sonnenuntergangs in der Wüste? Von dem Bild existieren heute lediglich Schwarz-Weiß-Fotografien. Deshalb lässt sich nur mutmaßen, welche Farben Pollock für das Werk verwendete. 1934/35 griff er das Motiv um ein weiteres Mal auf und verarbeitete es in der Lithografie *Lone Rider (Einsamer Reiter)*.

In ähnlicher Form präsentiert sich das 1934/35 gemalte Gemälde *Going West (Westwärts)*. In nächtlicher Kulisse treibt dort ein Mann einen von Pferden oder Mauleseln gezogenen Wagen voran. Am rechten Bildrand steht ein verlassener Planwagen, im Hintergrund sind Berge und eine Farm zu sehen. Hoch am Himmel scheint der fahle Mond. Wolkenfetzen und Landschaft scheinen ineinander überzugehen, als ein Oval aus wirbelnden Linien umschließen sie die zentrale Szene. Hohe Dramatik und Dynamik kennzeichnen das Werk. Die dunkle Farbpalette ist pastos aufgetragen. Details verschwimmen, die Objekte wirken flach, scharfe Ränder fehlen. Die Szene weckt Assoziationen an Pollocks

Jackson Pollock, *Going West (Westwärts)*, 1934/35, Öl auf Gips auf Holz, National Museum of American Art, Smithsonian Institution, Washington, D.C.

Kindheit: Sie wirkt wie eine Erinnerung an die Feldarbeit des Vaters und die amerikanischen Farmhäuser mit ihren charakteristischen Windmühlen. Pollock hat hier zu einem eigenen Sujet und einer eigenen Bildsprache gefunden. Zum ersten Mal schuf er ein Werk mit persönlichem Bezug, indem er eigene Erinnerungen mit den regionalistischen Dogmen Bentons und den Malstilen Ryders und El Grecos mischte.

Auch in *Untitled (Family Scene) (Ohne Titel [Familienszene])*, 1930–34 gemalt, griff Jackson auf Kindheitserinnerungen zurück. Wie schon die Bilder zuvor zeichnet sich das Werk durch stark vereinfachte Formen und einen flächigen, pastosen Farbauftrag aus. Es zeigt eine Farmersfamilie, die in ihrem Garten sitzt. Im Zentrum befindet sich das Elternpaar, um das herum die Kinder angeordnet sind: Eines hat die Mutter im Arm, ein anderes steht vor dem Vater. Dieser ist nur schemenhaft im Hintergrund der Szene auszumachen. Im Verhältnis zu den Kindern wirken die erwachsenen Figuren übermächtig groß. Im Hintergrund befindet sich ein Haus oder Schuppen. Tiere sind zu sehen, eine Kuh und wenige Hühner. Der dunkel gehaltene Himmel wirkt bedrohlich, hier und da blitzen Töne von Rot und Orange auf. Nur wenig Licht beleuchtet die Szene. Pollock schien ganz in den Albträumen seiner Kindheit gefangen und illustrierte diese Ängste in seinem Werk.

Einen vorläufigen Höhepunkt seiner Entwicklung stellt das Gemälde *Woman (Frau*, ca. 1930–33) dar (Tafel 1). Eine riesige nackte Frau mit hängenden Brüsten thront im Zentrum des Bildes. Ihre Beine gespreizt, scheint sie auf etwas zu hocken oder zu sitzen – vielleicht auf einem Tier. Ihre Ohren schmücken große Ohrringe, weiße Pumps zieren ihre Füße. Sechs schemenhafte Figuren umringen den Frauenakt, ihre Gesichter zu Totenschädeln reduziert. Geisterhaft erscheinen die Figuren, das ganze Bild wirkt beängstigend. Auch bei *Woman* dürfte es sich um eine Darstellung der Familie Pollock handeln: Die schicken Accessoires der Frauenfigur deuten auf Stellas Hang zu guter Kleidung hin; sie beherrscht den Vordergrund, während die anderen Familienmitglieder in den Hintergrund gerückt sind.

Im gleichen Zeitraum malte Jackson sein erstes *Selbstporträt*, das einen tiefen Blick in Pollocks Seele und seine innere Verfassung gewährt. Das Porträt ist in Braun- und Gelbtönen gehalten. Der Maler hat sich als Kind dargestellt. Doch er wirkt ausgemer-

Jackson Pollock, *Self-Portrait (Selbstporträt)*, 1930–33, Öl auf Gips und Leinwand, auf Holz geklebt, The Pollock-Krasner Foundation, New York

gelt, tiefe Furchen durchziehen das Gesicht. Die ausdruckslosen Augen wirken eingefallen und sind von dunklen Rändern umrahmt. Dies ist kein fröhliches Kind, es ist ein Schatten seiner selbst. Offen schaut es den Betrachter an – und wirkt doch unsicher und verloren. An den Rändern des Porträts blitzt weiße und rote Farbe hervor, die nackte Leinwand ist zu sehen. Der Maler hat sich so gemalt, wie er sich sah, und keine Vorlage für das Bild benutzt. Es ist der Ausdruck eines leidenden, gepeinigten Menschen. Jackson hatte die pittoresken Bilder von Bentons Amerika endgültig hinter sich gelassen und ein neues Sujet gefunden: seine Gedanken und Gefühle.

Als Pollock im Spätherbst 1933 mehrfach wegen Randalierens in betrunkenem Zustand verhaftet wurde, entschied sein ältester Bruder, dass es besser wäre, wenn Jackson seine Freiheit wieder aufgeben und in den Schoß der Familie zurückkehren würde. Er durfte wieder bei Charles und Elizabeth wohnen. An Charles schrieb Frank im Oktober des Jahres: »Ich hatte gehofft, dass Jackson sich dieses Jahr selbst anspornen würde, aber ich glaube, aufgrund der herrschenden Umstände ist die jetzige Lösung klüger.«[7] Elizabeth sah das weit weniger gelassen. Sie hatte sich auf ein gemeinsames Leben mit Charles gefreut – und nun saß da erneut dieser junge Mann mit all seinen Problemen in ihrer Wohnung. Misstrauen und Hass prägten die Atmosphäre zwischen ihr und Jackson. Elizabeth ließ ihn ihre Feindseligkeit spüren und wies ihn häufig gehässig zurecht. Jackson verkroch sich dann still in seinem Zimmer, bis sich die Schwägerin wieder beruhigt hatte. Charles saß zwischen den Stühlen: Er versuchte, es seiner Frau so angenehm wie möglich zu machen und sich parallel um seinen Bruder zu kümmern. Um Jackson zu beschäftigen und ihn zugleich zu kontrollieren, arbeitete er mit ihm an einem Wandgemälde für das Greenwich House. Während Charles einen Verkäufer mit seinem Handkarren malte, der von einem Lastwagen überrollt wird, entwarf Jackson fünf junge Männer, die auf einem Banjo, einer Klarinette, einem Akkordeon und zwei Mundharmonikas spielen. Doch über das Entwurfsstadium kam die Arbeit nie hinaus.[8]

Durch Charles' Beschäftigungstherapie vermochte Jackson den Winter schadlos zu überstehen, eine Jahreszeit, die ihm sonst sehr zu schaffen machte. Im Frühsommer 1934 begaben sich die beiden Brüder auf eine Reise nach Kalifornien, um ihre Mutter zu besuchen. Für 15 Dollar erstanden sie einen alten Ford Modell T und reparierten ihn zusammen. Mit Campingausrüstung im Gepäck folgten sie der Route, die Benton schon 1928 für seine Reise durch das Land genommen hatte. Über Pennsylvania und Kentucky fuhren sie nach Memphis und New Orleans, und dann weiter über Texas und Arizona nach Los Angeles. Wo immer es ihnen gefiel, machten sie halt, um zu zeichnen.[9]

Im August besuchte Pollock die Bentons auf Martha's Vineyard, einer noblen Ferieninsel vor der Küste Massachusetts'. Die Familie besaß dort in Chilmark an der Westküste ein Ferienhaus. In einem alten Hühnerstall durfte sich Pollock ein eigenes Atelier einrichten: Er schnitt ein großes Fenster in eine der Wände, putzte und renovierte, schreinerte einen Tisch und ein paar Regale und erhielt von Benton ein Feldbett.[10] Rita Benton umsorgte ihn liebevoll und widmete ihm viel Zeit. Gemeinsam pflückten sie Heidelbeeren oder gingen auf Muschelfang in einer nahe gelegenen Bucht. Mit Tom Benton arbeitete Pollock im Garten, strich das Haus oder hackte Feuerholz. T. P. brachte Jackson das Segeln bei. Mittags traf man sich mit den anderen Inselbewohnern zum Picknick oder ging Nacktbaden – ein Freizeitvergnügen, das Tom Benton vor einigen Jahren eingeführt hatte, um die Inselbewohner zu provozieren. Wollte Jackson allein sein, so wanderte er über die Hügel der Insel und zeichnete oder malte. Abends versammelten sich alle zu Ritas herrlichen Spaghetti mit Muscheln, Hummer oder frischem Fisch. Früh ging es dann zu Bett. Alkohol trank Jackson keinen. Benton erzählte später, dass er glaube, dass »Jackson bei seinen Besuchen auf

Jackson Pollock, *Seascape (Meerlandschaft)*, 1934, Öl auf Leinwand, The Gerald Peters Gallery, Santa Fe, New Mexico

Martha's Vineyard so glücklich war, wie sonst nie«[11]. Tatsächlich trank Pollock nur selten, wenn er mit den Bentons zusammen war. Die familiäre Atmosphäre und die Fürsorge des Paares schienen Pollocks Depressionen zu lindern, sodass sein Bedürfnis nach Alkohol geringer war. Bei den Bentons fand Jackson anscheinend etwas, das ihm sonst in seinem Leben fehlte.[12] Jackson schien der Sommer so gut getan zu haben, dass er sich nach seiner Rückkehr nach New York ein eigenes Appartement in der 76 West Houston Street mietete. Die im Dachgeschoss eines leer stehenden Holzlagers befindliche Wohnung war nur spärlich möbliert und es gab weder fließendes Wasser noch eine Heizung.[13] Als Bettstatt diente Jackson eine Matratze auf dem Boden. Seine kargen Mahlzeiten musste er auf einem kleinen Holzofen zubereiten.

Während seiner Besuche auf Martha's Vineyard schuf Pollock einige Landschaftsbilder, darunter das Gemälde *Seascape* (*Meerlandschaft*, 1934). Noch ganz unter dem Eindruck der im vorherigen Herbst entstandenen Bilder malte er auch hier in einem wilden Duktus mit pastosem Farbauftrag. Das Meer wirkt aufgewühlt, dramatische Wolkenfetzen beleben den Himmel. Ein kleines Segelboot bahnt sich seinen Weg durch die Wellen. Entgegen anderer Werke wie *T. P.'s Boat in Menemsha Pond* (*T. P.'s Boot in der Menemsha-Lagune*, 1934) oder *Solitude* (*Einöde*, ca. 1934–38), die Pollock wenig später malte, wirkt das Bild sehr dynamisch. Ein Hinweis auf die aufgewühlte Seele Jacksons?

Auch die Pollocks blieben von der Wirtschaftskrise nicht verschont. Während es Charles und Jackson in New York noch relativ leicht hatten, sahen sich die anderen Familienmitglieder mit wachsenden Problemen konfrontiert. Sanford hatte seinen Arbeitsplatz bei der *Los Angeles Times* verloren, und auch Marvin Jay, der nach dem Tod des Vaters dessen Stelle übernommen hatte, war arbeitslos geworden. Stella musste 1934 sogar von Sozialhilfe leben, bis Frank, der ebenfalls ohne Beschäftigung war, wieder eine Stelle bei einer Baufirma fand.[14]

Um den Arbeitslosen wenigstens ein geringes Einkommen zu ermöglichen und die staatliche Sozialhilfe zu entlasten, gründete die US-Regierung im Zuge ihrer Wirtschafts- und Sozialreformen die »Civil Works Administration« (CWA), ein Arbeitsbeschaffungsprogramm, bei dem die Arbeitssuchenden vom Staat angestellt wurden, um bei der Errichtung von Brücken, Straßen oder öffentlichen Gebäuden mitzuwirken. Hierfür erhielten sie einen wöchentlichen Lohn von 15 Dollar. Insgesamt verschlang das Programm des »New Deal«, durch das acht Millionen Menschen beschäftigt werden konnten, neun Milliarden Dollar. Auch Frank und Sande arbeiteten kurz für die CWA.

Sande hatte sich lange Zeit nicht um seinen Arbeitsplatz sorgen müssen. Er hatte gut verdient und sein Geld mit vollen Händen ausgegeben. Mit der Entlassung war dies von einem Tag auf den anderen vorbei gewesen und er hatte sich in das Heer der Arbeitslosen einreihen müssen. Im Oktober 1934 kam Sande nach New York. Mit ein paar Cents in den Taschen und wenigen Kleidungsstücken wollte er hier sein Glück versuchen und Künstler werden. Er zog zu Jackson in dessen Appartement in der 76 West Houston Street. Zusammen begannen die Brüder, die Wände mit pornografisch anmutenden Gemälden zu überziehen, die weiblichen Besuchern die Schamesröte ins Gesicht trieben. Eine dieser Besucherinnen war Maria Piacenza, die Nichte Bentons, welche die Wandgemälde später als abstoßende Werke beschrieb: »Da waren Jungs, die auf alles Mögliche pinkelten, irgendwie so etwas. Madeline und ich versuchten, sie zu ignorieren.«[15] Arloie erzählte, dass die Wohnung ein furchtbarer Ort gewesen sei, »ein Saustall mitten in der Stadt«[16].

Die jüngsten Pollock-Brüder waren also wieder vereint und knüpften an die alten Zeiten an. In Jeans und Cowboystiefeln durchstreiften sie die Bars und Klubs Manhattans. Während Sande sich am Tresen betrank, belästigte sein Bruder Frauen und suchte Streit. Am Ende einer durchzechten Nacht schleppte Sanford ihn nach Hause, legte ihn aufs Bett und streckte ihn, wenn er nicht Ruhe gab, mit einem Faustschlag nieder. Fortan ersetzte Sande Charles und wurde Jacksons neuer Aufpasser und Beschützer.

Die Bentons bemühten sich, den Brüdern unter die Arme zu greifen und wenigstens die schlimmste Not zu lindern. Rita versuchte, ihnen Geld zuzustecken, was beide jedoch ablehnten. Sie besorgte ihnen eine Hausmeisterstelle an der Schule, an der auch Charles als Kunstlehrer tätig war. Dort verdiente ein jeder der beiden 5 Dollar pro Woche, genug für die wichtigsten Bedürfnisse; zusätzlich erhielten sie Sozialhilfe.[17] Rita war es auch, die Jackson dazu überredete, den Keramikkurs von Job Goodman am Henry Street Settlement House zu besuchen. Goodman, ein Künstler und ehemaliger Schüler Bentons, arbeitete hier im Rahmen des Lehrerprojekts, einer 1932 ins Leben gerufenen Arbeitsbeschaffungsmaßnahme des Staates New York. Benton unterstützte Pollock beim Erlernen der neuen Techniken – und der war mit Begeisterung dabei. Er schuf ansehnliche Keramikarbeiten, die Rita in ihrer Galerie im Keller der Ferargil Galleries zeigte. Die Schauräume hatte sie am 1. Dezember 1934 eröffnet, um dort Werke junger und noch unbekannter Künstler auszustellen. Vom 24. Dezember an verkaufte Rita in nur sechs Monaten alle Schüsseln und Schalen, die Jackson produziert hatte.[18]

Das keramische Arbeiten bot Jackson ein wunderbares Experimentierfeld, dessen Möglichkeiten er ausgiebig nutzte. Von den im Werkkatalog verzeichneten Keramikschalen verfügt die kleinste über einen Durchmesser von gut 10 Zentimetern, die größte über einen Durchmesser von 45 Zentimetern. Pollock bemalte die Keramiken vor allem mit Landschaften, Sonnenuntergängen und Seestücken, aber auch mit anderen Motiven. Seinem schon aus den Gemälden bekannten Stil blieb er treu. So wirkt ein kleiner, von Pollock gestalteter Aschenbecher auf den ersten Blick, als sei er mit einem abstrakten Muster verziert. Doch bei näherem Hinsehen erkennt man zwei Arbeiter mit Presslufthämmern – ein Sujet, wie es von den mexikanischen Muralisten dazu genutzt wurde, um auf die Macht der Arbeiter zu verweisen. Dieses Werk ist eines der wenigen erhaltenen Arbeiten Pollocks mit einem politischen Motiv, das den Einfluss der Muralisten auf Pollock belegt.[19] Ob er das Motiv jedoch aufgrund seiner politischen Bedeutung wählte oder es ihm schlicht gefiel, bleibt ungeklärt.

Eine zweite Schale ist ebenfalls interessant. Sie ist rund 10 Zentimeter tief und hat einen Durchmesser von 43 Zentimetern. Die dargestellte Szene scheint in einer Bucht zu spielen. Im Hintergrund ragen Berge empor, ein Segelboot schaukelt leicht auf den Wellen. Im Vordergrund erkennt man eine nackte männliche Gestalt, die am Ufer zu sitzen scheint; die linke Hand hält sie an den Hinterkopf. Im Zentrum des Geschehens befindet sich ein weiteres Boot, dessen Mast gebrochen ist. Mehrere Menschen versuchen, es an Land zu ziehen. Drei der Figuren sind im Boot oder nahe demselben dargestellt, zwei weitere stehen abseits im seichten Wasser und gestikulieren. Während das Meer im

Hintergrund ruhig ist, zeigt sich die See im vorderen Bereich aufgewühlt und hohe Wellen türmen sich auf. Die Figuren sind nur schemenhaft angedeutet, ihre Gesichter nicht erkennbar.[20]

Über Freunde kam Jackson wieder in Kontakt mit anderen Einflüssen. Mit Harold Lehman besuchte er die Frick Gallery, wo er abermals auf die alten Meister traf: Goya, El Greco und Rembrandt van Rijn. Erneut versuchte sich Pollock an Kopien dieser Künstler. Er besuchte eine Ausstellung mit Werken Ryders in der Kleeman Gallery und das Museum of the American Indian, das ihn in seine Kindheit entführte.[21] Mit Reuben Kadish, der ihn gemeinsam mit Phillip Goldstein in New York besuchte, besichtigte Jackson die Sammlung indianischer Kunst des Museum of Natural History. Ein Faible für die Kunst der Indianerstämme besaßen die beiden Freunde seit ihrer Zeit in Los Angeles, wo sie häufiger im Los Angeles County Museum und im Southwest Museum gewesen waren.[22] Kadishs Begeisterung für Siqueiros und Orozco hatte nicht nachgelassen, erneut schwärmten Goldstein und er von der Kunst der Muralisten. Dies animierte Pollock, sich wieder eingehender mit Orozco zu beschäftigen. Der Stil des mexikanischen Künstlers zeigt sich von der Kunst El Grecos inspiriert, dessen Bilder Jackson schon häufig kopiert hatte. Figuren, Faltenwurf und auch die Farben sind bei Orozco stark an El Greco angelehnt. All diese Einflüsse nahm Pollock auf und integrierte sie in seine künstlerische Arbeit. Er mischte sie mit seinen Erinnerungen, seiner kreativen Kraft und Fantasie, um sich an einem bunten Mix aus Stilen und Methoden zu erproben.

Benton schien begeistert. Nach einem Besuch Pollocks auf Martha's Vineyard schrieb er diesem: »Bevor ich mich wieder ganz meiner eigenen Arbeit widme und alles andere vergesse, wollte ich Dir sagen, dass ich finde, dass die Zeichnungen, die Du hier hast liegen lassen, fantastisch sind. Deine Farbgebung ist reich und wunderschön. Du hast es, alter Junge – alles, was Du tun musst, ist dranzubleiben. Du solltest noch ein bisschen Zeit mit Zeichnen verbringen – aber ich habe ganz und gar nicht das Gefühl, dass in den Arbeiten, die Du dagelassen hast, ein fehlendes Talent für das Zeichnen erkennbar ist.«[23]

Der Winter 1934/35 war besonders hart. Die Temperaturen lagen wochenlang im Minusbereich, wirtschaftlich ging es den USA noch immer nicht besser. Trotz der Reformen des New Deal waren vier Millionen Familien und sieben Millionen Einzelpersonen auf staatliche Hilfe angewiesen. Vor den Suppenküchen bildeten sich lange Schlangen und auch die Zahl der Obdachlosen stieg dramatisch an. Die Arbeitslosenquote betrug rund 25 Prozent. Mangelernährung griff um sich, viele Menschen erfroren.

Jackson und Sande überstanden den Winter halbwegs leidlich. Mit der Arbeit als Hausmeister und ein wenig Unterstützung durch die Sozialhilfe kamen sie einigermaßen über die Runden, auch wenn sie von der Hand in den Mund lebten. Nicht selten stahlen sie Nahrungsmittel oder Brennmaterialien, die auf Handkarren lagerten. Als die beiden Brüder eines Abends den Washington Square passierten, bot sich ihnen eine Szene, die bleibenden Eindruck hinterließ: Während draußen im Halbdunkel Obdachlose kauerten und versuchten, sich vor dem eisigen Wind zu schützen, erstrahlte das Innere der New York University, in der gerade Meisterwerke der Sammlung Gallatin gezeigt wurden, in einem hellen Licht. Pollock hielt diese Szene später in einem Bildwerk fest, das er im marxistisch-intellektuellen John Reed Club ausstellte.[24]

Im Februar 1935 wurde erstmals ein Kunstwerk Pollocks in einem Museum gezeigt: Das Brooklyn Museum zeigte *Threshers (Drescher)* als Teil der Ausstellung »The Eighth Exhibition of Watercolors, Pastels and Drawings by American and Foreign Artists«.[25] Bald darauf präsentierte Jackson *Cotton Pickers (Baumwollpflücker)* in den Temporary Galleries des Municipal Art Committee und *Cody, Wyoming* in den Ferargil Galleries.

Das Frühjahr 1935 begann für Pollock mit einer Hiobsbotschaft. Tom und Rita Benton hatten beschlossen, New York nach dreiundzwanzig Jahren zu verlassen. Benton war als Direktor für Malerei an das Kansas City Art Institute berufen worden. Dankbar hatte er die neue Stelle angenommen, da er sich in seiner alten Heimat wohler fühlte und sich seine Kunst dort näher am Objekt seiner Malerei bewegte. New York war ihm gegenüber sehr feindselig geworden. Man misstraute seinen nationalistischen Untertönen; es zirkulierten sogar Unterschriftenlisten, in denen die Zerstörung seiner Werke gefordert wurde. In der kommunistischen Zeitschrift *Art Front* bezeichnete man die Regionalisten als »teuflisch« und ihre Arbeiten als »aufgeblasenen chauvinistischen Klamauk«. Stuart Davis, ein abstrakter Künstler und überzeugter Kommunist, rückte Benton und dessen Kunst gar in die Nähe des Faschismus. In *Art Front* begann er einen regelrechten Feldzug gegen Benton. Dessen Werke, insbesondere das Wandgemälde im Whitney Museum of American Art, seien nicht progressiv und würden die Belange der Arbeiterklasse verraten. Fröhlich singende Arbeiter passten nicht in das Bild des Klassenkampfes und eines vom Kapitalismus unterdrückten Arbeiters. Benton veröffentlichte daraufhin in der Mai-Ausgabe der Zeitschrift *Modern Monthly* den Essay »Art and Nationalism«, in dem er die Kommunisten scharf angriff und die Werke der linken Künstler des John Reed Club als »inhuman« und »unauthentisch« bezeichnete.[26] Es kam zu wüsten Auseinandersetzungen in den Medien und auf Veranstaltungen, die Debatte nahm immer schrillere Züge an. Mal wurde Benton als Antisemit oder Rassist bezeichnet, mal als Kapitalist oder wiederum Kommunist. Benton revanchierte sich und diktierte einem Journalisten in den Block, New York habe »all seine Kraft und Männlichkeit verloren«. Der Kommunismus sei ein Witz, der sich außerhalb New Yorks nie durchsetzen werde, da soziale Revolutionen aus dem Volk heraus geführt werden müssten.[27] Nachdem sich auch viele der linken abstrakten Maler zu organisieren begonnen hatten, war Benton in der New Yorker Kunstwelt isoliert.[28] Mit Wehmut erinnerte er sich an seine Heimat Missouri, an die einfachen, ehrlichen, hart arbeitenden Menschen und die Ursprünglichkeit des Landes. Dorthin zog es ihn zurück. Die Bentons packten ihre Habe zusammen, leerten das Atelier in der East 8th Street und siedelten im April 1935 nach Missouri um.

Pollock brach damit eine wichtige Stütze weg: Keiner half ihm nun mehr in künstlerischen Dingen, niemand tröstete ihn, wenn etwas schiefgegangen war. Er verlor seinen Elternersatz und einen Zufluchtsort vor den Unbilden der Welt – und es sollte noch schlimmer kommen: Nur vier Monate nach den Bentons verließ auch Charles New York und zog nach Washington, D. C.

Neun Jahre lang hatte Charles versucht, sich als Künstler in New York zu etablieren, mit dem festen Ziel, von seinen Kunstwerken leben zu können. Der Durchbuch war allerdings ausgeblieben. Noch immer lebten er und seine Frau Elizabeth von Kinopostern, die er gestaltete, seinem Gehalt als Kunstlehrer und Elizabeths Einkommen als Journalistin und Autorin. Sie waren zwar recht gut durch die Wirtschaftskrise gekommen, hatten aber noch immer keinen größeren Erfolg zu verzeichnen. Mit Bentons Umzug hatte auch Charles seinen wichtigsten Förderer verloren. Obwohl Charles' Bilder in den Ferargil Galleries ausgestellt wurden, die Kritiker der *New York Times* sich lobend über diese äußerten und seine Arbeiten mehrfach in Magazinen abgebildet wurden, ging es mit seiner Karriere als Künstler nicht voran. Sammler und Museen interessierten sich kaum für ihn; sein Malstil, der sich an Benton anlehnte, galt als verpönt. Charles entschloss sich deshalb, eine Stelle als Illustrator bei der Resettlement Administration in Washington, D. C. anzunehmen, einer Behörde, die sich um verarmte Farmer kümmerte. Im September 1935 war es soweit: Er übergab Jackson und Sande den Schlüssel zu seiner Wohnung in der 8th Street und ging mit Elizabeth fort.[29] Jackson erhielt wie selbstverständlich das größte Zimmer zur Straße hin und als Schlafzimmer die Räumlichkeit, die er einst bewohnt hatte. Sande wurde ein kleiner Raum als Schlafzimmer und ein zweiter als Atelier zugeteilt.

Jackson war traurig, doch sein selbstzerstörerisches Verhalten fand keinen neuen Höhepunkt, die Anwesenheit seines Bruders schien ihn vor einem neuen Absturz zu bewahren. Stattdessen wandte er sich ganz der Arbeit zu. Schon zu Beginn des Jahres hatte er begonnen, Lithografien zu erstellen. Theodore Wahl, ein mit Charles befreundeter Künstler, hatte ihm diese Technik ausführlich erklärt und ihm einen Lithografiestein zur Bearbeitung überlassen.[30] Wieder waren es Themen aus dem Bildfundus Bentons, die Jackson im Stile Ryders auf den Stein übertrug: Farmer bei der Arbeit, Ansichten von Farmhäusern, Landschaftsdarstellungen. Sein Stil wurde wieder ruhiger, die Werke aus dieser Zeit erscheinen nahezu pittoresk. Überdies ging Jackson dazu über, mit Aquarellfarben zu experimentieren, was seine Palette künstlerischer Techniken um ein weiteres Mal erweiterte: Gemälde, deren Darstellungen sich durch die Formensprache Bentons und Ryders auszeichneten, in der eigenen Wohnung realisierte Wandgemälde in der Art der mexikanischen Muralisten, mit mythischen Figuren geschmückte Keramiken – und nun auch zarte Aquarelle, in denen sich die Eindrücke von Martha's Vineyard spiegelten.[31]

Im Zuge des New Deal-Reformpakets hatte die amerikanische Regierung das »Art Project« ins Leben gerufen, ein Programm, das mittellosen Künstlern die Möglichkeit zur Arbeit bot. Sie erhielten 23,86 Dollar pro Woche – eine außergewöhnlich gute Bezahlung.[32] Für viele Künstler war das Projekt eine Rettung in letzter Minute. In den Jahren der Weltwirtschaftskrise hatte neben der Börse auch der ohnehin kleine Markt für amerikanische Kunst gelitten. Die Preise fielen, während sich die Sammler auf europäische Künstler stürzten. Hinzu kam, dass den Künstlern, die sich mit Illustrationen für Zeitungen und Zeitschriften über Wasser hielten, durch die aufkommende Konkurrenz der modernen Medien von Radio und Fernsehen ein wichtiger Nebenerwerb verloren ging.

Das Art Project war nicht der erste Versuch der Regierung, Künstlern zu helfen. Schon 1932 hatte Gouverneur Franklin D. Roosevelt ein Programm für Künstler konstituiert, das indes nur wenigen Künstlern in New York zugutekam. Lediglich indirekt profitierten auch andere davon, da das Programm Kurse für junge Kunstschaffende auflegte, die kostenlos angeboten wurden. Als Roosevelt im März 1933 Präsident der Vereinigten Staaten wurde, schrieb ihm der Künstler George Biddle, ein Freund und Klassenkamerad aus früheren Tagen, dass dieses Programm unbedingt fortgeführt und erweitert werden müsse. Und tatsächlich wurde nur wenige Monate später, im November 1933, das »Public Works of Art Project« (PWAP) gegründet. Unter Federführung des Finanzministeriums wurden Künstler ausgewählt, die öffentliche Gebäude mit

Kunst verschönern sollten. Bis heute gilt dieses Projekt als ein Meilenstein in der staatlichen Kunstförderung, denn es war das erste Mal, dass eine Regierung Künstler direkt förderte und subventionierte. Rund eine Million Dollar wurde an 3 700 Kreative ausgeschüttet.

Das Programm wurde allerdings auch kontrovers diskutiert und fand so manchen Kritiker. Die Organisatoren des Programms hatten es sich zwar zum Ziel gesetzt, qualitativ hochwertige Kunst zu fördern, doch konnten nicht überall überzeugende Künstler gefunden werden. Stattdessen wurde eine Vielzahl von Künstlern engagiert, die eigentlich nicht hätten gefördert werden dürfen. Während sich in Südkalifornien kaum herausragende Künstler bewarben, gab es in New York so viele, dass einige von ihnen mit sekundären Aufgaben wie dem Putzen und Ausbessern von öffentlichen Kunstwerken und Denkmälern beauftragt wurden. Hinzu kam der Umstand, dass in New York noch immer der Kampf zwischen den älteren Traditionalisten und den jungen, eher linksgerichteten und meist arbeitslosen Modernisten schwelte. Um den Etat des Projekts entbrannten bittere Verteilungskämpfe. Für die Modernisten erwies es sich hierbei als Vorteil, dass die Direktorin des Whitney Museum of American Art, Juliana Force, zur Präsidentin des regionalen Ausschusses für die Verteilung der Gelder gewählt wurde. Sie stand den modernen Künstlern nahe und setzte sich dafür ein, dass diese von dem Programm profitierten. Doch schon Ende April 1934 wurde das Ende der Förderung für den kommenden Juni verkündet. Die Künstler standen erneut vor dem Nichts. Viele laufende Projekte wurden einfach abgebrochen, nur wenige im lokalen Programm des Emergency Relief Bureau weitergeführt.[33]

Pollock profitierte von dem Programm vor allem durch den Keramikkurs und einen Zeichenkurs bei Goodman. Allerdings wurde er schnell von der Liste der Teilnehmer gestrichen und dem Denkmalschutzprojekt zugeordnet. Ab Februar 1935 säuberte er für 1,75 Dollar pro Stunde das Denkmal für die Feuerwehrmänner in der 100th Street und dem Riverside Drive, eine anstrengende und schmutzige Arbeit in Eiseskälte. Später arbeitete er an der Reiterstatue George Washingtons am Union Square und dem Denkmal für Peter Cooper am Cooper Square. Sein Gehalt wurde allerdings halbiert, da die Stelle nur für einen Steinmetz-Assistenten ausgeschrieben worden war.[34]

Inzwischen wurde in Washington, D. C. heiß diskutiert, die Befürworter und Gegner der Künstlersubventionen stritten erbittert. Die Gegner geißelten das Projekt als falsch und schädlich, ja sogar als unmoralisch und ruinös für die heimische Wirtschaft. Die Befürworter entgegneten, dass der Öffentlichkeit auf diese Weise Kunst geschenkt werde und der öffentliche Raum eine Aufwertung erfahre. Im Sommer 1935 beschloss Roosevelt, den Debatten ein Ende zu setzen und die Förderung zu professionalisieren. Unter der Aufsicht des Finanzministeriums wurde zunächst das »Federal Art Project« (FAP) gegründet, das nur wenig später der gigantischen Bundesbehörde der »Works Progress Administration« (WPA) zugeordnet wurde, die ab August 1935 eine breite Künstlerförderung anbot. Die WPA, deren Präsident Harry Hopkins war, lieferte beeindruckende Zahlen. Im Durchschnitt waren dort in den folgenden sechs Jahren 2,1 Millionen Arbeiter beschäftigt; fast fünf Milliarden Dollar wurden investiert, rund eine Million Projekte angestoßen. Das Art Project umfasste hierbei nur einen geringen Teil: Insgesamt 46 Millionen Dollar standen 38 000 Kreativen zur Verfügung, unter ihnen bildende Künstler, Musiker, Schriftsteller und Theaterschaffende.

Für die Auswahl der Künstler hatte man Experten herangezogen: Als Direktor des FAP war der Museumskurator Holger Cahill berufen worden, zur Chefin des New Yorker Hilfsprogramms hatte man die Leiterin der College Art Association Audrey McMahon ernannt. Im ganzen Land wurden 103 regionale Kunstzentren gegründet. Trotzdem war es nicht einfach, den gewaltigen Ansturm zu bewältigen. Viele Künstler hatten zudem Schwierigkeiten mit der Bürokratie der WPA.[35]

Auch Sande und Jackson Pollock wollten auf die Lohnliste der WPA. Da es jedoch nicht möglich war, dass zwei Empfänger mit identischem Nachnamen und gleichem Wohnsitz eine Anstellung erhielten, musste einer der beiden entweder ausziehen oder seinen Namen ändern. Und so wurde aus Sande in jener Zeit Sanford McCoy, indem er den ursprünglichen Nachnamen des Vaters annahm.

Jeder Künstler musste entscheiden, zu welcher Abteilung er sich zählte: zur Wand- oder Staffeleimalerei. Für Erstere meldete sich Sande an, da er bereits über Erfahrungen in der Ausarbeitung von Wandbildern verfügte und schon mehrfach bei Siqueiros in Los Angeles assistiert hatte. Jackson, der eigentlich eher zu den Staffeleimalern gehörte, registrierte sich ebenfalls bei den Wandmalern, schließlich wollte er nicht ohne seinen Bruder arbeiten. Die Sektion »Wandmalerei« barg zudem den Vorteil, dass er den Fängen der WPA weitestgehend entging, denn die Staffeleimaler mussten jede Woche einige Stunden »unter Aufsicht« malen. Jackson wurde Job Goodman zugeteilt, mit dem zusammen er an *The Spirit of Modern Civilization*, einem Wandgemälde an der Grover Cleveland High School, arbeitete.

In Goodmans Atelier war er zum ersten Mal seit Längerem auch wieder bildhauerisch tätig. Wenn sich die Assistenten langweilten, fertigten sie mit Ton und Wachs eigene Werke an. Stundenlang arbeitete Pollock an Wachsmaquetten, die er dann in eine kleine Gießerei in Brooklyn brachte und in Bronze gießen ließ.³⁶

Wie viele Plastiken entstanden, ist ungewiss. Es ist nur eine Plastik erhalten, die Pollock zugeschrieben wird. Der Bildhauer Charles Maddox, der während Pollocks künstlerischen Tätigkeiten anwesend war, erklärte, dass Pollocks Arbeiten der erhaltenen zumindest sehr ähnlich gewesen seien. Die Plastik ist außergewöhnlich und so nahe an der Abstraktion wie keine zuvor. Sie zeigt eine menschliche Figur, die sich im Kampf – oder in der Umarmung – mit einer vogelartigen Kreatur befindet. Verbunden sind beide Wesen über nicht klar zu identifizierende Fragmente. Der Stil erinnert stark an Orozcos Wandgemälde und zeigt Einflüsse indianischer Kunst. Das Werk fällt so sehr aus Pollocks Arbeiten heraus, dass es schwer fällt, zu glauben, dass es von ihm stammt. Doch Stil, erkennbare Einflüsse und die Aussage Maddox' lassen den Schluss zu, dass Pollock die Plastik tatsächlich geschaffen haben könnte.³⁷

Reuben Kadish und Philip Guston vor ihrem Wandgemälde für die WPA, ca. 1936

Während in New York die Künstler der Avantgarde und ihre Förderer die wichtigsten Positionen in der WPA besetzten, hatten im Rest des Landes die Traditionalisten die entscheidenden Ämter inne, sodass vornehmlich Traditionalisten gefördert wurden. Die meisten Kommissionen, die darüber entschieden, welcher Kategorie ein Künstler zuzuordnen sei (unerfahren, mittel, erfahren, professionell), und die damit auch die Höhe des monatlichen Schecks bestimmten, waren also von den Traditionalisten dominiert, weshalb die Künstler dazu angehalten wurden, vor allem gegenständlich zu arbeiten. Nur im von den Modernisten geprägten New York gelang es einer kleinen Gruppe abstrakter Maler – unter ihnen Arshile Gorky (1904–1948) und Stuart Davis –, Fuß zu fassen. Problematisch wurde allerdings auch für sie eine Bestimmung, die besagte, dass jedes Kunstwerk einen Sponsor brauchte. Die Sponsoren und Sammler bevorzugten auch in New York die Gemälde der Traditionalisten, und die Kunstkommissionen, welche die Werke begleiten sollten, taten ein Übriges. So schrieb Sande in einem Brief an Reuben Kadish: »Wenn der Künstler schon mal die Chance hat, eine Wand zu bemalen, wird er von der Kunstkommission unter dem Superpatrioten Jonas Lie sofort an die Kandare genommen. Das Ergebnis ist, dass nur wenige gestaltete Wände mit langweiligen Dekorationen der einfachsten Art entstehen.«[38]

Die hohen bürokratischen Hürden der WPA konnten einen Missbrauch nicht verhindern. Vor allem der Betrug bei finanziellen Hilfen war weitverbreitet. Beliebt war es beispielsweise, Nebenjobs anzunehmen und dieses Zusatzeinkommen zu verschweigen. Nach Schätzungen waren es bis zu 25 Prozent, die so dem Topf verloren gingen. Dennoch wurden die Repressionen für die Künstler bald gelockert und man musste sich nicht mehr jeden Morgen und Abend an- und abmelden.[39] Jackson, der noch kurz vor der Lockerung zu den Staffeleimalern gewechselt war, verschaffte dies Erleichterung. Da er nicht gerade ein Frühaufsteher war, war er manches Mal nur wenige Minuten vor Anmeldeschluss – noch im Pyjama – herangelaufen gekommen, um seinen Stempel zu ergattern. Von den Künstlern wurde nicht mehr verlangt, sich jeden Tag zum Rapport zu melden, sondern nur noch ein- bis zweimal im Monat. Und auch der geforderte »Ausstoß« an Bildern wurde reduziert: Es genügte fortan, nur noch ein Bild innerhalb von vier bis sechs Wochen fertigzustellen.

Doch die Gründung der WPA hatte noch einen weiteren Effekt: Die amerikanischen Künstler sahen sich erstmals als Gemeinschaft an, es war die Geburtsstunde der amerikanischen Kunstszene. Man traf sich in den WPA-Büros, diskutierte in Ateliers, Bars und Cafés. Die Künstler standen einander bei, kämpften gemeinsam gegen die Bestimmungen der WPA und arbeiteten zusammen an Projekten, bei denen man sich wie in einer großen Familie fühlte. Ein starker Ausdruck dieses Gemeinschaftsgefühls war die 1933 gegründete Artists Union, eine Interessenvertretung und Gewerkschaft für Künstler, die in diesen ersten Jahren einen immensen Zulauf erfuhr.

Die WPA existierte noch bis 1943, dann wurde sie aufgelöst, da aufgrund des Zweiten Weltkrieges und des damit einhergehenden Anstiegs der Rüstungsproduktion die Arbeitslosigkeit schlagartig gesunken war. 17 Millionen neue Jobs waren entstanden und Überstunden die Regel, Frauen mussten arbeiten, um die Bedürfnisse des Arbeitsmarktes zu befriedigen. Den Künstlern ergab sich zu diesem Zeitpunkt eine neue Einnahmequelle: Der Aufschwung hatte viele reiche Unternehmer hervorgebracht, die ihr Vermögen nun bevorzugt in Kunst investierten.

Kapitel 7
Inspiration durch die Muralisten (1936–1938)

Die erste Begegnung zwischen dem mexikanischen Muralisten David Alfaro Siqueiros und dem jungen Nachwuchskünstler Jackson Pollock in Los Angeles war 1932 ziemlich kühl verlaufen. Siqueiros zog einige Zeit später nach Buenos Aires, da er in Los Angeles aufgrund seiner politischen Aktivitäten und provozierenden Motive nicht mehr erwünscht war.

Der mexikanische Künstler war 1898 in Chihuahua geboren worden und in einem strengen Elternhaus aufgewachsen. Schon als Kind hatte er anarchistische, rebellische Züge gezeigt. Im Alter von dreizehn Jahren war er zum ersten Mal im Gefängnis und mit vierzehn Jahren schloss er sich der Armee der mexikanischen Konstitutionalisten an, die gegen die Militärdiktatur Huertas kämpfte. Sein Leben war geprägt von der Idee, für die Rechte der kleinen Leute einzustehen, im Widerstand gegen Kapitalisten wie auch diktatorische und korrupte Machthaber. In der Wahl seiner Mittel war Siqueiros nicht sonderlich zimperlich. Er nutzte Worte, Waffen und die Kunst, wobei die Übergänge fließend waren. Die Kunst war für ihn nichts anderes als eine Fortführung der Politik und des Krieges mit anderen Mitteln. Beinahe magisch zog Siqueiros zahlreiche Revolutionäre an. Wo er war, war immer etwas los.

Im Februar 1936 reiste Siqueiros nach New York, um Mexiko beim amerikanischen Künstlerkongress zu vertreten. Diesen hatten linke Künstler mit dem Ziel ins Leben gerufen, gemeinsame Ideen zu formulieren. Drei Tage lang wurde debattiert. 360 Delegierte aus aller Herren Länder waren angereist, um Antworten auf die Probleme der Weltwirtschaftskrise und des aufkeimenden europäischen Faschismus zu finden. Doch wie sollten die Künstler auf die veränderten Bedingungen in der Welt reagieren? Wie konnten sie ihre Kritik an den herrschenden Verhältnissen in das eigene Werk integrieren? Einhellig war die Meinung, dass es jede Form von Nationalismus zu verurteilen galt und man sich nicht von Parteien und Ideologien vereinnahmen lassen durfte.[1]

George Cox, David Alfaro Siqueiros und Jackson Pollock (v. l. n. r.) in New York, 1936

Nach dem Ende des Kongresses begann Siqueiros sofort mit der Organisation eines Workshops, der sich mit modernen Materialien und Techniken in der Kunst auseinandersetzen sollte. Der mexikanische Maler wollte auch auf dem Feld der Kunst Revolutionäres leisten und seine Revolte mitten in das Herz der US-amerikanischen Kunstszene tragen; dass revolutionäre Bilder mittels alter Techniken entstehen könnten, glaubte er jedoch nicht. Siqueiros vertrat einen modernen Realismus mit sozialistischem Inhalt und Reminiszenzen an die typisch mexikanische Form, die er mithilfe innovativer Mittel auf die Wände zu bannen gedachte.

Auch Pollock fand seinen Weg in den Workshop Siqueiros'. Es war der junge Künstler Axel Horn (1913–2001), der ihn eines Tages in das am Union Square gelegene Atelier des Malers mitnahm. Wie Künstlerkollegen berichteten, seien sich Pollock und Siqueiros bei dieser zweiten Begegnung sehr sympathisch gewesen. Als Pollock eintraf, war der Workshop bereits in vollem Gange und der Mexikaner damit beschäftigt, Vorbereitungen für die Parade zum »Tag der Arbeit« am 1. Mai zu treffen. Neben einigen Amerikanern, unter denen sich auch Pollocks Jugendfreund Harold Lehman befand, waren mehrere lateinamerikanische Künstler im Atelier beschäftigt, die zu Siqueiros' engerem Umfeld zählten. Gemeinsam produzierten sie Agitprop-Banner und Poster für die amerikanischen Kommunisten. Sie alle wurden von Siqueiros als Kameraden und Genossen tituliert, doch gab es eine klare Hierarchie: An der Spitze stand Siqueiros, dann folgten seine lateinamerikanischen Künstlerfreunde und schließlich die amerikanischen Künstler, die Harold Lehman unterstanden. Dieser hatte schon in Los Angeles mit Siqueiros zusammengearbeitet und kannte ihn daher gut. Während Siqueiros und Lehman die Mehrzahl der Bilder vorfertigten, oblag es den anderen Künstlern, sie nach ihren Vorgaben zu vollenden. Zu diesen Assistenten zählten nun auch Jackson und Sande. Da sie nicht zu der Gruppe kreativer Köpfe gehörten, waren sie lediglich mit ausführenden Tätigkeiten betraut. Sie mussten Farben anrühren, Materialien vorbereiten und sich auch sonst nützlich machen. Aber Pollock war ohnehin nicht sonderlich an den politischen Botschaften des Workshops interessiert, seine Aufmerksamkeit galt den künstlerischen Techniken. Wissbegierig saugte er alles Neue auf und beobachtete genau.[2]

Laut Horn studierte Pollock »die Anwendung von Sand, gemischten Objekten und Materialien, Texturen und so weiter: und vor allem die Ausnutzung zufälliger Effekte, die durch die Wirkung der Lösungsmittel von Lacken entstanden, welche gegossen, gespritzt und gesprayt wurden, [...] und vielleicht nicht zuletzt – unsere Angewohnheit, die Leinwände während der Anfangsphase des Malens auf den Boden zu legen«[3]. Die Arbeiten im Atelier beschrieb Horn detailliert: »Wir sprühten mit Schablonen und Maskierfolien, bauten Holz, Metall und Papier ein. Wir nutzten dünne Lasuren oder trugen dicke Kleckse auf. Wir gossen, tröpfelten, spritzten, warfen sie [die Farben] auf die Bildoberfläche. Es [das Bild] trocknete schnell, meist sofort und konnte nach Belieben wieder entfernt werden, auch wenn es schon trocken und hart war. Dabei entstand eine unendliche Vielfalt zufälliger Effekte. Siqueiros entwickelte bald eine Theorie und ein System der kontrollierten Zufälle.«[4] Was Siqueiros als »kontrollierten Zufall« bezeichnete, diente ihm nur als Mittel zum Zweck. »Natürlich nutzten wir all diese Instrumente, um die Bilder mit literarischen Inhalten zu füllen«, so Axel Horn. »Niemand dachte daran, sie selbst als endgültig zu betrachten. Die Entwicklung von Pollocks reifer Kunst [gemeint sind die Dripping-Bilder] wurde erst wahrnehmbar, als er [Pollock] begann, diese Techniken als eine Aussage zu nutzen.«[5]

Siqueiros produzierte in der kreativen Atmosphäre des Workshops Ideen und Projekte ohne Unterlass. Fortwährend testete er neue Materialien. Zu seinen liebsten Entdeckungen zählten neue Industriefarben wie die DUCO-Lacke, schnell trocknende Nitrozelluloselacke, die insbesondere in der Autoindustrie Verwendung fanden. Siqueiros' Leidenschaft für die neuen Lackfarben brachte ihm den Spitznamen »Il Duco« ein. Die Farben waren nicht nur satter, langlebiger und formbarer, sie waren vor allem auch ein Synonym für das technische Zeitalter.

Neue Materialien erforderten auch neue Methoden. Siqueiros glaubte, dass ein Maler wie ein Arbeiter zu werken habe. Für den Auftrag der Farbe sollte er die Sprühpistole nutzen, für Gips wiederum eine Gipspistole. Auch die Fotografie als ein modernes Medium wurde mitgenutzt. Um große Bilder zu erstellen, wurden Fotos vergrößert auf eine Platte projiziert und mittels Airbrushtechnik nachgezeichnet. Mit den neuen Farben wurde alles ausprobiert: Sie wurden geschleudert, getröpfelt, gesprüht, geschnitten und angezündet. Mal wurden sie hauchdünn mit einem Airbrush aufgesprüht, mal fein mit dem Pinsel aufgetragen, dann wieder mit dem Spachtel in dicken Klumpen auf die Malfläche geschmiert oder direkt aus der Tube auf die Leinwand gedrückt. Siqueiros bohrte auch Löcher in den Boden der Farbdosen und ließ die Farbe auf den Untergrund tropfen. Um scharfe Ränder zu erhalten, wurden Schablonen und Folien eingesetzt. Zur Erzeugung unterschiedlicher Texturen nutzte man Sand, Papier, Holz und Metall. Als Untergrund dienten nicht nur Leinwand, sondern auch Baumwolle, Stein, Holz, Sperrholz- und Asbestplatten. Siqueiros ermunterte seine Studenten, ohne Vorzeichnung zu malen, da er glaubte, dass direktes Malen dynamischer sei. Die Dynamik der Farbe selbst, ihre Viskosität, ihr Gewicht und ihre Zähigkeit sollten helfen, ein Bild zu gestalten. Siqueiros' Experimentierfreude schien keine Grenzen gesetzt. Auf einen Drehteller ließ er Farben tropfen, die durch die Drehbewegung auf den Malgrund geschleudert wurden und wilde Farbspiele erzeugten. Es wurde außerdem mit unterschiedlichen Farbdichten experimentiert: Man träufelte Farbe auf eine Leinwand und ließ darüber dünnere Farbe laufen. Auf diese Weise entstanden faszinierende Farbmuster. Manchmal half Siqueiros mit dem Pinsel nach, um der Farbe eine Richtung zu geben, indem er auf das Bild tupfte. Axel Horn erzählte später, dass auch Pollock in Horns Appartement eine Leinwand auf den Boden gelegt und Siqueiros' eigentümliche Tropf-Technik nachgeahmt habe.[6]

Lehman schilderte einmal in einem Vortrag, wie er mit Pollock gemeinsam an einem Bild arbeitete: »Eine Besonderheit dieses Projekts waren unsere Handabdrücke, die die protestierenden Opfer des Faschismus darstellen sollten und auf der gesamten Oberfläche integriert waren. Diese schienen durch massenhaft Banner und Zeichen usw. hindurch, die wiederum überlagert wurden von Strömen aus Farbe, die man in langen Bewegungen kreuz und quer in langen Strähnen [auf die Bildfläche] geschleudert hatte; das Ganze reflektierte gewalttätige Rhythmen und Bewegungen [...].«[7] Charles berichtete später: »Ich

Jackson Pollock, *Landscape with Steer (Landschaft mit Stier)*, Lithografie, The Museum of Modern Art, New York

habe den Kurs mindestens einmal besucht und war erstaunt über die Größe einiger Werke und die erstaunlichen Effekte, die durch die Sprühpistole erzeugt wurden. Ich bin schon immer der Meinung gewesen, dass es ein Schlüsselerlebnis in Jacksons Entwicklung war. Unter anderem war das ganze Ambiente ein Gegenmittel zum Regionalismus; doch das alles dort war so weit hergeholt und seltsam, dass es nur dazu diente, soziale Kontakte zu knüpfen, ob nun bürgerlich oder revolutionär, wobei er mit diesem Ausdruck wenig anzufangen wusste. Dennoch haben sich die Infragestellung herkömmlicher kunsthandwerklicher Verfahren, gewisse glückliche Zufallseffekte, die Maße [der Leinwände] so in seinem Gedächtnis festgesetzt, dass er sie später, wenn vielleicht auch nur unbewusst, aufgreifen konnte, als er seinen Stil entwickelte.«[8]

Für Pollock musste die Zusammenarbeit mit Siqueiros wie eine Befreiung gewesen sein. Jackson erkannte, wie lebendig Kunst sein konnte, wenn man Althergebrachtes infrage stellte. Er lernte neue Methoden, Techniken und Materialien kennen, die er neugierig ausprobierte. Ein Indiz für den großen Einfluss des Workshops sind zwei Lithografien Pollocks aus jener Zeit. Die Schwarz-Weiß-Lithografie *Landscape with Steer (Landschaft mit Stier)*, eine wüst gekritzelte Landschaft mit einem ausgemergelten Stier am linken Bildrand, hat er in einer zweiten Druckfassung mit bunten Farbwolken versehen, die er mit einem Airbrush aufsprühte (Tafel 2). Den Himmel links oben gestaltete er blau, die Hügel in einem gelbbraunen Ton; den grasbewachsenen Felsen am rechten Bildrand färbte er rot. Den Stier und dessen Umgebung beließ er ebenso wie den unteren Bildrand in Schwarz-Weiß. Trotz der eher spärlichen und plakativen Farbfelder wohnt dem Werk eine besondere Dramatik inne. Es wirkt wesentlich düsterer und dynamischer als die ursprüngliche Lithografie. Auch in der Lithografie *Figures in a Landscape (Figuren in einer Landschaft)* bediente sich Pollock der Airbrushtechnik. Der Lithograf Theodore Wahl, bei dem Pollock seine Drucke zwischen 1934 und 1937 fertigen ließ, schuf seine Werke ebenfalls mittels Airbrush und Schablonen. Wahl war ein Freund von Charles; viele Künstler ließen in seiner Druckerei ihre Lithografien drucken. Es scheint Wahl gewesen zu sein, der Pollock mit der Airbrushtechnik vertraut machte: »Jack mochte die Idee und sagte ›Hey, ich will auch eins machen!‹ – und ich stimmte zu. Dann habe ich ihm einen Stein gegeben und er machte das [*Figures in a Landscape*].«[9] In der Vergangenheit wurde deshalb häufig hinterfragt, ob die beiden Lithografien Pollocks überhaupt auf Siqueiros' Einfluss zurückzuführen sind. Doch die Bilder zeigen mehr als nur Airbrush. Pollock setzte rechts unten eine runde Schablone ein. Im Hintergrund sind mehrere scharfkantige »Abdrücke« zu sehen. Außerdem hat Pollock auf ihrer Oberfläche gekratzt und geschabt, sie betröpfelt und bespritzt. Beide Arbeiten sehen Siqueiros' Werk *Collective Suicide* (1936) sehr ähnlich und sind unverkennbar an dessen Technik angelehnt. Da Wahl lediglich *Figures in a Landscape* druckte, ist außerdem zu vermuten, dass Pollock *Landscape with Steer* in Siqueiros' Workshop anfertigte. Dass es sich um Experimente handelte, zeigt sich, weil es nur zwei dieser Werke gibt und Pollock nach dem Ende des Workshops wohl nicht mehr weiter damit arbeitete.

Je näher der 1. Mai rückte, desto chaotischer wurde es im Atelier. Überall lagen Banner, Poster und Leinwände verstreut und da der Frühling ungewöhnlich warm war, herrschte im Loft eine drückende Hitze. Hinzu kam der Lärm der Sprühpistolen und der zahlreichen werkelnden, diskutierenden Künstler. Pollock arbeitete zu diesem Zeitpunkt an einer Wagendekoration aus Pappmaché, die für die Kommunistische Partei bestimmt war. Im Zentrum der Dekoration stand eine Figur, die einen Kapitalisten darstellen sollte, der in seinen ausgestreckten Armen einen Esel und einen Elefanten hielt, Symbole der demokratischen und der republikanischen Partei. Die Figur sollte zeigen, dass Politiker, egal welcher Partei, von der Wall Street kontrolliert wurden. Dahinter stand eine Konfettimaschine, die von einem Riesen mit einem Hammer angetrieben wurde. Auf dem Hammer waren Hammer und Sichel als Zeichen des Kommunismus aufgemalt. Hieb der Riese auf die Maschine, so spuckte sie Konfetti über den Wall-Street-Banker – ein Aufruf gegen den Einfluss der Wirtschaft und eine Beschwörung der Kraft der arbeitenden Bevölkerung Amerikas.

Der 1. Mai verlief weitgehend ruhig und mit dem Umzug endete auch der Workshop Siqueiros'. Das Atelier leerte sich schlagartig, viele Studenten mussten wieder etwas für ihre WPA-Schecks tun oder verließen New York, um den Sommer auf dem Land oder am Strand zu verbringen. Siqueiros selbst konzentrierte sich wieder mehr auf seine eigene Arbeit, auch er musste Geld in die leere Haushaltskasse bringen. Ende Mai 1936 war das Studio leer.

Für Pollock versprach es ein angenehmer Sommer zu werden. Er hatte Charles' Auto erhalten, die laschen Regularien der WPA ließen ihm große Freiheiten und das Geld des Arbeitsprogramms brachte Unabhängigkeit.[10] Jackson und Sande unternahmen viele Ausflüge, sie erkundeten den Delaware River, fuhren ins Dartmouth College, um sich Orozcos neuestes Wandgemälde anzusehen, und besuchten Bergarbeiter im Westen des Landes. Anschließend begab sich Jackson nach Bucks County, wo er nahe Tinicum mit Reginald Wilson und Bernie Schardt ein Haus mietete. Einige andere Freunde schauten ebenfalls vorbei oder blieben ein paar Tage. Jackson malte auf der Terrasse vor dem Haus, am liebsten aber war er unterwegs. Er liebte das Autofahren und brauste stundenlang ziellos und allein über die Landstraßen Pennsylvanias.[11]

Aber nichts konnte die Angst vor dem, was ihn in New York erwartete, dämpfen. Sande hatte ihm wenige Wochen zuvor offenbart, dass er seine langjährige Freundin Arloie heiraten wolle und sie zu ihnen nach New York ziehen würde. An einem Abend kurz vor der Rückkehr nach New York hörten Wilson und Schardt Lärm auf dem Dach. Als sie nach draußen stürzten, sahen sie Jackson, wie er auf dem Dach auf und ab lief, dabei die Fäuste in die Höhe reckte und immer wieder rief: »Du Gott verdammter Mond, du Gott verdammter Mond!«[12] Am 25. Juli 1936 heirateten Sande und Arloie im New Yorker Rathaus. Arloie war wenige Tage zuvor angekommen und hatte es sich bereits in der Wohnung in der 8th Street gemütlich gemacht – zumindest im gemeinsamen Schlafzimmer. Die drei Pollocks schienen in der Wohnung gut miteinander auszukommen. Während Jackson im vorderen Teil lebte, der anfangs auch als Wohnzimmer diente, machten es sich Arloie und Sande im hinteren Teil der Wohnung bequem. Einige Monate später trennten die Pollocks ihre Wohnbereiche und Jackson konnte das vordere Zimmer allein bewohnen. Er hatte einen eigenen Ausgang und konnte kommen und gehen, wann er wollte.

Arloie ertrug Jacksons Eskapaden mit äußerer Gelassenheit, obwohl sie Angst vor ihm hatte und sich häufig über die nächtlichen Störungen ärgerte. Anders als Charles' Frau Elizabeth jedoch hielt sie zu Jackson, auch wenn sie sich gelegentlich bei Sande beschwerte. Sie erkannte, dass Jackson die Hilfe des älteren

Jackson Pollock, *Composition with Figures and Banners (Komposition mit Figuren und Fahnen)*, 1934–38, Öl auf Leinwand, The Museum of Fine Arts, Houston, Texas

Bruders nötig hatte, und verzichtete darauf, sich einzumischen. Wenn sie hörte, dass Sande mit Jackson im Schlepptau nach Hause kam, schloss sie sich im Badezimmer ein und wartete, bis Jackson eingeschlafen war.[13]

Im August fuhren Jackson und Sanford für eine Woche nach Martha's Vineyard. Als sie nach New York zurückkehrten, hielt es Jackson nicht lange aus. Er glaubte, auf dem Land kreativer arbeiten zu können, und fuhr wieder zu den Freunden nach Bucks County. Er blieb dort auch noch, als die Freunde wieder nach New York zurückkehrten, und mietete für 5 Dollar ein kleines Bauernhaus bei Frenchtown in New Jersey.[14] Das Häuschen verfügte über einen Wohn- und einen Schlafraum sowie über eine kleine Küche. Es stand frei und war den eiskalten Winden schutzlos ausgeliefert. Den ganzen Oktober harrte Jackson dort aus, er trank, um nicht zu frieren, und brauste mit dem alten Ford durch die Gegend – bis er ihn bei einem Unfall zu Schrott fuhr. Da er betrunken gewesen war, musste er für die Kosten des Unfallgegners in Höhe von 80 Dollar aufkommen. Allein, ohne Gefährt und mit 80 Dollar Schulden im Gepäck konnte es ihn nicht mehr lange in New Jersey halten und er kehrte schließlich im November nach New York zurück.[15] Doch Pollock schien sich in der Stadt nicht mehr wohl zu fühlen. Er überlegte kurzzeitig, nach Colorado zu ziehen, um dort zu leben und zu arbeiten, setzte seine Pläne aber nicht in die Tat um.[16]

Im Frühsommer begann Pollock auf seinen Bildern die Linien zu betonen und deutete Formen nur noch sehr sporadisch an. So entstanden stark abstrahierte Bilder, deren Bildinhalte nur mühsam entziffert werden können, wie *Composition with Figures and Banners (Komposition mit Figuren und Fahnen)*. Das Bild kennzeichnet eine hohe Dynamik. Mehrere wild kippende, schwarze Vertikalen scheinen Bannerhalter darzustellen. Größere Farbflächen in Rot und Orange symbolisieren im Wind flatternde Fahnen. Dahinter befindet sich eine tumultartige Szene: Mehrere Körper sind erkennbar, einige scheinen gebückt zu sein oder am Boden zu liegen. Die Menschenmenge wogt hin und her. Hat

Pollock hier eine Demonstration gemalt, die außer Kontrolle gerät? In der Ausführung erinnert das Werk an die Beschreibung eines Bildes, das der Künstler gemeinsam mit Lehman in Siqueiros' Workshop geschaffen hatte. Unter dem Eindruck des Workshops malte Pollock in dieser kurzen Schaffensphase mehrere Bilder in diesem Stil: stark abstrahiert, hochdynamisch und von grellen Farbtönen geprägt.

Doch bald wurden die Bildinhalte wieder gegenständlicher, Pollocks Rhythmus wurde ruhiger. Er fand zunächst in Skizzen, dann auch in Gemälden zu einer neuartigen Bildsprache – eine Entwicklung, für die ein weiterer Muralist maßgeblich war: Orozco. Im Sommer, als Jackson, Sande und ein paar Freunde ins Dartmouth College gefahren waren, um sich Orozcos neueste Arbeit *Epic of American Civilisation* anzuschauen, war Pollocks Leidenschaft für den mexikanischen Maler neu entbrannt. Ein Poster des *Prometheus*-Gemäldes hing seit Jahren in seinem Atelier und gern referierte er über das seiner Meinung nach beste Werk der Moderne. Für Jackson war die emotionale Ausdruckskraft in Orozcos Gemälden der Schlüssel zu derjenigen Kraft, welche die Bildwerke ausstrahlten. Der Muralist hob die Linien in seinen Bildern hervor, der Faltenwurf der Gewänder ist übertrieben dargestellt, die Muskulatur der Körper so stark betont, dass die Körper aussehen, als sei ihnen die Haut vom Leibe gezogen worden. Die Bilder wirken äußerst dynamisch, alles ist in Bewegung, vieles erinnert an El Greco.

In *Epic of American Civilisation* erzählt Orozco auf siebzehn Tafeln die Geschichte Mexikos – von den Azteken über die Ankunft Cortez' bis zur Militärjunta zu Beginn des 20. Jahrhunderts. In *The Gods of the Modern World* hatte Orozco eine albtraumhaft anmutende Szene verewigt. Im Zentrum findet sich ein weibliches Skelett, das auf einem Stapel aus Büchern und in Gläsern konservierten Skeletten entbunden hat. Um es herum stehen sieben skelettierte Gelehrte in Talaren und Doktorhüten. Einer der Akademiker hält den skelettierten Fötus in seinen Händen. Die Gebärende hat ihre Beine gespreizt und windet sich vor Schmerzen, ihre Unterarme und Hände sind vom Körper abgetrennt. Im Hintergrund geht die Welt in einem flammenden Inferno unter.

Direkt neben einer Tür findet sich *Modern Migration of the Spirit*. Ein riesiger, in leuchtendem Orange ausgeführter Christus ist dort im Vordergrund des Bildes angeordnet. Seine Hände und Füße sind durch die Stigmata gezeichnet, das Gesicht wirkt eingefallen, die Haut hängt in Fetzen vom Oberschenkel herab, der Muskel liegt frei. Eine Hand hält er als Faust in den Himmel gereckt, in der anderen trägt er eine Axt, mit der er das Kreuz gefällt zu haben scheint. Im Hintergrund ist ein Berg aus Waffen, Gasmasken und Panzern zu sehen, aber

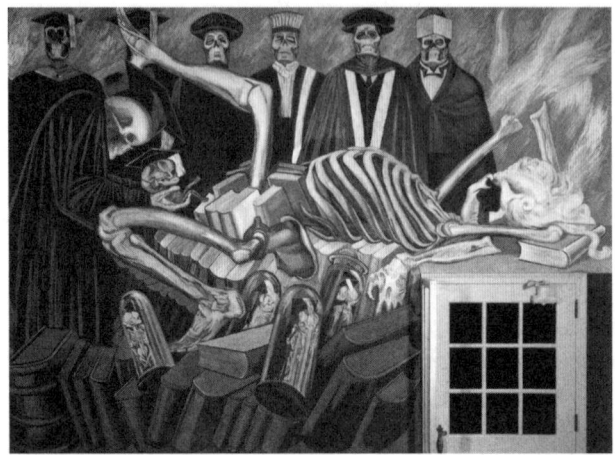

José Clemente Orozco, *The Gods of the Modern World*, 1932, Fresko, Baker Library, Dartmouth College, New Hampshire

auch Symbole der modernen Zivilisation und ihrer Religionen: griechische Säulen und Statuen, ein Buddha und weitere Fragmente.

Die beiden Werke müssen Jackson nachhaltig beeindruckt haben, denn sein Skizzenbuch aus jener Zeit ist mit Studien gefüllt, die an diese beiden Bilder angelehnt sind und in Stil und Ikonografie Orozcos Zyklus nachahmen. Jacksons emotionale Welt schien sich an den Horrorvisionen festzuklammern. Er zeichnete Skelette, menschenähnliche Monster, schwangere Frauen, die in ihren offenen Leibern skelettierte Föten tragen, Tote und Gekreuzigte, Waffen und Sensen. Der junge Künstler schien die Bildwelt und die Allegorien der Muralisten, die die christliche Ikonografie vor allem zur Adaption seelischer Leiden nutzten, gleichsam aufzusaugen. Auf vielen seiner Zeichnungen und Gemälden tauchen Kreuze und Kreuzigungsszenen auf, immer wieder malte Pollock Figuren mit Messern oder Dolchen – Symbole, die von Orozco dazu genutzt wurden, um Gewalt zu versinnbildlichen. Pollock begann außerdem, Menschen mit maschinenähnlichen Bauteilen zu kombinieren, wie auch Orozco Menschen immer dann als maschinenähnliche Wesen darstellte, wenn er auf das Industriezeitalter verweisen wollte. Immer häufiger bevölkern nun Tiere die Arbeiten Jacksons: Pferde, Hunde und wolfsähnliche Wesen, aber auch Vögel und Bullen nehmen eine zentrale Rolle in seinen Werken ein. Manchmal sind sie skelettiert wiedergegeben, manchmal Teil eines menschlichen Körpers.

Pollock übernahm nicht nur Orozcos Symbolik, auch dessen Malstil fand Anklang bei ihm. Wie sein Vorbild ging Jackson dazu über, linienbetont zu malen, und übernahm ferner die dynamische Dramatik und die Bildkomposition des Muralisten. Auch die Farbpalette glich er derjenigen seines Vorbilds an und malte in gedämpften Rot-, Blau- und Gelbtönen.

Er nutzte die Bildwelten Orozcos, um seinen eigenen Gefühlen Ausdruck zu verleihen. Die Werke aus jener Zeit sind Bilder einer gequälten Seele, gepeinigt von den Schatten der Vergangenheit und den Ängsten vor der Zukunft, auf der Suche nach einer eigenen Identität. Geburt, Leben und Leid sind bei Jackson untrennbar miteinander verwoben. Säuglinge erscheinen an das Kreuz genagelt, aus den Bäuchen Schwangerer ragen Kreuze heraus, der Vorgang der Geburt präsentiert sich in den Skizzen als ein einziges Martyrium. Im Hintergrund ist die Welt im Untergang begriffen, ein lebensunwerter Ort, der an die Vorstellungen der Hölle erinnert.

Immer wieder spielt die Figur einer Mutter eine zentrale Rolle. Sie wird oft zu einer brutalen, gesichtslosen Fratze, nackt, blutend, skelettiert und einem Tier nicht unähnlich. Doch auch wenn seine Figuren von Schwangeren und Müttern gesichtslos bleiben, ist offensichtlich, dass Jackson hier auf seine eigene Mutter verwies. Eine interessante Arbeit aus dieser Zeit ist *Bald Woman with Skeleton (Nackte Frau mit Skelett)*[17]: Im Zentrum des Bildes kauert eine nackte, kahlköpfige Frau, die Pollock in Brauntönen ausgeführt hat. Auf ihrer Glatze spiegelt sich das Licht; vor ihr liegt ein Skelett mit einem riesigen, spitzen Schnabel, ein mächtiger gelber Torso, aus dem ein Arm oder ein Bein herausragt. Um diese Szene herum hat Pollock zahllose Menschen gruppiert, Scharen von Schädeln, über denen ein glühendes Rot lodert.

Eine weitere wichtige Arbeit ist *Naked Man With A Knife (Nackter Mann mit einem Messer)* (Tafel 3). Das Bild ist in dunklen Farben gehalten, die Figuren sind von dicken schwarzen Linien umrahmt. Eine Figur am rechten Bildrand, ein nackter Mann, schwingt bedrohlich ein Messer. Darunter ist eine Figur dargestellt, welche die Arme schützend über sich hält und zu entkommen versucht. Eine dritte Figur, die vom Arm des Angrei-

Jackson Pollock, *Untitled (Ohne Titel)*, 1938/39, Skizzenbuch, Seite 19, The Pollock-Krasner Foundation, New York

Jackson Pollock, *Bald Woman with Skeleton (Nackte Frau mit Skelett)*, ca. 1938–41, Öl auf Holz, The Pollock-Krasner Foundation, New York

fers durchstoßen wird, scheint bereits tot. Die Szene weckt Assoziationen an ein Opferritual. Das Bild lebt von seinen düsteren Farben und einem starken Lichtkontrast. Es ist ein Bild voller Brutalität und Leid.

Siqueiros hatte Pollock für neue Materialien und Methoden begeistert und Orozco ihn mit neuen Sujets versorgt. Gewappnet mit diesem Rüstzeug konnte sich Jacksons Fantasie und Kreativität frei entfalten. Die Bilder, die ihm die WPA abverlangte, mussten ihm dagegen wie langweilige, profane Malübungen erscheinen. Man kann sich vorstellen, wie lustlos Jackson an diesen Werken arbeitete. Er malte meist Landschaften, sanfte Hügel mit ein oder zwei Schuppen, zuweilen impressionistisch angehaucht. Einige Bilder sind Küstenlandschaften, welche die Menemsha-Lagune auf Martha's Vineyard in der Nähe von Bentons Ferienhaus zeigen. Die WPA forderte Gemälde, die sich verkaufen ließen, und nicht alle Bilder wurden auch angenommen; manche sandte man den Künstlern zur Überarbeitung zurück. Auch Pollock blieb davon nicht verschont. An Charles schrieb er: »Habe mein letztes Gemälde zurückbekommen, um mehr Zeit zu investieren – sie mochten die Form im Wasser nicht – wenn es ein gutes Bild gewesen wäre, wäre ich nicht einverstanden gewesen.«[18] Allerdings gab es auch kleine Erfolge zu verzeichnen: Im Oktober durfte Pollock ein Aquarell bei der Eröffnung der WPA Federal Art Gallery ausstellen.

Obwohl Jackson inzwischen künstlerisch große Fortschritte machte, gab er sich weiterhin maßlos dem Alkohol hin. Meist war er schon am frühen Abend betrunken und im Laufe der Nacht dann irgendwann nicht mehr ansprechbar; er lag bewusstlos in einer Ecke oder pöbelte sich durch Bars. Überall hatte er Hausverbot, weil er nicht bezahlen konnte, Gäste belästigte oder die Einrichtung beschädigt hatte. Nahezu jeden Abend musste Sande aufbrechen, um seinen jüngeren Bruder zu suchen. Wenn Jackson randalierte, musste er ihn besänftigen, und wenn nichts anderes half, brachte er ihn mit einer Ohrfeige zur Ruhe. Dann schleppte er ihn nach Hause und brühte ihm einen starken Kaffee. Aber auch daheim konnte Jackson unberechenbar sein, er saß in der Küche, nippte am Kaffee und brach plötzlich in Tränen aus oder wurde wütend und gewalttätig.[19]

Sande wusste, dass sein kleiner Bruder unter ernsthaften psychischen Problemen litt, und wandte sich deshalb an Bekannte, die ihm eine Psychiaterin empfahlen, die sich auf die Behandlung alkoholkranker Patienten spezialisiert hatte. So kam es, dass Jackson im Januar 1937 tatsächlich eine kurzzeitige Therapie gegen seinen Alkoholismus begann.[20]

Jackson war der einzige der Pollock-Brüder, der noch nicht verheiratet war, nachdem im Vorjahr auch Frank seine Freundin Marie zur Frau genommen hatte. Noch immer hatte Pollock Schwierigkeiten, sich Frauen zu nähern und mit ihnen eine Unterhaltung zu führen. Nur wenn er betrunken war, nahm seine Zurückhaltung ab – um sich in das krasse Gegenteil zu verkehren. Während der Weihnachtsfeier der Artists Union stolperte er angetrunken in ein tanzendes Paar und nahm die Frau etwas unbeholfen in den Arm. Er zog sie näher an sich heran, rieb seinen Körper an den ihren und flüsterte ihr ins Ohr: »Willst du ficken?« Empört stieß sie ihn zurück und schlug ihm ins Gesicht. Erstaunlicherweise entschuldigte sich Jackson sofort kleinlaut bei ihr; als die junge Frau vier Jahre später erneut in sein Leben trat, hatte Jackson den Vorfall längst vergessen.[21]

Anfang Februar kamen die Bentons nach New York und gaben in der Wohnung der Pollocks eine kleine Party. Eingeladen war auch eine junge Frau, die für musikalische Unterhaltung sorgte, indem sie Banjo spielte und dazu Country-Balladen aus Tennessee sang. Rebecca Tarwater, genannt Becky, war eine schöne junge Frau mit einem zarten Gesicht, schulterlangem braunem Haar und einem netten Lächeln. Sie studierte an der Kingsmith Studio School in Washington, D. C. Musik und Tanz und unterrichtete auch. Dort hatte sie Charles Pollock getroffen, der sie wiederum Bernhard Steffen vorgestellt hatte, den sie dann zur Party begleitete. Jackson war sofort verzaubert von der vier Jahre älteren Becky. Kadish erzählte, »Jackson war total gaga«[22], und Arloie McCoy erinnerte sich, dass Jackson »sehr verliebt«[23] gewesen sei. Den ganzen Abend habe er die junge Frau wie hypnotisiert angestarrt und sich immerzu in ihrer Nähe aufgehalten. Er folgte ihr auf dem Nachhauseweg und beide gingen eine intensive Freundschaft ein.

Pollock träumte davon, mit Becky zusammen zu sein. Doch die junge Frau muss das anders gesehen haben, denn obwohl sie einige Male bei Jackson war und auch in der 8th Street aß, sprach sie Freunden gegenüber nur von einer platonischen Beziehung. Später gab sie noch folgende Auskunft: »Ich empfand ihn [Pollock] als leidenden und unglücklichen Menschen, aber auch als sehr sensibel und lieb. Er schien so kompliziert.«[24]

In Gegenwart von Becky war Jackson niemals betrunken, er sprach weder über seine Familie und Vergangenheit noch über seinen Ehrgeiz oder das Malen und zeigte ihr kein einziges Bild. Becky war nur ein einziges Mal in Pollocks Atelier, ohne dass dieser davon wusste. Sie war erstaunt, dass die Wände keine Bilder schmückten. Ein Werk, das auf dem Boden lag, hob sie auf. Doch als Sande sah, wo sich Becky aufhielt, bat er sie flüsternd, das Atelier sofort zu verlassen, da sich Jackson sonst furchtbar aufregen könnte.[25]

Das ganze Jahr 1937 hindurch ging Jackson zu Therapiesitzungen und Sande berichtete Charles und Stella von seinen Fortschritten. Diese schienen allerdings nicht ausreichend groß gewesen zu sein, denn ein Stellenangebot von Charles in Detroit lehnte Sande ab.[26] Er glaubte, dass Jackson zwar stabil sei, dass man ihn aber nicht allein lassen könne und auf ihn aufpassen müsse. Im Juli schrieb er an Charles:

Jack kämpft momentan sehr mit sich selbst. Das letzte Jahr war für ihn von Phasen emotionaler Instabilität geprägt, in denen er die Verantwortung für sich selbst und uns nicht mehr wahrnehmen konnte. Natürlich begleitet von Alkohol. Irgendwann wurde klar, dass der Junge Hilfe brauchte. Er war psychisch krank. Ich habe ihn dann zu einer uns empfohlenen Ärztin gebracht, einer Psychiaterin, die versucht, ihm zu helfen, sich selbst zu finden. Wie Du weißt, liegen Probleme wie die seinen oft sehr tief, meist in der Kindheit, und es dauert sehr lange, sie auszubügeln. Er geht dort nun seit sechs Monaten hin und ich glaube, seine Einstellung bessert sich. Es soll nicht der Eindruck entstehen, dass ich Jack verhätschele, aber ich habe ehrlich gesagt Angst davor, was passiert, wenn ich ihn allein lasse und niemand auf ihn achtet. [...] Es gibt keinen Grund zur Besorgnis, man muss aber auf ihn achtgeben und ihn klug führen.[27]

Einen Grund zur Besorgnis lieferte Jackson allerdings schon bald. Das ganze Jahr über hatten Becky und er sich gelegentlich gesehen und Jackson war glücklich über die Nähe zu der jungen Frau. Doch nun beschloss Becky, New York zu verlassen, um sich um ihre kranke Schwester zu kümmern. Als sie Jackson von ihren Plänen berichtete, war dieser erschüttert. In seiner Verzweiflung bat er sie, seine Frau zu werden, doch Becky lehnte ab. Sie glaubte, Jackson brauche eine starke Persönlichkeit an seiner Seite und dass sie dafür nicht geeignet sei. An ihrem letzten Abend erzählte sie ihm, dass sie für sich keine Zukunft in New York sehe, eine eigene Karriere machen wolle und deshalb nicht heiraten könne. Becky und Jackson sollten sich nie wieder sehen.[28] Nachdem Pollock monatelang abstinent geblieben war, betrank er sich nun eine Woche lang besinnungslos. Die Frau seiner Träume war fortgegangen, hatte ihn in seiner Einsamkeit zurückgelassen und ausgerechnet jetzt waren Sande und Arloie nicht in New York, sondern mit Freunden in Bucks County. Nach einer Woche entschloss sich Jackson, ihnen hinterher zu fahren. Doch er blieb nur kurz und flüchtete dann zu seiner »Ersatzmutter« Rita Benton nach Martha's Vineyard. Als er am 21. Juli 1937 auf der Insel eintraf, stand keiner bereit, um ihn abzuholen. Er ließ den Bentons eine Nachricht zukommen, doch dauerte es einen ganzen Tag, bis Rita die Nachricht erhielt und eilends losbrauste. Jackson war derweil des Wartens überdrüssig geworden und in einen Spirituosenladen gegangen, um Tom Benton als Geschenk eine Flasche Gin zu kaufen. Doch diese blieb nicht lange ungeöffnet. Jackson beschloss, sich ein Fahrrad zu leihen und damit nach Chilmark zu fahren. Als Rita endlich am Pier ankam, war niemand mehr da.

Jackson hatte sich unterdessen auf seinen Weg gemacht und irgendwo angehalten, um sich zu erleichtern. Als er in geringer Entfernung eine Gruppe Mädchen sah, stürzte er schreiend aus den Büschen auf sie zu und jagte die kreischenden Mädchen durchs Unterholz. In einer ruhigen, distinguierten Ferienregion wie Oak Bluffs war dies kein geringer Skandal. Jackson wurde von der Polizei festgenommen und wegen Trunkenheit und Unruhestiftung angeklagt. Da er das Bußgeld von 10 Dollar nicht zahlen konnte, sperrte man ihn kurzerhand ein. Erst am nächsten Morgen war es den Bentons erlaubt, Jacksons Strafe zu zahlen und ihn aus dem Gefängnis zu holen.[29]

Auf Martha's Vineyard konnte sich Jackson erholen, hier hatte er Freunde und Tröster. Rita kümmerte sich um ihn und verbrachte viel Zeit mit ihm. Zusammen gingen sie spazieren, sammelten Muscheln und Beeren oder kauften ein. War er allein, malte er oder wanderte stundenlang über die Insel. Jackson ging es so gut, dass er seinen Aufenthalt um eine Woche verlängerte. In einem Brief an Becky Tarwater schrieb er: »Ich habe derzeit enorme emotionale Probleme. Mit der Möglichkeit, in Zukunft alles besser zu machen. Mir ist inzwischen klar geworden, dass ich Dir kein glückliches Leben hätte bieten können. Mithilfe des weiten Atlantischen Ozeans habe ich das begriffen.«[30]

Erst Mitte August kehrte Pollock nach New York zurück. Die schönen Sommertage waren allerdings schnell vergessen und im Laufe des Herbstes ging es ihm wieder zunehmend schlechter.[31] Nächtelang betrank er sich. Wenn er morgens wortlos zu Hause erschien, nicht selten in zerrissener Kleidung, stank er und war in einem bemitleidenswerten Zustand. Meist konnte er sich an nichts mehr erinnern. Oftmals kam er auch zu Hause nicht zur Ruhe, zerstörte mit bloßen Händen die Wohnungseinrichtung oder traktierte sie mit einem Messer. Wenn er nüchtern war, verbrachte er Stunden in seinem Zimmer, auf dem Bett sitzend und das Gesicht in die Hände gestützt. Im September schied Sanford Jacksons Atelier gänzlich vom Rest der Wohnung ab, um Jackson mehr Privatsphäre und Arloie Ruhe vor ihm zu gönnen.

Der Malerei kam Pollock in dieser Zeit nur selten nach, er verpasste die Abgabetermine der WPA und musste seine Bilder oftmals wieder mitnehmen und umarbeiten. Nachdem er die Bentons Weihnachten 1937 in Kansas City besucht hatte, bat er im Mai 1938 darum, im kommenden Sommer mit Benton auf eine sechswöchige Zeichenreise gehen zu dürfen. Es wäre das erste Mal gewesen, dass Pollock gemeinsam mit Benton durch die USA reisen würde. Voller

Bloomingdale Hospital, White Plains, New York, 1921

Vorfreude berichtete er der Mutter am 19. Mai von der bevorstehenden Reise, die am 28. Mai beginnen sollte. Doch wenige Tage vor der Abreise erhielt Pollock die Nachricht, dass ihn die WPA nicht um ein weiteres Mal freistellen würde.[32] Er war so enttäuscht, dass er vier Tage lang verschwand und sich ohne Unterbrechung bis zur Bewusstlosigkeit betrank. Die WPA reagierte prompt und entließ ihn aufgrund »fortgesetzter Abwesenheit«.[33] Pollock war am Boden zerstört, er hatte nun kein regelmäßiges Einkommen mehr und keine Möglichkeit, aus New York zu entkommen. Immer häufiger verschwand er für mehrere Tage. Er schien sich endgültig aufgegeben zu haben und sich zu Tode trinken zu wollen. Die Spirale aus Depression und Alkoholmissbrauch drohte ihn immer tiefer in den Abgrund zu ziehen. Eines Tages wurde Pollock in volltrunkenem Zustand ins Bellevue Hospital eingeliefert. Die Ärzte erklärten Sande, dass sein Bruder einen Nervenzusammenbruch erlitten habe, und er musste einsehen, dass es so nicht mehr weitergehen konnte. Am 11. Juni 1938 brachte er Jackson auf dessen Wunsch hin ins 50 Kilometer entfernte New York Hospital in White Plains und überließ ihn dort der Obhut der Ärzte und Schwestern.[34]

Die psychiatrische Abteilung des New York Hospital war in einem großzügigen Gebäudekomplex untergebracht, den ein riesiger Park umgab. Das Bloomingdale Asylum, wie das Haus auch genannt wurde, war eines der ältesten Krankenhäuser der USA und galt dennoch als eines der fortschrittlichsten. Während andere »Nervenheilanstalten« noch mit Gitterstäben, Fesseln und Aderlass arbeiteten, hatte man sich im Bloomingdale's bereits neuen Methoden zugewandt. Hier erhielten Patienten ein Recht auf Privatsphäre und ihnen standen Psychotherapien sowie saubere, gepflegte Einrichtungen zur Verfügung. Großzügige Spenden ermöglichten eine Ausstattung mit Golf- und Tennisplätzen. Für Patientinnen gab es Haushalts- und Tanzkurse, für die männlichen Patienten waren vor allem Sport und Handwerk vorgesehen. Abends wurden Konzerte oder Lesungen angeboten, tagsüber konnten die Patienten in dem großzügigen Park spazieren gehen. Mit seinen Orientteppichen, edlen Möbeln und einer Bibliothek erinnerte das Krankenhaus in seinem Innern an ein nobles Sanatorium.

Der eigentlichen Therapie ging eine gründliche Untersuchung voraus, bereits am Aufnahmetag mussten die Patienten verschiedene neurologische und körperliche Untersuchungen über sich ergehen lassen. In den ersten Wochen der Therapie galt es zunächst, die Suchtkranken wieder aufzupäppeln, ihnen Ruhe zu gönnen, sie vernünftig zu ernähren und dem Körper genügend Flüssigkeit zuzuführen. Darmspülungen sollten die Entgiftung erleichtern, außerdem nahmen die Kranken lange Bäder, entspannten sich in der Sauna und erhielten Massagen. Ausreichend Schlaf gehörte ebenfalls zum Therapieprogramm, in Ausnahmefällen wurden auch Beruhigungsmittel verabreicht. Regelmäßige Therapiegespräche sollten dem Patienten helfen, seine Situation zu erkennen und Lösungen zu finden. Alkohol war tabu, Briefe und Pakete an die Patienten wurden auf das Strengste kontrolliert. Den Patienten konnte aber auch Ungemach drohen: Wer sich den Behandlungen widersetzte, wurde mit Gewalt dazu gebracht.[35]

Obwohl sich Jackson freiwillig hatte einweisen lassen, waren seine Rechte eingeschränkt und er durfte das Krankenhaus ohne ärztliche Einwilligung nicht verlassen. Nach der ersten Untersuchung musste er seine Ankunft bestätigen, dann wurde er von zwei auswärtigen Ärzten erneut untersucht und sein Fall einem Richter vorgetragen. Dieser erlaubte eine Einweisung für höchstens zwölf Monate. Die Ärzte erlebten einen depressiven, zutiefst verunsicherten Jackson, dem es an Selbstbewusstsein und Selbstvertrauen mangelte. Pollock muss fürchterliche Ängste ausgestanden haben, die unzähligen fremden Menschen waren sicherlich ein Graus für ihn und der Alkohol, der ihm sonst über solche Situationen hinwegzuhelfen pflegte, war nicht zur Hand.[36]

Pollock wurde von Dr. James Hardin Wall behandelt, dem im Krankenhaus zuständigen Oberarzt für alkoholkranke Patienten. Der überzeugte Freud-Anhänger war in den 1930er Jahren einer der ersten, die sich intensiv mit der Alkoholsucht und ihrer Behandlung auseinandersetzten. Die Patienten wurden dazu ermuntert, ihre Geschichte zu erzählen. Zweimal pro Woche trafen sich Pollock und sein Therapeut zu Therapiesitzungen. Doch für Jackson waren die Sitzungen schrecklich, zu Beginn bewahrte er sich ein eisernes Schweigen. Es dauerte lange, bis er begann, sich seinem Arzt zu öffnen. Bis zu seinem Tod im Jahr 1997 hielt Dr. Wall seine ärztliche Schweigepflicht weitgehend ein und gab nur wenig von den Therapiesitzungen mit dem berühmten Künstler preis. Wall beschrieb Pollock dabei als ängstlichen, sensiblen und liebenswerten Menschen. Laut Einschätzung des Arztes habe er an Depressionen gelitten.[37]

Pollock entsprach ziemlich genau dem Bild, das Dr. Wall von alkoholsüchtigen Patienten hatte. Oft waren schon ihre Väter Alkoholiker und schlechte Vorbilder für die Söhne gewesen, die Mütter zumeist dominante Persönlichkeiten, die vor allem gegenüber den Söhnen fürsorglich und beschützend auftraten. Die Väter hatten sich oft aus der Erziehung herausgehalten oder ihre Familien frühzeitig verlassen. Folgt man Wall, ist es die Kombination aus einem schwachen Vater und einer dominanten Mutter, die es dem Sohn erschwere, zu einer eigenen Identität zu finden und ein Selbstwertgefühl zu entfalten. Die Söhne entwickelten ein pathologisches und ambivalentes Verhältnis zur

Mutter, durch ihre Nähe erhielten sie einen zu femininen Blick auf das Leben und seine Schwierigkeiten. Der Alkoholkonsum beginne nach Wall zumeist mit der männlichen Identitätsfindung in der Pubertät und gehe mit der sexuellen Selbstfindung einher. Die starken Mütter seien auch für die Angst des alkoholkranken Mannes vor Frauen verantwortlich, die seine Beziehungen in Enttäuschungen oder Katastrophen enden lasse. Im Laufe der Therapie kristallisierte sich heraus, dass Pollock tatsächlich fürchtete, die Mutter könne ihm seine Männlichkeit und sein männliches Rollenbild nehmen. Pollock begriff, warum der Vater die Familie als gebrochener Mann verlassen hatte, und sah, dass dies auch die Schuld der Mutter war. Doch er brauchte seine Mutter und konnte sie nicht einfach verstoßen, er steckte folglich in einem Dilemma.[38]

Um Jacksons männliches Selbstwertgefühl zu stärken, verordnete Dr. Wall seinem Patienten die Tätigkeit der Metallverarbeitung. Im Angebot wären als Freizeitbeschäftigung außerdem noch Korbflechten, Kochen, Drucken, Töpfern und Weben gewesen, aber der Arzt war der Meinung, dass Jackson bildhauerisch arbeiten sollte. Der Psychiater hoffte so auch zu verhindern, dass Pollock malte, da ihn dies oft frustriert hatte.

Pollock bearbeitete einige Kupferschalen und Platten, die deutlich zeigen, womit er sich in jener Zeit beschäftigte. Der äußere Rand einer der Schalen[39] ist von nackten Männern bedeckt, die sich in einer Art Tanz zu bewegen scheinen. Auf einer riesigen Platte sitzt ein großer nackter Mann rittlings auf einem ausgemergelten, erlegten Stier, der alle Viere von sich streckt und die Zunge aus dem Maul hängen lässt.

Auf einer weiteren Kupferplatte[40] sind im Innern drei nackte Männer zu sehen, die miteinander zu kämpfen scheinen, auf dem Rand der Platte tummeln sich ebenfalls Nackte. Wall schrieb 1963 an Pollocks Ehefrau Lee Krasner, dass ihm Pollock damals erklärt habe, dass die Figuren den Lebenszyklus des Mannes symbolisierten: links die Männerfreundschaft, Männer die einander helfen, unten der liegende Mann als Symbol für den Tod, rechts die Eltern und die Kindheit, die Liebe und oben das Chaos des Lebens.[41]

Jackson Pollock, *Untitled (Ohne Titel)*, 1938, oxidiertes Kupfer, Collection John P. Axelrod, Boston

Jackson fertigte laut Aussage von Dr. Wall Vorzeichnungen an, bevor er auf dem Metall zu arbeiten begann. Die Vorzeichnungen sind zwar nicht erhalten, doch Walls Hinweis scheint glaubhaft, denn in einem der Skizzenbücher aus dieser Zeit findet sich eine kleine Zeichnung mit einer Darstellung des Zyklus des Lebens, die der Schale in hohem Maße ähnelt.[42] Man kann davon ausgehen, dass diese Arbeiten Jacksons erster bewusster Versuch waren, sein Unbewusstes und seine Gefühle in seinen Werken sichtbar zu machen. Sie zeigen, wie sehr sich Pollock in der Zeit der Therapie mit seinem männlichen Selbstbild auseinandersetzte. Die Skizzenbücher belegen außerdem, dass Pollock Studien alter Meister fertigte und diese durch eigene Elemente ergänzte, um Rhythmus und Bewegung in das Bild zu bringen. Für Wall waren Jacksons Arbeiten ein sichtbarer Beweis für dessen Fortschritte.

Jackson war knapp zwei Monate im Bloomingdale Hospital, als sein Heimweh überhandnahm und er wieder nach Hause wollte. Doch Wall war der Meinung, dass sein Patient trotz seiner guten Fortschritte noch weitere sechs Monate bleiben müsse. Wollte er früher entlassen werden, musste er seinen Arzt davon überzeugen, dass er wieder völlig gesund sei. Und tatsächlich schaffte es Jackson, Dr. Wall zu erweichen: Am 30. September wurde er nach nur dreieinhalb Monaten vorzeitig entlassen.[43]

Noch vom Krankenhaus aus hatte er einen Wiederaufnahmeantrag bei der WPA gestellt und nun erschien er jeden Tag in deren Büro, um sich zu erkundigen, ob sein Antrag inzwischen bewilligt worden sei. Er wurde immer wieder vertröstet, und als er am 23. November endlich wieder eingestellt wurde, bekam er weniger Geld.[44]

Den Herbst über ging Jackson weiterhin gelegentlich zu Sitzungen mit Dr. Wall, der ihn ermunterte, wieder künstlerisch tätig zu sein. Statt zu zeichnen und zu malen, konzentrierte sich Jackson aber vornehmlich auf die Bildhauerei und die Lithografie. Nebenbei arbeitete er auch wieder mit Ton und produzierte einige Keramikarbeiten, bei denen er mit dem Material und dessen Gestaltungsmöglichkeiten spielte. Bemerkenswert ist eine Schüssel mit dem Titel *The Story of My Life (Die Geschichte meines Lebens)*, die er im Winter 1938/39 schuf. Rechts malte Pollock einen nackten Mann, der, in den ausgestreckten Armen einen Bogen haltend, zwei Pferden am oberen Rand nachjagt. Links ist eine sitzende Nackte mit gesenktem Kopf zu sehen, die Beine gespreizt und angezogen, als würde sie gebären. Am unteren Rand liegt eine Nackte, die ihren Kopf in den Armen vergräbt, über ihr zeigt sich ein Segelboot in aufgewühlter See. Das Zentrum der Darstellung bestimmt ein zusammengekauerter und von Flammen umgebener Säugling. Die Allegorien zu entschlüsseln, ist nicht sonderlich schwer: der Jäger, der dem männlichen Ritual der Jagd nachgeht, und der schmerzliche Vorgang der Geburt, das Boot als Synonym für das Leben in rauer See, das Weibliche unten und in der Mitte das Ich, ein leidendes Kind in einer Flammenhölle, die sich Leben nennt. Außen ist die Schale mit einer apokalyptischen Szene verziert: Zu sehen ist eine Flammenhölle sowie ein Meer aus Menschen, die wie verlorene Seelen wirken, die in der Hölle schmoren. Die Figuren sind nur angedeutet, ihre Gesichter nicht zu erkennen, manche haben eckige Köpfe, die an Bentons geometrische Fragmentierungen erinnern. Es scheint sich ausnahmslos um Männer zu handeln.

Eine zweite Schüssel, die Pollock in dieser Zeit kreierte, betitelte Dr. Wall später als *The Flight of Man (Der Flug des Mannes)*. Deren bemalte Außenseite schmücken zahllose Figuren, nackte Männer und Frauen, lediglich umrisshaft angedeutet, aber klar erkennbar. Im Innern der Schüssel ist eine Szene dargestellt, die an Menschen erinnert, die fliegen oder zumindest zu fliegen versuchen. Viele scheinen zu schweben und recken die Hände in den Himmel. Im Vordergrund befindet sich eine liegende Figur, rechts kniet ein Mann und hält die Hände vor dem Körper gefaltet. Das Zentrum nimmt eine Figur für sich ein, die ebenfalls ihre Hände in den Himmel streckt und von einer flammenden Aura umgeben ist.

Beide Arbeiten zeigen, dass Pollock darin fortfuhr, sich intensiv mit seiner inneren Welt auseinanderzusetzen. Und doch schien ihn die Therapie nur wenig angesprochen zu haben. Freunden berichtete er, dass der Aufenthalt vergeudete Zeit gewesen sei, und er redete zeit seines Lebens ausgesprochen selten über diesen Sommer. Einmal äußerte er, dass die Therapie Sandes Idee gewesen sei und er nur deshalb mitgemacht habe, um seinem Bruder einen Gefallen zu tun.[45] Es kam, wie es kommen musste, kurz nach der Entlassung trank Pollock wieder.[46]

Anfang 1939 fand Jackson in Helen Marot eine neue Bezugsperson. Marot, die Jackson über Benton kennengelernt hatte, hatte ihm bereits eine Stelle als Hausmeister an der City and Country School verschafft, deren Mitbegründerin sie war. Sie war es auch gewesen, die Sande im vergangenen Jahr geholfen hatte, eine Psychoanalytikerin für Jackson zu finden.

Nach seiner Rückkehr aus dem Krankenhaus besuchte Pollock sie häufig. Manchmal kam er erst spät in der Nacht und die beiden unterhielten sich stundenlang. Die vierundsiebzigjährige Marot wurde zu einer neuen Ersatzmutter für Pollock. Sie war mitfühlend und einfühlsam, gebildet und sozial engagiert, sie setzte sich für die Arbeiter- und die Frauenbewegung ein und organisierte

Arbeiterinnenstreiks. Marot war keine Psychologin, aber sie interessierte sich sehr für die Psychologie und die Schriften Carl Gustav Jungs. Aufgrund ihres Alters konnte sie Pollock Mutter und Freundin sein, ohne jede sexuelle Spannung. Hinzu kam, dass Marot kaum Interesse an dem Künstler zeigte, sondern sich nur für den Menschen Jackson Pollock interessierte. Vor einem erneuten Zusammenbruch konnte sie ihn dennoch nicht bewahren. An Charles schrieb Sande: »Jack kämpft immer noch mit der Malerei und dem Leben.«[47] Trotzdem waren er und Marot der Meinung, dass Jackson nicht zurück nach Blommingdale's sollte, und übten keinen Druck auf ihn aus. Marot konsultierte Cary Baynes, eine Bekannte, die in Psychologenkreisen verkehrte und die Schriften Jungs ins Englische übersetzte. Baynes empfahl ihr den Psychoanalytiker Joseph Henderson, einen überzeugten Anhänger Jungs, zu dem Pollock ab Februar 1939 ein halbes Jahr lang einmal pro Woche ging.[48]

Kapitel 8
Psychotherapie

Henderson stammte aus einer angesehenen Politikerfamilie Nevadas. Er war gerade erst wieder aus Europa zurückgekehrt, wo er in London studiert und in Zürich dem engsten Zirkel von Carl Gustav Jung angehört hatte. Jung selbst hatte zahlreiche Theorien zur Symbolik in der Kunst entwickelt und Henderson war neugierig zu erfahren, inwieweit sich diese tatsächlich anwenden ließen. Da ihm die Zulassung noch fehlte, durfte er nicht therapieren, eine Praxis hatte er sich aber bereits eingerichtet. Pollock war für ihn ein ideales Studienobjekt, weshalb er beschloss, den Fall anzunehmen und Jackson kostenlos zu behandeln, um sich einen Namen zu machen.[1]

Anders als die vorherigen Therapeuten fragte Henderson kaum nach Pollocks Vergangenheit. Er schaute sich weder die Akten aus den vorherigen Behandlungen an, noch sprach er mit Helen Marot, Dr. Wall oder Sande.[2] Auch interessierte er sich nicht für Pollocks Alkoholismus. Er wollte gänzlich unbelastet mit Pollock arbeiten und dessen Unterbewusstsein erforschen.[3]

Jackson erklärte dem Therapeuten, dass er sich nicht als Person wahrnehme. Und da er ein zurückhaltender und schüchterner Mensch war und Henderson ohnehin nichts aus seiner Vergangenheit wissen wollte, gab es für ihn nicht sehr viel zu erzählen. Pollocks Schweigen deutete Henderson als Beschäftigung mit sich selbst und den eigenen Gedanken und Gefühlen. Wochenlang verliefen die Therapiestunden schleppend, Pollock sprach wenig und erzählte nur oberflächlich von sich. Auch Traumdeutungen, Hendersons diagnostische Normmethode, brachten keinen Erfolg, weil Jackson nichts von seinen Träumen erzählte. Henderson begann allmählich an seinem Patienten zu verzweifeln, bis dieser eines Tages eine Zeichnung von sich mitbrachte.[4]

Jungs Theorien zufolge könne ein jedes Individuum eine gesunde Persönlichkeit entwickeln, wenn sich die vier psychischen Funktionen des Bewusstseins – Intuition, Gefühl, Empfinden und Denken – im Einklang befinden. Das innere

Potenzial eines Menschen wird erst nach einem langen Prozess der Selbstfindung in sein Bewusstsein gehoben, das Bewusste und das Unbewusste werden miteinander vereint und der Mensch erkennt sich und seine Fähigkeiten sowie Möglichkeiten. Jung nennt diese Entwicklung einer Person zum Individuum »Individuation«. Jedes Individuum verfüge neben dem persönlichen Unbewussten, Verdrängten, Vergessenen und unterschwellig Wahrgenommenen auch über angebore Urbilder eines kollektiven Unbewussten. Diese instinktiven Verhaltensmuster, Vorstellungen und Symbole einer Kultur nennt Jung »Archetypen«. Der Psychoanalytiker glaubt, dass sie bei der Selbstwerdung eine entscheidende Rolle spielten. Die Entwicklung zum Individuum sei ein langer Prozess, der von der Hebung der Archetypen aus dem Unterbewussten ins Bewusstsein begleitet werde. Dies könne laut Jung durch einen Traum, durch Visionen oder auch Kunst geschehen, wobei der Therapeut dem Klienten helfen könne, seine bewusst gewordenen Archetypen in dessen Persönlichkeit zu integrieren. Für Jung waren Symbole nicht nur diagnostisch, sondern auch therapeutisch wirksam. Fände ein Klient mithilfe des Analytikers einen Archetyp in seinem Unterbewusstsein, täte er einen Schritt zur Integration desselben.[5]

Der Kunst wies Jung folglich eine bedeutende Rolle zu. Der Künstler habe die Möglichkeit, Urbilder aus dem Unterbewusstsein herauszuheben und einem Publikum erfahrbar zu machen, um so den Betrachter näher an die Integration der entdeckten Archetypen zu bringen. Für Jung existierten zwei Künstlertypen: der introvertierte oder psychologische Künstler, der sein Thema einer absichtsvollen Handlung unterwirft, also bewusst schafft, und der extrovertierte oder visionäre Künstler, dem sich die Werke aus dem Unterbewusstsein förmlich aufdrängen.[6] Allerdings räumte Jung durchaus ein, dass die Trennung zwischen beiden Typen oftmals nicht so streng verlaufe.

Während Kunst für Freud lediglich eine Ersatzbefriedigung eines Neurotikers war, der aus der Realität zu fliehen versuche, besaß sie für Jung eine heilende Wirkung.[7] Freud untersuchte die persönlichen Bedingungen, unter denen ein Kunstwerk entstanden war, Jung war darauf aus, ein Werk zu begutachten, um dadurch mehr über den Künstler zu erfahren. Jung argumentierte, dass die unbewussten Symbole in einem Kunstwerk die verdrängten Probleme eines Menschen aufzeigten, und dass es die Aufgabe des Analysten sei, mit dem Klienten diese Probleme zurück ins Bewusstsein zu heben und damit zu arbeiten.[8] Er glaubte, dass die Symbole in einem Werk die im Innern des Künstlers ablaufenden Prozesse versinnbildlichten. Indem man die Symbole entschlüssle und den Patienten dazu bringe, Ähnlichkeiten herauszuarbeiten, sei der Analytiker in der Lage, dem Klienten zur Heilung zu verhelfen. Aufgabe des Analysten sei es, zu untersuchen, auf welche urtümlichen Bilder des kollektiven Unbewussten sich das im Kunstwerk entwickelte Bild zurückführen lasse.[9]

Als Henderson Pollocks Bilder zum ersten Mal sah, war er wie elektrisiert – endlich hatte er einen Zugang zu Jacksons Seele gefunden. In jeder Therapiestunde nahmen sich die beiden von nun an ein oder zwei Werke vor. Zu Beginn zeigte Jackson Bilder »voller Menschen und Tiere, gequält, verstümmelt und zerrissen«, wie Henderson festhielt.[10] Im Laufe der achtzehnmonatigen Therapie präsentierte Jackson zweiundachtzig Zeichnungen und eine Gouache[11], ein Konvolut aus lebendigen, verstörenden und aufwühlenden Bildern.

In einer der ersten Stunden brachte Pollock eine Gouache[12] mit, die er Henderson später schenkte. Bei dem Werk handelt es sich um die Darstellung einer Kreuzigungsszene, die an Orozcos *Migration of the Spirit* erinnert und einen Gekreuzigten zeigt, unter dem sich Leiber, Schädel und Skelette türmen. Die Farbe war in grellen Grundtönen aufgetragen worden, dicke schwarze Linien umrissen die Formen. Henderson teilte jeder Farbe eine Funktion zu: Intuition = gelb, Gefühle = rot, Empfindungen = grün und Gedanken = blau.[13] Die verrenkten Figuren deutete Henderson als die vier Funktionen in Pollocks Persönlichkeit, die aus dem Gleichgewicht geraten waren. Auch Symbole konnten entschlüsselt werden: Das Kreuz stehe für den axialen Archetyp, ein roter Fleck oben rechts für die Sonne. Beides seien Symbole für eine Neuordnung, Signale auf dem Weg zur Integration.[14]

Henderson sah den therapeutischen Prozess in der gemeinsamen Interpretation mit dem Patienten. Doch Jackson arbeitete nicht mit. Er hatte keine freien Assoziationen zu den Symbolen und wollte auch nicht über Hendersons Äußerungen sprechen. Er saß still da, hörte aufmerksam zu, und je länger die Therapie dauerte, umso mehr erfuhr er von den Theorien Jungs. Für Henderson wurde dies zum Problem, denn Pollock arbeitete bald nicht mehr spontan. Er begann Jungs Theorien zu illustrieren und das Gehörte in sein künstlerisches Werk zu integrieren. Doch Henderson brauchte spontane Bilder, echte Ausdruckshandlungen, um Pollocks Unterbewusstsein aufzudecken.

Unter Kunsthistorikern und Psychologen entbrannte später ein heftiger öffentlicher Streit darüber, ob und auf welche Weise die Bilder aus jener Zeit zu lesen und zu verstehen seien. Tatsächlich dürften die Bilder kaum aus der tiefsten Seele des Künstlers entsprungen sein, eine künstlerische Verarbeitung des in der Therapie Gehörten scheint aus heutiger Sicht wahrscheinlicher. Pollock mischte seine eigenen Gefühle, Sehnsüchte und Gedanken mit der Symbolik

Jackson Pollock, *Untitled (Ohne Titel)*, ca. 1939/40, Kreide und farbiger Stift auf Papier, Collection Phyllis and David Adelson, Brookline, Massachusetts

Jungs. Manche Bilder scheinen klar von Henderson diktiert worden zu sein, andere spiegeln Pollocks Gefühlswelt oder sind von Orozco inspiriert.

Pollock muss von Hendersons Analysen dennoch beeindruckt gewesen sein. In den 1950er Jahren erklärte er einem befreundeten Kunstlehrer: »[…] wenn ich lehren würde, dann würde ich meinen Studenten sagen, sie sollen Jung lesen.«[15] Er hatte viel über sich und Jungs Symbolwelt erfahren, und sicher gefiel ihm, dass der Psychoanalytiker dem Künstler eine so bedeutende Rolle zuwies. In einem Interview aus den Fünfzigerjahren äußerte Pollock: »Wir sind alle von Freud beeinflusst, schätze ich. Ich war lange Zeit Anhänger Jungs.«[16]

Die Symbole, die Henderson in Jacksons Bildern entdeckte, wurden schnell zum zentralen Thema: die Welt- oder Himmelsachse als Symbol für die eigene Stärke; die Mondsichel als Zeichen des Weiblichen; die Schlange als Sinnbild für das Unbewusste; sich kreuzende Linien, Kreuze, Pfeile und Arme als Zeichen des Konflikts des Gegensätzlichen, insbesondere des Weiblichen und Männlichen. Die gerade Linie stehe für das Männliche, die geschwungene für das Weibliche.[17] Vieles davon vereinte Pollock in einer Zeichnung[18] aus dem Jahr 1939: In deren Zentrum sind zwei männliche Figuren zu sehen, die nur aus Beinen zu bestehen scheinen und in sich kreuzende Arme übergehen. Im Kreuzungspunkt, in der Mitte des Bildes, durchstößt eine vertikale Achse die Darstellung, um die sich unten eine Schlange windet. Im Zentrum befindet sich ein Kreis, eine angedeutete weibliche Form, in der eine Pflanze wächst. Im Hintergrund ist ein skelettierter weiblicher Torso zu sehen, links davon ein Bulle, rechts ein Pferd. Es herrschen Gelb- und Brauntöne vor. Figuren und Säule sind in Braun gehalten, Schatten durch ein wenig Grün angedeutet. Skelette und Tiere sind in Gelb gezeichnet.

Henderson analysierte geflissentlich: Die Achse stehe für den männlichen Phallus, aber auch für Jacksons neue Möglichkeiten, sein Leben zu organisieren und Rückfälle zu verhindern. Die beiden Figuren symbolisierten Jacksons wiedergefundenen Realitätssinn. Die Mitte des Bildes und die dort befindliche Pflanze seien als ein Sinnbild des Gegensätzlichen zu lesen, das eine neue Ordnung gefunden habe, und die Pflanze stehe für psychisches Wachstum und Entwicklung. Der Torso im Hintergrund symbolisiere den weiblichen Körper. Die schematische Andeutung eines Skeletts zeige, dass Pollock noch immer ein ungelöstes Problem belaste, vielleicht der unlösbare frustrierende Wunsch nach einer sich aufopfernden, liebenden Mutter. »Er litt in seiner frühen Kindheit unter Einsamkeit und extremen emotionalen Entbehrungen, und dies wurde noch nicht adäquat ausgeglichen.«[19]

Henderson notierte, dass Jacksons Zustand Parallelen zu rituellen Trancezuständen während indianischer Stammesrituale oder schamanistischer Rituale aufweise. Was Henderson mit »Zustand« meinte, wird deutlich, als er ausführt, dass Pollock häufig den Bezug zur Realität verliere und sein Bruder Sande immer wieder als Brücke in das reale Leben fungiere. Die Aufgaben sah der Psychoanalytiker klar verteilt: Sande sorge dafür, dass Pollock in der realen Welt funktioniere, Marot kümmere sich als mütterliche Freundin um seine emotionalen Bedürfnisse, Henderson selbst sei für die »Strukturierung von [Pollocks] Ich-Bewusstsein und der Denken-Funktion zuständig, damit Pollock eine rationalere und objektivere Sicht auf sein Leben und seine Kunst gewinnt«[20]. Hendersons Fazit: »Seine [Pollocks] eigene hoch entwickelte Funktion der Intuition benötigt keine Hilfe, muss aber gelegentlich vor dem quälenden Gefühl der Einsamkeit gerettet werden.«[21]

Henderson bescheinigte Pollock später schizophrene Züge, ohne indes eine Schizophrenie zu diagnostizieren. Heute würde man vermutlich eher von einer bipolaren Störung sprechen. Selten wurden die depressiven Episoden in Pollocks Leben durch äußere Einflüsse verursacht, fast immer waren sie das Resultat der zyklischen Verläufe der Krankheit. Aber auch eine Borderline-Persönlichkeitsstörung ließe sich als Diagnose in Betracht ziehen. Henderson schrieb, dass Pollocks depressive Episoden von »Aggression«, »Antriebshemmung und sozialer Isolation« und einer »krankhaften Form der Introversion« geprägt gewesen seien.[22] Für den Therapeuten stand unzweifelhaft fest, dass die Kunst Pollock davor bewahrte, »verrückt« zu werden und den Halt zu verlieren.[23]

Dr. Violet Staub de Laszlo, Pollocks Therapeutin in späteren Jahren, urteilte über Pollock, dass dieser »hochintelligent [sei], viel mehr als es scheint, aber auf intuitive Art und Weise«[24]. Sein Unvermögen, sich zu äußern, beruhe darauf, dass er weder die richtigen Worte finde, noch sie von anderen aufnehmen könne, aber er erfasse jedes noch so kleine nonverbale Signal. Seine Intelligenz funktioniere nur im Unterbewusstsein, ohne dass etwas ins Bewusstsein vordringe.

Immer wieder wurde behauptet, Pollock sei des Redens unfähig oder gar dumm. Dies wird jedoch durch ein Ereignis widerlegt, von dem Marot Henderson einst am Telefon erzählte: »Ich sah Jackson Pollock letzte Nacht und er sprach stundenlang stürmisch, aber faszinierend über sich und seine Malerei. Ich bin mir nicht sicher, aber es scheint so, als hätten wir ein Genie in unseren Händen.«[25] Auch Pollocks späterer Förderer John Graham (1886–1961) wusste, dass Pollock leidenschaftlich über Kunst philosophieren konnte. Und Pollocks Freund Harry Jackson erwähnte: »Es ist großer Unsinn, dass Jack nicht viel redete; er hat mir mal in einer Nacht mein verdammtes Ohr abgekaut, als wir in der Küche Bier tranken. Jack holte eine Ausgabe von Cahiers d'Art und analysierte Tintoretto bis ins kleinste Detail, erklärte die Komposition von diesem und jenem [...].«[26] Der britische Künstler Stanley William Hayter (1901–1988), von dem Pollock in späteren Jahren Gravurtechniken erlernte, erklärte: »Wenn Jack einigermaßen betrunken war, konnte er sehr intelligent über seine Quelle der Inspiration und über die Grenzen des Arbeitens aus dem Unterbewusstsein erzählen.«[27] Auch Lee Krasner beschrieb Pollock als gesprächigen Menschen: »Es ist ein Mythos, dass er nicht viel sprach. Er konnte furchtbar viel reden, wenn er wollte. Man muss nur die Leute fragen, mit denen er wirklich redete: Tony Smith und mich. Er war sehr präzise, intelligent; es war ganz einfach so, dass er nicht über Kunst reden wollte. Wenn er so still war, war das, weil er nicht an Reden glaubte, sondern an Handeln.«[28] Bei anderer Gelegenheit erzählte sie, dass Pollock eine Sammlerin empfangen und ihr ein Bild erklärt habe: »Als Antwort auf ihre Fragen sprach Jackson lange Zeit über die linke Bildhälfte. Er sprach frei und brillant. Ich wünschte, ich hätte ein Aufnahmegerät gehabt.«[29]

Pollocks Freund Tony Smith teilte Krasners Ansicht: »All das Gerede darüber, er sei unfähig zur Kommunikation, ist falsch. Wenn er etwas zu sagen hatte, dann sagte er es. Er verlor nicht viele Worte, in dieser Hinsicht war er also kurz angebunden – er kam direkt auf den Punkt. Im eigentlichen Sinne des Wortes hatte man auch keine Konversation mit Jackson. Man stellte ihm eine Frage und er antwortete darauf. Obwohl er nicht gesprächig war, wich er auch nicht aus. Wenn er gelegentlich eine Frage nicht beantworten wollte, dann lächelte er nur.«[30] 1958 erzählte Smith: »In Pollocks Haus stapelten sich Kunstmagazine und Bücher. Er wusste genau, was vor sich ging. Seine wenig eloquente Art resultierte aus sozialen Defiziten, nicht aus intellektuellen. Er konnte mit Menschen in sozialen Situationen oft nicht umgehen oder mit ihnen reden, aber diejenigen, die er mochte, waren erstaunt, wie scharfsinnig er war und wie viel er über Malerei wusste.«[31]

Pollocks Schweigsamkeit war also eher auf seine extreme Schüchternheit und auf sein mangelndes Selbstbewusstsein zurückzuführen als auf fehlende geistige Fähigkeiten. Eine Psychologin aus Hendersons Umfeld sagte einmal, Jacksons Intelligenz sei eher ästhetisch als philosophisch. Intuitiv habe er gewusst, was er künstlerisch zu tun habe.[32] Reuben Kadish meinte dazu: »All seine großartigen Gefühle und Gedanken sind in seinen Bildern. Seine Intelligenz und sein Scharfsinn sind ganz auf das Malen fokussiert.«[33] Und der Kritiker Clement Greenberg schrieb in einem Brief nach Pollocks Tod recht pathetisch, dass Jackson für ihn der intelligenteste Maler gewesen sei, den er je kennengelernt habe, »einer der belesensten und einer der erfahrensten; ohne seine Intelligenz wäre er nie der Künstler geworden, der er war«[34].

»Jackson versuchte alles, um sich kulturell zu bilden«, erzählte sein Freund Whitney Darrow, »Malerei, Literatur, Kunsttrends und so weiter. [...] Aber er hatte keine akademischen Fähigkeiten. Ich hatte das Gefühl, er war sehr jugendlich, unwissend und eher emotional als intellektuell – völlig emotional.«[35] Dass Pollock als unbelesen galt, könnte daran liegen, dass man für gewöhnlich keine Bücher bei ihm sah. Darauf angesprochen, erklärte er, dass er nicht wolle, dass jeder sehe, womit er sich beschäftige.[36] Die Bibliothek, die Pollock hinterließ, war allerdings äußerst umfangreich.

Pollock fühlte sich wohl in der Therapie bei Henderson. Er genoss die ungeteilte Aufmerksamkeit eines Menschen und eine Therapie, die unbequeme Fragen nach der schmerzhaften Vergangenheit umging. Hier zählte nur der Mensch Jackson und seine Kunst. Da er auch während der Therapie weiterhin trank, brachten die Therapiestunden keinen gesundheitlichen Nutzen, aber sie waren künstlerisch äußerst wertvoll für Pollock. Er eignete sich eine Bildsprache an, die zeit seines Lebens aktuell bleiben sollte. Sein Malstil wurde eigenständiger, er entfernte sich von den Werken Orozcos und Ryders. Die Farbpalette hellte sich auf, die Linienführung wurde dünner, die Bilder wurden verspielter. Intensiv nutzte Pollock Symbole und Zeichen, experimentierte und probierte aus.

Jungs Ansatz, dass alles Unbewusste sich im Bewussten manifestiere, spielte dabei eine Schlüsselrolle. In Jackson gewann die Idee, spontan zu malen, neuen

Auftrieb; er schaute von nun an nicht mehr in die Welt, wenn er malte, sondern in sich hinein. Damit hatte er ein unerschöpfliches Reservoir für seine Bilder gefunden.

Bis zu seinem Tod war Jackson stets auf der Suche nach therapeutischer Hilfe. Immer wieder schien es so, als nutze Jackson die Therapiestunden allein zu dem Zweck, aus ihnen einen Vorteil für seine Kunst zu ziehen, statt eine Genesung anzustreben. Für ihn brachten die Therapien kreative Impulse, keine medizinische Hilfe.

Kapitel 9
Graham und Picasso (1939–1941)

Ende der Dreißigerjahre vervollständigte sich Pollocks Bild von den zeitgenössischen europäischen Künstlern. Er fing an, die europäischen Avantgardisten intensiver zu studieren, indem er häufiger die Ausstellungen der Europäer in den Galerien von Julien Levy und Pierre Matisse besuchte. Hier sah er Arbeiten Paul Klees (1879–1940), Hans Arps (1886–1966), Wassily Kandinskys (1866–1944) und Max Beckmanns (1884–1950). Besonders eindrücklich fand er die Bilder Joan Mirós (1893–1983), dessen Zeichen und Symbole Eingang in sein Werk fanden. Wie der Europäer begann nun auch Pollock, größere Farbflächen als Hintergrund einzusetzen und diese mit kryptischen Symbolen auszufüllen. Einen herausragenden Stellenwert für Pollocks künftige Arbeiten sollte jedoch zu Beginn der Vierzigerjahre Pablo Picasso einnehmen. Auslöser für diese Entwicklung war nicht zuletzt ein Mann, dem Pollock Ende der Dreißigerjahre begegnete.

John Graham, der eigentlich Ivan Gratianowitch Dombrowski hieß, war 1886 in Kiew geboren worden. Er hatte in Moskau das Abitur abgelegt und in Kiew Rechtswissenschaften studiert. Danach kämpfte er als Offizier bei der russischen Armee gegen die Bolschewiken, die ihn verhaften ließen und für einige Monate ins Gefängnis warfen. Während der Russischen Revolution floh die Familie nach Polen, dem Herkunftsland der Mutter. Von dort aus reisten sie weiter nach Holland und schifften sich nach Amerika ein. Hier nannte sich Dombrowski zunächst John Dabrowsky, ließ seinen Namen aber 1927, als er amerikanischer Staatsbürger wurde, in John Graham ändern. 1920 war er an der Art Students League in New York eingeschrieben und besuchte die Klasse von John Sloan. Zahlreiche Reisen führten ihn in den Zwanzigerjahren nach Europa, wo er europäische und russische Künstler der Avantgarde kennenlernte und auch Picasso und den Surrealisten in Paris begegnete. Ein jähes Ende fanden seine Reisen jedoch mit dem Ausbruch der Weltwirtschaftskrise, die auch Graham verarmen ließ. Zurück in New York lernte er Hilla von Rebay kennen, die umtriebige Direktorin der Sammlung Guggenheim, die ihn als Assistenten einstellte und ihm ein sicheres Einkommen bot.[1] Obwohl Graham von Kandinsky, dem gefeierten Star der Sammlung, nicht viel hielt, durfte er Ausstellungen organisieren und die Sammlung verwalten.

Graham galt als Exzentriker: Seine Freunde erzählten, er habe sie häufig nackt empfangen und, während er sich mit ihnen unterhalten habe, akrobatische Kunststückchen vorgeführt. Oft trug er ein Monokel, das ihm wohl etwas Aristokratisches verleihen sollte. Auch seine Kleidung war ausgefallen: Meist tauchte er in Seidenhemd, Weste und Flanellhose auf, dazu trug er große Krawatten. Exzentrisch wirkte Graham auch deshalb, weil er stets mit dem Okkultismus und anderen esoterischen Richtungen liebäugelte, die er in sein Leben und seine Kunst miteinbezog. Zugleich interessierte er sich für Jungs Theorien und Freuds Psychoanalyse.

Graham vergötterte das weibliche Geschlecht, vor allem wenn es vermögend war. Die Frauen fühlten sich von dem charismatischen Künstler angezogen, sie schätzten ihn als faszinierenden und charmanten Mann. Gleich dreimal war der Frauenheld verheiratet und unzählige Affären wurden ihm nachgesagt. Die Aura des exzentrischen, geheimnisvollen Casanova pflegte er sorgsam, über seine Vergangenheit indes schwieg er sich weitgehend aus. Dies führte dazu, dass sich um sein Leben wilde Legenden rankten. Es hieß, er sei ein russischer Adliger, ein Verwandter des gestürzten Zaren vielleicht, dessen Porträt sich auf seinem Schreibtisch befände. Graham selbst befeuerte solche Gerüchte noch, indem er bizarre Schwänke aus seinem Leben in Russland erzählte.

Sein Wissen über die europäische Kunstszene und seine Kontakte nach Frankreich ließen Graham in New York rasch zu einem begehrten Gesprächspartner der jungen amerikanischen Künstler werden. Gern erzählte er von den europäischen Avantgardisten und führte seine Künstlerfreunde in die modernen Theorien der Kunst ein. Auf diese Weise wurde Graham einer derjenigen, die den Austausch zwischen europäischer und amerikanischer Kunst ganz wesentlich förderten.

Die jungen Amerikaner mochten Grahams anschauliche Kritiken ihrer Bilder und liebten es, ihm zuzuhören. Stundenlang konnte Graham über Kunst dozieren, philosophieren und diskutieren. Den jungen amerikanischen Künstlern zeigte er Abbildungen von Werken europäischer Maler und französische Kunstmagazine wie die Zeitschrift *Cahiers d'Art*. Graham hatte einen nicht unwesentlichen Anteil daran, dass die junge amerikanische Kunstszene an Bedeutung gewann, und er war es auch, der einige amerikanische Maler ins

Rampenlicht der Öffentlichkeit brachte. Arshile Gorky, Stuart Davis, Adolph Gottlieb (1903-1974), Dorothy Dehner (1901-1994) und Willem de Kooning (1904-1997) förderte er intensiv. Als sein größter Verdienst jedoch gilt das Netzwerk, das unter den amerikanischen Künstlern entstand.[2] Gelegentlich organisierte Graham Übungsstunden in seinem Atelier und arrangierte Abende, an denen er ein Modell bestellte und die jungen Amerikaner zum Zeichnen lud.[3] De Kooning war dort, und auch Gorky gehörte zu Grahams steten Gästen.

Auf die Entwicklung der abstrakten Malerei in den USA hatte Graham einen großen Einfluss. Er machte die Künstler mit neuen Stilen und Strömungen aus Europa bekannt und ermunterte sie, Eigenes auszuprobieren.[4] Aufsehen erregten sein Artikel »Primitive Art and Picasso« sowie sein Buch *System and Dialectics of Art*, in welchem er viele junge Künstler der amerikanischen Kunstszene auflistete, denen er bescheinigte, ebenso gut wie die meisten Europäer zu sein. In dem Buch beantwortete Graham 129 Fragen zur Kunst, Kultur und Philosophie. Es wurde für viele der abstrakten Künstler in den USA zu einer Art Bibel.[5] Zur amerikanischen Kunst schrieb Graham: »Zwei Faktoren bestimmen die Nationalität der Kunst: a) der Ort, wo die Kunst geschaffen wurde, und b) der nationale Hintergrund der Künstler. [...] Amerikanische Kunst ist die Kunst, die von den amerikanischen Künstlern in Amerika geschaffen wird. Der Bildinhalt hat nichts mit der Nationalität der Kunst zu tun, er verschleiert sie eher.«[6]

Wo und wann sich Pollock und Graham das erste Mal trafen, ist nicht bekannt, vermutlich geschah dies Ende 1939 oder im Laufe des darauffolgenden Jahres.[7] Pollock selbst erzählte später, er sei von Grahams 1937 erschienenen Aufsatz über Picasso und die »Primitive Kunst« so beeindruckt gewesen, dass er den älteren Künstlergenossen aufgesucht habe: »Ich musste Graham sehen, weil ich dachte, dass er viel über Kunst weiß, und ich musste ihn kennenlernen. Ich habe an seine Tür geklopft und ihm gesagt, dass ich seinen Artikel gelesen habe und dass er wirklich Ahnung hat. Er schaute mich lange an und sagte dann: ›Komm rein.‹«[8]

Obwohl Graham fast doppelt so alt war wie Pollock, verstanden sich beide ausgezeichnet. Graham war beeindruckt von dem jungen Amerikaner und dessen Kunst: »Jackson ist völlig verrückt, aber er ist ein großartiger Maler.«[9] Als Graham und Pollock eines Abends im Winter 1942 unterwegs waren, trafen sie den Architekten Friedrich Kiesler (1890-1965), dem Graham Pollock folgendermaßen vorstellte: »[...] das ist Jackson Pollock – der größte Maler Amerikas.«[10] Für Jackson muss das ein großes Lob gewesen sein. Ein Mann, der

Picasso, Matisse und Mondrian kannte, sah ihn als einen großartigen Künstler an. Grahams Freundschaft und seine Wertschätzung schienen dem jungen Künstler äußerst gutzutun. Graham war der erste, der Pollocks Kunst ernstlich wahrnahm und ihre Bedeutung begriff; er war es, der das Talent Pollocks erkannte und förderte. Auch wenn Pollock noch kein »großes« Bild gemalt hatte, erkannte er Pollocks Originalität. In Zeiten, in denen alle den europäischen Künstlern nachzueifern versuchten, hatte Pollock einen eigenen Stil gefunden – auch wenn dieser noch unausgegoren wirkte.

In den nächsten beiden Jahren nahm Graham gewichtigen Einfluss auf Pollocks Kunst. Er machte Jackson mit einem neuen Zugang zu seinem Unterbewusstsein vertraut, indem er ihm von einer Erfindung der Surrealisten erzählte, der Écriture automatique, dem automatischen Schreiben. Durch möglichst unreflektiertes Schreiben oder Malen sollten unbewusste Gefühle, Gedanken und Empfindungen wiedergegeben werden. Graham glaubte, die Natur könne für den Künstler nur Ausgangspunkt seiner Arbeit sein, während der kreative Prozess aus dem Unterbewusstsein entstehen müsse. »Ein Kunstwerk ist weder genaue noch entstellte Darstellung«, schrieb Graham in seinem Buch *System and Dialectics of Art*, »es ist unmittelbare und ungeschminkte Aufzeichnung einer authentischen intellektuell-emotionalen REAKTION des Künstlers im Raum.«[11] Das waren warme Worte für Jackson, denn je mehr er versuchte, den Stift oder Pinsel mit dem Bewusstsein zu kontrollieren, umso schlechter wurde er und umso gequälter wirkten seine Arbeiten. Es war Graham, der Jackson erstmals das Gefühl vermittelte, es sei richtig und gut, wie er zeichnete, da seine Kunst tatsächlich Ausdruck seines Innersten sei. Zum ersten Mal gelang es jemandem ernsthaft, Pollocks Zweifel an den eigenen Fähigkeiten zu zerstreuen.

Der Abstraktion wies Graham stets besondere Bedeutung zu. Kunst sei ein Prozess und die Abstraktion nichts anderes als ein Ausdruck reiner Form. Die Abstraktion öffne das Unterbewusstsein und verhelfe der Wahrheit zum Durchbruch. Dabei müsse die Arbeit des Künstlers stets authentisch sein. Es gehe nicht um Gewissenhaftigkeit, sondern um Ehrlichkeit und Freiheit. Niemals dürfe man die Natur nur kopieren, man müsse sie vielmehr als Ausgangspunkt nutzen. Das Ergebnis könne dann weit von der Natur entfernt sein, ein abstraktes Gemälde sei eine Art Schlussfolgerung.

Anders als für Henderson und Jung war für Graham das Unterbewusstsein neben einer Quelle der Kreativität und des Wissens auch ein Speicher der Vergangenheit. Die meisten Menschen verlören mit etwa sieben Jahren den Zugang zu ihrem Unterbewusstsein, doch sei es manchmal kurzfristig möglich, durch Gefahr, psychische Anspannung, Alkohol, Wahnsinn oder Inspiration erneuten Zugang zum Unterbewusstsein zu erhalten. »Primitive« Völker oder Genies verfügten oftmals noch im Erwachsenenalter über einen freien Zugang zu ihrem Unterbewusstsein. In Anlehnung an Jungs Archetypen beschrieb Graham das Unterbewusstsein als einen Ort, in dem bisherige individuelle und kollektive Erfahrungen aufgezeichnet würden. Für Graham glich die Verbindung zum Unterbewusstsein einer imaginären Reise in die Vergangenheit, und die Kunst war für ihn das geeignete Medium, um zu diesen Quellen des Unbewussten Zugang zu erhalten. Ziel einer sinnvollen Kunst sei es deshalb, das Unterbewusstsein zurück in das Bewusstsein zu bringen.[12]

In seinem Artikel »Primitive Art and Picasso« unterteilte Graham die Ursprünge der modernen Kunst in einen »perso-indisch-chinesischen« Zweig, aus dem Renoir, van Gogh, Kandinsky und Chagall hervorgegangen seien, und einen »griechisch-afrikanischen« Zweig, aus dem sich Ingres, Picasso und Mondrian entwickelt hätten. Für Graham verfügten die »primitiven« Künstler indigener Herkunft über einen weiteren neuen Weg, der einen tiefer gehenden Zugang zum Unbewussten möglich mache. Der Artikel schien großen Eindruck auf Pollock ausgeübt zu haben, da er einige im Artikel enthaltene Abbildungen in seinem späteren Werk verarbeitete. Gleich über der Überschrift ist eine Eskimomaske zu sehen, die aussieht, als wäre sie von Picasso geschaffen worden. Der Mund ist amorph und nach rechts hochgezogen. Ein Auge sitzt am Nasenansatz mitten im Gesicht, das zweite ist darunter auf den Nasenrücken verlegt. Auf der

Jackson Pollock, *Birth (Geburt)*, ca. 1938–41, Öl auf Leinwand, Tate Gallery, London

Stirn prangt ein Horn, statt der Haare schmücken die Maske sechs Federn. Pollock schien sich intensiv mit Masken auseinanderzusetzen, denn er schuf einige Bilder, die Masken zum Thema haben, so etwa *Head* (*Kopf*, 1938–41), eine düstere Mischung aus Mensch, afrikanischer Maske und Höllenwesen, *Masqued Image* (*Maskiertes Bild*, ca. 1938–41) oder *Composition With Masked Forms* (*Komposition mit maskenhaften Formen*, 1941) und *Naked Man* (*Nackter Mann*, ca. 1938–41). Auch *Birth* (*Geburt*), eines seiner frühen Meisterwerke, zeigt kreisrunde, maskenhafte Gesichter mit verzerrter Physiognomie. Eines der Gesichter im mittleren oberen Drittel der Darstellung erinnert sehr an die Eskimomaske. Der Mund ist verzerrt, die Nase blau und schwarz umrandet; die Augen sind asymmetrisch angelegt, die Haare lassen an Federn denken. Hat Pollock hier einen schamanistischen Tanz abgebildet oder ist es tatsächlich der Geburtsvorgang, den er malte? Die zersplitterten Grundformen, die intensive Farbigkeit und die schwarzen Ränder, die die Formen betonen, scheinen Picassos Arbeiten entlehnt worden zu sein. Zugleich wirkt das Bild sehr dynamisch und voller Bewegung.

Graham machte Jackson mit der afrikanischen Kunst vertraut und zeigte ihm Stücke seiner umfassenden Sammlung. Der ältere Künstler liebte diese Arbeiten und bewunderte sie sehr, für ihn boten sie einen Zugang zum kollektiven Unbewussten der afrikanischen Völker. Hiervon inspiriert begann Pollock, die Symbole und Bildwelten der amerikanischen Ureinwohner zu erforschen und in sein Werk zu integrieren. Vor allem die Masken der indianischen Völker des Nordwestens Amerikas hatten es ihm angetan. Die Masken und die strenge Geometrie der Kunst der Tsimshian und der Tlingit Nordwestamerikas faszinierten ihn ebenso wie die reich verzierten Totems der Haida.

Auch die bunten und reich bebilderten Sandbilder der Navajos schienen ihn beeindruckt zu haben. Bei zahlreichen Zeichnungen und Gouachen lehnte sich Pollock an die Sandbilder der Navajo-Indianer an: Er ahmte deren Symbolik nach, mischte sie aber mit seinen eigenen Sinnbildern und Zeichen, wobei er indianische Motive und Totemabbildungen mit kubistischen Formen zusammenbrachte. Auch in seiner Farbwahl orientierte er sich an der indianischen Kunst: Er wählte helle leuchtende Farben, grelle Töne in den Grundfarben Rot, Gelb und Blau, dazu Spuren von Grün, Braun und Schwarz. Zu den indianischen Symbolen, die er übernahm, zählten Schlangen, Vögel, Pfeile und Blitze. Besonders interessant fand Jackson, wie die Indianer Tiere in ihren Kunstwerken darzustellen pflegten. Um zu veranschaulichen, dass der Mensch einst in Harmonie mit der Natur gelebt hatte, zeigen ihre Werke Szenen, in denen Menschen Tieren begegnen und von ihnen lernen. Manchmal werden die dargestellten Personen als übernatürliche Wesen wiedergegeben und die Körper mit Flügeln, Flossen, Schwänzen oder Tatzen kombiniert.

Für Jackson waren die Symbole und Bildwelten der Indianer wie Zeichen aus der Fantasiewelt seiner Kindheit. Da gab es die schrecklichen Tiere im Garten, die Hühner, die Pferde, die Kühe und Bullen, aber auch wilde Tiere wie Bären, Kojoten und Schlangen. All das war neu für ihn und doch so vertraut. Diese Tiere, Symbole und Zeichen, Schnitzereien, Teppichen und Masken entnommen, tauchen plötzlich in Jacksons Kunstwerken auf, so beispielsweise auf einer unbetitelten Bleistiftzeichnung, in der sich zahlreiche Figuren finden: ein nackter Mann, der eine Furcht einflößende Maske trägt, ein Stier, der eine Frau mit sexuellen Begehrlichkeiten attackiert, ein sich zu einem Mann wandelnder Bulle, ein Pferd, das zu einer Schlange mutiert, und eine Schlange, die sich im Bauch einer Frau zusammenrollt.[13]

Pollock begann die Bildwelten der Muralisten mit denen der Indianer zu vermischen: Von Ersteren kopierte er den Bildaufbau, von Letzteren fügte er die Symbole und kräftigen Farben hinzu. Als ein Beispiel hierfür darf das zwischen 1938 und 1941 entstandene Gemälde *Composition with Woman (Komposition mit Frau)* gelten, das eine Frau zeigt, die einem Tier zu fressen gibt. Sie ist einem apokalyptischen Inferno eingestellt. Um sie herum sind Kakteen, Schlangen, Pfeile und Blitze zu sehen, ferner geometrische Muster und ein indianischer Kopfschmuck. Vieles erinnert an Orozcos aztekische Götter. Dominiert wird das Bild von Rot- und Gelbtönen, ergänzt durch ein kräftiges Blau und Grün. Es herrscht ein hohes Maß an Abstraktion vor, einzig das Gesicht der Frau ist realistisch dargestellt.

Besonderes Interesse hegte Pollock für die Figur des Schamanen, der bei den indianischen Völkern als Medizinmann und Künstler fungiert. Die

Jackson Pollock, *Composition with Woman (Komposition mit Frau)*, 1938–41, Öl auf Holz, The Pollock-Krasner Foundation, New York

durch spirituelle Welten führenden schamanistischen Reisen und das Erreichen einer hypnotischen Trance mittels »heiliger Farben« faszinierten Pollock. Die Indianer ließen Farbe durch Daumen und Zeigefinger direkt auf den Boden rieseln und schufen so Figuren und flache lineare Muster, die den Patienten in Harmonie mit der Natur bringen und den Heilungsprozess befördern sollten. Pollock war begeistert von der Lebensweise der Indianer, die, indem sie der Natur nahe waren, diese in sich selbst entdeckten, statt sie nur als Motiv zu benutzen.[14] Interessant waren die Schamanen für ihn auch deshalb, da sie ihre Rituale oft als Tiere verkleidet abhielten und dabei die Eigenschaften des jeweiligen Tieres zu übernehmen glaubten. In *Untitled (Dancing Shaman)* (*Ohne Titel [Tanzender Schamane]*, 1939/40) hat Pollock mit Bleistift einen tanzenden Schamanen gezeichnet, der mit einer riesigen Maske ausgeschmückt ist. Jackson sammelte Zeitungsausschnitte mit indianischen Masken und besichtigte solche mehrfach im MoMA in New York.[15]

Pollock versuchte herauszufinden, ob man durch den Akt des Malens tatsächlich in Trance geraten und Visionen erfahren könne. Ein sichtbarer Ausdruck seiner Beschäftigung mit dem Schamanismus ist das surrealistisch anmutende Werk *Naked Man*, das einen muskulösen nackten Mann zeigt, der eine kreisrunde, an einen Vogel erinnernde Tiermaske trägt. Eine weitere Maske findet sich am linken Bildrand angeordnet. Auf zahlreichen Zeichnungen Pollocks erscheinen Männer mit Masken, mal sitzend oder stehend, mal in voller Bewegung beim Tanz.

Seinen Höhepunkt fand diese Entwicklung mit den Werken *Masqued Image* und *Birth*. Beide Bilder setzen sich aus wirbelnden Figuren und indianischen Masken zusammen, mit Formen, die an Picassos Bildsprache erinnern. Die Masken – tierische wie menschliche – scheinen sich in wilder Bewegung zu befinden. Am rechten Bildrand ist zudem ein erigierter Penis zu sehen. Hat Pollock hier den Tanz eines Schamanen dargestellt?

Für Pollock waren die Bilder der Indianer Teil des kollektiven Unterbewusstseins der Amerikaner. Schnell trat die Bildwelt der Muralisten in den Hintergrund, Museen- und Galeriebesuche offenbarten Pollock die Kunst der indigenen Völker. Im Museum of Natural History, im Metropolitan Museum of Art und im National Museum of American Indian konnte sich Jackson inspirieren lassen, vor allem die Kunst der Inuit, der Indianer der Nordwestküste, der Azteken und der präkolumbianischen Völker hatte es ihm angetan.[16] Nachhaltigen Einfluss übte auf Pollock die Ausstellung »Indian Art of the United States« aus, die im Januar 1941 im MoMA stattfand. Hier bot sich ihm sogar die Möglichkeit, Navajo-Indianern dabei zuzusehen, wie sie Sandgemälde auf dem Boden des Museums kreierten.[17] Gleich mehrfach besuchte er die Ausstellung.

Bei einem Besuch im Museum of Natural History begegnete Pollock Paul Wingert, einem Wissenschaftler, der sich mit amerikanischer und afrikanischer Kunst beschäftigte. Interessiert fragte dieser den jungen Künstler, der geraume Zeit vor den Objekten verharrte, was er denn so interessant an ihnen finde. Pollock antwortete schlicht: »Das ist Kunst.« Wingert war erstaunt. Die meisten Besucher des Museums gingen an den Objekten eher desinteressiert vorbei und bestaunten sie eher amüsiert, als in den Exponaten die Relikte einer untergegangenen Kultur zu erkennen.[18]

Als Inspirationsquelle erstand Pollock ältere Hefte des Bureau of American Ethnology der Smithsonian Institution, die er immer wieder las.[19] Sie enthielten nicht nur unzählige Forschungsberichte zur Ethnologie und Archäologie der indigenen Völker Amerikas, sondern auch zahllose Abbildungen von Alltagsgegenständen und Kunstobjekten der Ureinwohner sowie Fotos ritueller Handlungen.

Jackson Pollock, *Naked Man (Nackter Mann)*, ca. 1938–41, Öl auf Sperrholz, Privatsammlung

Hier waren die Masken der Indianer der Nordwestküste und die Sandbilder der Navajo-Indianer abgebildet, ebenso Keramiken, die bei Ausgrabungen im Südwesten der USA gefunden worden waren. Auch die Folklore und Mythologie der Pueblo-Indianer wurde ausführlich beschrieben.

In *The Magic Mirror* (*Der magische Spiegel*, 1941) griff Pollock einige dieser neuartigen Einflüsse auf. Das Bild ist von heller Farbigkeit, die Formen brechen nur schemenhaft durch ein schmutziges Weiß, das wie ein Nebelschleier auf der Leinwand liegt. Durch die Beimischung von Sand, Gips und kleineren Steinen erzeugte Pollock eine raue Oberfläche, die an die Sandbilder der Indianer denken lässt. Auch die Farben entlehnte Pollock indianischer Kunst. Die Figuren wiederum scheinen eher Orozcos aztekischen Arbeiten entnommen worden zu sein. Deutlich sichtbar ist Pollocks Arbeitsweise: Der Hintergrund ist farbig und wurde mit dem Schleier aus weißer Farbe übermalt, anschließend hat Pollock im Vordergrund einige Formen akzentuiert. Im Zentrum des Bildes sitzt eine Frauenfigur und blickt zu einem Vogel empor, der in seiner Form der Gestalt eines Phallus ähnelt. Pollock scheint auf dem Gemälde mehrere Ebenen ineinandergefügt zu haben, die das Bild – einem magischen Spiegel gleich – gespiegelt und fragmentiert zurückwerfen. Das Gemälde könnte auch eine unmittelbare Antwort Pollocks auf Picassos *Mädchen vor einem Spiegel* (1932) sein.

In einem ähnlichen Stil ist *The Mad Moon-Woman* (*Die verrückte Mondfrau*, 1941) gehalten. Auch hier vermischte Pollock die Farben mit Sand und Gips und erreichte auf diese Weise eine taktile Oberfläche; auch hier nutzte Pollock vor allem kräftige Farben, die er wie bei *The Magic Mirror* mit viel Weiß kombinierte, um so den Eindruck eines Sandbildes zu verstärken.

Jackson Pollock, *The Magic Mirror* (*Der magische Spiegel*), 1941, Öl und Mischmedien auf Leinwand, Menil Collection, Houston, Texas

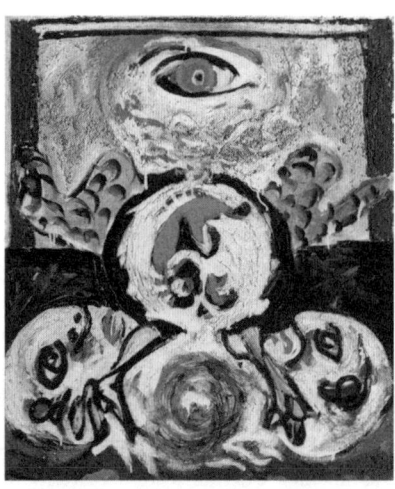

Jackson Pollock, *Bird* (*Vogel*), ca. 1938–41, Öl und Sand auf Leinwand, The Museum of Modern Art, New York

Im Gemälde *Bird* (*Vogel*, 1938–41) mischte Pollock den Farben ebenfalls andere Materialien bei. Im Zentrum des Bildes liegen zwei Köpfe am Boden, auf denen mit ausgebreiteten Flügeln ein Vogel steht. Mit verrenktem Kopf schaut er nach oben empor, zu einem über allem schwebenden Auge. Das Werk gibt Zeugnis von Pollocks energiegeladener Arbeitsweise: Der Pinselschwung ist kräftig und energisch, die Farben sind pastos aufgetragen; einige Kratzer, die wahrscheinlich vom Pinselstiel stammen, sind auszumachen.

Zeichnungen und Gemälde Picassos hatte Pollock schon früh, durch die Zeitschriften, die ihm sein Bruder Charles gesandt hatte, kennengelernt. In New York hatte er vor allem Picassos kubistische Arbeiten in verschiedenen Museen und Galerien gesehen. Hierbei hatte es ihm ein Werk ganz besonders angetan: 1939 wurde Picassos *Guernica* in der Valentine Dudensing Gallery in der 57th Street ausgestellt; neben zahlreichen Fotografien zur Entstehung des Bildes waren auch Vorstudien zu sehen. Im Zusammenhang mit der großen Retrospektive »Picasso: Forty Years of His Art« hing das Werk dann von November 1939 bis Januar 1940 im MoMA, wo es auch nach der Ausstellung verblieb. Picasso hatte nämlich verfügt, dass das Bild einer zukünftigen Spanischen Republik gehören sollte, weshalb das Gemälde die USA erst 1981 nach dem Tod Francos Richtung Madrid verließ. Pollock war begeistert von dem riesigen Bild, das die Zerstörung der kleinen spanischen Stadt Guernica während eines Luftangriffs im spanischen Bürgerkrieg zeigt. Immer wieder kam Pollock vorbei, betrachtete das Bild, saß lange davor und fertigte zahlreiche Skizzen und Zeichnungen an. Viele seiner Figuren ähneln denjenigen Picassos in *Guernica*: verunstaltete, verrenkte, schreiende Menschen mit weit aufgerissenen Mündern. Pollock begann nun auch, Figuren in kubistischer Manier zu zersplittern und von mehreren Seiten gleichzeitig darzustellen. Wie Picasso nahm er Oberfläche und Form weitgehend zurück. Jackson faszinierten aber auch die Skizzen, die Picasso als Studien für *Guernica* angefertigt hatte. Die Zeichnungen, die der junge Künstler in dieser Zeit ausarbeitete, sind nicht mehr nur Übungsarbeiten, sondern zu einer eigenen Darstellungsform geworden. Sie vermitteln nun einen fast lyrischen, eigenständigen Eindruck.

Graham schrieb über Picasso: »Picassos Bilder haben mit der gleichen Leichtigkeit wie die primitiven Künstler Zugang zum Unterbewusstsein und zusätzlich die Rationalität des Bewusstseins […]. Kein anderer Künstler hatte je eine so vollendete Vorstellung und einen besseren Einblick in die Herkunft der plastischen Form und ihre letztendliche logische Bestimmung wie Picasso […].«[20] Graham führte Pollock in den Kosmos Picassos ein, er zeigte ihm dessen Bilder und erklärte die Arbeiten des großen Meisters. Graham erzählte von seinen Begegnungen mit Picasso und den Gesprächen, die er mit dem Maler geführt hatte. Die Einbeziehung »Primitiver Kunst«, wie sie Picasso seit Beginn des 20. Jahrhunderts proklamierte und in seinen kubistischen Arbeiten berücksichtigt hatte, imponierte Jackson. Aber auch die surrealistischen Arbeiten der 1930er Jahre waren für Pollock interessant, denn auch in Picassos Werk spielen Masken eine herausragende Rolle. Viele Bilder des spanischen Malers aus den 1920er und 1930er Jahren beeinflussten Pollock, darunter auch Picassos *Mädchen vor einem Spiegel*, in dem sich eine junge Frau in einem Spiegel vor einer bunten Rautentapete betrachtet. Wie Puzzleteile fügen sich die Farbflächen zu einem Bild zusammen. Das Gemälde illustriert perfekt Picassos Stil. Durch den »Trick« mit dem Spiegel ist es dem Künstler gelungen, die Frau parallel aus mehreren Blickwinkeln zu zeigen – der Betrachter kann die Figur beinahe rundum beschauen. Die intensive Farbigkeit wird durch die dicken schwarzen Umrandungen noch verstärkt. Graham hielt dieses Werk für besonders wichtig und wählte es als Illustration für seinen Artikel über Picasso und die »Primitive Kunst«. Pollock griff das Motiv mehrfach auf, und auch Anlehnungen an die *Demoiselles d'Avignon* (1907) und die *Schlafende Frau* (1932) finden sich in seinem Werk. In *Orange Head* (*Oranger Kopf*, 1938–41) erkennt man eindeutig Picassos Einfluss auf den jungen Maler, der hier eine schreiende Frau darstellte. Das Bild erinnert an Picassos Studien für *Guernica*, so etwa an die Zeichnung *Kopf einer weinenden Frau* (1937), und ebenso an die Maske eines Eskimos.

Viele Symbole Picassos sind identisch mit denjenigen Pollocks und den Bestien seiner Kindheit: Hühner, Pferde und Stiere, die oftmals als Chimären oder Mensch-Tier-Wesen auftreten. Eine besondere Stellung nimmt in Picassos Œuvre der Stier ein. Der Meister malte Stierkampfszenen und Bilder mythischen Inhalts, auf denen die Gestalt des Minotaurus erscheint, jenes Zwitterwesens aus Mensch und Stier, das der griechischen Sagenwelt entstammt. Für die Anhänger Freuds war der Minotaurus ein Symbol für die Kräfte des Unterbewusstseins, für Begehren und Tod.

Kaum ein Künstler dürfte die Symbolsprache Picassos so gut verstanden haben wie Pollock. Immer wieder tauchen Stiere auch in seinen Bildern auf. Für ihn war der Minotaurus eine Transformation der Ängste in seinem Unterbewusstsein: der Stier, der in Pollocks Kindheit eine Kutsche umgeworfen hatte, der den Jungen tadelnde Farmer, der Vater, der ihn nicht liebte, und all die furchterregenden Rivalen, die seine Welt bevölkerten. Zugleich dürfte Pollock der Stiermensch auch deshalb gefallen haben, da er als Symbol von männlicher Urkraft und Stärke galt – mit ihm konnte er sich identifizieren.

In seinem Bildwerk *Head* schuf Pollock ein eigenartiges Zwitterwesen, eine Mischung aus Mensch, Maske und Stier. Mit geweiteten Nüstern und geöffnetem Mund scheint das Monster den Betrachter zu fixieren. Ein Auge schwebt zwischen seinen gewaltigen Hörnern. Interessant ist die Maltechnik, denn Pollock färbte die Leinwand schwarz. Auf eine Umrandung der Farbflächen verzichtete er, stattdessen ist es das Schwarz des Hintergrundes, das die Formen begrenzt. Mit wuchtigen Pinselstrichen hat Pollock die Farbe auf die Leinwand gebracht, fast brutal sind die Kratzer, die er hierbei im Pigment hinterließ – ein wildes, Furcht einflößendes Werk, das erahnen lässt, was in Pollocks Seele vor sich ging.

Und noch etwas brachte der spanische Maler in Pollocks Kunst: den weiblichen Körper. Bisher hatte Pollock Frauen nur mütterlich und gebärend dargestellt und sich ganz auf den männlichen Körper konzentriert. In der Auseinandersetzung mit Picassos Werk änderte sich das. Pollock ging nun dazu über, Frauen als sexuelle und begehrenswerte Wesen darzustellen. Eines der ersten Bilder, in dem sich dies zeigt, ist *Head with Polygons* (*Kopf mit Polygonen*, 1938–41). Eine Frau liegt nackt und in verführerischer Pose vor dem Betrachter. Eine Hand ist unter ihrem Kopf gebettet, die andere hält eine Erdbeere, die sie zum Munde führt. Vor allem ihr Kopf erinnert an Picassos Stil. Aus ihrem erhobenen Arm schält sich ein weiteres, vermutlich männliches Gesicht. Ihr Busen ist sichtbar, alles andere liegt außerhalb der Bildfläche. Überlagert wird die Szene von einem bildfüllenden Dreieck und einem gekippten Viereck.

Auch Picassos *Schlafende Nackte* (1932) und das bereits erwähnte Werk *Mädchen vor einem Spiegel* wurden zum Ausgangspunkt für Pollocks Ausflüge in eine erotische Bildwelt. Zahlreiche Details aus Picassos Werken griff Pollock in den nächsten Jahren auf. In *Reclining Woman* (*Liegende Frau*, 1938–41) liegt eine Frau, als solche kaum erkennbar, auf einem Polstermöbel. Wie Picasso platzierte Pollock ihre üppigen Brüste, die rund wie Apfelsinen sind, neben ihrem Körper. Den Hintergrund verzierte Pollock mit allerlei Mustern und Schraffuren, wie sie auch bei Picasso zu entdecken sind. Ein weiteres Beispiel ist *Man, Bull, Bird* (*Mann, Stier, Vogel*, 1938–41). Während der Hintergrund in Graubraun und Grün gehalten ist, sind die Figuren und Formen im Vordergrund vor allem in Rot- und Gelbtönen gemalt. Im Zentrum befindet sich ein Stier, dessen gewaltige Hörner das Bild diagonal durchschneiden. Links ist ein gewaltiger Vogel zu sehen, über beide Tiere gebeugt oder gestürzt ist eine männliche Figur mit maskenhaftem Gesicht. Schaut man genauer hin, erkennt man unter den drei titelgebenden Figuren noch eine vierte Gestalt, deren Brüste unter

Jackson Pollock, *Head (Kopf)*, ca. 1938–41, Öl auf Leinwand, Berardo Collection, Museu de Arte Moderna, Sintra, Portugal

dem ausgestreckten Arm des Mannes hervorscheinen. Die Frauenfigur setzt sich unterhalb des Stieres fort, ihr Kopf ist kaum zu erkennen, nur eine rote Fläche mit angedeutetem Mund lässt sich ausmachen. Rechts hat Pollock einen Mond in Grün angegeben.

In *Man, Bull, Bird* kombinierte Pollock Picassos Formensprache mit indianischen Einflüssen und der Kunst Orozcos und gelangte so zu einem ganz eigenen, neuen Stil. Er vereinnahmte Picassos Bilder und Grahams Theorien und ging noch weit über beide hinaus. In einem Brief teilte Sande Charles im Mai 1939 mit: »Jack macht sehr gute Arbeit. Nachdem er versucht hat, mit Linien zu arbeiten, die seiner Natur nicht entsprechen, hat er den Unsinn von Benton endlich aufgegeben und bringt nun eine ehrliche kreative Kunst hervor.«[21]

Pollock löste sich immer mehr von seinem früheren Lehrer. In einem Interview bekannte er später einmal: »Ich bin Tom [Benton] unendlich dankbar. Er hat mir seine Art, realistisch […] zu malen, so sehr aufgedrängt, dass ich gar nicht anders konnte, als abstrakt zu malen.«[22] Charles Pollock sagte dazu: »Für Jack war er [Benton] eine Kraft, gegen die Jackson ganz natürlich opponierte, aber Jackson erhielt viel mehr als nur das von Tom – Dinge wie Beziehungen und Strukturen von Dingen, die er erst später übernahm und in seine eigene Ausdrucksweise integrierte.«[23]

Sanford schrieb damals in seinem Brief an Charles:

> *[…] wenn er [Pollock] es zulässt, dass sie [seine Kunst] weiter gedeiht, dann bin ich überzeugt, dass sie wirklich bedeutend sein wird. Wie ich in anderen Briefen bereits geschrieben habe, hat er sich vom Joch Bentons befreit und schafft Arbeiten, die im wahrsten Sinne des Wortes kreativ sind. Und noch mal, obwohl ich Sinn und Bedeutung »fühle«, bin ich nicht fähig, es in Worte zu fassen. Seine Ansichten sind, denke ich, verwandt mit denen von Männern wie Max Beckmann, Orozco und Picasso. Wir sind sicher, wenn er es schafft, stabil zu bleiben, wird sein Werk wirklich bedeutend werden. Seine Malerei ist abstrakt, intensiv, bewegend in der Qualität.*[24]

Jackson Pollock, *Man, Bull, Bird (Mann, Stier, Vogel)*, 1938–41, Öl auf Leinwand, The Anschutz Collection

Graham und Pollock ließen sich Anfang der Vierzigerjahre intensiv von der Ausstellung »Indian Art in the United States« im MoMA inspirieren. Pollocks *Bird* und Grahams *Sun and Bird* (1941/42) sind, was Bildinhalt und Komposition anbelangt, sehr ähnlich. Beide nutzten esoterische Zeichen und Symbole, wie etwa das Auge oder Sonne und Mond. Auch Grahams Bilder wie *Interior* (1939/40), *Zeus* (1941) oder *Queen of Hearts* (1941) ähneln Pollocks Werken aus dieser Zeit hinsichtlich Farbe, Material und Inhalt. Beide Künstler malten maskenhafte Gesichter und geometrische Grundformen, die biomorph ineinanderfließen und von dicken schwarzen Linien umrandet sind. Wer wen beeinflusste, ist nur schwer zu sagen, doch die Bilder zeigen die gemeinsamen Interessen der beiden. Da Graham für gewöhnlich eher gegenständlich malte und diese für ihn außergewöhnlichen Bilder in die Zeit der ersten Begegnung mit Pollock zwischen 1940 und 1942 fallen, darf davon ausgegangen werden, dass Pollock großen Einfluss auf Grahams Arbeit hatte und dass sich dieser aus Bewunderung für den jüngeren Kollegen auf dessen Stil einließ.

Pollock verbrachte den Sommer 1939 erneut mit Sande, Arloie und Freunden in Bucks County. Nach wie vor war er fasziniert von der Weite der Landschaft. Nene Schardt erzählte später: »Ich wollte sagen, wie schön es hier ist, und er sagte: ›Du solltest nicht darüber reden, du solltest es einatmen. Es wird ein Teil von dir. Es steigt durch einen kreativen Prozess direkt in deine Seele und äußert sich dann.‹«[25] Pollock malte oder zeichnete nur wenig, stattdessen streifte er durch die Landschaft oder fuhr zum Einkaufen in die nahe gelegene Stadt. Im Garten oder Haushalt half er nur selten. Jackson ließ es sich gut gehen, und zum ersten Mal seit langer Zeit versuchte er ernsthaft, sein Alkoholproblem in den Griff zu bekommen. Freunde erinnerten sich, dass Jackson der einzige war, der an den langen Abenden vor dem Ofen oder auf der Veranda nicht trank.[26]

Seit 1939 herrschte in den USA wieder Aufbruchstimmung. Die amerikanische Regierung verkündete, die Depression sei vorüber, und tatsächlich begann sich die wirtschaftliche Lage zu verbessern, auch wenn noch immer Millionen von Menschen ohne Arbeit waren. Die WPA war unterdessen ins Visier des Komitees für unamerikanische Umtriebe geraten und als Kommunistenhort gebrandmarkt worden. Politiker wie der republikanische Abgeordnete des Repräsentantenhauses George Dondero und der US-Senator Joseph McCarthy sahen in der modernen Kunst eine kommunistische Verschwörung. Das Programm wurde in bundesstaatliche Hände gelegt und die Zuwendungen zurückgefahren – das Ende der WPA rückte näher. Viele Künstler gingen aufgrund der neuen Bestimmungen auf die Barrikaden, besetzten die Büros und streikten, denn die meisten von ihnen mussten nun staatliche Fürsorge beantragen. Im August 1939 wurde Sande aus dem WPA-Programm entlassen und musste fortan von Sozialhilfe leben. Er war nie wirklich Künstler gewesen und hatte den Versuch, einer zu sein, nur halbherzig unternommen, da die WPA für das Künstlerdasein zahlte. Nun hatte ihm die Kündigung seine Existenzgrundlage entzogen und Sande musste sich überlegen, wie er seine Familie künftig ernähren wollte.[27]

Jackson hatte Glück, denn durch seinen Aufenthalt im Krankenhaus war seine Zeit bei der WPA verlängert worden. Doch die Ereignisse zwangen auch ihn zum Nachdenken. Wie sollte sich seine Zukunft gestalten? Er war Ende Zwanzig und konnte nicht mehr auf eine Finanzierung durch die WPA hoffen – es war an der Zeit, sich zu überlegen, wie er weitermachen wollte. Jackson entschied sich damals, ein ernstzunehmender Künstler zu werden und mit seiner Kunst Geld zu verdienen. Einfach nur Potenzial zu besitzen, war ihm nicht mehr genug, diesen Ehrgeiz hatte Graham in ihm geweckt.

Das Frühjahr 1940 hielt für Pollock einige unangenehme Überraschungen bereit. Im Mai entließ ihn die WPA.[28] Ein neues Reglement sah vor, dass Künstler höchstens achtzehn Monate angestellt sein durften und ihren Platz dann wenigstens für einen Monat zu räumen hatten. Erst im Oktober wurde Jackson wieder von der WPA aufgenommen, musste aber fürchten, jederzeit erneut entlassen zu werden.[29] Und es sollte noch schlimmer kommen: Am 3. Juni 1940 starb Helen Marot im Alter von fünfundsiebzig Jahren. Noch in der gleichen Nacht, in der Pollock die Nachricht vom Tod der Freundin erhielt, betrank er sich und zerstörte Dutzende seiner Bilder. Er zerschnitt sie mit einem Küchenmesser und warf die Teile aus dem Fenster.[30] Pollocks Analytiker Joseph Henderson zeigte sich zu Beginn noch unbesorgt, er deutete den Ausfall als einen einmaligen Ausbruch von Trauer. Doch als Jackson immer weiter trank, musste auch er erkennen, dass seine Therapie Jackson nicht geholfen hatte. Er stellte die Bildbesprechungen in den Therapiestunden ein und bekannte später, dass seine Arbeit weniger therapeutische Wirkung gehabt, als vielmehr eine künstlerische Entwicklung angestoßen habe.[31] Zum ersten Mal fragte er Jackson nach dessen Vergangenheit und familiären Erfahrungen und erfuhr so die Wahrheit über Jacksons Kindheit, die aus vielen »menschlichen und emotionalen Entbehrungen« bestanden habe. Pollock habe sich eine »Übermutter, die ihm alles gibt«, gewünscht. Jacksons Alkoholsucht betrachtete Henderson als eine Art »rituellen Tod«, aus dem sein Patient durch Wiedergeburt auferstehen würde; die Alkoholexzesse seien deshalb der Auftakt für eine emotional gesunde Zukunft als Erwachsener. Später gab Henderson die Schuld an dem Rückfall Pollocks doch dem Tod Marots: »Tatsächlich litt er an einer beachtlichen Isolation infolge einer emotionalen Vernachlässigung in der frühen Kindheit, die bisher noch nicht kompensiert wurde«, schrieb er. »Er hatte gerade damit begonnen, diese in der engen freundschaftlichen Beziehung zu einer älteren Frau zu kompensieren, und er hatte gerade gelernt, ihrem Interesse an ihm zu vertrauen, als sie unglücklicherweise starb, bevor er diese neue Sicherheit festigen konnte.« Henderson glaubte nun in der Mutter die Ursache von Pollocks Problemen zu erkennen.[32] Es gelang ihm nicht, dem Künstler zu helfen, Jackson trank wieder und das nicht zu knapp. Ohne den Beistand seiner Ersatzmutter hielt ihn nichts davon ab. Seine Kreativität schwand, sein Antrieb und die Lust am künstlerischen Schaffen gingen verloren. Wenn er nicht betrunken war, saß Pollock stundenlang im Atelier, den Kopf in die Hände gestützt.

Im September 1940 verließ Henderson New York und siedelte nach San Francisco über. Er war sich bewusst, dass er Jackson nicht ohne therapeutische Hilfe lassen durfte, und empfahl Dr. Violet Staub de Laszlo als neue Therapeutin für ihn. Die Schweizerin stand Jung nahe und war gerade erst aus London eingetroffen, wo sie mit Henderson zusammen studiert hatte. Dieser hatte sie nicht grundlos ausgewählt: »Für einen Mann mit Mutterkomplex ist es häufig wirksam, von einer Analystin behandelt zu werden, welche die Mutterrolle zeitweise übernimmt.«[33] Er sollte recht behalten. De Laszlo füllte die durch den Tod von Marot entstandene Lücke rasch. Ab November kam Jackson für mehrere Monate zweimal pro Woche zu ihr in die Wohnung.

De Laszlo hatte von Henderson nur wenig über ihren neuen Patienten erfahren und so wiederholte sich einiges. In den ersten Sitzungen herrschte meist

Stille: »Man kann kaum in Worte fassen, wie wenig er sagte, er war extrem verkrampft.«[34] Erneut ließ sich diese Stille nur dann durchbrechen, wenn Jackson seine Bilder mit in die Sitzungen brachte. Anders als Henderson war de Laszlo in deren Interpretation jedoch ungeübt. Sie konnte nur wenige Symbole erklären: »Wir saßen zusammen und betrachteten die Zeichnungen, und ich suchte mir verschiedene Elemente heraus, die mir etwas sagten. Es war eine gemeinsame Suche, wirklich – gänzlich unsystematisch und auf beidseitiger Sympathie beruhend. Ich verurteilte nicht, ich kritisierte nicht. Ich versuchte, zu verstehen.«[35] De Laszlo erzählte ferner: »Das Wichtigste war für Jackson die menschliche Beziehung. Meine Therapie war eine Fortsetzung der Arbeit, die er mit Henderson begonnen hatte, es gab also keine wirkliche Unterbrechung. Er kam zu den Sitzungen und wusste, dass er akzeptiert wurde, und das war wichtig in der therapeutischen Beziehung. Er hatte ein großes Bedürfnis nach Anerkennung, aber er konnte es nicht äußern. Er litt, er war sehr verletzt. Sein größtes Problem waren die großen Selbstzweifel. Als Mensch und als Künstler war Jackson eine gequälte Persönlichkeit.«[36] De Laszlo sah Pollocks Frustration darin begründet, dass er nicht so malen konnte, wie er es wollte. Seine Schwierigkeiten seien tief in seinem Innern verwurzelt, und deshalb trinke er auch. Die Analystin beschrieb Pollock als manisch-depressiven Menschen, der in manchen Phasen kreative Höhenflüge durchlebe, dann jedoch wieder in depressive Phasen abgleite, in denen ihm nichts gelinge, was zu tiefer Unzufriedenheit führe und im Alkoholmissbrauch ende.[37]

Pollock hatte seit dem Tod Marots nicht mehr gemalt, doch im Frühsommer 1941 begann er dank der Sitzungen bei de Laszlo wieder zu arbeiten. Seine Zeichnungen präsentieren sich dem Betrachter als ein wilder Mix aus indianischen Symbolen, ostasiatischer Esoterik und Elementen aus den Lehren Jungs. Die Bilder zeigen deutlich, welche Einflüsse in dieser Zeit auf Pollock wirkten.

Im Mai 1941 – der Zweite Weltkrieg hielt die Welt in Atem – drohte Jackson der Einberufungsbefehl und de Laszlo schrieb dem medizinischen Dienst der Einberufungsbehörde:

Sehr geehrter Herr,
Herr Jackson Pollock wurde mir von Herrn Dr. J. L. Henderson überwiesen. Pollock kam in den vergangenen sechs Monaten aufgrund von Schwierigkeiten bei der Anpassung an sein soziales Umfeld zu psychoanalytischen Sitzungen zu mir. Ich habe ihn als in sich gekehrte Persönlichkeit erlebt, die nur sehr wenig redete, die intelligent, emotional, aber sehr instabil ist und für die es sehr

schwierig ist, Beziehungen aufzubauen oder zu pflegen. Ich glaube, dass dieses Problem sehr grundlegend ist und nicht eine Folge oberflächlicher Entwicklungen durch den Versuch, sich der Einberufung zu entziehen, oder durch eine Unreife in seinen Ansichten.

Obwohl er in diesen Monaten keine manifestierten Symptome von Schizophrenie zeigte, ist dennoch im Verlauf der Sitzungen offensichtlich geworden, dass es eine schizoide Veranlagung gibt, die seiner Instabilität zugrunde liegt. Aus diesem Grund rege ich an, Pollock einer psychiatrischen Untersuchung zuzuführen.[38]

Drei Wochen später begann die psychiatrische Untersuchung am Beth Israel Hospital in New York. Nachdem de Laszlo in einem weiteren Bericht[39] vom Krankenhausaufenthalt im Bloomingdale's berichtet hatte, wurde Pollock mit 4-F als untauglich beurteilt.[40] Seine Erkrankung bewahrte ihn davor, im Zweiten Weltkrieg kämpfen zu müssen.

Stella lebte seit 1939 in Tingley bei ihrer Mutter, der es gesundheitlich zunehmend schlechter ging. Als diese im Juli 1941 starb, überlegte Charles, wie es mit Stella weitergehen sollte. Stella wollte raus aus der Isolation in Tingley und zu ihren Söhnen nach New York, wovon Charles Sande in Kenntnis setzte. Sande reagierte panisch und äußerte sich in aller Offenheit über Jackson, dessen Behandlungen, die manische Depression und das selbstzerstörerische Verhalten, das Sande auf einen Umstand zurückführte:

Aus Fairness Arloie und mir gegenüber muss ich Dir, glaube ich, von einem ernsten Problem erzählen, das wir jetzt haben und das wir in den vergangenen fünf Jahren hatten. Es geht um Jack. Wie Du Dich vielleicht erinnerst, hatte er eine wirklich schwere Zeit, als er sich anpassen musste, während Du hier warst. Ich glaube, wir haben damals gedacht, dass es nur normaler Stress sei und die Belastungen eines sensiblen Menschen, der vom Jugendlichen zum Mann wird, etwas, aus dem er herauswachsen würde. Aber seine fehlende Anpassungsfähigkeit hat sich als größere Sache erwiesen. Wir brauchten die Hilfe von Ärzten. Im Sommer '39 [1938] war er für sechs Monate in einer psychiatrischen Klinik untergebracht. Das geschah auf seinen eigenen Wunsch hin und aufgrund ärztlichen Rates sowie mit der Hilfe und dem Einfluss von Helen Morat [sic!]. Nach seiner Entlassung machte er einige Monate lang Fortschritte. Aber das hielt nicht lange an und wir brauchten erneute Hilfe. Seither besucht er mehr oder weniger regelmäßig einen Arzt. Er braucht Hilfe und er bekommt sie auch. Er leidet an einer eindeutigen Neurose. Ob er wieder normal und selbstbestimmt leben kann, hängt von vielen subtilen und einigen offensichtlichen Faktoren ab. Da ein (vielleicht nicht unerheblicher) Teil von Jacksons Problemen in seiner Kindheit und in seiner Beziehung zu seiner Mutter im Speziellen und seiner Familie im Allgemeinen liegt, wäre es ein extremer Versuch und könnte verheerend für ihn sein, wenn er sie jetzt sähe. Niemand kann seine Reaktion voraussagen, aber es gibt Gründe, zu glauben, dass es unvorteilhaft wäre. Ich will nicht ins Detail gehen oder versuchen, seinen Fall zu analysieren, weil das einfach zu komplex ist, und obwohl ich alles verstanden habe, bin ich einfach nicht fähig, das alles klar zu beschreiben. Einige Symptome aufzuzählen hilft Dir vielleicht, eine Idee von der Natur des Problems zu bekommen, Verantwortungslosigkeit, manische Depression (Vater), Überempfindlichkeit und Alkohol sind einige der offensichtlicheren. Selbstzerstörung auch.[41]

Stella zog schließlich zu Charles nach Michigan. Sande hatte genug Probleme, da wollte er sich nicht noch ein zusätzliches aufbürden lassen. Gerade erst war die Miete für die Wohnung von 35 auf 50 Dollar erhöht worden.[42] Er musste sich um finanzielle Unterstützung bemühen, hatte eine Frau zu ernähren und nicht nur das: Seit dem Frühjahr 1941 war Arloie schwanger. Seine finanzielle Situation war äußerst angespannt. Im Oktober 1941 wurde er zwar wieder in die WPA aufgenommen, doch war das Ende des Projekts bereits absehbar. Nach der Schaffung von 2 500 Wandgemälden, 17 000 Skulpturen, 108 000 Gemälden und 240 000 Drucken gingen der WPA das öffentliche Wohlwollen und auch die Gelder aus. Es hieß, die WPA sei »von Kommunisten und Gaunern unterwandert«[43]. Dieses Argument benutzte man, um der WPA ihrer Existenz zu berauben. Viele Künstler wurden mehrfach aufgenommen und wieder entlassen und lebten in ständiger Angst vor der staatlichen Schikane. Der Kongress forderte, die WPA von Kommunisten und deren Sympathisanten zu befreien. Bei den Säuberungsaktionen reichte allein ein Verdacht, um aus der WPA ausgeschlossen zu werden. Schon im Mai 1940 hatte Sande an Charles geschrieben: »Wir im Projekt wurden gezwungen, eine eidesstattliche Erklärung darüber abzugeben, dass wir weder einer kommunistischen noch einer nationalsozialistischen Partei angehören. Ein absolut illegales Vorgehen. Und nun verstehe ich auch, dass die Armee im Projekt herumschnüffelt, um herauszufinden, ob die Künstler zum ›Verteidigungsprogramm‹ passen.«[44]

Im Oktober 1940 verschärfte sich die Situation. Sande schrieb damals:

Sie jagen die Leute fort wie Fliegen, unter dem Vorwand, sie seien Rote, weil die vor einem Jahr eine Petition unterzeichnet haben, die forderte, die K[ommunistische] P[artei] zur Wahl zuzulassen. Uns ist eingefallen, dass wir sie unterzeichnet haben, und jetzt erwarten wir nervös das Fallbeil. Sie haben in meiner Abteilung letzte Woche an einem Tag 20 rausgeworfen. Es gibt keine Abhilfe. Die Ironie an der Sache ist, dass die wirklichen Parteianhänger dieses verdammte Ding gar nicht unterzeichnet haben und sie nun nur solche Trottel wie uns drankriegen. Ich könnte mir selbst in den Hintern treten wegen meiner Dummheit – aber wer konnte schon wissen, dass sie einen so grob rauswerfen würden. Außerdem – wenn sie uns in die Armee schicken mit dem Vermerk, wir seien Rote, kannst du darauf wetten, dass sie uns das Fell über die Ohren ziehen werden. Unnötig zu erwähnen, dass wir starr vor Angst sind.[45]

Auch Jacksons Zukunft war durch das nahende Ende der WPA ungewiss. Er musste sich dringend als Künstler einen Namen machen, wenn er überleben wollte, und er hatte Glück. Die Kunstwelt begann in jenen Wochen, von Jackson Notiz zu nehmen. So erzählte der Künstler Jack Tworkov: »Ich [...] hatte kaum Kontakt zu ihm während der Zeit des Projekts. Alles, woran ich mich erinnere, ist ein Gespräch mit Burgoyne Diller, der damals in der Verwaltung des Projekts tätig war. Diller erzählte mir von einem Künstler, den er für einen der talentiertesten im Projekt hielt. Für ihn war er eine große Hoffnung für die amerikanische Malerei. Er nannte Pollock und es war das erste Mal, dass ich den Namen hörte.«[46]

Eine gute Gelegenheit bot sich Jackson im Januar 1942, als Graham ihn einlud, an einer von ihm organisierten Ausstellung in der McMillen Gallery teilzunehmen. Etablierten europäischen Künstlern wie Picasso und Matisse gedachte Graham zeitgenössische amerikanische Maler gegenüberzustellen, darunter auch Werke einer jungen Künstlerin. Ihr Name: Lee Krasner.

Kapitel 10
Lee Krasner

Wie viele russische Juden kam auch die Familie Krassner zu Beginn des 20. Jahrhunderts nach Amerika, um dem antisemitischen Klima in Russland zu entfliehen. Joseph Krassner, der im September 1905 aus Shpykiv in die USA aufgebrochen war, ließ seine Familie im Januar 1908 nachkommen. Die Familie lebte in Brooklyn, wo sich der Vater auf dem Black Street Market einen alten Stand gemietet hatte, um Fisch, Obst und Gemüse zu verkaufen.[1] Die zugewanderten Juden hatten sich hier ihr kleines »Schtetl« eingerichtet. Unterschiedliche Kulturen lebten auf engstem Raum beisammen und die verschiedenen Sprachen, Gerüche, Speisen und Kulturen prägten das dörfliche Viertel.

Joseph Krassner war ein frommer Mann. Den Großteil seiner Zeit verbrachte er nicht zu Hause oder im Laden, sondern in der Synagoge. Die Mutter kümmerte sich um Familie und Geschäft und erzog die Kinder mit strenger Hand.[2] Lees Mutter Anna galt als strenge und grimmige Frau. Ihre Kindheit war nur kurz gewesen: Mit elf Jahren war sie verheiratet worden, mit zwanzig Jahren hatte sie bereits fünf Kinder, von denen eine Tochter noch in Russland verstorben war. Geblieben waren dem Paar drei Töchter – Ides (später Edith), Esther (Estelle) und Rose – sowie ihr Sohn Isak (später Irving), der Eltern ganzer Stolz. Als fünftes Kind erblickte Lenore (jiddisch Lena) Krassner am 27. Oktober 1908 das Licht der Welt. 1910 folgte die Geburt eines weiteren Mädchens, das Ruth genannt wurde.

Das Familienleben der Krassners gestaltete sich wenig harmonisch. Der Vater war oft unterwegs, die Mutter meist griesgrämig. Lena fühlte sich fremd im eigenen Heim. Die größeren Schwestern waren sehr viel älter als sie, der Bruder war ein verwöhntes Muttersöhnchen, die jüngere Schwester das Nesthäkchen der Familie, mit dem sie um die Aufmerksamkeit der Mutter buhlte. In der Familie wurde ein Sprachengewirr aus Hebräisch, Jiddisch, Russisch und Englisch gesprochen, das die kleine Lena kaum verstand. Als sie mit fünf Jahren in eine hebräische Schule kam, galt sie als verschlossen und in sich gekehrt. Offensichtlich fehlte es dem Mädchen an Aufmerksamkeit und Liebe.

Wie in vielen jüdischen Familien damals üblich, drehte sich alles um den Sohn. Die Mädchen hatten Angst vor dem kleinen Tyrannen, der das Familienleben dominierte. Nur Lee brachte ihrem Bruder Bewunderung entgegen und versuchte ihn in vielen Dingen nachzuahmen: »Irving war ein rauer Bursche«, beschrieb Ruth später die Situation, »er ließ sich von niemandem etwas gefallen und konnte dich ganz schön fertig machen. Also wurde Lee noch härter, als er es war. Irving konnte die Fassung verlieren, aber du musstest ihm ganz schön auf die Füße steigen, bevor das geschah. Lee dagegen rastete ohne Vorwarnung aus.«[3] Die Beziehung zu ihrem Bruder formte Lee jedoch auch intellektuell. Irving studierte Chemie und brachte Lee Bücher aus der Bibliothek mit, darunter namhafte russische Dichter und deutsche Philosophen wie Schopenhauer und Nietzsche. Er mochte Literatur und Kunst und hörte mit Vorliebe Schallplatten mit Aufnahmen Carusos.[4]

Lee wurde früh zur Rebellin. In der Schule weigerte sie sich, christliche Lieder zu singen, und zu Hause sagte sie sich vom Judentum los – trotz oder gerade wegen der elterlichen Frömmigkeit. Von den feministischen Bewegungen des beginnenden 20. Jahrhunderts angeregt, begann sie sich intensiv mit der Rolle der Frau auseinanderzusetzen. Ihre Nachbarschaft empfand sie als unerträglich banal, denn wie viele jüngere Mitglieder der jüdischen Gemeinde, die in Amerika geboren worden oder als kleine Kinder eingewandert waren, begann auch sie, die Traditionen der Elterngeneration infrage zu stellen. Der Mutter gefiel das gar nicht, sie hielt ihre Tochter für viel zu unabhängig.[5]

Mit dreizehn Jahren wusste Krassner, die später das zweite »S« in ihrem Nachnamen streichen ließ und ihren Vornamen auf »Lee« verkürzte, dass sie Künstlerin werden wollte.[6] Sie begann, Frauen aus Modeanzeigen zu kopieren, und zeichnete, wann immer sie dazu Gelegenheit fand. Krasner selbst sagte später, ihre Entscheidung für die Kunst sei zufällig gewesen, weil das Leben als Künstlerin einfach spannend klang. Der Entschluss, als Künstlerin leben und arbeiten zu wollen, dürfte aber auch eine Auflehnung gegen das traditionelle amerikanische und jüdische Rollenbild der Frau gewesen sein. Jüdische Mädchen sollten still und freundlich sein. Sie erlernten klassische Frauenberufe, heirateten dann und hatten sich um die Familie und die Erziehung der Kinder zu kümmern. Das Bild, das sich Lee von einer Künstlerin gemacht hatte, schien all dem zu widersprechen.

1922 bewarb sie sich mit vierzehn Jahren an der Washington Irving School in New York – die einzige Highschool, an der es auch Mädchen erlaubt war, als Hauptfach Kunst zu wählen. Doch sie wurde abgelehnt. Ein Jahr später versuchte sie es erneut – und wurde angenommen.[7] Von nun an war klar: Lee wollte nichts anderes, als Künstlerin sein. Allerdings war sie im Fach Kunst nicht sonderlich gut. Nicht ohne Schmunzeln gab sie später zum Besten, was ihr Kunstlehrer im ersten Jahr zu ihr gesagt hatte: »Ich gebe dir in Kunst eine Vier (65 Punkte), aber nicht, weil du es verdienst, sondern weil du in den anderen Fächern so gut bist.«[8]

1925 schloss sie die Schule ab und schrieb sich an der Cooper Union for the Advancement of Science and Art am Rande von Greenwich Village ein. Der Unterricht für Frauen und Männer verlief dort strikt getrennt. Während die Schüler vor allem Technik und Maschinenbau studierten, wurden die Schülerinnen in Kunst, Mode und Design ausgebildet. Lee besuchte die angebotenen kunsthandwerklichen Kurse jedoch nur widerwillig, schließlich wollte sie Künstlerin werden und nicht Innenarchitektin oder Modedesignerin.

Das Kunststudium an der Cooper Union war streng akademisch und bis ins kleinste Detail durchorganisiert. Im Töpferkurs wurde von antiken Abgüssen abmodelliert. Hierbei galt es, mehrere Ebenen zu durchlaufen: In einem ersten Kurs wurden lediglich Hände und Füße geformt, später Torsi, in einem letzten Schritt der ganze Körper. Erst wenn man dies beherrschte, durfte nach dem lebenden Modell gearbeitet werden.

Lee fiel nicht durch glänzende Ergebnisse auf und ihr Lehrer im zweiten Kurs verzweifelte fast. Er bezeichnete ihre Arbeit als chaotisch und ließ sie nur eine Stufe weiterkommen, weil er nicht wusste, was er mit ihr anfangen sollte.[9] Aber Lee sollte Glück haben, einem ihrer Lehrer, Victor Semon Pérard, der an der École des Beaux-Arts in Paris studiert hatte, ging es weniger um eine naturgetreue Abbildung als vielmehr um eine gute Technik. Lee wusste den Stil ihres Lehrers perfekt zu kopieren, weshalb er sie anheuerte, um Abbildungen für ein Lehrbuch zu zeichnen.[10] Drei Jahre lang besuchte Krasner die Kurse der Cooper Union, ihre Studien reichten von der Zeichenkunst und der Ölmalerei über Modedesign bis hin zur Kunstgeschichte.

Mit Freunden richtete sich Lee ein Atelier an der Ecke 5th Avenue/15th Street ein. Da im gleichen Haus auch der Bildhauer Moses Wainer Dykaar sein Atelier besaß, stand sie häufiger nackt für ihn Modell. Dykaar schlug ihr vor, sich an der Art Students League einzuschreiben, weil das Programm dort besser sei und weniger durchstrukturiert als an der Cooper Union.[11] Lee gefiel die Idee und im Sommer des Jahres 1928 meldete sie sich dort in George Bridgmans

Klasse an. Fortan zeichnete Lee fünfmal in der Woche morgens Modelle ab. Doch Bridgman war nicht von ihr begeistert, und auch als sie versuchte, ihre Technik seinem Geschmack anzupassen, änderte er sein Urteil nicht. Die Abneigung wurde allerdings erwidert, denn Bridgmans Unterricht ähnelte dem an der Cooper Union. 1929 bewarb sich Lee deshalb an der National Academy of Design und wurde tatsächlich angenommen, wenn auch nur unter der Bedingung, dass sie die Ausbildung ganz von vorn beginne. Die Freude und die Hoffnung, die sie mit dem Neuanfang verband, schwanden jedoch rasch, als sie auf ihren künftigen Lehrer traf: Mit Charles Hinton betrat ausgerechnet jener Lehrer der Cooper Union die Klasse, der im Töpferkurs nichts mit ihr hatte anfangen können.

Krasners Zeichnungen aus jener Zeit offenbaren, dass sie sehr gut zeichnen konnte. Sie war bemüht, ihr Bestes zu geben, in dem akademischen und konservativen Umfeld jedoch überfordert, weshalb sie zu rebellieren begann. Wenige Monate nach ihrer Einschreibung wurde in ihre Akte eingetragen: »Die Studentin ist ein einziges Ärgernis – Schrankschlüssel bezahlt – aber kein Beleg in den Akten – besteht auf ihren eigenen Weg abseits der Schulregularien.«[12] Im Dezember 1929 wurde sie sogar einen Monat lang suspendiert. Lee wollte Stillleben malen und Cézanne nacheifern. Zu dem entsprechenden Kurs, der im Keller stattfand, waren jedoch nur Männer zugelassen. Mit einer Freundin ging Lee dennoch in den Keller hinab und übte sich so lange in der Stilllebenmalerei, bis sie erwischt wurde.[13] Unter den Studenten hatte sie schnell den Ruf errungen, unmöglich zu sein, zu selbstsicher und besserwisserisch, kurzum ein Störenfried.

Im Winter 1929/30 besuchte Lee mit Freunden im MoMA die Ausstellung »Painting in Paris«, in der unter anderem Werke von Picasso, Matisse und Braque gezeigt wurden. Für die Studenten war die Ausstellung eine Offenbarung, und am nächsten Tag schon schlugen sie zu: Im Atelier der Klasse rissen sie den schweren roten Samtvorhang herunter, vor dem bislang die Modelle ihre Posen eingenommen hatten, und schleuderten den Sockel in die Mitte des Raums – eine Revolte gegen die akademischen Traditionen.[14]

Lee beschloss bald, Hintons Bildhauerkurs aufzugeben und sich stattdessen beim Aktzeichenkurs zu bewerben. Um dort zugelassen zu werden, mussten die Studierenden ein Ölgemälde fertigen, das von einer Jury begutachtet wurde. Lee nahm sich den ganzen Sommer dafür Zeit und fuhr aufs Land zu ihren Eltern, die sich inzwischen in Huntington auf Long Island ein Haus gekauft hatten. Als Präsentationsstück entschied sie sich für ein Selbstporträt. Das vollendete Werk zeigt die Malerin im Akt des künstlerischen Schaffens. Ihr Ab-

Lee Krasner, *Self-Portrait (Selbstporträt)*, 1930, Öl auf Leinen, The Jewish Museum, New York

bild füllt die ganze Leinwand aus, sie steht im Zentrum des Bildes, rechts die Leinwand, im Hintergrund ein Wäldchen. In der rechten Hand hält sie Pinsel und Lappen, die andere scheint zu malen. Kritisch und ernst blickt sie den Betrachter an.

Schließlich war der Tag der Bewertung gekommen. Raymond Perry Rodgers Neilson, Porträtmaler und Vorsitzender des Komitees, schaute sich das Werk nur kurz an und fällte ein vernichtendes Urteil: »Du hast einen schmutzigen Trick benutzt. Tu nicht so, als ob du draußen gemalt hättest, wenn du doch drinnen gemalt hast.« Lee erklärte erschrocken ihre Arbeitsweise, wie sie einen Spiegel an einen Baum aufgehängt hatte, wie sie unter Hitze und Mücken gelitten hatte, aber niemand hörte ihr zu. Nielsen und die anderen Juroren wollten nicht glauben, dass eine Anfängerin imstande sei, ein halbwegs gutes Porträt unter freiem Himmel zu malen. Doch ließ sich Nielsen schließlich erweichen und gewährte Krasner die Teilnahme am Aktzeichenkurs.[15]

In den folgenden Jahren studierte die junge Künstlerin intensiv. Sie besuchte Kurse im Modellzeichnen bei Ivan Olinsky, Charles Courtney Curran und Leon Kroll, ließ sich von den Arbeiten Cézannes und Gauguins beeinflussen und zeichnete mit Begeisterung Stillleben. Die meisten dieser Arbeiten wurden allerdings bei einem Feuer in ihrem Elternhaus zerstört.[16]

Ende der Zwanzigerjahre verliebte sich Krasner heftig in ihren Mitschüler Igor Pantuhoff (1911–1972). Der drei Jahre jüngere Pantuhoff war ein hochgewachsener, eleganter Mann. Seine Stimme mit dem dunklen Timbre und einem leichten russischen Akzent nahm man sofort wahr. Große dunkle Augen, ein Kinngrübchen und ein athletischer Körper machten ihn in den Augen der Frauen zu einem begehrten Mann. Gern erzählte er von seiner adligen Herkunft und gab an, ein Cousin des letzten Zaren zu sein. Als er sieben Jahre alt war, musste die Familie vor der Revolution aus Russland fliehen. Über die Türkei gelangten die Pantuhoffs nach Paris, wo der junge Igor später Kunst studierte. Irgendwann kehrte die Familie Europa den Rücken und ging nach Amerika. Gleich im ersten Jahr an der National Academy of Design in New York gewann der talentierte Pantuhoff vier Preise für seine Arbeiten. Er zählte zu den vielversprechendsten Künstlern der Schule.

Lee und Igor wurden schnell ein Paar. Pantuhoff, ein glühender Anhänger der modernen Malerei, pilgerte mit Lee im Schlepptau zu den verschiedensten Museums- und Galerievernissagen und sorgte dafür, dass sie mit den europäischen Künstlern in Berührung kam. Durch ihn lernte sie Arshile Gorky und Willem de Kooning kennen. Pantuhoff führte Lee in die »besseren« Kreise der Gesellschaft ein. Sie begleitete ihn zu Partys, in Nachtklubs und in schicke Cafés. Aus dem rebellischen Mädchen aus Brooklyn wurde in jener Zeit eine elegante junge Frau, die sehr auf ihr Äußeres achtete.

Lee wusste zu Beginn vermutlich nicht, dass Igor alkoholabhängig war. Sie warf sich mit der ihr eigenen Unbekümmertheit, einem Hang zur Selbstaufgabe und einer gehörigen Portion Trotz in die Beziehung. Sie verzieh ihm seine Seitensprünge und sogar die Misshandlungen, die er ihr gelegentlich zufügte.[17]
1932 bezogen die beiden eine gemeinsame Wohnung. Kurz darauf verließ Krasner die Kunstakademie und begann eine Lehrerausbildung am City College of New York. Die Weltwirtschaftskrise hatte ihr wohl deutlich gemacht, dass ein Leben als Künstlerin vor allem Armut und Entbehrungen mit sich brächte. Das Geld war knapp und die Angst folglich groß, sich nicht in ausreichendem Maße versorgen zu können. Ihren Unterhalt verdiente Lee, solange sie in der Ausbildung war, als Kellnerin in einem Nachtklub, in dem Intellektuelle und Künstler verkehrten. Nur gelegentlich besuchte sie eine Zeichenklasse im Gemeindehaus von Greenwich Village, an dem Job Goodman Unterricht gab.

1933 entschied sich Lee für eine Rückkehr zur Kunst und brach ihre Lehrerausbildung ab. Als das erste Arbeitsbeschaffungsprogramm für Künstler im Zuge des New Deal aufgelegt wurde, bewarb sie sich und wurde sofort akzeptiert. Ab Januar 1934 arbeitete Lee für die WPA. Sie hatte sich in die Abteilung für Wandgemälde eingeschrieben und half einem Professor für Meeresbiologie, Illustrationen für sein Buch zu fertigen. Dann assistierte sie Max Spivak, der sich darauf spezialisiert hatte, Clowns an die Wände von Kinderkrankenhäusern zu malen. Krasner war froh, bei der WPA arbeiten zu können, denn auch wenn es nicht die Erfüllung ihrer Träume war, garantierte ihr die Arbeit doch ein Auskommen und sie konnte ihren Nebenjob als Kellnerin kündigen. Unbefriedigend war die Situation indes, da sie nur assistieren und die Entwürfe anderer Künstler umsetzen durfte, statt ihre eigenen zu verwirklichen. Als Pantuhoff eines Abends im Jahr 1937 nach Hause kam und von einer neuen

Schule des deutschen Malers Hans Hofmann und dessen Ideen erzählte, war sie sogleich begeistert.

Hans Hofmann war von gedrungener Statur und hatte eine Halbglatze, die er durch Zurückkämmen seines Haares zu kaschieren versuchte. Seine Ausführungen, in kaum verständlichem Englisch mit deutschem Akzent vorgetragen, pflegte er mit einer leidenschaftlichen Gestik zu untermauern. Wie John Graham gehörte er zu den Missionaren der europäischen Kunst in den USA. Hofmann war 1930, im Alter von fünfzig Jahren, in die USA gekommen und geblieben. Zuvor hatte der aus Bayern Stammende zehn Jahre in Paris gelebt und dort Bekanntschaft mit Picasso gemacht. Hier hatte er auch die Delaunays und deren Konzept von Farbe und Komposition kennengelernt. Er war Matisse begegnet und hatte sich intensiv mit dessen Theorien auseinandergesetzt. Als er 1914 im Zuge des Ersten Weltkrieges Frankreich hatte verlassen müssen, war er zurück nach München gegangen und hatte dort eine Schule gegründet, in der Absicht, sein Wissen weiterzugeben.

Im Sommer 1930 und 1931 hatte er einen Lehrauftrag an der University of California inne. Als sich das politische und intellektuelle Klima in Deutschland zu verdunkeln begann, entschied er sich für eine Emigration in die USA. Er ging nach New York, wo er zunächst eine Lehrtätigkeit an der Art Students League ausübte. Da ihm ihr akademisches Konzept jedoch missfiel, gründete er 1933 eine eigene Schule in einem einzelnen Raum eines Gebäudes in der West 9th Street. Hier lehrte er fortan die revolutionären Ideen der europäischen Avantgarde. Hofmann schien ein äußerst beliebter Lehrer gewesen zu sein, sein Charisma und seine pädagogischen Fähigkeiten wurden von vielen Studenten gerühmt. Er gestaltete den Unterricht mit Leidenschaft und Hingabe und war außerdem sehr geduldig. Seine Schüler ließ er zumeist nach Stillleben und Modellen zeichnen oder malen. Zweimal pro Woche schaute sich Hofmann die Werke seiner Schüler an und kritisierte sie in dem ihm eigenen Kauderwelsch. Wenige Studenten verstanden ihn auf Anhieb, viele mussten nachfragen, um zu verstehen, was der Meister meinte.[18]

Farbe und Farbkomposition spielten im Œuvre Hofmanns eine bedeutende Rolle, seine eigenen Bilder sind von überwältigender Farbwirkung. Wichtig war Hofmann die bewusste Annahme der Leinwand als zweidimensionaler Raum, den man eben nicht als dreidimensionales Gebilde begreifen sollte, wie es die traditionelle Malerei tat, um dann mit allerlei Tricks zu versuchen, Dreidimensionalität vorzutäuschen. Nur die Farbe entscheide über objektive Formen, nicht die Form an sich, die meist nur Design und Dekor sei. Ressource für den

Künstler sei die Natur, aus der sich Bild und auch abstrakte Prinzipien ableiten ließen. In den folgenden beiden Jahrzehnten wurde Hofmann zu einem der wichtigsten Wegbereiter der amerikanischen Kunst. Es gibt kaum einen Abstrakten Expressionisten, der nicht als Schüler bei Hofmann lernte oder von seinen Theorien beeinflusst wurde.

Als Pantuhoff von Hofmann erzählte, war Lee sofort entschlossen, bei ihm zu lernen. In den nächsten Tagen machte sie sich zu Hofmanns Schule auf und bat um eine Immatrikulation. Die Sekretärin, eine junge Studentin, die für die Registrierung der Schüler verantwortlich war, blätterte die mitgebrachte Bildmappe durch und zeigte sich äußerst angetan. Sie empfand die Arbeiten als »ungewöhnlich dynamisch«, ging zu Hofmann und schlug ihm die Aufnahme Krasners vor. Dieser warf einen Blick auf die Zeichnungen und erklärte sich einverstanden.[19]

Hofmanns und Krasners erste Begegnung verlief allerdings wenig erfreulich für Lee. Der Lehrer kam in die Klasse, um sich die Arbeiten seiner Studenten anzusehen. Vor Lees Bild blieb er nur kurz stehen, dann nahm er es von der Staffelei, riss es in vier Stücke und arrangierte diese neu – sehr zur Empörung seiner Schülerin. Hofmanns Chauvinismus wurde bald zum Problem für sie. Er war der Meinung, Frauen könnten den Männern als Künstlerinnen ebenbürtig sein, allerdings nur, solange sie nicht verliebt seien. Einmal urteilte er über ein Bild von Lee, dieses sei so gut, dass man gar nicht merke, dass »es von einer Frau gemalt worden sei«[20]. Mehrfach kritisierte er die Studentin harsch, nahm ihre Kohle in die Hand und änderte Zeichnungen ab. Krasner war mehr als einmal außer sich. Trotzdem bewunderte sie Hofmann und versuchte, seine Anmerkungen aufzunehmen. Sein analytischer Kubismus gefiel ihr, und die Art, wie er Bildräume arrangierte, beeindruckte sie sehr.

Viele Kommilitoninnen und Kommilitonen bewunderten Lee für ihren Stil und ihre Gewandtheit. Ihr elegantes Äußeres war ungewöhnlich für Kunststudenten jener Zeit. Sie war eloquent, lebendig, aber auch ein bisschen exzentrisch. Und obwohl Lee wenig las, war sie sehr gebildet. George McNeil, einer der älteren Studenten erinnerte sich: »Sie war lebhaft und offen, fröhlich und direkt. Sie sagte ihre Meinung zu Menschen oder Dingen, ganz deutlich.«[21] Fritz Bultman (1919-1985) sah das ähnlich, für ihn war sie »eine eifrige Studentin, streitsüchtig, brillant und ein ständiges Ärgernis«[22]. Die Meinungen über Lees künstlerische Fähigkeiten hingegen waren geteilt. Manche fanden ihre Arbeiten äußerst gut, andere waren der Meinung, sie sei keine gute Künstlerin, sondern habe lediglich ein gutes Auge besessen.[23]

Wie Hofmann pendelte auch Lee in dieser Zeit zwischen den Giganten der europäischen Moderne hin und her. Einerseits war da Matisse, dessen Farben und Sujets Lee fesselten, dann wieder malte sie ganz im Stile von Picassos Kubismus, nutzte dunklere Farben und zersplitterte den Bildgegenstand; ein anderes Mal begann sie, mit Mondrians Mitteln der Reduktion zu arbeiten. Als Lee 1939 *Guernica* sah, reagierte sie ähnlich wie Pollock: »Es hat mich total umgehauen«, gab sie später in einem Interview zu. Sie lief aus der Galerie und ein paar Mal um den Block, bevor sie sich das Bild ein zweites Mal ansah.[24] 1940 lernte sie Piet Mondrian (1872–1944) kennen, den niederländischen Maler und Mitbegründer der Künstlergruppe De Stijl, als dieser gerade in New York weilte. Der imposante und charismatische Künstler zählte damals fast siebzig Jahre, doch trotz des Altersunterschiedes schlossen die beiden rasch Freundschaft. Als sie gemeinsam zu einer Ausstellung der American Abstract Artists gingen, zeigte Lee ihm eines ihrer Bilder, das in der Ausstellung hing, und Mondrian bemerkte anerkennend: »Sehr starker innerer Rhythmus. Mach weiter so.«[25] Lee war überwältigt und begann, seinen Stil zu kopieren. Auf eine weiße Leinwand trug sie nun ebenfalls schwarze Linien auf und füllte die entstandenen Flächen in den Farben Rot, Gelb und Blau. In einem Entwurf für das Federal Art Project, *Mural Study For WNYC, Studio A*, verband sie gekonnt Mondrians Farb- und Formenstil mit kubistischen und suprematistischen Elementen.

Das konzentrierte Arbeiten veränderte Lee, sie wurde ernster und wirkte angestrengt. Die Streitigkeiten zwischen Lee und Igor häuften sich, ein Auslöser war wohl vor allem Igors Lebenswandel. Igor provozierte seine Freundin mit antijüdischen Ressentiments, was diese mit heftigen Flüchen beantwortete. Gerüchte machten die Runde, Lee sei Igor untreu gewesen und hätte mehrere Seitensprünge gehabt. Sie nahm sich immer weniger Zeit für ihn und stürzte sich in ihre Karriere. Igor war wiederholt betrunken, seine künstlerische Karriere geriet zunehmend ins Stocken und mit Hans Hofmanns Ideen kam er nicht zurecht. Um Geld zu verdienen, musste er die gehobene New Yorker Gesellschaft porträtieren. Immer häufiger erhielt Lee Komplimente für ihre Bilder, während Igors Werke in den Hintergrund gerieten. Während sie sich weiterentwickelte, trat er auf der Stelle. Da weder Lee noch er über ein geregeltes Einkommen verfügten und ihnen die WPA eine eher unsichere Stellung bot, musste er sich nach anderen Verdienstmöglichkeiten umschauen. 1939 verschwand Igor eines frühen Morgens plötzlich und hinterließ lediglich eine Notiz: »Liebe Lee, ich fahre heute Morgen nach Florida. Pass auf Dich auf. Ich werde so schnell wie möglich schreiben, wenn ich angekommen bin. Igor […].«[26] Eine Woche später erhielt Lee einen Brief aus Florida. Igor hatte sich entschieden, vorerst dort zu bleiben, und bat sie, eines seiner Bilder zu verkaufen, da er dringend Geld benötigte.[27] Es folgten noch einige Briefwechsel, in denen Lee fragte, ob Pantuhoff nicht zurück nach New York kommen wolle, doch im Februar 1940 bat er sie, ihm seine restlichen Sachen nachzuschicken, und kündigte an, weiter nach Texas zu ziehen. Die Beziehung der beiden war an ihr Ende gelangt.[28] Lee war geschockt, sogar über Selbstmord soll sie nachgedacht haben.[29] Auf einem Umschlag eines Briefes, den Igor ihr im März geschrieben hatte, notierte sie handschriftlich das Wort »Idiot«.[30] Doch sie riss sich wieder zusammen und beschloss, sich um sich selbst zu kümmern. Sie verließ die gemeinsame Wohnung und zog in eine günstigere Bleibe in die 51 East 9th Street. An die Wand ihres Ateliers ließ sie folgende Zeilen aus Arthur Rimbauds *Une Saison en Enfer* (Eine Zeit in der Hölle) schreiben:

Welchen Götzen dienen?
Welches heilige Bild stürmen: welche Herzen brechen?
Welche Lügen decken? In wessen Blute waten?[31]

Die Sätze wurden von Lees Freund Byron Browne in schwarzer Farbe auf die Wandflächen gebracht. Nur die Frage »Welche Lügen decken?« wurde in Blau geschrieben. Freunde vermuteten, Lee habe sich durch die Zeilen an die Beziehung zu Pantuhoff erinnert gefühlt, an das abrupte und frustrierende Ende der Liebe, aber auch an Pantuhoffs Alkoholismus, sein Verhalten ihr gegenüber und ihren Umgang mit seinen »Problemen«.[32]

In den nächsten beiden Jahren lebte Lee allein. Sie widmete sich ganz ihrer Karriere und intensivierte ihren Einsatz für die Belange der Künstler. Gemeinsam demonstrierte man für mehr Rechte und einen Zuwachs zeitgenössischer amerikanischer Kunst in den Museen. »Ich war praktisch in jedem Gefängnis von New York«, erinnerte sich Lee später. »Jedes Mal, wenn wir gefeuert wurden oder uns der Rauswurf drohte, sind wird raus und haben Streikposten aufgestellt. Viele Male wurden wir [...] mitgenommen und eingesperrt.«[33] Doch irgendwann hatte die überzeugte Trotzkistin genug. Die Artists Union war von stalinistischen Aktivisten unterwandert, denen es weniger um eine unabhängige Künstlervereinigung als vielmehr um politische Veränderungen ging. Sie wandte sich ab und wurde Mitglied der American Abstract Artists, einer Gruppe von Künstlern, die sich der ungegenständlichen Malerei verschrieben hatte und stark vom Synthetischen Kubismus beeinflusst war. Man traf sich einmal in der Woche, um über Kunst zu sprechen, und organisierte jedes Jahr eine Gruppenausstellung im Riverside Museum, bei der jeder der Künstler das Recht besaß, seine Werke auszustellen. Als Feind musste das MoMA herhalten, vor dessen Türen man mehrmals demonstrierte, um mehr Aufmerksamkeit für die jungen amerikanischen Künstler zu erlangen.

Die Bindung zu Hans Hofmann wurde Ende der Dreißigerjahre lockerer und Lee entschloss sich, ihr Studium bei ihm aufzugeben: »Ich hatte das Gefühl, gegen den Kubismus rebellieren zu wollen, aber wenn man zu sehr rebellierte, flog man aus der Klasse.«[34] Durch die Künstlerkollegen bei der WPA und den American Abstract Artists lernte Krasner neue Möglichkeiten kennen. Sie traf de Kooning, Gorky und Stuart Davis.

Kapitel 11
Die große Liebe (1941–1942)

An einem Novembertag im Jahr 1941 begegneten John Graham und der Künstler Aristodemos Kaldis Lee Krasner auf der Straße. Nachdem Kaldis die beiden einander vorgestellt hatte, wandte sich Graham mit den Worten an Lee: »Sie sind Malerin.« Lee war beeindruckt und fragte erstaunt: »Woher wissen sie das?« Er zeigte auf ihre Beine und als sie an sich herabblickte, sah sie, dass ihre Hose über und über mit Farbe bespritzt war. Dann fragte er, ob er ihre Arbeiten sehe dürfe, und die drei machten sich gemeinsam auf den Weg in Lees Atelier. Graham war sehr angetan von dem, was er sah,[1] und ein paar Tage später schrieb er ihr:

Liebe Lenore,
ich arbeite gerade an einer Ausstellung in einer Uptown Galerie über französische und amerikanische Malerei mit Braque, Picasso, Derain, Segonzac, S. Davis und anderen! Ich möchte Dein neuestes großes Bild dabei haben. Ich werde am Freitag mit dem Direktor der Galerie vorbeischauen. Ruf mich, wenn möglich, an! Dein GRAHAM[2]

Lee war überwältigt. Graham organisierte eine Ausstellung mit französischen Meistern und ein paar Amerikanern und wollte, dass sie daran teilnähme. Ihre Werke neben denjenigen Picassos und Braques!

Krasner erzählte später wiederholt eine Geschichte, die zur Legende geworden ist: Sie habe sich die Liste der ausstellenden Künstler angeschaut und sich gefragt, wer dieser Jackson Pollock sei? Sie habe sich umgehört, aber keiner konnte ihr weiterhelfen. Bei einer Vernissage habe sie schließlich Louis Bunce getroffen, der ihr Pollocks Adresse gab.[3] Daraufhin habe sie sich im November 1941 aufgemacht und sei zu Pollock gegangen, um sich vorzustellen und den Kollegen kennenzulernen.

Als Jackson die Tür öffnete, stand ihm eine junge Frau gegenüber. Sie war schlank, hatte dunkle Haare, einen Pagenschnitt und eine markante Nase. Krasner hatte Glück, der vier Jahre jüngere Jackson öffnete nur selten, wenn es klopfte. Er bat Lee eher widerwillig herein und zeigte ihr sein Atelier. Überall standen Bilder herum, darunter *Masqued Image*, *The Magic Mirror* und *Bird*.[4]

Jackson Pollock und Lee Krasner, ca. 1949 (Fotograf: Wilfrid Zogbaum)

Lee war beeindruckt von dem Künstler, der so anders malte als alle, die sie kannte. Seine Kunst habe sie schlicht überwältigt – sie habe sofort eine ungeheure Kraft gespürt, die sie nie zuvor erlebt hätte.

Der junge Amerikaner war so ganz anders als sie und die ihr bekannten Männer. Seine physische Präsenz und die großen Hände gefielen ihr, seine Ruhe und Schüchternheit störten sie nicht. Als Lee Jacksons Atelier verließ, rang sie ihm das Versprechen ab, bei ihr vorbeizuschauen und sich ihre Arbeiten anzusehen. Es dauerte einige Wochen, bis sich Jackson dazu aufraffen konnte, sein Versprechen einzulösen. Und es sollte noch ein weiterer Monat vergehen, bis die beiden ihr erstes offizielles Rendezvous hatten. Gemeinsam besichtigten sie die Frick Collection.[5]

Von da an trafen sie sich gelegentlich auf einen Kaffee oder ein Bier. Jackson schwärmte Lee von Jungs Theorien vor und von Picassos *Guernica*, das auch Lee begeistert hatte. Ihm blieb nicht verborgen, dass sie ihn anhimmelte, und es gefiel ihm sehr. Sie war so anders als er. Ihre Eloquenz, ihre Lebendigkeit und ihr Intellekt beeindruckten ihn und ließen tiefere Gefühle in ihm aufkommen. Wenige Monate nach der ersten Begegnung in Jacksons Atelier wurden die beiden ein Paar.

Mercedes Matter und May Rosenberg erzählte Lee bald nach dem ersten Treffen, dass sie jemandem begegnet sei, den sie sehr möge.[6] In Briefen an ihren ehemaligen Freund George Mercer schwärmte sie von Pollock, er sei unbeschreiblich, großartig, unglaublich. Lee wusste anfangs nicht, wie problematisch Pollocks Leben war. Keiner der Freunde warnte sie, und vermutlich hätte es auch nichts genutzt, sie über Pollocks labile Persönlichkeit aufzuklären. Als sie merkte, dass Pollock ein Alkoholproblem hatte, war sie überzeugt, sie könne damit umgehen und ihm vielleicht sogar helfen.

Die von Graham organisierte Ausstellung »American and French Paintings« eröffnete am 20. Januar 1942 in der McMillen Gallery. Pollocks *Birth* hing neben Werken von Picasso, Matisse, Braque und Giorgio de Chirico. Zu den amerikanischen Malern, deren Bilder sich in der Ausstellung fanden, gehörten neben Jackson und Lee auch Stuart Davis, Virginia Diaz, Pat Collins, Walt Kuhn und H. Levitt Purdy, Alexander Vasilieff und David Burliuk.

In dem riesigen Konvolut an Namen und Werken war es nicht einfach, aufzufallen. Doch Jackson wurde entdeckt. In einer Kritik mit dem Titel »Mélange« schrieb James Lane in *Art News*: »McMillen, Inc. präsentiert eine gemeinsame Schau zeitgenössischer französischer und amerikanischer Malerei. Zwei Stuart Davis', [...] ein Segonzac, ein Picasso, [...] zwei zarte Blumenbilder von Walt

Kuhn und mehrere Leinwände von Neulingen bilden die Ausstellung. Pollock erinnert mit wirbelnden Figuren an Hayter, während Purdy ruhiger ist. Aber wie eine Seiltänzerin machte sich Virginia Diaz mit der Ausstellung auf und davon, mit einem Doppelpack denkwürdiger kleiner Bilder.«[7]

Es war das erste Mal, dass Pollock in der Presse erwähnt wurde. Schaut man sich die Werke der Ausstellung an, wird eines schnell offenbar: Pollock war der einzige amerikanische Künstler, der sich von den Europäern weitgehend losgelöst und eine eigenständige Kunst entwickelt hatte, während all die anderen in der Tradition der europäischen Kunst verharrten. Auch für Lee war die Ausstellung ein Erfolg. Sie hing mit einem Bild im Stile Picassos zwischen Braque und Matisse, eine große Ehre. Die Ausstellung fand allerdings kaum Beachtung und wurde finanziell zu einem Desaster. Kein einziges Bild wurde verkauft. Wegweisend war die Ausstellung dennoch, weil sie die Entwicklung der nächsten Jahre vorwegnahm, indem sie amerikanische und französische Künstler gleichrangig nebeneinander präsentierte.

Lees Freunde reagierten sehr unterschiedlich auf Jackson. Die ersten, die ihn bei einem gemeinsamen Abendessen kennenlernen durften, war das Ehepaar Matter. Mercedes hatte als Modell gearbeitet und zusammen mit Lee bei Hofmann studiert, Herbert Matter (1907–1984), ein gebürtiger Schweizer, war Grafikdesigner und Fotograf. Während des Essens versuchten alle, das Gespräch in Gang zu halten, nur Jackson verlor kein einziges Wort. Irgendwann zogen sich Lee und Mercedes zurück und Herbert und Jackson blieben allein am Tisch. Herbert Matter erzählte später, dass Jackson, nachdem die Frauen den Raum verlassen hatten, gesagt habe: »Wir leben in einer unglaublichen Zeit, oder?« – was für beide genug gewesen sei, um den Rest des Abends darüber nachzudenken. Von nun an verband die beiden Männer eine enge Freundschaft.[8]

Auf der Straße begegneten Lee und Jackson dem jungen Kunstkritiker Clement Greenberg und Lee machte ihn mit Pollock bekannt: »Der Junge ist ein großartiger Künstler.«[9] Greenberg hatte Pollocks Bilder zuvor in der von Graham kuratierten Ausstellung in der McMillen Gallery gesehen. Die Werke hatten ihm sehr gefallen, doch schien er mit dem jungen Maler selbst nicht sonderlich warm zu werden. Krasner und Greenberg kannten sich seit dem Winter 1937/38. Bei einer Lesung des Kritikers Harold Rosenberg hatte Lees damaliger Lebensgefährte Igor Pantuhoff die beiden einander vorgestellt.

Greenberg wirkte immer ein wenig melancholisch. Sein ovales Gesicht wurde durch die Glatze noch betont. Eine markante Nase und wache Augen bestimmten darüber hinaus sein Gesicht. Greenberg war in der New Yorker Bronx aufgewachsen. Sein Vater, ein jüdischer Immigrant, war vor der Armut und der in Europa herrschenden Diskriminierung nach New York geflüchtet. Nach einem Jura-Studium an der Syracuse University hatte sich Greenberg bei Hans Hofmann als Künstler versucht. Er hatte jedoch bald einsehen müssen, dass sein Talent nicht reichte und er sein Geld auf andere Weise verdienen musste. Er arbeitete für den Zoll, begann Gedichte zu schreiben und zog nach Greenwich Village, wo er vielen Künstlern begegnete. Sie brachten ihn mit der Redaktion der *Partisan Review* in Kontakt, einer links ausgerichteten Kulturzeitschrift. Nachdem er dort einige Jahre als Literaturkritiker gearbeitet hatte, wandte er sich der Kunstkritik zu. Er war fasziniert von der Idee einer amerikanischen Avantgarde und glaubte an die Überwindung der europäischen Kunst. Seine Artikel verband ein sehr eigener Stil. Stets beinhalteten sie eine Kritik an der modernen Zivilisation. Greenberg begann, intensiv nach Merkmalen für gute Kunst zu suchen. Was war Kunst und was war keine? Sein erster bedeutender Essay, der sich mit dieser Frage auseinandersetzte, trug den Titel »Avant-Garde and Kitsch«. Innerhalb kürzester Zeit stieg Greenberg zum führenden Kritiker der amerikanischen Kunstszene auf und zu einem ihrer wichtigsten Förderer.

In unguter Erinnerung blieb Pollock Lees ehemaligem Lebensgefährten Igor Pantuhoff. Dieser kam im Oktober 1942 nach New York zurück, um Lee zu besuchen und ihr erneut seine Liebe zu gestehen. Lee wies ihn zwar ab, doch Jackson war so wütend, dass er mit Gegenständen nach ihm warf.[10]

Lee stellte Jackson auch ihrem Lehrer Hans Hofmann vor. Diesen führte sie eines Tages in Jacksons Atelier. Der pedantische Lehrer war entsetzt von dem Chaos, das in den Räumen herrschte. Überall standen eingetrocknete Farbdosen herum, Paletten mit festgetrockneten Pinseln lagen ringsumher verstreut. Hofmann gab sich väterlich-jovial und bemerkte, dass Jackson sehr talentiert sei und doch in seine Klasse kommen solle. Neugierig fragte er Pollock nach dessen Arbeitsweise: »Arbeiten sie nach der Natur?« Gereizt entgegnete Jackson: »Ich bin die Natur.«[11] Hofmann war geschockt von so viel Arroganz und fing an, über Kunst zu dozieren. Als es Jackson zu viel wurde, blaffte dieser: »Ihre Theorien interessieren mich nicht. Nehmen Sie das hin und halten Sie die Klappe! Zeigen Sie uns lieber Ihre Arbeiten.« Jackson wusste genau, dass Hofmann seine Werke nur selten zeigte. Den Rest des Abends verbrachten die Männer in eisigem Schweigen.[12] Obwohl das Verhältnis von Pollock und Hofmann nach dieser ersten Begegnung als schwierig galt, offenbart ein Brief Hofmanns, den dieser im März 1944 an Mercedes Matter schrieb, Bewunderung für den jungen Künstler: »Auf der anderen Seite meiner Atelierwand gibt es einen weiteren Kollegen, der malt wie ein Teufel: Pollock.« Und er fügte noch hinzu: »Wie ich Pollock um seine Jugend beneide ...«[13] Ein Jahr später schrieb er aus Anlass von Pollocks erster Ausstellung: »Jackson, Deine Ausstellung war absolut wundervoll.«[14] Auch Pollock war nunmehr von Hofmann angetan. Bei einem Besuch in Hofmanns Atelier gefielen ihm dessen Arbeiten derart, dass er sich für den älteren Künstlerfreund einsetzte, bis dieser seine erste Einzelausstellung erhielt.[15]

Lee hatte bereits nach einigen Begegnungen genug von den Schwierigkeiten, die sich zuweilen zwischen Pollock und ihren Freunden zu ergeben schienen. Es kam zu einem stillen Übereinkommen: Lee sah davon ab, Pollock ihre Freunde vorzustellen, und Jackson ignorierte diese geflissentlich.

Während Lees Freundeskreis auf die Beziehung eher zurückhaltend reagierte, waren Jacksons Familie und seine Freunde sehr erfreut. Pollock erzählte seinem Bruder Sande, er habe eine »verdammt gute Malerin« kennengelernt.[16] Sande war froh, nun nicht mehr allein für Jackson verantwortlich zu sein, und für Arloie repräsentierte Lee ein Zeichen der Hoffnung. Arloie lebte seit sechs Jahren mit Jackson unter einem Dach – und das musste reichen. Am 9. November 1941 hatte sie eine Tochter geboren und es war an der Zeit, mit Sande und dem Kind etwas Eigenes aufzubauen. Pollock bemerkte, dass die Situation in der gemeinsamen Wohnung immer schwieriger wurde, und schlief deshalb öfter bei Lee.

Sandes Lage hatte sich in den letzten Monaten nur wenig verbessert. Der Vermieter der Wohnung in der 8th Street hatte bereits zum zweiten Mal in einem Jahr die Miete erhöht und Sandes Beschäftigung bei der WPA ging dem Ende entgegen, als sein Wandgemälde am Marine Air Terminal, an dem er seit 1938 gearbeitet hatte, vollendet war. Außerdem machte inzwischen ein Gerücht die Runde, dass auch verheiratete Männer mit Kindern eingezogen werden konnten, wenn sie nicht in der Kriegsgüterindustrie tätig waren. Mithilfe eines Freundes von Jackson fand Sande eine Stelle als Schreiner bei einer Firma in Deep River, Connecticut, die Flugzeugteile für die Armee herstellte.[17]

Es war zu jener Zeit, da sich Stella Pollock zum Besuch ankündigte. Sie wollte nach New York kommen, um ihre Enkelin zu sehen und Sande bei dessen Umzug zu helfen. Jackson muss eine fürchterliche Angst vor der Begegnung empfunden haben. In den Jahren der Therapie war ihm klar geworden, dass seine Mutter als Teil seiner Probleme aufzufassen sei, weshalb er ihr aus dem Weg gegangen war. Am Vorabend ihrer Ankunft stahl sich Jackson davon. Am nächsten Morgen klopfte Sande ängstlich an Lees Tür und erkundigte sich, ob Jackson die Nacht bei ihr verbracht habe. »Nein«, antwortete diese konsterniert,

»warum?« »Weil er im Bellevue-Krankenhaus ist und unsere Mutter in New York! Würdest du mich begleiten, um ihn abzuholen?« Krasner war schockiert. Als sie ins Krankenhaus kamen, sah Jackson furchtbar aus. Man hatte ihn volltrunken auf der Straße gefunden. An Jacksons Bett erteilte Sande Lee ein paar Anweisungen: »Steck ihn ins Bett, gib ihm Milch und Eier und päpple ihn für das Abendessen mit Mutter heute Abend auf.« Dann ging er los, um Stella am Bahnhof abzuholen. Als Jackson die Augen öffnete, befand sich Lee vor ihm und scherzte: »Konntest du kein besseres Hotel finden?«[18]

Dank Lee befand sich Jackson bis zum Abendessen wieder in einer halbwegs guten Verfassung. Zum ersten Mal traf sie auf Pollocks Mutter, die ein großes Dinner vorbereitet hatte. Lee verstand damals nicht, weshalb Jackson solche Probleme mit seiner Mutter hatte, und war der Meinung, dass die Schwierigkeiten mit ihrer eigenen Mutter verwickelter seien. Für sie war Stella eine nette alte Dame, die sich sorgsam um ihre Söhne bemühte.[19]

In Begleitung von Stella folgten Arloie und deren Tochter Karen Sande im August 1942 nach Deep River nach. Jackson hatte die Wohnung in der 8th Street nun ganz für sich und noch am selben Tag zog Lee bei ihm ein. Was sich nun innerhalb weniger Wochen vollzog, erstaunte selbst engste Freunde Lees. Aus der Künstlerin Lee Krasner, der eleganten und mondänen jungen Frau, die sich bis dahin nicht einmal den Kaffee selbst aufgebrüht hatte, wurde eine brave Hausfrau. Nun zählte nur noch Jackson, alles andere war nicht weiter von Belang. Sie kochte für ihn, wusch, putzte und kaufte ein. Jackson war völlig hilflos und unselbstständig, Lee musste ihn sogar daran erinnern, seine Mahlzeiten einzunehmen. Sie organisierte sein komplettes Leben, führte wichtige Telefonate und pflegte seine Beziehungen zu Verwandten und Freunden. Sie wurde zu seinem Sprachrohr und erklärte, was er dachte. Sie dozierte über seine Werke und philosophierte über seine Kunst. Während ihre Freunde Lees Wandel kaum glauben wollten, erzählte sie später, dass sie diese Zeit als sehr behaglich und erfüllend empfunden habe.[20]

Krasner malte nur noch selten. Sie war so sehr mit Jackson beschäftigt, dass ihr dafür einfach keine Zeit mehr blieb. Auch wenn sie ihr Atelier in der 9th Street behielt, war sie nur wenige Male dort und vollendete erst wieder 1943 ein Bild. Später sagte sie entschuldigend, sie hätte in dieser Phase ihr Selbstvertrauen verloren.[21]

Für sie gab es nur einen einzigen Maler und das war Jackson: »Ich fühlte mich sehr zu Jackson hingezogen«, sagte sie später in einem Interview, »und ich verliebte mich in ihn – physisch, psychisch – in jedem denkbaren Sinne des Wortes. Als ich Jackson traf, war ich der Überzeugung, dass er etwas Wichtiges zu sagen hatte. Als wir zusammenkamen, wurde meine eigene Arbeit irrelevant. Er war das eigentlich Wichtige.«[22] Die Künstlerin und Nachbarin der Pollocks Wally Strautin beschrieb es drastischer: »Lee war von Jackson und seiner Kunst gänzlich abhängig. Vollkommen. Deshalb hat sie alles aufgegeben, was sie hatte und was sie war.«[23] Viele Menschen beschrieben Lee im Nachhinein als kalt und berechnend. Doch alles, was Lee tat, tat sie aus Leidenschaft und Liebe, nicht weil sie eigene Ambitionen besaß. Wenn sie Jackson von anderen fernhielt, dann nur deshalb, weil sie ihn zu schützen versuchte. Als sie ihr künstlerisches Schaffen einschränkte, tat sie das nicht, weil Jackson das wünschte, sondern da sie ihm den Konkurrenzkampf mit ihr ersparen und für ihn da sein wollte. All das nutzte Jacksons Karriere außerordentlich und ermöglichte sie erst. Lees größte Leistung bestand darin, Pollock den Rücken freizuhalten und ihm emotionale Sicherheit zu bieten.

Auch für Jacksons Auskommen sorgte Lee. Die WPA hatte große Probleme, ihre Projekte am Laufen zu halten, denn viele Künstler waren eingezogen worden oder in kriegswichtigen Industriezweigen tätig. Im März 1942 erfuhr die WPA eine Umstrukturierung und die Kunstprojekte wurden unter der Organisation der WPA-Kriegsdienste-Abteilung zusammengezogen. Fortan wurden die Künstlerinnen und Künstler damit betraut, Propagandaplakate zu erstellen oder Schiffe und Panzer mit Tarnfarben zu bemalen. Viele laufende Projekte wurden dafür aufgegeben. Auch Lees Wandgemälde für die WNYC gehörte dazu. Im Mai 1942 unterzeichneten Pollock und Krasner eine Petition gegen die Abschaffung der Kunstprojekte, die allerdings erfolglos blieb. Lee erhielt den Posten einer »Aufseherin« eines Projekts, das dazu diente, Aufsteller für Geschäfte zu gestalten, auf denen für Kurse mit kriegsrelevanten Inhalten geworben wurde. Als Direktorin des Projekts konnte sie sich ihren Assistenten selbst aussuchen, und natürlich wählte sie Jackson.[24]

Bei so viel Zuwendung wurde Pollocks Analystin Violet de Laszlo für ihn unbedeutend. De Laszlo selbst war sich dessen nur allzu bewusst: »Jackson nutzte Frauen als emotionalen Zufluchtsort, also war ich nicht überrascht, dass er diese Zuflucht bei Lee fand. Und ich glaubte, dass sie gut für ihn war. Sie wusste, was sie zu tun hatte, was er zu jenem Zeitpunkt brauchte.« Sie bemerkte aber auch, dass Lee sehr besitzergreifend gewesen sei, »weshalb sie sich schnell von allen angegriffen fühlte, von denen er abhängig war«[25]. Im späten Frühjahr 1942 beendete Jackson die Therapiesitzungen. Lee war der Meinung, dass er die Therapie nicht mehr brauchte.[26]

Jackson Pollock und Lee Krasner, ca. 1946 (Fotograf: Ronald Stein)

Jackson entfernte sich in jener Zeit immer mehr von alten Freunden – eine Entwicklung, die schon unter Grahams Einfluss begonnen hatte und sich nun unter Lee noch zu beschleunigen schien. Es war nicht so, dass sich Lee aktiv gegen die Freundschaften stellte, doch Pollocks selbst gewählte Isolation führte zu Gerüchten: Lee manipuliere Jackson und halte ihn systematisch von den alten Freunden fern, damit er sich ganz auf seinen künstlerischen Erfolg konzentrieren könne; sie kontrolliere inzwischen sein ganzes Leben. Diese Ansichten dürften übertrieben sein, doch Lees Regiment über Jackson war streng. Sie beaufsichtigte seinen Alkoholkonsum, kontrollierte, mit wem er verkehrte, und versuchte selbst alte Freunde von ihm fernzuhalten, wenn sie glaubte, diese seien nicht gut für ihn. Sie sagte ihm, was er zu tun und zu lassen habe. Pollock muss sich wie in einer Schraubzwinge gefühlt haben, aus der er hin und wieder ausbrach, um sich zu betrinken.

Hartnäckig hält sich die Legende, es hätte nie einen Jackson Pollock ohne Lee Krasner gegeben; sie habe seine Karriere verantwortet und sei der Schlüssel des Unternehmens gewesen. Dies stimmt nicht ganz. Zwar ist es wahr, dass Lee einen großen Anteil an Pollocks Erfolg und geschäftlichen Durchbruch hatte, doch auf seine Kunst selbst übte sie keinen Einfluss aus. »Ich konnte nicht hereinkommen und zu Jackson sagen: ›Tu dieses oder jenes!‹, selbst wenn ich gewollt hätte«[27], äußerte sich Lee in späterer Zeit. Clement Greenberg brachte es auf den Punkt: »Es war allein Jackson, der den Mut zu seinen eigenen Anschauungen hatte. Lee war für das Telefon zuständig und machte die kleineren Dinge.«[28] Auch die Annahme, Krasner habe Pollock entdeckt und zum Ruhm geführt, bleibt beharrlich bestehen. Sie sei eine kühle Analytikerin gewesen, die eloquentere, die aggressivere und die politischere Persönlichkeit. Sie habe Pollock in die New Yorker Kunstszene eingeführt, die nötigen Beziehungen gehabt und ihn den richtigen Leuten vorgestellt. Natürlich hatte Krasner einen gewichtigen Anteil an Pollocks Karriere, und ihre Freunde, allen voran Clement Greenberg, waren für ihn sicher hilfreiche Kontakte. Allerdings übersehen die Verfechter von Krasners Rolle stets, dass Pollocks eigene Freunde mindestens ebenso großen Anteil besaßen, und vergessen, dass es John Graham war, der Jacksons Karriere anfangs intensiv förderte. Lees Ruf als gewiefte Geschäftsfrau beruhte vor allem auf ihrem Verhalten nach Jacksons Tod. Statt seine Werke als Konvolut zu veräußern, achtete sie sehr genau darauf, welche Museen und Sammler seine Bilder erhielten. Selbst kurz vor ihrem Tod befanden sich noch viele seiner Werke in ihrer Obhut. Dieses zögerliche Verhalten kreideten ihr viele an; sie glaubten, Lee täte das, um den Kunstmarkt zu manipulieren. Die Verknappung der Bilder führte schließlich zu einer wachsende Nachfrage und einem Anstieg der Preise. Doch Lees Motivation war eine ganz andere: Sie konnte sich nur schwerlich von den Bildern trennen. Nach Angaben einiger enger Freunde, die in den Verkauf der Werke involviert gewesen waren, bestand der Grund für ihr Verhalten nicht in der Gier nach Geld, sondern in ihrer Liebe zu Jackson und dessen Kunst. Für sie waren die Bilder ein Teil von ihm, etwas, das für ihn stand und von dem sie sich nicht trennen wollte.

Immer wieder wird auch behauptet, Lee sei es gewesen, die Pollock von seinem expressiven Malstil mit primitiven und archaischen Elementen abbrachte und auf die Pariser Schule aufmerksam machte. Lee habe Jackson in die Kunst der Moderne eingeführt und ihn von Benton fortgebracht. Dabei wird gern übersehen, dass Pollock sich schon viele Jahre vor der Beziehung mit Krasner vom Regionalismus losgelöst hatte und durch den Kontakt mit Graham auf die europäische Kunst aufmerksam gemacht worden war. Lee hatte diese Prozesse nur beschleunigt und intensiviert. Sie lenkte seine Aufmerksamkeit stärker auf Matisse und den Kubismus, durch sie lernte Pollock organisierter und disziplinierter zu arbeiten.

Über Kunst redete das Paar indes nur selten. John Graham lud die beiden gelegentlich zu russischen Kaffeekränzchen ein. Man unterhielt sich über Kunst, insbesondere über Picasso, Matisse und Mondrian, und diskutierte über die Surrealisten. Untereinander hingegen schnitten Pollock und Krasner dieses Thema nur selten an. Selbst bei gemeinsamen Museums- und Galeriebesuchen wurde nicht über die Werke diskutiert. Später sagte Lee sogar, es habe nie Diskussionen zwischen ihnen über Kunst gegeben.[29] Das zeigt sich auch in den Interviews, die Krasner nach Pollocks Tod gab und in denen sie auf viele Fragen mit einem bloßen »Das weiß ich nicht« antworten musste.[30]

Nachdem Lee und Jackson zusammengezogen waren, richtete sich jeder in der Wohnung ein eigenes Atelier ein. Sie einigten sich darauf, dass der jeweils andere das Atelier des Partners nur auf dessen Einladung hin betreten durfte. Reuben Kadish glaubte, dass der Malakt für Pollock etwas sehr Privates war, weshalb er Krasner während seines Schaffens nicht im Atelier haben wollte. Abends traf man sich in der Küche und Lee fragte: »Na, wie lief es?«[31] – wenn Pollock nicht schon vorher zu Lee gelaufen kam: »Komm, ich muss dir was zeigen.« Im Atelier zeigte er ihr dann sein jüngstes Werk. »Ist es gelungen?«, lautete meist seine Frage.[32]

Krasners größter Verdienst in dieser Zeit besteht darin, dass sie das Talent Pollocks erkannte, ihn intensiv förderte und seine Bedürfnisse befriedigte, vor allem aber sein Selbstbewusstsein stärkte. Künstlerisch war Pollock Krasner bereits weit voraus. Während sie in kubistischer Manier nachbildete, was sie sah, malte Jackson, was er fühlte. Während Lee Freuds und Jungs Theorien kaum kannte, war Jackson längst Experte auf dem Gebiet der Psychoanalyse. Jackson malte meist in einem Arbeitsgang ohne Vorzeichnungen, Lee hingegen fertigte zunächst Skizzen und Vorstudien an, bevor sie ihre Ideen auf die Leinwand übertrug. Pollock mochte Matisse und Mondrian nicht sonderlich, Krasner wiederum hatte etwas gegen Siqueiros und Miró einzuwenden. Während Jackson sich einen gewissen Respekt für Benton bewahrte, fragte sich Lee, wie man Benton überhaupt als Maler bezeichnen könne.[33] Beide bewunderten Picasso und sein Werk *Guernica*, allerdings war man sich auch hier in der Beurteilung uneins. Lee bewunderte die Formen und Proportionen, verkannte aber die psychologischen Momente des Bildes. Jackson wollte beides nicht voneinander getrennt betrachten und erfasste den Inhalt des Bildes wesentlich genauer.

Krasner selbst schätzte ihren künstlerischen Einfluss auf Pollock als eher unbedeutend ein: »Wenn überhaupt, dann wurde *meine* Identität durch die Beziehung zu Pollock bereichert.«[34] So habe sie lediglich Matisse in Pollocks Blickfeld gerückt. Und tatsächlich hellte sich seine Farbpalette im Laufe des Jahres 1942 auf. Aus den dunklen Braun- und Rottönen Orozcos wurden hellere Rot- und Rosatöne und das Türkis Matisses. Sicherlich haben Lees Kommentare Jacksons Arbeit unterstützt. Ihre verständnisvollen Hinweise und ihre bewundernden Blicke waren für Pollock Hilfe und Ansporn zugleich. Clement Greenberg war sich sicher: »Lee war ohne Zweifel sehr wichtig für Jackson, aber nicht, weil sie ihn auf eine neue Kunst aufmerksam machte, die er ja längst kannte […]. Ihr wirklicher Verdienst war es, dass sie ihm sagte, was gut und was schlecht in seinen Arbeiten war, sie war sein Kritiker.«[35]

Während Lees künstlerischer Einfluss auf Jackson also eher gering war, hatte er umgekehrt größeren Einfluss auf sie. Nachdem sie Jacksons Malweise intensiver kennengelernt hatte, fragte sie sich, ob sie weiterhin malen solle, weil ihre eigene Malweise »nichtssagend« sei.[36] Lee stürzte in eine ästhetische Krise, da sie erkannt hatte, dass sie anders malen wollte als Hofmann und die Kubisten. Sie begann, sich und ihre Art zu malen infrage zu stellen. Sie begriff, dass Pollock es geschafft hatte, den Weg der Kubisten konsequent weiterzugehen, ohne diese zu kopieren, und versuchte daraufhin, Pollock nachzuahmen und seinen Malstil zu übernehmen. Die Entwicklung fort von Hofmanns Malerei beschleunigte sich, sie versuchte, aus dem Innern heraus zu malen, so wie es Jackson tat. Sie selbst formulierte auf einem Zettel: »Hofmann hat mir den Enthusiasmus gegeben. Pollock gab mir Vertrauen, meine eigenen Erfahrungen anzunehmen.«[37] Sie versuchte, den Kubismus zu verdrängen und alle Objektivität fallen zu lassen. Allerdings mit mäßigem Erfolg, denn Krasner schaffte es nie, in derartige Tiefen vorzudringen, wie sie Pollock erreichte. In diesem Punkt war er ihr hoffnungslos überlegen.

Sie musste einsehen, dass ihren Bildern etwas fehlte, das Pollocks Arbeiten strahlen ließ. Wo sie mit geometrischer Strenge kontrollierte, ließ er seinen Gefühlen freien Lauf. Während ihre Werke rational und bedacht gemalt wurden, entstanden seine Bilder aus Leidenschaft und den durchlittenen Seelenqualen heraus. Später nannte Lee diese Zeit ihre »Matsch-Periode«. Sie habe die Farben – vornehmlich Schwarz, Weiß und Grau – in dicken Schichten gleichsam reliefartig auf die Leinwand gebracht.[38] Anders als Pollock, der seine Werke nur selten zerstörte, wenn sie ihm nicht gefielen, und stattdessen zur Seite stellte, um später weiter daran zu arbeiten, vernichtete Krasner ihre Gemälde häufig. Aus den Jahren 1944 bis 1946 existieren nur noch zwei ihrer Arbeiten. Lange glaubte man, Lee habe in dieser Zeit gar nicht gemalt, doch war es wohl Lees Unzufriedenheit, der die Gemälde zum Opfer fielen.

Lees Beitrag zu Jacksons Karriere war vor allem emotionaler Natur. Sie gab Jackson, was er lange vermisst hatte: Liebe, Hingabe und sexuelle Erfüllung. Ihre bedingungslose Anerkennung gab ihm den Rückhalt, den er brauchte. Sie erkannte seine Bedürfnisse und konnte sie erfüllen. Gemeinsam mit ihr schaffte er etwas, was ihm bisher versagt geblieben war: Er konnte die Dämonen, die in seinem Innern wüteten, besänftigen und seine Energie auf die Leinwand bannen. Lee war ihm eine große Hilfe; wie sehr sie sein Seelenleben beschäftigte, ist auf den Bildern der folgenden Jahre zu erkennen, in denen Lee häufig auftaucht, erst klar erkennbar als Frau und später als abstrakte Person.

Kapitel 12
Die Surrealisten kommen (1943)

Der Surrealismus entstand nach dem Ersten Weltkrieg als Folge der Hoffnungslosigkeit und der Enttäuschung über die Barbarei des Krieges. Insbesondere junge Künstler, von denen nicht wenige in den Schützengräben gestanden hatten, waren entsetzt, zu welchen Grausamkeiten die Menschen fähig sein konnten. Sie hassten die bürgerliche Gesellschaft. Frustriert, wütend und verärgert über die »traditionelle« Kunst, die sich in ihren Augen mitschuldig gemacht hatte, verkündeten sie das Ende der Kunst. Chaotisch wollte man sein, rebellisch gegen den trügerischen Wohlstand und die Gesellschaft aufbegehren. Es galt, alle Bereiche künstlerischen Lebens zu erfassen, die Beiträge reichten vom kleinen Gedicht über Gemälde bis hin zur abendfüllenden Soiree. Parodien gängiger Kunstformen waren an der Tagesordnung. So veröffentlichte Marcel Duchamp 1919 ein Bild der *Mona Lisa*, das die Dargestellte mit einem Schnurrbart und einem Ziegenbärtchen zeigte. Bald schon hatte sich ein Name für diese neuartige Bewegung etabliert: Dada. Als Hochburgen des Dadaismus galten Deutschland und die Schweiz, doch auch New York wurde kurzzeitig vom Dada erfasst. Wichtige Vertreter dieser Strömung waren Francis Picabia (1879–1953), Man Ray (1890–1976) und Marcel Duchamp, die schon anlässlich der Armory Show mit ihren Aktionen begonnen hatten und deren Ideen in Duchamps Readymades, zu Kunstwerken erhobene Alltagsobjekte, gipfelten. So rasant der Aufstieg des Dadaismus war, so plötzlich kam auch sein Ende. Er glich einer heftigen Eruption, in der sich die Künstler Luft verschafften, um anschließend neu zu beginnen. Einige Künstler waren mit dem Dadaismus schnell unzufrieden. Sie wollten weitergehen, sich dem Gestus der Negation nicht völlig unterwerfen und schlossen sich – unter Führung des Schriftstellers André Breton – neu zusammen. Für die weniger nihilistisch eingestellten Künstler sollte es Kunst noch geben, aber nicht als Werkzeug irrationaler Kräfte, sondern zur Erforschung derselben. Der Surrealismus war geboren.

In Europa feierten zu jener Zeit Siegmund Freud und seine Psychoanalyse große Erfolge. Breton besuchte Freud 1921 in Wien, hegte jedoch nur geringes Interesse für dessen therapeutische Theorien. Er wünschte keine Heilung psychischer Probleme, er wünschte sie offensichtlich zu machen und ihnen Ausdruck zu verleihen. Breton glaubte, dass es im Unterbewusstsein ein unerschöpfliches Reservoir an Erfahrungen, Gedanken und Wünschen gebe, aus dem man sich frei bedienen könne, sofern man nur herankäme. Alles sei erlaubt: Träume, Assoziationen, Wortspiele, Hypnose, Trance, sogar Drogen. Jede geistige Aktivität, die nicht der Kontrolle unterworfen sei, könne Unbewusstes offenlegen. Die Surrealisten nannten diese geistigen Aktivitäten »psychische Automatismen«. Ein Künstler, der seine Fantasie von Bewusstem wie Ästhetik und Moral befreie, könne Kunstwerke schaffen, die eine höhere Realität abbilden.

Künstler wie Salvador Dalí (1904–1989) und René Magritte (1898–1967) brachten ihre Träume in naturalistisch gemalten Bildern zur Darstellung – sie schufen Traummotive von absurdem Charakter, die mit fotografischer Genauigkeit festgehalten wurden. Dalí übernahm Freuds Vokabular und lud es sexuell auf. Magritte, der sich ebenfalls psychoanalytische Theorien zunutze machte, malte in seinen Bildern vor allem Gegensätzliches und Widersprüchliches. Viele Surrealisten sahen in den beiden Künstlern allerdings keine echten Weggefährten, da sich diese in nur geringem Maße auf unbewusste Techniken konzentrierten.

Auf der anderen Seite standen Künstler wie Joan Miró, Max Ernst und Hans Arp, deren Absicht es war, nicht Träume oder unbewusste Erfahrungen aufzuzeichnen, sondern Unbewusstes direkt zu erzeugen. Ihre Vorgehensweise nannten sie »Automatismus«, weil sie glaubten, ohne Kontrolle künstlerisch tätig zu sein. Sie versuchten alles zu verdrängen, was der Kontrolle unterliegt. Max Ernst (1891–1976) übte sich in der Technik der Frottage: Er legte Papier auf einen Gegenstand und rieb so lange mit einem Stift oder Kohle über das Blatt, bis der Gegenstand sichtbar wurde. Der spanische Künstler Óscar Domínguez (1906–1958) presste schwarze Gouachefarbe zwischen zwei Blatt Papier und trennte diese wieder voneinander, was zur Entstehung zufälliger Bildmotive führte. Wolfgang Paalen (1905–1959), ein österreichischstämmiger Maler, der mit Hofmann in München studiert hatte, nutzte die Technik der Fumage: Vor einer Leinwand bewegte er eine brennende Kerze hin und her, die Wachs-, Ruß- und Brandspuren auf der Leinwand hinterließ. Aber niemand trieb das Spiel weiter als André Masson (1896–1987). Der französische Künstler begann 1924 mit Tusche und Zeichenstift zu malen: Schnell bewegte er seine Hand über das

Papier, sodass ein reizvolles Netz von Linien entstand. Er bestrich die Leinwand mit Leim und bewarf sie dann mit Sand. Hatte sich der Staub gelegt, erkannte man, dass der Sand an den mit Kleber versehenen Stellen haften blieb. Ab 1927 ging Masson dazu über, die Farbe direkt aus der Tube auf die Leinwand zu bringen. Kein anderer Künstler kam dem surrealistischen Ideal so nahe wie er. Es verwundert also kaum, dass sich Pollock später Masson zum Vorbild nahm und seine Bilder deutliche Bezüge zu dessen linearen Arbeiten zeigen.

Breton ignorierte die Suche der surrealistischen Maler nach einer surrealistischen Bildsprache, sein Interesse galt der Literatur. Er hegte eine Abneigung gegen die abstrakte Kunst und verbannte sie aus seinem *Second Manifeste du Surréalisme* (Zweites Manifest des Surrealismus) von 1930. Surrealismus und Automatismus seien Lebenseinstellungen und nicht Malstile. Nach dieser Erklärung kehrten Masson und andere Maler der Bewegung den Rücken.

1932 gelangte der Surrealismus nach Amerika. Der Kunsthändler Julien Levy organisierte die Ausstellung »New Super-Realism« mit Werken von de Chirico (1888–1978), Dalí, Ernst, Masson, Miró, Picasso, Duchamp und dem Amerikaner Joseph Cornell (1903–1972). Doch die Ausstellung fand nur wenig Beachtung. Es folgten Einzelausstellungen bei Levy, in der Galerie von Pierre Matisse und in den Valentine Galleries. Im Februar 1936 richtete das MoMA mit »Cubism and Abstract Art« die erste große dem Kubismus und der abstrakten Kunst gewidmete Ausstellung aus, auf der auch Werke der Surrealisten gezeigt wurden. Viele amerikanische Künstler begannen sich daraufhin für den abstrakten Surrealismus und den Automatismus zu interessieren. Zu einem Triumphzug entwickelte sich schließlich die im Dezember desselben Jahres ebenfalls im MoMA organisierte Ausstellung »Fantastic Art, Dada, Surrealism«, die mehr als 700 Werke unter sich versammelte. Die Schau avancierte zur aufsehenerregendsten Ausstellung in den USA seit der Armory Show.

Zu Beginn des Jahres 1941 hielt Gordon Onslow-Ford (1912–2003) an der New York School for Social Research einige viel beachtete Vorlesungen zu Theorie und Praxis des Surrealismus, die auch Pollock besuchte.[1] Onslow-Ford propagierte dort eine Abkehr von der nur die rationelle Welt abbildenden Malerei. Doch zu einem »inoffiziellen Hauptquartier« der Surrealisten wurde New York erst, nachdem Breton und Masson Mitte 1941 in die Stadt gekommen waren.

Die Vereinigten Staaten waren für viele europäische Künstler ein Zufluchtsort vor dem in Europa tobenden Krieg. Der Zweite Weltkrieg hatte die vornehmlich in Paris lebenden Surrealisten aus der Heimat vertrieben. Nach und nach waren die meisten von ihnen – neben Vertretern anderer europäischer Stile – über Umwege nach New York gelangt. Marcel Duchamp, Max Ernst, André Masson, Roberto Matta (1911–2002), Gordon Onslow-Ford, Wolfgang Paalen, Man Ray, Kurt Seligmann (1900–1962) und Yves Tanguy (1900–1955) fanden sich hier ebenso ein wie André Breton, der wichtigste Theoretiker der surrealistischen Bewegung.

Die Amerikaner waren vom Surrealismus nur wenig begeistert. Man bevorzugte geometrische Stile, den Neo-Plastizismus Mondrians, den Konstruktivismus und die Bauhaus-Moderne. Besonderen Ärger aber erregte das Gehabe der Surrealisten. Nur wenige Europäer sprachen gutes Englisch. Sie sahen auf die amerikanischen Künstler herab. Man blieb unter sich, saß gemeinsam im Café oder traf sich bei Gönnern und Freunden in New York oder den Hamptons. Der zügellose Lebensstil mancher Surrealisten wurde in Zeiten des Krieges nicht von allen gern gesehen und rief Kopfschütteln hervor, waren es doch gerade diese Künstler gewesen, die einst gegen den Krieg und die unmenschlichen Leiden angetreten waren. Während die Amerikaner in Europa für die Befreiung vom Nationalsozialismus ihr Leben ließen, führten die europäischen Künstler in den USA ein unbeschwertes Leben. In der April-Ausgabe des *American Mercury* von 1943 beschwerte sich Klaus Mann, Sohn des Schriftstellers Thomas Mann, über die »Schi-schi Surrealisten und ihre Park Avenue Freunde«. Für ihn waren sie nichts weiter als Möchtegernanarchisten, »verzogene Enfants terribles einer kosmopolitischen Cafégesellschaft«. Samuel M. Kootz, der später einer der wichtigsten Galeristen der Abstrakten Expressionisten wurde, veröffentlichte 1943 sein Buch *New Frontiers in American Painting*. In der sechzigseitigen Einführung bezog er Stellung gegen den Surrealismus und lobte die amerikanischen Künstler als junge Talente mit neuen Ideen und größerer experimenteller Neugier.[2]

Amerikanische und europäische Künstler gingen also getrennte Wege. Die Surrealisten ließen sich selten in den von den Amerikanern besuchten Restaurants und Cafés blicken. Während die Amerikaner im San Remo in der MacDougal Street speisten, trafen sich die Surrealisten zu Pizza und Spaghetti im benachbarten Volpe. Argwöhnisch wurden die »Gegner« im Volpe beäugt.[3] Doch gab es auch gemeinsame Treffpunkte. Neben Stanley William Hayters Atelier 17 war es vor allem Francis Lees Dachboden, wo die Surrealisten auf die amerikanischen Künstler trafen. Hier konnte man zwanglos vorbeischauen, es wurde gemeinsam gekocht und bis in die frühen Morgenstunden geredet.[4] Mondrian und Léger gehörten zu den wenigen, die sich in der New Yorker

Kunstszene tatsächlich wohlfühlten. Freundschaftliche Bande knüpften auch Marcel Duchamp und der schweizerisch-amerikanische Maler Kurt Seligmann.

Neben Cornell war Arshile Gorky einer der ersten Amerikaner, die sich intensiv mit dem Surrealismus beschäftigten und surrealistische Theorien in ihren Bildwerken umsetzten. Schon 1936 hatte er in der Galerie von Julien Levy dessen Buch *Surrealism* gelesen, später verschlang er begierig surrealistische Manifeste.[5] Auch die amerikanischen Künstler William Baziotes (1912–1963) und Gerome Kamrowski (1904–2004) entdeckten den Surrealismus für sich. Kamrowski, der Mitte der Dreißigerjahre für die WPA im Mittleren Westen der USA tätig war, kam durch die Ausstellung »Fantastic Art, Dada, Surrealism« in Minneapolis mit dieser künstlerischen Strömung in Kontakt. Er las die surrealistische Zeitschrift *Minotaure*, wandte sich von seinen geometrischen Abstraktionen ab und experimentierte mit automatischen Ideen und Techniken. Für ein Semester ging Kamrowski an das neu eröffnete Chicagoer New Bauhaus Moholy-Nagys. Ein Stipendium von Hilla von Rebay ermöglichte es ihm dann, nach New York zu gehen und bei Hofmann zu studieren. 1938 traf er William Baziotes, der ein ähnliches Interesse für den Surrealismus hegte.

Niemand drang tiefer in die Materie ein als Baziotes. Intensiv studierte er surrealistische Theorien und die Formen Mirós und Arps. Er arbeitete mit Automatismus und der Technik der Coulage und verbreitete surrealistische Theorien in seinem Freundeskreis, zu dem auch Jackson Pollock zählte. Doch wie viele andere Amerikaner auch widersetzte er sich dem figurativen Stil vieler Surrealisten und wandte sich dem abstrakten Surrealismus zu. Großen Anteil daran hatten Grahams Theorien in *System and Dialectics of Art*, aber auch der Wunsch, eine moderne amerikanische Kunst abseits der realistischen Traditionen von Regionalismus, Ashcan School und Hudson River School zu etablieren.

Aus dem europäischen Surrealismus wurden Abstraktion und Automatismus amerikanischer Prägung. Ende der Dreißigerjahre begannen auch die Künstler Mark Rothko (1903–1970) und Adolph Gottlieb, sich dem abstrakten Surrealismus zuzuwenden und nach neuen Wegen in der Kunst zu suchen. Inspiriert wurden beide von Milton Avery (1893–1965), einem amerikanischen Künstler, der zwar gegenständlich malte, jedoch starke Akzente auf Farbe und Licht setzte und seine Werke mit großen Farbflächen ausgestaltete. Intensiv begannen die Amerikaner, sich mit Carl Gustav Jung und seinen psychologischen Thesen auseinanderzusetzen. Ende der Dreißigerjahre tauchten in den USA erste Übersetzungen von Jungs Werken auf, die viele amerikanische Künstler emsig verschlangen.

In der Diskussion zwischen Surrealisten und amerikanischen Künstlern war Pollock eher eine Randfigur, auch wenn man ihn inzwischen kannte, vor allem wegen Grahams steter Werbung. Pollock waren die surrealistischen Theorien natürlich längst nicht mehr fremd. Durch seine Therapeuten und deren Nähe zu Jungs Theorien war er längst mit dem Unbewussten vertraut. Lee Krasner erwähnte mehrfach, dass man sich schon mit dem Surrealismus beschäftigt habe, lange bevor man die Surrealisten persönlich kennenlernte. Für Pollock waren die automatische Malerei und die von den Surrealisten propagierte Freiheit des Malens fernab akademischer Konventionen aber verlockend und ein Impuls, sich eindringlicher mit dem spontanen Malen zu beschäftigen.

Pollock selbst äußerte sich meist zurückhaltend über die surrealistischen Künstler. Er mochte sie nicht, da er glaubte, sie seien anti-amerikanisch, wie David Hare (1917–1992) erzählte, »und die Surrealisten mochten ihn nicht, weil sie glaubten, man müsse ihnen huldigen, aber Jackson huldigte ihnen nicht«[6]. Als Surrealist bezeichnete sich Pollock nicht, er habe sich nicht aus der gleichen Quelle wie die Surrealisten bedient. Ihm ging es vor allem darum, seine inneren Bedürfnisse, Wünsche und Gefühle zu erkennen und diesen einen sichtbaren Ausdruck zu verleihen; an der Erforschung allgemeiner Archetypen war er nur wenig interessiert.

Zwei Künstler aus dem surrealistischen Umfeld übten besonderen Einfluss auf Pollock aus. Kurt Seligmanns Aufsätze und Essays scheinen ihn nachhaltig beeindruckt zu haben. Seligmann veröffentlichte 1942 in der surrealistischen Zeitschrift *View* den Essay »Magic Circles« und bildete darin Seiten aus dem Heinrich Cornelius Agrippa zugeschriebenen *Fourth Book of Occult Philosophy* (im Original *Liber Quartus De Occulta Philosophia, seu de Ceremoniis Magicis*) ab. Auf diesen waren zahlreiche kryptische Zeichen und Symbole dargestellt und in ihrer jeweiligen Bedeutung aufgeschlüsselt.[7] Viele dieser Formen finden sich in Pollocks Werken und Skizzenbüchern der nachfolgenden Jahre wieder. Auch der Maler Wolfgang Paalen ließ Pollock nicht unbeeinflusst. Paalen hatte sich intensiv mit dem Totemismus und den indianischen Kulturen der Nordwestküste Amerikas beschäftigt. Seine Theorien wurden von Pollock eifrig studiert.

Im Winter 1940/41 trafen sich Pollock, Kamrowski und Baziotes im Atelier Kamrowskis und diskutierten über den Surrealismus und dessen Methoden. Enthusiastisch erzählte Baziotes von den neuen Freiheiten und Techniken in der Malerei. Als er ein paar Farbdosen entdeckte, fragte er Kamrowski, ob er Jackson einige Techniken vorführen dürfe. Er tröpfelte und warf mit einem

Messer spiralförmig Farbe auf eine Leinwand. Nach wenigen Minuten lehnte er sich zurück und interpretierte die Spirale als Vogelnest. Dann gab er das Messer an Jackson weiter. Dieser schleuderte die Farbe in einigen schnellen, peitschenden Bewegungen auf die Leinwand, weigerte sich anschließend jedoch, dem Bild eine Bedeutung zuzuschreiben.[8] Kamrowski und Baziotes erinnerten sich, dass Pollock damals sehr nachdenklich gewirkt habe. Die kleine Demonstration hatte ihn vielleicht an den Workshop Siqueiros' zurückdenken lassen, an die Freude und Freiheit, die er damals empfunden hatte. In jedem Falle jedoch dürfte ihn die enthusiastische Darstellung der automatischen Malerei Baziotes' zum Grübeln angeregt haben.[9]

Pollock und Baziotes hatten sich 1939 bei der WPA kennengelernt und angefreundet. Baziotes war der Sohn einer griechischen Einwandererfamilie, die während der Weltwirtschaftskrise alles verloren hatte. Er hatte sich mit den verschiedensten Jobs über Wasser gehalten, bevor er sich bei Leon Kroll an der National Academy for Design einschrieb. Es war Baziotes, der Pollock in die surrealistischen Theorien einweihte. Dieser hatte ihn 1940 zu einer Ausstellung Wolfgang Paalens begleitet. Unter Anwendung der Fumage-Technik schuf Paalen furchterregende Traumlandschaften mit abstrakten Hintergründen. Im Vordergrund tummeln sich Messer, Skelette und Furcht einflößende Vögel. Baziotes machte Pollock auch mit den Werken Mirós vertraut, dessen Ausstellung bei Pierre Matisse sie sich gemeinsam anschauten.

1942 sah Pollock zusammen mit Baziotes Bilder Massons in der Galerie Willard and Buchholz. Hier kam Jackson wohl zum ersten Mal mit den getröpfelten Farben und umherirrenden Linien des Franzosen in Kontakt. Ähnliches hatte Pollock schon in Theodore Wahls Workshop im Jahr 1940 gemacht. Aber Masson ging viel weiter. Während Pollock nur probierte und kritzelte, schuf Masson neuartige, psychisch expressive Abstraktionen. Im Winter 1942 schien Pollock sich verstärkt mit den Ideen des französischen Künstlers zu beschäftigen. Peter Busa sah, wie Pollock im WPA-Atelier vor einer Leinwand saß und Farbe auf die Leinwand tropfen ließ, um zuzuschauen, was mit der Farbe geschah.[10]

Zu den zentralen Personen unter den amerikanischen Surrealisten zählte Roberto Sebastian Matta Echaurren (1911–2002), kurz Matta. Matta war als der Sohn baskischer Eltern in Chile geboren worden. Er hatte lange Zeit in Paris gelebt, dort Architektur studiert und dann in Le Corbusiers Architekturbüro gearbeitet. 1937 war er ein Mitglied der Surrealisten geworden, 1939 aufgrund des drohenden Krieges nach New York gekommen.

Matta war unter denen, die sich als Surrealisten verstanden, beliebt und geachtet. Freunde beschrieben ihn als charismatischen und charmanten Künstler. Anders als viele andere Surrealisten war er jung, sprach perfekt Englisch und traf sich oft mit amerikanischen Kollegen. Schnell gewann er innerhalb der amerikanischen Kunstszene an Einfluss. Vor allem mit Gorky verband ihn eine tiefe Freundschaft, beide Künstler arbeiteten 1943/44 eng zusammen.

Die Amerikaner mochten Matta und bewunderten ihn. Er konnte von seiner Kunst leben, verkehrte in Sammlerkreisen und kannte wichtige Leute. Die europäischen Surrealisten sahen in ihm einen legitimen Erben ihrer ersten Generation. Mit Argwohn wurde indes sein Bestreben verfolgt, Wortführer der jungen surrealistischen Künstler zu werden und eine künstlerische Revolution unter den Surrealisten zu entfachen. So herrschte eine Hassliebe zwischen Matta und den Surrealisten. Die Europäer nahmen ihn nicht wirklich ernst und sahen ihn dennoch als ihren Ziehsohn an. Matta hingegen bewunderte die Surrealisten, fühlte sich aber nicht genügend in die verschworene Gemeinschaft integriert.

Irgendwann hatte Matta genug. Er versuchte, die Kontakte zu den amerikanischen Künstlern zu vertiefen. Sein Ziel war es, in den USA eine neue Kunstbewegung zu gründen, welche die Theorien der Surrealisten weiterentwickeln sollte.[11] Matta erzählte Baziotes von seiner Idee. Man war sich einig, dass der Automatismus das einzige Surrealistische sei, was man in Amerika gebrauchen könne, und dass die Surrealisten den Automatismus nicht weit genug vorangetrieben hätten. Matta wollte die Surrealisten als ältliche, grauhaarige Männer darstellen, die von der zeitgenössischen Kunst hinweggefegt würden. Zu diesem Zweck plante er eine Ausstellung, die ausschließlich eigene Arbeiten sowie Werke amerikanischer Künstler zeigen und die europäische Hegemonie beenden sollte. Gemeinsam mit Robert Motherwell (1915–1991) wollte er aus der neuen Bewegung eine amerikanische machen.

Motherwell war ein junger, noch unbekannter Künstler aus Kalifornien, den Matta 1941 bei einer von Kurt Seligmann organisierten Mexikoreise kennengelernt hatte. Für den chilenischen Künstler war Motherwell sein amerikanisches Spiegelbild: jung, gebildet, eloquent, enthusiastisch, ehrgeizig und kosmopolitisch, eben ein amerikanischer Matta. Motherwell war erst spät zu den New Yorker Künstlern gestoßen. Er hatte an den Eliteuniversitäten Stanford und Harvard studiert und promovierte, als Baziotes und Matta längst mit surrealistischen Ideen arbeiteten. 1939 lehrte Motherwell an der University of Oregon Philosophie. 1940 kam er nach New York, hatte aber keinerlei Interesse an der amerikanischen Kunstszene. Erst durch den Kunsthistoriker Meyer Schapiro kam Motherwell mit amerikanischen und europäischen Künstlern in Kontakt.

Mit dem Surrealismus im Besonderen geriet er erst durch Matta in Berührung, als er auf der gemeinsamen Mexikoreise Wolfgang Paalen traf. Zurück in New York tauchte Motherwell, unter Führung von Matta, tief in die Welt der New Yorker Künstler ein, mit denen er stundenlang über Kunst diskutierte. Seine Redegewandtheit und Intelligenz waren schnell bekannt. Auf Anraten von Matta ernannte Breton ihn sogar zum ersten Herausgeber des surrealistischen Magazins *VVV*, feuerte ihn jedoch aufgrund von Streitigkeiten, noch bevor die erste Ausgabe erschienen war.

Zusammen mit Motherwell überlegte Matta, wie man nach außen hin auftreten solle, und Motherwell erinnerte an den Erfolg der Armory Show. Warum nicht ein großes Atelier oder ein Loft mieten und eine Ausstellung organisieren? Matta fand die Idee nicht schlecht, wünschte aber keine bloße Ausstellung von Individuen, sondern eine Gruppenausstellung mit übereinstimmenden Standpunkten, um eine gemeinschaftliche Bewegung zu suggerieren. Doch welche Künstler sollte man einladen und was sollte die gemeinsame Basis sein? Der Automatismus vielleicht?

In der Hoffnung, dass dieser ihn unterstützen werde, erzählte Matta Baziotes von seinen Plänen. Doch Baziotes war dagegen, weil er den Surrealisten nicht in den Rücken fallen und dem »traditionellen« Surrealismus treu bleiben wollte. Aber er nannte Künstler, von denen er glaubte, sie würden dafür geeignet sein, unter ihnen Gorky, Kamrowski, Busa und Pollock.

Im Frühjahr des Jahres 1942 besuchten Motherwell und Matta die von Baziotes genannten Maler und versuchten sie von ihren Absichten zu überzeugen: Es bedürfe einer Revolution der jungen Generation innerhalb des Surrealismus, es sei notwendig, dass die Amerikaner »ihre ganz eigene Richtung in ihrer Kunst entwickeln«. Man wollte die Surrealisten als Gruppe dogmatischer Maler darstellen, die nicht länger zur zeitgenössischen Kunst gehörten. Die Amerikaner sollten sich ganz der Technik der psychischen Automation verschreiben.

Gorky reagierte abweisend. Plötzlich sollte alles, was die Surrealisten propagiert hatten, nicht mehr richtig sein? Auf Initiative von Pollock besuchte man auch de Kooning, der jedoch wenig Interesse am Automatismus hegte und dankend ablehnte. Kamrowski und Busa hingegen waren interessiert – und Pollock war hocherfreut, weil Matta seine Arbeiten mochte. Interessiert lauschte er Motherwells Ausführungen über die surrealistischen Formen der psychischen Automatismen, über Masson und Klee, und bat Motherwell, doch wieder bei ihm vorbeizuschauen, um mehr zu erzählen. Der Einladung kam Motherwell schon bald darauf nach. Nach einem gemeinsamen Abendessen, zu dem ihn Pollock und Lee eingeladen hatten, gingen Pollock und er zu Hofmann, der in der Nachbarschaft wohnte. Der Abend endete mit einem Zechgelage und Motherwell musste Pollock nach Hause tragen.[12]

Matta war davon überzeugt, dass die amerikanischen Künstler ignorant seien und Picasso und Miró lediglich nachahmen würden. Er regte die jungen Amerikaner dazu an, ihren eigenen Weg zu gehen und ihren subjektiven Empfindungen Ausdruck zu verleihen. Er erkannte das Potenzial der amerikanischen Kunstschaffenden: »Die Künstler, die ich traf […], waren voller Vitalität. Aber lustigerweise malten sie von Farbreproduktionen ab, statt aus sich selbst heraus zu malen. […] Tatsächlich hatten sie fantastische Erlebnisse zu erzählen – das Erlebnis Amerika […]. Für mich war das fantastisch. Und die automatische Technik der Surrealisten (was hieß, die Funktionen des Geistes auszudrücken) passte wunderbar dazu.«[13] Die Amerikaner sollten Selbstbewusstsein beweisen und ihrer eigenen Intuition folgen, statt europäischen Idealen nachzuhängen.

So war es vor allem Matta, der den Surrealismus und dessen automatische Technik in das Blickfeld der amerikanischen Abstrakten rückte, die noch zuvor geglaubt hatten, der Surrealismus umfasse vor allem figurative Maler wie Dalí.[14] Matta war es auch, der den Amerikanern dazu riet, größere Bildformate zu nutzen, was von Pollock bereitwillig aufgenommen wurde.

Der chilenische Künstler rückte den Malakt in das Zentrum des Interesses: »Irgendwann redeten die Künstler nicht mehr darüber, wer wir sind oder was mit uns geschah oder wie wir uns durch unsere Malerei veränderten usw., sondern begannen mit ihren Händen zu reden, versuchten den Raum zu beschreiben, wie es ein Tänzer tut.« Busa brachte Mattas Einfluss auf den Punkt: »Mattas Idee war es, dass unsere innere Welt überaus reichhaltig ist und wir deshalb nicht nach draußen schauen müssten. Es war eine Idee, die letztlich die Bril-

Roberto Matta,
Einbruch der Nacht,
1941, Öl auf Leinwand, The San
Francisco Museum
of Modern Art,
San Francisco

lanz des Geistes mit dem Enthusiasmus des Aktes kombinierte.«[15] Die meisten jungen Amerikaner bewunderten Matta zwar für sein Wissen, seinen Mut und seine Leidenschaft, doch seinen Malstil lehnten sie als zu gegenständlich und europäisch ab. So wendete sich Mattas Argumentation gegen ihn selbst. Eines von Mattas bevorzugten Schlagworten war die »Morphologie«[16], die Transformation anatomischer, zoologischer und organischer Formen. Seine Gemälde aus den Vierzigerjahren wirken wie verschwommene Traumsequenzen. Sie sind geprägt von hyperrealistischen, halluzinatorischen Fragmenten, die zumeist in weiten Bildräumen schweben. Matta malte in einer besonderen Technik: Mit dem Schwamm trug er Farbe auf die Leinwand auf, und dieser Farbauftrag bestimmte dann die spätere Pinselführung. Vieles wirkt wie in kosmischen Nebel gehüllt, der sich nur an einigen Stellen der Bilder lüftet, wie im Bildwerk *Einbruch der Nacht* (1941) ersichtlich wird.

Während die Amerikaner Mattas Gemälde als zu theatralisch ablehnten, war ihre Reaktion auf seine Zeichnungen und Drucke eine ganz andere. Auch hierfür hatte Matta eine eigene Technik entwickelt: Er zeichnete mit schneller Hand auf eine graue Bleiplatte und wechselte dann zu einem speziellen Stift, der während des Zeichnens die Farbe änderte. So entstanden farbenreiche Werke, die voller biomorpher Strukturen sind und, da zur Gänze von zarten Linien beherrscht, äußerst feingliedrig wirken. Pollock bewunderte die Zeichnungen des Künstlers,[17] die eine auffällige Ähnlichkeit zu seinen eigenen Zeichnungen aus jenen Jahren offenbaren.

Matta nutzte noch eine weitere Technik, die Pollock kopierte: Mit einem in Farbe getränkten Lappen trug er Farbe auf die Leinwand auf, schmierte, bildete Klumpen oder kratzte diese wieder von dem Untergrund ab. Pollock hat dieses Verfahren selbst ausprobiert. In einem unbetitelten Werk aus dem Jahr 1944[18] malte er auf einen Pappkarton ein gegenständliches Bild mit Tusche. Zu erkennen sind ein Zwitterwesen, Zahlen und Figuren. Darüber legte Pollock Farben: Gelb, Rot, Weiß und Schwarz sowie blaue Tuschekleckse. Die Farben liefen ineinander, bildeten Flecken und Verkrustungen. Am rechten Rand wurde rote Farbe aus der Tube auf die Leinwand geschmiert.

Während sich die amerikanischen Künstler an den surrealistischen Techniken übten, setzten die Surrealisten ihren Siegeszug durch die USA fort. Im März 1942 fand in der Galerie von Pierre Matisse eine erste große Ausstellung zum Surrealismus statt. »Artists in Exile« zeigte Werke aller wichtigen Surrealisten, aber auch Bilder von Chagall, Léger, Lipschitz, Mondrian und Amédée Ozenfant. Am 14. Oktober 1942 öffnete die Ausstellung »First Papers of Surrealism«

im Whitelaw Reid Mansion in der Madison Avenue. In der amerikanischen Kunstwelt schlug die Schau ein wie eine Bombe. Duchamp, der die Kunstschau zusammen mit Breton ausgerichtet hatte, hatte 3 000 Meter Seil um die Säulen im Innern des Ausstellungsgebäudes gewickelt, um eine luftige Atmosphäre zu erzeugen. Außerdem hatte er Kinder engagiert, die in dem altehrwürdigen Gemäuer spielten, sodass überall in dem Gebäude Kinderstimmen hallten. Auch die Gäste wurden dazu angehalten, mitzuspielen. Das ganze Haus wirkte wie ein fantastischer Spielplatz.

Zu den Künstlern, die Breton zu einer Teilnahme an der Ausstellung eingeladen hatte, zählten Masson, Miró, Seligmann, Ernst und Magritte, außerdem Picasso und Klee; von den Amerikanern waren Motherwell, Baziotes, David Hare und Matta vertreten. Motherwell sollte auch Pollock einladen, doch dieser lehnte mit der Begründung ab, dass er kein Mitglied der Surrealisten sei.[19]

Auch Matta nahm an der Ausstellung teil, arbeitete im Stillen allerdings weiter an seiner Idee einer eigenen Kunstbewegung. Er traf sich mit Peggy Guggenheim, die nur eine Woche nach der Eröffnung der »First Papers«-Schau ihre neue Galerie Art of The Century eröffnete und sich für seine Idee einer Ausstellung der »neuen« amerikanischen Künstler begeisterte. Nun verfügte Matta über eine Idee, die Strategie, beteiligte Künstler und eine Förderin – nur die Kunst fehlte noch.

Um den Künstlern ein Gemeinschaftsgefühl einzugeben, organisierte Matta für sie und ihre Ehefrauen mehrere Treffen in seiner Wohnung in der 12th Street, einem futuristischen Appartement mit geschwungenen Wänden. Man aß zusammen, diskutierte und spielte surrealistische Spiele wie »The Exquisite Corpse« – ein Wortspiel, bei dem ein Spieler ein Wort oder eine Zeile verdeckt auf einen Zettel schrieb, den Zettel faltete und an den nächsten Spieler weitergab, der ein Wort oder eine Zeile hinzufügte. Waren alle an der Reihe gewesen, wurde das Papier entfaltet und das entstandene Gedicht vorgetragen.

Anwesend waren neben Matta und seiner Gattin Ann auch Robert und Maria Motherwell, Bill und Ethel Baziotes, Peter Busa und seine zukünftige Frau Jeanne sowie Lee Krasner und Jackson Pollock.[20] Letzterer beteiligte sich an den Spielen nur selten, er saß meist in der Ecke und schaute zu. Nur wenn die Gruppe automatische Bilder kreierte, taute Pollock auf. Das Spiel nannte sich »Cadavre Exquis« oder auch »Male and Female«: Gemeinsam wurde etwas gezeichnet, wobei ein jeder etwas beisteuern durfte. Auf diese Weise entstanden skurrile Zeichnungen, die vor allem Menschen zeigten. War die Zeichnung vollendet, wurde das entstandene Kunstwerk analysiert, wobei sich Pollock als beredter Meister psychologischer Termini hervortat.

Ein Frage- und Antwort-Spiel wurde ebenfalls gern gespielt. Hierbei stellte ein Teilnehmer eine Frage, auf die ein anderer eine möglichst interessante und poetische Antwort finden musste. Als Matta einen jeden darum bat, das Wort »Blume« zu definieren, sagte Pollock: »Eine Blume ist ein Fuchs in einem Bau.« Diese Definition schindete Eindruck, obgleich man sich nicht sicher war, was Pollock damit meinte. Ein anderes Mal starrte Pollock auf Zigarettenqualm und fragte, was nun der leere Raum sei, der Rauch oder die Luft darum?[21]

Pollock schienen diese Erlebnisse nachhaltig beeindruckt zu haben, denn zahlreiche »Spuren« dieser Spiele finden sich in seinen Skizzenbüchern. Eifrig zeichnete Pollock verschiedenste Figuren. Er schien sich treiben zu lassen, malte Tiere, Menschen, Zwitterwesen und kritzelte Wörter und Verse. Mattas Morphologie schien ihn sehr zu interessieren. Pollocks längstes Gedicht in seinem Skizzenblock lautete folgendermaßen: »Der Fels der Fisch / hatte Flügel / und war geteilt / Zwei – so konnte einer / sich entwickeln, um zu sein, und / war die Sonne.«

Diese gemeinschaftlichen Abende kamen nur wenige Male zustande. Jackson besuchte sie zwei- oder dreimal, an einem Abend auch ohne Lee. Ab Oktober 1942 trafen sich die Künstler dann regelmäßig in Mattas Atelier oder bei Motherwell.[22] Es gab keine Spiele, kein Essen und vor allem keine Frauen – nur die Künstler waren da. Wie Matta sich erinnerte, habe Pollock die Idee einer gemeinsamen Gruppe sehr widerstrebt. Er kam aber dennoch, vorrangig aufgrund von Mattas Ruf und dessen Begeisterung für Pollocks Arbeit. Intensiv wurde über den Surrealismus diskutiert und überlegt, ob man eine gemeinsame neue Bewegung gründen sollte, weg von den literarischen Dogmen des Surrealismus. Man betrachtete die neuesten Arbeiten der Gruppenmitglieder, debattierte Theorien, analysierte neue Ideen und übte zusammen automatisches Malen. In einer Woche konzentrierten sich die Künstler auf die Naturelemente Feuer, Erde, Luft und Wasser und versuchten, ihre unbewusste Reaktion auf Papier zu bannen. In der anderen dachten sie darüber nach, »wie es wäre, blind schwimmen zu gehen«[23]. Ein Thema hatte es Matta besonders angetan: »die Stunden des Tages«. Zu einer jeden Stunde sollten die Künstler ihre Gedanken niederschreiben, um herauszufinden, ob es zu identischen Zeiten ähnliche Gedanken gebe. Dann bat Matta die anwesenden Künstler, die Stunden des Tages darzustellen. Pollock malte einen Wecker, dessen Wiedergabe sich von einer zunächst gegenständlichen Darstellung zu einem abstrakten Gekritzel wandelte. Als Motherwell das Bild lobte und meinte, Pollock habe die Uhr in ein abstraktes Motiv verwandelt, blaffte Pollock zurück, dass er das Wort »abstrakt« nicht möge. Für ihn war eine Linie sowohl Formbegrenzung und somit gegenständlich als auch einfach nur eine Linie und damit abstrakt. Pollock unterschied nicht zwischen abstrakt und figurativ, für ihn waren beide »Linien« gleichen Ursprungs. Sie waren seinem Innern entsprungen – und das allein zählte.

Matta hoffte, mithilfe der Automatismen ein neues, kraftvolles Statement über den Zusammenhang von Zeit, Traum und Unterbewusstsein abgeben zu können.[24] Anfangs spielten Pollock und seine Kollegen noch mit. Doch sie erkannten schnell, dass sie nicht an surrealistischen Regeln interessiert waren. Sie wollten Bilder malen und keine Statements abgeben. Mattas Versuch, sich zum »Papst« der amerikanischen Künstler zu stilisieren, missfiel ihnen.[25] Und wozu sich eigentlich als Gruppe organisieren? Ging es zu Beginn noch recht freundlich zu, wurde die Atmosphäre bald gereizter. Als Matta anordnete, jeder solle ein paar Würfel mit nach Hause nehmen und jede Stunde die gewürfelte Zahl notieren, war es Jackson leid. Er stand auf und ging.[26] Er hatte keine Lust mehr auf die pädagogischen Lehrstunden Mattas und auf dessen kontrollierte Experimente mit den Thesen Jungs; diese Spielereien hätten nicht viel mit ernsthafter Kunst zu tun. Pollock verkündete Motherwell, sich nicht mehr für Gruppenaktivitäten zu interessieren und von einer Teilnahme an einer gemeinsamen Ausstellung absehen zu wollen.[27]

Die Unzufriedenheit über den Dogmatismus Mattas in der Gruppe wuchs. Peter Busa brachte es auf den Punkt: »Wir waren an Möglichkeiten und Techniken interessiert, aber Matta fand das nicht sehr kultiviert.«[28] Für Matta war der Automatismus ein künstlerischer Ausdruck und nicht bloß eine Technik, als die er von den New Yorker Künstlern wahrgenommen wurde. Matta wünschte den Einfluss des Künstlers auf sein Werk auf ein Minimum zu beschränken, was vielen Amerikanern zu weit führte. Sie wollten die automatische Malerei dazu nutzen, eigene künstlerische Standpunkte auf die Leinwand zu bringen, wobei es den Gestaltungswillen zu erhalten galt. Kamrowski erzählte, dass Matta an einen Punkt gelangt war, »an dem ihm nicht mehr der Automatismus wichtig war, sondern sein spiritistischer Scheiß – der Glück verheißende und weissagende Aspekt des Surrealismus, der niemanden von uns interessierte«[29]. Die »jungen Wilden« suchten Rat bei Gorky und Hayter, die den Künstlern empfahlen, keine neue Orthodoxie zuzulassen und sich unabhängig zu entfalten.[30]

Kurz nach dem Ausstieg Pollocks zerstritt sich die Gruppe zusehends. Man bezichtigte Matta, sich auf Kosten der amerikanischen Künstler bei den Surrealisten profilieren zu wollen. Mattas Kritik ließ nicht lange auf sich warten: Baziotes warf er vor, zu kontrolliert und detailgenau zu malen; Motherwell beschuldigte er, ein zu großes Interesse an Ästhetik zu haben und den Automatismus lediglich dazu zu nutzen, seine Abstraktionen zu schaffen. Motherwell wiederum kreidete Matta an, noch immer zu figurativ und bewusst zu malen. Kunst diente Matta vor allem als ein Transportmittel für Inhalte, Farbe und Form waren nur Mittel zum Zweck. Die abstrakte Kunst der Amerikaner wurde von ihm als in zu hohem Maße formalistisch verurteilt.

Als schließlich auch Peggy Guggenheim Matta ihr Vertrauen entzog, war sein Plan gescheitert. Er gab auf und versuchte, wieder Anschluss an die Surrealisten zu finden. Diese rächten sich bitterlich: Breton ordnete an, dass sich Matta, um wieder aufgenommen zu werden, büßen und sich mit einem Brenneisen brandmarken müsse.[31] Mit Mattas Kapitulation wurde Motherwell zum wichtigsten Vertreter der amerikanischen Künstler.

Motherwell hatte sich seit Langem eine Möglichkeit gewünscht, um in der Kunstszene Macht und Einfluss zu erlangen. Schon bei den Surrealisten hatte er die Wirkung des Einflusses Bretons erleben können, nun wollte er ebenso mächtig werden wie dieser. Doch so sehr es Motherwell auch nach Einfluss verlangte, es gab niemanden, der ihm einen solchen geben wollte. Während sich die Europäer über seine Ambitionen lustig machten, begegneten ihm die Amerikaner mit einer Mischung aus Hohn, Spott und Empörung. Für sie war er nichts anderes als ein blutiger Anfänger, eloquent vielleicht, doch ohne einen Anspruch auf Führung. Wo war er während der schwierigen Jahre der Weltwirtschaftskrise und der ideologischen Diskussionen mit den Regionalisten gewesen? Wo waren seine Werke? Bisher hatten nur wenige seine Arbeiten gesehen, und die waren nicht sicher, was sie davon halten sollten. Was man ihm aber am wenigsten vergeben konnte: Motherwell hatte Geld. Er war der Sohn eines wohlhabenden Bankiers, während Künstler wie Jackson sich durch eine entbehrungsreiche Kindheit gequält hatten und als junge Erwachsene durch die harten Jahre der Depression gegangen waren. War nicht sogar in Motherwells Vater einer der Schuldigen der Krise zu suchen? Motherwell selbst wehrte sich gegen die Vorwürfe und war der Ansicht, seine Familie hätte ebenfalls leiden müssen, denn auch die Bank seines Vaters hatte Bankrott gemacht. Auch er hatte wöchentlich nur 50 Dollar zur Verfügung – was indes noch immer mehr als das Doppelte war von dem, was die anderen Künstler in der WPA erhielten.[32]

Pollock suchte immer wieder den Kontakt zu Motherwell, weniger wegen dessen künstlerischer Arbeit, sondern weil er glaubte, dass Motherwell Geld, Einfluss und Beziehungen hätte.[33] Pollock wollte mit Motherwell zusammenarbeiten, um Collagen für eine Ausstellung in Guggenheims Galerie zu erstellen. »Er [Pollock] hatte wesentlich länger gemalt als ich«, sagte Motherwell, »und seine Anordnung in Bezug auf Raum, Licht und Materialien war wesentlich professioneller als meine.«[34] Im Frühjahr 1943 verbrachten die beiden Künstler einen langen Abend mit gemeinschaftlicher Arbeit und Motherwell war geschockt, auf welche Weise Pollock das Material »attackierte«: Er zerriss das Papier, spuckte darauf und brannte die Ecken mit einem Streichholz an. »Er arbeitete mit einer solchen Gewalt, wie ich sie nie zuvor gesehen habe«[35], berichtete Motherwell.

Mit seiner Idee, eine gemeinsame amerikanische Kunstbewegung zu gründen, hätte Motherwell vielleicht sogar Erfolg haben können. Doch ebenso wenig wie Matta gelang es ihm, die Idee in die Tat umzusetzen. Der Automatismus und das Ende der europäischen Dominanz boten ideale Voraussetzungen, doch Motherwell – eher grandioser Theoretiker als Praktiker – scheiterte daran, dass es ihm an eigener Kunst fehlte, die fesselte und überzeugte. Dennoch führte er seinen Kampf gegen die Surrealisten fort und hatte so gewichtigen Anteil an der Loslösung der Amerikaner von den europäischen Vorbildern.

In der letzten Ausgabe von Paalens surrealistischer Zeitschrift *Dyn* verurteilte Motherwell den surrealistischen Automatismus als »Pseudolösung« für das Problem der Erforschung des Unbewussten. Die Surrealisten seien nichts anderes als radikale romantische Verteidiger eines individuellen Egos. Er kritisierte den Automatismus, von dem er glaubte, er bilde das Unterbewusstsein zwar ab, vernachlässige aber den Umstand, dass der Künstler eine Wahlmöglichkeit habe und nicht Sklave seines Unterbewusstseins sei. Einzig die formalistischen Aspekte des Surrealismus lobte er. Motherwell favorisierte eine Malerei, die aus dem Zusammenspiel von empfindendem Wesen und äußerer Welt entstehe, eine »Malerei als Medium zum Ausdruck des Geistes«. Die Funktion des Malers sei es, die Realität seinen Gefühlen und Eindrücken entsprechend auszudrücken.[36] Motherwell führte aus, dass der moderne Künstler keine Alternative zum Formalismus habe, wenn er in einer nach Eigentum strebenden Gesellschaft lebe. Eine inhaltsleere Gesellschaft fordere eine inhaltsleere, unpolitische Kunst.

Die erste Ausgabe von *Dyn* war im Frühjahr 1942 erschienen. Paalen galt lange Zeit als Sympathisant der Surrealisten, gehörte der Gruppe jedoch niemals als Mitglied an. Einer der wichtigsten Artikel der ersten Ausgabe war der Aufsatz »Farewell to Surrealism«, das Lebewohl an den Surrealismus. Er war einer der wenigen Texte in französischer Sprache – kein Wunder, sollten ihn doch alle Surrealisten lesen und verstehen können – und wurde zu einem Abgesang auf den Surrealismus. Nicht länger sollten Psychologen und Philosophen darüber bestimmen, was ein Künstler auszudrücken hatte, sondern der Künstler selbst.

In zwei weiteren Artikeln in derselben und einer nachfolgenden Ausgabe entfernte sich Paalen weiter vom Surrealismus und dessen Verehrung Freuds. Paalen betonte die Notwendigkeit einer Kunst, die nicht von Mystizismen und Metaphysik geprägt ist. Kunst solle eine direkte Visualisierung der den Körper und Geist antreibenden Kräfte sein. Der wahre Wert eines Bildes liege nicht darin, bereits existierende Objekte zur Darstellung zu bringen. Paalen verlangte von den Künstlern, nicht nach der Natur zu malen, sondern im Einklang mit ihren Rhythmen zu arbeiten. Dies entsprach Pollocks Vorstellung: »Ich illustriere die Natur nicht, ich bin die Natur.« Pollock hatte alle Ausgaben von *Dyn* in seiner Bibliothek, und mehrfach brachte Motherwell die Zeitschrift in die gemeinsame Runde mit.

In den folgenden Ausgaben bekundete Paalen ein großes Interesse für die Kultur und Ästhetik der Indianer und die präkolumbianische Kunst und widmete dem Thema mit der Doppelausgabe 4/5 besondere Aufmerksamkeit. Paalen glaubte, dass Kunst »uns mit unserer vorgeschichtlichen Vergangenheit vereinen kann und dass nur bestimmte geschnitzte oder gemalte Bilder uns ermöglichen, die Erinnerungen an unergründliche Zeiten zu erfassen.«[37] In einem Artikel über Totempfähle lobte er die Kraft derselben und zählte sie zu den bedeutendsten künstlerischen Errungenschaften der Menschheit.

Paalen wandte sich ab vom dialektischen Materialismus des Marxismus und hin zu Kunst und Wissenschaft. Er war der Ansicht, dass die moderne Wissenschaft das emotionale Gleichgewicht der Menschen gestört habe und die Aufgabe der Kunst darin bestehe, dieses Gleichgewicht wiederherzustellen. Die Kunst solle dem Beispiel der Wissenschaft und der Mathematik folgen und sich eine Universalsprache von Zeichen und Symbolen aneignen. In derselben Ausgabe veröffentlichte er Reproduktionen seiner Arbeiten, die in einem fließenden All-over-Stil gemalt worden waren und an eine bewegte Wasseroberfläche erinnern. Hinzu kamen die sogenannten Spaciales (Raumlinge), die Paalen aus der Fumage-Technik heraus entwickelt hatte.

Wer die letzte Ausgabe von *Dyn* aufschlug und die Bilder sah, die Paalen von Immigranten wie sich selbst, Matta oder Onslow-Ford und von Amerikanern wie Baziotes, Motherwell oder Pollock veröffentlicht hatte, dem musste klar sein, dass hier etwas Neues im Entstehen begriffen war. Es war keine surrealistische Kunst mehr, die da gezeigt wurde, sondern ein neuer abstrakter Stil, der noch keinen Namen besaß. Paalen lieferte den theoretischen Unterbau einer spezifisch amerikanischen Kunst, die Kubismus und Surrealismus hinter sich ließ. In den zwei Jahren und fünf Ausgaben ihres Erscheinens wurde *Dyn* zum Wegbereiter dieser neuen Kunstrichtung.[38]

1944 veröffentlichte Sidney Janis das Buch *Abstract and Surrealist Art in America*. Es wurde der retrospektive Blick auf den Surrealismus in den USA. Wer durch das Buch blätterte, dem wurde bewusst, dass den jungen amerikanischen Künstlern die Zukunft gehörte. Einen mächtigen Gegner erhielten die Surrealisten im Sommer des gleichen Jahres, als sich der junge Kunstkritiker Clement Greenberg in zwei Essays über die Surrealisten ausließ. Er unterstellte ihnen, sie würden mit ihrer Kunst die Tradition der Moderne von den Impressionisten bis zu den Kubisten brechen und zu Althergebrachtem zurückkehren. Sie würden zum bloßen Zeitgeschmack, seien überladen, voller »alchimistischer Mythologie«.[39] Künstler wie Ernst, Dalí und Magritte würden kaum mehr als das Fantastische in detailreichen und symbolüberfrachteten Werken illustrieren. Von der Kritik Greenbergs ausgenommen blieben lediglich Miró, Arp und Masson.

Eine Antwort blieben die Surrealisten schuldig. Der Krieg neigte sich dem Ende zu, im August 1944 marschierten amerikanische Truppen über die Champs-Elysées und befreiten Paris. Die Mehrzahl der Surrealisten kehrte nach Frankreich zurück und versuchte in den nachfolgenden Jahren, dem Surrealismus zu neuer Blüte zu verhelfen. Doch die Bewegung zerfiel. Masson sagte später, der Surrealismus habe 1945 mit der Rückkehr der meisten Surrealisten nach Europa geendet. Die Amerikaner seien frei von jeder Tradition und könnten so freier mit der Malerei umgehen. »Pollock«, so Masson, »trieb es so weit, wie nicht mal ich es mir ausgemalt habe.«[40] Der Schüler sollte den Meister wenige Jahre später überflügeln. Masson selbst versuchte sich Mitte der Fünfzigerjahre an der Technik des Dripping und experimentierte mit den Möglichkeiten der gestischen Malerei, welche von den Amerikanern entdeckt worden war. Jahre nach Pollocks Tod traf Masson in der Schweiz bei einer Pollock-Ausstellung einen Freund, der sich wunderte, Masson so fern von der Heimat zu sehen. Dieser antwortete: »Ich bin gekommen, um den Meister zu ehren.«[41]

Greenberg wandte sich immer mehr den jungen abstrakten Künstlern Amerikas zu. Zu Beginn war es vor allem Baziotes, der seine Aufmerksamkeit fand. Er lobte ihn als »großes Talent« und beschrieb dessen Bilder als »große, substanzielle Kunst« voller wahrer Emotion.[42] Doch schon bald sollte er sich einen anderen Favoriten suchen. Und während die Ära der Surrealisten 1947 in Paris mit der großen Surrealisten-Ausstellung in der Galerie Maeght zu Ende ging, eröffnete im März die von Nicolas Calas organisierte Ausstellung »Bloodflames« in der Hugo Gallery mit Werken David Hares, Kamrowskis, Mattas und weiterer New Yorker Künstler. Die neue Avantgarde kam aus New York.

Kapitel 13
Begegnung mit Peggy Guggenheim (1943)

Ende 1942 fühlte sich Pollock zum ersten Mal seit vielen Jahren äußerst wohl. Lee organisierte sein Leben und gab ihm ein Gefühl von Liebe und Geborgenheit. Nachdem er im Frühjahr und Sommer 1942 wegen Stellas Besuch und Sandes Abreise in ein schwarzes Loch gefallen war, ging es nun wieder aufwärts. All das, was ihn in den letzten Jahren gequält hatte, schien sich nun in Wohlgefallen aufzulösen. Künstlerisch fühlte er sich frei, denn die letzten Jahre hatten ihm ein umfangreiches ikonografisches Vokabular beschert: Freud und Jung, Picasso und Matisse, die Surrealisten und der Automatismus, Miró und Siqueiros, die Kunst der indianischen Ureinwohner und der Afrikaner – in Pollock schlummerte ein riesiger Schatz, der nur darauf wartete, geborgen zu werden. So wurde 1942 zu einem ersten Schaffenshöhepunkt.

Stenographic Figure (*Stenografische Figur*, 1942) wurde sein erstes Meisterwerk. Die Größe der Leinwand hatte im Vergleich zu früheren Arbeiten deutlich zugenommen. In seiner Formensprache erinnert das Werk an Picassos Ge-

Jackson Pollock, *Stenographic Figure (Stenografische Figur)*, 1942, Öl auf Leinwand, The Museum of Modern Art, New York

mälde *Das Atelier* (1927/28) und *Der Maler und sein Modell* (1928), die 1939 in der Ausstellung »Picasso: Forty Years of His Art« im MoMA zu sehen waren. Die Deutung des Bildes entfachte heftige Diskussionen. Verfechter der Theorien Jungs erkannten rechts einen totemhaft anmutenden Mann, links eine Frauengestalt, die ihm etwas zuzureichen scheint. Während der obere, nur skizzenhaft umrissene Arm der Frau mit grauer Farbe ausgefüllt ist, sind die ausgestreckten Arme des Mannes in bogenförmigen schwarzen Linien angedeutet, wodurch er bedrohlich und doch zugleich selbstlos und freigiebig wirkt. Der Kopf der Frau ist in ein blaues Dreieck eingezwängt, der Körper lediglich skizzenhaft wiedergegeben; die Brüste sind mittels zweier roter Kreise angedeutet, wirken voll und rund und unterstreichen die Weiblichkeit der dargestellten Figur. Repräsentiert die Frauengestalt Stella? Die Mutter, die furchterregend ist, aber auch so viel gegeben hat? Oder ist die Figur als eine Hommage an Lee zu lesen? Behandelt Pollock in diesem Werk seine ambivalente Beziehung zum weiblichen Geschlecht? Zu den Frauen, die ihm so viel Angst einflößen und in Gestalt von Lee doch auch so viel zu geben vermögen? Ist hier ein Wechsel in Jacksons Frauenbild erkennbar, in dem sich die Frau vom gebärenden Monster zum gebenden Menschen wandelt? Tatsächlich dürfte die Figur eher Lee abbilden, denn sie ist sowohl mit ihren weiblichen Reizen als auch mit Verstand dargestellt, als dessen Symbol das übergroße Auge gelten kann, das über den Mann zu wachen scheint. Die männliche Figur hat sich in ihrer Darstellung ebenfalls verändert. Sie ist nicht mehr Kind oder Opfer, sondern sitzt der Frau am Tisch gleichberechtigt gegenüber. Doch sie ist wesentlich abstrakter gemalt, als Mensch kaum zu erkennen. Andere Interpretatoren vertraten bezüglich des Bildgegenstandes eine abweichende Ansicht: Sie befürworteten die These, Pollock habe hier nur eine einzige Frau dargestellt, die mit gespreizten Beinen auf einem Tisch liege. Das senkrechte Gebilde am rechten Bildrand deuteten sie als Beine, das Dreieck in der Mitte als Vagina. Auch wenn Pollocks Bildtitel eher kryptisch sind und bei der Deutung seiner Bilder nur selten helfen, spricht das Singuläre im Titel »Stenografische Figur« für eine solche These.

Das Bild wirkt flächig, stark abstrahiert und anders als alles, was Pollock bis dahin geschaffen hatte. Nichts erinnert mehr an Bentons Regionalismus oder an Ryders stimmungsvolle, romantische Landschaften, nichts an Orozco und Siqueiros mit ihrem flächenhaften Realismus, den albtraumhaften Szenen und der klaustrophobischen Enge. Statt gedeckter Brauntöne und Schwarz wählte Pollock für den Hintergrund ein kräftiges Türkisblau, das an Matisse denken lässt, und ergänzte es um zartes Gelb sowie kräftiges Rot. Der gesamte Bildraum ist von geheimnisvollen, durch den Raum schwirrenden Zeichen erfüllt:

kleine Kritzeleien, Buchstaben, Zahlen und wirbelnde Linien, die Farbe wurde meist direkt aus der Tube auf die Leinwand gedrückt. Die kryptischen Zeichen lassen eine Auseinandersetzung mit Miró erkennen. Sie sind nicht integraler Bestandteil des Bildes, sondern liegen als zusätzliche Ebene über dem eigentlichen Bildmotiv. Pollock erklärte später, dass diese Strategie eine sichtbare Verknüpfung zu seinem Unterbewusstsein sei.[1]

Immer wieder scheinen in Pollocks Bildern Zahlen auf, insbesondere die Ziffern Vier und Sechs. Hierbei handelt es sich wohl um eine Anspielung auf die New Yorker Adresse von Pollock und Krasner (46 8th Street). Wie Krasner anmerkte, seien die beiden Zahlen Pollocks Glückszahlen gewesen.[2]

Miró nahm in dieser Zeit eine wachsende Bedeutung im Œuvre Pollocks ein. Immer wieder tauchen Symbole, Kritzeleien und biomorphe Formen auf, die Pollock auf monochrom eingefärbte Leinwände setzte. Eine Inspiration war für ihn die Ende 1941 im MoMA ausgerichtete Miró-Ausstellung gewesen. Diese hatte ihn derart beeindruckt, dass er einen Katalog erwarb. 1943 malte Pollock *Blue (Moby Dick) (Blau [Moby Dick])*. Die Gouache lässt sofort den Einfluss Mirós erkennen (Tafel 4). Von diesem übernahm Pollock die linearen Formen, Figuren und Farben. Er grundierte die Leinwand mit einem kräftigen Blau. Im unteren Drittel des Bildwerks ist das aufgewühlte Meer zu sehen, in dem gleichsam wie in einer Ursuppe Symbole und Zeichen schwimmen: geometrische Kritzeleien, ein Auge mit zwei Pupillen, ein Fisch und menschliche Figuren, die an Höhlenzeichnungen erinnern. Über dieser Szene hat Pollock im Stile Mirós frei schwebende Symbole und Kritzeleien angeordnet: rechts oben ein an einen Stier gemahnendes Zwitterwesen, daneben eine bergige Landschaft, im Zentrum des Bildes Gebilde, die an Tiere und Pflanzen erinnern.

Fast zur gleichen Zeit entstand *The Moon Woman* (*Die Mondfrau*, 1942), ein lyrisches und poetisches Werk, das im krassen Gegensatz zu den früheren Arbeiten Pollocks steht, die noch in düsteren Farben Monster und gebärende Skelette zeigen. Im Zentrum des Bildes steht eine Frauengestalt, deren Körper aus schwarzen Linien gebildet ist. In ihrer Darstellung erinnert sie an Picassos Formensprache Ende der 1920er und Anfang der 1930er Jahre. Sofort meint man, Lee zu erkennen. Sinnliche Lippen, eine markante Nase, ein großes Auge. Eine Hand hält sie erhoben, während die andere nach einer Blume greift. Kryptische Zeichen und Symbole umgeben die Figur, am rechten Bildrand schwebt eine Musiknote. Die Farbpalette ist in hellen Tönen gehalten: Hellblau und Rosa, das sich zu Rot und Schatten von dunklem Violett wandelt, sowie Türkis am Boden der Darstellung.

Auch Pollocks drittes Meisterwerk aus dem Jahr 1942, *Male and Female (Männlich und Weiblich)*, beschäftigt sich mit dem Thema von Mann und Frau, mit sexueller Identität und den Polen seiner Persönlichkeit. Wieder malte er ein Figurenpaar, wieder ist der Tisch das zentrale Element der Komposition. In der rechten Bildhälfte steht eine Figur, die sich als Mann deuten ließe, auch wenn Geschlechtsmerkmale kaum erkennbar sind. Die Person gleicht einem schwarzen Pfahl, der von Zeichen und Zahlen überzogen ist und sich in seinem Aussehen auch als Phallus interpretieren ließe. Der Mund scheint weit geöffnet, das Geschlechtsteil ist nur schemenhaft als goldgelbes Dreieck dargestellt. Dahinter scheint sich – nur vage angedeutet – eine zweite Figur zu befinden, die in geduckter Haltung verharrt; ein schwarzer Umriss, blassrosa Teint und ein Auge sind sichtbar. Auch den rechten Bildbereich beherrscht eine abstrahierte Figur, die jedoch unschwer als Frau zu erkennen ist. Ihre Formen schälen sich aus einem ebenfalls schwarzen Grundkörper heraus: unten die Füße, in der Mitte ein üppiger Po und volle Brüste, zuoberst der Kopf, ein schwarzes Halbrund mit picassoresk verschobenen Augen; Nase und Mund sind in einer Linie angedeutet.

Jackson Pollock, *The Moon Woman (Die Mondfrau)*, 1942, Öl auf Leinwand, The Solomon R. Guggenheim Foundation, New York

Um das Bild ist eine interessante Diskussion entbrannt.[3] Nicht wenige Kritiker glauben, dass sich in den dargestellten Figuren sowohl männliche als auch weibliche Charakteristika offenbaren. Es scheint, als habe Pollock zu zeigen versucht, dass jedes Wesen über männliche und weibliche Charakterzüge verfügt. Doch hätte sich die Interpretation damit noch nicht erschöpft: Insbesondere die linke Figur ist deutlich als weiblich erkennbar. Pollock war wohl bestrebt, Mann und Frau als Spiegel des jeweils anderen darzustellen. Dafür spricht auch, dass hinter der rechten, männlichen Person schemenhaft eine weibliche Person angedeutet ist. Der Titel des Bildes spielt sowohl auf

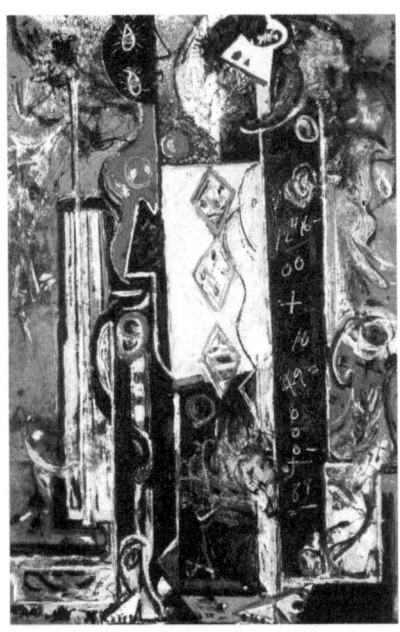

Jackson Pollock, *Male and Female (Männlich und Weiblich)*, 1942, Öl auf Leinwand, Philadelphia Museum of Art, Philadelphia

den Bildgegenstand als auch auf das schon erwähnte surrealistische Spiel »Cadavre exquis« an, das auch »Male and Female« genannt wurde.

Die geometrische Aufteilung des Bildes, insbesondere des Bildhintergrunds, erinnert in hohem Maße an Kandinskys geometrische Systeme, während andere Elemente wie die Art der Frauendarstellung von Picasso übernommen worden zu sein scheinen. Die Farbwahl wiederum ist an Matisse angelehnt, die kryptischen Zeichen und Symbole verweisen auf den Einfluss Mirós und auf die automatische Malerei. Dennoch hat sich Pollock eine eigene Bildsprache bewahrt und etwas ganz Eigenes erschaffen. Bemerkenswert ist die linke obere Hälfte des Bildes, in der Pollock Farbe gekleckst, gespritzt und getröpfelt hat. Es ist das erste Bildwerk, in dem er auf diese Weise arbeitete.

Immer wieder stellte Pollock Mann und Frau in abstrahierten Formen gegenüber – und ließ dank spezifischer Elemente doch keinen Zweifel an dem Weiblichen und Männlichen. Diese Gegenüberstellung scheint er sich bei Picasso abgeschaut zu haben, denn der ältere Meister widmete sich diesem Thema in ausgiebiger Weise, so etwa in den *Minotaurus*-Arbeiten oder seinen Werken zum Themenbereich *Maler und Modell*. Ist es die sexuelle Konfrontation, auf die Pollock in seinen Arbeiten anzuspielen pflegte, oder hat er die beiden Seiten seines Ich dargestellt?

Den Sommer über hatten Pollock und Krasner Poster für Läden gemalt. Lee erhielt einen Arbeitsplatz bei der War Service Division, wo sie Plakate für Anwerbungsbüros der Navy erstellen sollte. Sie stellte Jackson ein, sowie dessen Künstlerfreunde Peter Busa, Gerome Kamrowski und William Baziotes. Die Gruppe beschäftigte sich allerdings mehr mit dem Malen automatischer Bilder als mit Kriegspropaganda.[4] Nach zwei Monaten lief die Maßnahme aus. Um zur WPA zurückkehren zu dürfen, besuchten Jackson und Lee anschließend einen Kurs in Brooklyn, in dem Metallverarbeitung für die Rüstungsindustrie gelehrt wurde.[5] Doch kaum wieder bei der WPA tätig, wurde ihnen im Januar 1943 erneut gekündigt. Wie viele andere Künstler auch versuchte es Lee mit einer staatlich finanzierten Ausbildung, die den Übergang zur Arbeitswelt erleichtern sollte. Für einen wöchentlichen Lohn von 17 Dollar schrieb sie sich an der New York Trade School in einen Kurs für technisches Zeichnen ein. Pollock meldete sich für einen ähnlichen Kurs an, doch schien er mit diesem nicht glücklich zu sein und verließ ihn alsbald. Da Lees Geld gerade so für Miete, Kleidung und Essen reichte, konnte sich Jackson kaum noch Farbe, Pinsel und Leinwand leisten, eine Arbeit war also dringend vonnöten. Er ergatterte einen Nachtjob in einer Druckerei, wo er für die Reinigung der Maschinen verantwortlich war – ein Arbeitsplatz, der heiß, laut und stickig war.[6] Zwei Monate lang hielt er durch, trank jedoch überdurchschnittlich viel und malte nur wenig. Ihm wurde schnell klar, dass er so nicht weitermachen konnte. Lee glaubte zuerst, sie könne Jackson unterstützten, doch eine Anstellung als technische Zeichnerin verlor sie schnell wieder. Aber Jackson war ohnehin nicht begeistert, dass sie die Brötchen verdiente. Er wollte, dass sie zu Hause blieb und sich um ihn und seine Karriere kümmerte.

Als das Museum of Non-Objective Painting in New York einige Stellen ausschrieb, schien ein Ausweg gefunden. Das Museum war 1939 gegründet worden, um die umfangreiche Sammlung von Solomon R. Guggenheim aufzunehmen. Man hatte es sich zur Auflage gemacht, dass alle ausgeschriebenen Posten im Museum, vom Manager bis zum Hausmeister, mit jungen Künstlern zu besetzen seien. Einzige Voraussetzung war, dass die Künstler sich strikt an nicht-figurative Prinzipien hielten. Pollock erstellte eine Mappe mit abstrakten Arbeiten und nahm diese mit zu einem Bewerbungsgespräch bei der deutschstämmigen Baroness Hilla von Rebay, der umtriebigen und exzentrischen Direktorin des Museums, welche die Werke in einem breiten Akzent bewertete. Als sie nach einem Bewerbungsschreiben fragte, konnte Pollock nur mit den Schultern zucken. Wieder daheim machten sich Lee und er daran, ein solches Schreiben zu verfassen. In diesem lobten sie das Museum und fügten hinzu, dass Jackson gern weiter abstrakt malen würde, dies jedoch nicht könne, weil er des Nachts arbeiten müsse. Das Schreiben ergänzte Pollock durch eine hastig entworfene Biografie, die er in Vergangenheit, Gegenwart und Zukunft unterteilte. Unter Vergangenheit notierte er »subjektiver Realismus« und »subjektive Abstraktion«, seine gegenwärtigen Arbeiten fasste er unter der Definition »subjektiver und räumlicher Realismus« mit non-figurativer, räumlicher Intensität zusammen. Unter Zukunft fiel ihm nur ein Fragezeichen ein.[7] Auch wenn das Manöver leicht zu durchschauen war, funktionierte es. Von Rebay schickte ihm einen Scheck für Arbeitsutensilien und bot ihm eine Stelle als Aufsichtsperson und Konservator an. Am 8. Mai 1943 begann Pollock seine Arbeit im Museum.[8]

Der Industrielle Solomon R. Guggenheim hatte sein Vermögen mit dem Handel von Kupfer gemacht und investierte es großzügig in Kunst. Seine Beraterin in allen Kunstfragen war die Baronin von Rebay, die zur Direktorin des neu eröffneten Museums ernannt worden war. Man hatte sich ganz der abstrakten Kunst verschrieben und kaufte Werke von Künstlern wie Kandinsky, Klee, Arp und Delaunay. Für die Ausstellungen hatte man einen ehemaligen Autoverkaufsraum angemietet. Die Wände waren mit in Falten gelegtem Stoff bezogen und der Fußboden mit Teppichboden ausgelegt. Über einen tunnelähnlichen Eingang betrat man die Ausstellungsräume. Im Hintergrund dudelte fortwährend klassische Musik.

Von Rebay führte ein strenges Regiment. In ihrem Gefolge befand sich stets ihr Liebhaber Rudolf Bauer, ein abstrakter Maler, dem sie zu bescheidenem Wohlstand verholfen hatte, indem sie fast alle seine Werke erstanden hatte. Wenn von Rebay morgens im Museum war, befand sich das Personal in heller Aufregung, da die adlige Dame sehr ungehalten sein konnte. Penibel überwachte sie die Angestellten und beobachtete mit Argusaugen, wie Personal und Besucher auf die Sammlung reagierten. In späteren Jahren witzelte Pollock in einem Gespräch mit dem Journalisten John Myers über die »Musik aus der Dose« und die Verrücktheiten der Direktorin. Auch den Namen des Museums belächelte er. Wie könne Malerei gegenstandslos sein? Leinwand und Farbe seien reale und fassbare Gegenstände, Malerei könne abstrakt sein, nicht jedoch gegenstandslos.[9]

Einmal im Monat mussten die Assistenten ihre Arbeiten von Hilla von Rebay inspizieren lassen. Zur ersten Kritik präsentierte Pollock eine Zeichnung, die eine Figur im Stile Picassos sowie zahlreiche Kritzeleien und kalligrafische Zeichen zeigte. Von Rebay war von dem Bild nur wenig begeistert. »This«, sagte sie in strengem Ton, »NO« – und riss das Bild in zwei Hälften.[10]

Zu Beginn seiner Tätigkeit arbeitete Pollock in der Mittagsschicht von mittags bis 6 Uhr abends. Seine Arbeit bestand vor allem darin, die massiven Holzrahmen zu reparieren. Außerdem säuberte er Bilder, hing sie neu auf und war für den Service-Aufzug zuständig. Die Arbeit bereitete ihm nur wenig Spaß, doch sie wurde gut bezahlt. Und alles war besser als die stumpfsinnigen Strapazen in der Druckerei. Pollock beschäftigte sich hier vermutlich zum ersten Mal mit Kandinskys Œuvre. Zwar erwähnte er gegenüber Kollegen im Museum, dass er Kandinskys Werke nicht mochte, doch beeinflussten sie seine Arbeiten nachhaltig. Von Kandinsky inspiriert waren vor allem die räumliche Aufteilung und die Formenreduzierung in Pollocks Bildern der kommenden Jahre. In seiner Bibliothek fanden sich mehrere Kataloge zu Kandinsky-Ausstellungen. Schaut man sich Kandinskys Grafikzyklus *Kleine Welten* (1922) an, so ist offensichtlich, dass Pollock dessen Stil Mitte der Vierzigerjahre aufgriff und in Arbeiten auf Papier verwertete.[11]

Als das Ende der WPA 1942 allmählich näher rückte, waren nur wenige Künstler darauf vorbereitet, obwohl sich ein solches bereits seit Längerem abzeichnete. Vor allem die jüngeren Künstler hatten keine Ahnung davon, was es bedeutete, ohne staatliche Hilfe überleben zu müssen. Die Künstler der amerikanischen Avantgarde waren es nicht gewohnt, sich allein durch ihre Kunst finanzieren zu müssen – und hatten es bisher auch gar nicht versucht. Um Geld zu verdienen, arbeiteten sie in bürgerlichen Berufen. Sie waren technische Zeichner, Grafiker und Designer oder hatten Frauen, die den Lebensunterhalt besorgten; einige wenige, wie Bultman oder Motherwell, entstammten wohlhabenden Familien. Sich auf dem freien Kunstmarkt zu behaupten, war auch deshalb schwierig, da es eigentlich keinen Kunstmarkt für zeitgenössische amerikanische Kunst gab. Die wenigen New Yorker Galerien wurden von Europäern geführt und stellten vor allem europäische Künstler aus, und auch die großen Museen wie das MoMA präsentierten bevorzugt europäische Kunst. Zu jener Zeit gab es lediglich eine Galerie, die das Geld und den Mut besaß, auch unbekannte amerikanische Künstler zu zeigen: die Galerie Art of This Century von Peggy Guggenheim.

Marguerite Guggenheim, die alle nur Peggy nannten, war in New York geboren und aufgewachsen. Ihr Vater, der amerikanische Großindustrielle Benjamin Guggenheim, hatte viel Zeit mit ihr in Europa verbracht, wo er sich mit europäischer Kunst und europäischen Künstlern umgeben hatte. Der Tod des Vaters beim Untergang der Titanic 1912 setzte ihrem märchenhaften Leben in Europa ein Ende, die minderjährige Peggy musste zurück nach New York. Hier konnte es sie jedoch nicht lange halten, sobald sie konnte, verließ sie ihre bürgerliche Familie und kehrte nach Europa zurück. Hier lebte sie unter Künstlern und Schriftstellern in Paris. Sie gab Abendgesellschaften, zu denen sie viele Künstler lud. Hemingway, Cocteau und Duchamp gingen bei ihr ein und aus.

In der Liebe hatte Peggy Guggenheim wenig Glück. Sie heiratete, bekam Kinder und ließ sich wieder scheiden; sie verliebte sich neu und war glücklich, bis dieser Mann, ein britischer Schriftsteller, unerwartet starb. Dieser Schicksalsschlag wog so schwer, dass sie beschloss, sich ganz der Kunst zu widmen und Männer fortan als bloße Lustobjekte zu betrachten.

Obwohl sie die alten Meister liebte, lehnte sie es ab, deren Werke zu sammeln, das sei furchtbar konventionell und bürgerlich. Peggy war eine Exzentrikerin, sie liebte den Skandal und folglich auch die Surrealisten. Mit der Hilfe Marcel Duchamps erstand sie abstrakte und surrealistische Kunst. Lange hatte Guggenheim mit der Gründung einer Galerie oder eines Museums geliebäugelt. Ihre erste Galerie eröffnete sie schließlich im Januar 1938 in London: Guggenheim Jeune. Da sich die Galerie jedoch als wenig gewinnbringend erwies, entschloss sie sich, diese zu schließen und stattdessen ein Museum zu eröffnen. Sie suchte Hilfe bei dem englischen Kritiker Herbert Read, bei Nelly van Doesberg, der Witwe des De Stijl-Malers Theo van Doesburg, und bei Howard Putzel, einem jungen amerikanischen Kunsthändler. Mit diesen Beratern an ihrer Seite begann sie, gezielt Kunstwerke einzukaufen. Als finanzielle Obergrenze setzte sie sich den Wert von 10 000 Dollar pro Bild, viele Werke erhielt sie über Beziehungen zu den Künstlern aber wesentlich günstiger. Doch die politischen Ereignisse machten ihren Plänen einen Strich durch die Rechnung. Da die Nationalsozialisten ganz Europa mit einem Krieg überzogen, blieb ihr nur ein einziger Ausweg: Sie musste zurück in die alte Heimat, in der sie seit 1927 nicht mehr gewesen war. Im Frühjahr 1941 schickte sie ihre Sammlung in Kisten verpackt nach New York. Sie selbst kam erst im Juli 1941 in die Stadt, im Schlepptau ihren früheren Gatten und die beiden Kinder sowie André Breton und Max Ernst, mit dem sie zu diesem Zeitpunkt eine Affäre hatte und den sie nur wenig später in den Vereinigten Staaten heiraten sollte.

Von Anfang an fühlte sie sich fremd in New York und betrachtete die Stadt lediglich als eine Durchgangsstation. Sie erstand ein riesiges Haus am East River in der East 51st Street und konnte sich hier endlich wieder ihrer geliebten Kunstsammlung widmen. Überall hingen Gemälde und waren Skulpturen postiert. Max Ernst hatte im Haus Totempfähle aufgestellt, die er bei seinen Reisen an die Westküste der USA gesammelt hatte. Die Residenz avancierte rasch zu einem beliebten Treffpunkt für die europäischen Künstler, zu einem Zufluchtsort im ungeliebten Exil. Rauschende Feste wurden hier gefeiert. Mehrmals pro Woche empfing Guggenheim Gäste, dann wurde geschlemmt, in gemütlicher Runde geplauscht oder unter Bretons Aufsicht ein surrealistisches Spiel gespielt.

Die ersten Monate nach ihrer Ankunft verbrachte Guggenheim mit dem Neuerwerb von Werken, um ihren Sammlerkatalog zu vervollständigen. Ihre Sammlung umfasste Kunst aus den Jahren 1910 bis 1942, darunter Werke des analytischen Kubismus und Orphismus, des Dadaismus sowie Surrealismus, des Futurismus, Suprematismus und Konstruktivismus. Obgleich sie die Idee eines eigenen Museums niemals aufgegeben hatte, entschied sie sich erneut dazu, eine Galerie zu eröffnen, um nach dem Krieg leichter nach Europa zurückkehren zu können. Ernst und Breton traten als ihre Berater auf, Max' Sohn Jimmy wurde ihr Sekretär und der österreichische Architekt Friedrich Kiesler sollte die zukünftigen Galerieräume einrichten. Geführt werden sollte die Galerie von Howard Putzel. Den Namen der Galerie, Art of This Century, entlehnte Guggenheim einem gleichnamigen Ausstellungskatalog zu ihrer Sammlung.

Lange musste sie nicht nach einem geeigneten Standort für die Galerie suchen. Sie entschied sich für ein zweigeschossiges Loft in der West 57th Street. Die beiden Etagen hatten zuvor Schneidereien beherbergt, bedurften also einer vollständigen Renovierung. Ihr Zuschnitt eignete sich jedoch ideal für das Projekt. Kiesler, bekannt für seine innovativen Techniken in der Ausstellungsarchitektur, übertraf sich selbst. Seine visionäre Gestaltung der Galerieräume gilt bis heute als revolutionär. Die Räume ermöglichten eine neue Art von Betrachtung und Wahrnehmung, die nicht unerheblich zum Erfolg der Galerie beitragen sollte. Alle Blicke nach außen wurden geschlossen, kein direktes Tageslicht drang mehr in die Räumlichkeiten ein. Die beiden Geschosse wurden in vier Bereiche unterteilt: eine abstrakte, eine surrealistische und eine kinetische Galerie sowie eine Tageslichtgalerie für wechselnde Verkaufsausstellungen. In der Mitte des Lofts wurde ein Aufzug installiert.

In der abstrakten Galerie wurden geometrische Arbeiten von Kandinsky und anderen präsentiert. Straff gespannte Stoffbahnen in blauer Tönung überzogen die Wandflächen, der Boden war in Guggenheims Lieblingsfarbe Türkis gestrichen. Die ungerahmten Gemälde hingen einzeln angestrahlt zwischen dreieckig aufgespannten Seilen. Dazwischen standen Skulpturen und »correalistische« Möbel – eine Erfindung Kieslers.[12]

Die surrealistische Galerie war ein Tunnel mit konkav gewölbten Wänden aus Holz und mit Werken des Surrealismus bestückt. Die Gemälde waren an hölzernen Armen befestigt und schienen frei im Raum zu schweben. Zum Stöbern hatte Kiesler eine Gemäldebibliothek entwickelt, an Zeitschriftenständer erinnernde konische Halterungen, die es ermöglichten, auf engstem Raum zahlreiche Arbeiten zu zeigen. Im südlichen Teil gab es zwei Magazine. Ihr Büro hatte Peggy unter der abstrakten Galerie, besaß jedoch auch einen Schreibtisch in der

Tageslichtgalerie, deren Fenster mit Stoff bespannt waren. Die kinetische Galerie hatte Kiesler mit neumodischen Apparaten versehen, mit eigens von ihm entwickelten Betrachtungsapparaten, mit denen sich die ausgestellten Werke von Klee und Duchamp näher anschauen und untersuchen ließen.[13]

Zur Eröffnungsausstellung, die ganz den europäischen Künstlern gewidmet war, erschien ein Katalog mit Essays von Breton, Arp und Ben Nicholson. Auch Mondrian hatte eine kurze Abhandlung beigetragen und es wurden ein futuristisches und ein realistisches Manifest veröffentlicht. Die äußere Umschlagseite hatte Max Ernst gestaltet.

Die Vernissage am 20. Oktober 1942 wurde ein voller Erfolg. Die Galerie war völlig überlaufen; dicht gedrängt bewegten sich die Besucher durch die Räume, um Peggy zu beglückwünschen und sich die Werke anzusehen. In der Presse gab es ein geteiltes Echo: Die *Newsweek* beklagte »zügellose Ismen«, und wegen des tunnelförmigen Baus verglich ein Kritiker die surrealistische Galerie mit einem »dekorierten U-Bahn-Tunnel«.[14] Viele lobten jedoch die Ausstellung und die Architektur der Galerie. Ein Kritiker der *New Yorker Sun* schrieb: »Meine Augen sind nie weiter aus den Augenhöhlen herausgetreten als bei dieser Ausstellung«[15] – womit er wohl meinte, dass er aus dem Staunen nicht mehr herausgekommen sei. Ein anderer Journalist beschrieb die Galerie als »irgendeine Mischung aus einem Traum eines Alchimisten, einem Albtraum und einem erstklassigen Kater«[16]. Guggenheim hatte erreicht, was sie wollte: Sie hatte die volle Aufmerksamkeit der New Yorker Kunstszene gewonnen. Über Nacht war sie zum Star der amerikanischen Kunstwelt geworden.

Für die amerikanischen Künstler war die Eröffnung ein erneuter Rückschlag. So begeistert man auch über die Galerie und ihre Gestaltung war, nur ein einziger amerikanischer Maler wurde ausgestellt. Dabei hatte Peggy doch noch in einer Presseerklärung versprochen, ihre Galerie sei ein »Labor für neue Ideen« und solle der Zukunft dienen, statt die Vergangenheit zu zeigen.[17] Doch die jungen Amerikaner sollten bald in das Blickfeld der Galeristin rücken, denn zwischen den Surrealisten und Peggy Guggenheim kam es zu einem Zerwürfnis. Max Ernst hatte ihr zugesichert, dass sie kostenlos Anzeigen im Surrealistenmagazin *VVV* schalten dürfe. Doch Breton wollte später nichts davon wissen. Peggy war verärgert und revanchierte sich, indem sie später kurzfristig eine Ausstellung mit Titelseiten des *VVV* absagte.[18] Doch es kam noch schlimmer. Max Ernst hatte sich heimlich eine Wohnung gemietet, in der er sich mit der jungen Künstlerin Dorothea Tanning traf. Lange hielt er die Liaison geheim, doch als die Beziehung zwischen ihm und Peggy immer problematischer wurde, verließ er diese im März 1943. Peggy war zutiefst verletzt und stürzte sich in Affären. Innerhalb weniger Monate war die enge Beziehung zwischen ihr und den Surrealisten dahin. Dann verließ auch noch Jimmy Ernst die Galerie, um mit seiner Freundin Eleonor Lust deren neue Norlyst Gallery aufzubauen, die ebenfalls Werke amerikanischer Künstler zeigen sollte. Mit diesen beiden verlor Peggy wichtige Berater, die entstandene Lücke füllte James Johnson Sweeney, der spätere Kurator der Abteilung für Malerei und Bildhauerei am MoMA. Howard Putzel ersetzte Max Ernst als Sekretär und Assistent, Matta kam als weiterer Berater hinzu. Diese drei Männer gaben der Galerie eine völlig neue Richtung – innerhalb weniger Monate traten die amerikanischen Künstler in den Mittelpunkt von Peggys Interesse.

Schon im Frühjahr 1943 hatte Guggenheim begonnen, Arbeiten amerikanischer Künstler zu kaufen, darunter Werke von Gorky, Baziotes und Motherwell. Später kamen auch Bilder Mark Rothkos und Clyfford Stills (1904–1980) hinzu. Sweeney hatte Peggy Guggenheim schon 1942 auf Pollock aufmerksam gemacht, nachdem ihm der Fotograf und Designer Herbert Matter von einem Atelierbesuch bei Jackson vorgeschwärmt hatte.[19] Sweeney hatte, obgleich nur wenig interessiert, versichert, sich den jungen Amerikaner einmal anzuschauen. Er hatte nichts versprechen wollen, war höflich, aber unverbindlich geblieben. Doch nach einem Besuch bei Pollock war sein Interesse geweckt, begeistert schilderte er Peggy, er habe da einen jungen Künstler besucht, der Vielversprechendes leisten würde. Auch Matta versuchte, die Aufmerksamkeit Guggenheims auf Pollock zu lenken,[20] doch war Peggy zu jenem Zeitpunkt nicht sonderlich interessiert an etwas, das nicht das Label »Surrealismus« trug. Allerdings schien sie sich den Namen gemerkt zu haben, denn David Porter erinnerte sich später an ein Gespräch, in dem die Sprache auf Pollock kam und Peggy sagte: »Sweeney hat mir erzählt, er sei ein wichtiger Maler.«[21] Der nächste, der den Namen vor Peggy erwähnte, war Howard Putzel. Putzel war ein übergewichtiger, kleiner Mann mit Mondgesicht, runder Nickelbrille und weißem Haar. Er war Kettenraucher und hatte seine Zigaretten stets in einen Halter gespannt, den er in Diskussionen, um seine Position zu verdeutlichen, wie einen Taktstock durch die Luft zu schwingen pflegte. Er war Alkoholiker mit einer Schwäche für Martinis, homosexuell und hatte ein untrügliches Gespür für Kunst. Peggy behandelte ihn zum Dank für seinen unermüdlichen Einsatz wie einen Sklaven, hielt jedoch große Stücke auf ihn: Sie vertraute Putzels Geschmack und beherzigte seine Ratschläge stets. Putzel war es, der Peggy Guggenheim dazu brachte, verstärkt Werke amerikanischer Maler auszustellen und auch unbekannteren Künstlern eine Chance zu geben.

Von Pollock hatte Putzel durch den Kunsthändler Sidney Janis erfahren und Reuben Kadish stellte die beiden einander vor. Kadish kannte Putzel noch aus Los Angeles, wo dieser eine Galerie betrieben hatte. Diese war jedoch Bankrott gegangen, da in Hollywood zu jener Zeit noch kein Interesse für moderne Kunst à la Tanguy, Miró und Ernst bestand. 1938 war er deshalb nach Paris gegangen, wo er auf Peggy Guggenheim traf. Als Putzel Jacksons Bilder sah, war er sofort begeistert. In einem Brief an Onslow-Ford schrieb er im November 1942: »Ich habe ein amerikanisches Genie entdeckt. […] Matta spricht sehr enthusiastisch über Pollocks Arbeiten und überraschenderweise auch Soby.«[22] Seine Erregung über den neu entdeckten Künstler vermochte er kaum zu verbergen, weshalb er auch Peggy von Jackson erzählte. Doch wie Sweeney zuvor stieß er auf taube Ohren. Peggys Favorit war Baziotes, der schon an der Surrealisten-Ausstellung teilgenommen hatte und zu Bretons Schützlingen zählte – wenn schon kein europäischer Surrealist, dann wenigstens ein amerikanischer.

Nachdem sich Peggy von den Surrealisten losgelöst hatte, brachte Putzel Jackson im Hinblick auf die Collagen-Ausstellung wieder ins Gespräch, und dieses Mal war Peggy einverstanden. Neben einer Arbeit Pollocks wurden auch Bilder von Motherwell, Baziotes, Kamrowski und Hare gezeigt, ergänzt um Werke von Schwitters, Arp, Miró, Ernst und Picabia. Pollock hatte mit Motherwell gemeinsam in seinem Atelier gearbeitet. Dieser erinnerte sich später daran, mit welch roher Gewalt Pollock zu Werke gegangen war. Anders als die Surrealisten, für die die Collage vor allem ein wohlüberlegter Kontrapunkt zur herrschenden Ästhetik war, nutzte Pollock diese Technik für seine spontanen Automatismen. Allerdings lernte Pollock aus diesem Abenteuer, dass ihm die Collage nicht zusagte, weshalb er nur noch wenige Collagen schuf. Das in der Galerie ausgestellte Werk wurde nicht verkauft; Pollock nahm es mit und entsorgte es später. Die Kritikerin Jean Connolly schrieb am 1. Mai 1943 in *The Nation*: »Es gibt einige schöne Exemplare von [Picasso] und auch einige nette von Baziotes, Pollock und Reinhardt.«[23]

Putzel kam auf eine Idee von Herbert Read zurück, der für das Londoner Museum vorgeschlagen hatte, einen »Frühjahrssalon für junge Künstler« einzurichten. Gemeinsam mit Matta überredete er Peggy, eine solche Ausstellung ganz auf junge amerikanische Kunst hin anzulegen, und plötzlich war sie begeistert von der Idee, radikal neue Kunst aus Amerika zu präsentieren. Es wurde eine Jury zusammengestellt, der es oblag, eine Auswahl zu treffen. Außer Duchamp und Mondrian sollten ihr lediglich Amerikaner angehören: Sweeney, Soby, Putzel und Peggy selbst. Jeder amerikanische Künstler unter fünfunddreißig Jahren durfte Vorschläge einreichen, die Juroren wollten dann die vierzig oder fünfzig besten Werke auswählen. Kaum war der Wettbewerb in der Kunstzeitschrift *The Art Digest* ausgeschrieben, stürmten Massen an Künstlern die Galerie. Pollock brauchte nicht zu erscheinen, für ihn hatte Putzel *Stenographic Figure* ausgewählt. Peggy fand das Bild grauenvoll; sie war sich sicher, dass die Jury das Bild ablehnen würde.

Mondrian kam am Beratungstag, deutlich vor der Zeit, als Erster in die Galerie. Die Arbeiten standen bereits an die Wände gelehnt da, während Peggy und Putzel mit letzten Vorbereitungen beschäftigt waren. Mondrian begann an den Gemälden vorbeizuschlendern und schaute sie sich eindringlich an. Vor *Stenographic Figure* verweilte er längere Zeit, betrachtete das Bild und strich sich dabei nachdenklich über das Kinn. Peggy, die das sah, kam sogleich auf ihn zu, beinahe entschuldigend sagte sie:»Ganz schön furchtbar, nicht wahr? Das ist doch keine Malerei, oder?« Mondrian antwortete nicht. Auch zwanzig Minuten später starrte er immer noch auf die Leinwand. Peggy fühlte sich unwohl dabei und ging erneut auf Mondrian zu. »Da steckt überhaupt keine Disziplin drin. Der junge Mann hat ernste Probleme und Malerei ist eines davon. Ich glaube, wir werden ihn nicht aufnehmen, und das ist peinlich, weil Putzel und Matta so viel von ihm halten.« Mondrian streichelte weiter das Kinn und sagte dann unvermittelt: »Ich weiß nicht recht, Peggy. Mir ist, als könnte das die aufregendste Malerei sein, die ich seit langer, langer Zeit gesehen habe, hier und in Europa.« »Aber Mondrian«, entgegnete Peggy erstaunt, »ich hätte nie erwartet, dass Sie eine Arbeit dieser Art bewundern würden.« Mondrian antwortete ruhig: »Das Wort ›bewundern‹ habe ich nicht gebraucht, Peggy ... jedenfalls noch nicht, und ich weiß auch nicht, ob ich das jemals kann ... einfach weil es in die entgegengesetzte Richtung weist wie meine Bilder ... meine Schriften ... Das ist kein Grund, es für ungültig zu erklären [...]. Ich weiß nicht genug über diesen Maler, um ihn für groß zu halten. Aber eines weiß ich – ich war gezwungen, stehen zu bleiben und hinzuschauen. Wo Sie ›keine Disziplin‹ sehen, habe ich den Eindruck einer gewaltigen Kraft verspürt. Sie wird sich irgendwo Luft machen, ganz sicher ... Im Augenblick bin ich sehr aufgeregt.«[24]

Nach zwei Jahren des Widerstands gab Guggenheim auf. Matta, Putzel, Sweeney – alle waren von den Werken Pollocks überzeugt, und nun auch noch Mondrian. Jeder Juror, der den Raum betrat, wurde von Peggy sofort in Empfang genommen und zu dem Bild geführt, während sie flötete: »Ich möchte, dass Sie sich etwas sehr Aufregendes ansehen. Es stammt von einem Mann namens Jackson Pollock.«[25]

Das Gemälde wurde schließlich, neben den Werken dreiunddreißig anderer Künstlerinnen und Künstler, für die Ausstellung ausgewählt. Jean Connolly, eine Freundin Guggenheims, schrieb in *The Nation* pathetisch: »Da ist ein riesiger Jackson Pollack [sic!], von dem mir erzählt wurde, er habe der Jury leuchtende Augen beschert.«[26] Robert M. Coates, Kritiker der Zeitschrift *The New Yorker* stellte fest, dass die Ausstellung zwischen abstrakter und surrealistischer Kunst pendle. Über Pollocks Werk schrieb er: »Da haben wir eine echte Entdeckung«, und schwärmte von der Anlehnung an Miró und Matisse.[27] Auch wenn sich die Kritiker lobend äußerten, finanziell war Pollock kein Glück beschert, da sich das Bild nicht verkaufte.

Jackson freute sich trotzdem. An Charles schrieb er im Juli: »Die Dinge haben sich mit der Ausstellung dieses Gemäldes tatsächlich verändert. Ich erhielt eine wirklich gute Kritik in The Nation.«[28] Noch mehr allerdings erfreuten ihn Mondrians Anmerkungen. Kadish, der anwesend war, als Jackson die Geschichte hörte, erzählte später: »Ich erinnere mich daran, wie entzückt Jackson darüber war, dass es Mondrian gewesen war, der den entscheidenden Schritt gemacht hatte, dass Mondrian ihn ausgesucht hatte. Er war so aufgeregt, er war wie ein Kind.«[29]

Mitte Juli 1943 schaute Howard Putzel bei den Pollocks vorbei und hatte gute Nachrichten zu verkünden: Peggy Guggenheim wollte Jackson in seinem Atelier besuchen. Die Begeisterung von Freunden und Beratern und die lobende Erwähnung in der Presse schienen sie davon überzeugt zu haben, Pollock eine Chance zu geben. Doch zuvor beabsichtigte sie, den jungen Künstler näher kennenzulernen. Für ihren Besuch suchte sie sich allerdings einen denkbar schlechten Zeitpunkt aus: Sie gedachte am 23. Juni 1943 zu kommen, dem Hochzeitstag von Peter Busa. Bei der Hochzeitsfeier würde es Alkohol in rauen Mengen geben und viele Menschen würden anwesend sein, eine unheilvolle Kombination für Pollock. Lee ahnte Schlimmes und bat Jackson, der Hochzeit fernzubleiben. Doch dieser dachte nicht daran, seinen Freund an dessen schönsten Tag im Leben allein zu lassen. Also begleitete Lee Jackson, um ihn zu behüten. Dieser begab sich sogleich nach dem Eintreffen an die Bar, und schon während der Trauung war er so betrunken, dass er merklich schwankte. Lee sprang Jackson zur Seite und brachte ihn nach Hause, inständig darauf hoffend, dass der Spaziergang ihn ein wenig ausnüchtern würde. Sie hielten kurz an einem Café und Lee versuchte, Jackson mittels Kaffee wieder nüchtern zu machen. Als er wieder halbwegs klar war, setzten sie den Heimweg fort. Gerade als sie das Haus erreichten, kam Peggy durch die Tür nach draußen gestürmt, außer sich vor Wut. Man hatte sie warten lassen, erst hatte sie sich die schier endlosen Treppen hinauf in den fünften Stock quälen müssen und dann war

Pollock nicht einmal da gewesen. Erst nachdem sich Putzel und Lee entschuldigt und mit Engelszungen auf sie eingeredet hatten, war sie bereit, noch einmal mit nach oben zu kommen. Pollock hatte derweil stumm daneben gestanden. In der Wohnung waren das erste, was Peggy sah, ein paar Bilder, die mit »L. K.« signiert waren. Ungehalten schnaubte sie: »L. K.? L. K.? Wer zur Hölle ist L. K.? Ich bin doch nicht hierher gekommen, um L. K.'s Bilder zu sehen.«[30] Man kann sich vorstellen, wie Lee sich gefühlt haben muss, denn Peggy wusste genau, zu wem das Kürzel gehörte, doch Lee schluckte ihren Ärger hinunter.

Putzel schob Guggenheim weiter und zeigte ihr Jacksons Bilder. Sie war ein wenig besänftigt und zeigte sich von *Burning Landscape (Brennende Landschaft)* angetan. Doch sie gab sich reserviert. Sollte sie die Arbeiten dieses seltsamen Künstlers tatsächlich ausstellen und viel Geld und Zeit in ihn investieren? Auch wenn sie Baziotes bevorzugte, entsann sie sich wieder der Begeisterung Mondrians für *Stenographic Figure*. Trotzdem konnte sie sich noch nicht dazu entschließen, das Wagnis einzugehen. Sie wollte Duchamp darum bitten, sich die Bilder anzuschauen, und erst dann eine finale Entscheidung treffen. Keine ermutigenden Aussichten. Putzel hatte Pollock erzählt, das Duchamp als Jurymitglied der Ausstellung bei Guggenheim von *Stenographic Figure* nicht begeistert gewesen war. Pollock war folglich wenig optimistisch, dass seine Arbeiten dem älteren Künstler gefallen würden. Im Juli kam Duchamp. Er schaute sich die Bilder in aller Ruhe an und berichtete Peggy später: »Pas mal.« – »Nicht schlecht.« Das war mehr, als Jackson von dem ohnehin wortkargen Künstler erwarten durfte. Für Peggy war klar, dass es nun keinen Grund mehr gab, der dagegenspräche, Pollock unter ihre Fittiche zu nehmen.[31]

Die Entscheidung, Pollock unter Vertrag zu nehmen und zukünftig ihn statt Baziotes zu fördern, war zu Beginn vor allem finanziell begründet: Pollock schien der Erfolg versprechendere Künstler. Überdies war ihr von all ihren Beratern dazu geraten worden. Sie nahm Baziotes zwar in die Galerie auf, doch ihre ganze Unterstützung sollte fortan Pollock gelten. Putzel arbeitete einen Vertrag aus. Pollock sollte im kommenden November eine Einzelausstellung in der Galerie erhalten. Damit er die Ausstellung in Ruhe vorbereiten konnte, erklärte sich Guggenheim bereit, ihm ein Jahr lang monatlich 150 Dollar zu zahlen. Nach Ablauf eines Jahres sollten diese Kosten vom Verkaufserlös abgezogen werden, zudem würde Guggenheim ein Drittel des Gewinns als Kommission bekommen. Finanziell war dies nur wenig verlockend für Jackson, denn unter diesen Bedingungen müsste die Galerie Kunstwerke im Wert von 2700 Dollar verkaufen, damit er zusätzliche Einnahmen erhalten würde. Sollte die Galerie weniger verkaufen, müsste er Werke im Gegenwert liefern. Putzel vereinbarte außerdem, dass Pollock ein Wandgemälde für den Eingangsbereich von Peggys neuer Wohnung gestalten sollte.[32] Mit dem Vertrag hatte Peggy ein großes Vertrauen in Pollock und den amerikanischen Kunstmarkt bewiesen. Sicher war ihr mulmig zumute, denn sie konnte nicht wissen, ob sich ihre Investitionen jemals auszahlen würden.

Pollock war begeistert. Er unterschrieb den Vertrag und schrieb Lee, die ihre Eltern in Long Island besuchte, eine Postkarte:

Liebe Lee,
ich habe den Vertrag unterschrieben und den Platz für das Wandgemälde gesehen – das ist alles total aufregend. Sehen uns Samstag. In Liebe Jackson.[33]

Für einen amerikanischen Künstler barg dieser Vertrag einen unglaublichen Wert, hatten doch die meisten bisher nicht mehr als staatliche Förderung erhalten. Lediglich Matta hatte einen Vertrag mit dem Galeristen Julien Levy. Pollock kündigte bei von Rebay mit einem freundlichen Brief, in welchem er ankündigte, eine Ausstellung für die Galerie Art of This Century vorzubereiten, und der Direktorin für die Anstellung im Museum dankte. Er verbleibe in der Hoffnung, dass seine Dienste zufriedenstellend gewesen seien.[34]

Endlich konnte Pollock mit seiner Kunst ernsthaft Geld verdienen und tun, wonach es ihn am meisten drängte. Nach all den harten Jahren war er an sein Ziel gelangt. Voller Eifer stürzte sich Pollock in die Arbeit. Wie besessen malte er an mehreren Bildern zugleich, stets lehnten drei oder vier unvollendete Gemälde an den Wänden seines Ateliers. Kein Bild war vor ihm sicher. Auch Arbeiten, die längst fertig schienen und wochenlang in der Ecke gestanden hatten, nahm er plötzlich wieder hervor und begann sie umzuarbeiten. Manche Bilder bearbeitete er immer und immer wieder, ohne große Vorsicht testete er Formen und Farben. Jedes Bild repräsentierte einen neuen Schritt innerhalb seines intensiven und kreativen Schaffensprozesses. Pollock hatte ohnehin nie ein fertiges Bild im Kopf, wohin der Weg führen sollte, wusste er nur ungefähr. Er ermalte sich ein Bild, folgte seinen Gefühlen und inneren Zwängen und ließ sich von ihnen leiten. Jedes Werk war ein intensiver Kampf mit sich selbst, mit dem Thema, der Technik, der Farbe und Form, mit Realität und Traum, Bewusstsein und Unterbewusstsein. Der Kontakt zu Guggenheims Galerie brachte nicht nur finanzielle Sicherheit und künstlerische Freiheit, Pollock sah hier auch viele Werke europäischer Künstler und schöpfte künstlerische Inspiration. Das chaotische Atelier drohte bald aus allen Nähten zu platzen. Überall standen Leinwände zum Trocknen herum, Farbdosen türmten sich auf dem Boden und den Regalen, und die Luft war stickig, es roch nach Leinöl und Terpentin.

Kapitel 14
Der Durchbruch (1943–1944)

Im Sommer 1943 entstand mit dem Gemälde *Guardians of the Secret (Hüter des Geheimnisses)* ein Meilenstein in Pollocks Œuvre (Tafel 5). Das Werk repräsentiert eine Synthese all seiner Einflüsse und aktuellen Bildthemen. Die afrikanische, indianische sowie prähistorische Kunst findet sich hier mit Elementen Mirós, stilistischen Anlehnungen an Picasso und der Bildwelt und Technik der Surrealisten vereint. Insbesondere die indianische Bildwelt mit ihren Mythen und Symbolen, ihren Totems und Masken wurde von Pollock als Mittel seiner Intentionen genutzt. Das Gemälde wirkt sehr flächig, Dreidimensionalität und Raum hat Pollock aus dem Bild verbannt, die perspektivische Malerei gänzlich aufgegeben. Das Zentrum wird von einer weißen Fläche eingenommen, einem Tisch, auf dem allerlei Dinge zu stehen scheinen, die jedoch kryptisch verschlüsselt und nicht erkennbar sind. Erst wenn man das Bild dreht, lassen sich mehrere Figuren auf der Fläche entdecken. An den seitlichen Bildrändern sind eine Frau und ein Mann dargestellt, eingepfercht in eine rechteckige Grundform, sodass die Figuren Totempfählen gleichen. Die rechte Figur wirkt männlicher, stämmiger und erinnert an einen König mit Umhang und Zepter. Die linke Figur mutet weiblicher an, ist runder, zarter, mit erkennbar üppiger Oberweite; ihr Kopf scheint eine Maske zu tragen. Unter dem Tisch liegt ein Hund. Interessant ist das obere Drittel des Bildes. Es gibt Hinweise darauf, dass Pollock dort ursprünglich drei Figuren platziert hatte, diese jedoch später wieder ersetzte. Das linke Symbol, welches sich hier finden lässt, ruft Erinnerungen an eine afrikanische Maske wach. In der Mitte ist ein Insekt zu sehen, ein Käfer oder eine Larve vielleicht, in embryonaler Haltung zusammengekrümmt. In Darstellungen amerikanischer Ureinwohner kommen derartige Symbole häufiger vor.[1] Rechts scheint ein Gebilde auf, das an rot züngelnde Flammen erinnert, bei dem es sich allerdings auch um einen Hahn handeln könnte. Beabsichtigte Pollock in diesem Bild seine Familie darzustellen? Das wäre insoweit interessant, als dass er sich in diesem Falle selbst aus dem Bild verbannt hätte. Die statt der Brüder ins Bild gebrachten Symbole bezeugen auf interessante Weise Jacksons Innenleben. Der Hahn machte Jackson, bedingt durch die Kindheitserlebnisse, zeitlebens große Angst. Der Embryo wiederum könnte auf eine Auseinandersetzung mit der Geburt hindeuten.

Der Tisch, in ersten Versuchen noch perspektivisch gemalt und nun auf eine Fläche reduziert, wirkt fast wie ein Altar. Fast scheint es so, als habe Pollock hier ein Bild im Bild erstellt. Bemerkenswert ist die unter dem Tisch lagernde Figur des Hundes, dessen Kopf stark an den ägyptischen Gott Anubis erinnert. Dieser wurde oft als liegender Schakal oder Hund dargestellt. Seine wichtigste Aufgabe in der ägyptischen Mythologie war die Tätigkeit des Seelenabwägens und die Wägung des Herzens. Zum Zwecke der Auferstehung flößte er den Menschen den Lebenshauch ein. Für Jung war Anubis Bewahrer der Geheimnisse des Totenreichs; Lee gegenüber äußerte Jackson einmal, der Hund sei für ihn eine Vaterfigur.[2] Welches Geheimnis die titelgebenden Wächter hüten, bleibt ein Mysterium. Der Bildtitel stammt jedoch nicht von Pollock selbst, sondern wurde von Menschen aus seinem Umfeld erdacht.

Ein weiteres bedeutendes Bild aus diesem Jahr ist *Pasiphaë*. Eigentlich sollte das Werk den Titel »Moby Dick« oder »Der weiße Wal« tragen. Aber Guggenheim mochte den Titel nicht und Sweeney fand ihn zu klischeehaft. Letzterer schlug stattdessen vor, das Bild nach der Frau des mythischen Königs Minos zu benennen. Dieser hatte von Poseidon einen Stier erhalten, den er dem Meeresgott opfern sollte. Anstatt dieser Pflicht nachzukommen, nutzte er ihn jedoch zur Veredlung seiner Herde, woraufhin der erzürnte Poseidon Pasiphaë in Liebe zu dem Stier entbrennen ließ. Diese ließ sich von Dädalus, dem sagenumwobenen kretischen Architekten und Erfinder, eine hölzerne Kuh anfertigen, in die sie hineinkriechen konnte, um die Vereinigung mit dem Stier zu vollziehen. Aus diesem Liebesakt entstand der Minotaurus – ein Ungetüm, halb Mensch, halb Stier. Pollock war von der Geschichte fasziniert.[3] Dass sich Sweeney an diese Sage erinnert fühlte, ist kein Zufall. Wieder hatte Pollock an den Rändern seines Bildes jeweils eine Person postiert; beide lassen in ihrer Gestalt tatsächlich an griechische Krieger denken. Im Zentrum befindet sich ein Tier, das auf dem Rücken liegt. Es hat alle Viere in die Höhe gestreckt, die Augen sind weit aufgerissen, der Mund ist schmerzverzerrt geöffnet. Der übrige Bildraum zeigt die schon bekannte Landschaft aus Symbolen und wilden Kritzeleien. Schaut man genauer hin, so erkennt man, dass das Tier in ein Oval eingebettet ist, das sich als weiterer Tierkörper interpretieren ließe, mit zwei Beinen und einem Kopf

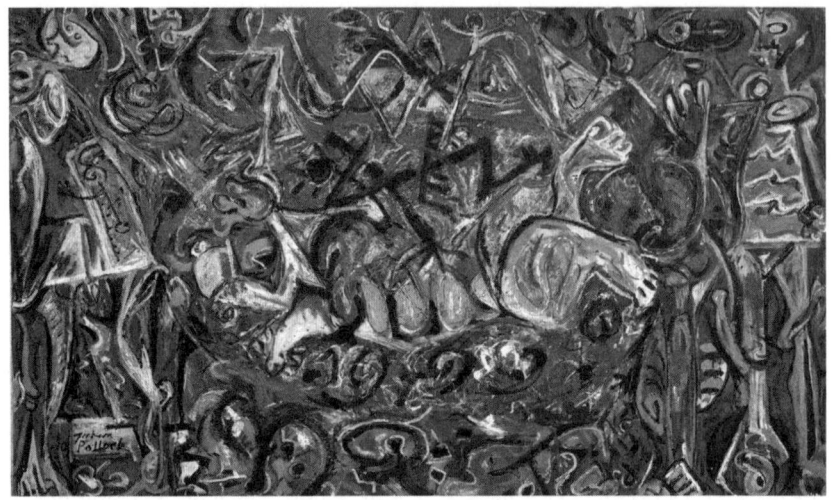

Jackson Pollock, *Pasiphaë*, 1943, Öl auf Leinwand, The Metropolitan Museum of Art, New York

jeweils links und rechts. Wollte Pollock auch hier den Prozess der Geburt andeuten? Wirkt die Kreatur so gequält, weil sie Angst vor der Welt und dem Leben hat? In *Pasiphaë* ging Pollock noch einen Schritt weiter als in den anderen Werken desselben Jahres. Der Grad der Abstraktion hat zugenommen, es wird immer schwieriger, figurative Elemente zu entdecken und aufzuschlüsseln.

In diesem Sommer fertigte Pollock auch *The Moon Woman Cuts the Circle (Die Mondfrau zerschneidet den Kreis)*. Auf strahlend blauem Hintergrund hat Pollock Elemente Jungs mit indianischen Mythen und den Formen Picassos und Mirós verbunden. Der Titel spielt auf einen indianischen Mythos an, in dem ein junger Mann eine Frau erblickt, die sich von einem Weinstock zum Mond hinaufschwingen will. Er zerschneidet den Weinstock und die junge Frau stürzt zur Erde. Das Bild offenbart eine eigentümliche Komposition aus abstrakten und figurativen Formen. Im oberen Bildbereich ist ein Messer zu sehen, die rechte Bildhälfte nimmt der Indianer ein. Dessen Figur ist klar zu erkennen, auch wenn Torso und Füße lediglich skizzenhaft angedeutet sind. In der linken Bildhälfte erblickt man einen Kreis, der mit rautenförmigen Diamanten gefüllt ist. In vielen Bildern wird die Mondfrau in einem Kreis dargestellt, in dem sie sich aufhält und welcher den Mond repräsentiert. Dieser Kreis erscheint bei Pollock aufgeschnitten; die Mondfrau befindet sich, in fötaler Haltung zusammengesunken, am oberen Rand des Kreises, das Messer hält sie triumphierend in der Hand. Indianer wie auch Mondfrau sind in leuchtendem Rot ausgeführt, ansonsten herrschen Weiß- und Gelbtöne vor.

Der Mond spielte für Pollock eine besondere Rolle. Mehrmals betonte er, dass dieser einen Einfluss auf ihn und sein Leben habe: »Du kannst ihn sogar bei strahlendem Sonnenschein sehen, den guten alten Mond. Selbst wenn du es nicht kannst, ist er da, ganz ruhig und kalt. Und noch etwas: dieser Mann im Mond? Gibt's nicht. Das ist eine Frau, die sich Zeit nimmt, auf uns alle herab zu scheinen.«[4] Für viele seiner Probleme machte Pollock den Mond verantwortlich.[5] De Laszlo

Jackson Pollock, *The Moon Woman Cuts the Circle (Die Mondfrau zerschneidet den Kreis)*, 1943, Öl auf Leinwand, Musée National d'Art Moderne, Centre Georges Pompidou, Paris

interpretierte Pollocks Fixierung auf den Himmelskörper als Erwachen der weiblichen Seite. Denn während die Sonne für Kraft und Männlichkeit steht, gilt der Mond als ein Synonym für das Weibliche. Intensiv beschäftigte sich Pollock mit der Bedeutung des Mondes, wovon neben *The Moon Woman Cuts the Circle* auch die Werke *The Mad Moon-Woman* und *The Moon Woman (Die Mondfrau)* zeugen. Der Mond stehe für Regeneration und den Zyklus des Lebens, für Geburt, Tod und Wiedergeburt – für Jung war dies der Weg der Individuation, der Selbstwerdung des Menschen. Darüber hinaus versinnbildliche er die intuitiven Fähigkeiten sowie die Herrschaft über das Unterbewusstsein. Die Beschäftigung Pollocks mit dieser Thematik scheint von Picasso inspiriert, der zahlreiche Bilder mit Frauen und Mondsicheln schuf.

Ein weiteres Werk, das 1943 entstand, ist *The She-Wolf (Die Wölfin)*. Mittels einer mächtigen schwarzen Linie hat Jackson die Figur eines Bisons umrissen, mit Weiß zeichnete er die Hörner nach. Während rechts der bullige Stier erscheint, mündet das Tier links in die Gestalt einer Kuh. Kippt man das Bild im Uhrzeigersinn, so lässt sich im Innern der Kuh eine Frau erkennen. Im Kopf der Kuh ist ihr Gesicht dargestellt: Im Profil sind das wellenförmige Haar, ein rot umrandetes Auge sowie Nase und Mund zu sehen. Auffällig sind auch die als rote Kreise im linken Teil des Wesens angedeuteten Brüste, die von einem Pfeil durchbrochen werden, der in die rechte Bildhälfte weist. Der Pfeil auf der Herzlinie ist Motiven der Navaho- und Pueblo-Indianer entlehnt.[6] Auf der

Jackson Pollock, *The She-Wolf (Die Wölfin)*, 1943, Öl, Gouache und Gips auf Leinwand, The Museum of Modern Art, New York

grau grundierten Leinwand um das Tier herum zeigt sich eine Landschaft aus Symbolen, Kritzeleien und kalligrafischen Zeichen.

Das Werk ist eine sichtbare Auseinandersetzung mit Picassos Stiermotiven, doch ist aus dem europäischen Stier ein amerikanischer Bison geworden. Auffällig ist der Bauch des Tieres: Es hat Zitzen. Hieraus ergab sich wohl der Titel des Bildes, eine Anspielung auf Lupa, jene Wölfin, die der Sage nach die Zwillinge Romulus und Remus, die mythischen Gründer Roms, säugte. Eine etruskische Bronzeskulptur der Wölfin hatte Pollock in der Frick-Collection gesehen, die er gern durchwanderte. Außerdem erinnerte sich Fritz Bultman daran, dass Jackson bewundernd von dem Gemälde *Animals* sprach, einem Bildwerk des mexikanischen Malers Rufino Tamayo, das zwei wolfsähnliche, zähnefletschende Hunde zeigt und zu jener Zeit im MoMA zu sehen war.[7] Für Jung repräsentierte die Wölfin Lupa ein Symbol für die alles verschlingende Mutter, eine Bedeutung, die sich dem Werk Pollocks ebenfalls zuschreiben ließe. Allerdings ist es eher unwahrscheinlich, dass Jackson mit dieser Interpretation Jungs vertraut war. Außerdem benannte Pollock das Bild nicht selbst, der Titel stammt von Freunden oder Bekannten, vielleicht auch von Lee. Pollock sagte über *The She-Wolf*: »She-Wolf entstand, weil ich es malen musste. Jeder Versuch meinerseits, das Unerklärliche zu erklären, kann das Bild nur zerstören.«[8] Das Werk erinnert an prähistorische Höhlenzeichnungen. Pollock hatte eine Ausgabe von G. B. Browns *The Art of the Cave Dweller* erworben.[9] Auf der Vorderseite des Schutzumschlages prangt ein Bison, das dem von Pollock geschaffenen frappierend ähnlich erscheint. Im Innern des Buches sind zahlreiche Höhlenmalereien abgebildet, die Pollock animiert haben dürften. Sehr viele Bilder weisen Symbole auf, wie sie in Felszeichnungen nahe Los Angeles gefunden wurden, in jener Gegend, die Pollock als Kind häufig durchstreift hatte. In seinen Skizzenblöcken finden sich mehrere Tuschzeichnungen, die zeigen, dass Pollock die Felszeichnungen imitierte. Ein Einzelstück, das Pollock anfertigte, bezeugt diese Anlehnung: Aus einem Knochen schnitzte er eine prähistorisch anmutende Figur, die ein wenig an eine Kreuzung aus Mensch und Tier erinnert. Die totemartige Figur verfügt über einen Tierkopf mit spitz zulaufendem Maul. Das Haar am Hinterkopf ist zackig aus der Form herausgearbeitet. Es besitzt voluminöse Brüste, könnte also eine Frau darstellen, ist jedoch auch mit einer penisartigen Wölbung versehen. Schaut man sich diese Skulptur

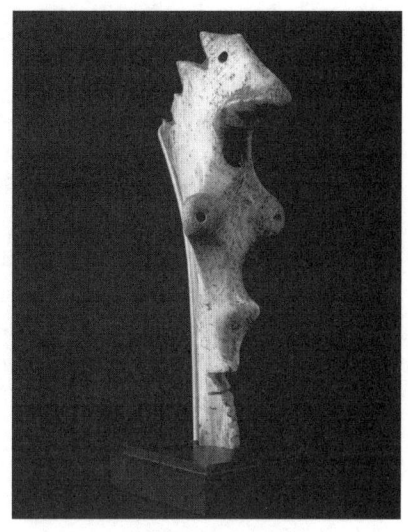

Jackson Pollock, *Untitled (Ohne Titel)*, 1940–43, Knochen, The Museum of Fine Arts, Houston, Texas

an, so ließe sich vermuten, es handle sich um einen prähistorischen Fund. Der Tag von Pollocks erster Einzelausstellung rückte langsam näher. Putzel war für die Organisation der Ausstellung zuständig und hatte allerhand damit zu tun, diese für seinen Schützling vorzubereiten. Er war oft bei den Pollocks zu Gast, kam zum Essen vorbei oder sprach mit Jackson über dessen Arbeiten. Da Putzel fürchtete, dass die meisten Sammler die Leinwände Jacksons wegen ihrer Größe nicht kaufen würden, bat er Pollock, für die Ausstellung auch einige kleinere Arbeiten zu schaffen.[10] Zu den wichtigsten kleinformatigen Werken zählte *Wounded Animal (Verwundetes Tier)*, das ein von einem Pfeil verwundetes Tier zeigt. Auch hier nutzte Pollock prähistorische Zeichnungen als Vorlage. Nach Überlieferungen gelte der Pfeil als Symbol männlicher Kraft und Potenz. Bemerkenswert ist die Verkrustung der Gemäldeoberfläche. Das Bild wirkt, als sei es auf eine Höhlenwand aufgebracht worden, was Pollock dadurch erreichte, indem er Gipsmasse und Sand in die Farben mischte. Wieder erscheinen auch seine magischen Zahlen Vier und Sechs. Pollock schuf noch ein paar kleinformatige abstrakte Gemälde, die er allerdings unbetitelt ließ, sowie Gouachen und Zeichnungen. Putzel war begeistert. »Diese kleinen Bilder sind weit besser als die ersten kleineren Arbeiten«[11], schrieb er Jackson.

Auch für Lee verbanden sich mit der Ausstellung so einige Vorbereitungen. Sie koordinierte Pollocks Termine und blockte Gäste ab, damit er in Ruhe malen konnte. Sie beantwortete Anfragen zu der Ausstellung, kümmerte sich um Marketing und Pressearbeit und hielt den Kontakt zu Putzel. Sie faltete und heftete die Kataloge und überwachte Transport und Hängung der Bilder. Nebenbei umsorgte sie Jackson und führte den Haushalt. Krasners wichtigste Aufgabe jedoch bestand darin, Peggy Guggenheim bei Laune zu halten. Diese wusste mit Pollock nicht recht umzugehen. Sie meinte, Pollock sei eine Mischung aus Mann und Kind und erinnere sie »an ein gefangenes Tier, das besser in seinem Bau geblieben wäre«[12]. Wiederholt wandte sie sich deshalb an Lee. Die beiden Frauen fanden sich allerdings unerträglich. Lee äußerte sich oft abfällig über Peggy, nannte sie »geizig«, »nymphomanisch«, »manipulativ« und »eine Hexe«, die über zu viel Geld und zu wenig Geschmack verfüge.[13] Nicht viel besser dachte Peggy von Lee, die von ihr als »grob und wirklich hässlich« beschrieben wurde.[14] Die beiden Frauen stritten sich häufig und vertrugen sich doch immer wieder. Ihre gemeinsamen Interessen galten Pollock und seiner Kunst – das war wichtiger als alle persönlichen Animositäten.

Lee war zudem emsig bemüht, Jacksons Alkoholismus in den Griff zu bekommen. Noch zu Beginn hatte sie versucht, auf ihn einzuwirken und seinen Alkoholkonsum zu beschränken, seine Eskapaden gelegentlich jedoch auch ignoriert oder ihn mit Nichtachtung gestraft. Doch nun war sein seelisches und körperliches Wohlbefinden zu wichtig geworden, seine künstlerische Zukunft hing davon ab. Sie suchte Hilfe und wandte sich an eine Homöopathin, bei der sie wegen einer chronischen Darmentzündung in Behandlung war. Dr. Elizabeth Wright Hubbard war eine Ärztin, die mit anthroposophischen Ansätzen arbeitete. Sie hatte in Deutschland und in der Schweiz eine Weiterbildung in Homöopathie absolviert und lehrte diese Fachbereiche auch in den USA.

Hubbard erstellte eine psychologische Diagnose und untersuchte den Patienten auch körperlich. Sie verschrieb ihm homöopathische Mittel und arbeitete psychologisch mit ihm. Pollock war von seiner Ärztin sehr angetan, endlich hatte er wieder eine mütterliche Freundin. Hubbard erinnerte ihn an Helen Marot, der sie nicht unähnlich war. Immer wieder führten die beiden lange Gespräche. Pollock schien das genossen zu haben, Freunde beschrieben ihn in dieser Zeit als gelöst und glücklich.

Schon vor Beginn der Ausstellung war das Interesse an Pollock groß. Seine Werke sollten in Chicago und Washington, D. C. gezeigt werden.[15] Die Direktorin des San Francisco Museum bot Jackson eine Ausstellung seiner Zeichnungen an und trug sich mit dem Gedanken, *Guardians of the Secret* zu erwerben. Häufig kamen Besucher im Atelier vorbei und Pollock genoss die Lobpreisungen, die seinen Arbeiten dabei zukamen. Kadish besuchte die Pollocks und war überwältigt. Im Schlepptau hatte er seine Freundin Jeanne Raynal, die an *The Magic Mirror* Gefallen fand und es einige Wochen später für 500 Dollar kaufte – Jacksons erster bedeutender Verkauf.

James Thrall Soby, Kurator im MoMA, schaute vorbei und war entzückt. Er wollte dem MoMA empfehlen, *The She-Wolf* zu kaufen, und war sich sicher, dass Pollock keine Eintagsfliege sei.[16] Auch Sidney Janis war begeistert. Der Sammler und spätere Galerist hatte Jackson zwei Jahre zuvor besucht und war erstaunt, welche Wandlung der Maler durchlaufen hatte. An Pollock schrieb er: »Ich habe den Besuch in Ihrem Studio wirklich genossen. […] Ich glaube, [*Search for a Symbol*] ist eines der provokantesten Gemälde eines Amerikaners, das ich je gesehen habe.«[17]

Des Öfteren kam Lees Freund Clement Greenberg im Atelier vorbei, und auch Jacksons Familie schaut sich die neuen Arbeiten an. Frank jedoch schien zu glauben, dass sein Bruder nun völlig den Verstand verloren habe. »Ich glaube, meine Malerei hat ihm Angst gemacht«[18], schrieb Jackson im Juli an Charles. Zu den gelegentlichen Gästen zählte ferner Sweeney, der Jackson sogar eine Stelle als Lehrer in Buffalo, New York, anbot. Diese wurde von Jackson aber abgelehnt, in zu hohem Maße war er auf seine Malerei und die kommende Ausstellung fixiert.[19] Warum sollte er einen Lehrauftrag annehmen, wenn er bald von seiner Malerei würde leben können?

Peggy Guggenheim hatte Sweeney gebeten, für den Katalog eine kurze Einleitung zu schreiben. Jackson las diese erst einige Tage vor der Eröffnung, als der gedruckte Katalog geliefert wurde:

Talent, Wille, Genie, schrieb George Sande an Flaubert, sind natürliche Phänomene wie der See, der Vulkan, der Berg, der Wind, der Stern, die Wolke. Pollocks Talent ist eruptiv. Es hat Feuer. Es ist unberechenbar. Es ist undiszipliniert. Es ergießt sich in mineralischer Verschwendung, die noch nicht auskristallisierte. Es ist überreich, explosiv, chaotisch.

Junge Maler, besonders Amerikaner, haben die Tendenz, sehr auf die öffentliche Meinung zu achten. Zu oft kommt das Essen kalt auf den Tisch. Was wir brauchen, sind mehr junge Männer, die aus innerem Antrieb malen, ohne darauf zu hören, was Kritiker und Besucher vielleicht fühlen – Maler, die es riskieren, eine Leinwand zu verunzieren, um etwas auf ihre Art zu sagen. Pollock ist so einer.

Es ist sicher richtig, dass Pollock Selbstdisziplin braucht. Aber um vom Zurückschneiden profitieren zu können, muss eine Pflanze Vitalität besitzen. In der Kunst sind wir nur zu vertraut mit der Forderung nach Selbstdisziplin, wo ein bedächtiges Vorgehen besser wäre. Pollock kann das schaffen. In seinem Frühwerk als Student von Thomas Hart Benton zeigte er konventionelle akademische Fähigkeiten. Heute ist seine Überzeugung die von Hugo, der sagte: »Beschwere dich mit Realität und werfe dich selbst in die See. Die See ist die Inspiration.«

Unter den jungen Malern bietet Jackson Pollock mit seiner Ausgelassenheit, Unabhängigkeit und natürlichen Sensibilität ungewöhnliche Verheißungen. Wenn er diese Qualitäten weiter mit bisher gezeigtem Mut und Gewissen nutzt, wird er dieses Versprechen erfüllen.[20]

Pollock war von dem kurzen Text nicht angetan. »Er war außer sich«, erzählte Lee, »wirklich absolut verrückt.«[21] Sweeney hatte Pollocks bewusst kalkulierte Bildordnung und die emotionale Malweise als »undiszipliniert« missverstanden. Konnte er nicht sehen, dass dies absichtlich geschehen war? Lee bat Jackson, einen Dankesbrief an Sweeney zu schreiben. Pollock stimmte widerwillig zu, denn er wusste, dass er sich Sweeney nicht zum Feind machen durfte: »Lieber Sweeney, ich habe Ihre Einführung für den Katalog gelesen und bin entzückt. Ich bin froh – die Selbstdisziplin, von der Sie sprechen, wird noch kommen, glaube ich, als natürliche Entwicklung einer längeren Erfahrung.« Darunter schrieb Jackson: »Vielen Dank, wir werden das Versprechen erfüllen.«[22] Aber auch nach Verfassen des Briefes schmollte Jackson weiter. Kurz vor der Eröffnung brachte er das Werk *Search for a Symbol (Suche nach einem Symbol)* mit in die Galerie, das er nach dem Lesen des Essays überarbeitet hatte. Bei einem Treffen mit Sweeney zeigte er es ihm triumphierend: »Ich wollte nur, dass Sie ein wirklich diszipliniertes Gemälde sehen.« Das Bild wurde im letzten Moment in die Ausstellung integriert.[23]

Putzel und Guggenheim rührten derweil emsig die Werbetrommel für Pollocks erste Einzelausstellung und ließen ihre Beziehungen spielen. Putzel bat seine Freundin Maude Riley um Hilfe, die als Redakteurin bei der renommierten Zeitschrift *The Art Digest* tätig war. Am 1. November 1943 veröffentlichte Riley eine Ankündigung der Ausstellung und zitierte Guggenheim mit den Worten: »Ich glaube, diese Ausstellung ist ein Ereignis in der neueren amerikanischen Kunstgeschichte. Für mich ist Pollock einer der stärksten und interessantesten amerikanischen Maler.«[24]

Am Abend des 8. November 1943 war es endlich soweit, die Ausstellung wurde eröffnet. Was später als Beginn der amerikanischen Kunst gefeiert und geradezu mythisch verklärt werden sollte, rief damals eher durchschnittliche Reaktionen hervor. Die sechzehn Werke Pollocks wurden in der Tageslichtgalerie präsentiert, jenem Raum, der kommerziellen Galerieprojekten vorbehalten war. Der Andrang war nur mäßig, sodass die Besucher die Bilder eingehend betrachten konnten. Jackson stand in Anzug und Krawatte verloren und nervös zwischen seinen Freunden und Bekannten, immer eskortiert von Sweeney und Peggy. Er war betrunken – nicht derart, dass er aggressiv zu werden drohte, aber betrunken genug, um nicht vor Angst zu vergehen. Lee begrüßte am Eingang die Gäste und verteilte Kataloge.[25]

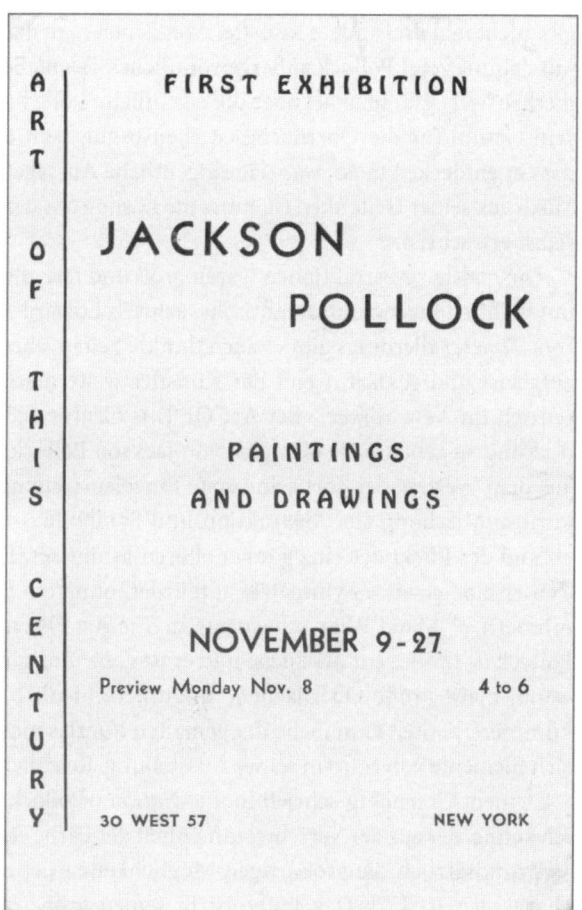

Titelseite des Katalogs von Pollocks erster Einzelausstellung in Peggy Guggenheims Galerie Art of This Century (9.–27. November 1943)

Die Vernissage fand nur geteilte Resonanz. Einige Besucher waren begeistert, andere schrieben böse Kommentare ins Gästebuch der Galerie oder verließen entsetzt die Räumlichkeiten.[26] Mitte November erschienen die ersten Kritiken. Seit ihrer Eröffnung war es der Galerie nicht mehr gelungen, ein solch großes Presseecho zu erzeugen: Magazine und Zeitungen wie *The New Yorker*, *The Nation*, *The New York Times*, *Sun*, *Partisan Review*, *Art News*, *The Art Digest* und *View* besprachen die Ausstellung. Die meisten Kritiker folgten Sweeneys Einschätzung: Sie lobten Pollocks Mut und Verwegenheit, zeigten Nachsicht angesichts seiner Widerspenstigkeit und drückten ihre Hoffnung für die Zukunft aus. Es gab sowohl überschwängliches Lob als auch verhaltene Kritik. In der *Partisan Review* lobte Künstlerkollege Robert Motherwell Pollocks Arbeiten: »[Pollock] repräsentiert einen der Glücksfälle der jüngeren Generation. Es gibt nicht mal drei andere Künstler, von denen man das sagen könnte. In seiner Ausstellung zeigt Pollock außergewöhnliches Talent: Sein Sinn für Farbe ist bemerkenswert gut, niemals über die eigentliche Rolle hinaus instrumentalisiert, sein Gefühl für die Oberfläche ist ebenso gut. Sein eigentliches Problem ist, dass er entdecken muss, was seine eigentliche Aussage ist. Und seit die Malerei Ausdruck seiner Gedanken ist, muss die Lösung aus dem Prozess seines Malens selbst erwachsen.«[27]

»Die meisten Abstraktionen waren groß und fast alle sehr verschwenderisch, um nicht zu sagen wildromantisch«, schrieb Edward Alden Jewell in der *New York Times*, »allerdings gibt es auch dunkle Seiten, aber vielleicht werden diese aufgelöst und geklärt, wenn der Künstler weitermacht.«[28] Robert M. Coates schrieb im *New Yorker*: »Bei Art Of This Century scheint es eine echte Entdeckung zu geben – die Gemälde von Jackson Pollock, einem jungen Künstler aus dem Westen, der dort seine erste Einzelausstellung hat. Pollocks Stil, eine kuriose Mischung aus Abstraktion und Symbolik, ist fast gänzlich individuell und der Effekt des einzig erkennbaren Einflusses, Picasso, ein angenehmer, weil er eine gewisse Symmetrie aufbürdet, ohne die Energie und Vitalität zu mindern.«[29] Maud Riley schwärmte in *The Art Digest*: »Wir mögen das alles. Pollock ist immer auf der Suche und er ist ganz und gar versessen auf jede Leinwand, meist große Oberflächen, alle unterschiedlich groß. Jugendlich unbekümmert, betitelt er manche der gemalten Puzzles nicht einmal [...]. Es finden sich Elemente von Miró in seiner Ausstellung. Reichlich Wirbel und Strudel.«[30]

Clement Greenberg schrieb in *The Nation*: »Pollock ist der erste Maler, den ich kenne, der aus der Verschwommenheit der Farbe etwas Positives macht, das so grundsätzlich die großartigen Möglichkeiten der amerikanischen Malerei charakterisiert [...]. Das Trübe ist in seinen größeren Werken reichlich vorhanden, und diese, obwohl am wenigsten vollkommen, sind seine originellsten und ambitioniertesten. Jung und voller Energie nimmt er Herausforderungen an, die er nicht erfüllen kann.« Ausdrücklich lobte Greenberg die Kleinformate: »Die kleineren Arbeiten sind viel überzeugender: Die kleinste von allen, ›Conflict‹, und auch ›Wounded Animal‹ mit seiner gipsartigen Kruste gehören zu den stärksten abstrakten Gemälden, die ich bisher von einem Amerikaner gesehen habe.« Nur die »prätentiösen« Titel beklagte der Kritiker. Sein Fazit: »Pollock wurde beeinflusst von Miró, Picasso, mexikanischer Malerei und was nicht sonst noch alles, um dann mit 31 Jahren mit eigenem Pinsel zu malen. Aber auf der Suche nach dem eigenen Stil neigt er dazu, in einen seiner Einflüsse zurückzufallen.«[31]

Pollock war von den Kritiken enttäuscht. Der abwartende Blick in die Zukunft und die Ambivalenz der Rezensionen verunsicherten ihn. Anfangs ging er noch täglich in die Galerie, doch reduzierten sich seine Besuche, als die Besprechungen erschienen. Lee hingegen kam jeden Tag, pünktlich zu den Öffnungszeiten um 10 Uhr stand sie in der Galerie und hielt tapfer bis zum Schluss um 18 Uhr durch. Ein jedes Mal, wenn Lee nach Hause kam, fragte Jackson, ob etwas verkauft worden sei, und jedes Mal musste Lee verneinen. Als die Ausstellung nach drei Wochen zu Ende ging, war gerade einmal eine Zeichnung verkauft worden – an den Lebensgefährten von Peggy Guggenheim.[32]

In einem waren sich alle Kritiker einig: Jackson Pollock war amerikanisch. Der Kunstkritiker Irving Sandler schrieb am 23. Dezember 1944 im *New Yorker*: »Es gibt einen Malstil in diesem Land, der stetig an Boden gewinnt, der weder abstrakt noch surrealistisch ist, auch wenn er Anregungen von beidem aufgenommen hat, während die Art und Weise, in der die Farbe aufgetragen wird – gewöhnlich in einer schönen frei schwingenden, gespritzten Manier mit meist nur vage angedeutetem Gegenständlichem – an die Methoden des Expressionismus erinnert. Ich glaube, dass dafür ein neuer Name geprägt werden muss, aber im Moment fällt mir noch keiner ein. Jackson Pollock [...] und William Baziotes gehören zu dieser Stilrichtung.«[33]

Die USA waren inzwischen an allen Fronten im Krieg. In Europa, Afrika und im pazifischen Raum kämpften amerikanische Truppen. Kein Tag verging, an dem Kriegsnachrichten nicht die Presse dominierten. Überall war der Patriotismus zu spüren, die Nation rückte zusammen, man war stolz auf sein Land, da kam ein amerikanischer Maler gerade recht. 1938 waren Werke amerikanischer Künstler in der Ausstellung »Trois Siècles d'Art aux États-Unis« (300 Jahre amerikanische Kunst) im Jeu du Paume in Paris zu sehen. Doch die Franzosen reagierten feindselig auf die Kunst aus dem Westen und die Urteile fielen vernichtend aus. Hämisch und beinahe genüsslich zerpflückten französische Kritiker die Bemühungen der USA, als kultiviertes Land aufzutreten und zu einer eigenen Kunstsprache zu finden. In den Vereinigten Staaten entbrannte daraufhin eine öffentliche Diskussion über die eigene Kunst. *Have We an American Art?*, »Gibt es eine amerikanische Kunst?«, lautete der Titel eines Buches des Kunstkritikers Edward Alden Jewell. Man versuchte, amerikanische Kunst im eigenen Land populärer zu machen. 1940 wurde die »Buy American Art Week« ins Leben gerufen. Für die Regierung ging es vor allem darum, einen amerikanischen Kunstmarkt zu schaffen, an den man auch die auf Halde produzierten Bestände der WPA verkaufen konnte. Die beeindruckenden Zahlen: 32 000 Künstler zeigten ihre Arbeiten in 1 600 Ausstellungen.

Die Zeit nach 1941 war für die USA von einer Abkehr vom Isolationismus und einer zunehmenden Internationalisierung geprägt. Die Regionalisten als Speerspitze der Konservativen und Isolationisten verloren in der Kunstwelt an Macht. Mit Kriegseintritt drängten die USA auf internationales Parkett. Amerika schickte sich an, Weltmacht zu werden, in der Politik wie auch Kunst.

Pollock profitierte von dem »Hurra-Patriotismus« der Amerikaner. 1944 zeichnete sich ein militärischer Sieg der Amerikaner ab und die amerikanische Kunst feierte einen Triumphzug. Pollock wurde als Auslöser und Galionsfigur dieser Erfolgswelle gefeiert, glorifiziert und porträtiert. Amerika brauchte Helden und hatte den seinen gefunden, einen echten Amerikaner. Die Kritiker feierten Pollocks amerikanische Herkunft und suchten in all seinen Werken nach dem typisch Amerikanischen. »Sein Werk ist persönlich«, schrieb *Art News*, »obwohl man den indianischen Einfluss fühlt. [...] Jacksons Abstraktionen sind frei von Paris und beinhalten eine disziplinierte amerikanische Wut.«[34] Für Coates war Pollock im *New Yorker* ein »junger Künstler aus dem Westen«, dem es gelungen sei, »trotz des Einflusses europäischer Künstler wie Picasso und Miró seine grundsätzliche Kraft und Vitalität«[35] beizubehalten.

In einem Essay über amerikanische Malerei, der im Oktober 1947 im britischen Magazin *Horizon* veröffentlicht wurde, schrieb Greenberg über Pollock: »Der kraftvollste Maler im zeitgenössischen Amerika und der einzige, der verspricht, ein wichtiger zu werden, ist ein gotischer, morbider und extremer Schüler von Picassos Kubismus und Mirós Postkubismus mit ein wenig Inspiration von Kandinsky und den Surrealisten. Sein Name ist Jackson Pollock, und auch wenn seine Kunst nicht so originell und einmalig regional ist wie die von Grave und Tobey, ist das Gefühl, das sie beinhaltet, vielleicht sogar noch amerikanischer.«[36]

Eine der größten Legenden in Pollocks Leben rankt sich um die Entstehung des Gemäldes *Mural* (*Wandbild*, 1943) für das Privathaus Peggy Guggenheims. Lee erzählte, die für das Werk bestimmte riesige Leinwand sei über Monate hinweg unangetastet geblieben. Häufig habe Pollock vor der Leinwand gesessen und sie angestarrt. Er habe Skizzen und Studien angefertigt, es mit einer Collage versucht, doch nichts habe seinen Anforderungen genügt – die Leinwand sei leer geblieben. In der Weihnachtszeit habe Peggy dann Druck ausgeübt, das Geld einzubehalten gedroht und ein Ultimatum gestellt: Das Bild müsse bis zu einer Party Mitte Januar in ihrem Hause fertig sein. Eine Woche vor Ablauf des Ultimatums habe sich Pollock im Atelier eingeschlossen und kaum noch gegessen oder getrunken. Erst am letzten Abend, kurz nach Einbruch der Dunkelheit, habe er zu malen begonnen. Fünfzehn Stunden später, um 9 Uhr morgens, sei er fertig gewesen. Lee sei ins Studio gestürmt und habe es nicht fassen können, sie habe vor einem vollendeten Bildwerk gestanden, so gewaltig, so ungestüm, so wild und enorm, dass sie es gar nicht habe glauben können. Das Werk sei dann am nächsten Morgen zusammengerollt und in Peggys Wohnung gebracht worden, wo Pollock es eigenhändig aufgehängt habe.[37]

So aufregend diese Geschichte auch klingen mag, die Wahrheit dürfte wohl eine andere sein.[38] In einem Brief an Charles schrieb Pollock am 29. Juli 1943:

[Ich] muss ein großes Gemälde für Peggy Guggenheims Haus machen, 8' 11 ½" × 19' 9". Ohne Vorgabe, was oder wie ich malen soll. Ich werde mit Ölfarbe auf Leinwand malen. Sie werden mir am 16. November eine Ausstellung ausrichten und ich möchte das Bild bis zur Vernissage fertig haben. Ich musste die Wand zwischen dem vorderen und dem mittleren Raum herausreißen, um das verdammte Ding in das Atelier zu bekommen. Ich habe es inzwischen aufgezogen. Es sieht ganz schön groß aus, aber es ist total aufregend.[39]

Dass das Bild tatsächlich bereits im November fertig war, beweist ein Brief Guggenheims an ihre Freundin Emily Coleman Scarborough vom 12. November 1943:

Wir haben eine große Party für das neue Genie Jackson Pollock ausgerichtet, der hier zurzeit eine Ausstellung hat. Er malte ein 20 Fuß großes Wandgemälde für den Eingangsbereich meines Hauses. Fast jeder mag es, außer Kenneth. Ziemliches Pech für ihn, weil er es jedes Mal sehen muss, wenn er kommt oder geht.[40]

Auch Pollock selbst erwähnt das Bild in einem an seinen Bruder Frank gerichteten Brief vom 15. Januar 1944. Dort heißt es im letzten Satz:

Ich habe während des letzten Sommers ein ziemlich großes Gemälde für Fräulein Guggenheim gemalt – 8 Fuß × 20 Fuß. Es war ein großer Spaß. J.[41]

Die von Krasner immer wieder gern erzählte Geschichte von dem in letzter Sekunde kreierten Bild ist also bloße Mär, Pollock malte das Bild während des Sommers 1943 und hatte es bis zur Ausstellungseröffnung fertiggestellt. Er selbst hat das Bild datiert: Rechts unten prangt die Jahreszahl 1943. Schon allein der Transport einer soeben vollendeten Leinwand dieser Dimensionen muss als fragwürdig gelten, denn die Farben wären noch nicht getrocknet gewesen, das Bild hätte also nicht gerollt werden können. Einen weiteren Hinweis liefert der Umstand, dass die aufgetragenen Farben teils die Leinwand herunterliefen, ohne sich jedoch zu vermischen. Die unteren Farbschichten mussten also genügend Zeit gehabt haben, zu trocknen.

Die Erinnerung Lees an den Schaffensakt selbst könnte allerdings richtig sein, es ist nicht unwahrscheinlich, dass Pollock das Grundgerüst der Bildkomposition bereits in wenigen Stunden – quasi in einem ersten Malakt – vollendet hatte. Dass das Bild danach indes nicht fertig war, beweisen fotografische Aufnahmen, die das Werk in verschiedenen Phasen zeigen und bezeugen, dass Pollock über einen längeren Zeitraum daran arbeitete.[42] Sicher hatte er auch einige Zeit darüber nachgedacht, wie er die riesige Leinwand füllen könnte – was mit den bisherigen bild-nerischen Mitteln kaum möglich war.

Pollocks Freund Harry Jackson wusste später zu berichten: »Er erzählte mir davon, dass Peggy Guggenheim ihm ein großartiges Stück Leinwand gekauft habe, damit er ihr ein Wandgemälde für die Eingangshalle machen konnte. Er

Jackson Pollock vor seinem Kunstwerk *Mural (Wandgemälde)*, 1943/44 gemalt, Öl auf Leinwand, The University of Iowa Museum of Art, Iowa City

hatte versucht, eine Pferde-Stampede zu malen, und als es außer Kontrolle geriet, schnappte er über und begann, die Farbe wild auf der Leinwand zu verteilen, um das Treiben und die wirbelnde Bewegung darzustellen und um die Komposition zu verschleiern, und weil es die heroische Größe der Leinwand erforderte [...]. Er sprach sehr viel über die Leinwand in der Eingangshalle. Er bedauerte, dass es ihm nicht gelungen war, ein figuratives Wandgemälde zu erschaffen, aber er glaubte, dass uns die Disziplin abhanden gekommen war, die für die Realisation solch eines Werkes nötig gewesen wäre. Er bewunderte Tom Benton und wollte das tun können, von dem Benton träumte, nämlich großartige und heroische Gemälde für Amerika schaffen. Es war ihm schmerzhaft bewusst, dass er es nicht so tun konnte, wie er es gern gewollt hätte, und dass er darauf beschränkt war, es so zu tun, wie er es konnte.«[43]

Mural markiert eine Zwischenstation. Es bildet den Übergang von den durch die Therapien beeinflussten Werken aus den Jahren 1942 und 1943 zu den später immer abstrakter werdenden, getröpfelten Bildern der kommenden Jahre. Schaut man sich das Gemälde an, lässt sich sogleich die genannte Stampede erfassen. Auch wenn die Formen so abstrahiert sind, dass man kaum etwas zu erkennen vermeint, glaubt man das Donnern der Hufe zu hören, die vibrierende Erde zu spüren, den aufgewirbelten Staub in der Luft zu sehen – ein gewaltiges Naturereignis spielt sich auf der Leinwand ab. Von rechts nach links scheint eine Bewegung wie eine riesige Welle durch das Bild zu wogen. Schwarze Senkrechten durchzucken das Werk. Ein Chaos aus Köpfen, Leibern und Beinen, überall Hufe und flatternde Mähnen. Man hat das Gefühl, als seien Menschen im Bild, die zu Pferden werden, Pferde, die sich zu Stieren wandeln. Wilde Wirbel strudeln um schwarze Pole, wie Muskeln konzentrieren sie sich und lösen sich auf, in Felder aus Gelb, aus Grün, aus Rosa, dazwischen Weiß – das Bild ist voller Energie.

Konzentriert man den Blick auf die schwarzen Linien, so ließen sich diese auch als eine Strichfigur lesen, die das Bild von rechts nach links durchwandert. Könnte es sich um eine Figur in Bewegung handeln, ähnlich einem Filmstreifen? Peggy Guggenheim schrieb in ihren Memoiren: »In einem rhythmischen Tanz reihten sich blaue, gelbe und weiße Figuren aneinander. Darüber tropft schwarze Farbe herab.«[44] Eine Inspirationsquelle könnte die Ausstellung »Action Photography« gewesen sein, die im Herbst 1943 im MoMA stattfand. Unter den gezeigten Werken befand sich auch eine Arbeit des Fotografen Gjon Mili (1904–1984): eine Aufnahme von Alfred Hitchcock, die ihn zeigt, wie er an der Kamera vorbeigeht, und in der Hitchcocks Bewegungen wie in einem Fries festgehalten worden sind.[45]

Fasziniert und verloren wandert das Auge des Betrachters über das von Pollock geschaffene Werk. Kein Teil des Bildes sticht hervor, nichts ist privilegiert vor etwas anderes gestellt, jeder Linie fällt gleiches Gewicht zu. Es ist der Beginn des All-over-Konzepts und des Dripping, das Pollock hier bereits in winzigen Spritzern ausprobiert hat. Es ist ein vornehmlich aus Linien gestaltetes Bild. Bildaufbau und Rhythmus erinnern frappierend an Diagrammillustrationen Bentons – veröffentlicht in der Kunstzeitschrift *The Arts* aus den Jahren 1926/27 –, in denen dieser den Aufbau eines Bildes erläutert.[46]

Auch die Hängung von *Mural* gestaltete sich der Legende zufolge nicht leicht. Pollock habe das Bild selbst aufzuhängen versucht, dabei jedoch bemerkt, dass es zu groß war. Mehrmals habe er hysterisch Guggenheim in der Galerie angerufen, bis diese sich dazu entschlossen habe, Duchamp und einen Arbeiter vorbeizuschicken. Als die beiden in Guggenheims neuem Haus in der 155 East 61st Street anlangten, habe Pollock in Tränen aufgelöst und betrunken vor dem Werk gesessen. Duchamp habe schließlich entschieden, das Bild zu kürzen.[47] Dies gilt jedoch als fraglich, denn die Leinwand verfügt heute noch exakt über die von Pollock im Brief an seinen Bruder beschriebenen Maße und die umgeschlagenen Ränder des Bildes sind unbemalt. Es ist möglich, dass ein Missverständnis zur Entstehung der Legende beigetragen hat. Duchamp könnte überlegt haben, dass obere Ende des Bildes ein wenig zu verlängern, um das Gemälde besser auf die Größe der Wand abzustimmen und es so mehr wie ein Wandgemälde aussehen zu lassen. Auf Fotos ist erkennbar, dass das obere Ende der Leinwand mit einer breiten Leiste abgedeckt ist, um das Gemälde bis unter die Decke zu verlängern. Hysterisch und betrunken war Pollock vielleicht deshalb, weil er sich vermessen hatte und das Bild nun nicht die komplette Wand abdeckte. Enttäuschung und Frust beschloss er dann im Alkohol zu ertränken.[48]

Mural war das erste Gemälde dieser Größe, das Pollock malte. In den nachfolgenden Jahren hing es an prominenter Stelle in der Eingangshalle von Peggy Guggenheims Haus, einem Ort, an dem andere Künstler ein und aus gingen. Kein Kunstschaffender konnte sich diesem Werk entziehen. Der Maler Emanuel »Manny« Farber (1917–2008) schrieb 1945 in *New Republic*: »[…] eine wilde Abstraktion, sechsundzwanzig Fuß lang, von Peggy Guggenheim in Auftrag gegeben für die Eingangshalle ihres Hauses, ist ein fast unglaublicher Erfolg. Es ist leidenschaftlich im Ausdruck, unendlich faszinierend im Detail, ohne Oberflächlichkeit und so wunderbar geordnet, dass es die Wand in ruhiger, zurückhaltender, heiterer Weise schmückt. Pollocks Absicht beim Malen scheint es gewesen zu sein, Gefühle auszudrücken, die von freudigem Enthusiasmus bis zum Wilden und Explosiven reichen. Die Ausführung ist […] eine, die sich gegen Miró und Picasso stemmt, aber einen Schritt von der Abstraktion entfernt ist. Der Stil ist sehr persönlich und anders als bei vielen anderen Malern dieser Zeit, die Individualität ist der Weg, in der das Medium genutzt wird, und weniger die Besonderheiten der Bildaussage.«[49]

Als Clement Greenberg das Werk in Peggys Wohnung sah, war er überwältigt. Die noch in der Kritik zur Ausstellung im November geäußerte Ambivalenz war verschwunden: »Ich habe es nur kurz gesehen und ich dachte: Nun, DAS ist große Kunst. Und ich wusste, dass Jackson der größte Künstler ist, den dieses Land hervorgebracht hat.«[50] Damit war es Pollock gelungen, einen der wichtigsten Kunstkritiker auf seine Seite zu ziehen; er hatte einen mächtigen Verbündeten gewonnen.

Kapitel 15
Erste große Erfolge (1944–1945)

Anfang 1944 schien Pollock großen Druck zu verspüren. Manchmal verschwand er für mehrere Tage und betrank sich bis zur Besinnungslosigkeit. Der Erfolg hatte seine Schattenseiten: Jackson war gezwungen, seine sozialen Phobien zu vergessen, da er zu zahlreichen Menschen Kontakt pflegen musste. Gleichzeitig galt es, auf künstlerisch höchstem Niveau zu arbeiten. Alle Augen schienen auf ihn gerichtet. Die Erwartungen, die man in ihn setzte, waren wohl zu viel für seine empfindsame Seele. Viele neue Menschen traten in sein Leben. Kritiker, Sammler, Kuratoren, Journalisten und andere Künstler wollten ihn sehen, sein Atelier besuchen und über seine Werke diskutieren. Peggy Guggenheim forcierte diese Entwicklung durch ihre Marketingmaßnahmen noch und ahnte nicht, was sie Pollock damit antat. Doch sie hatte Erfolg. Pollocks Name war inzwischen in aller Munde.

Für die Februar-Ausgabe 1944 des *Arts & Architecture*-Magazins baten die Herausgeber Pollock um einen Essay über amerikanische Kunst. Als dieser davor zurückschreckte, bot man ihm ein Interview an, bei dem Motherwell half:

Wo wurden Sie geboren?
  Cody, Wyoming, im Januar 1912. Meine Vorfahren kamen aus Schottland und Irland.
Sind Sie gereist?
  Ich war ein wenig in Kalifornien und Arizona unterwegs. In Europa war ich nie.
Würden Sie gern ins Ausland reisen?
  Nein. Ich sehe nicht ein, warum man die Probleme der modernen Malerei nicht ebenso gut hier lösen kann wie anderswo.
Wo haben Sie studiert?

An der Art Students League in New York. Angefangen habe ich mit siebzehn Jahren. Ich habe an der League bei Benton studiert, zwei Jahre lang.
Wie hat Ihr Studium bei Benton Ihre Arbeit beeinflusst, die sich doch so radikal von der seinen unterscheidet?
Meine Arbeit mit Benton war sehr wichtig, weil es etwas war, gegen das ich später heftig rebellieren konnte. Deshalb war es besser, mit ihm zu arbeiten als mit einer weniger starken Persönlichkeit, der ich nicht so viel Widerstand hätte entgegensetzen müssen. Außerdem hat mich Benton mit der Kunst der Renaissance bekannt gemacht.
Warum ziehen Sie es vor, in New York zu leben statt in ihrer Heimat im Westen?
Das Leben hier ist aufregender, verlangt einem mehr ab, ist intensiver und großzügiger als im Westen; die stimulierenden Einflüsse sind zahlreicher und einträglicher. Gleichzeitig habe ich ein tiefes Gefühl für den Westen: der weite Horizont des Landes, zum Beispiel; hier verschafft einem das nur der Atlantische Ozean.
Hat jemand aus dem Westen Ihr Werk beeinflusst?
Ich war immer beeindruckt von der bildhauerischen Qualität der indianischen Kunst in Amerika. Die Indianer haben ein echtes künstlerisches Gespür in ihrer Bildsprache und in ihrem Verständnis für künstlerische Bildaussagen. Ihre Farbwahl ist essenziell westlich, ihre Vision hat eine grundlegende Allgemeingültigkeit für reale Kunst. Manche finden in meinen Bildern Hinweise auf indianische Kunst und Kalligrafie; das war nicht beabsichtigt. Vielleicht rühren sie von frühen Erinnerungen und Schwärmereien her.
Glauben Sie, dass Technik in der Kunst wichtig ist?
Ja und nein. Handwerkliches Können ist für den Künstler essenziell wichtig. Er braucht es genauso, wie er Pinsel braucht, Farben und eine Oberfläche, auf die er malt.
Finden Sie es wichtig, dass viele berühmte moderne Künstler aus Europa in diesem Land leben?
Ja. Zweifellos entstanden viele wichtige Bilder der letzten hundert Jahre in Frankreich. Amerikanische Maler haben nie Zugang zur modernen Malerei gefunden. (Der einzige amerikanische Maler, der mich je interessiert hat, war Ryder.) Daher ist es sehr wichtig, dass viele gute europäische Modernisten hier sind, weil sie ein Verständnis für die Probleme der modernen Malerei mitbrachten. Besonders beeindruckt bin ich von ihrem Konzept des Unbewussten als Quelle der Kunst. Diese Idee interessiert mich mehr, als es einzelne Maler tun, auch weil die beiden Künstler, die ich am meisten bewundere, Picasso und Miró, immer noch außerhalb Amerikas leben.

Glauben Sie, dass es eine eigenständige amerikanische Kunst geben kann?
Die Idee einer isolierten amerikanischen Malerei, wie sie in den 1930er Jahren in diesem Land so populär war, scheint mir ebenso absurd wie die Idee einer rein amerikanischen Mathematik oder Physik. Und in einem gewissen Sinn existiert dieses Problem auch gar nicht; oder, wenn es denn existierte, würde es sich von selbst erledigen: ein Amerikaner ist ein Amerikaner, weshalb auch seine Malerei amerikanisch ist, ob er es will oder nicht. Aber die grundlegenden Probleme der zeitgenössischen Kunst sind unabhängig von einem Land.[1]

Es ist bemerkenswert, dass Pollock einen bewussten Einfluss der Kunst indigener Völker auf seine Arbeit verneinte. Derartige Einflüsse sind in seinen zwischen 1938 und 1945 entstandenen Werken deutlich sichtbar, angefangen von den Kritzeleien in seinem Zeichenblock bis hin zu den großformatigen Ölgemälden. Immer wieder nahm er totemhafte Figuren in seine Bildwelt auf, verarbeitete Masken, schamanistische Rituale oder indianische Zeichen. Man kann lediglich spekulieren, ob die Negation indianischer Einflüsse auf Motherwells Mitarbeit an dem Interview zurückzuführen ist, oder ob Pollock sich von diesen Einflüssen zu distanzieren versuchte, um sich als eigenständiger Künstler zu präsentieren.

Pollocks Werk schien derweil in der Kunstwelt Anerkennung zu finden und wurde vielfach ausgestellt. *Guardians of the Secret* wurde im Februar in Cincinnati gezeigt, in Sidney Janis' Ausstellung »Abstract and Surrealist Art in America«, die dann noch in fünf weiteren Städten zu sehen war. Im gleichen Monat waren *The She-Wolf* und *The Moon-Woman Cuts the Circle* Bestandteil einer Ausstellung, die vom MoMA organisiert und in Providence, Rhode Island, gezeigt wurde;[2] auch diese Schau fand ihren Weg in elf weitere Städte. Im Mai war *Male and Female* in der Pinocatheca Gallery in New York zu sehen, im November wurde *The Mad-Moon Woman* in der Mortimer Brandt Gallery in der 15 West 57th Street ausgestellt. Ein kleineres Werk wurde in David Porters G. Place Gallery in Washington, D. C. präsentiert.

Ein Gigant der amerikanischen Kunstszene hatte Pollock lange widerstanden: Alfred Barr, der mächtige Direktor des Museum of Modern Art in New York, jenes Tempels moderner Kunst, der zum Zentrum der weltweiten Kunstszene avancierte. Bis zum Beginn der Vierzigerjahre waren im Museum nur wenige Amerikaner vertreten. Barr sammelte vor allem Werke europäischer Künstler, um den Geist der europäischen Kunst auch in den USA zugänglich zu machen. Postimpressionisten, Fauvisten und Kubisten zählten zu seinen bevorzugten Sammelobjekten. Barr war nicht antiamerikanisch gesinnt, aber gegen die abstrakte Kunst. So ist es eher Sweeney als dem später dafür gerühmten Direktor zu verdanken, dass der Abstrakte Expressionismus im Museum gefördert wurde. Barrs Abneigung gegen Pollock führte so weit, dass er es ablehnte, für eine Ausstellung einen Essay über Architektur zu veröffentlichen, weil der Autor Pollocks Arbeiten im Zusammenhang mit Architektur beleuchtete.[3] Lange verweigerte es Barr, sich mit Pollock auseinanderzusetzen, doch musste er letztlich einsehen, dass er diesen nicht mehr ignorieren konnte.

Im Mai 1944 sollte Barr den Erwerb von *The She-Wolf* absegnen. Schon acht Monate zuvor hatte Soby einen Kauf in Erwägung gezogen und dem Museum ein sechs Monate währendes Vorkaufsrecht sichern können. Sweeney und der Galerist Sidney Janis, Berater des Ankaufsgremiums, waren seither bemüht, Barr davon zu überzeugen, dem Kauf des 650 Dollar teuren Gemäldes zuzustimmen. Janis hatte es in seinem Buch über abstrakte und surrealistische Kunst in den USA aufgenommen und Sweeney dafür gesorgt, dass es in der vom Museum ausgerichteten Ausstellung zeitgenössischer Künstler vertreten war. Überdies versuchte Janis eifrig, mit Peggy über den Preis des Gemäldes zu verhandeln; er wollte nicht mehr als 600 Dollar zahlen. Doch Peggy blieb hart und schlug vor, ihre Tante, eine prominente Förderin des Museums, die Differenz begleichen zu lassen.

Das Museum lud Pollock zu einem gemeinsamen Essen ein, an dem neben Barr auch andere Persönlichkeiten des Hauses teilnahmen. Während der ganzen Zeit sprach Jackson kein einziges Wort und überließ stattdessen Barr das Gespräch; wenn dieser etwas fragte, antwortete er mit einem knappen Satz. Barr war dieser mürrische, wortkarge Maler, der ihm da gegenüber saß, nicht sonderlich angenehm.[4] Doch als er die April-Ausgabe von *Harper's Bazaar* aufschlug, um Sweeneys Artikel über »Fünf amerikanische Maler« zu lesen, prangte ihm auf einer der Seiten eine Abbildung von *The She-Wolf* entgegen – und Pollock wurde neben Gorky, Graves, Avery und Matta vorgestellt. Über Pollock schrieb Sweeney:

Und während Matta vielleicht als Maler der inneren Natur betrachtet werden kann, ist Pollock sicher so etwas wie die perfekte Konterkarierung – so explosiv, wie Matta schwelt, so grob in seiner Kraft, wie Avery feinfühlig ist, so physisch, wie Graves mystisch ist. Allein wegen seines Mutes, sich frei auszudrücken, ist Pollock einer der interessantesten jungen Maler. Er besitzt die feine intuitive Fähigkeit, streng kontrastierende Farben zu organisieren. Harmonie wird nie

Teil seiner Arbeiten sein. Der Versuch, sie zu erreichen, würde es notwendig machen, seinen Ausdruck abzuschwächen, und schließlich zu seiner Entmannung führen. Er verfügt über ein ausgezeichnetes angeborenes Zeichentalent. Er hat Energie und eine ungewöhnliche sinnliche Vorstellungskraft. Er muss seine Arbeit noch disziplinieren. Doch darf diese Disziplin nicht auf Kosten eines Verlustes der Kühnheit der farblichen Gegensätze oder der Kraft des Pinselschwungs erkauft werden. Bei seinem She-Wolf *wird deutlich, dass er eine ganz und gar zufriedenstellende kompositorische Einheit erreichen kann, ohne das eine oder das andere zu verlieren. Pollocks Fokus auf der Energie der Natur des Tieres ist seine persönliche Poesie und seine Stärke.*[5]

Nach Lees Aussagen war es dieser Artikel, der den Kauf unter Dach und Fach brachte. Am 2. Mai beschloss das Ankaufsgremium den Erwerb von *The She-Wolf* und einer Collage Motherwells, *Pancho Villa, Dead and Alive* – eines Werkes, entstanden während der gemeinsamen Arbeit mit Jackson, das sich eher an der europäischen Moderne orientierte und Barr besänftigen sollte. Barr sei laut Sweeney nicht begeistert gewesen, genehmigte den Kauf jedoch. Peggy schickte Pollock noch am selben Tag ein Telegramm:

SEHR GLÜCKLICH, VERKÜNDEN ZU DÜRFEN, DASS DAS MUSEUM SHE-WOLF HEUTE FÜR 600 DOLLAR GEKAUFT HAT. IN LIEBE, PEGGY GUGGENHEIM.[6]

Peggy hatte allen Grund, sich zu freuen. Nur wenige Wochen vor dieser Entscheidung hatte sie – auf Putzels Drängen hin und den Rat des Sammlers Bill Davis beherzigend – den Vertrag mit Pollock um ein weiteres Jahr verlängert.[7] Der Verkauf von *The She-Wolf* ließ ihre Einnahmen auf 1500 Dollar steigen, 150 Dollar mehr, als sie in den letzten neun Monaten investiert hatte. Doch was sich für Guggenheim finanziell lohnte, wurde für Jackson zum Problem. Er verkaufte inzwischen gut, doch erhielt er nicht mehr als die vertraglich zugesicherten 150 Dollar pro Monat, weniger als er und Lee zuvor gemeinsam bei der WPA verdient hatten. Die Ausstellung in der Galerie Guggenheims präsentierte die besten Arbeiten aus zwei Jahren, und die nächste Ausstellung war erst für den April 1945 geplant. Nur einen Monat nachdem er Charles stolz von der Vertragsverlängerung und von dem großen Erfolg seiner Ausstellung berichtet hatte, schrieb Pollock enttäuscht: »Ich bekomme 150 Dollar pro Monat von der Galerie und das reicht nicht einmal, um die Rechnungen zu begleichen. Ich muss über das Jahr viele Arbeiten verkaufen, um auf mehr als 150 Dollar zu kommen. Das Museum of Modern Art hat das Gemälde, das in Harper's Bazaar abgedruckt war, in dieser Woche gekauft, ich hoffe, dass dies zukünftige Verkäufe ankurbelt.«[8]

Pollock beschwerte sich bei Putzel und warf Guggenheim vor, nicht genug für ihn zu tun. Monatelang verkaufe sie kein einziges Werk und kümmere sich stattdessen um Ausstellungen anderer Künstler ihrer Galerie.[9] Peggy empfand Pollocks Unzufriedenheit als Undankbarkeit. Sie hatte ihn in der Galerie ausgestellt, für ihn gekämpft und geworben, hatte sein Benehmen und seinen Alkoholmissbrauch ertragen und über Lees Allüren hinweggesehen. Jackson mit seinem schlechten Benehmen und seinen übertrieben großen Leinwänden, die sich so schlecht verkaufen ließen, machte eine Zusammenarbeit schwer. Doch all dieser Widrigkeiten zum Trotz sei Peggy erfolgreich gewesen. Und nun beschwerte sich Pollock, obwohl sie alle Kraft und Hoffnung in ihn steckte und deshalb schon andere Maler die Galerie verließen, weil sie für diese zu wenig Zeit aufbrachte.[10]

Peggy Guggenheim eilte der Ruf eines nymphomanischen, alles verschlingenden Vamps voraus. Ob Mann oder Frau, sie war stets auf der Suche nach sexuellen Abenteuern. Irgendwann geriet auch Jackson in ihr Visier, schließlich schuldete er Peggy etwas. Eines späten Abends, als Lee nicht in der Stadt war und Jackson zu Besuch bei Guggenheim, war er zu betrunken, um Peggys Reizen zu widerstehen. Diese lotste ihn in ihr Schlafzimmer – und der Abend endete im Fiasko. Peggy erzählte von diesem Abend später unterschiedliche Versionen: Mal soll Jackson einfach eingeschlafen sein, mal sich in ihr Bett übergeben haben, in einer anderen Fassung habe er in ihr Bett uriniert, dann wieder habe er zu früh ejakuliert und seine Unterhose aus dem Fenster geworfen. Wie auch immer es sich zugetragen hat, zu mehr als Harmlosigkeiten scheint es nicht gekommen zu sein. Doch Lee erfuhr von der Geschichte und war wütend. Die Beziehung der Pollocks begann abzukühlen, der Seitensprung und die psychischen Probleme Jacksons belasteten Lee.

Einen Streitpunkt bildete auch Jacksons sehnlicher Kinderwunsch. Lee lehnte das kategorisch ab. Mit ihm, einem Trinker und Irren, würde sie keine Kinder haben. Niemals. Jackson war verärgert. Bestand nicht der Sinn des Lebens darin, zu heiraten und eine Familie zu gründen? May Rosenberg erzählte später, Jackson habe sich betrogen gefühlt. Er liebte Kinder, stundenlang schaute er ihnen beim Spielen zu oder beschäftigte sich mit ihnen. Das befreundete Ehepaar Braider war von Jacksons Talent, mit Kindern umzugehen, derart begeistert, dass es ihr nächstes Kind nach ihm benannte. »Mit Kindern«, so

Carol Braider, »war er so sanftmütig und liebevoll wie eine Mutter.«[11] Kindern gegenüber konnte Jackson unglaublich sanft und nachsichtig sein. Als die Kinder der Matters und Petersens eines Tages barfuß in Pollocks Atelier stürmten und über eine unvollendete Leinwand liefen, hinterließen sie farbige Fußspuren. Vita Petersen und Matter schimpften, aber Jackson lachte nur und meinte gelassen: »Oh, nein, nein, lasst sie herein.«[12] Die Fußspuren wurden Teil des Bildes. »Er hatte eine unglaubliche Sanftmut«, erinnerte sich Petersen, »einen kindlichen Charakter, der Kinder unheimlich anzog.«[13]

Lee und Pollock stritten heftig über dessen Kinderwunsch, doch irgendwann gab Jackson auf. Bei Lee indes blieb die Angst bestehen, Jackson könnte sie für eine andere Frau verlassen, um mit ihr Kinder zu haben. Wie Pollocks Freund Roger Wilcox erzählte, sei Lee überaus eifersüchtig gewesen. Als sie von einem Kurztrip in die Stadt zurückkehrte und erfuhr, dass Jackson mit der hübschen und flirtfreudigen Maria Motherwell einen Ausflug unternommen hatte, verlor sie die Fassung. Den Motherwells teilte Pollock einige Tage später mit, dass Lee ihm verboten hätte, sie zu sehen. Lee hatte die Motherwells aus seinem Leben verbannt. Lange empfing Jackson sie von da an am liebsten auf der Veranda.[14]

Lee litt oft unter Magenschmerzen und war angespannt. Sie erkannte, dass sie sich wieder mehr um sich selbst kümmern musste. Also nahm sie Kontakt zu ihrem Lehrer Hans Hofmann auf und plante mit Putzels Hilfe eine Ausstellung in Peggys Galerie. Im Frühjahr holte sie ihre Leinwände aus dem Atelier Reuben Kadishs zurück, wo sie sie eingelagert hatte, als Jackson sein Atelier für *Mural* hatte vergrößern müssen. Zum ersten Mal seit zwei Jahren begann Lee wieder intensiv zu malen. Sie kopierte Pollocks Malstil und versuchte verstärkt unbewusst zu agieren. Statt wie Hofmann in europäischer Manier das reale Objekt abzubilden, malte sie aus dem Innern heraus, unter Verzicht einer Vorlage. Doch es fiel ihr nicht leicht, oft hatte sie die Farbe zentimeterdick auf die Leinwand gebracht, ohne dass Lee zufrieden war: »Es war frustrierend«, erinnerte sie sich.[15] Pollock gefiel Lees Entwicklung ganz und gar nicht. Sie hatte nun wieder ein eigenes Leben und widmete sich nicht mehr ihm allein. Im Hause Pollock-Krasner herrschte eine angespannte Atmosphäre, immer häufiger kam es zu Streitereien. Es war schwer, die beiden eigenwilligen Charaktere unter einem Dach zu vereinen. Lee mietete sich einen Raum in Kadishs Atelier. Wenn Pollock arbeitete, konnte er Lee nicht in seiner Nähe ertragen, schon gar nicht, wenn sie ebenfalls künstlerisch tätig war, und auch Lee zog es vor, allein zu malen. Als die Stimmung auf dem Nullpunkt angelangt war, beschloss das Paar, eine Auszeit zu nehmen und in den Urlaub zu fahren. Mitte Juni reisten die beiden nach Provincetown, einem Städtchen am Nordzipfel der Halbinsel Cape Cod. Hier hofften sie Erholung und Ruhe zu finden.

Das beschauliche Fischerdörfchen Provincetown lockte in den 1930er und 1940er Jahren zahlreiche Künstler an, die sich kleine Cottages mieteten und diese zu Ateliers umfunktionierten, um hier den Sommer zu verbringen. Auf diese Weise war eine kleine Künstlergemeinschaft entstanden, Galerien hatten sich angesiedelt und Bars und Cafés eröffnet. Das Zentrum bildete die Sommerschule Hans Hofmanns, der hier in den Sommermonaten Unterricht gab.

In den ersten Tagen ihres Aufenthalts wohnten die Pollocks bei Hofmann, von dessen Haus aus sich ein herrlicher Blick über die Bucht genießen ließ. Mit dem Künstler John Little und Hofmanns neuem Galeristen Sam Kootz war Lee damit beschäftigt, Bilder für die erste Hofmann-Ausstellung auszuwählen. Jackson war stets mit von der Partie, saß aber still in der Ecke und schaute zu. Nach einer Woche wurde es den beiden im Hause Hofmanns zu voll. Deshalb siedelten sie in eine Wohnung um, die in einem alten Bootshaus in der Bradford Street lag. Für einige Tage war Krasner glücklich und gelöst. Sie hatte Pollock für sich allein, die beiden gingen schwimmen oder sonnenbaden. Abends gab es frischen Fisch und im Licht des Sonnenuntergangs betrachtete man die Boote auf der offenen See. Die Pollocks fühlten sich wohl. Mitte Juli schrieb Jackson in einem Brief: »P.town [Provincetown] ist ein toller Ort. Wir haben ein Atelier in einer renovierten Scheune – nur wenige Schritte von einem wunderbaren Strand entfernt. [...] Wir haben N.Y.C kein bisschen vermisst. Vielleicht bleiben wir bis September oder gar länger.«[16]

Im Juni kam Howard Putzel zu Besuch und verkündete, dass er Art of This Century verlassen werde, um eine eigene Galerie zu eröffnen. Er habe keine Lust mehr, Peggys Laufburschen zu mimen. Zudem berichtete er, dass Peggy plane, die Galerie nach der nächsten Saison zu schließen und ihre Sammlung dem San Francisco Museum zu übergeben.[17] Pollock war konsterniert. Putzel war sein Beschützer und wichtigster Fürsprecher in der Galerie. Wie würde sich eine Zukunft ohne ihn in der Galerie gestalten? Noch viel schlimmer aber war für ihn die Nachricht von der geplanten Schließung derselben.[18]

Lee sah Jackson ab August nur noch selten. Er hatte sich inzwischen eingewöhnt und die Sorgen um seine Zukunft ließen ihn erneut zum Alkohol greifen. Beinahe jede Nacht musste Lee von Kneipe zu Kneipe ziehen, um ihn zu suchen. Wenn er morgens auftauchte, war er in miserabler Verfassung, und Lees Ängste hatten sich wieder einmal bestätigt. Sie brachte ihn nach Hause, wusch ihn und hievte ihn ins Bett. Zum Malen fand sie in jener Zeit kaum Gelegenheit. Freunde hatten längst gemerkt, mit welchen Problemen Pollock zu kämpfen hatte. So schrieb Hans Hofmann im Oktober an Mercedes Matter: »Ich bedaure [seine] seelische Verfassung, denn letztlich wird es tragische Folgen haben. Jackson ist sehr sensibel, er ist ein wundervoller Künstler, er ist wirklich gutmütig, aber seine Gesellschaft ist nur schwer zu ertragen, wenn er herumspinnt. Lee wird es schwer mit ihm haben, aber sie bleibt bei ihm und ich respektiere sie dafür sehr.«[19]

Als Lee nach einem Besuch bei ihrem kranken Vater bei Jacksons Familie in Deep River vorbeischaute und erzählte, wie es Jackson gehe, tauchten ein paar Tage später Stella sowie Sande, Arloie und die Kinder auf.[20] Lee war über den Besuch nicht erfreut und brachte die Familie in einem Hotel unter, statt sie bei sich aufzunehmen. Aber sie musste einsehen, dass die Pollocks gut für ihren Lebensgefährten waren; mit seinen nächtlichen Streifzügen hörte Jackson sofort auf. Gemeinsam mit seinem Bruder ging er schwimmen und genoss Sonne, Luft und Meer. Der zweiwöchige Familienurlaub bot Pollock eine Auszeit von den Anstrengungen und Mühen der letzten Monate. Die Leinwände, die er und Lee aus New York mitgebracht hatten, blieben unberührt.[21]

Kaum zurück in New York, ging es weiter, wie es aufgehört hatte. Jackson trank und verschwand nächtelang. Allerdings wurde es immer schwieriger für ihn, an Alkohol zu gelangen, denn in vielen Bars der Umgebung hatte er Hausverbot. Und je kürzer die Tage wurden, umso länger gestalteten sich die Besäufnisse. Stundenlang wartete Lee zu Hause, ängstlich und wütend zugleich, während Pollock um die Häuser zog. Hatte Lee in den ersten beiden Jahren ihrer Beziehung noch einen Einfluss auf ihn gehabt, ließ sich Pollock nun von nichts und niemandem mehr aufhalten. In ihrer Verzweiflung wandte sie sich an seine Familie. Doch sie blitzte ab, Sande und Arloie hatten andere Probleme und waren der Meinung, Lee müsse das allein bewältigen. Sie hatten sich sechs Jahre um Jackson gekümmert, das müsse reichen. Dass Stella von den Problemen erfuhr, verhinderte Sande.[22]

In Stellas Anwesenheit blieb Jackson nüchtern und benahm sich angemessen. Sie schien eine beruhigende Wirkung auf ihren Sohn auszuüben und die einzige zu sein, die seinen freien Fall bremsen konnte. Lee hätte Stella gern dauerhaft in New York gehabt, da sie glaubte, dass dies für Jackson besser sei. Doch Sande lehnte das ab, er hatte Angst um seine Mutter und auch Angst um Jackson.[23]

Pollocks künstlerisches Schaffen hatte abgenommen. Den mit seinem Gemälde *Mural* begonnenen Weg setzte er zunächst nicht fort. In Provincetown hatte er nähere Bekanntschaft mit dem Maler und Grafiker Stanley William

Hayter gemacht, in dessen Atelier 17 er sich zurück in New York begab. Dort versuchte er sich zusammen mit Reuben Kadish an der Technik der Radierung und genoss das gemeinsame Schweigen und Arbeiten.[24]

Tagsüber war das Atelier Treffpunkt eines Workshops für Künstler, die druckgrafische Techniken erlernen wollten. Bei den Surrealisten war Hayter für seine Technik und die an die Écriture automatique erinnernden Radierungen hoch angesehen. Masson war da, ebenso Ernst, Miró und Chagall, aber auch einige Amerikaner wie Baziotes, Rothko und Motherwell. Den amerikanischen Künstlern bot das Atelier 17 die Möglichkeit, die Europäer und deren Kunst näher kennenzulernen;[25] es wurde experimentiert, diskutiert und vieles ausprobiert. Für Pollock war das nichts. Er und Kadish kamen abends oder am Wochenende, wenn niemand mehr im Atelier zugegen war. Kadish war im Besitz eines Schlüssels, weil er einst als Drucker für Hayter gearbeitet hatte. Letzterer kam zuweilen auf ein Bier vorbei, zeigte den beiden neue Techniken und half ihnen, ihre Arbeiten zu verbessern. Der britische Künstler und Pollock verstanden sich gut und sprachen angeregt über Kunst. Hayter mochte die Kunst Mirós und Klees und schien damit einen Einfluss auf den jüngeren Maler auszuüben, denn die meisten der elf von Pollock gefertigten Drucke lassen an die beiden Maler, aber auch an den Stil Hayters denken. Pollocks Arbeiten spiegeln auch jene Bildwerke wider, die zwischen Abstraktion und Gegenständlichkeit pendeln. So ist *Untitled 4 (Ohne Titel 4)* symmetrisch aufgebaut, links und rechts finden sich die typischen totemhaften Figuren, dazwischen herrscht ein

Jackson Pollock, *Untitled 4 (Ohne Titel 4)*, 1944/45 (1967 gedruckt), Kaltnadelradierung, The Museum of Modern Art, New York

Gewirr von Linien, aus denen sich die Formen wie aus einem wilden Gekritzel schälen. *Untitled 5 (Ohne Titel 5)* weckt Assoziationen an Klees lyrische Bilder und Mirós biomorphe Figuren.

Die in dieser Zeit entstandenen Arbeiten und die Theorien Hayters müssen Pollock nachhaltig beeindruckt haben. Hayter schrieb viel über unbewusstes Zeichnen; er entwickelte eine Theorie von der Linie als Spur eines starren Punktes, die Energie und Bewegung ausdrücke und nicht so sehr Reproduktion visueller Erfahrungen sei. Die Linie sei die Aufzeichnung einer Aktion, so Hayter, und beziehe sich nur auf sich selbst. Mit anderen Linien zusammen könne sie jedoch Beziehungen in einer Ebene beschreiben und auf diese Weise Raum, Masse und Bewegung definieren. Der Künstler habe viele Einflussmöglichkeiten, könne Rand, Farbe und Geschwindigkeit der Linie variieren, doch gehe der lineare Charakter verloren, sobald der Einfluss zu groß werde.[26] Hayters Arbeit basierte auf dem Automatismus. Er ließ die Gravierwerkzeuge frei über die Platte gleiten, die er dabei möglichst ohne bewusste Einflussnahme drehte.[27] Manchmal erstellte er Zeichnungen auf durchscheinendem Papier, um dann sechs bis acht dieser Arbeiten wahllos übereinander zu gruppieren, wodurch sich zufällige Bilder ergaben.[28]

Die druckgrafischen Arbeiten Pollocks repräsentieren den Anfang des Transformationsprozesses von der flächigen Malerei hin zur linearen Bildkonstruktion. Die Linie begann an Bedeutung zu gewinnen. Unverkennbar ist Massons Einfluss auf Pollock in den in dieser Zeit entstandenen Arbeiten. Wie bei Masson durchziehen Pollocks Werke Linien, die die Bildfläche unterteilen, für Brüche sorgen und so den Bildinhalt fragmentieren. Pollock arbeitete meist mit einem kleinen Stichel, mit dem er auf Metallplatten schnitt. Seine erhaltenen Gravuren zeugen von einer intensiven Arbeit mit dem Material. Pollock selbst schien unzufrieden mit dem Ergebnis zu sein: Er schuf ein paar Probedrucke, lehnte Hayters Vorschlag jedoch ab, finale Drucke erstellen zu lassen. Die Platten deponierte er in seinem Atelier, wo sie Lee erst nach seinem Tode fand und 1967 drucken ließ. Dies zeigt, dass Pollock das Ergebnis unwichtig war, ihm ging es vor allem um die experimentelle Erfahrung.

Länger als alle anderen amerikanischen Künstler kam Pollock zu Hayter, und kein anderer schuf so viele Platten wie er. Pollock glaubte zu Beginn, seine Bilder könnten an Ausdruck gewinnen, wenn er es mit Drucken versuchen würde. Doch war er schnell ernüchtert, da er erkennen musste, dass die Technik der Radierung für ihn nicht geeignet war. Die Arbeit mit den Metallplatten war wenig unmittelbar, das Ergebnis zu endgültig und die Möglichkeiten zu begrenzt.[29] Hayter berichtete, dass Pollock allerlei Experimente unternommen habe, um spontaner zu sein, doch war Jackson wohl mit keinem seiner Arbeitsergebnisse zufrieden.[30]

Jacksons zweite Ausstellung sollte im April 1945 beginnen. Doch Ende 1944 hatte er noch nichts gemalt. Seit der letzten Ausstellung in Art of This Century hatte er nur wenige Gemälde geschaffen, die über eine ausreichende Qualität verfügten, um in die Ausstellung mit aufgenommen zu werden. Gegen Ende des Jahres entstanden zwei Werke von ähnlicher Konzeption: Sowohl *Untitled (Don Quixotte)* (Ohne Titel [Don Quichotte]) als auch *Beach Figures* (Strandfiguren) zeigen sich von Picasso und dessen Themen beeinflusst. Der Hintergrund ist flächig und in hellem Graubraun gehalten. Die Figuren im Vordergrund sind mit dicken schwarzen Pinselstrichen umrissen und in Brauntönen ausgemalt. Rote Akzente, die im Falle von *Don Quixotte* noch um grüne Farbflächen ergänzt werden, beleben die gewählte Farbpalette, wodurch sich die Gemälde von anderen um 1945 geschaffenen Bildwerken abheben.

Die Bilder aus jener Zeit sind abstrakt, stark fragmentiert und im Stil äußerst rhythmisch. Häufig nutzte Pollock die Technik des Sgraffito und kratzte in die aufgetragene Farbe. Vorherrschendes Sujet ist die Nacht – zumindest in den Bildtiteln: *The Night Dancer* (Der Nachttänzer) ist in zackigen, scharfen Linien ausgeführt, *Night Ceremony* (Nachtzeremonie) in rauchigen, turbulenten Brauntönen gehalten; *Night Sounds* (Nachtgeräusche), eine Ansammlung gegenständlicher Fragmente, gehört ebenfalls dazu. Auch *Night Mist* (Nachtnebel) entstand in dieser Zeit: Auf dem schwarzen Hintergrund ist ein dichtes Gewirr dicker und dünner grauer Linien zu sehen, gelegentlich blitzen größere Fragmente auf, welche die Formensprache indigener Völker der Westküste widerzuspiegeln scheinen. Mit der Farbe ging Pollock sparsam um, ein wenig mattes Gelb, ein paar Tupfer Rot und Grün sowie wenige blaue Schlieren zieren das Bild.

Im selben Zeitraum entstand auch *Gothic* (Gotik), ein Gemälde, dessen Formensprache seit *Mural* noch einmal an Abstraktion gewann. Der schwarze Hintergrund und darauf aufgebrachte gegenständliche Fragmente scheinen unter einem Schleier aus Farbe und wirbelnden Linien verborgen. Den Betrachter beschleicht das Gefühl, als fände auf der Leinwand Bewegung statt. Ein ritueller Tanz vielleicht? Auf einem Ausstellungskatalog notierte Pollock: »Blaues Detail (Wandbild) Schwarzer Tänzer mit drei Teilen – 84 ½ × 56.« Die Zahlen beschreiben exakt die Abmessungen von *Gothic*.[31] Obwohl Pollock viel Rot, Blau und Grün nutzte, wirkt das Bild in seiner Farbigkeit gedämpft, die Töne wirken matt und dunkel. Nicht wenige wollen in dem Bild eine Abstrahierung von Picassos kubistischen Werken *Drei Frauen* (1908) oder *Les Demoiselles d'Avignon* erkennen.[32]

Anfang 1945 beschloss Guggenheim, Pollock im März neben der Ausstellung in ihrer Galerie noch eine weitere im Chicagoer Arts Club auszurichten. Nun musste Jackson in kürzester Zeit zwei Ausstellungen mit Bildern füllen. Er tauchte wieder häufiger bei Dr. Hubbard auf. Die Ärztin gab Pollock die Kraft, einen Elfstundentag durchzustehen, um die geplanten Ausstellungen realisieren zu können. Innerhalb weniger Tage füllte sich das bis dahin leere Atelier. Pollock verzichtete auf den Genuss von Alkohol und lebte sich in einer explosiven Arbeitsphase aus.

Für die Ausstellung in Chicago malte er eine Serie mit Pferden, die noch sehr von Picasso inspiriert zu sein scheinen. Für Art of This Century kreierte er Bilder, die seine begonnene Entwicklung, vor allem die anatomische Fragmentierung der Figuren, fortsetzten. Pollock war bemüht, Picassos Einfluss auf seine Arbeiten zurückzudrängen und einen eigenen künstlerischen Ausdruck zu entwickeln. In dem Gemälde *Totem Lesson I (Totem Lehrstunde I)*, das er im Oktober 1944 malte, griff er wieder indianische Elemente auf. Auch hier finden sich gegenständliche Fragmente, doch anders als die letzten großen Arbeiten wirkt das Werk weniger symmetrisch, die Gesamtstruktur weniger unruhig und nervös. Auf dunklem Hintergrund bildet sich in der Mitte des Bildes ein klares Zentrum heraus. Blau und lachsfarbene Töne herrschen vor. Oben rechts ist ein Gesicht erkennbar, darunter ein Arm; in der oberen rechten Ecke scheint ein Auge auf. Das Bild wimmelt von Symbolen und kryptischen Zeichen im Stile Mirós, doch hat Pollock das Gemälde nicht mit ihnen überschwemmt. Trotz des erkennbaren Zentrums verharrt das Auge nirgendwo.

Etwas anders gestaltet sich der Bildaufbau in *Totem Lesson II (Totem Lehrstunde II*, 1945). Ein Zentrum ist hier nicht erkennbar, die Flächigkeit hat stark zugenommen. Auf grauem Grund zeigen sich schwarze Formen verstreut, die Mitte beherrscht ein Totempfahl. Fast scheint es, als würde der Pfahl aus dem Grau auftauchen, eine gespenstische Atmosphäre liegt über der Darstellung. Im gleichen Zeitraum dürfte auch *Two (Zwei)* entstanden sein, das sich ein wenig an die Werke *Guardians of the Secret* und *Male and Female* anlehnt. Doch die beiden erkennbaren Figuren sind nur noch schemenhaft angedeutet, es dominieren graue Farbflächen. Die Figuren hat Pollock in dicken schwarzen Pinselstrichen umrissen und stellenweise in Rosa und Weiß ausgefüllt. Hinzu kommen Spuren von Gelb, die sich im Kopfbereich der Personen finden lassen, sowie seitlich der rechten Figur, die ihren Arm nach hinten streckt und dabei

Jackson Pollock, *Gothic (Gotik)*, 1944, Öl auf Leinwand, The Museum of Modern Art, New York

Jackson Pollock, *Totem Lesson I (Totem Lehrstunde I)*, 1944, Öl auf Leinwand, Collection Mr. and Mrs. Harry W. Anderson

ein Tuch auf dem Boden schleift. Die Figuren sind im Profil dargestellt, beide scheinen von rechts nach links zu schreiten. In der Mitte des Bildes sind sie miteinander verbunden, was die Vermutung nahelegt, dass das Werk zwei liegende Personen zeigt, die den Geschlechtsakt vollziehen. Es könnte sich jedoch auch um ein und dieselbe Person handeln, die Pollock mit einer weiblichen und männlichen Seite wiedergegeben hat.

Ein weiteres Bild, das in jener Zeit entstand, ist *Portrait of H. M. (Porträt von H. M.*, 1945). Das Gemälde zeichnet sich durch einen pastosen Farbauftrag aus und wird von einem Spiel aus Schwarz und Weiß dominiert, das von farbigen Akzenten und kleineren Kritzeleien aufgelockert wird. Das Kürzel »H. M.« könnte für Herbert Matter stehen, mit dem Pollock zu Beginn der Vierzigerjahre einen intensiven künstlerischen Kontakt pflegte. Auch der Schriftsteller Hermann Melville, Autor von *Moby Dick*, könnte gemeint sein. Vermutlich spielt der Bildtitel aber auf die alte Freundin Helen Marot an.

Jackson Pollock, *Two (Zwei)*, 1943–45, Öl auf Leinwand, Peggy Guggenheim Collection, Venedig (The Solomon R. Guggenheim Foundation, New York)

Die Vernissage von Pollocks zweiter Einzelausstellung fand am 19. März 1945 statt und lockte ein größeres Publikum in die Galerie als noch die erste Ausstellung fünfzehn Monate zuvor. Wer wollte, durfte auch das Wandbild in Peggys Wohnung besichtigen. Auch wenn die meisten Betrachter über das Gesehene rätselten und auch die Titel der Bilder wenig erhellend waren, fiel die Reaktion des Publikums eher freundlich aus.

Die Presse indes reagierte unterschiedlich. In der *New York Times* fragte Howard Devree, ob die riesigen, wuchtigen Farbkompositionen klar genug im Ausdruck seien, um eine Kommunikation mit dem Betrachter zu ermöglichen. Er fand aber auch wohlwollende Worte und drückte sein Gefallen für manche Bilder aus, von denen es ihm vor allem *The Night Dancer* angetan hatte. Andere Werke verspottete er als »Explosionen in einer Steinmühle«, eine Anspielung auf eine Beschreibung von Duchamps *Nude Descending a Staircase* (1911), das 1913 auf der Armory Show gezeigt worden war.[33] Parker Tyler, Sprachrohr der europäischen Surrealisten, die noch immer nicht gut auf Peggy zu sprechen waren, monierte in *View* Pollocks nervöse und derbe Kalligrafie. Diese habe das Flair von »überbackenen Makkaroni«. Er kam zu dem Ergebnis, dass Pollock »trotz seines Gefühls für Materie nicht besonders talentiert zu sein scheint«.[34] Maude Riley schrieb in *Art News*, wie großartig Pollock mit seinen Farben umgehe, beschwerte sich aber zugleich über »seinen Kampf […] mit all den anderen Dingen« inklusive »des Bildgegenstandes, Ihnen und mir«. Sie schloss mit einer inzwischen gängigen Wehklage: »Ich kann nicht genau erkennen, worum es geht.«[35]

Manny Farber hingegen lobte Pollocks Bilder als »meisterhaft und wunderbar«. Über Guggenheims Wandgemälde schrieb er: »Es ist leidenschaftlich in seinem Ausdruck, unendlich faszinierend im Detail, ohne Oberflächlichkeit und so gut organisiert, dass es die Wand in einem ruhigen, eigenständigen und lebhaften Stil gestaltet.«[36] Auch Greenberg lobte Pollock: »Jackson Pollocks Einzelausstellung«, schrieb er in *The Nation*, »macht aus ihm den wichtigsten Maler seiner Generation, vielleicht den großartigsten seit Miró [...]. Seit dem Ausklingen des Kubismus gibt es einen wachsenden Selbstbetrug in der Pariser Schule. Bei Pollock gibt es den absolut nicht und er hat keine Angst davor, hässlich zu sein – jede zutiefst originelle Kunst sieht auf den ersten Blick hässlich aus.« Insbesondere die Gemälde *Totem Lesson I* und *II* würdigte er: »Ich kann gar nicht genug Worte finden, um sie gebührend zu loben.«[37] Greenberg war der Meinung, dass Kritiker, die sich über Jacksons Kunst geringschätzig äußerten, nicht genau genug hinschauen würden; sie hätten sich von ihren »eigenen provinzlerischen Geschmäckern« hinters Licht führen lassen. Ausdrücklich lobte Greenberg auch Pollocks Arbeiten auf Papier und empfahl sie als Zugang zu dessen Werk.[38] Generationen amerikanischer Künstler hätten nur imitiert, was bereits etabliert gewesen sei, und Jackson sei der erste, der eine eigenständige Kunst produziere, noch dazu eine Kunst, die tief im Amerikanischen verwurzelt sei.

Trotz dieser Lobeshymnen wusste Pollock, dass sich seine Kunst noch nicht in genügendem Maße weiterentwickelt hatte. Unter dem Druck, zwei Ausstellungen in kurzer Zeit bestücken zu müssen, war er von seinem eingeschlagenen Pfad abgekommen. Auch finanziell war die Ausstellung kein Erfolg, nur wenig wurde verkauft. Dennoch erneuerte Peggy den Vertrag mit Pollock und sprach ihm für die nächsten zwölf Monate ein doppeltes monatliches Einkommen zu. Im Gegenzug sollte sie alle Bilder bekommen, die Pollock in dieser Zeit malen würde, nur eines dürfe er für sich behalten. Doch Pollock war unglücklich mit sich und seiner Kunst, die mäßigen Kritiken und der finanzielle Misserfolg betrübten ihn. Wieder versank er in Selbstzweifel, Depressionen, Frustrationen und Enttäuschung.

Derweil hatte Howard Putzel, nachdem er wie angekündigt aus der Galerie Guggenheims ausgeschieden war, eine eigene Galerie gegründet. Die kleine 67 Gallery entwickelte sich rasch zu einem Treffpunkt für die amerikanischen Künstler. Jeden Samstag traf man sich dort und plauderte bei einem Kaffee. Putzel hatte im Eröffnungsjahr 1944 zwei Ausstellungen organisiert, welche die Titel »European Moderns« und »40 American Moderns« trugen.[39] Vom 14. Mai bis zum 7. Juli 1945 zeigte er dann in seiner Galerie die Ausstellung »A Problem for Critics«, in der auch Pollock vertreten war. Putzel wollte aktuelle Tendenzen der amerikanischen Malerei präsentieren, die er »eine neue Metamorphose« nannte. Der gewählte Titel sollte das Dilemma der Kritiker widerspiegeln, denen es nicht mehr gelang, die Bildwerke der jungen Amerikaner in eine Schublade zu stecken. In ihrem Stil waren die Werke weder kubistisch noch surrealistisch noch figurativ, aber auch nicht wirklich abstrakt. Putzel glaubte, dass eine originär amerikanische Kunst im Entstehen begriffen sei.[40]

Neben Pollock wurden auch Bilder von Krasner, Gottlieb, Hofmann, Masson, Pousette-Dart, Rothko, Seliger und Rufino Tamayo gezeigt. Bei den Kritikern erntete Pollock Lob. Edward Alden Jewell bezeichnete Pollock in der *New York Times* als ein »starkes neues Talent« und tat seine Vermutung kund, eine neue Stilrichtung beginne sich herauszubilden.[41] Coates schrieb zur Ausstellung: »Eine neue Malschule entsteht in diesem Land. Sie ist erst klein, nicht kleiner als die Faust eines Babys, aber man bemerkt sie, wenn man oft durch die Galerien streift.«[42] Schon im Februar 1945 hatte David Porter, ein Kunsthändler in Washington, D.C., die Ausstellung »Personal Statement: Painting Prophecy 1950« organisiert, in der neben Pollock auch Motherwell, Baziotes, Gottlieb, Rothko und weitere New Yorker Künstler vertreten waren. Im Vorwort des dazugehörigen Ausstellungskatalogs schrieb Porter: »Ziel dieser Ausstellung ist der Nachweis der Existenz einer aktiven Gruppe von Künstlern in diesem Land, die ohne Einwirkung des jeweils anderen vielleicht gerade dabei sind, eine neue Reihe von Malstilen und eine neue Schule zu formen, für die der Krieg ein Katalysator war.«[43] Amerikas Kunstszene nahm endlich Notiz von der amerikanischen Kunst.

Pollock ertränkte unterdessen die Enttäuschung über die verpatzte Guggenheim-Ausstellung und seinen Frust über den in seinen Augen unvollkommenen Stil im Alkohol. Die Trinkgelage des Winters und Frühjahrs ließen Lee wieder bewusst werden, dass Jackson Hilfe brauchte, wollte man ihn vor sich selbst beschützen. Sie erinnerte sich an den glücklichen Urlaub in Provincetown und beschloss, Jackson auch in diesem Sommer aus New York fortzubringen. Die Kadishs verbrachten den Sommer auf Long Island in einem Häuschen am Strand, das Stanley William Hayter gemietet hatte.[44] Als Lee den Kadishs schrieb, dass sie im Sommer nicht nach Cape Cod fahren würden, luden diese das Paar zu sich auf die Insel ein.

Für Pollock sollte es ein idyllischer Sommer werden. Das schöne Haus lag unmittelbar am türkisblauen Meer. Sanft rollten die Wellen gegen den weißen Strand, eine leichte Brise blies eine angenehme Kühle die Küste hinauf. Das Häuschen war gemütlich, wenn auch wenig komfortabel. Es gab keinen Strom

1. Jackson Pollock, *Woman (Frau)*, ca. 1930–33, Öl auf Holzfaserplatte, 35,8 × 26,6 cm, Nagashima Museum of Art, Kagoshima, Japan. © Pollock-Krasner Foundation / VG Bild-Kunst, Bonn 2013

2. Jackson Pollock, *Landscape with Steer (Landschaft mit Stier)*, 1935–37, Lithografie mit Airbrush, 34,6 × 47 cm, The Museum of Modern Art, New York. © Pollock-Krasner Foundation / VG Bild-Kunst, Bonn 2013

3. Jackson Pollock, *Naked Man With A Knife (Nackter Mann mit einem Messer)*, ca. 1938–41, Öl auf Leinwand, 127 × 91,4 cm, Tate Gallery, London. © Pollock-Krasner Foundation / VG Bild-Kunst, Bonn 2013

4. Jackson Pollock, *Blue (Moby Dick) (Blau [Moby Dick])*, 1943, Gouache und Tinte auf Holzfaserplatte, 48 × 60,5 cm, Ohara Museum of Art, Kurashiki, Japan. © Pollock-Krasner Foundation / VG Bild-Kunst, Bonn 2013

5. Jackson Pollock, *Guardians of the Secret (Hüter des Geheimnisses)*, 1943, Öl auf Leinwand, 122,9 × 191,5 cm, The San Francisco Museum of Modern Art, San Francisco. © Pollock-Krasner Foundation / VG Bild-Kunst, Bonn 2013

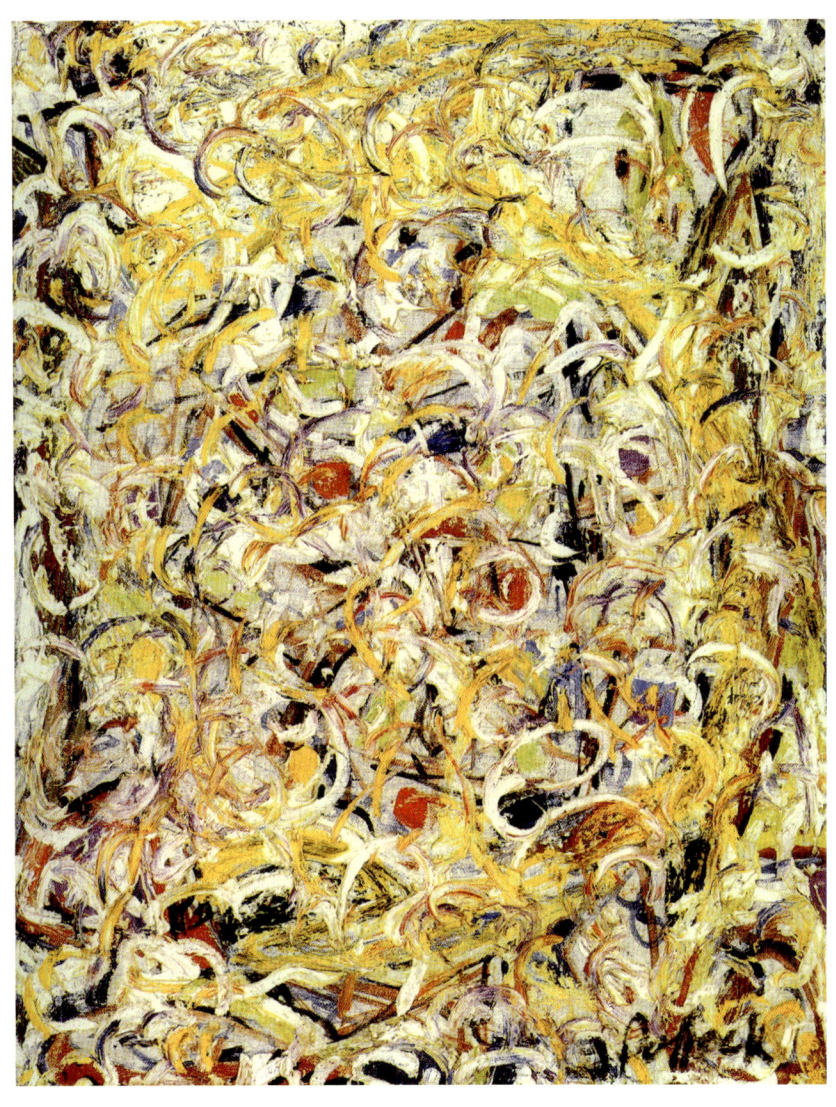

6. Jackson Pollock, *Shimmering Substance (Schimmernde Substanz)*, 1946, Öl auf Leinwand, 76,3 × 61,1 cm, The Museum of Modern Art, New York. © Pollock-Krasner Foundation / VG Bild-Kunst, Bonn 2013

7. Jackson Pollock, *Number 29, 1950 (Nummer 29, 1950)*, 1950, Emailfarbe, Öl, Aluminiumfarbe, Draht, Schnur, farbiges Glas und Kieselsteine auf Glas, National Gallery of Canada, Ottawa.
© Pollock-Krasner Foundation / VG Bild-Kunst, Bonn 2013

8. Jackson Pollock, *Convergence: Number 10, 1952 (Konvergenz: Nummer 10, 1952)*, 1952, Öl und Emailfarbe auf Leinwand, 237,4 × 393,7 cm, Albright-Knox Art Gallery, Buffalo, New York.
© Pollock-Krasner Foundation / VG Bild-Kunst, Bonn 2013

und nur eine Handpumpe für Wasser, was die Bewohner, die sich ohnehin nur selten im Innern aufhielten, indes wenig störte. Sie suchten Muscheln, angelten oder schwammen. Manchmal fuhren sie mit dem Boot hinaus oder dösten auf der Veranda des Hauses. Gemeinsam besuchte man Ausstellungen und ging ins Theater. Gern fuhren Kadish und Pollock in das Dörfchen Amagansett, um dort einzukaufen – nicht selten Bier im Überfluss. Gelegentlich unternahmen sie auf diesen Touren kleine Abstecher zu Freunden, die in der Nähe wohnten. Am Wochenende kamen die Hayters und es wurde gegrillt und gemeinsam gekocht.[45] Zum ersten Mal seit Langem machte Pollock wieder einen ausgeglichenen Eindruck.

Lee schien diese Heiterkeit und innere Ruhe nicht teilen zu können. Der Sommer hatte Jackson vor New York und damit vor weiteren Alkoholexzessen gerettet, aber wie sollte es weitergehen? Lee hatte gehofft, dass Pollock hier draußen arbeiten würde, doch zog dieser es vor, den Sommer mit seinem Freund zu genießen. Nicht einmal die Nachricht von Putzels Tod konnte ihn aus der Ruhe bringen. Lee gab die Schuld daran Kadish: Er verbringe zu viel Zeit mit Jackson und verführe ihn zum Alkohol.

Wenigstens hatte Lee teilweise erreicht, was sie wollte. Auch wenn Pollock häufig betrunken war, befand er sich doch in ihrer Nähe und sie wusste, wo er war und wie es ihm ging. Seine selbstzerstörerischen Alkoholexzesse hatte sie zu verhindern vermocht. Pollock schien der Sommer gutzutun und Lee glaubte, dass er, wenn er erst einmal zurück in New York sei, auch wieder arbeiten könne. Doch als die beiden mit den Kadishs ein Haus in der Gegend besichtigten, das diese zu kaufen gedachten, kam ihr plötzlich eine neue Idee. Sie fragte Pollock: »Wie wäre es, wenn wir den Winter hier verbringen und uns ein Haus mieten würden? Wir könnten die Wohnung in der 8th Street vermieten, ein paar Leinwände mitnehmen und schauen, wie es uns hier gefällt?« Jackson war überrascht: »New York verlassen? Bist du verrückt?«[46]

Doch Hitze, Lärm und der Stress der Großstadt schienen Pollock nach dem harmonischen Sommer zuzusetzen. Die Straßenschluchten New Yorks wirkten bedrückend und eng, ganz anders als die Weite des Ozeans und das friedliche Landleben, das ihm im Sommer bisher immer so gutgetan hatte. Nur wenige Wochen nach der Rückkehr verkündete Jackson: »Wir verlassen New York.« Nun war Lee ganz verblüfft: »In kurzer Zeit hatte er seine Meinung geändert, ich hatte keine Ahnung, was passiert war.«[47] Dan Miller, Besitzer des Lebensmittelladens in Springs und ein späterer Freund Pollocks, glaubte, für Pollock sei der Umzug vor allem eine Flucht vor New York gewesen: »Er flüchtete vor etwas, vielmehr, als dass er zu etwas Neuem aufbrach. Er sagte mir das häufig offen und spielte mehrfach darauf an. [...] Er wollte weg.«[48] Pollock erzählte später, dass er drei schlaflose Nächte auf dem Sofa verbracht und sich dann dazu durchgerungen habe, es in Long Island zu versuchen. Ein bisschen war es eine Flucht vor New York, aber Pollock sehnte sich auch zurück nach dem Landleben, das er aus seiner Kindheit her kannte und das ihm plötzlich so viel angenehmer erschien.[49]

Nach seinem Meinungsumschwung verlor Jackson keinerlei Zeit. Die Pollocks wohnten für ein paar Tage bei den Rosenbergs, die auf Long Island ein Häuschen erworben hatten. Mithilfe eines Maklers fanden sie in der Fireplace Road in Springs ein schönes Haus, das beiden gefiel. Es war ein zweistöckiges Farmhaus aus dem 19. Jahrhundert, ein hübsches Gebäude mit einem großen Grundstück und schönen alten Bäumen, die im Vorgarten wuchsen. Im rückwärtigen Teil des Gartens befanden sich weitere kleine Gebäude und eine Scheune. Vom Haus zog sich eine große Wiese bis zum Accabonac Creek hinab. Das Anwesen war asymmetrisch angelegt, seine Fassade mit Schindeln verkleidet; große Fensterläden rahmten die Fenster und eine breite Veranda schmückte die Front. An der Seite ließ ein breites Erkerfenster Licht in das Haus. Im Innern mangelte es an Komfort, es gab zwar Strom und fließendes Wasser, aber keine Heizung und kein Bad. Die Miete betrug 40 Dollar pro Woche, der Kaufpreis 5000 Dollar. Die Pollocks mieteten das Haus sechs Monate lang, mit der Option, es anschließend kaufen zu können.[50]

Kurz vor dem Umzug entschlossen sich Jackson und Lee, zu heiraten. Eigentlich hatten die beiden nie über eine Heirat nachgedacht, doch der Tod ihres Vaters bewog Lee zum Umdenken. Sie drängte Jackson, sie zur Frau zu nehmen.[51] Pollock willigte ein, bestand aber auf einer kirchlichen Heirat, was sich gar nicht so leicht realisieren ließ bei einer Jüdin und einem ungetauften Presbyterianer. Lee trat mit Rabbis sowie mehreren Kirchen in New York in Kontakt, doch alle lehnten ab. Letztlich fand sie einen Pastor, der einer holländischen reformierten Kirche angehörte und sich dazu bereit erklärte, das Paar zu trauen.[52]

Als Trauzeugen schlug Lee Harold Rosenberg und Peggy Guggenheim vor, doch Jackson beharrte darauf, dass Rosenbergs Frau May Trauzeugin würde. Peggy verspürte nur wenig Lust, sich an so etwas wie einer Hochzeit zu beteiligen, und sagte mit der Begründung, anderen Terminen nachkommen zu müssen, ab.[53] Da Jackson zudem keine Familienmitglieder auf der Hochzeit wünschte, fanden sich schließlich am 25. Oktober 1945 lediglich Jackson, Lee und May Rosenberg vor der Marble Collegiate Church in der Fifth Avenue ein. August Schanz, ein Angestellter der Kirche, war zweiter Trauzeuge.[54] May erinnerte sich: »Es war eine wunderschöne Zeremonie. Der Pastor hielt eine wundervolle Rede. [...] Wir waren hingerissen.«[55] Nachdem May Rosenberg die beiden zum Hochzeitsessen eingeladen hatte, gingen Lee und Jackson zur Wohnung zurück. Am Abend kamen Jacksons Bruder Jay und dessen Frau Alma zu Besuch, denen Jackson telefonisch die gute Nachricht übermittelt hatte. Jay erzählte später, dass Pollock an diesem Abend ein wenig kleinlaut gewirkt habe.[56]

Eine Woche später waren die Vorbereitungen für den Umzug abgeschlossen. Die Wohnung in New York war vermietet: Der Maler James Brooks (1906–1992) übernahm einen der vorderen Räume, die restlichen Zimmer mieteten Jay und Alma Pollock.[57] Die fertiggestellten Gemälde wanderten vorerst in die Galerie von Peggy Guggenheim. Nach Springs nahm Jackson ausschließlich neue Leinwände mit, außerdem sollten ein paar unvollendete Bilder sowie Gouachen,

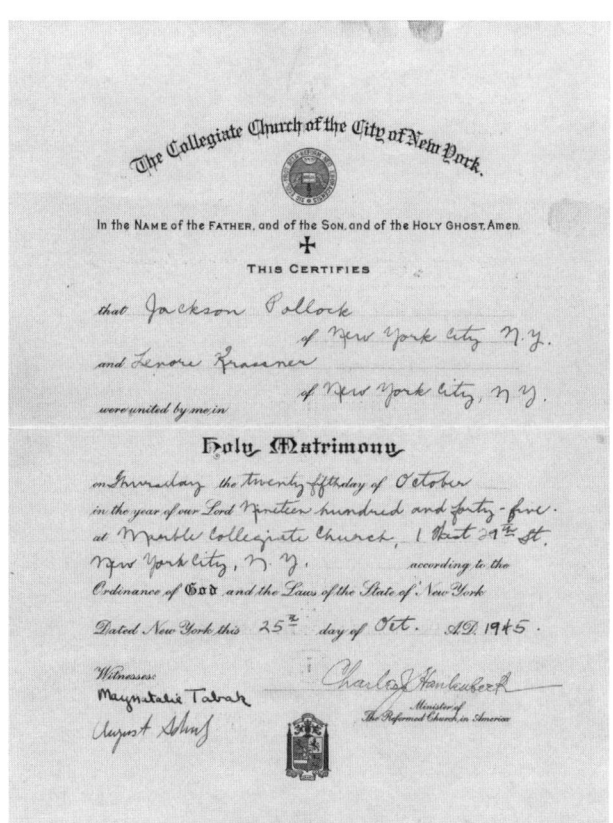

Heiratsurkunde
von Jackson Pollock
und Lee Krasner,
25. Oktober 1945

Zeichnungen und Skizzenbücher in das neue Haus einziehen. Lee musste alle ihre Bilder mit sich nehmen, denn nach Putzels Tod gab es keinen Ort mehr, wo sie ihre Arbeiten hätte aufbewahren können. Arbeiten, die sie nicht mitführen wollte, vernichtete sie. Am 3. November 1945 war es soweit: Die Pollocks liehen sich einen Lastwagen und zogen nach Long Island.

Kapitel 16
Neubeginn auf dem Lande (1946–1947)

Zu Beginn der 1940er Jahre war Springs ein verschlafenes Nest am nordöstlichen Ende Long Islands, das zum Städtchen East Hampton gehörte. In rund drei Stunden war man mit dem Zug in Manhattan. East Hampton galt schon lange als mondänes Feriendomizil der New Yorker Oberschicht, während in dem ländlichen Springs eine eingeschworene Gemeinschaft aus Fischern und Farmern lebte. Treffpunkt für die Menschen des Örtchens waren Jungle Pete's Bar and Grill und der Dorfladen von Dan Miller. In den Fünfzigerjahren entwickelte sich das Dorf für New Yorker Künstler zu einem beliebten Wohnort, und schon seit 1944 verbrachten Harold und May Rosenberg ihre Sommer dort. Nur wenige Wochen nach den Pollocks erwarb auch Robert Motherwell ein Haus in East Hampton.

Als Jackson und Lee an jenem stürmischen Novembertag in Springs ankamen, glaubte sich Lee am Ende ihrer Wünsche angelangt: Sie war verheiratet und hatte Jackson für sich allein. Keine Trinkgelage, keine Bars und keine Partys mehr. Sie war überzeugt, dass jetzt alles gut werden würde, dass ihre Beziehung fortan in harmonischen Bahnen verlaufen und Jackson wieder mehr künstlerisch arbeiten werde. Sie hatte Glück, der Winter war einer der härtesten in der Geschichte Amerikas. Der Wind fegte in frostigen Böen über die Halbinsel, Regen und Schnee machten es draußen ungemütlich. Nicht einmal der Wunsch nach Alkohol ließ Jackson freiwillig vor die Haustür treten. Die Pollocks verbrachten viel Zeit vor dem Ofen in der Küche, tranken Kaffee und hüllten sich in warme Decken ein. Wenn es windig war, zog es im ganzen Haus, und da es keine Heizung gab, blieben die Temperaturen eisig. Aufgrund der kriegsbedingten Kohleknappheit waren die Pollocks gezwungen, mit teurem Holz zu heizen; sie sparten, wo immer sie nur konnten.

In den ersten Tagen trauerte Pollock der Großstadt nach und hatte Heimweh nach New York. An die Kadishs schrieb er am 10. November: »Lieber Rube und liebe Barbara, nun sind wir die erste Woche hier draußen – und ich glaube, ich bin ganz unten – es war wirklich deprimierend in den ersten Tagen – nun geht es jeden Tag ein bisschen besser und es ist wirklich nett hier […].«[1]

Die Pollocks besaßen kein Auto und so war Jackson auf das Fahrrad angewiesen. Mit diesem legte er mühsam die anderthalb Kilometer bis Jungle Pete's Bar zurück. Dort hatte er allerdings einen schweren Stand, niemand unterhielt sich mit ihm, die Einheimischen waren unfreundlich und in sich gekehrt. Man brachte den Zugezogenen kein Vertrauen entgegen. So trank Pollock meist nur ein oder zwei Bier und fuhr wieder heim.

Gern ging er zu Dan Millers Laden, der nur wenige hundert Meter entfernt lag. Dort kaufte er Lebensmittelvorräte und seine Malutensilien. In dem älteren Dan erkannte Jackson schon bald einen guten Gesprächspartner, und so blieb er oft über mehrere Stunden in dessen Laden, trank ein paar Flaschen Bier und unterhielt sich mit ihm. Die beiden wurden im Laufe der Jahre gute Freunde. Miller lud Pollock sogar mehrfach ein, mit ihm in seinem Flugzeug mitzufliegen, und Pollock genoss diese Rundflüge sehr. Lee verfolgte Jacksons Annäherungsversuche an die Dorfgemeinschaft mit Unbehagen, tolerierte sie jedoch stillschweigend. Sie selbst hielt sich von den Einwohnern fern, sprach kaum mit ihnen und grüßte meist kurz. Aber nicht nur die Einheimischen waren ihr unwillkommen. Jackson schrieb im Winter einen Brief an Reuben Kadish, in dem er begeistert vom Landleben schwärmte. Er erinnerte den Freund an den vergangenen Sommer und regte ihn an, sich ein Haus in der Nähe zu kaufen. Überdies lud er die Kadishs zu sich ein. Als diese im Januar 1946 tatsächlich kamen, weigerte sich Lee, ihnen die Tür zu öffnen, die sommerlichen Trinkgelage waren ihr noch in allzu schlechter Erinnerung.[2]

Lee verordnete Jackson Arbeit. Die Vorbesitzer hatten allerlei Gerümpel im Haus gelassen und er sollte die Räumlichkeiten auf Vordermann bringen. Jackson brachte Tage damit zu, sich das kleinste der drei Schlafzimmer im Obergeschoss zum Atelier umzubauen. Dann renovierte er das Erdgeschoss, riss einige Wände heraus, um ein großes Studio zu schaffen, und strich die Räume in leuchtendem Weiß. Einige Gegenstände der Vorbesitzer verblieben im Haus, der Rest wurde von Pollock verbrannt. Immer wieder gab es etwas zu tun: Mal war die Wasserpumpe in der Küche defekt, mal funktionierte ein Abzug nicht mehr, dann wieder sackte der Boden der Veranda ab. War eine Arbeit erledigt, stand schon die nächste bevor. Trotz aller Widrigkeiten schien sich Jackson wohlzufühlen. An Louis Bunce schrieb er: »Lee und ich versuchen für eine Weile das Landleben – wir mögen es hier total – es ist ein gutes Gefühl, eine Zeit lang außerhalb New Yorks zu leben.«[3] Einige Wochen lang betrachtete Pollock den Umzug nur als vorübergehende Phase, doch schon bald bemerkte er, dass ihm das Leben fernab der Großstadt gut bekam. Deshalb entschied er sich, das Haus zu kaufen. Als Krasner wegen des aufzubringenden Kaufpreises Bedenken äußerte, gab sich Pollock sorgenfrei: »Lee, du bist doch immer diejenige, die sagt, ich solle mir keine Gedanken um das Geld machen; wir sollten es einfach tun.«[4] Doch das war gar nicht so einfach. Die Pollocks hatten lediglich wenige Wochen Zeit, die benötigten 5 000 Dollar aufzutreiben. Die East Hampton Bank bot an, einen Kredit von 3 000 Dollar zu vergeben, wenn die Pollocks 2 000 Dollar selbst aufbringen würden. Das Paar wandte sich an Peggy Guggenheim, doch die reagierte barsch: »Warum geht ihr nicht zu Sam Kootz?« Tatsächlich ging Lee zu Kootz und bat ihn um das fehlende Geld. Dieser stimmte unter der Bedingung zu, dass Jackson zu Kootz' Galerie wechseln würde. Als Peggy davon erfuhr, geriet sie in Rage: »Wie konntet ihr so etwas tun? Und dann auch noch mit Kootz? Nur über meine Leiche geht ihr zu Kootz!« Freunde rieten Peggy dazu, nachzugeben und dem Darlehen zuzustimmen. Die Pollocks konnten sich von der Bank 3 000 Dollar leihen und erhielten den Rest der benötigten Summe von Peggy. Für 150 weitere Dollar ließen die ehemaligen Besitzer das Inventar im Haus.[5] Peggy arbeitete einen neuen Zweijahresvertrag aus und erhöhte Pollocks Gehalt auf 300 Dollar, von denen sie 50 Dollar als Rückzahlung für das Darlehen behielt. Zudem bestand sie darauf, *Totem Lesson I*, *Totem Lesson II* und *Pasiphaë* in ihrem Besitz zu belassen, bis die Pollocks das Darlehen zurückgezahlt hätten.[6] Zusätzlich sollte es Guggenheim erlaubt sein, Pollocks Werke bis auf eines pro Jahr einzubehalten. Ende Februar waren alle Verträge unterzeichnet. Das Haus gehörte somit Jackson und Lee.[7]

Lee hatte längst erkannt, welche Macht Pollocks Mutter über ihren Sohn besaß. Sie ärgerte sich über Stellas Einfluss auf ihn und beneidete sie vermutlich auch darum. Sie hielt Jacksons Mutter für eine ignorante Person und war oft gereizt, wenn Stella in ihrer Nähe war. Doch Jacksons Bedürfnissen war Vorrang zu geben, und als er Anfang 1946 die April-Ausstellung in Art of This Century vorbereiten musste, brauchte er vor allem eines: nämlich Ruhe.[8] Im Januar reiste Stella an und Jackson verbrachte den ganzen Tag vor ihrer Ankunft damit, Kuchen und Kekse zu backen. Abends war er dann plötzlich verschwunden und kam erst in der Nacht völlig betrunken zurück. Am nächsten Tag stand er blass am Bahnhof, um seine Mutter in Empfang zu nehmen.

Stellas Besuch hatte wieder einen beruhigenden Effekt auf Jackson. Zum ersten Mal seit dem Umzug malte er wieder intensiv. In der Woche ihres Aufent-

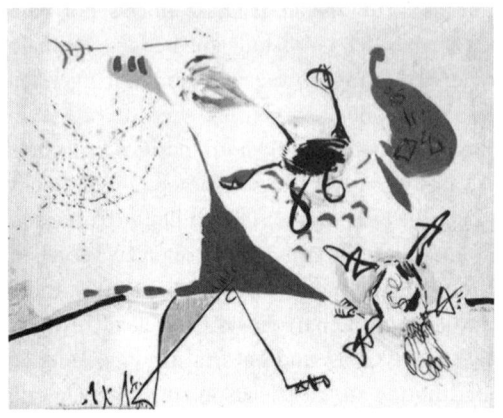

Jackson Pollock, *Sun-Scape (Sonnenlandschaft)*, 1946, Öl auf Holz, Galerie Jan Krugier, Ditesheim und Cie, Genf

halts begann er mehrere Bilder. Bei dem Werk *The Child Proceeds (Das Kind schreitet voran)* handelt es sich um die Darstellung einer Frau, die ein Kind gebärt. Das Kind liegt wie ein Embryo in einer schwarzen Blase, dahinter befindet sich eine dreiäugige Figur mit einem Pfeil in ihrem Oberkörper. Die Formensprache der Figuren erinnert stark an Picasso. Ein Bild von ähnlicher Komposition ist *The White Angel (Der weiße Engel)*, das zwei überstreckte Figuren zeigt. *Sun-Scape (Sonnenlandschaft)* scheint ganz unter dem Eindruck von Kindheitserinnerungen entstanden. Auf einem strahlend gelben Hintergrund prangt links ein großes flirrendes Auge. Eine Figur mit dreieckigem Körper und einem Pfeil auf dem Kopf scheint ziellos durch die Gegend zu schreiten, im Zentrum ist eine an einen Hahn erinnernde Gestalt zu sehen. Wenige Symbole und Ziffern sind wahllos im Bild verstreut. Außergewöhnlich ist das Werk *The Debutante (Die Debütantin)*. Eine Zeitschriftenseite hat Pollock mit Tinte grundiert und dann im Zentrum des Bildes eine Haut aus getrockneter Farbe drapiert, sodass der Eindruck einer Frau in einem weißen Kleid entstand.

Von den elf Gemälden, die Jackson in seine dritte Einzelausstellung bei Guggenheim schicken wollte, stammte die Hälfte aus der Zeit vor dem Umzug. Die Vernissage im April war gut besucht und die Presse äußerte sich durchaus wohlwollend, obwohl sich Pollock seit der letzten Ausstellung kaum weiterentwickelt hatte. Greenberg glaubte, die Arbeiten seien nur eine Durchgangsstation. In *The Nation* schrieb er: »Pollocks dritte Ausstellung [...] beinhaltete nichts Vergleichbares zu Totem I und Totem II, die er im letzten Jahr ausgestellt hatte. Aber es war immer noch gut genug – trotz all der Abschweifungen und Schwächen, besonders in den Gouachen –, um ihn als einen der originellsten zeitgenössischen Maler unter 40 [Jahren] zu bezeichnen.«[9] In der *Art News* hieß es: »Jackson Pollock ist einer der einflussreichsten jungen amerikanischen Abstrakten und er hat seine Position mit der aktuellen Ausstellung bekräftigt.«[10]

Zu diesem Zeitpunkt wurde die Kunstwelt allerdings von einem ganz anderen Thema beherrscht: Peggy Guggenheim hatte ihre Memoiren veröffentlicht und mit ihren freimütigen Bekenntnissen einen Skandal ausgelöst. Das Buch *Out of This Century*, zu dem Pollock den Umschlag entworfen hatte, wurde ein Verkaufserfolg. Als der Skandal um das Buch jedoch seinen Höhepunkt erreichte, war Pollock bereits wieder zurück in Springs und verpasste so das Stadtgespräch.

Der Frühling hielt 1946 frühen Einzug. Nach Lees Erzählungen war Jackson in bester Stimmung, seit zwanzig Jahren hatte er keinen Frühling mehr auf dem Land erlebt. Die endlos scheinenden Landschaften der Dünen und des Meeres faszinierten ihn und erinnerten ihn an die weiten Wüstenlandschaften seiner Kindheit. Er verbrachte Tage damit, durch die Region zu wandern, über sanfte Hügel, morastige Grasebenen und an der Küste entlang. Die Landschaft erblühte in prächtigen Farben. Stundenlang saß Pollock im Gras, blickte hinaus auf die See oder beobachtete Möwen und Schwalben, die durch die Luft segelten.

Jackson legte auch einen eigenen Garten an, in den er Gemüse und Melonen pflanzte. Er kaufte eine Ziege und nahm einen Hund bei sich auf, einen Collie-Mischling, den er Gyp nannte. Irgendwann kam noch die zahme Krähe Caw-Caw hinzu. Jackson hatte sich ein Stück Kindheit zurückerobert und war mächtig stolz auf seine kleine Farm. Lee erinnerte sich später einmal: »Es gab Zeiten, da ging es Jackson richtig gut. Er liebte das Haus und mochte es, sich in seinem Garten herumzutreiben.«[11] Und er hatte Lee und liebte sie. Sie war der entscheidende Grund für seine Genesung – trotz so mancher Streitigkeiten. Zum ersten Mal seit 1942 schien es, als befinde sich ihre Beziehung wieder im Gleichgewicht. Lee war für Jackson da, wenn er Hilfe brauchte, und Jackson kümmerte sich liebevoll um Lee. Später beschrieb sie diese Zeit als behaglich, heimisch und sehr erfüllend. Sie schliefen lange und weit bis in den Tag hinein. Dann betätigten sich beide im Garten: Jackson grub um und pflanzte, während Lee den Boden wässerte und Unkraut zupfte. Nachmittags, wenn Lee den Haushalt besorgte, malte Jackson. Später fuhren sie mit dem Rad in die Stadt oder gingen gemeinsam spazieren, um die frische Luft und die Natur zu genießen. Bei diesen Spaziergängen sammelte Pollock Strandgut, Steine und diverse Muscheln – Objekte, die im Laufe der Zeit eine ansehnliche Sammlung außergewöhnlicher Dinge ergaben.[12]

Jackson Pollock und Lee Krasner vor ihrem Haus in Springs, East Hampton, ca. 1949 (Fotograf: Wilfrid Zogbaum)

Der Frühling mit all seiner Farbenpracht beflügelte Pollock und seine Kreativität. Er malte in diesen Tagen wie ein Wilder und hielt fest, was ihm in den Sinn kam. Stilistisch orientierte er sich dabei an seinen Arbeiten aus den Jahren 1943 und 1944, doch waren die neu entstandenen Bilder voller fröhlicher Farbigkeit – eine Entwicklung, die schon Anfang 1946 mit *Circumcision (Beschneidung)* begonnen hatte. Auf dem Gemälde sind zwei Figuren zu sehen: eine Person in der Bildmitte, länglich wie in *The Child Proceeds*, sowie eine am linken Bildrand befindliche, die nur zur Hälfte erscheint. Ein wildes Gewirr aus Linien und Symbolen bestimmt den Bildaufbau. Tiere, Masken und Menschen scheinen das Bild zu bevölkern. Die üppige Farbpalette wird von Rosa-, Blau- und Grüntönen bestimmt, mächtige schwarze Linien begrenzen die Farbfelder an manchen Stellen.

Die Bilder des Frühjahrs 1946 waren geprägt von flächigen Farbfeldern und einer ungewöhnlichen Farbigkeit: *The Water Bull (Der Wasserstier)* ist von hellen Farbflächen bestimmt, die von schwarzen Linien umrissen werden; *The Tea Cup (Die Teetasse)* stellt eine Teestunde dar und besticht durch seine leuchtende Farbigkeit; in *Bird Effort (Mühen des Vogels)* hielt Pollock ein Gewirr aus Schnäbeln und Flügeln fest, ebenfalls in klaren Farben gehalten. Überdies kehrte Pollock zu seinem Lieblingsthema, dem Tisch, zurück; in Werken wie *Yellow Triangle (Gelbes Dreieck)* und *The Key (Der Schlüssel)* platzierte er wieder Figuren am Rand, dieses Mal jedoch nur noch sehr abstrakt angedeutet.

Das Gewirr von Linien aus den Bildern des Vorjahres verschwand, ebenso wie der pastose Farbauftrag. Für *The Key* legte Pollock die Leinwand auf den Boden und trug die Farbe mit einem Spachtel oder Messer auf, drückend, krat-

Jackson Pollock, *The Key (Der Schlüssel)*, 1946, Öl auf Leinwand, The Art Institute of Chicago, Chicago

zend und schabend. Oftmals schimmert die Textur der Leinwand durch die Farbe hindurch. Wo die Leinwand unter dem Druck in die Spalten zwischen den Holzdielen sackte und die Farbe üppiger aufgetragen werden musste, entstanden dicke horizontale Linien. Durch dieses Verfahren war der Farbauftrag sehr viel dünner als früher, dicker fallen nur die Konturen und Linien aus, die mit dem Pinsel aufgetragen wurden.

Pollock näherte sich wieder einer Farbpalette, die er bei Matisse abgeschaut hatte: Rot- und Rosatöne, Gelb, Türkis, Violett und ein zartes Blau. Symbole und Formen, die er bereits hinter sich gelassen hatte, fanden erneuten Eingang in sein Werk: Tiere, menschliche Körper, Gesichter, Zahlen, Sterne, Blumen und sogar Herzen. Fast scheint es, als wollte Pollock die Vergangenheit aufarbeiten, indem er die alten Stile, Farben und Bildthemen ein weiteres Mal aufgriff. Vieles erinnert an Picassos Gemälde *Stierkampf* aus dem Jahr 1934. Die in jenem Frühjahr geschaffenen Werke fasste Pollock unter dem Serientitel *Accabonac Creek (Accabonac Bucht)* zusammen.

Im Sommer renovierte Pollock das obere Stockwerk des Hauses. Außerdem installierte er ein kleines Bad und versah das Äußere des Hauses mit einem weißen Anstrich. Sein wichtigstes Projekt aber war die Scheune, die sich hinter dem Haus befand und bis oben hin mit Gerümpel vollgestopft war. Jackson mistete gründlich aus und überlegte, was sich mit der Scheune anfangen ließe. Das Atelier im oberen Stockwerk des Hauses war ihm mittlerweile zu klein geworden, doch um die Scheune als ein Atelier nutzen zu können, lag sie zu weit vom Haus entfernt. Zum Malen war sie kaum geeignet: Im Sommer war es heiß und stickig, im Winter eisig kalt; durch die Ritzen zog es, Astlöcher ließen Sonnenstrahlen in den Schober hinein. Der Innenraum der Scheune maß 5 ½ mal 7 Meter und war bis unter den Giebel rund 4 ½ Meter hoch. Die Westwand ließ sich mittels zweier Schiebetüren fast gänzlich öffnen. Die Schienen waren allerdings so verrostet, dass jeder Windstoß zu einem Quietschen und Klappern führte. An der Südseite war ein Vorratsraum angebaut worden, der über Fenster und ein Garagentor verfügte.

Gemeinsam mit seinem Freund Roger Wilcox kam Pollock auf die Idee, die Scheune zu versetzen – ein Vorschlag, der auch Lee entgegenkäme, da sie sich beschwert hatte, dass das Gebäude ihr den Blick auf das Wasser versperre. Die beiden Freunde wollten die Wände der Scheuen sichern, sie dann anheben und über Holzstämme zum Haus hin rollen. Im Glauben, dass dies funktionieren würde, goss Jackson ein neues Fundament. Als sie jedoch versuchten, das Haus zu bewegen, scheiterten sie kläglich. Am nächsten Tag heuerte Jackson einen

Fischer an, der ihnen helfen sollte. Dieser lud das Gebäude auf einen LKW und fuhr es zum neuen Standort. Auf der Nordseite der Scheune schlug Jackson weit oben ein Loch in die Wand, um dort ein Fenster einzubauen. Als Lee anregte, noch ein weiteres weiter unten zu installieren, widersprach Jackson. Er wollte sich von der Außenwelt abschotten, um ungestört von äußeren Einflüssen arbeiten zu können.[13] Er hängte Regale für Malutensilien auf und ein paar seiner Bilder an die Wände.

Pollocks Werke aus dem Frühjahr offenbaren, obgleich gut geworden, keine künstlerische Weiterentwicklung. In *The Blue Unconscious (Das blaue Unterbewusstsein)*, einer riesigen Leinwand, die er noch im Haus begonnen und in der Scheune fertiggestellt hatte, griff er weiterhin alte Bildsujets auf. In der Mitte der Darstellung ist ein perspektivisch gemalter Tisch zu sehen, um den sich totemartige Figuren versammelt haben. Unter dem Tisch sitzt ein Hund. Auch hier spielte Jackson mit der Grenze zwischen Gegenständlichkeit und Abstraktion. Er versuchte, unbewusste Bilder mit einem Schleier von Abstraktion zu bedecken.

An einem Wochenende im Juli kam Clement Greenberg zu Besuch. Obwohl der Kunstkritiker zu denjenigen zählte, die sich lobend über Pollocks Kunst geäußert hatten, hatten er und der Künstler in den Jahren, die sie sich nun bereits kannten, nur wenig Kontakt miteinander gehabt. Lee hielt allgemein nicht viel von Kunstkritik und zweifelte an Greenbergs Fähigkeiten, dennoch war sie sich seiner Bedeutung bewusst: »Er hilft uns, auf die Füße zu kommen«, schrieb sie an Bernard Myers. »Es ist wichtig, in der Zeitung zu stehen, dass über dich geschrieben wird.«[14] Greenberg wurde deshalb die seltene Ehre zuteil, die Pollocks in Springs besuchen zu dürfen. Der Kritiker erinnerte sich daran, dass Lee sehr nett und zuvorkommend gewesen sei. Stundenlang hätten die beiden am Küchentisch gesessen und geredet. Sie hätten Kaffee getrunken und seien erst spät zu Bett gegangen.

An jenem Wochenende betrat Greenberg zum ersten Mal Jacksons Atelier. An einer der Scheunenwände stand das Gemälde *The Blue Unconscious* zum Trocknen angelehnt. Auf dem Boden lag *Something of the Past (Etwas aus der Vergangenheit)*, mit dem Pollock gerade begonnen hatte. Greenberg schaute sich lange und intensiv um. Für ihn waren *Gothic* und das Gemälde *Mural* in Guggenheims Haus wahre Offenbarungen gewesen. Die tief versteckte Symbolik, die All-over-Kompositionen und die groben Oberflächen waren ein idealer Ausdruck seiner Theorien. Mit den Bildern der letzten beiden Jahre hatte sich Jackson indes weit davon entfernt und war zu seiner alten Symbolik zurückgekehrt. Somit barg auch *The Blue Unconscious* keinen Fortschritt für Greenberg, wenn er auch die Fragmentierung der Figuren und die Oberflächenstruktur des Werkes lobte. Das neue Bild jedoch, das da auf dem Fußboden lag, schien vielversprechend und von einer neuen Entwicklung zu künden. *Something of the Past* wirkte wie eine übermäßig abstrahierte Form der Bilder des Frühlings. Der Kritiker nickte anerkennend. Greenbergs Enthusiasmus für das neue Bild konnte Pollock kaum überraschen. Er kannte dessen Begeisterung für *Mural* und *Gothic*, und er wusste, dass Greenberg überzeugt davon war, das Abstraktion die einzig wahre Form der Malerei sei.[15]

Den Rest des Sommers und auch den Herbst verbrachte Pollock damit, den mit *Something of the Past* eingeschlagenen Weg fortzuführen. Seine neue Serie

Jackson Pollock und Lee Krasner am Strand, ca. 1950

nannte er *Sounds of the Grass (Klänge des Grases)* und grenzte sie damit deutlich von der im Frühjahr gefertigten Werkgruppe *Accabonac Creek* ab. Während Letztere noch im Haus entstanden war, hatte Pollock die Arbeiten von *Sounds in the Grass* in der Scheune kreiert. Pollock verwandte viel Mühe darauf, Titel für die einzelnen Werke zu finden, und benannte alle Bilder selbst.[16] Die Titel beider Serien verdeutlichen, welch wichtige Rolle die neue ländliche Umgebung für Pollocks Schaffen spielte.

In Gemälden wie *Eyes in the Heat (Augen in der Hitze)*, *Earth Worms (Erdwürmer)* und *Shimmering Substance (Schimmernde Substanz)* bedeckte Pollock die Bildfläche mit

Jackson Pollock, *Croaking Movement (Krächzende Bewegung)*, 1946, Öl auf Leinwand, The Solomon R. Guggenheim Foundation, New York

dicht gedrängten Wirbeln aus Farbe, die er in pastosem Farbauftrag mittels kurzer Pinselstriche auf die Leinwand brachte. In *Croaking Movement (Krächzende Bewegung)* werden die flächigeren Farbfelder durch ein zartes Sgraffito, gekratzte ringförmige Linien, überdeckt, welches wiederum von dicken Kratzspuren in gerader und runder Führung überlagert wird. Die noch in *The Blue Unconscious* versteckte Symbolik ist ebenso wie alles Gegenständliche unter einem abstrakten Meer aus Pinselstrichen und Farbe versunken. Die Gemälde sind wesentlich kleiner als die Arbeiten zuvor. Sie markieren den sichtbaren Übergang von den symbolträchtigen Bildwerken der letzten Jahre zu den berühmten Dripping-Bildern. In ihnen spiegeln sich die Farben und das Licht der Frühjahrs- und Sommermonate auf dem Land. *Shimmering Substance* erinnert an einen heißen Sommertag, an ein grelles, flirrendes Licht und die Farben einer Sommerwiese (Tafel 6).

Als das Gemälde *Eyes in the Heat* vollendet war, zeigte Pollock es Lee und meinte: »Das ist für Clem.«[17] Greenberg war begeistert, als er die Bilder sah, und lobte das Verschwinden expliziter Symbolik: »Er hat nun weitgehend sein übliches schweres schwarz-weißliches oder gussmetallenes Chiaroscuro aufgegeben zugunsten größerer Ausmaße, eines kräftigen Rots, Cremeweiß, Himmelblaus, Pinks und leuchtenden Grüns [...]. Pollock liegt nun jenseits des Zustandes, in dem er seine Poesie explizit in Ideogrammen ausdrücken musste. Was er stattdessen erfunden hat, hat vielleicht in seiner starken Abstraktion und der Abwesenheit bestimmbarer Festlegungen eine nachhaltige Bedeutung.«[18]

Jackson gefiel es in Springs inzwischen ausgesprochen gut. Da er sich wohlfühlte, hatte er sein Alkoholproblem unter Kontrolle. Wie stets, wenn er intensiv arbeitete, trank er zwar, doch kam es nicht zu den selbstzerstörerischen Alkoholexzessen. Es waren die Natur und ihre Farben, die ihn berauschten. Blüten hüllten die Landschaft in ein Meer aus Farben, die Wiesen waren saftig grün, das Meer und die Wolken am Himmel sorgten für ständig wechselnde Lichteindrücke. Nur zweimal war er im Sommer in New York gewesen. Bei seinem zweiten Besuch erfuhr er, was schon lange als Gerücht kursierte: Peggy werde ihre Galerie demnächst schließen. Seit dem Ausscheiden Putzels war ihr die Arbeit zu viel geworden. Die Ausstellungen verloren an Qualität und das Presseecho fiel zunehmend schlechter aus. Der Krieg in Europa war inzwischen zu Ende gegangen, die Alliierten hatten den Kontinent vom Nationalsozialismus befreit. Peggy entschied, dass die Wintersaison 1946/47 ihre letzte sein würde. Pollocks Situation war damit ungewiss, er hatte Angst vor der Zukunft und bat Peggy um eine letzte Ausstellung. Lustlos stimmte sie zu; die meisten guten Künstler waren ihr davongelaufen, sie hatte wenig zu verlieren. Jackson war noch immer ihr Zugpferd, weshalb sie beschloss, dass es vom 14. Januar bis zum 1. Februar 1947 eine letzte große Ausstellung für Pollock geben sollte.

Der künstlerische Schwung des Sommers setzte sich in den Herbst hinein fort. Bereits Ende November hatte Jackson alle Bildwerke für die Januar-Ausstellung fertiggestellt. Um die Ausstellung mit möglichst vielen Bildern zu bestücken, wollte er die beiden in diesem Jahr entstandenen Serien zeigen. Im Dezember 1946 nahm Pollock mit seinem Werk *Two* zum ersten Mal an der Jahresausstellung zeitgenössischer amerikanischer Kunst im Whitney Museum teil. Greenberg schrieb dazu: »Das beste Bild der derzeitigen Ausstellung ist Jackson Pollocks ›Two‹. Diejenigen, die glauben, ich würde Pollocks Verdienste aufbauschen, sind eingeladen, diese riesige vertikale Leinwand mit allem anderen aus der Jahresausstellung zu vergleichen.«[19]

Zu Lees Erstaunen malte Jackson auch nach Vollendung der für die Ausstellung bestimmten Bilder fleißig weiter, obwohl der Winter kam, jene Zeit, in der es in der Scheune äußerst ungemütlich war. Jeden Morgen nach dem Aufstehen ließ sich Pollock von Lee einen Becher Kaffee kochen, hüllte sich in mehrere Lagen Kleidung ein und stapfte zum Atelier. Es war eisig kalt in der Scheune,

Schnee rieselte durch die Ritzen, es zog und war feucht. Zwar gab es inzwischen einen kleinen Ofen, doch dauerte es ewig, bis sich die Wärme in dem zugigen Raum ausgebreitet hatte, und auch dann war es immer noch unbehaglich.

Pollocks vierte und letzte Ausstellung in der Galerie Art of The Century wurde ein voller Erfolg und erntete so viel Anerkennung, dass Guggenheim sich entschloss, die Schau um eine Woche zu verlängern. Zu sehen waren fünfzehn Werke der *Sounds in the Grass*- und der *Accabonac Creek*-Serien.[20]

Pollock freute sich über die positiven Kritiken. Greenberg war voll des Lobes und glaubte, dass dies die beste Ausstellung in Pollocks bisheriger Karriere sei. Dessen Bilder seien »ein wichtiger Schritt in seiner Entwicklung«. Er lobte Pollocks Vielfältigkeit und die Kraft, mit der dieser Symbole in die Oberfläche integriere.[21] *Art News* schrieb, dass Jacksons »neueste Bilder wie *The Key*, die größer und farbenreicher sind, es leichter machten, die grundlegende Energie, die über die Leinwände wabert, aufzunehmen«[22].

Auch Peggy Guggenheim hatte Grund zur Freude. Ihr Depot war gut gefüllt mit Dutzenden von Pollocks Werken. In wenigen Wochen würde die Galerie schließen und bis dahin wollte sie noch möglichst viele Bilder absetzen. Sie hatte Glück, die Werke verkauften sich gut. Noch vor Ausstellungsbeginn erwarb der Sammler William »Bill« Davis, der auch das Katalogvorwort verfasst hatte, *The Tea Cup* und *Shimmering Substance*, und Saul Schwamm sicherte sich *The Blue Unconscious*.[23]

Auch kurz vor der Schließung von Art of this Century hatte Pollock noch keine neue Galerie gefunden. Gemeinsam mit Guggenheim besuchte er mehrere Galeristen, doch keine der großen Galerien zeigte Interesse an ihm. Nur wenige der neu eröffneten Galerien rund um die 57th Street präsentierten amerikanische Avantgardisten und diejenigen, die zeitgenössische Künstler unter Vertrag nahmen, wollten sich nicht mit einem Menschen wie Pollock belasten. Sam Kootz beispielsweise gefiel dessen Kunst, doch hatte er bereits einige amerikanische abstrakte Künstler unter Vertrag und wollte sich nicht einen weiteren aufbürden, der noch dazu als schwierig galt.[24]

Zu den Galerien, die in der 57th Street angesiedelt waren, zählten auch die Schauräume Betty Parsons', die erst im vergangenen Oktober eröffnet hatten. Parsons mochte Pollocks Arbeiten, doch Peggy bestand darauf, dass Parsons im Falle einer Aufnahme Pollocks auch den 300-Dollar-Vertrag übernehmen müsse. Das war zu viel für Parsons' junge Galerie. Als Guggenheim merkte, dass sie auf diese Weise keine Chance hatte, Pollock unterzubringen, bot sie Parsons einen Kompromiss an: Wenn diese Jackson eine Ausstellung in der nächsten Saison ausrichten und als dessen Agentin agieren würde, würde Peggy für ein weiteres Jahr Jacksons Schecks bezahlen. Im Gegenzug würde sie jedoch auch weiterhin alle unverkauften Werke Pollocks erhalten, außer eines, das Jackson sich aussuchen dürfe. So könne Parsons Jackson ohne größeres Risiko ein Jahr lang ausstellen. Dies war ein reizvolles Angebot, aber auch Parsons hegte Vorbehalte gegen den als Trinker verrufenen Pollock. Sie beschloss, ihn in Springs zu besuchen.

Parsons und Pollock – die Gegensätze konnten kaum größer sein: auf der einen Seite der ungehobelte Künstler aus dem »Wilden Westen«, auf der anderen die gebildete und aus wohlhabendem Hause stammende Galeristin von der Ostküste. Parsons hatte als Kind die Armory Show besucht und war von dem Gesehenen so begeistert gewesen, dass sie entschieden hatte, Künstlerin zu werden. Von 1918 bis 1920 hatte sie deshalb bei Gutzon Borglum Bildhauerei studiert. 1919 hatte sie auf Wunsch ihrer Familie heiraten müssen. Doch die Ehe geriet zu einem wahren Albtraum: Ihr Ehemann war Alkoholiker und schlug sie oft. 1924 ließ sie sich deshalb scheiden – gegen den Willen ihrer Familie, die sie daraufhin enterbte. Doch die Verbannung war eine Befreiung für Parsons. Sie ging nach Paris und studierte dort weiter. Knapp zehn Jahre blieb sie, bevor sie 1933 in die USA zurückkehrte; die Große Depression hatte ihr Vermögen vernichtet. Sie lebte einige Zeit in Kalifornien, doch von ihrer Kunst allein konnte sie nicht leben und ihre Stelle als Kunstlehrerin langweilte sie. Deshalb entschloss sie sich, nach New York zu ziehen und dort für Galerien zu arbeiten. 1946 eröffnete Parsons mithilfe von Investoren eine eigene Galerie – und sie hatte Glück: Viele von Guggenheims Künstlern sollten nach der Schließung zu ihr überwechseln, darunter die Maler Marc Rothko, Barnett Newman (1905– 1970) und Clyfford Still. Parsons war sich sicher, dass diese neue Generation von Künstlern etwas Besonderes war: »Europa war eine von Mauern umgebene Stadt – zumindest schien es mir immer so. Picasso hätte niemals das tun können, was Pollock tat. Pollock vermittelte die historischen Vorstellungen von diesem Land. Ich habe immer gedacht, dass der Westen ein wichtiger Faktor in der Kunst der Vierziger- und Fünfzigerjahre war. Pollock stammte aus Wyoming, Clyfford Still war in North Dakota aufgewachsen und Rothko in Oregon – überall diese endlose Weite. Sie haben alle versucht, diese sich ausdehnende Welt zu vermitteln.«[25]

Parsons war von Jackson zugleich angetan und abgestoßen. Sie mochte ihn, aber sie hatte auch Angst und war skeptisch, ob eine Zusammenarbeit funk-

Jackson Pollock in seinem Atelier, ca. 1947 (Fotograf: Wilfrid Zogbaum)

tionieren würde. Jackson machte sie nervös und ihm selbst dürfte es mit ihr ähnlich ergangen sein. Diese »Dame der feinen Gesellschaft« war so anders als er, und auch der Umstand, dass sie sich frei zu ihrer Homosexualität bekannte, bereitete ihm Angst.[26] Nun also kam Parsons für ein Wochenende nach Springs. Pollock bemühte sich sehr um sie, zeigte ihr seine neuen Bilder und demonstrierte seine künstlerischen Techniken. Parsons war entzückt: »Wie hart Jackson arbeiten konnte und mit so viel Anmut! Als ich ihm zusah, sah er wie ein Tänzer aus. Die Leinwand lag auf dem Boden und an den Ecken standen Farbdosen herum, in denen Stäbe steckten, die er sich griff und immer wieder über die Leinwand sausen ließ. Da war ein solcher Rhythmus in seiner Bewegung [...].«[27] Pollock schenkte Parsons eine Zeichnung, die er angefertigt hatte, um ihr seine Arbeitsweise zu zeigen, und Parsons gab ihr den Titel *Ballet of the Insects (Ballett der Insekten)*.[28]

Zurück in New York akzeptierte Parsons Guggenheims Vorschlag. Im Mai wurde der Vertrag unterzeichnet und Ende des Monats war es soweit: Die Galerie Art of This Century schloss ihre Pforten für immer. Kieslers Einrichtung wurde versteigert, die Mehrzahl der Gemälde verpackt und im Anschluss verschifft. Peggy reiste nach Venedig und ließ sich dort nieder. Sie sah Pollock nie wieder.

Kapitel 17
Dripping

Fotos und Videos des Fotografen Hans Namuth (1915–1990) zeigen Pollock bei der Arbeit an seinen Dripping-Bildern: Die zu bearbeitende Leinwand liegt flach auf dem Boden und wird von Pollock, eine Zigarette im Mundwinkel, mit konzentriertem Blick fixiert. Dann plötzlich greift er sich eine Farbdose mit schwarzer Emailfarbe. Er steht mit leicht gebeugten Knien an den Rändern der Leinwand und beginnt, mit einem starren Pinsel Farbe auf den Bildträger zu tröpfeln – erst langsam, mal aus dem Handgelenk, mal aus dem Arm heraus, dann wilder, schneller, stürmischer. Mal holt er zu weiten Gesten aus, dann wieder bedient er sich stakkatohafter, kurzer Bewegungen. Plötzlich schnellt der Arm nach vorn, der Oberkörper folgt. In einem Moment tänzelt der Pinsel dicht über der Leinwand, in einem anderen kreist er hoch über ihr. Rhythmisch bewegt sich Pollock vor und zurück, hin und her, um die Leinwand herum. Er unterbricht kurz sein Schaffen, um innezuhalten, und verharrt in gespannter Konzentration, dann geht er erneut daran, Farbe auf die Leinwand zu schleudern. Der Prozess wirkt wie der rituelle Tanz eines Schamanen. Bald ist die Leinwand bedeckt, doch Pollock fährt fort, immer wieder überarbeitet er das dichter werdende Netz aus Linien. Irgendwann hört er auf und betrachtet das Werk. Wie in Trance starrt er mit ernster Miene auf das fertige Bild, bewegt sich mit prüfendem Blick um die Leinwand herum. Über mehr als zwei Stunden vermochte Pollock diesen geistig wie körperlich anstrengenden Schaffensakt durchzuführen. Anders als Filme und Fotografien suggerieren, malte Pollock seine Dripping-Bilder meist nicht in einem Arbeitsgang. Vielmehr schuf er ein oder zwei Ebenen und stellte das Bild dann zur Seite. Er behielt es jedoch im Blick und dachte darüber nach, wie das Werk zu vollenden sei. Nach Stunden, Tagen oder Wochen griff er dann erneut zu dem Bild, malte ein wenig weiter, fügte Ebenen hinzu und stellte es wieder beiseite. So kam es, dass er stets an mehreren Bildern zugleich tätig war und Wochen brauchte, bevor ein Werk vollendet war.

Blick in Pollocks Atelier, 1950 (Fotograf: Rudy Burckhardt)

Das Wort »Dripping« heißt wörtlich übersetzt »Tröpfeln«. Doch Pollocks Technik lässt sich nicht allein als ein Tröpfeln beschreiben, es war mehr ein Ausgießen von Farbe, das mit einem Tröpfeln, Spritzen und Schleudern kombiniert wurde. So entstanden Geflechte aus Linien, mal dicht und mal lose, mal fein und mal grob, mal kreisend, wild zuckend oder kreuz und quer. In manchen Bildern sind farbige Akzente gesetzt, in anderen dominiert ein Muster aus Schwarz und Weiß. Mal zeigen die Leinwände lyrische Gewebe, dann wieder rammte Pollock Totempfähle in das Bild oder kleckste dicke Farbpfützen darauf. Kosmische Nebel und wilde Strudel wechseln mit apokalyptischen Szenen oder ruhigen, zarten Gespinsten. Nur selten wird Gegenständliches sichtbar. Greenberg formulierte für Pollocks Bilder den Begriff der »Optikalität«, mit dem er die Reduktion alles Identifizierbaren bis zum reinen Schauwert bezeichnete. Dabei übersah Greenberg allerdings gern, dass Pollocks Bilder nie ein reines Seherlebnis waren, dass sie niemals völlig abstrakt und ohne jeden Hintergedanken erarbeitet wurden. Dass der Betrachter des Bildes nichts sieht, heißt nicht, dass dort nichts ist. Die reine Form und Farbe, die Greenberg in Pollocks Arbeiten so faszinierte, war immer auch Ergebnis der Suche nach etwas und nicht ohne »spirituelle« Beeinflussung entstanden.[1]

Seit der Entstehung der Dripping-Bilder wird gerätselt, wie Pollock auf diese Technik kam. Die Theorie, der Maler sei durch Zufall auf das Dripping gestoßen, als er versehentlich Farbe auf den Boden kleckerte, ist wenig wahrscheinlich. Längst kannte Pollock die Technik und ihre Effekte. Eine weitere Theorie besagt, er habe in einem Anfall von Wut den Pinsel in eine Ecke geworfen, und beim Anblick der Farbkleckse sei ihm aufgefallen, wie sehr das entstandene Muster einem unmittelbaren Ausdruck seiner Gefühle entsprach. Andere meinten sich zu erinnern, dass Jackson einen Eimer mit Farbe auf eines von Lees Bildern getreten und dabei das Tröpfeln von Farbe als expressiven Ausdruck von Gefühlen entdeckt habe.[2] Harry Jackson, ein Freund von Pollock, erzählte: »Er [Pollock] sagte mir, dass er damit begonnen habe, Farbe zu tröpfeln, weil er derart entzückt war, als er *Mural* für Peggy Guggenheim malte, dass er die Hoffnung verlor, dieses Entzücken auch weiterhin mit einem Pinsel erzeugen zu können.«[3] In der Tat dürfte *Mural* ein Auslöser für das Dripping gewesen sein. Erstmals beherrschte hier völlig die Linie das Bild, All-over und kleinere Spritzer wurden von Pollock als Bildmittel genutzt. Allerdings ist *Mural* noch nicht gänzlich abstrakt.

Ironischerweise könnte es ausgerechnet Benton gewesen sein, der Pollock zu dessen Bildern animierte. In seinem Essay »Mechanics of Form Organization in Painting«, im November 1926 in *The Arts* erschienen, bildete Benton zwei Bilder ab, die veranschaulichen sollten, wie Benton sich die Organisation eines Bildwerks vorstellte. Die gezeigten Skizzen erinnern frappierend an Pollocks Bilder aus den Vierzigerjahren.[4] Wie Reuben Kadish erzählte, habe Benton Pollock außerdem auf Martha's Vineyard gezeigt, wie man Keramiken bemalte, und die Glasur gegossen.[5] Tony Smith berichtete in einem Interview, dass Pollock auf seine Frage, wie dieser auf das Dripping gekommen sei, den Katalog zur Ausstellung »Fantastic Art Dada Surrealism« im MoMA hervorgeholt und ihm eine Zeichnung von Hans Arp gezeigt habe.[6]

Pollocks Künstlerkollegen reklamierten die Erfindung des Dripping später für sich. Und tatsächlich gab es Maler, die schon vor Pollock mit dem Dripping experimentiert hatten. Paalen hatte mit dieser Technik gearbeitet, ebenso Picabia, Miró und Onslow-Ford. Auch die amerikanischen Künstler hatten sich des Dripping bedient. Baziotes hatte Farbe aus der Tube auf die Leinwand gequetscht, sodass zufällige Muster entstanden. Auch Gorky hatte sich – bereits vor Pollock – intensiv mit der Technik auseinandergesetzt und mehrere Dripping-Bilder geschaffen. Selbst Hofmann machte Anfang der Vierzigerjahre gelegentlich von dieser Technik Gebrauch, weshalb er für Greenberg als »der erste Drip-Maler«[7] galt.

Auch die Surrealisten hatten Farbe über ihre Schultern auf die Leinwand geworfen, und Max Ernst hatte ein Loch in den Boden einer Farbdose gestochen und diese dann über die Leinwand bewegt. Diese Technik nutzte Ernst bei der Erstellung seines Werkes *Junger Mann, gereizt durch den Flug einer nichteuklidischen Fliege* (1942) ebenso wie in *L'Année 1939* (1943) oder *La Planete affolée* (1942), das in der Surrealisten-Ausstellung 1942 gezeigt wurde. Angeblich hätten Motherwell und Pollock das Bildwerk in der Ausstellung gesehen und den Künstler voller Erstaunen nach dessen Geheimnis gefragt. Ernst selbst erzählte der französischen Kritikerin Françoise Choay, Pollock habe das Dripping durch seine Bilder entdeckt. Motherwell bestritt allerdings, dass Pollock angesichts des Gemäldes erstaunt gewesen sei. Warum hätte er es auch sein sollen, er kannte derartige Effekte spätestens seit 1936 aus Siqueiros' Workshop.[8] Axel Horn war sich sicher, dass Pollock das Dripping Siqueiros verdanke.[9] Erste »Spritzspiele« mit Farbe hatte Jackson jedoch auch schon bei seinem Kunstlehrer Schwankovsky in Los Angeles erprobt und so den Eindruck »geschleuderter« Farbe kennengelernt.

Inspiration könnte Pollock auch durch die bereits erwähnte Ausstellung »Action Photography« (1943) gewonnen haben. Unter den ausgestellten Arbeiten Gjon Milis fand sich neben der schon genannten Aufnahme Alfred Hitchcocks auch das Bild einer Eiskunstläuferin, die Mili mithilfe des Verfahrens der Luminografie fotografiert hatte. Hierzu hatte er die Tänzerin mit Lichtpunkten versehen und dann mittels langer Belichtungszeiten ein Bild erstellt, in dem die Bewegungen gleichsam wie eingefroren erscheinen. Das Werk erinnert stark an Pollocks Dripping-Bilder.¹⁰ Pollocks Freund und Fotograf Herbert Matter schuf in den Vierzigerjahren ebenfalls experimentelle Arbeiten, die Bewegungsabläufe fixierten. Mal fotografierte Matter seine Frau in Bewegung, mal einen Leuchtstift oder eine Tänzerin.¹¹ Ein anderes Mal lichtete er einen Mann ab, der sich ankleidete und mit Lichtpunkten markiert worden war. Durch lange Belichtungszeiten verschwammen die sich bewegenden Punkte zu Linien. Das so entstandene Foto weckt Assoziationen an Pollocks Dripping-Bilder, die abstrakte Figuren zeigen, wie etwa *Triad* (*Triade*, 1948) oder *Number 22A* (*Nummer 22A*, 1948). Sicherlich verfolgte Pollock auch Matters Experimente, Tinte in Wasser oder Glyzerin tropfen zu lassen und die Verwirbelungen, die wie Rauch in der Luft zu schweben schienen, fotografisch festzuhalten.¹²

1946 besuchten Pollock und Greenberg eine Ausstellung von Janet Sobel (1894–1968) in der Galerie Peggy Guggenheims und bewunderten die aus Linien gebildeten All-over-Abstraktionen, die in hohem Maße an Pollocks spätere Dripping-Bilder erinnern. Sobel war eine Künstlerin aus Brooklyn, die zu jener Zeit bereits zweiundfünfzig Jahre zählte. Sie hatte 1939 mit primitiven Figurationen begonnen und dann autodidaktisch einen ganz eigenen surrealistischen Stil entwickelt, bei dem sich Gesichter und Formen aus einem abstrakten Liniengeflecht herauszuschälen scheinen. Laut Greenberg war es vor allem *Music* (1944), eines ihrer Hauptwerke, das Pollock besonders beeindruckte.¹³ Leider ist Sobel, die man als tatsächliche Erfinderin des Dripping bezeichnen darf und die mit ihrer Technik Jacksons Bildern am nächsten kommt, nur Experten ein Begriff. Auch der amerikanische Maler Mark Tobey (1890–1976) arbeitete mit ähnlichen Methoden, Bilder von ihm sah Pollock aber vermutlich erst nach 1947.¹⁴

Pollock war also nicht der erste und auch nicht der einzige Maler, der mit dieser Technik zu Werke ging, aber er war der erste, der daraus eine eigene Bildaussage formulierte und das Dripping in das Zentrum seines Schaffens erhob. Kein anderer Künstler nutzte die Technik auf solch radikale Weise und führte sie zu einer derartigen Perfektion, keiner erreichte Pollocks Rhythmus, Energie und Intensität. Und anders als seine Kollegen setzte Pollock nicht auf den bloßen Zufall, sondern steuerte das Gießen der Farbe – bewusst und unbewusst. Die Malakte der Künstlerkollegen waren wesentlich passiver organisiert: Man goss die Farbe auf das Bild und hoffte auf ein gutes Werk.

Es lässt sich rückblickend nur schwer ergründen, weshalb sich Pollock plötzlich ganz auf das Dripping konzentrierte. Denkbar ist, dass er sich endgültig von seinen europäischen Vorbildern lösen und Miró und Picasso aus seinem Werk verdrängen wollte, sie quasi einfach »überkritzelte«. Robert Motherwell glaubte, Pollock habe »in einem Moment der Hoffnungslosigkeit und Frustration [...] seine Picasso-Bilder mit Gewalt ausgestrichen, und in einem gewissen Moment entwickelten sie eine eigene Schönheit. Teil der Schönheit von Pollocks Gemälden ist die Ahnung, dass unter dieser schönen Oberfläche ein Meer von Aalschwärmen, Hummern und Haien existiert. Und ich glaube, in einem bestimmten Moment (und der war ganz natürlich) hat er begriffen, das er Picasso nicht imitieren muss, sondern direkt ausstreichen oder tröpfeln kann [...].«[15]

Ein Auslöser für das Dripping waren sicher die Platzprobleme im Atelier. Schon in seinem Atelier im Haus hatte Pollock die Leinwände auf den Boden legen müssen, da die Größe derselben ein Aufstellen nicht erlaubte. Das erste auf diese Weise gemalte Bild war laut Krasner *The Key*.[16] Aber war das wirklich der Grund oder nur eine Voraussetzung? Möglich ist auch, dass Pollock auf dem Fußboden zu malen begann, da ihn dies an die Sandbilder der Indianer erinnerte, oder dass er sich der Zeit in Siqueiros' Workshop entsann, wo die Bildträger ebenfalls auf ebenem Grund gelegen hatten. Die auf dem Boden liegende Leinwand erwies sich schnell als vorteilhaft, weil Pollock sich auf diese Weise von allen Seiten der Leinwand nähern und sie von allen Positionen aus betrachten konnte. In der Scheune behielt Jackson diese Technik deshalb bei. Nicht unwesentlich für die Entwicklung des Dripping waren auch die neuen in den 1920er und 1930er Jahren aufgekommenen Farben, die Pollock in Siqueiros' Workshop kennengelernt hatte. Für das Dripping waren normale Ölfarben ungeeignet. Pollock benötigte Farben, die fließfähig, aber genauso dauerhaft und farbstabil wie Ölfarbe waren. Für seine Bilder nutzte er daher neben den Industrielacken auf Nitrozellulosebasis auch ölmodifizierte Alkydharze, Lacke auf Kunstharzbasis, die mit Ölen versetzt waren.[17]

Ein weiterer Auslöser war sicherlich Pollocks Drang, möglichst unbewusst und spontan zu malen, ohne allzu sehr über den Malprozess nachzudenken. Malen, das war für Pollock bewusste und unbewusste Selbsterfahrung, die der körperlichen und geistigen Selbstwahrnehmung entsprang. Kunst war für ihn immer auch Ausdruck des eigenen Ich, und dieses wünschte er ohne große Umwege oder Nachdenken auf die Leinwand zu bannen.[18] Das Dripping erlaubte ihm die Sprengung letzter Grenzen. Das Bild war nicht mehr auf die Leinwand beschränkt, es entsprang Pollocks Tiefen und bahnte sich den Weg auf, über und neben die Leinwand. Die fertige Leinwand stellte also das Festhalten eines Augenblicks dar, einen Ausschnitt aus Raum und Zeit des künstlerischen Schaffens. Es zählte nicht mehr nur, was der Maler schuf, sondern auch und vor allem wie er es tat. Dem Material räumte Pollock denselben Rang wie dem Akt des Malens und dem Bildinhalt ein. Alle drei Elemente stehen in seinen Werken gleichberechtigt nebeneinander. Unbewusst hatte Pollock damit eine neue Stilrichtung kreiert und alle bestehenden Definitionen über die Entstehung eines Bildes ad absurdum geführt.

Pollock hatte schon früh damit begonnen, Farbe auf die Leinwand zu spritzen oder sie vom Pinsel herabtropfen zu lassen. 1934 hatte er für Rita Benton eine Schale erstellt und diese mit einem Dripping verziert.[19] Farbspritzer sind auch in der oberen linken Ecke des 1942 geschaffenen Werkes *Male and Female* zu sehen. In *Composition With Pouring I (Komposition mit gegossener Farbe I)* und *Composition With Pouring II (Komposition mit gegossener Farbe II)*, 1943 gemalt, goss Pollock weiße und schwarze Farbe auf die Bildträger. Mit der gleichen Technik gestaltete er 1944 eine Neujahrsgrußkarte. Etwa zur gleichen Zeit entstand *Electric Night (Elektrische Nacht)*, ein Gemälde, in dem sich ebenfalls Spritzer von Farbe finden. Festzuhalten bleibt jedoch, dass all diese Spritzer und Kleckse niemals Bildmittelpunkt oder gar zentrale Aussage waren.

Ab 1946 experimentierte Pollock intensiv mit der Technik des Dripping. In mehreren Arbeiten auf Papier arbeitete er mit Pinsel, Feder und Stift, nutzte Tusche, Gouache und Pastell und bediente sich zusätzlich der Sgraffitotechnik. Dabei begannen sich die gegenständlichen Fragmente zunehmend aufzulösen, immer offensiver traten wilde Gespinste aus Linien auf. Das erste in dieser Manier entstandene Gemälde dürfte *The Blue Unconscious* (1946) sein. Mit der auf dem Fußboden liegenden Leinwand konnte Pollock eine Fragmentierung ohne allzu starke Übermalung erreichen. Er erkannte, dass das Malen der Bildteile von vier Seiten aus automatisch das ganze Bild fragmentierte und eine »mehrdimensionale« Darstellung erlaubte. Diese Malweise kam auch seiner Art zu sehen entgegen. Für Jackson war es wichtig, ein jedes Objekt erst von allen Seiten her zu betrachten, bevor er das Gefühl hatte, es wirklich erfasst zu haben. Seitlich vor dem Bild zu knien und es sich aus allen Blickwinkeln anschauen zu können, muss in ihm eine große Befriedigung erzeugt haben. Pollock selbst sagte einmal, diese Art zu arbeiten vermittle ihm das Gefühl, Teil des Bildes zu sein.[20]

Während Pollock seine Gemälde *Male and Female* und *The She-Wolf* noch mit kleineren in der Technik des Dripping bearbeiteten Partien versehen hatte, zeigten sich die flächigen Abstraktionen in *Composition with Pouring I*, *Composition with Pouring II* und im ähnlich gestalteten Gemälde *Water Birds (Wasservögel)* bereits mit einem groben Geflecht schwarz-weißer Schlieren und Kleckse bedeckt. In *Composition with Pouring I* hatte Pollock zuerst ein ge-

Jackson Pollock, *Composition With Pouring I (Komposition mit gegossener Farbe I)*, 1943, Öl auf Leinwand, Privatsammlung

genständliches Bild gemalt, das an die Figuren in *Stenographic Figure* erinnert. Links oben ist ein dreieckiger Kopf mit einem Auge zu sehen, in der Mitte befindet sich ein ausgestreckter Arm. Diese Darstellung übermalte Pollock dann in Gelb-, Blau- und Rottönen. Die Farbe wurde mit dem Pinsel flächig aufgetragen, scheint sich aber an den Konturen der darunter liegenden Formen zu orientieren; auf diese Weise lässt sie den Rhythmus des übermalten Motivs bestehen, nimmt dem Bild aber seine Gegenständlichkeit. Darüber legte Pollock ein Gespinst aus schwarzen Linien und Spritzern von Weiß.

Ende 1944 ging Pollock dazu über, der Linie in seinen Gemälden und Zeichnungen mehr Rhythmus sowie Autonomie zuzugestehen. In Bildern wie *Night Mist*, *Night Ceremony*, *Gothic* oder *Portrait of H. M.* zeigt sich der Bildgegenstand so stark fragmentiert, dass die Grenze zwischen Gegenständlichkeit und Abstraktion nahezu überschritten ist. Es entstanden erste Arbeiten, in denen Pollock Gegenständliches weitestgehend ausgeschlossen hat. Die Linie ist eigenständiger geworden, begrenzt allerdings die farbigen Flächen des Hintergrundes und bezieht sich so auf diesen. 1945 entstand das Gemälde *There Were Seven in Eight (Es waren Sieben in Acht)*. Im Hintergrund lassen sich gegenständliche Formen erkennen. Dicht gepackt und in wildem Durcheinander scheinen Körper, Köpfe und Augen auf, die von totemhaften Figuren ergänzt werden. Überlagert wird der Hintergrund von einem feinen Netz aus schwarzen Linien, die sich wirbelnd über die Bildfläche ziehen; sie wurden von Pollock direkt aus der Farbtube auf die Leinwand gebracht. Pollock arbeitete wieder

Jackson Pollock, *There Were Seven in Eight (Es waren Sieben in Acht)*, 1945, Öl auf Leinwand, The Museum of Modern Art, New York

und wieder an diesem Bild. Obwohl bereits im Herbst des Jahres 1943 begonnen, wurde es erst 1945 fertiggestellt. Das Werk markiert einen deutlichen Übergang von der gegenständlichen Malerei zum abstrakten Dripping. Als Lee ihn auf dieses Bild ansprach, erklärte Pollock, dass er sich entschieden habe, das Gegenständliche zu verschleiern.[21]

Pollocks Aussage zur Verschleierung wurde immer wieder fehlgedeutet; angeregt durch Spekulationen suchte man in den Werken nach gegenständlichen Formen, die Pollock verhüllt haben könnte. Doch es scheint, als habe sich Pollock nur in *There Were Seven in Eight* auf das Verschleiertwerden bezogen. Auf Nachfrage erklärte Krasner: »Pollock machte die Bemerkung über das Verschleiern nur in Bezug auf *There Were Seven in Eight* und das betrifft nicht unbedingt andere Gemälde – ganz sicher nicht Arbeiten wie *Autumn Rhythm*, *Once* usw.« Wahrscheinlich ging es Pollock auch in einigen anderen 1946 entstandenen Bildern, die sich in einem Stadium zwischen Figuration und Abstraktion befinden, um eine Verschleierung des Gegenständlichen.

So entdeckten die Konservatoren des MoMA in Röntgenaufnahmen unter dem Farbgespinst von *Full Fathom Five (Fünf Faden tief)* eine Figur, die mit gespreizten Beinen und erhobenem rechten Arm im Bilde steht.[22] Bemerkenswert ist, dass man zwar im fertigen Zustand nichts mehr von dem Bild unter dem Bild wahrnimmt, Pollock jedoch die sichtbare Oberfläche mit der Figur darunter interagieren ließ, darauf aufbaute, Bezug nahm und dann einen Schleier aus Farbe über die Bildfläche legte. Diese Farbkruste umschlingt auch alles andere, was Pollock in das Werk integrierte: Nägel, Münzen, Knöpfe, Schraubverschlüsse von Farbtuben und sogar eine Zigarette und einen Schlüssel.

Jackson Pollock, *Free Form (Freie Form)*, 1946, Öl auf Leinwand, The Museum of Modern Art, New York

Doch lange scheint Pollock die Verschleierung des Gegenständlichen nicht beschäftigt zu haben. Irgendwann ging es ihm nur noch um die Wirkung von Farbe und Oberfläche, um die Einarbeitung von Bewegung und Rhythmus in seinen Werken. Die anfangs gegenständlich angedeuteten Figurationen dienen mehr als Einstieg in das Bild, als dass sie wirklich figürliche Darstellungen sind.

Erst Anfang der 1950er Jahre ging Pollock wieder dazu über, die Farbgespinste vermehrt mit Gegenständlichem zu unterlegen. Dies beweisen Filmaufnahmen Hans Namuths, welche die Entstehung von *Number 27* (*Nummer 27*, 1950) dokumentieren. Auch bei *One: Number 31, 1950* (*Eins: Nummer 31, 1950*) und *Phosphorescence* (*Phosphoreszenz*, 1950) haben computergestützte Analysen gezeigt, dass sich unter dem Gespinst Figuren verbergen, die nur schemenhaft als Strichmännchen angedeutet sind. Zwar ließe sich dies auch als Zufall deuten, doch bleibt mit Rücksicht auf Pollocks Aussagen festzustellen, dass es sich tatsächlich um gewollte figurative Formen handelt. Auch auf Fotografien, welche die Entstehung von *Autumn Rhythm: Number 30* (*Herbstrhythmus: Nummer 30*, 1950) dokumentieren, sind figurative Elemente zu erkennen, zumindest in der untersten gemalten Ebene. Im fertigen Zustand des Bildes sind diese nicht mehr auszumachen und werden von dichten Gespinsten verdeckt. Schaut man genauer hin, erkennt man, dass Pollock den Stellen, an denen sich Figurationen verstecken, besondere Aufmerksamkeit widmete.

1945 entstand *Moon-Vessel (Mond-Gefäß)*. Im Hintergrund sind abstrahierte Formen zu sehen, unter denen sich ein Auge und eine Vase befinden. Darüber legte Pollock einen Schleier aus geträufelter Farbe: Gelb, Schwarz und ein cremiges Weiß. Mit den farbigen Bildern der *Accabonac Creek*-Serie kehrte Pollock 1946 zu einer etwas gegenständlicheren Darstellungsweise zurück, um dann mit den Werken der Gruppe *Sounds in the Grass* wieder in die Abstraktion hinüberzugleiten. Jacksons erstes echtes Dripping-Bild war das 1946 entstandene *Free Form (Freie Form)*. Auf einen rotbraunen Hintergrund goss und tröpfelte Pollock zart schimmernde Spuren von Weiß, darüber legte er ein Gespinst aus schwarzen Linien.

Pollocks Wunsch, Gefühle und Unbewusstes auszudrücken, ließen ihn wohl zu der Einsicht gelangen, dass er etwas Neues brauchte. Nur in *Mural* und *Gothic* hatte es Jackson geschafft, Energie, Bewegung und Gefühle zu offenbaren und diese im Bildwerk festzuhalten, ohne sich gegenständlicher Symbole zu bemächtigen. Pollocks erste Dripping-Bilder waren noch der Versuch, beide Welten miteinander zu vereinen. Jackson hatte Köpfe, Augen und Teile von Körpern gemalt und sie dann mit Farbnebeln, -wirbeln und -spritzern bedeckt. Der nächste Schritt in Pollocks Entwicklung war fast zwangsläufig die Überwindung jeglicher Ikonografie, der Ausdruck von Gefühlen ohne gegenständliche Verfestigung. Pollock wollte Gefühle nicht mehr durch Symbole darstellen, sondern den spontanen Ausdruck von Emotionen psychomotorisch durch Gesten zum Ausdruck bringen.

Eines der ersten Bilder, das diesen Wandel bezeugt, ist *Galaxy (Galaxie,* 1947). Auf der untersten Schicht lassen sich Motive erkennen, die denen in *The Tea Cup, The Key* oder *The Water Bull* gleichen. Ein Jahr zuvor hatte Pollock *The Little King (Der kleine König)* gemalt,[23] dessen Titel vermutlich auf eine damals populäre Comicfigur des *New Yorker* anspielt.[24] Pollock, der diese Parallele womöglich als zu offenkundig und das Bild als zu gegenständlich empfand, legte einen Schleier aus silbrig glänzender Aluminiumfarbe über das Motiv, das lediglich an wenigen Stellen des Bildwerks durchscheint. Ein Gespinst aus hellem Gelb und ein paar grünen Sprenkeln bildet die oberste Ebene. Trotz der Übermalungen bleiben zentrale Elemente des figürlichen Bildmotivs sichtbar; sie wirken nun stark akzentuiert, sind aber nicht mehr als gewollte gegenständliche Elemente wahrnehmbar. Mit *Watery Paths (Wasserpfade)* und *Magic Lantern (Magische Laterne)* setzte Jackson diese Entwicklung fort. In *The Nest (Das Nest), Reflection of the Big Dipper (Widerschein des Großen Bären), Prism (Prisma)* und *Vortex (Strudel)* verschwinden die gepinselten Bildebenen gänzlich hinter den mittels Dripping gestalteten Bereichen. Noch ist bei diesen Werken ein Zentrum erkennbar, das von den Linien gebildet oder umkreist wird.

Aus den »gedrippten« Linien und Klecksen war mehr geworden als ein bloßes Gestaltungsmittel. Stilbildendes Element der Dripping-Bilder ist die Linie, welche die Werke hauchdünn oder dick, in Klecksen oder punktuellen Verdickungen überzieht; einziger Spannungspunkt neben der Linie ist die Farbe. Die Linie schafft keinerlei Form oder Abgrenzung, sie markiert lediglich den Raum, in dem sie wirkt. Pollock ist es gelungen, die Linie von ihrer originären Aufgabe der Formbegrenzung zu befreien. Sie ist bei ihm nicht mehr Grenze eines Raumes, sondern Ausdruck desselben und deshalb autonom. Werden die Werke anfangs noch von einer Ordnung totemhafter Figuren bestimmt, treten auch diese immer weiter in den Hintergrund, um sich schließlich aufzulösen. Diese Autonomie der Linie ist es, die Pollock von seinen Künstlerkollegen unterscheidet; denn auch wenn Hans Hofmann mit der gleichen Technik arbeitete, nutzte er die Linie als Begrenzung der Farbflächen – seine Kunst war somit niemals ganz ungegenständlich. Deutlich wird dies an einem Werk wie *Fantasy (Fantasie)*, das Pollock 1943 schuf. Der Hintergrund des Bildes besteht aus Farbflächen, die mehr oder minder stark voneinander abgegrenzt sind und von weißen gedrippten Farbfeldern scharf umrissen werden. Farbe und Linie bilden hier keine eigenständigen Formen, sondern beziehen sich aufeinander und begrenzen sich auch. Ein ganz ähnliches Bild, das bisher wenig Beachtung fand, ist Pollocks *Untitled (Black Pouring over Colour)* (Ohne Titel [Gegossenes Schwarz auf Farbe]), im Jahr 1952 gemalt. In diesem hat er im Hintergrund ebenfalls Farbflächen aufgetragen und diese durch eine gegossene Linie begrenzt, die sich gelegentlich autonom von der Fläche löst.

Die in der Hochphase des Dripping zwischen 1947 und 1950 geschaffenen Bilder entwickeln ein sonderliches Eigenleben. Es gibt kein Oben und Unten mehr, keinen Vorder- und Hintergrund, weder Zentrum noch Peripherie. Die Bildsprache ist nicht abstrakt, denn sie weist keine reduzierte Gegenständlichkeit auf, und sie ist nicht gegenständlich, denn nichts in den Bildern deutet auf Figuratives hin – die Werke wirken wie im Raum wabernde Energie und Bewegung. Als erster Maler hatte es Pollock geschafft, einem Bild jede Form zu nehmen, ihm jeden Inhalt zu rauben. Auf einem Zettel notierte er:

Technik ist das Ergebnis von einem Bedürfnis ——
neue Bedürfnisse erfordern neue Techniken ——
totale Kontrolle —— *Verleugnung*
des Zufalls ——
Ordnungszustände ——
organische Intensität ——
Energie und Bewegung
sichtbar gemacht ——
Erinnerungen im Raum erstarrt,

menschliche Bedürfnisse und Beweggründe ——
Akzeptanz —— [25]

In einer weiteren Notiz heißt es:

*Keine Vorzeichnungen
Akzeptanz dessen
was ich tue –.
Erfahrung unseres Zeitalters mit den Mitteln
der Malerei – keine Illustration dessen –
(aber eine Entsprechung.)
Konzentrierte
Flüssigkeit.*[26]

Pollocks Art, Dinge zu sehen und zu erfassen, war einzigartig. Ewig konnte er einen Gegenstand betrachten, wobei er ihn von allen Seiten aus in Augenschein nahm. Jede Perspektive galt es aufzunehmen. Dies war wohl auch eines seiner größten Probleme, da er glaubte, dass man ein Objekt auch anders, vielfältiger darstellen könnte; immer war er auf der Suche nach einer neuen Möglichkeit, alles ganzheitlich aufzufassen und bildnerisch zu verarbeiten. Erst die »Primitive Kunst« und vor allem Picasso und der Kubismus zeigten ihm, dass man einen Gegenstand verändern und von mehreren Seiten aus darstellen konnte, ohne eine Illusion von Raum und Tiefe zu erschaffen.

Der Maler Mervin Jules, in dessen Atelier Pollock gelegentlich seine Technik zeigte, erzählte: »Um die Leinwand vorzubereiten, legte er [Pollock] sie auf den Boden und bespritzte sie – das war das Unterbild, gespritzt und getröpfelt –, dann ließ er sie liegen, während er sie betrachtete. Bilder tauchten in ihm auf. Es war eine Stimulation, und er glaubte Michelangelo, der sagte, er sehe Formen in Wolken und derlei Sachen. Alles, was ein Künstler sieht, wird Teil seines inneren Speichers – existiert im Unterbewusstsein. Wenn das Bedürfnis danach aufkommt, kommt es wieder zutage.«[27] Pollocks Vorstellungsvermögen jedoch war weitaus komplexer als das anderer Menschen: Er nahm Bewegung wahr, wo niemand anders sie sah. Wenn er Objekte betrachtete, schienen sich diese zu bewegen oder zu verändern. Viele Bilder Pollocks zeigen eine oder mehrere Figuren in Bewegung, so etwa *Mural, Gothic, Number 1, 1952 (Nummer 1, 1952)* oder *Summertime: Number 9A, 1948 (Sommer: Nummer 9A, 1948)*.

Aufgrund seiner besonderen Art des Sehens begann Pollock, den Raum über der Leinwand in seinen Malprozess mit einzubeziehen, er spürte den sich vor seinem inneren Auge abspulenden Bildern im dreidimensionalen Raum nach. »Jackson erzählte mir, das er nicht einfach Farbe warf«, so der Künstler Nicolas Carone, »er beschrieb ein Objekt, ein wirkliches Ding, aus einer Distanz oberhalb der Leinwand.«[28] Lee nannte es »Arbeiten in der Luft, Form[en] in der Luft, die dann landen«[29]. Wilcox erinnerte sich, das Jackson oft zu ihm gesagt habe, dass er sich von der Oberfläche lösen wolle, auf der sich später das Bild befinde. Ein Augenzeuge berichtete, wie Pollock seinen Stab oder Pinsel aus der Farbdose nahm und in einer heftigen Bewegung über der Leinwand schwenkte, sodass die zähflüssige Farbe Muster formte, die unmittelbar über der Leinwand zu schweben schienen, bevor sie dann auf dieser niedergingen und eine Spur ihrer »Reise« hinterließen. Pollock malte weniger auf der Leinwand als vielmehr in der Luft über ihr. Es ist dieser Moment des künstlerischen Schaffens, der sich in den Werken widerspiegelt: die Sekunden, in denen die Farbe den Pinsel oder die Dose verlassen hat, aber noch nicht auf dem Malgrund aufgetroffen ist und im Raum einen Farbtropfen oder -faden bildet. In diesem kurzen, vergänglichen Augenblick ist Jacksons Kunst gleichsam dreidimensional, eine Skulptur, deren Spur sich auf der Leinwand verewigt.[30] Auf die Frage, was Pollocks Gemälde ausmachen würde, antwortete Krasner 1958: »Grenzenlosigkeit. Er glaubte, seine Bilder müssten grenzenlos sein.«[31] Pollock selbst sagte, dass seine Bilder aufgrund der Unbegrenztheit nicht französisch, sondern amerikanisch seien.

In seinem Schaffensprozess war Pollock nun völlig frei: Die Bilder, die in seinem Kopf entstanden, ließen sich über der Leinwand formen, und auf der Leinwand waren sie so verschlüsselt, dass Greenberg sich nicht mehr über Figuratives beschweren konnte. Pollock hatte jegliche Darstellung von der Leinwand verbannt und doch war sie da – aber nur er konnte sie sehen. Jedes in der Luft geformte Objekt geriet auf dem Malgrund zu einem unlesbaren Muster aus Farben und Linien. Gelegentlich wurden natürlich auch Formen sichtbar, die sogleich zu Spekulationen führten, ob Pollock nicht in Wahrheit stets ein gegenständlicher Maler geblieben sei, der dies nur geschickt zu verbergen suchte, irgendwo in oder unter diesem Liniengewirr.

Tatsächlich glaubte auch Lee, dass Pollock immer ein figurativer Maler geblieben sei, doch seien seine Figuren vergängliche Kreationen gewesen, »luftiges Nichts«, das nur für einen kurzen Moment bestand, dann verschwand und auf der Leinwand seine Spuren hinterließ. Endlich war Pollock vom steten Kampf mit all den Werkzeugen befreit, die sich als zu langsam und zu endgültig erwiesen hatten. Nun vermochte er jede Bewegung festzuhalten, jede Veränderung seiner Vorstellung, die sich vor seinem imaginären Auge abspielte, egal, wie flüchtig sie auch war. Das schnelle Abspulen der Ideen und die Unberechenbarkeit der Farbe führten zu zufälligen Bildern, die Pollock so belassen oder in einem Dialog aus Automatismus und Kontrolle weiter ausführen konnte.

Der Künstler und Kritiker Robert Goodnough fragte 1951 in einem Artikel, ob Pollocks Bilder automatisch seien: »Pollock sagt, dass sie es nicht sind. Er glaubt, dass seine Methode zu Beginn automatisch sei, dann jedoch einen Schritt darüber hinaus gehe, sich mit tieferen und komplizierteren Gefühlen befasse, die das Bild entsprechend ihres Grades an Reinheit und Kraft zur Vollendung trügen [...]. Er fängt automatisch an, so wie vielleicht ein ritueller Tanz beginnt, der anmutige Rhythmus seiner Bewegungen scheint immer ausholender zu werden, um die Farbe auf die Leinwand aufzutragen, aber [...] er arbeitet hin zu etwas Objektivem, etwas, das zum Schluss vielleicht unabhängig von ihm selbst existiert.«[32]

Pollock wurde zum Meister des »kontrollierten Zufalls«, ein Begriff, den er von Siqueiros in dessen Workshop gelernt hatte. Peter Busa fragte Pollock einmal, welche Rolle der Zufall in seinen Arbeiten spiele, und ob er den Zufall nur kontrolliere oder ihn sogar bewusst nutze, woraufhin Pollock entgegnete: »Wie kommst du darauf, dass es ein Zufall ist, wenn ich doch schon weiß, was ich male, bevor ich beginne?« Als Busa ihn fragte, ob er den Zufall kontrollieren könne, antwortete Pollock: »Nein, kontrolliere ihn nicht, nutze ihn! Lass ihn dein sein!«[33] Busa erklärte später in einem Interview: »Er erhob den Zufall nie bewusst zum Fetisch, war nie am Zufall an sich oder um des Zufalls willen daran interessiert. Er nutzte das Geschehnis eher, um eine Situation zu erschaffen, die er zu einem Ereignis transformieren konnte. Das war wirklich eine Transformation seines Lebens zu Kunst. [...] Man muss hinzufügen, dass Pollock chaotisch mit der Idee der Zeit als Faktor der Malerei umging. Er entwertete sie. Es war kein Zufall. Pollock wusste seine Mittel zu nutzen, um sozusagen die reine Zufälligkeit zu überwinden. Er sagte mal zu mir: ›Los, kleckere rum! Vielleicht findest du dich selbst, wenn du dich zerstörst und dann da herausarbeitest.‹«[34] Pollock sagte dazu in einem 1950 geführten Radiointerview: »Wenn ich male, weiß ich ungefähr, was ich sagen will. Ich kann den Fluss der Farbe kontrollieren; es gibt da keine Zufälligkeit, genauso wie es keinen Anfang und kein Ende gibt.« Auf die Frage, ob es nicht schwer sei, den Fluss der Farbe zu kontrollieren, entgegnete er: »Nein, ich glaube nicht. Ich – äh – mit meiner Erfahrung – scheint es möglich zu sein, den Fluss der Farbe zu kontrollieren, in großem Ausmaß, und ich nutze nicht – ich nutze den Zufall nicht – weil ich den Zufall leugne.« Der Interviewer hakte nach: »Ich glaube, es war Freud, der sagte, dass es so etwas wie einen Zufall nicht gebe. Meinen Sie das?« Pollock entgegnete: »Ich glaube, allgemein meine ich genau das.« Auf die Frage, ob er ein vorgefertigtes Bild in seinem Kopf habe, antwortete er: »Nun, nicht direkt – nein – weil es noch nicht geschaffen wurde, wissen sie. Das ist etwas Neues – es ist etwas ganz anderes, als zum Beispiel nach einem Stillleben zu arbeiten, wo man Objekte anordnet und dann direkt abmalt. Ich habe eine ungefähre Ahnung davon, was ich will und wie das Ergebnis aussehen soll.«[35]

Als Seldon Rodman Pollock in einem Interview fragte, ob dieser zu Beginn seines Schaffens ein vorgefasstes Bild verfolge oder seine Bilder gänzlich spontan während des Malens entstünden, gab sich Pollock nachdenklich: »Was weiß ich? Ich habe eins und ich habe doch keins. Irgendetwas in mir weiß, wohin es gehen soll – und, nun, Malerei ist ein Daseinszustand.«

»Du meinst, Sein und Werden sind eins?«

»Genau – das vermute ich.« Und Pollock fügte erklärend hinzu: »[...] Malerei ist Selbsterfahrung. Jeder gute Künstler malt, was er ist.«[36]

Harold Rosenberg schrieb 1947/48 in der ersten und einzigen Ausgabe von *Possibilities* über Jackson Pollock. In einem Interview sagte Pollock:

Meine Malerei hat nichts mit der Staffelei zu tun. Nur selten spanne ich meine Leinwand auf. Ich befestige die Leinwand lieber an einer harten Wand oder auf dem Boden. Ich brauche den Widerstand einer harten Oberfläche. Am Boden bin ich ungezwungener. Ich fühle mich dem Bild näher, bin mehr ein Teil des Bildes, denn so kann ich das Bild umrunden, von allen vier Seiten aus arbeiten, und ich bin buchstäblich im Bild. Dies gleicht der Methode der indianischen Sandbildmaler im Westen.

Ich entferne mich immer weiter von den normalen Malerwerkzeugen wie Staffelei, Palette, Pinsel. Ich bevorzuge Stäbe, Spatel, Messer und flüssige Farbe oder ein schweres Impasto, dem Sand, zerbrochenes Glas und andere Materialien hinzugefügt wurden.

Wenn ich in meinem Gemälde bin, achte ich nicht auf das, was ich tue. Erst nach einer Phase, in der ich mich so etwas wie vertraut mit dem Bild gemacht habe, sehe ich, worum es sich drehte. Ich habe keine Angst davor, Änderungen vorzunehmen, das Bild zu zerstören usw., weil das Bild selbst lebt. Ich versuche, es durchkommen zu lassen. Nur wenn ich den Kontakt zum Bild verliere, ist das Ergebnis ein Durcheinander. Andernfalls ist es pure Harmonie, ein einfaches Geben und Nehmen, und das Bild wird gut.[37]

Im Entwurf sagte er auch:

Die Quelle meiner Malerei ist das Unbewusste. Meine Herangehensweise an ein Gemälde ist dieselbe wie bei einer Zeichnung. Es ist direkt – ohne Vorstudie. Die Zeichnungen, die ich schaffe, beziehen sich auf ein Gemälde, aber sie sind nicht für sie gemacht worden.[38]

Jackson Pollock
Springs, East Hampton, N. Y.

I studied with Thomas Hart Benton at the Art Students League from 1929 to 1932.

The following is a list of my public exhibitions:

International Water Color Show, Brooklyn, N.Y. Museum, 1935
  Water Color

Artists for Victory Exhibition, Metropolitan Museum, 1943
  The Flame

First One-Man Show, Art of This Century, 30 W. 57 St., 1943
  (1) Male and Female; (2) The Guardians of the Secret;
  (3) The She-Wolf; (4) The Moon-Woman; (5) The Moon-
  Woman Cuts the Circle; (6) The Mad Moon-Woman;
  (7) Stenographic Figure; (8) Conflict; (9) The Magic Mirror;
  Canvases 10 to 15 are untitled;
  Gouaches and Drawings

One-Man Show, The Arts Club, Chicago, Ill., 1945
  Same canvases as above with the addition of:
  Wounded Animal; Pacify; Search for a Symbol

One-Man Show, San Francisco Museum, 1945
  Same exhibition as Chicago Arts Club

Abstract and Surrealist Exhibition Travelling Show, 1945
  Guardians of the Secret

One-Man Show, Art of This Century, 1945
  (1) A Horizontal on Black; (2) Square on Black;
  (3) Totem Lesson 1; (4) Totem Lesson 2;
  (5) The Night Dancer; (6) The First Dream
  (7) Portrait of H.M.; (8) Night Ceremony
  (9) Night Mist; (10) Two; (11) There Were Seven in Eight;
  (12) Night Magic; (13) Image
  Gouaches and Drawings

The Critics Show, Cincinnati, Ohio, 1945
  Gothic

One-Man Show, Art of This Century, 1946
  (1) Ritual; (2) Water Figure; (3) Troubled Queen;
  (4) The Little King; (5) The Child Proceeds;
  (6) The White Angel; (7) An Ace in the Hole;
  (8) Direction; (9) Moon Vessel; (10) High Priestess;
  (11) Once Upon a Time
  8 Temporas

S. 280–282: Schriftliche Ausführungen Pollocks, in denen er bisherige Ausstellungen auflistet und seine künstlerische Arbeit beschreibt, ca. 1947–56

2.

Jackson Polleck
Springs, East Hampton, N.Y.

Museum of Modern Art Travelling Show, 1945-1946
    She-Wolf; Moon-Woman Cuts the Circle; Wounded Animal

One-Man Show, Art of This Century, 1947
    (1) Croaking Movement; (2) Shimmering Substance;
    (3) Eyes in the Heat; (4) Earthworms; (5) The Blue
    Unconscious; (6) Something of the Past; (7) The Dancers;
    (8) The Water Bull; (9) Yellow Triangle;
    (10) Bird Effort; (11) Grey Center; (12) The Key
    (13) Consolation; (14) The Teacup; (15) Magic Light;
    (16) Mural (1943)

Large-Scale Painting in America, Museum of Modern Art, 1947
    Mural, 8' x 20'

Chicago Art Institute, 1947
    The Key

Loan Exhibition of Modern Art, Winchester, England, 1947
    Abstraction

IMPORTANT PURCHASES

Museum of Modern Art; The She-Wolf
San Francisco Museum; Guardians of the Secret
Yale University; Burning Landscape (Mural, on loan)
University of Iowa; Portrait of H. M.
James Johnson Sweeney; Conflict
Jeanne Reynal; Magic Mirror
Peggy Guggenheim; Moon-Woman; Two; Ritual; Eyes in the Heat;
                Croaking Movement
Bernard Reis; Night Mist
Rose Fried; Magic Light
Mrs. Gates Lloyd; Male and Female
Mr. Sol Schwamm, The Blue Unconscious
Mr. N. M. Davis; Totem Lesson 1; Shimmering Substance;
             Water Figure; The Teacup
Mr. Monroe Wheeler; Gouache
Mr. Arthur Jeffress; Abstraction

Jackson Pollock
Springs, East Hampton, N. Y.

PLANS FOR WORK

I intend to paint large movable pictures which will function between the easel and mural. I have set a precedent in this genre in a large painting for Miss Peggy Guggenheim which was installed in her house and was later shown in the "Large-Scale Paintings" show at the Museum of Modern Art. It is at present on loan at Yale University.

I believe the easel picture to be a dying form, and the tendency of modern feeling is towards the wall picture or mural. I believe the time is not yet ripe for a _full_ transition from easel to mural. The pictures I contemplate painting would constitute a halfway state, and an attempt to point out the direction of the future, without arriving there completely.

Kapitel 18
Freuden und Sorgen (1947–1948)

Im August 1947 begann Pollock, sich auf die erste Einzelausstellung bei Betty Parsons vorzubereiten. Kaum hatte er sich an die Arbeit gemacht, waren die Frustrationen der letzten Monate vergessen. An seinen Freund Louis Bunce schrieb er: »Ich fange gerade wieder mit dem Malen an und es beginnt erneut richtig gut zu laufen. Erhabenes Gefühl, wenn das geschieht.«[1]

Jackson Pollocks Werke wurden 1947 größer und komplexer. Von August bis Dezember entstanden die ersten echten Dripping-Bilder. Die gewaltigen Dimensionen der Leinwände hatten es inzwischen unmöglich gemacht, nur allein auf Knien zu malen, weshalb Pollock nun überwiegend im Stehen arbeitete, in der einen Hand die Farbdose, in der anderen einen Pinsel oder Holzstab haltend. Die neuartige Malposition brachte neue Bewegungen mit sich, die sich in der Bildgestaltung niederschlugen. Pollock begann mit der Dichte und der Struktur der Gespinste zu spielen, neben offenen zarten Oberflächen wie in *Reflection of the Big Dipper*, einem der ersten als Dripping zu bezeichnenden Bilder, schuf er undurchdringliche Dickichte wie in dem Gemälde *Sea Change (Transformation)*. Er nutzte kreisende Bewegungen, wie in *Vortex* geschehen, oder erzeugte lang gezogene Geraden wie in *Phosphorescence* und *Alchemy (Alchemie)*. Die Linien konnten dünn und feingliedrig sein wie in *Cathedral (Kathedrale)*, aber auch breit und wuchtig wie in *Comet (Komet)*. Zuweilen pflegte er beides zu kombinieren und über die dicken Linien noch ein feines Geflecht aus dünneren Linien zu legen. Mal war die Farbe dünn aufgetragen, dann wieder pastos und schwer, sodass eine raue, fast grobe Oberfläche entstand. Er konnte die Linien scharf in die Oberfläche der Farbmatrix schneiden, wie in *Shooting Star (Sternschnuppe)* oder *Alchemy*, oder sie ineinander übergehen lassen wie in *Full Fathom Five*. Meist waren sie abstrakt, dann wieder tauchen vereinzelt Symbole auf, so etwa in *Alchemy* oder im Hintergrund von *Galaxy*. In manchen Werken lässt sich unter dem Farbgespinst ein konkreter Hintergrund ausmachen, in anderen wiederum verschwindet er ganz und das Geflecht dominiert. Dann wieder gibt es Bilder, in denen Hintergrund und Netz korrespondieren, so etwa in *Vortex*, das eine ungewöhnliche Sogwirkung suggeriert und die Illusion von Tiefe und Raum entstehen lässt.

Im Dezember war Jackson mit den Bildern für die Ausstellung fertig und lud seine Nachbarn Ralph und Mary Manheim ein, ihm bei der Benennung der Bilder behilflich zu sein. Manheim, der französische und deutsche Literatur übersetzte, ließ sich bei der Titelgebung von literarischen Werken inspirieren. Jackson stand im Hintergrund, die Arme verschränkt, und tat seine Zustimmung oder Ablehnung bezüglich der vorgeschlagenen Bildtitel kund.[2] Ob und inwieweit sich Pollocks Titel tatsächlich auf den Inhalt der Bilder beziehen, ist schwerlich feststellbar. Der Titel des Werkes *Full Fathom Five* beispielsweise könnte Shakespeares *The Tempest* entstammen, aber auch auf die unter dem Gespinst befindliche Figur verweisen; genauso gut könnte er aber auch in einer freien Assoziation entstanden sein – dies bleibt Pollocks Geheimnis.

Jackson Pollock, *Cathedral (Kathedrale)*, 1947, Emailfarbe und Aluminiumfarbe auf Leinwand, Dallas Museum of Art, Dallas, Texas

Jacksons Erwartungen an die Ausstellung waren hoch, doch er wurde enttäuscht. Zur Vernissage am 5. Januar 1948 fanden sich lediglich wenige Gäste ein, und kaum einer der Besucher wusste etwas mit den großformatigen Farbgespinsten anzufangen.[3] Die Meinungen des Publikums waren gespalten: Manche der Gäste schüttelten beim Anblick der Leinwände ungläubig den Kopf, andere hingegen waren begeistert. Hedda Sterne fand die Ausstellung »rauschhaft«, der Maler Joe Glasco stammelte immer wieder »radikal, radikal, radikal«.[4] Wäre Peggy Guggenheim die Galeristin gewesen und hätte mit ihrem Verkaufstalent die Gäste zu bezirzen versucht, wäre der Abend vielleicht noch ein Erfolg geworden. Betty Parsons jedoch zog es vor, in einer Ecke zu stehen und dem Treiben in Ruhe zuzuschauen. Jackson hatte die Ausstellung nüchtern betreten, doch der Verlauf des Abends hinterließ Spuren. Nachdem der letzte Gast gegangen war, zog er sich mit seiner Familie und ein paar Freunden in die Bar des Hotel Albert zurück und gab sich dem Alkohol hin.[5]

Die Ausstellung erntete in der Presse nur mittelmäßige Kritik. Die Rezensenten bescheinigten Pollock Energie und Vitalität, waren sich aber unsicher, wie sie die Werke bewerten sollten. Alonzo Lansford spottete in *The Art Digest*: »Pollocks aktuelle Methode scheint eine Art Automatismus zu sein. Anscheinend schaut er in den Himmel und lässt dabei einen Pinsel voller Farbe auf der Leinwand niedergehen, schnell wirbelnd und kreisend und zappelnd, bis die Farbe ausgeht. Dann wiederholt er diese Prozedur mit einer anderen Farbe und noch einer anderen, bis die Leinwand bedeckt ist. Unter zusätzlicher Benutzung von Aluminiumfarbe führt dies zu einem farbenreichen und erstaunlichen Tafelbild. Vielleicht führt es aber auch zu den schlimmsten Nackenschmerzen, seit Michelangelo die Sixtinische Kapelle ausmalte.«[6] Coates beschwerte sich, dass Pollocks Kunst sehr viel schwerer als diejenige seiner Zeitgenossen zu verstehen sei. Er warnte davor, dass Pollocks Stil einige Gefahren berge, da dessen Bilder, um sie zu durchschauen, größte Konzentration erforderten. Während er einige Werke als »unorganisierte Explosionen zufälliger Energie und deshalb bedeutungslos« brandmarkte, beurteilte er *Full Fathom Five*, *Sea Change*, *Magic Lantern* und *Enchanted Forest (Verzauberter Wald)* positiver.[7] Die Fachzeitschrift *Art News* urteilte vernichtend: »Trotz Pollocks zerschmetternder Energie ist sein Werk ohne Tiefgang, eine Art perverses Echo auf Tobeys zarte weiße Schriften. Da ist nur ausgesprochene Monotonie, außer dort, wo Pollock ein wenig Luft in die Komposition lässt.«[8]

Nur Clement Greenberg lobte seinen Freund und Schützling und schrieb über die anderen Kritiker: »Seine neuen Arbeiten bieten jedem ein Rätsel, der keine Ahnung von zeitgenössischer Kunst hat.« Es sei ein Zeichen von »Pollocks kraftvoller Originalität, dass er Probleme in der Beurteilung bereitet und diese sich erst lösen lassen, wenn man die neue Phase seiner Entwicklung verarbeitet hat«[9]. Aber auch Greenberg erging sich mehr in allgemeinen Theorien, als dass er Pollocks Technik eingehender beschrieb oder zu erklären versuchte, worum es dem Künstler ging. Keines der Magazine machte sich die Mühe, ein Kunstwerk abzubilden, um dem Leser eine Vorstellung von dem zu vermitteln, was da eigentlich kritisiert wurde. Einzigen Grund zur Freude bot Pollock die

April-Ausgabe 1948 der Modezeitschrift *Vogue*: Erstmals wurde ein Gemälde von ihm, *Reflection of the Big Dipper*, in Farbe abgedruckt.

Nicht nur die Kritiken waren wenig berauschend, auch die finanzielle Lage der Pollocks war alles andere als rosig. Im Februar 1948 erreichte sie Guggenheims letzter Scheck. Pollock hatte zwar bereits einen neuen Einjahresvertrag bei Betty Parsons unterzeichnet, doch sah dieser keine monatlichen Zahlungen vor. Hoffnungen, dass sich aus der Januar-Ausstellung ein Überschuss ergeben würde, der an ihn ausgeschüttet werden könnte, durfte er sich nicht machen. Als die Ausstellung vorüber war, hatte Jackson lediglich zwei Bilder verkauft, ein weiteres hatte Lee auf Wunsch von Bill Davis reservieren lassen. Alle übrigen Bilder erhielt Peggy Guggenheim.

Einen Monat nach dem letzten Scheck waren Jackson und Lee finanziell am Ende. An Parsons schrieb Pollock: »Wir durchleben finanziell eine furchtbare Zeit.«[10] Parsons lieh den beiden einige hundert Dollar und im örtlichen Lebensmittelladen durften sie anschreiben lassen. Als sich die Geldsumme dort irgendwann auf 60 Dollar belief, bot Jackson eines seiner Werke als Bezahlung an. Ladeninhaber Dan Miller akzeptierte und hing das Bild in seinem Geschäft an die Wand.[11] Zehn Jahre später sollte er es für 10 000 Dollar verkaufen und ein kleines Privatflugzeug erwerben.[12] Doch Miller war die Ausnahme, alle übrigen Gläubiger wollten keine Bilder akzeptieren. Ende März 1948 war die Situation so prekär, dass Jackson zum ersten Mal seit Jahren darüber nachdachte, sich wieder eine Arbeit zu suchen. Das Angebot Lees, wieder arbeiten zu gehen, lehnte Jackson ab; er selbst wollte für das Familieneinkommen sorgen. Bei dem an der Art Students League tätigen Julien Levy erkundigte er sich, ob es an seiner alten Schule eine Stelle als Lehrer gäbe. Doch Levy brachte ihm schonend bei, dass er aufgrund seines Verhaltens keine Chance hätte, dort eine Anstellung zu finden. Pollock besuchte auch Peter Busa, der an der Cooper Union unterrichtete. Doch Busa war sich sicher, dass Jackson dort fehl am Platz wäre, und fragte ihn entgeistert: »Was zur Hölle willst du hier lehren, Jack?«[13]

Derweil tat Parsons ihr Bestes, um einige Werke aus dem umfangreichen Konvolut Guggenheims zu verkaufen. Mittels großzügiger Rabatte versuchte sie, Kunden zum Kauf zu verlocken, doch sie hatte keinen Erfolg. In der Folge wandte sie sich an Guggenheim selbst und erklärte die Situation.[14] Sie schlug vor, Jackson den gesamten Erlös aus den kommenden Verkäufen zukommen zu lassen, um ihm aus der Misere zu helfen. Peggy sollte dafür später ein anderes Werk erhalten. Guggenheim war einverstanden und telegrafierte zwei Wochen später ein simples »Ja«.[15] Parsons und Krasner hatten noch auf weitere Hilfe

Peggy Guggenheims gehofft, doch eine solche blieb aus. Lee sprach Freunde und Bekannte an, darunter auch Fritz Bultman. Dessen Schwester Muriel Francis erklärte sich im April bereit, für 350 Dollar *Shooting Star* zu erwerben. Den Scheck für das Gemälde reichte Parsons an die Pollocks weiter, ohne ihre übliche Provision zu verlangen. Jackson erzählte später, dass die beiden ein Jahr vom Verkauf dieses Bildes gelebt hätten.[16] Erst im Sommer 1948 entspannte sich die finanzielle Lage der Pollocks. Das Kollegium des Eben Demarest Trust Fund erklärte Jackson zum Empfänger ihres diesjährigen Stipendiums.[17] Die Stiftung vergab jährlich 1500 Dollar, die in vier Raten ausgezahlt wurden.

Noch immer wehrte sich die etablierte Kunstszene gegen die amerikanischen abstrakten Künstler. James S. Plaut, Direktor des Institute of Modern Art in Boston, attackierte in einem Manifest die moderne Kunst der Amerikaner, die er als »verworren und verneinend« verfemte. Er stellte die Ehrlichkeit der Künstler infrage und warf ihnen bewusste Irreführung vor. Das »Modern« im Institutsnamen ließ er streichen und durch »Contemporary« ersetzen, woraufhin die Bostoner Künstler protestierten. Die New Yorker Kunstschaffenden unterstützten ihre Kollegen in Boston und organisierten im Mai 1948 ein Treffen im MoMA in New York. Auch Pollock war dabei. Gemeinsam mit anderen demonstrierte er gegen die amerikanische Kunstszene, die Kritiker und das MoMA, weil es auch weiterhin europäische Künstler bevorzugte.[18]

Im Sommer 1948 war für Pollock der Zeitpunkt gekommen, endlich internationales Parkett zu betreten: Auf der 24. Biennale von Venedig wurden sechs seiner Werke gezeigt. Peggy Guggenheim schrieb an Betty Parsons: »Hier bei der Biennale hält man ihn für den besten aller amerikanischen Maler.«[19] Dass Pollock bei dieser Kunstbiennale vertreten war, war einem bloßen Zufall zu verdanken. Alfred M. Frankfurter, Direktor des US-amerikanischen Biennale-Pavillons, hatte sich entschlossen, alle Stile und Positionen der amerikanischen Malerei seit 1920 auszustellen. Präsentiert werden sollten Regionalisten und Realisten wie Benton, Wood und Sloan, die amerikanischen Impressionisten und auch unabhängige Moderne wie Charles Demuth und Georgia O'Keeffe, John Marin und Stuart Davis. Sechsundsiebzig Künstler wollte Frankfurter präsentieren, drei von ihnen sollten junge Maler sein: William Baziotes, Arshile Gorky und Mark Rothko. Doch aufgrund von Problemen bei Zoll und Transport kamen die Werke zu spät. Deshalb sprang Peggy Guggenheim ein und steuerte Werke ihrer eigenen Sammlung bei: Neben fünfundvierzig Europäern wurden dreizehn amerikanische Künstler gezeigt, unter denen sich auch Jackson Pollock befand.[20]

Schon länger waren die beiden großen amerikanischen Zeitschriften *Time* und *Life* der modernen amerikanischen Kunst gegenüber kritisch eingestellt. Während das *Time*-Magazin wütend gegen die jungen amerikanischen Künstler anschrieb, gab sich *Life* moderater. Im Oktober 1948 lud das *Life*-Magazin fünfzehn namhafte Kunstexperten ein, im MoMA an einem »Runden Tisch zur modernen Kunst« zusammenzukommen. Gemeinsam wollte man darüber diskutieren, was von den aktuellen Entwicklungen in der Kunst zu halten sei und ob es sich bei diesen um eine vorübergehende Erscheinung handle. Neben Greenberg, Sweeney und Soby waren auch der Schriftsteller Aldous Huxley sowie viele weitere Kunsthistoriker und Kritiker anwesend. Das Magazin widmete dem Treffen in seiner nächsten Ausgabe vierundzwanzig Seiten in Farbe und präsentierte die Größen der modernen Kunst. Als moderne Europäer fanden sich unter diesen Picasso, Matisse und Miró, als Surrealisten Tanguy und Dalí. Baziotes, de Kooning, Gottlieb und Pollock wurden als die »jungen amerikanischen Extremisten« geführt.

Abgedruckt wurde auch der Verlauf des Gesprächs, in dem die Sprache ebenfalls auf Pollock und sein Gemälde *Cathedral* kam. Greenberg lobte das Bild als eines der besten, das jemals in Amerika geschaffen worden sei. Einige stimmten begeistert zu, andere jedoch gaben sich weniger beeindruckt. So äußerte Theodore Greene, Philosophieprofessor an der Yale University, das Bild lasse ihn kalt und würde sich als Mustermotiv für ein Halstuch eignen. Der Kunsthistoriker Georges Duthuit beschrieb das Bild als grandios, Leigh Ashton bezeichnete es als hervorragendes Werk. Aldous Huxley zeigte sich skeptisch und fragte sich, weshalb der Künstler zu einem bestimmten Zeitpunkt mit dem Malen aufgehört hatte, er hätte doch ewig so weitermachen können – eine Aussage, die von allgemeinem Gelächter begleitet wurde. Dem Schriftsteller erschien das Bild wie ein Tapetenmuster, das sich auf den Wänden endlos wiederholen lasse.[21] Trotz gewisser Vorbehalte war man sich einig: »Die Bedeutung der modernen Kunst ist die Beschäftigung des Künstlers von heute mit einem gewaltigen individualistischen Kampf – ein Kampf darum, sich selbst zu entdecken, durchzusetzen und auszudrücken.« Während die Öffentlichkeit den amerikanischen Künstlern noch immer feindselig begegnete, schien die Front der Medien also allmählich zu bröckeln. In den folgenden Jahren berichtete das *Life*-Magazin wohlwollender von den Abstrakten Expressionisten.[22]

Pollocks ehemaliger Lehrer Thomas Benton wandte sich in einem Leserbrief verbittert an die Herausgeber des Magazins und beklagte, dass der runde Tisch die Sicht der UdSSR unterstrichen habe, welche glaube, »die zeitgenössische westliche Kunst sei illusionär, dekadent und voll von leerem Formalismus, absolut unfähig, mit grundlegenden kulturellen Begriffsinhalten zurechtzukommen.«[23]

Pollocks Leben hatte sich in den letzten Jahren verändert. In New York waren es vor allem die Wintermonate gewesen, die er zum Zwecke des Malens im Atelier verbrachte. Den Sommer hatte er zur Entspannung genutzt und war aus der Stadt geflüchtet. Doch seit er in der Scheune in Springs arbeitete, hatte sich das geändert. Die Winter waren kalt und die Tage kurz, das Malen bereitete in dieser Zeit nur wenig Freude; überdies galt es in den Wintermonaten, viele Termine und Galeriegeschäfte abzuarbeiten. So wurde nun der Sommer die Zeit, in der sich Pollock dem künstlerischen Schaffen widmete. Wenn es nicht zu heiß war, bot die Scheune einen angenehmen und schattigen Ort, in dem das hereinfallende Licht perfekte Bedingungen schuf.

Lee nutzte die Sommermonate vornehmlich dazu, an den Wochenenden wichtige Gäste nach Long Island zu locken. Im Sommer 1948 war die Liste besonders lang: John Little, Betty Parsons, Fred und Janet Hauck, Barnett Newman, Wilfrid und Betty Zogbaum, Sam und Edys Hunter, der Drehbuchautor Joe Liss, James Brooks und seine Lebensgefährtin Charlotte Park, George Mercer sowie Clement Greenberg, der meist eine junge Frau im Schlepptau hatte. Unter den »strategisch« eingeladenen Personen befand sich Lincoln Kirstein, ein enger Vertrauter des MoMA-Direktors Alfred Barr, und Gerald Sykes, Schriftsteller, Philosoph und Journalist für die *New York Times*.[24] Obwohl die Pollocks wenig Geld besaßen, fand Lee stets etwas, um die Gäste bewirten zu können, und wenn Greenberg sich ankündigte, kaufte sie in East Hampton sogar ein paar Steaks. Während Jackson draußen grillte, saß Lee im Wohnzimmer und unterhielt die Gäste, zeigte Fotoalben, Kritiken und Ausstellungseinladungen.[25] Unter der Woche vermied es Lee für gewöhnlich, Freunde einzuladen, da sie ihren Mann nicht vom Malen abhalten wollte. Gänzlich vermeiden ließ sich das dennoch nicht: Vor allem Freunde wie das Ehepaar Matter, das nach dreijährigem Aufenthalt in Kalifornien wieder zurückgekehrt war, sowie Gustaf und Vita Petersen, die in der gleichen Straße wie die Pollocks wohnten, zählten zu ihren ständigen Gästen. Die Damen kamen jeden Tag vorbei und holten Krasner ab. Jackson arbeitete bis in den späten Nachmittag, dann suchte er Herbert Matter, der in der Gegend einen Film über Alexander Calder drehte, oder fuhr zu dessen Haus, um sich zu den Frauen und Kindern zu gesellen. Bis zum Sonnenuntergang faulenzte man dann gemeinsam am Strand. An den Wochenenden kam der in New York tätige Gustaf Petersen herunter und die drei Familien genossen das Landleben. Die Männer spielten Karten, während

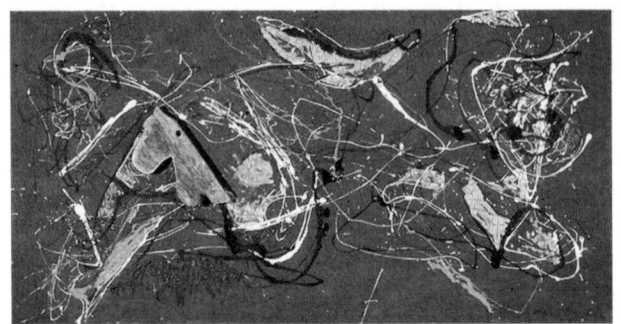

Jackson Pollock, *The Wooden Horse (Number 10A) (Das Holzpferd [Nummer 10A])*, 1948, Öl, Emailfarbe und hölzerner Pferdchenkopf auf Leinwand, auf Holz geklebt, Moderna Museet, Stockholm

sich die Frauen unterhielten, auf die Kinder aufpassten oder schwimmen gingen.[26] Abends erzählte Pollock den Kindern in den Dünen Geschichten über seine eigene Kindheit, von den Jagdausflügen in der Wüste und den Erlebnissen auf seinen Reisen. Kinder wie Erwachsene hörten andächtig zu.[27]

Der Sommer und der Herbst 1948 waren produktive Zeiten für Pollock. Seiner Fantasie und Kreativität schienen keine Grenzen gesetzt. In *The Wooden Horse (Das Holzpferd)* nutzte er den Kopf eines Holzschaukelpferdes, den er in John Littles Haus gefunden hatte, und kombinierte ihn auf einer dunkelbraunen Leinwand mit gedrippten Farbfeldern aus Schwarz, Weiß und Rot.

Außergewöhnlich ist auch das Gemälde *Number 1A, 1948 (Nummer 1A, 1948)*, eine 2,6 mal 1,6 Meter große Leinwand, die Jackson mit einem feinen Gespinst aus Farben versah. Am oberen rechten Bildrand hat er sich mit Handabdrücken selbst verewigt. Die Farbpalette umfasst neben Schwarz und Weiß ein zartes Blau, ein wenig Rosa, ein paar Spritzer Rot und Spuren von Gelb. Das lyrische Bild wirkt wie von einem Netz aus Spinnweben umwoben. Anders als viele der Bilder Pollocks scheint *Number 1A, 1948* ein Zentrum zu besitzen, welches das Gemälde gleichsam leuchten lässt. Das Werk markiert einen ersten Höhepunkt unter den Dripping-Bildern Pollocks, eine poetische Visualisierung seiner Gedanken und Gefühle. Zugleich jedoch ist *Number 1A, 1948* vom typischen Dripping weit entfernt. Tropfen und Kleckse sucht man vergebens, jede Linie ist sauber wie mit einer Schablone gegossen, nichts scheint ungewollt oder gar zufällig.

Im gleichen Zeitraum entstand das Bildwerk *Number 13A, 1948: Arabesque (Nummer 13A, 1948: Arabesk)*. Auf rotbraunem Grund hat Pollock hier ein dichtes Gespinst aus Schwarz und Grau gewebt, über das er ein weiteres Netz aus dicker und dünner werdenden Spuren von Weiß legte, das gelegentlich einen Blaustich führt.

Jackson Pollock, *Number 1A, 1948 (Nummer 1A, 1948)*, 1948, Öl auf Leinwand, The Museum of Modern Art, New York

Jackson nutzte inzwischen für seine Bilder keine Titel mehr, sondern nummerierte sie. Auf diese Weise wollte er Assoziationen erschweren, nichts sollte dem Betrachter die Möglichkeit geben, nach etwas Gegenständlichem Ausschau zu halten. In ihrer Bildsprache wirken die Gemälde noch abstrakter, sie bestehen nun aus kaum mehr als auf eine Leinwand aufgebrachter Farbe. Alles andere wird vom Betrachter bestimmt. In einem Interview mit *The New Yorker* erklärte Pollock, dass er sich dazu entschieden habe, aufzuhören, zur allgemeinen Verwirrung beizutragen.[28] Die Nummern wählte der Künstler eher zufällig aus, sie sind chronologisch in aufsteigender Reihenfolge zuzuordnen. Meist nutzte er offensichtliche Beschreibungen als Ergänzung, so etwa bei *The Wooden Horse (Number 10A)*, oder griff die dominierenden Farben auf, wie in *Number 4, 1948: Gray and Red (Nummer 4, 1948: Grau und Rot)*. Diese Titel stammten allerdings meist nicht von Pollock selbst, sondern wurden von anderen hinzugefügt.

Pollock experimentierte mit den Größen der Bildträger, mit der Form und ihrem Material. Als Malgrund nutzte er Pappe, Metall, Holz und Papier und fügte Steine, Nägel, Knöpfe, Draht, Schlüssel, Zigaretten sowie Kämme hinzu. Er bearbeitete die Oberflächenstruktur oder nutzte Aluminiumfarbe, um die Oberfläche zu beleben und zu bereichern. Durch die Aluminiumfarbe ließen sich besondere Effekte erzielen: Sie schimmert silbern, reflektiert das Licht oder absorbiert es auch. Oft gebrauchte Pollock Emailfarben, die den Vorteil besaßen, günstiger als die normalen Ölfarben zu sein und sich leichter verarbeiten zu lassen. Seine Farbgespinste variierten von Bild zu Bild, keines sieht wie das andere aus, eine Eigenart, zu der das überreiche und abwechslungsreiche Farbreservoir Pollocks noch beitrug.

Immer wieder kehrte Pollock 1948 auch zu figurativen Darstellungen zurück. *The Wooden Horse* mit dem Schaukelpferdkopf kann hierfür als ein Beispiel gelten. *White Cockatoo: Number 24A, 1948 (Weißer Kakadu: Nummer 24A, 1948)* verdankt seinen Titel der weißen Form in der Mitte des Bildes, die in ihrer Silhouette einem Kakadu gleicht. Diese Fragmentierung dürfte sich wohl eher ungewollt ergeben haben, schien Pollock jedoch nicht weiter zu stören, da er sie unübermalt beließ. In *Summertime: Number 9A, 1948*, einem Gemälde, das ähnlich einem Fries angelegt ist, füllte Pollock die durch das Dripping entstandenen Zwischenräume teils mit Gelb, Rot und Blaugrau aus. Das Bild erweckt den Eindruck, als tanze über die Länge der Leinwand eine beschwingte Figur, deren Bewegungsabläufe von einer Kamera mit offener Blende festgehalten wurden. In *Cut Out (Ausschnitt*, ca. 1948–50) überzog Pollock die Oberfläche mit gedrippten Farbfeldern und schnitt anschließend eine Form heraus, die an eine amorphe, menschliche Figur erinnert. Die Leinwand klebte er dann auf eine weitere weiße Leinwand. Die ausgeschnittene Figur nutzte er für *Cut Out Figure (Ausgeschnittene Figur*, 1948): Er klebte sie auf eine schwarze Leinwand, die er mit gedrippten Feldern in weißer Tönung verzierte. Auch im darauffolgenden Jahr arbeitete Pollock gelegentlich figurativ. Im Gemälde *Out of the Web: Number 7, 1949 (Aus dem Gewebe: Nummer 7, 1949)* scheinen aus den dramatischen Gespinsten braune Formen empor, die sich auf der Leinwand ausbreiten. Pollock selbst sagte kurz vor seinem Tod 1956, dass er »einige Zeit sehr gegenständlich und zumeist ein wenig gegenständlich« gemalt habe. »Aber wenn man aus dem eigenen Unbewussten heraus malt, erscheinen Figuren ganz automatisch.«[28] – eine interessante Aussage, wenn man bedenkt, dass er zwischen 1947 und 1951 fast ausschließlich abstrakt malte. Die figurativen Formen Pollocks waren der Versuch, gegenständlich zu arbeiten und dabei doch neue Wege zu beschreiten.

Lees und Jacksons Beziehung begann indessen merklich abzukühlen. Lee war wütend, denn Gerüchte machten die Runde, dass Jackson eine Affäre mit Mercedes Matter oder Vita Petersen habe – oder sogar mit beiden zugleich. Immer häufiger kam es zu Auseinandersetzungen. Jackson demütigte Lee und beschimpfte sie auf vulgärste Weise. Lee rächte sich auf ihre Art: Sie war grob, kommandierte Jackson herum und piesackte ihn. Eifersüchtig beobachtete sie seinen Umgang mit der Frauenwelt. Geschmeichelt von ihren Unterstellungen war es Jackson ein Vergnügen, mit Lees Gefühlen zu spielen. Bei einer Dinnerparty fasste er eine junge Dame unflätig an, ein anderes Mal flirtete er während eines Abendessens mit einer anderen Frau. Mehrmals stand er des Nachts vor den Fenstern der Nachbarn und stieß, sofern die Männer nicht daheim waren, wilde sexuelle Drohungen aus. Lee entging dieses Benehmen nicht.[30]

Im Sommer 1948 fing Lee wieder zu malen an. Seit dem Umzug nach Springs hatten ihre Leinwände unberührt an der Wand gelehnt, wofür es vielfältige Gründe gab: erst der Umzug, dann die Renovierung des Hauses, ferner der Umstand, dass es im Winter nur einen einzigen beheizbaren Raum im Haus gab, der von Jackson genutzt wurde; im Sommer waren ständig Gäste anwesend, um die sich Lee zu kümmern hatte, und dann war da auch noch ihr Ehemann, der ihre Aufmerksamkeit in Gänze beanspruchte. Als Jackson in die Scheune zog, machte Lee aus seinem Atelier im oberen Stockwerk ein gemeinsames Schlafzimmer und richtete sich in einem anderen Raum ein Atelier für sich ein. Doch auch dort malte sie nur gelegentlich. Sie war vollauf mit Jacksons Karriere beschäftigt. Überdies konnte das Paar nur wenig Geld für Farben und Leinwände erübrigen, und Jackson beanspruchte das Material für sich. Doch nun, da die Intensität ihrer Beziehung nachzulassen begann, besann sie sich wieder mehr auf sich selbst.

Auf Lees neu aufkeimende Ambitionen reagierte Pollock gereizt. Krasner pflegte zu sagen, dass man das Atelier des jeweils anderen nur nach »höflicher Einladung« betreten habe. Doch während Lee einer jeden von Jacksons Einladungen umgehend folgte, musste sie ihn geradezu anbetteln, damit er ihr Atelier besuchte. Lee bemerkte nicht ohne Bitterkeit: »Mein Enthusiasmus für seine Arbeit war weit größer, als der seiner für meine Arbeiten.«[31] Wenn Pollock kam, tat er das höchst widerwillig und beschränkte sich meist auf knappe Bemerkungen: »Das ist gut« oder »Nicht so toll«, auch »Mal einfach weiter und blockier dich nicht selbst«. »Er ermutigte sie, war aber herablassend dabei«, wie Pollocks Freund Harry Jackson zu erzählen wusste.[32] Lee verstand. Sie arbeitete meist nur noch, wenn Jackson morgens schlief, um jede Konfrontation zu vermeiden.

Irgendwann zwischen 1938 und 1941 hatte Pollock für die WPA ein Mosaik erstellt, das in seiner Ausführung an Arbeiten wie *Birth* und *Masqued Image* erinnert. Da die WPA das Werk nicht hatte übernehmen wollen, hatte es Pollock an sich genommen und mit nach Springs gebracht.[33] Übrig gebliebene Scherben und Mosaiksteine hatte Pollock seiner Frau geschenkt, die diese Reste 1947 in zwei Tischen für das Haus verarbeitete. Krasner nutzte alte Felgenkränze aus Eisen als Rahmen und fügte neben den Mosaiksteinen auch Glas, Münzen, Muscheln und Schmuck hinzu. Pollock verfugte das Mosaik mit Zement und bat einen Schmied, die entstandene Tischplatte mit Füßen auszustatten. Von der Arbeit war Pollock so fasziniert, dass er dazu überging, verstärkt unterschiedliche Materialien in seine Werke zu integrieren, darunter auch Fundstücke vom Strand.[34]

1948 erregten die Mosaiktische die Aufmerksamkeit der Galeristin und Innenarchitektin Bertha Schaefer. Begeistert fragte sie Lee, ob sie einen der Tische für eine Ausstellung in ihrer Galerie nutzen dürfe. Lee stimmte bereitwillig zu und der Tisch fand Eingang in die Ausstellung »The Modern House Comes Alive«. Für das Werk wurde Lee sogar mit dem Spezialpreis der Kritiker des *New York World-Telegram*, *Architectural Forum*, der *Herald Tribune* und *New York Times* geehrt.[35] Um den Erfolg zu feiern, lud Schaefer die Pollocks in ihr New Yorker Appartement ein. Hier kam zu einem Eklat. Trotz Schaefers Bedenken öffnete Jacksom eine dritte Flasche Wein, deren Inhalt er in gierigen Schlucken verschlang. Als Schaefer protestierte und ihm die Flasche entziehen wollte, fuhr Jackson sie an: »Welche Art von Sex macht eine alte Dame wie Sie?« Dann drehte er sich um und begann in seiner Wut, das antike Mobiliar zu zertrümmern. Schaefer rief die Polizei, doch als die Gesetzeshüter eintrafen, war Jackson bereits verschwunden.[36] Lee war wütend, noch am Folgetag zwang sie Jackson, eine Entschuldigung zu schreiben: »Vielen Dank, das Sie während unseres Aufenthalts in New York so nett zu uns waren. Ich hoffe, Sie verzeihen mir mein taktloses Verhalten und die Misslichkeiten, die ich verursacht habe.«[37] Doch Schaefer verzieh ihm sein Benehmen nicht. Einem Racheengel gleich traf sie einige Wochen später in East Hampton ein, beschuldigte Jackson, sie angegriffen zu haben, und drohte damit, wegen der Schäden gerichtliche Schritte einzuleiten. Es brauchte schon einige Freunde und viele Gespräche mit Schaefer, bis diese ihr Vorhaben aufgab.

Ereignisse wie diese zeigten deutlich: Pollock trank noch immer mehr, als gut für ihn war. Während der Besuche seiner Mutter und im Sommer hielt sich sein Alkoholkonsum in Grenzen, in den kalten und langweiligeren Wintermonaten jedoch stieg er rapide an. Tagsüber trank Pollock Bier, das ihm Lee oftmals sogar selbst mitbrachte, damit er unter ihrer Aufsicht trank, abends saß er in Jungle Pete's Bar und genoss mit seinem Freund Roger Wilcox Whiskey. Im Herbst 1948 fiel Jackson in sein selbstzerstörerisches Verhalten zurück. Schuld daran war ein Ford Modell A, den er für 90 Dollar erstanden hatte. Zum ersten

Mal seit seinem Umzug nach Springs musste Pollock nicht mehr Freunde bitten, ihn mitzunehmen, wenn er in die Bars nach East Hampton wollte. Wann immer ihm der Sinn nach Alkohol stand, brauchte er sich nur in sein Auto zu setzen und in die Bars der Umgebung zu fahren. Von nun an musste Lee nicht mehr nur um seine Nüchternheit fürchten, sondern auch darauf hoffen, dass er sich oder andere nicht zu Tode fuhr.

Doch dann nahte Rettung. Eines Abends im Herbst war Pollock gezwungen, das Fahrrad zu nehmen, da sein Auto nicht ansprang. Auf dem Rückweg von Millers Laden trug er unter dem Arm einen Kasten Bier. Er war schon betrunken, versuchte aber dennoch die Balance auf dem Fahrrad zu wahren. Als das Fahrrad in ein Schlagloch geriet, kam Jackson ins Trudeln und stürzte mitsamt dem Kasten auf die Straße. Die Flaschen zersplitterten und Fontänen von Bier ergossen sich über den Boden. Jackson lag inmitten des Scherbenhaufens und fluchte und schimpfte.[38] Wenige Minuten später wurde er in die Klinik nach East Hampton gebracht und von Dr. Edwin H. Heller versorgt. Zu Jacksons Verwunderung wusste der Arzt von seinem Alkoholproblem. Die beiden führten ein langes Gespräch. Heller glaubte, der Alkoholismus sei ein medizinisches und kein psychisches Problem. Er erklärte Jackson, dass dieser nicht abhängig vom Alkohol sei, sondern süchtig nach dem Gefühl, das der Alkohol erzeuge. Er war der Überzeugung, Jackson helfen zu können.

Wie Heller vorging, um Jacksons Trunksucht in den Griff zu bekommen, ist nicht ganz klar, doch er hatte Erfolg.[39] In den folgenden zwei Jahren trank Pollock kaum noch Alkohol. Freunde erzählten, dass der Arzt ihm das Beruhigungsmittel Phenobarbital verordnet habe. Andere meinten, Pollock habe Antabuse bekommen, ein Mittel, das beim Genuss von Alkohol extreme Übelkeit und Erbrechen auslöst. Der Familie erzählte Jackson nichts von den Medikamenten. Krasner berichtete, dass sie Pollock mehrfach gefragt habe, was Dr. Heller bei den wöchentlichen Besuchen mit ihm mache, und er antwortete, dass die beiden nichts anderes als reden würden: »Er ist ein ehrlicher Mensch, ich kann ihm vertrauen.«[40] Einem Freund sagte Pollock allerdings: »Die weißen Tabletten könnten Placebos sein.«[41] Heller hatte ihm also auf jeden Fall ein Medikament verschrieben.

Was auch immer der Arzt mit Pollock machte, es schien zu wirken. Jackson fühlte sich so ruhig wie schon seit Jahren nicht mehr. Seine Mutter schrieb zu Weihnachten an Charles:

Jack und Lee waren da und wir hatten ein schönes Weihnachtsfest. Und es gab keinen Alkohol. Wir waren alle so glücklich. Jack war bei einem Arzt in

Hampton und trinkt seit über drei Wochen nichts mehr. Hoffe, er bleibt dabei. Er sagt, er wolle aufhören, und ist von sich aus zu dem Arzt gegangen; der Arzt hat ihm gesagt, er müsse damit aufhören, Wein und Bier zu trinken, weil sie Gift für ihn seien.[42]

Kapitel 19
Auf dem Weg an die Spitze (1948–1949)

Der Spätherbst und der Winter 1948 waren für Pollock überaus angenehm. Bis in den Januar 1949 hinein war er damit beschäftigt, seine nächste Ausstellung vorzubereiten. Häufig fuhr er nach New York und zog bis zum letzten Wochenende vor Ausstellungsbeginn mit Tony Smith und einigen Künstlerkollegen seine Bilder auf Rahmen auf. Jackson hätte die Leinwände gern ohne Keilrahmen direkt auf die Wand gebracht, doch Parsons war dagegen und blieb unerbittlich.[1]

Die Vernissage am 24. Januar 1949 war sehr gut besucht. Dicht gedrängt standen die Leute in den Räumen und betrachteten die ausgestellten Werke: fünfzehn Gemälde und elf Arbeiten auf Papier. Jackson befand sich mittendrin und rannte geschäftig hin und her. Vermutlich nahm er während der Ausstellung Beruhigungsmittel ein, denn ein Freund erzählte später, dass Jackson sehr ruhig und gelassen gewesen sei. Und während die Besucher Bier und Wein genossen, habe sich Jackson vom Alkohol ferngehalten.[2] Selbst bei der sich anschließenden Eröffnungsfeier habe er keinen Alkohol angerührt, wozu die positive Resonanz der Besucher sicherlich beigetragen hatte.[3] Nur die Titel der Werke, die Nummern statt Namen zeigten, lösten Stirnrunzeln aus.

Die Kritiker der Zeitungen äußerten sich wohlwollend über die Ausstellung. An der Spitze fand sich Clement Greenberg, der vor allem *Number 1, 1948* (Nummer 1, 1948) lobte und Pollock »erstaunliche Fortschritte« attestierte.[4] Greenberg war inzwischen zum bedeutendsten Kunstkritiker des Landes avanciert, sein Wort hatte Gewicht. Doch auch die anderen Kritiker waren begeistert: »Dies ist ein aufregendes Gemälde«[5], schrieb Margaret Lowengrund in *The Art Digest*. De Koonings Ehefrau Elaine erklärte in der Zeitschrift *Art News*: »Jackson Pollocks neue Abstraktionen, leidenschaftlich in der Darstellung und in der Anwendung der Farbe, sind paradoxerweise ruhig im Ausdruck. Hier vermitteln komplexe leuchtende Geflechte […] den Eindruck, als seien sie im

Auflistung verkaufter Kunstwerke Pollocks, Betty Parsons Gallery, 14. September 1949

Moment ihrer Entstehung eingefroren. Seine fliegenden Linien sind aufgespritzt in intensiven, ungemischten Farben, um eine drahtartige, bildhauerische Konstruktion zu erschaffen, die unbeweglich und für sich steht [...].«[6] Paul Moscanyi schrieb in *United Press Red Letter*: »Diese Kombination aus Ekstatischem und Monumentalem ist nicht ohne eine gewisse Erhabenheit.«[7]

Allerdings mischten sich in die Elogen auch kritischere Stimmen. Das *Time*-Magazin verspottete Pollocks Arbeiten als »kindliche Zeichnungen der Schlacht bei Gettysburg«[8]. Und im *New York World-Telegram* schrieb Emily Genauer: »Die meisten von Jackson Pollocks Bildern in der Betty Parsons Gallery erinnern an nichts so sehr wie an einen Wust aus verfilzten Haaren, und ich habe das unstillbare Verlangen, diese auszukämmen.« Sie lobte aber auch einige Bilder, weil »deren weniger zufällige Entstehung und deren räumliche Tiefe zeigen, wie gut ein Maler Pollock wirklich sein könnte«[9]. In der *New York*

Times beklagte Sam Hunter, dass Pollocks Arbeiten für »die Auflösung der modernen Malerei« stünden. Aber selbst ein Skeptiker wie Hunter bewunderte die Bilder und erkannte deren Wirkungskraft an: »Was deutlich wird, ist die große Zahl von Pollocks Arbeitsabläufen, sein hoher persönlicher Rhythmus und schließlich so etwas wie eine klare kalligrafische Metapher für eine verwüstende, aggressive männliche Kraft.«[10]

Seiner Familie gab Pollocks Nüchternheit Grund zur Freude. Pollocks Mutter schrieb an seinen Bruder Frank: »Jack hatte eine wundervolle Ausstellung, die beste bisher. Das Beste überhaupt ist aber, dass er seit dem ersten Dezember keinen Tropfen Alkohol angerührt hat. Er fühlt sich so viel besser und scheint so viel glücklicher, wir sind so froh, dass er so viel Glück hat.«[11] Lee war über Pollocks Enthaltsamkeit so euphorisch, dass sie sofort überall verbreitete, dass Jackson trocken sei. Bei jeder Gelegenheit erzählte sie die Geschichte der wundersamen Heilung. Die Kunstwelt sollte wissen, dass der Trunkenbold Jackson Pollock von nun an ein gesittetes Mitglied der Gesellschaft sein würde. Ihre Maßnahmen, um Pollocks Ruf zu rehabilitieren, hatten so großen Erfolg, dass seine Abstinenz auch lange nach seinem Tod einen fast mythischen Status erreichte: Lange galten die Jahre zwischen 1948 und 1950 als die Zeit in Pollocks Erwachsenenleben, in der er keinen Tropfen Alkohol angerührt habe. Doch die Wahrheit sah vermutlich anders aus. Lee selbst erzählte Jahre später, dass Jackson nie ganz aufgehört habe, zu trinken. Allerdings artete sein Alkoholkonsum selten in ein besinnungsloses Besäufnis aus, und geschah dies doch, dann in den eigenen vier Wänden. »Er ging in das Gästezimmer«, erzählte Lee, »und hatte dort seine Anfälle, er war dann eine Zeit lang total verrückt.«[12]

Jacksons Zeit wurde in zunehmendem Maße von Einladungen, Verpflichtungen und Geschäftsgesprächen in Anspruch genommen. Seit Januar wurden seine Werke in einer Kunstschau an der University of Illinois gezeigt, und zwei Ausstellungen der Sammlung Peggy Guggenheims fanden in Florenz und Mailand statt. Im Juni verlängerte Pollock seinen Vertrag mit Betty Parsons um weitere zweieinhalb Jahre.[13] Im gleichen Monat galt es, ein Werk für die Ausstellung »Sculpture by Painters« vorzubereiten, die im MoMA im August beginnen sollte. Jackson erstellte eine kleine bemalte Terrakottafigur,[14] die den Bronzefiguren von 1935 sehr ähnlich war. Im August gab er *Number 10, 1949* (*Nummer 10, 1949*) als Leihgabe an Sidney Janis, der das Werk in einer Ausstellung zeigen wollte. Auch Sam Kootz erhielt ein Gemälde, welches zusammen mit Arbeiten von Gorky, Hofmann, Tobey, Motherwell, de Kooning und Rothko präsentiert werden sollte. Organisiert wurde die Ausstellung von Kootz und Harold Rosenberg. Die engagierte Schau sollte den Stand der abstrakten Kunst in den USA zeigen und der Beginn einer gemeinsamen amerikanischen Kunstbewegung sein. Im Katalogessay versuchte Rosenberg, der neuen Bewegung den Namen »The Intrasubjectives« zu geben, einen Titel, den er einem Essay von José Ortega y Gasset entnommen hatte. Im September stellten Lee und Jackson gemeinsam bei Sidney Janis aus. Die Ausstellung »Artists: Man and Wife« präsentierte die Arbeiten von neun Künstlerpaaren, darunter die de Koonings sowie Max Ernst und Dorothea Tanning. In der *New York Times* kommentierte Stuart Preston, dass die Männer, gemessen an den von ihnen kreierten Bildwerken, abenteuerlustiger seien und vor Ideen sprühen würden, während die Frauen sehr viel zurückhaltender seien. Als Beispiel dafür hob er Pollock und Krasner hervor.[15]

Ende Mai begann die Sommerzeit und jedes Wochenende trafen neue Besucher in der Fireplace Road ein. Lees Liste der Freunde, Kollegen, Galeristen, Museumsdirektoren und Kunsthändler wurde immer länger. Auch zahlreiche Kunstsammler waren in jenem Sommer zu Gast.[16] Immer mehr Menschen wollten Jackson kennenlernen. Lee musste sich entscheiden, wem in Hinblick auf Jacksons Karriere der Vorrang zu geben war. Zu den ersten Besuchern des Sommers zählten der philippinische Künstler und Sammler Alfonso Ossorio (1916–1990) und dessen Lebensgefährte Edward »Ted« Dragon. Die Familie des in Manila geborenen Ossorio war durch den Anbau von Zuckerrohr zu Reichtum gelangt und hatte ihrem Sohn einen Schulbesuch in England sowie ein Studium in Harvard finanzieren können. Ossorio malte selbst, trat aber vor allem als Mäzen in Erscheinung und hatte im Januar *Number 5, 1948* (*Nummer 5, 1948*) gekauft. Beim Transport war das Bild beschädigt worden und Jackson hatte eine Reperatur angeboten, wenn Ossorio es vorbeibringen würde. Umso überraschter waren Ossorio und Dragon, als sie das Bild einen Monat später abholten. Jackson hatte es verändert und ein Netz aus roter Farbe auf die Oberfläche gelegt.[17]

Ossorio kümmerte sich ab 1948 intensiv um Jacksons Karriere. Im Bestreben, ihre Bestände an Werken Pollocks zu verringern, hatte Peggy Guggenheim in Europa versucht, diese an verschiedene Sammler zu verkaufen. 1949 bemühte sie sich, eine Ausstellung in Paris zu realisieren, scheiterte jedoch. Deshalb entschloss sich Ossorio, im Herbst in die französische Hauptstadt zu reisen, um die Möglichkeiten für eine Ausstellung auszukundschaften. Man wollte die europäischen Sammler auf Pollock aufmerksam machen.

Ossorio und Dragon gefiel es in East Hampton so gut, dass sie beschlossen, dort ein Haus zu mieten. Von da an sahen sie die Pollocks häufiger und freundeten sich mit ihnen an. Oft brachte Ossorio Geschenke und Essen mit, da er fürchtete, die Pollocks müssten aufgrund ihres spartanischen Lebensstils Hunger leiden. Obwohl die Lage längst nicht mehr so misslich war, nahm Lee die Gaben dankbar an. Überdies war Ossorio einer der wenigen Menschen, die in Jacksons Atelier stets willkommen waren, weil Jackson die Schmeicheleien des Sammlers sichtlich genoss. Gern lud Ossorio Jackson zudem ins Kino nach East Hampton ein. Jackson liebte Western- und Science-Fiction-Filme und nahm die Einladungen freudig an.

Im Juli fand in der Guild Hall in East Hampton die Ausstellung »17 Eastern Long Island Artists« statt, die Werke von Künstlern aus der Region präsentierte und von John Little organisiert worden war. Zu sehen waren neben drei Gemälden Pollocks auch Werke von Lee. Allerdings erregte nichts so viel Aufmerksamkeit wie die Dripping-Bilder Jacksons. Für die Guild Hall und das distinguierte Publikum East Hamptons war das eine Revolution. Wo sonst nur Landschaftsaquarelle und Stillleben gut situierter Hausfrauen der besseren Gesellschaft ausgestellt wurden und behandschuhte Kellnerinnen Tee reichten, verwandelten die Werke der »Barbaren und Radikalen« den Ausstellungssaal nun in ein Horrorkabinett. Viele glaubten, die Maler wollten sich über die Besucher und Mitglieder der Guild Hall lustig machen. Schmunzelnd erzählten die Künstler, dass die Ehefrau eines der Honoratioren sofort zur Toilette gelaufen sei, um sich die Hände zu waschen, nachdem sie einem der Maler die Hand geschüttelt hätte. Es fällt nicht schwer, sich auszumalen, wie diese Menschen auf Jackson reagierten und ihn aus sicherer Entfernung kritisch beäugten. Nach drei Wochen waren dessen Bildwerke dennoch verkauft.[18]

Pollock arbeitete in jenem Sommer intensiv mit dem Künstler und Architekten Tony Smith (1912–1980) zusammen, der in dieser Zeit mehrere Häuser entwarf. Für diese beabsichtigte Jackson große, von den Auftraggebern abgesegnete Wandbilder zu schaffen, die integraler Bestandteil der Häuser sein sollten. Mit mehreren Kunden besuchte Smith Pollocks Atelier, damit diese sich dort umschauen und überzeugt werden konnten, ihren Neubau mit den Werken des Malers auszuschmücken. Pollock und Smith verbrachten viel Zeit miteinander und diskutierten stundenlang über Architektur und Kunst. Pollock erzählte vom Westen, vom Farmleben und von seinen Erlebnissen mit Indianern. Voller Bewunderung berichtete Smith, dass »Jackson den Westen wirklich kannte, wie er war. Er war der Meinung, dass das Leben dort authentischer war als hier.«[19] Den Wandbildern, die Jackson zu malen gedachte, plante er einen

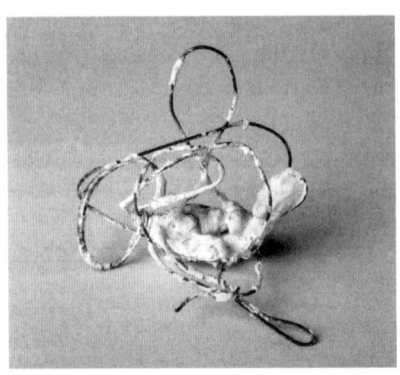

Jackson Pollock, *Untitled (Ohne Titel)*, 1949, Draht, Gips und Farbe, The Museum of Fine Arts, Houston, Texas

Hauch von Western zu verleihen – er glaubte, dass die Sammler im Westen dies eher schätzen würden. Im Juni beschlossen Pollock und Smith, noch im selben Jahr nach Kalifornien zu fahren. Der Architekt schlug vor, Pollock solle wieder Wandbilder malen, auch ohne Auftrag, um potenzielle Käufer im Westen von den Vorzügen eines Mural zu überzeugen.

Nur kurze Zeit später lernte Pollock bei einer Feier in East Hampton den jungen Architekten Peter Blake (1920–2006) kennen, der als Kurator für Architektur und Industriedesign am MoMA tätig war. Jackson lud den ehrgeizigen Architekten ein, sein Atelier zu besuchen. Blake war überwältigt: »Es war ein sehr sonniger Tag und die Sonne schien auf die Gemälde. Ich hatte das Gefühl, im Spiegelsaal von Versailles zu stehen. Es war ein blendender, unglaublicher Anblick.«[20] Der Besuch ließ in Blake die Idee eines Museums entstehen, das Glas und Spiegel nutzen sollte, um »ein Gefühl zu erzeugen, bei dem das Bild den Raum definiert und nicht anders herum«. Der Architekt lehnte seine Idee an Mies van der Rohes Plan eines »idealen Museums« an, das dieser in einer Ausgabe des *Architectural Forum* vorgestellt hatte. Die Raumdecken wurden von einigen Säulen getragen; die Gemälde sollten nicht an den Wänden befestigt sein, sondern frei im Raum hängen oder stehen, ohne dass eine Aufhängung sichtbar wäre. Spiegel und Glas sollten den Raum unterteilen und die Gemälde unendlich oft reflektieren. Blake schlug vor, ein Modell mit Miniaturreproduktionen von Jacksons Bildern zu erstellen. Pollock war von der Idee begeistert. Er fertigte ein paar Skulpturen an, die Blake als Kontrast in das Modell integrieren wollte. Hierzu bog Pollock sich dünne Drähte zurecht und beträufelte sie mit Ton. Blake war von den kleinen Kunstwerken entzückt: »Es war, als würde er [Pollock] eines seiner Bilder aus jener Zeit nehmen und ins Dreidimensionale übertragen.« Die beiden liehen sich von Ossorio 100 Dollar für das Material und gingen ans Werk. Bis zur November-Ausstellung 1949 sollte das Modell fertig sein.[21] Gleichzeitig entdeckte Pollock eine alte Liebe. Die Arbeit an dem Museumsmodell und den winzigen Skulpturen belebte in Jackson den Wunsch, wieder Plastiken zu kreieren. Zu diesem Zweck durfte er die Töpferei der Künstlerin Roseanne Larkin in East Hampton benutzten. Hier

Jackson Pollock an der Töpferscheibe im Atelier von Larry Larkin in East Hampton, 1949/50

saß er an einer kleinen Töpferscheibe und arbeitete an einer Serie Terrakottastatuetten. »Es war der Versuch, Abstraktionen aus Ton zu formen«, entsann sich Larkins Gatte Lawrence, »ein Versuch, zweidimensionale Bilder in dreidimensionale Stücke umzuformen.« Larkin erinnerte sich, dass Jacksons Hände »sehr zart, aber riesig« gewesen seien; er habe eine »wundervolle Kontrolle« an den Tag gelegt. Nach wenigen Sitzungen war Larkin überzeugt, dass Jackson »ein großer Künstler« sei.[22]

Im Atelier vermied Pollock 1949 die Arbeit mit großen Formaten und konzentrierte sich stattdessen auf die Schaffung kleinerer Werke. Viele dieser Arbeiten entstanden auf Papier, das er auf ein Holzbrett montiert hatte. Die Bandbreite reichte von wilden Farbnebeln wie in *Number 31, 1949 (Nummer 31, 1949)* über flächige Drippings wie in *Number 23, 1949 (Nummer 23, 1949)* bis zu geordnet erscheinenden Bildern wie *Number 13, 1949 (Nummer 13, 1949)*, das von langen schwarzen Pinselstrichen dominiert wird, die von weißen Gespinsten überlagert werden. Viele Arbeiten sind einfach gehalten und nur wenige größer

Jackson Pollock, *Number 3, 1949: Tiger (Nummer 3, 1949: Tiger)*, 1949, Öl, Emailfarbe, Aluminiumfarbe, Kordel und Zigarettenstück auf Leinwand, auf Holz geklebt, Hirshhorn Museum and Sculpture Garden, Smithsonian Institution, Washington, D. C.

als 0,7 mal 0,5 Meter. Oft nutzte Pollock nicht mehr als drei Farben. Die kleinformatigen Bilder brachten ihn zu einem neuen Stil des Dripping, viele der Werke schuf er mit nur wenigen kurzen Handbewegungen. Erstmals versteckte er sich nicht hinter der Größe und Komplexität der Bilder. Er konfrontierte grundlegende Formen und Linien miteinander, was er für gewöhnlich zu vermeiden suchte, um einem Eindruck von Gegenständlichkeit entgegenzuwirken. Pollock schien die Grenzen des Dripping zu ergründen, stets war er ruhelos auf der Suche nach Neuem. Vielleicht war ihm die bisherige Technik zu einfach geworden, der Vorgang zu mechanisch und vorhersehbar.

Zu den größeren Bildern des Jahres gehörten *Number 1, 1949 (Nummer 1, 1949)*, ein Geflecht aus Silber, Weiß, Rosa, Blau, Gelb und Schwarz, und *Number 2, 1949 (Nummer 2, 1949)*, das über eine Länge von 4,8 Metern verfügt. Wild gestaltet sich das Gemälde *Number 3, 1949: Tiger (Nummer 3, 1949: Tiger)*, in dem Jackson die Leinwand vollständig mit Farben bedeckte. Dominiert wird das farbige Geflecht von Linien und Spritzern aus cremigem Weiß, die mal zart gegossen erscheinen, mal wie Blitze das Bild durchzucken.

Anfang Dezember 1947 hatte das *Time*-Magazin als eines der ersten großen Printmedien der USA gefragt: »The Best?« – »Die Besten?« In Anknüpfung an Clement Greenberg, der Pollock als besten Maler verstand, David Smith als besten Bildhauer bezeichnete und in Hans Hofmann den besten Kunstlehrer sah, untersuchte das Magazin die drei Künstler und präsentierte auch deren Kunst. Ein kleiner Schönheitsfehler: Pollocks *The Key* wurde auf dem Kopf stehend abgebildet.[23] Im Juli 1949 meldete sich bei Pollock das *Life*-Magazin. Greenbergs

Lobeshymnen hatten ihre Wirkung nicht verfehlt, man wollte einen Artikel über Jackson schreiben. Dieser Entschluss verdankte sich dem Vorsitzenden des Herausgebergremiums der Zeitschrift, Dan Longwell, der zugleich ein guter Freund Bentons und ein Bewunderer von Pollocks Arbeiten war. Bei den Pollocks war die Aufregung groß. *Life*, das Flaggschiff des amerikanischen Journalismus mit seinen Millionen von Lesern in ganz Amerika, wollte einen Artikel veröffentlichen, der sich ganz um Pollock und dessen Kunst drehen sollte. Der Beitrag bot eine große Chance, doch die Pollocks zögerten. Sie hatten Angst, dass eine vernichtende Kritik erscheinen könnte. *Time* und *Life* hatten den modernen amerikanischen Künstlern bisher eher feindselig gegenübergestanden. Es stand zu befürchten, dass man sich über Pollock und seine Arbeiten amüsieren und ihn vorführen würde, so wie es wenige Wochen zuvor dem französischen Künstler Jean Dubuffet (1901–1985) widerfahren war. Doch die Versuchung war allzu groß: Nach einigen Tagen Bedenkzeit entschloss sich das Paar, dem Artikel zuzustimmen.[24]

Am 18. Juli 1949 trafen Pollock und Lee im Time-Life Building die Journalistin Dorothy Seiberling. Diese vermochte sich später noch genauestens an den verschlossenen Künstler zu erinnern, der ihr in Tweed-Anzug und Halbschuhen gegenübersaß, während seine Frau selbstbewusst und redegewandt agierte: »Sie ging voran und sprach für ihn, um seine Aussagen weiter auszuführen. Sie versuchte nicht, das Gespräch an sich zu reißen oder anstatt seiner zu reden, sie wollte es für ihn leichter machen und gelegentlich etwas näher ausführen. Sie waren ein gutes Gespann.«[25] Trotz Krasners Hilfe wurde das Interview im originalen Wortlaut nie veröffentlicht, sondern diente dem späteren Artikel lediglich als Grundlage. Die Herausgeber waren unzufrieden, da Pollocks Aussagen meist eher kryptisch gewesen waren oder er mit Gegenfragen geantwortet hatte.[26]

Das Gespräch ist eine interessante Mischung aus biografischen Notizen, verkaufsfördernder Publicity und politischen Gesten, unterfüttert mit ein paar Aussagen, die an der Wahrheit weit vorbeigingen. So behauptete Jackson, er sei der erste Künstler in der Familie gewesen, und dass Sande und Charles in seine Fußstapfen getreten seien. Die Studienjahre bei Benton bezeichnete er als einen »Totalausfall«. Er behauptete, schon vor seiner Zeit in New York abstrakt gemalt zu haben. Seine harten Jahre von 1933 bis 1944, in denen er auch im Bloomingdale's, im Bellevue Hospital und bei Dr. Henderson gewesen war, beschönigte er als »eine Art Zurückgezogenheit«. Auf Fragen zu seinen Werken antwortete er knapp und überlegt, oft jedoch ausweichend. Zur Technik meinte er: »Ein echter Künstler muss mit etwas Eigenem arbeiten – um etwas Individuelles auszudrücken … ein Student sollte sich weniger auf die Technik konzentrieren, sondern mehr darauf, etwas auszudrücken.« Zu Pollocks Arbeitsgewohnheiten notierte Seiberling: »Wenn Pollock mit einem Bild beginnt, […] malt er es in einer Sitzung so weit wie möglich fertig. Während er malt, weiß er, wann ein Gemälde gut ist, aber danach, wenn die Inspiration ein wenig verflogen ist, entfernt liegt, muss er sich mit seinen Bildern wieder neu vertraut machen.« Über Abstraktion sagte Pollock: »Ich versuche jedes erkennbare Bild zu vermeiden; wenn es sich einschleicht, versuche ich es zu beseitigen […]. Ich lasse nicht zu, dass ein Bild das Gemälde trägt […]. Es ist zusätzlicher Ballast und unnötig.« Auf die Frage, warum er denn nicht realistisch male, entgegnete er: »Wenn Sie ein Gesicht sehen wollen, schauen Sie sich eines an.« Zum Schluss fügte er an: »Erkennbare Bilder sind am Ende immer da.« Dieser Satz hätte Greenberg sicher nicht gefallen, er zeugt von eigenständigen Ideen in Jacksons Arbeit, unabhängig von den Theorien des Kritikers. Als Seiberling Jackson nach seinen Lieblingskünstlern fragte, nannte dieser de Kooning und Kandinsky, außerdem Goya, El Greco und Rembrandt. Picasso erwähnte er nicht. In ihren Notizen hielt Seiberling fest: »Pollock hat das Gefühl, eine natürliche Weiterentwicklung der Kubisten zu sein.« Sie fragte ihn, was er seinen Kritikern erwidern würde. Jackson sagte: »Wenn sie das meiste ihres Zeugs zu Hause lassen und einfach nur auf die Bilder schauen würden, hätten sie keine Probleme, sie zu genießen. Es ist, als würde man auf ein Blumenbeet schauen. Über dessen Bedeutung raufst du dir auch nicht die Haare.«[27]

Nach dem Interview begann für die Pollocks eine Zeit voller Unbehagen: Sie mussten sich bis zum August gedulden, um zu erfahren, ob *Life* Jackson verreißen oder lobpreisen würde.

Kapitel 20
Auf dem Gipfel (1949–1950)

Am 8. August 1949 fragte das *Life*-Magazin in seiner aktuellen Ausgabe: »Jackson Pollock – Ist er der größte lebende Künstler der Vereinigten Staaten?« Darüber prangt eine Abbildung Jacksons, die ihn in lässiger Pose und mit einer Zigarette im Mund vor seinem breitformatigen Werk *Summertime: Number 9A, 1948* zeigt. Der recht unspektakuläre Artikel erzählt von der ambivalenten Haltung der New Yorker Kunstszene Pollock gegenüber, von Greenbergs Äußerung, dass Pollock der beste amerikanische Maler des 20. Jahrhunderts sei, und von den Kritikern, die in den Werken des Künstlers nicht mehr als interessante Dekorationen sahen. Man beschreibt Pollocks Atelier und dessen Arbeitsweise und hat das Ganze mit ein paar Zitaten des Künstlers und zahlreichen Fotos

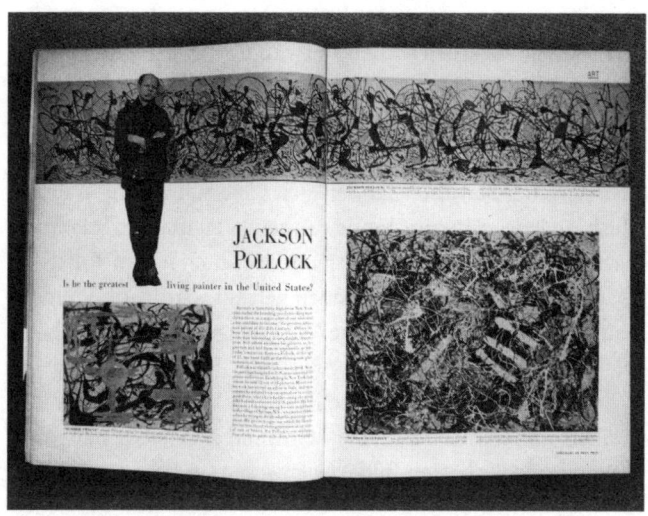

Artikel über Jackson Pollock im *Life*-Magazin, 8. August 1949

garniert.¹ Die Wortwahl lässt allerdings erkennen, dass man Pollocks Werke als unkontrollierte, zufällig entstandene Arbeiten betrachtete, nicht als gewollte Linien eines großartigen Künstlers.

Der Artikel hatte durchschlagende Wirkung. Das wichtigste Reportagemagazin der USA mit einer Auflage von fünf Millionen Exemplaren berichtete auf mehreren Seiten und mit großformatigen Abbildungen über Jackson Pollock, der quasi über Nacht in Amerika zu Berühmtheit gelangte. Alte Freunde und Weggefährten konnten es kaum glauben. Überall im Land sprach man über den eigenwilligen Künstler und dessen Bilder. Amerika hatte einen neuen Helden. Stella Pollock wurde in Deep River interviewt und gestand der Lokalzeitung, dass sie die Kunst ihres Sohnes nicht so recht verstehe. In Cody, Wyoming, untersuchten örtliche Historiker, ob Jackson dort tatsächlich geboren worden sei. Dr. Wall, der Arzt im Bloomingdale's, schrieb seinem ehemaligen Patienten und lobte dessen Fortschritte.² Reginald Isaacs, Jacksons neuer Bewunderer, telegrafierte an *Life* und verfasste einen Brief, in dem es hieß: »Jackson IST der größte lebende Maler der Vereinigten Staaten und meine enthusiastische Meinung wird von meiner Frau, meiner Mutter und meinen Kindern geteilt.«³ In Springs hielten die Menschen Jackson auf der Straße an, um ihm zu gratulieren; der Artikel war über mehrere Tage hinweg das wichtigste Gesprächsthema in der Stadt. Pollock stand im Rampenlicht. Das Haus in der Fireplace Road wurde überschüttet mit Briefen begeisterter Anhänger, darunter wildfremde Menschen, die Jackson für seine Kunst ihren Dank aussprachen. Viele fragten nach Autogrammen, andere wünschten sich kleinere Kunstwerke. Die größte Bewunderin aber war Stella. Sie schrieb allen Verwandten und Freunden und wies auf den »fabelhaften Artikel« hin. Sande war jedoch das einzige Familienmitglied, das sich bei Jackson selbst meldete.

Neben dem Lob gab es indes auch wütende Reaktionen. Das Magazin wurde mit Leserbriefen überschüttet. Darunter fanden sich viele Schreiben, in denen behauptet wurde, dass ein jedes Kind imstande sei, besser zu malen als Pollock; ein Leser meinte, er könne dieselbe Kunst kreieren, wenn er seinen Pinsel an der Garagenwand säubere. Es gab Briefe, in denen gefragt wurde, ob Pollocks Arbeit denn überhaupt als Kunst gelten könne, eine Frage, die manche Leser noch im selben Brief mit einem »Nein« beantworteten. Jeanette Rattray, die Herausgeberin des *East Hampton Star*, witzelte in einem Leitartikel, dass ihre fünfjährige Nichte einen Eimer Farbe auf eine Leinwand geschüttet hätte und das Ergebnis »eines von Pollocks besten Bildern« gewesen sei.⁴

Und Jackson? Anfangs schien er sehr stolz zu sein, er galt nun als bedeutendster Künstler seiner Generation. Ganz Amerika erging sich in Worten über ihn. Schnell wurde Pollock jedoch klar, was dieser Ruhm bedeutete und welche Folgen der Erfolg in Zukunft mit sich bringen würde. Er wurde unsicher, wie er mit der neuen Bekanntheit umgehen sollte und welchen Erwartungen er sich nun zu stellen hätte.

Den Rest des Sommers war es voll im Hause Pollock. Jedes Wochenende trafen sich Freunde, Kollegen und Nachbarn bei dem Künstlerpaar, auch Sammler und Kritiker schauten häufig vorbei. Jeder wollte Jackson kennenlernen, mit ihm plaudern und sein Atelier besichtigen. Die Besucher erlebten einen gehemmten, nervösen und verlegenen Jackson, der zugleich ein wenig beschämt war.

Im November 1949 folgte Jacksons nächste große Ausstellung, die vierunddreißig Gemälde des Künstlers präsentierte und von Peter Blake kuratiert worden war. Die Vernissage fand am 21. November 1949 statt und der Andrang war groß: Die Galerieräume waren hoffnungslos überfüllt, die Menschen standen bis in den Hausflur hinein. Anders als früher kamen nicht nur Freunde, Bekannte und von Betty Parsons eingeladene Sammler – ganz New York schien neugierig auf den Maler aus der *Life* zu sein. Der expressionistische Künstler Milton Resnick (1917–2004), der an jenem Abend in Begleitung von Willem de Kooning erschienen war, erzählte: »Meist, wenn man zu einer Vernissage ging, war alles, was man sah, Leute, die man schon kannte, aber hier waren viele Menschen, die ich noch nie zuvor gesehen hatte. Ich sagte zu Bill: ›Worum geht es hier bei all dem Händeschütteln?‹ Und er antwortete: ›Schau dich um. Das sind alles hohe Tiere. Jackson hat es endlich geschafft, das Eis zu brechen.‹«[5]

Sogar Alfred Barr, der Direktor des MoMA, war gekommen. Ein Triumph für Pollock, der, nüchtern und in Anzug und Krawatte gekleidet, inmitten der Menge stand. Wenn ein Sammler den Raum betrat, begrüßte ihn Jackson persönlich und sprach ein paar Worte mit ihm. Parsons verbrachte den Abend damit, zu verhandeln, zu verkaufen und potenzielle Käufer zu bezirzen. Lee saß im Flur, verteilte Kopien des Artikels im *Life*-Magazin und beantwortete Fragen.

Bis auf wenige Ausnahmen reagierten die Kritiker enthusiastisch auf die Ausstellung. In *The New Yorker* lobte Coates die neuen Arbeiten. Sie hätten sich die Kraft und das Ungestüme der früheren Werke bewahrt, seien jedoch »besser kontrolliert« und »weniger schrill«, mit »Gefühlstiefe und einem Sinn für genauere Organisation«, was sich großartig auf ihre Erscheinung auswirke: »Die Arbeiten sind nicht betitelt, ich werde also gar nicht versuchen, sie aufzulisten. Sie sind für mich die besten Gemälde, die er [Pollock] jemals gemacht hat.«[6]

In *Art News* schrieb Amy Robinson: »[Pollock] drückt in seinen neuen Bildern intensivere Gefühle aus als früher […]. Während die dicht gewobenen Ebenen verschiedener farbiger Linien auf den ersten Blick ein impulsives Einreißen aller beschränkenden Fesseln darzustellen scheinen, auch die der Form, wird schnell offensichtlich, dass es ein deutliches Muster und ein Gefühl in jeder Leinwand gibt; Formen tauchen auf und verschwinden wieder in den kreuz und quer verstreuten Kalligrafien.«[8] Carlyle Burrows, die für die *Herald Tribune* schrieb, führte die Faszination der Bilder auf »das einfache Zusammenspiel der Farben« zurück, das »mit rhythmischer Intensität« kombiniert sei. Sie gab jedoch zu bedenken, dass sich Pollock wiederhole.[8] Stuart Preston schrieb in der *Times*: »Farbe ist Pollocks Stärke. Im dichten Netz der Farbe, die sich hin und her schlängelt, ist es bemerkenswert, dass die Silber-, Schwarz-, Weiß- und Gelbtöne erhalten bleiben und sich nicht gegenseitig auslöschen.« Sein besonderes Lob fand *Number 23, 1949*, welches mit seinem »Spinnennetz aus Schwarz ein Muster erschafft«, das »elegant wie ein chinesisches Schriftzeichen« wirke. Er bemängelte nur, dass »es die Myriaden von feinen Klimaxen aus Lack und Farbe in den allergrößten Werken nicht schaffen, in dem All-over aufzugehen; aber in den länglichen schmalen kommt Fahrt auf in den gefälligen, großen, sich wiederholenden Mustern, die sich von links nach rechts bewegen«.[9]

Hatten die Kritiker noch vor wenigen Monaten über Pollocks Bilder gelästert und sie als »überbackene Makkaroni« und »verfilzte Haare« verspottet, überboten sie sich jetzt mit Lobeshymnen. Zum ersten Mal machten sich die Kritiker die Mühe, die Wirkung der Bilder zu erforschen. Nicht jeder von ihnen hatte seine Meinung geändert, doch war der Ton, in dem sie diese nun äußerten, respektvoller geworden. Nur eine Zeitschrift hielt an ihrer Kritik hartnäckig fest: In der *Time* ereiferte sich Alexander Eliot über die »hohle« Welt der Kunst der Avantgarde. Künstler wie Newman, Baziotes und de Kooning wurden häufig von ihm verrissen, und auch Pollock erging es nicht besser. Über dessen *Number 14, 1949* (*Nummer 14, 1949*) schrieb er, es sei »ein nichtgegenständliches Gewirr aus Teer und Konfetti«, und warnte: »Wenn seine [Pollocks] Art von Malerei die lebendigste Kraft der zeitgenössischen amerikanischen Kunst ist, wie einige Kritiker schreiben, ist die Kunst auf einem schlechten Weg.«[10] Doch seine Kritik ging im Applaus der anderen Rezensenten unter.

Eine Woche nach Ausstellungsende eröffnete am 16. Dezember 1949 im Whitney Museum of American Art die »Annual Exhibition of Contemporary American Painting«. Pollock zeigte hier *Number 14, 1949*. In einer Kritik zur Ausstellung schrieb Henry McBride: »Frühere Werke Pollocks, die ich gesehen habe, sahen so aus, als ob die Farbe aus einiger Entfernung auf die Leinwand geschleudert worden sei und nicht jeder Tropfen dabei glücklich gelandet ist. Auch wenn die neuen mit einer Spritztechnik erstellt worden sind, ist dieses Gespritze ansehnlich und organisiert, und deshalb mag ich es.« Einen kleinen Seitenhieb konnte aber auch er sich nicht verkneifen: Er fügte an, dass das in der Ausstellung gezeigte Gemälde aussehe, »wie eine flache, vom Krieg gepeinigte Stadt, vielleicht Hiroshima, aus großer Höhe im Mondlicht gesehen«.[11]

In der März-Ausgabe 1950 des *Magazine of Art* leistete Parker Tylor, fünf Jahre nachdem er Pollocks Kunst mit überbackenen Makkaroni verglichen hatte, Abbitte. Er sprach nun von einer »unbezwingbaren Sprache des Bildes« und von »zarte[n] Muster[n] aus purer Form«. In poetischen Worten erging er sich über Pollocks Kunst: »Pollocks Farben fliegen durch den Raum wie die gestreckten Körper von Kometen und zerspringen in eingefrorene Augenblicke, wenn sie auf die Sackgasse der flachen Leinwand treffen. Was sind seine dichten und sternenübersäten Arbeiten anderes als die Eingeweide eines endlosen Nichts des Alls? Etwas, das nicht als ein Teil des Universums begriffen werden kann, wurde geschaffen, um das Universum in seiner Gesamtheit des Seins darzustellen. So erreichen wir schließlich das wirklich Paradoxe dieser Gemälde: das Dasein im Nichtsein.«[12]

Als die Ausstellung in Parsons Galerie im Dezember 1949 ihr Ende fand, hatte Jackson mehr Bilder verkauft als jemals zuvor, und neben den üblichen Sammlern waren neue hinzugekommen. So hatten auch die Gattin John D. Rockefellers III., Blanchette Ferry Rockefeller, und der Schauspieler Vincent Price Werke Pollocks erworben. Jacksons Strategie, den zögerlichen Erstkäufern kleinere Bildwerke anzubieten, hatte sich bewährt. Insgesamt wurden achtzehn der zum Kauf angebotenen siebenundzwanzig Werke verkauft, viele von ihnen bereits in der ersten Woche und einige noch in der Nacht der Vernissage. Nur wenige wichtige Sammler widerstanden dem Reiz, einen »Pollock« zu erstehen.

Einen neuen Auftrag verdankte Pollock Peter Blake: Dieser brachte den Architekten Marcel Breuer (1902–1981) mit in die Galerie, der sich zu jener Zeit gerade auf der Suche nach einem Gemälde für das Esszimmer im Haus Bertram Gellers befand, das der Architekt entworfen hatte. Breuer war so beeindruckt von dem, was er sah, dass er das Ehepaar Geller sofort anrief und Jackson den Auftrag für ein Wandbild sicherte. Einzige Bedingung war, dass dieses dem rostfarbenen Untergrund von *Number 13A, 1948: Arabesque* ähneln musste.[13]

Jackson und Lee waren euphorisch und glücklich. Sie verbrachten die Zeit, die die Ausstellung dauerte, in New York und wohnten in Ossorios Stadthaus am Washington Square. Ossorio war auf den Philippinen, um dort ein Wandgemälde für eine Kapelle zu malen, und hatte dem Künstlerpaar angeboten, in dieser Zeit sein Haus zu nutzen. In dem luxuriösen Stadthaus fühlten sich die Pollocks so wohl, dass sie beschlossen, ihren Aufenthalt zu verlängern. Sie empfingen Gäste, besuchten Galerien und Museen und genossen das Leben in der Großstadt. Kurz vor Weihnachten beschloss das Paar sogar, auf den üblichen Weihnachtsbesuch bei Sande zu verzichten. Stella nahm Pollocks Absage gelassen hin, andere in der Familie sahen das kritischer. Sie glaubten, Jackson habe nun Besseres zu tun und keine Lust mehr darauf, mit der Familie zusammen zu sein.[14] Lee verspürte in jener Zeit keine Angst mehr davor, Jackson allein unter Freunden zu lassen; in New York blieb er dem Alkohol weitgehend fern. Nicht einmal der plötzliche Tod von Dr. Heller konnte ihn erschüttern. Er war jetzt berühmt, auf dem Gipfel der Welt angekommen, weder die Familie noch Dr. Heller schienen ihm jetzt noch vonnöten.

Erst im März kehrte Pollock nach Springs zurück, um das Wandbild für das Ehepaar Geller zu malen. Als er Blake das vollendete Bildwerk zeigte, war dieser begeistert. Die Dame des Hauses Geller indes war schockiert, als das Bild bei ihr eintraf. So viel Geld in ein solches Gemälde investiert zu haben, entsetzte sie. Es dauerte eine Woche, bis alle Falten aus der Leinwand herausgebügelt waren und das 1,83 mal 2,43 Meter große Gemälde an dem ihm bestimmten Platz hing.[15] Als das Haus Jahre später verkauft wurde, war das Bild mehr wert als das Gebäude selbst.

Seit 1949 trafen sich Newman, Gottlieb, Rothko und andere Künstler in Gottliebs Atelier 35 in der 8th Street, um gemeinsam über Kunst zu diskutieren. Schon länger war den abstrakten Künstlern die konservative und antiabstrakte Ausrichtung der amerikanischen Museen ein Dorn im Auge. Mehrfach hatte man sich darüber beschwert, dass das Metropolitan Museum of Art in New York von seinem jährlichen Ankaufsetat von rund 400 000 US-Dollar nur etwa 10 000 Dollar in zeitgenössische Kunst investierte. Um die Kritiker zu beruhigen, wollte der Direktor des Museums, Francis Henry Taylor, eine Ausstellung mit dem Titel »American Painting Today – 1950« ausrichten, die die amerikanische Malerei in ihrer ganzen Vielfalt zeigen sollte. Zu diesem Zweck sollten fünf regionale und eine nationale Jury zeitgenössische künstlerische Positionen versammeln. Doch die Auswahl der Jurymitglieder ließ nichts Gutes erahnen: Überwiegend konservative, der gegenständlichen Kunst zugewandte Museumsdirektoren, Künstler und Kritiker hatte man dafür ausgewählt. Gottlieb sammelte seine Mitstreiter um sich und man beschloss, einen offenen Brief zu verfassen. Es dauerte nicht lange, bis auch Pollocks Name fiel. Jeder Protest würde stärker wahrgenommen, wenn er daran beteiligt wäre. Pollock selbst war bei dem Treffen nicht anwesend, wurde von Newman jedoch aufgrund seiner Popularität um Unterstützung gebeten.[16] Auf dessen Gesuch reagierte Pollock noch am selben Tag mit einem Telegramm:

ICH UNTERSTÜTZE DEN BRIEF, DER SICH GEGEN DIE WETTBEWERBSAUSSTELLUNG 1950 DES METROPOLITAN MUSEUM OF ART WENDET STOP JACKSON POLLOCK[17]

Der Protestbrief wurde an Roland L. Redmond, den Präsidenten des Museums, gesandt. Darin wurde Museumsdirektor Taylor beschuldigt, die moderne Malerei zu missachten, und die Befürchtung geäußert, dass die Auswahl der Juroren keine Hoffnung darauf gebe, einen »angemessenen Anteil fortschrittlicher Kunst« berücksichtigt zu wissen. Deshalb habe man entschieden, zur geplanten Ausstellung keinerlei Werke zur Begutachtung einzusenden.[18] Unterzeichnet wurde der Brief von achtzehn Malern und zehn Bildhauern.

Am 22. Mai 1950 wurde der Brief auf der Hauptseite der *Times* unter der Schlagzeile »18 Maler boykottieren das Metropolitan: Anklage ›Feindschaft gegen fortschrittliche Kunst‹« veröffentlicht. Am darauffolgenden Tag verurteilte die *Herald Tribune* den Protest in einem Leitartikel mit der Überschrift »The Irascible Eighteen« – »Die jähzornigen Achtzehn«. Die Zeitung kritisierte, dass man die Jury bereits vor ihrer Arbeitsaufnahme verurteilte, im Übrigen seien nicht wenige der unterzeichnenden Künstler bereits in Ausstellungen oder in der Sammlung des Museums vertreten. In einem unveröffentlichten Brief an die Herausgeber der *Herald Tribune* antworteten Gottlieb, Newman und Reinhardt, dass die meisten der Ausstellungen im Metropolitan Museum of Art, die Werke der beteiligten Künstler präsentiert hätten, nicht vom Museum selbst organisiert worden seien. Außerdem habe das Museum in den letzten Monaten dutzende Bildwerke angekauft, unter denen sich aber nur wenige Arbeiten von den unterzeichnenden Künstlern fänden, sodass diese deutlich unterrepräsentiert seien.

Sechs Monate später erschien ein Artikel im *Life*-Magazin, der die Gruppe, welche fortan nur noch die »Irascibles« genannt wurde, unsterblich machen sollte. Grund dafür war vor allem eine Aufnahme der amerikanischen Fotografin Nina Leen (1914–1995). Diese wollte, dass die Künstler auf den Stufen vor dem Museum mit ihren jeweils eigenen Werken in der Hand posierten. Die Maler jedoch lehnten ab, da sie fürchteten, dass eine solche Inszenierung sie als Bittsteller erscheinen ließe. Stattdessen entstand eine Fotografie im Gebäude der Zeitschrift. Hierzu hatten sich in einem leeren Saal fünfzehn Künstlerinnen und Künstler versammelt, denen es erlaubt worden war, sich nach eigenem Gutdünken zu positionieren. Aufgenommen wurden insgesamt zwölf verschiedene Fotografien, von denen eine von der *Life*-Redaktion ausgewählt wurde. Sie zeigt einige Künstler im Vordergrund sitzend, andere stehen dahinter. Die amerikanische Künstlerin Hedda Sterne (1910–2011) steht auf einem Stuhl und überragt die Gruppe. Jackson sitzt im Zentrum des Bildes, grimmig, selbstbewusst und mit einer Zigarette in der Hand. Mit dabei sind neben Sterne und Pollock auch Theodoros Stamos (1922–1997), Jimmy Ernst (1920–1984), Barnett Newman, James Brooks, Mark Rothko, Richard Pousette-Dart (1916–1992), William Baziotes, Clyfford Still, Robert Motherwell, Bradley Walker Tomlin (1899–1953), Willem de Kooning, Adolph Gottlieb und Ad Reinhardt (1913–1967). Zwei wichtige Abstrakte Expressionisten fehlen allerdings: Franz Kline (1910–1962) und Hans Hofmann. Auch Fritz Bultman und Weldon Kees (1914–1955) waren verhindert.

Das Foto erschien in der Ausgabe vom 15. Januar 1950, kurz nach Eröffnung der Ausstellung »American Painting Today – 1950« und zusammen mit einem Bericht über diese. Der Artikel war freundlich zurückhaltend, mehrfach wurden Pollocks Name und seine Bilder erwähnt. Über das Medienecho, das die Künstler mit ihren Protesten erzeugten, waren sie sehr überrascht.

Mit der Aufnahme hatte sich der harte Kern der später als Abstrakte Expressionisten oder New York School bekannt gewordenen Gruppe zusammengefunden. Weniger als andere Künstlergemeinschaften folgte sie einem gemeinsamen Programm, die Künstler hatten nicht einmal einen ähnlichen Stil, weshalb die meisten den Namen »Abstrakte Expressionisten« ablehnten. Trotzdem begriffen sie sich als eine lose Künstlergruppe, die von ähnlichen Interessenschwerpunkten zusammengehalten wurde, vor allem von der Idee des versteckten, unbewussten Gegenständlichen und dem Spannungsfeld zwischen Automatismus und bewusster Malerei. Kunst war für sie der Ausdruck von Emotion und Gefühl.

Seit dem *Life*-Artikel schien sich Jacksons Erfolg zu verselbstständigen. Er war nun der »*Life*-Maler«, eine nicht mehr wegzudenkende Instanz in der Welt der Avantgarde, und sein Name gleichbedeutend mit der amerikanischen Kunst. Jackson wurde vom Ruhm förmlich überschwemmt. Jeden Tag trudelten Einladungen zu Abendessen, Partys, Vernissagen, Symposien und Lesungen ein. Alfred Barr wählte ihn 1950 dazu aus, als einer von drei Avantgardekünstlern die Vereinigten Staaten bei der 25. Biennale in Venedig zu vertreten; die anderen beiden Künstler waren Gorky und de Kooning. Zwar war die Hälfte der Ausstellungsfläche des US-Pavillons für den inzwischen achtzigjährigen Realisten John Marin reserviert, doch das Zeichen war eindeutig. Barr akzeptierte Pollock und die abstrakten Amerikaner nicht nur, er erkannte ihre Rolle in der amerikanischen Kunst endlich an. In der Sommerausgabe der *Art News* schrieb er über Jacksons Werke: »Vielleicht die originellste Kunst unter den Malern dieser Generation« und »ein energiegeladenes Abenteuer für die Augen, ein Luna Park voll von Feuerwerk, Fallgruben, Überraschungen und Vergnügen. Manchmal, so wie in seinem Meisterwerk *Number 1, 1948*, entwickelt der wirbelnde Strudel eine mysteriöse Tiefe und ein Glühen, ohne dabei den Sinn der Bildoberfläche zu zerstören, die Pollock und alle seine Freunde versuchen, als essenziell für ihre Kunst zu bewahren.«[19]

Emily Genauer beklagte in der *Herald Tribune*, dass die Besucher der Biennale, mit Ausnahme der Arbeiten Marins, nicht ein einziges Werk eines Künstlers sehen könnten, der von Museen, Kritikern oder Sammlern als bedeutend anerkannt wäre. Das ist zwar falsch, denn bereits seit Jahren hingen im MoMA Werke von Pollock, de Kooning und Gorky, doch es zeigt, welchen Stellenwert man den Künstlern einräumte.[20] Der Londoner Kritiker Douglas Cooper glaubte, dass die Amerikaner »viele bekannte Europäer lediglich imitieren« würden, mit einem »eigentümlichen Mangel an Überzeugung und Fähigkeiten«. Cooper griff nur Pollock heraus und bescheinigte ihm, eine Ausnahme und ein »unbestreitbar amerikanisches Phänomen« zu sein. Das Dripping beschrieb er als »sorgfältig ausgeklügeltes, aber bedeutungsloses Gewirr von Schnüren und Farbschlieren, abstrakt und formlos«. Barrs Beschreibung, die Arbeiten seien »ein energetisches Abenteuer für die Augen«, fand er albern.[21]

Im August fasste Alexander Eliot für die *Time* genüsslich und nicht ohne Genugtuung die europäischen Reaktionen zusammen: »Bei der Biennale in Venedig erhielt der amerikanische Pavillon (mit den wilden und verschwommenen Abstraktionen von Arshile Gorky und Jackson Pollock) von den Kritikern kaum Beachtung.«[22] Doch im September widersprach die *Art News*: »Es ist falsch (und die vielen europäischen Büros der TIME sollten das eigentlich leicht nachprüfen können), dass der US-Pavillon ›kaum Beachtung‹ findet. Während es für die meisten europäischen, monatlich erscheinenden Kunstmagazine einfach noch zu früh war, die gerade erst Mitte Juni eröffnete Biennale zu kommentieren, haben italienische Kritiker ihre Meinung lautstark kundgetan – manche wohlwollend, andere ablehnend.«[23] David Sylvester kritisierte den amerikanischen Pavillon: »Wenn dieser Pavillon wirklich repräsentativ ist, ist die amerikanische Malerei der germanischen Überschätzung der Wichtigkeit des Selbstausdrucks anheimgefallen.«[24] Aline Louchheim beschäftigte sich in der *New York Times* mit dem Vorwurf der Nichtbeachtung: »Ist es wahr, [...] dass unsere Kunst mit Nichtbeachtung gestraft wird? [...] Hat Jackson Pollocks Malerei tatsächlich eine Art Chaos in Europa angerichtet? Die Antwort auf diese Fragen ... ist ›ja und nein‹. Unsere Kunst wurde keineswegs mit Nichtbeachtung gestraft [...]. Es wäre richtig, einfach zu erzählen, [...] dass die Europäer sich nicht wirklich bemühen, unseren Pavillon anzusehen. Marin erhielt ein kurzes Lob [...]. Aber auch die intelligentesten Kritiker [...] haben wenig Zeit darauf verwandt, sich Gorky oder de Kooning anzuschauen [...]. Pollock ist ein spezieller Fall [...]. Seine detaillierte Beschreibung, wie er malt (Farbe tröpfeln usw. auf eine Leinwand am Boden), wurde fleißig übersetzt und ist die Grundlage für leidenschaftliche Argumente für oder gegen die abstrakte und automatische Kunst.«[25]

Doch während die Kritiker die Werke noch eifrig diskutierten, pilgerten europäische Künstler in den US-amerikanischen Pavillon. Vor allem die italienischen Maler zeigten sich von den drei ausgestellten Arbeiten Pollocks begeistert, insbesondere von *Number 1, 1948*. Zusammen mit einigen anderen Künstlern besuchte Giorgio Morandi die Ausstellungshäuser der Biennale und bemerkte im amerikanischen Pavillon: »Sie sind interessant, diese Amerikaner. Sie springen ins Wasser, bevor sie schwimmen gelernt haben.« Über Gorkys Werke sagte er: »Der Junge ist ein bisschen französisch, un po' sordo. Er ist ein bisschen taub. Die Farben sind nett, aber kein echter Zusammenklang – aus. Un po' francese – ein wenig französisch.« Auch die anderen Maler schnitten in den Augen Morandis nicht besser ab. Als er jedoch den zweiten Saal betrat und ein riesiges Bild Pollocks vor sich sah, schnappte er nach Luft und rief: »Das ist nun neu. So viel Vitalität, so eine Energie.«[26]

In der italienischen Kunstzeitschrift *L'Arte Moderna* veröffentlichte der Kunstkritiker Bruno Alfieri einen Artikel über Pollocks Kunst:

Jackson Pollocks Malerei repräsentiert absolut nichts: keine Fakten, keine Ideen, keine geometrischen Formen. Lassen Sie sich nicht durch suggestive Titel wie »Eyes in the Heat« oder »Circumcision« täuschen: Das sind künstliche Titel, bloß dazu erfunden, um die Leinwände zu unterscheiden und sie schnell zu identifizieren. [...]

Kein Bild ist so durch und durch abstrakt wie ein Bild von Pollock: befreit von allem. Als direkte Konsequenz ist daher kein Bild automatischer, unwillkürlicher, surrealistischer, introvertierter und reiner als ein Bild von Pollock. Ich beziehe mich nicht auf André Bretons Surrealismus, der sich so oft zu einem

literarischen Phänomen entwickelte, zu einer aufgeblasenen Abschweifung. Ich beziehe mich auf den wirklichen Surrealismus, der nicht mehr ist als ein unkontrollierter Impuls. [...]
   Es ist leicht, die folgenden Dinge in seinen Gemälden zu entdecken:
– Chaos
– das Fehlen jeglicher Harmonie
– komplettes Fehlen struktureller Organisation
– völlige Abwesenheit von Technik, wenn doch, dann nur rudimentär
– und noch einmal: Chaos
   Doch das sind nur oberflächliche Wahrnehmungen, erste Eindrücke. Wir wollen uns damit nicht zufriedengeben. Wir wollen etwas suchen, unter der Oberfläche seiner Werke.
   Pollock hat alle Grenzen zwischen sich und seinem Bild durchbrochen: Sein Bild ist direkteste und spontanste Malerei. Jedes seiner Werke ist ein Teil von ihm selbst. [...]
   Die genaue Schlussfolgerung muss daher lauten, dass Jackson Pollock der moderne Maler ist, der als Vorreiter für die fortschrittlichste und unbefangenste Avantgarde der modernen Kunst gilt. [...] Verglichen mit Pollock wirkt Picasso, armer Pablo Picasso [...], wie ein friedlicher Konformist, ein Maler der Vergangenheit.[27]

Im Juli, während die Biennale in vollem Gange war, organisierte Peggy Guggenheim im Museo Correr eine Ausstellung mit ihrer Sammlung von Pollocks Werken. Damit bot sich den Künstlern, die den amerikanischen Maler bewunderten, die Möglichkeit, einen Überblick über dessen Schaffenswerk zu erhalten. Im getäfelten Sala Napoleonica stellte Guggenheim dreiundzwanzig Werke aus: zwanzig Ölgemälde, zwei Gouachen und eine Zeichnung. Im dazugehörigen Katalog wurde der Artikel von Bruno Alfieri abgedruckt.

Im November 1950 erschien in der *Time* eine weitere Kritik zur Biennale und zu Pollocks Kunst, in welcher die Diskussion um ein weiteres Mal aufgegriffen wurde: »Jackson Pollocks Abstraktionen verblüffen Fachleute und Laien. Laien wissen nicht, wonach sie in den Labyrinthen suchen sollen, die Pollock erreicht, indem er Farbe auf eine auf dem Boden liegende Leinwand tropfen lässt; Experten wundern sich, was sie über den Künstler sagen sollen.«[28] In der Kritik wurde behauptet, Jackson sei »den Leinwänden nach Italien gefolgt« und dass die Italiener seine Ausstellungen ignoriert hätten, was beides nicht stimmte. Darüber hinaus wurde der Artikel Alfieris zitiert, wobei man mehrmals genüsslich den Begriff des »Chaos« verwandte. Viele Zitate Alfieris wurden derart aus dem Zusammenhang gerissen und selektiv dargestellt, dass der Eindruck entstand, als ob Alfieri mit Pollocks Werken nichts anzufangen wüsste. Der Vergleich mit Picasso wurde gar nicht erwähnt. Jackson war so wütend, dass er sofort ein Telegramm entsandte:

KEIN CHAOS, VERDAMMT. WIE SIE IN MEINER AUSSTELLUNG AB DEM 28. NOV. SEHEN KÖNNEN, WAR ICH VIEL ZU BESCHÄFTIGT, UM NACH EUROPA ZU REISEN. ICH DENKE, SIE HABEN DAS INTERESSANTESTE AUS ALFIERIES ARTIKEL WEGGELASSEN.[29]

Im Juli wurde in der Guild Hall von East Hampton wieder eine Ausstellung ausgerichtet, die den Titel »10 East Hampton Abstractionists« trug. War noch die Ausstellung des Vorjahres eher durchschnittlich besucht und Jackson einer unter vielen gewesen, wurde die Vernissage dieses Mal geradezu von Besuchern überrannt – alle wollten die Bilder des »*Life*-Malers« sehen. Man organisierte sogar einen Ausflug zu Jacksons Atelier. Mit dem Bus ging es zu Jacksons Haus, in dem Lee die Gäste empfing und versorgte. Anschließend durfte man das Atelier besichtigen.

Jackson genoss es, berühmt zu sein, er schien gelöst und zufrieden. Auch Lee fühlte sich wohl. Gern veranstaltete sie kleinere Dinner-Partys, zu denen sie jeweils höchstens acht Gäste lud. Da sie inzwischen Vertrauen in Jacksons Nüch-

Jackson Pollock, Clement Greenberg, Helen Frankenthaler, Lee Krasner und ein unbekanntes Kind (v. l. n. r.) am Strand, Juli 1952

ternheit gefasst hatte, erlaubte sie auch, während dieser Feierlichkeiten Bier zu reichen. Die Gäste wurden sorgfältig von ihr ausgesucht, sie lud Künstler, Sammler und Kritiker ein, unter ihnen alte Bekannte wie Clement Greenberg, aber auch neue Freunde wie Saul Steinberg und Hedda Sterne, die Brooks, die Zogbaums und die Stills.[30] Alte Freunde erschienen gelegentlich in Begleitung eigener Freunde. Wie so oft hatte Greenberg eine junge Frau an seiner Seite, in diesem Sommer war es die junge Malerin Helen Frankenthaler. Der Schriftsteller und Kunstsammler John Bernard Myers brachte den jungen Ungarn Tibor de Nagy mit, mit dem zusammen er Marionettentheater spielte. Nachdem Jackson bei Myers Marionetten gesehen hatte, fertigte er für diesen eine Marionette an. Er schnitzte die Puppe aus Holz, umwickelte sie mit Leinwand und malte sie bunt an. Jahre später wurde sie von den Kindern des Künstlers Larry Rivers zerstört.[31] Während der Besuche de Nagys und Myers erzählte Pollock gern die Geschichte eines Pueblo-Indianerjungen, den man »The Fireboy« nannte. De Nagy übernahm die Geschichte später für ein Stück: »Jackson liebte es, diese Geschichte von einem kleinen Jungen zu erzählen, der von einem bekannten Stamm aufgenommen werden wollte; er musste jedoch erst drei Heldentaten absolvieren, bevor er berühmt werden durfte.«[32] De Nagy und Myers gründeten später in New York die Tibor de Nagy Gallery, die zum Zentrum der zweiten Generation der Abstrakten Expressionisten wurde.

Die Besucher waren begeistert von der Atmosphäre bei den Pollocks. »Wenn man das Atelier betrat, hatte man das Gefühl, in einen Schrein zu gelangen«, erinnerte sich Vita Petersen, »es gab da so eine Dichte. Er [Pollock] war dort wie ein Mönch in seiner Zelle. Du fühltest die Energie und die Konzentration an dem Ort. Man wollte dort flüstern.«[33] Wer dort gewesen war, sprach von Jacksons Aura in ehrfürchtigen Worten und beschrieb sie als mystisch, poetisch, erleuchtend oder schlichtweg beeindruckend. »Es war, als ob er glühen würde«[34], wie es ein weiterer Besucher dieses Sommers beschrieb. Alle fühlten sich geehrt, Jackson treffen zu dürfen. Alles, was Jackson sagte, jedes wortkarge »Ja«, »Nein«, »Vielleicht« oder »Sehe ich auch so«, schien plötzlich von eminenter Wichtigkeit und wurde von den Anwesenden begierig aufgesaugt; seine langen Gesprächspausen wurden als bedeutungsschwangere Pausen aufgefasst. Aufmerksam wurde jede seiner Regungen wahrgenommen: »Man konnte, wenn man ihm in die Augen schaute, genau sagen, dass er der Konversation nicht nur folgte, sondern sie auch in seinem Kopf weitertrieb«, behauptete Buffie Johnson. »Nicht dass er wirklich irgendetwas sagte […]. Ein Satz oder zwei waren das äußerste, was er von sich gab, [aber] er hatte ein wirklich lebhaftes Gesicht. Er nahm teil, ohne ein einziges Wort zu sagen.«[35]

Der Ruhm hatte aber auch seine Schattenseiten. Alte Freunde begannen sich von Pollock abzuwenden. Einer der ersten war John Graham, der die Ansicht vertrat, Pollock habe Picasso und die Moderne verraten. Lee vermutete den Grund für die Abkehr Grahams in dessen Glauben, »dass ein Künstler seine Seele verliert, wenn er zur berühmt wird«[36]. William Baziotes dachte ähnlich, seiner Meinung nach werde künstlerischer Erfolg von der Kunstszene aufgefressen. Baziotes glaubte, Pollock habe sich in ein Netz von Sammlern und Händlern begeben, die den Künstler einfangen und verschlingen würden. Für jemanden wie Jackson, der sich nach Anerkennung und Zuneigung sehnte, war diese Zurückweisung alter Freunde schmerzhaft. Lees strenges Regiment über die Gästeliste und ihre Abwägungen zwischen geschäftlichen Interessen und der Pflege von Freundschaften führten dazu, dass es vielen alten Freunden versagt blieb, in jenem Sommer nach Springs zu kommen: Die Ehepaare Rosenberg und Wilcox waren nicht mehr eingeladen, für sie war schlichtweg kein Platz mehr im neuen Leben von Pollock. Nur John Little und Clement Greenberg waren aus Jacksons engstem Zirkel geblieben, Little, weil er häufig Kontakt zu Pollock hatte und mit ihm an Projekten arbeitete, und Greenberg, da er Pollocks wichtigster Fürsprecher war.

Immer häufiger wurde Jackson von Sammlern zu Partys und Abendessen eingeladen. Für ihn waren dies furchtbare Ereignisse, gesellschaftliche Verpflichtungen mit oberflächlichem Geplauder, bei denen er sich äußerst unwohl fühlte. Meist stand oder saß er irgendwo herum, lächelte gequält oder war einfach nur still und trank. Pollocks Stimme war Lee. Sie stand immerzu an seiner Seite und war darauf bedacht, Menschen für Jacksons Arbeit zu begeistern: »Haben Sie schon Jacksons neueste Arbeiten gesehen?«, fragte sie dann. »Die sind so fantastisch.«[37] Fortlaufend war sie darum bemüht, Pollocks Bilder anzubieten: »Kaufen Sie einen Pollock, sie [die Werke] werden eines Tages sehr wertvoll sein.« Auf dem Telefontischchen lag stets ein Stapel von Kopien verschiedener Kritiken. Wollte man die Pollocks anrufen, so wurde man oft, da Lee fortwährend telefonierte, mit dem Telefonisten verbunden und musste warten.

Jenseits der Öffentlichkeit bewachte Lee Jacksons Privatsphäre und beschützte ihn. Lee entschied, welchen Einladungen Jackson Folge leistete, wer zu Besuch kommen und wer zu ihm ins Atelier gehen durfte. Läutete das Telefon, war es sie, die abhob. Und selbst wenn Jackson anwesend war, sprach sie von ihm in der dritten Person und nannte ihn Pollock. Ging Jackson seiner Arbeit nach, musste alles andere zurückstehen. Wenn Gäste eingeladen waren und sich Jackson noch im Atelier befand, äußerte Lee: »Jackson ist noch im Atelier.

Es tut mir leid, wir müssen ohne ihn essen.« Verharrte er den ganzen Abend in Schweigen, so pflegte sie zu sagen: »Jackson glaubt nicht an Reden, nur an Taten.« Und wenn er sich daneben benahm, dann nur, weil er nun einmal »schwierig« sei. Als er auf May Rosenbergs neue Matratze urinierte, sagte sie mit einem Schulterzucken: »Er kann machen, was er will. Er ist ein Genie.«[38] Als Berton Roueché im Juni zu Besuch kam, um Jackson für den *New Yorker* zu interviewen, wurde er von Lee empfangen und zu Jackson geleitet.[39] Der Künstler und der Autor kannten sich bereits durch Peter Blake, der sie miteinander bekannt gemacht hatte, und mochten einander sofort. Während Lee das Essen zubereitete, saß Jackson mit dem Journalisten am Küchentisch. Immer wenn es um detaillierte Fragen ging, war es Lee, die Antwort gab, insbesondere bei Daten und Namen. Jackson drehte sich bei solchen Fragen zu ihr um und überließ seiner Frau das Wort. Sie fokussierte das Gespräch ganz auf Jacksons Kunst: »Jacksons Kunst ist geprägt vom Westen. Das verleiht ihr das Gefühl von Weite. Das ist es, was sie so amerikanisch macht.« Über das Geschäft sagte sie: »Jackson zeigte im letzten Herbst dreißig Gemälde und hat bis auf fünf alle verkauft, die Sammler sind ganz wild darauf.« Später begaben sich Pollock und Roueché in das Esszimmer, wo Jackson dem Besucher einige seiner Bilder zeigte. Lee war im Hintergrund stets dabei. Als ihm der Titel eines Bildes entfallen war, sprang sie ein und erklärte: »Jackson hat seinen Bildern früher gewöhnliche Titel gegeben ... aber jetzt nummeriert er sie nur noch. Nummern sind neutral. Sie machen es möglich, dass die Menschen ein Bild als das ansehen, was es ist – pure Malerei.« Das Gesagte fasste Lee am Ende des Gesprächs zusammen, wobei sie einen Satz von Peter Blake zitierte, den Roueché später als Titelzeile nutzte. Sie beschrieb Jacksons Kunst als »eine Art ungerahmten Raum«[40].

Wegen all der Einladungen, Partys und Interviews fand Jackson kaum noch Zeit zum Malen. Bei einem Freund beschwerte er sich: »Ich war auf so vielen Partys, ich fühle mich gar nicht mehr wie ein Maler.«[41] Erst Ende Mai begann er wieder zu arbeiten. Schaut man sich die Leinwände aus dieser Zeit an, wird eines klar: Jackson ruhte sich auf seinen Lorbeeren keineswegs aus, im Gegenteil, es hatte sich so viel in ihm angestaut, dass er auf der Leinwand förmlich explodierte.

Das Jahr 1950 wurde eines der kreativsten in Pollocks Leben. Er fertigte fünfundfünfzig Gemälde, darunter einige seiner größten und wichtigsten Arbeiten. Pollock hing sehr an der Idee, großformatige Wandbilder zu schaffen, und wollte seinen Bildern wieder mehr Weite verleihen. Dies machte eine Rückkehr zu größeren Leinwänden erforderlich. Das große Wandbild, welches Pollock für das Ehepaar Geller gestaltet hatte, hatte ihn sicher zum Nachdenken angeregt. Ein Werk aus jener Zeit ist das Gemälde *Number 1, 1950 (Nummer 1, 1950)*. Als Greenberg es aus der Ferne sah, war er von dem leicht violetten, blauschwarzen Glühen des Bildes gefesselt und verlieh ihm den Titel *Lavender Mist (Lavendelnebel)*. Das Werk weckt Assoziationen an einen heißen Sommertag, an ein Lavendelfeld in flirrender Mittagshitze. Als ein weiteres Gemälde entstand *Number 28, 1950 (Nummer 28, 1950)*, ein kosmisch anmutendes Bildwerk, in dem Aluminiumfarbe und eindringliches Weiß, über zartem Rosa und Blau angelegt, mit dünnen Fäden aus Schwarz übergossen wurden.

Im Juni 1950 kündigten sich der Fotograf Rudolph Burckhardt (1914–1999) und der Kritiker Robert Goodnough an. Sie wollten den Künstler im Auftrag des Magazins *Art News* besuchen, das einen Artikel mit der Überschrift »Pollock Paints a Picture« plante. Die Idee, die hinter dem Beitrag stand, war, die Entstehung eines Werkes zu dokumentieren und zu beschreiben. Pollock hatte zwar versprochen, mitzumachen, war jedoch, als der Besuch schließlich eintraf, nicht mehr dazu zu bewegen, ein neues Bild zu beginnen. Zu sehr war er mit der gerade am Boden liegenden Leinwand beschäftigt: »Ich kann mich nicht entscheiden, ob dieses Gemälde fertig ist«, meinte er lapidar und starrte auf die Leinwand, auf der sich ein dichtes Gespinst aus schwarzer Farbe ausbreitete. Es war nicht ungewöhnlich, dass Pollock ein Gemälde in Schwarz begann, doch zum ersten Mal schien er seine Palette auf diesen Ton zu begrenzen. Zugleich war er sich jedoch unsicher, ob er das Gemälde tatsächlich derart reduzieren wollte. In jedem Falle war er nicht gewillt, dies übereilt und in Anwesenheit seiner Gäste zu entscheiden. Deshalb schlug er vor, einfach so zu tun, als ob

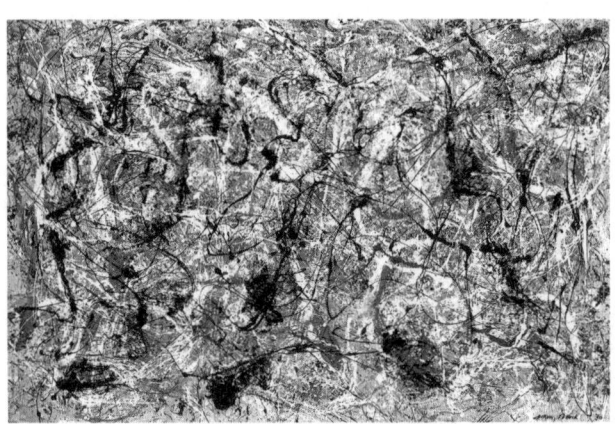

Jackson Pollock, *Number 28, 1950 (Nummer 28, 1950)*, 1950, Öl, Emailfarbe und Aluminiumfarbe auf Leinwand, Muriel Kallis Newman Collection, Chicago

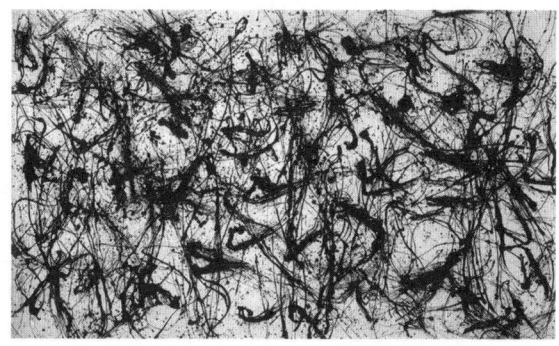

Jackson Pollock, *Number 32, 1950 (Nummer 32, 1950)*, 1950, Emailfarbe auf Leinwand, Kunstsammlung Nordrhein-Westfalen, Düsseldorf

er male, und sich so fotografieren zu lassen.[42] Später entschied er sich dann, das Gemälde nicht mehr anzurühren. *Number 32, 1950 (Nummer 32, 1950)* sollte eines seiner besten Werke werden. Zudem war es das erste, das wieder die Größe eines Wandgemäldes erreichte. Pollock hatte seine Malerei an ihren Ursprung zurückgeführt. Ähnlich wie Kandinsky dies in seinem Gemälde *Schwarzes Quadrat* (1915) getan hatte, hatte Pollock die Kunst auf das Wesentliche reduziert, dabei das Spiel jedoch noch ein letztes Stück weitergetrieben. Weder Form noch Farbe bestimmen das Bild, allein die Linie – in Schwarz auf die unbehandelte Leinwand gebracht – herrscht über den Raum. Das Werk strahlt eine unglaubliche Dynamik aus, alles ist in Bewegung und wirkt hochdramatisch.

Doch Pollock war mit dem Bild nicht zufrieden, noch immer schien es seiner Vorstellung von Größe und Weite nicht zu entsprechen. Es hat den Anschein, als wäre Pollock zu jener Zeit noch immer auf der Suche gewesen, als hätten ihm diese ersten Bilder des Jahres als Experimentierfeld gedient. In *Lavender Mist* hatte Pollock versucht, mittels der Farbe ein Gefühl von Weite zu vermitteln; in *Number 32, 1950* war er bestrebt gewesen, dies durch die Öffnung des Raumes und eine Rücknahme der Farbigkeit zu erreichen. Mit *One: Number 31, 1950* ging Pollock noch einen Schritt weiter. Das Werk, das seinen Beinamen *One* erst 1956 erhielt, überzeugt schon durch seine schiere Größe: Die Leinwand misst 2,70 mal 5,30 Meter. Im Hintergrund ist ein schwarzes Rauschen wahrzunehmen, darüber befinden sich unzählige Lagen farbiger Tröpfchen und Linien aus Braun, Beige, Blau und Aluminiumfarbe, vereint mit einem wilden Gespinst aus Schwarz und Weiß. Sowohl *One* als auch *Number 32* malte Pollock in nur ein oder zwei Tagen. Die sonst übliche lange Zeit des Malens, Abwägens und Weitermalens wurde immer kürzer. Schaut man sich die Gemälde aus jenen Tagen an, so fällt auf, dass sich an nur wenigen Stellen Farbpfützen finden, wie sie sich sonst herausbildeten, wenn Pollock immer neue Schichten feuchter Farbe auf die Leinwand brachte.[43]

Kurz vor oder nach der Fertigstellung von One begann Pollock mit der Ausarbeitung eines weiteren Werkes. Vermutlich ließ sich Pollock von den Bildern One und Number 32, 1950 inspirieren, die zum Trocknen an den Wänden hingen. Pollock rollte die Leinwand auf dem Boden aus, schnitt sie aber nicht zurecht.[44] Das neue Werk, Autumn Rhythm, Number 30, gleicht One in der Farbgebung und Ausführung, die Gespinste erscheinen jedoch luftiger, die Farbigkeit hat Pollock zurückgenommen. Autumn Rhythm besteht vor allem aus Mustern in Weiß, Schwarz und Braun, an vielen Stellen ist die ungrundierte Leinwand zu sehen. Pollock scheint die Farbe in diesem Bild bedächtiger aufgetragen zu haben, die gegossenen Linien sind breiter ausgeführt, dicke Tropfen haften auf der Leinwand. Pollock malte das Werk vermutlich ohne längere Unterbrechungen. Fotos zeigen deutlich, dass die Leinwand auch am Ende noch nicht zurechtgeschnitten war. Es ist also unwahrscheinlich, dass Pollock sie zur Seite stellte und darüber nachsann, wie er weitermachen wollte.[45]

Im Sommer 1950 traf Jackson den Fotografen Hans Namuth, einen jungen Deutschen, der aus seiner Heimat geflüchtet war. Die beiden wurden einander bei der Ausstellung in der Guild Hall vorgestellt. Namuth bewunderte Jacksons Arbeiten, doch in noch größerem Maße beeindruckten ihn Jackson selbst und dessen Ruf, der wichtigste Maler der Gegenwart zu sein. Namuth hatte in der Nähe ein Haus für den Sommer gemietet und langweilte sich, er brauchte ein Projekt. »Ich glaube, es könnte eine gute Idee sein«, sagte er eines Tages zu Jackson, »wenn ich kommen darf und dich während des Malens fotografiere.«[46] Jackson fand Gefallen an dieser Idee und entschloss sich, eigens für diesen Besuch ein neues Bild zu fertigen. Man verabredete sich für das kommende Wochenende.

Als Namuth eine Woche später vor der Tür stand, wurde er von Jackson und Lee begrüßt. Aber Jackson meinte: »Tut mir leid, Hans, es gibt nichts mehr zu fotografieren, weil das Bild bereits fertig ist.«[47] Enttäuscht folgte Namuth Jackson in die Scheune, wo eine Leinwand auf dem Boden lag. Doch mit einem Mal, nach einem kurzen Moment betroffener Stille, nahm Pollock eine Farbdose und begann zu arbeiten – »als ob er plötzlich merkte, dass das Gemälde nicht fertig war«[48]. In der nächsten halben Stunde malte Jackson, während Namuth fotografierte. Lee war überwältigt, als sie die Fotos sah: Jackson, in dramatischen Bewegungen festgehalten, über der Leinwand. Die Pollocks gewährten dem Fotografen unbegrenzten Zutritt zum Atelier, eine seltene Ehre. Im Juli und August kam Namuth noch mehrere Male, über 500 Fotos wurden insgesamt aufgenommen. Aus allen Winkeln hatte er Pollock fotografiert: Mal hatte Namuth auf dem Boden gestanden, mal auf einer Leiter, mal hatte er gekniet, mal auf der Erde gelegen.

Niemals zuvor war die Arbeitsweise eines Malers auf solch detaillierte Weise festgehalten worden. Ein Maler zudem, der nicht an der Staffelei arbeitete, sondern sich während des Malens neben, auf und über der am Boden liegenden Leinwand bewegte, ein Maler, dessen Schaffensakt aus reiner Energie und Bewegung bestand, der quasi »Teil des Bildes« wurde. Der sonst eher schwerfällig wirkende Pollock tänzelte plötzlich leichtfüßig um die Leinwand herum. So wurden die Fotos zu erstarrten Augenblicken des Malvorgangs. Die Bilder beflügelten den Mythos Pollock. Sie bezeugen, dass die Liniengespinste bewusst und gewollt entstanden, und offenbaren, wie viel Unbewusstes sich zugleich darin finden lässt. Sie zeigen einen Maler, der während des Malens in seiner eigenen Welt versunken ist, und erheben den Malakt zu etwas Besonderem und Einmaligem, verleihen den Arbeiten gar eine geheimnisvolle Aura.

Pollock genoss es, im Mittelpunkt zu stehen. Namuths Art zu fotografieren trug ihren Teil dazu bei und stellte nicht allein die Kunst in den Mittelpunkt, also das Ergebnis des Malvorgangs, sondern auch den Künstler und den Akt des Malens, dessen Spuren sich auf der Leinwand verewigten. Häufig entschied sich Namuth für eine längere Belichtungszeit, wodurch der Eindruck von Bewegung und Dynamik entstand, von Geschwindigkeit und Energie. Er machte genau das sichtbar, was in dem Atelier geschah. Nichts war abgesprochen, Namuth gab keine Anweisungen.

Der Fotograf war begeistert von Jacksons Gesicht. Außerhalb des Ateliers entstand eine Reihe von Porträts. Namuth schrieb später: »Mein eindrücklichstes Bild von Pollock war seine Schweigsamkeit. Er war vielleicht zu schüchtern zum Reden; er konnte persönliche Gefühle in Gesprächen nicht offenbaren. Im Gegensatz dazu war sein Gesicht sehr lebendig. Seine Augen leuchteten auf, wenn man mit ihm redete, und sein Lächeln war hinreißend. Sein Gesicht war der Grund, warum ich ihn mochte, noch bevor ich sein Werk schätzen lernte. Es dauerte einfach ein bisschen länger, bevor es dazu kam. Die Gefühle, die er nicht in Worte fassen konnte, drückte er in seinen Bildern aus.«[49] Die Fotos erfassten neben dem Künstler auch den Menschen Jackson Pollock: die tiefe Melancholie, die Selbstzweifel, die Versunkenheit und Konzentration beim Malen, sein kindliches Gemüt wie auch den ernsthaft grüblerischen Künstler, seine Kraft und seine Lebendigkeit. Die Aufnahmen wurden im darauffolgenden Jahr im Magazin *Portfolio* veröffentlicht. Namuth schrieb dazu: »Es war ein großartiges Drama, die kleine Explosionsflamme, wenn die Farbe auf die

Leinwand trifft; die tänzelnden Bewegungen; die Augen gequält, bevor er weiß, wo er den nächsten Schlag ausführen wird; die Anspannung; dann wieder die Explosion.«[50]

Schon länger hegte man in der Familie Pollock die Idee eines Familientreffens. Sande lebte im nahen Connecticut und Jay in New York. Frank war zwar in Los Angeles, aber aus Geschäftsgründen oft in der Stadt. Es fehlte lediglich Charles – der sich im Sommer 1950 endlich wieder in der Nähe befand. Er hatte mit der Familie ein Haus in Sag Harbor gemietet, nur wenige Kilometer von Springs entfernt. Dies bot Stella die ersehnte Gelegenheit, die Familie zu versammeln: An einem Wochenende im Juli 1950 war es soweit, zum ersten Mal seit siebzehn Jahren war die ganze Familie beisammen und traf sich im Hause der Pollocks in Springs.

Die Aussicht auf ein Familientreffen war für Jackson erfreulich und beängstigend zugleich. Endlich nahm nicht nur die breite Öffentlichkeit, sondern auch die Familie seine Arbeiten wahr. Schon Tage vor dem Treffen konnte Pollock kaum noch arbeiten, geschweige denn schlafen, so groß war seine Nervosität. Aufgeregt machte er Pläne und verwarf sie wieder. Konzentriert überlegte er, welche Bilder er aufhängen sollte.

Sande McCoy, Jay Pollock, Arloie McCoy, Lee Pollock und Jackson Pollock (v. l. n. r.) in Jay Pollocks Appartement in New York, ca. 1948/49

Stella Pollock,
ca. 1940–45

Die Verwandten trafen am Samstagmorgen einer nach dem anderen ein. Während die Kinder das Haus erkundeten und die Frauen sich vorstellten, führte Jackson seine Brüder herum und zeigte ihnen Haus, Garten und Atelier. Am Nachmittag fuhren die Frauen gemeinsam zum Strand, während die Männer mit den Kindern Baseball spielten. Abends trafen sich dann alle am großen Tisch und es wurde ein üppiges Festmahl serviert. Es war eine fröhliche Runde, es wurde gelacht und gescherzt und in Erinnerungen an die Kindheit geschwelgt.

Nach dem Abendessen wurde der Tisch zur Seite geräumt und eine Sitzbank vor Pollocks Werk *Arabesque* gerückt. Dann wurden Familienfotos gemacht: zuerst von der ganzen Familie, dann von Stella im Beisammensein der Schwiegertöchter, von den Söhnen und schließlich den Enkelkindern. Stolz thront das Familienoberhaupt in einem schwarzen Kleid in der Mitte der Bilder. Lee schaut ernst und kritisch drein, die Lippen spitz, zwischen Langeweile und Ungeduld schwankend. Die Umringenden lächeln, doch merkt man, dass die familiäre Ungezwungenheit fehlt. Die an diesem Wochenende aufgenommenen Fotografien zeigen eine ernste Familie, deren Mitglieder eigentlich kaum etwas miteinander anzufangen wissen. Von einer freudigen Familienzusammenführung ist nur wenig zu spüren. Heiterkeit und Unbeschwertheit vermisst man auf den Fotos – selbst bei den Kindern.

Jackson war stolz auf seinen Erfolg und gab sich keine Mühe, dies zu verbergen. Überall waren seine Bilder aufgehängt, das Haus war renoviert und liebevoll eingerichtet. Im ganzen Haus lagen Magazine und Zeitungen verstreut, die über ihn und seine Kunst publiziert hatten. Jackson erzählte von Händlern und Sammlern, von Preisen und seinem Einkommen. »Ich bin der einzige Maler in Amerika, bei dem es sich lohnt, hinzuschauen. Da ist wirklich kein anderer.« Auf *Lavender Mist* weisend sagte er zu Frank: »Kauf das Bild für 15 000 und eines Tages wird es 100 000 wert sein.«[51] Seinen Brüdern musste Jacksons Verhalten prahlerisch und arrogant erschienen sein. Ihre beruflichen Karrieren waren von Kompromissen geprägt und von der Notwendigkeit, ihre Familien zu ernähren; sie vermochten sich mehr schlecht als recht über Wasser zu halten. Als Künstler nahmen sie Jackson nicht sonderlich ernst. In ihren Augen war noch immer Charles der Künstler in der Familie und das, was der jüngste Bruder da in seiner Scheune schuf, nicht wirklich Kunst.

Am selben Samstag traf die Ausgabe von *L'Arte Moderna* ein, in der Bruno Alfieris Artikel abgedruckt war. Mit Lee an seiner Seite versuchte Jackson aufgeregt, den Beitrag zu übersetzen. Sie lasen ihn laut vor und waren eifrig darum bemüht, dessen Bedeutung zu erschließen. Lee griff sogar zum Telefon, um jemanden zu finden, der Italienisch sprach und das Geschriebene übersetzen könnte. Die Verwandten ärgerten sich, dass Jackson den Tag mit diesem Artikel verbrachte, statt das Beisammensein mit der Familie zu genießen, die zum ersten Mal seit Langem wieder beieinander war. Jackson interessierte das indes wenig, er fuhr darin fort, den Artikel laut vorzulesen und einzelne Stellen wieder und wieder zu rezitieren. Dass sich die Familie empört und gelangweilt abwandte, schien er gar nicht zu bemerken; er war fest entschlossen, die anderen zuhören zu lassen, vor allem was den Abschnitt betraf, in dem der Vergleich mit Picasso zur Sprache kam.[52] Irgendwann drehte sich Alma frustriert um und fragte ihn: »Ist Picasso wichtiger als deine Familie?«[53]

Die Anerkennung, die Jackson so sehnlichst erhofft hatte, erhielt er nicht, das Wochenende wurde für ihn zum Debakel. Statt die Vergangenheit zu überwinden, musste er sie erneut durchleben. In dem Familienporträt, das an diesem Abend entstand, steht er an äußerster Stelle, weit entfernt von seiner Mutter.

Er blickt ernst, fast finster in die Kamera. Auch auf den anderen Fotos sieht er bedrückt und unglücklich aus. Das Familienfest sollte ihm in leidvoller Erinnerung bleiben.[54]

Zum Ende der Galeriesaison 1949/50 sendete Parsons den Pollocks einen Scheck über 3 174,89 Dollar (Verkäufe für 4 750 Dollar). Im Juni kam die Summe von 1 566,66 Dollar hinzu, die das MoMA für den Kauf von *Number 1, 1948* bezahlt hatte. Einen Monat später erhielt Pollock weitere 1 100 Dollar für das Wandbild ausbezahlt, das er für die Gellers gemalt hatte. Im Sommer kaufte Roy Neuberger für 1 000 Dollar *Number 8, 1949 (Nummer 8, 1949)*. Damit hatte Jackson bereits über 6 500 Dollar eingenommen, weit mehr als ein Angestellter oder Arbeiter in den USA im ganzen Jahr verdiente. Durch seine Verkäufe erhielt Jackson im Jahr 1950 über 10 000 Dollar und war somit der bestverdienende Künstler Amerikas sowie einer der bestverdienenden Avantgardekünstler weltweit.[55] Trotzdem bat Pollock Parsons, die Preise für seine Bilder anzuheben. Er war sich seiner Marktstellung bewusst und agierte inzwischen offen gegen Parsons. Als diese *Lucifer* (*Luzifer*, 1947) für 1 000 Dollar verkaufen wollte, bestand Jackson darauf, mindestens 1 600 Dollar dafür zu verlangen. Das Geschäft schlug fehl. Im Juni kam es zu einem offenen Streit zwischen Künstler und Galeristin. Pollock schrieb an Parsons:

Ich möchte versuchen, ein paar Wandbildaufträge über einen Agenten zu bekommen, dem ich dann eine Provision entrichten muss, und ich glaube, es ist unfair mir gegenüber, wenn ich zweimal Provisionen bezahlen muss. Ich denke, es ist wichtig für mich, meine Möglichkeiten zur Entwicklung in diesem Bereich zu erweitern. Aber für jedes Gemälde, das in Deiner Galerie gezeigt wird, und für jeden Wandbildauftrag, den Du akquirierst, erhältst Du Deine Provision. Ich hoffe, das ist zufriedenstellend für Dich – ich habe das Gefühl, das ist die einzige Möglichkeit für mich, aus den finanziellen Problemen herauszukommen und mich in dieser Richtung weiterzuentwickeln.[56]

Parsons allerdings fand den Vorschlag wenig zufriedenstellend, was sie in einem Antwortschreiben unmissverständlich zum Ausdruck brachte:

Ich möchte, wie Du weißt, fair sein, genauso wie ich sicher bin, dass Du mir gegenüber fair sein willst. Aus meiner Erfahrung heraus glaube ich, dass jeder Künstler, der sein eigenes Geschäft durchführt, Vorteile davon hat [...]. Bezüglich der Provision habe ich dieses Problem mit einigen Händlern diskutiert und sie waren alle uneingeschränkt meiner Meinung, dass ich, da ich all Deine Unkosten bezahle, Dich aufgebaut habe, der Markt limitiert ist und ich die einzige Galerie besitze, die große Bilder, die denen von Wandbildern nahekommen, zeigen kann, die Provision einfordern muss.[57]

Die finanzielle Lage der Pollocks hatte sich zwar verbessert, doch mit dem höheren Einkommen waren auch Jacksons Bedürfnisse gestiegen. Er leistete sich gute Kleidung und gab viel Geld für Lebensmittel aus. Nahezu jeden Dollar, den er erübrigen konnte, investierte er in das Haus in der Fireplace Road: Jackson modernisierte, renovierte, möblierte und dekorierte das Haus nach Kräften. Schon 1948 hatte er im Erdgeschoss beinahe alle Innenwände entfernt. Nun installierte er im ganzen Haus Heizungen und Wasserrohre. Im Obergeschoss entstand ein großzügiges Badezimmer und das Bad im Erdgeschoss wurde renoviert. Alle Wände wurden neu gestrichen. Intensiv schaute sich Jackson nach neuen Möbeln um, denn das Mobiliar der Pollocks war nur mäßig komfortabel. Das meiste war alt und stammte noch aus dem New Yorker Appartement. Pollock suchte auf Flohmärkten und in den Antiquitätenläden der Region. Jedes Mal wenn die Möbel angeliefert wurden, verbrachte er Stunden damit, sie zu arrangieren und an die rechte Position zu bringen – das Haus sollte perfekt aussehen. Große Pläne hatte er überdies für den Garten. Er kaufte einen kleinen Traktor und installierte eine Wasserpumpe, damit die Bewässerung des Gartens leichter würde. Auch das Atelier war von den Renovierungsarbeiten nicht ausgenommen. Die Wände wurden mit Schindeln verkleidet, das Dach erhielt eine neue Deckung und fließendes Wasser wurde eingerichtet. Zudem wurden die elektrischen Leitungen erneuert, damit Jackson zukünftig den neu erworbenen elektrischen Farbmischer nutzen konnte. Auch elektrisches Licht hielt Einzug im Atelier.

Im Oktober gönnte sich Pollock noch einen ganz besonderen Luxus: Im Tausch für eines seiner Gemälde erhielt der Automobilnarr seinen Traumwagen, ein dunkelblaues Cadillac-Cabrio, Modelljahr 1947 – ein wahres Statussymbol.[58]

Mitte der Vierzigerjahre hatte sich der Kunstmarkt grundlegend gewandelt, es galt als schick und patriotisch, amerikanische Kunst zu kaufen. Doch nur wenige Künstler konnten von dem Boom profitieren. Das Aufkommen der Massenmedien veränderte die Gesellschaft und mit ihr den Kunstmarkt. Nach dem Erscheinen des *Life*-Artikels und der Erfolgswelle, die Pollock überrollt hatte, wurde zahlreichen Künstlern bewusst, wie wichtig das richtige Marketing war.

Sie wollten versuchen, sich zu organisieren und nach außen hin geschlossen aufzutreten. Noch immer konnten nur wenige Künstler von ihrem künstlerischen Schaffen leben, noch immer wurde ihre Kunst in der Öffentlichkeit kritisch beäugt. Aber Pollock hatte gezeigt, dass es möglich war, die Kunst in das Zentrum des Interesses zu rücken.

Bereits Mitte der 1930er Jahre hatten den Kommunisten nahestehende Künstler damit begonnen, sich zu organisieren, und die American Artists Union gegründet. Doch die meisten Treffen endeten in heillosen Streitereien. Als die Kommunistische Partei dazwischenfuhr, moderne Tendenzen in der Kunst als dekadent verurteilte und die Künstler dazu aufforderte, sich zum Sozialistischen Realismus zu bekennen, war es vielen Künstlern genug. Einige trafen den Entschluss, sich nicht länger von Marxisten oder Nationalisten vereinnahmen zu lassen und stattdessen eine eigene Gruppe zu gründen. Um sich stilistisch abzugrenzen, wählte man den Namen »American Abstract Artists« (AAA). Während sich die Artists Union in erster Linie aus Künstlern der WPA zusammensetzte, waren die Abstract Artists ein elitärer Zirkel von Künstlern, welche die europäische Kunst und insbesondere Mondrian verehrten. Fast alle Maler hatten sich einem geometrischen abstrakten Stil verschrieben und kopierten den Kubismus und dessen Spielarten bis zur völligen Abstraktion. Impressionismus, Expressionismus und Surrealismus galten als verpönt. Zahlreiche Künstler der AAA stammten aus dem Umfeld von Hans Hofmann. Die neue Organisation hatte zum Ziel, die abstrakten Künstler zu vereinen, um eine größere Aufmerksamkeit zu erwirken und sich gegenseitig unterstützen zu können; gemeinsam wollte man zudem eine jährliche Ausstellung organisieren. Auch hier kam es allerdings bald zu Reibereien, die Streitthemen reichten von Politik und Gesellschaft bis hin zu ästhetischen Prinzipien in der Kunst. Viele Künstler verließen daraufhin die AAA oder kamen nur noch unregelmäßig.

In den Dreißiger- und Vierzigerjahren trafen sich die Künstler in den Cafés der Stadt, vor allem in der Waldorf Cafeteria an der Ecke 6th Avenue und 8th Street. Gern saßen die Künstler dort nicht. Das Café war schmutzig und Treffpunkt von Obdachlosen und Kriminellen. Auch das Management des Cafés sah die Kunstschaffenden nicht gern, weil sie keine guten Kunden waren und meist nur Kaffee bestellten. Um sich der Künstler als Kunden zu entledigen, ließ sich die Leitung einiges einfallen: Zuerst durften nur noch vier Personen an einem Tisch sitzen, dann folgte ein Rauchverbot und später wurden die Toiletten zeitweise abgeschlossen.[59] Damit war die Grenze des Zumutbaren überschritten.

Die Künstler waren es überdrüssig, in den muffigen Cafés zu sitzen, sie wollten einen Ort für sich. 1948[60] traf sich eine Gruppe von zwanzig Künstlern in Ibrahim Lassaws Atelier an der Ecke 6th Avenue und 12th Street, darunter de Kooning, Kline, Resnick, Pavia und Conrad Marca-Relli (1913–2000). Die Künstler schlossen sich zu einem Verein zusammen. Ein jeder spendete ein bisschen Geld und für 80 Dollar wurde ein 180 Quadratmeter großes Loft in der dritten Etage eines alten Fabrikgebäudes in der 39 East 8th Street gemietet. Den ganzen September über schufteten die Künstler, um aus dem heruntergekommenen Studio ein gemütliches Plätzchen zu machen. Decken und Wände wurden weiß gestrichen und die Küche wurde auf Hochglanz geschrubbt. Es gab einen Kamin, einen kleinen Herd, einen Ölofen, Stühle und Tische und ein paar bequeme Möbel, die die Mitglieder als Geschenk erhalten hatten. Da man sich nicht auf einen Namen einigen konnte, nannte man sich schlicht »The Club«.

Der Club war zu Beginn in erster Linie ein sozialer Treffpunkt. Man saß beisammen, diskutierte, trank Kaffee und genoss Sandwiches. Die Künstler wünschten der Einsamkeit des Ateliers zu entfliehen und untereinander Ideen auszutauschen, vor allem aber wollte man sich gegenseitig unterstützen im Kampf gegen die feindselig eingestellte Öffentlichkeit.[61] Die Club-Mitglieder sahen sich als Außenseiter an, von der Kunstwelt und der Öffentlichkeit gemieden und von mächtigen Kritikern wie Greenberg verschmäht. Sie wollten gegen die Kunstwelt rebellieren, die der amerikanischen Kunst zu wenig Beachtung schenkte, und gemeinsam für eine amerikanische Kunst, eine amerikanische Kunstszene und einen amerikanischen Kunstmarkt einstehen. Doch die zwanglosen Plaudereien stießen vielen bald negativ auf. Auf Initiative von Rosenberg und de Kooning entschloss man sich deshalb, formelle Diskussionsrunden einzurichten.

Wer allerdings glaubte, in diesem Klub hätten sich Gleichgesinnte zusammengefunden, um sich gegen den gemeinsamen Feind zu verbünden und friedlich miteinander zu diskutieren, wurde enttäuscht, es herrschten raue Sitten. Bei vielen Themen wurde heftig gestritten. Hedda Sterne verband mit den Treffen keine guten Erinnerungen und erzählte, »die Klubmitglieder waren unglaublich feindselig. Beleidigungen flogen durch den Raum und sie nannten das intellektuelle Diskussion.«[62] Einig war man sich nur darin, dass man sich nicht einig war.[63] Es wurde ausführlich über die Funktion der Kunst philosophiert. Die moralische Verpflichtung des Künstlers und seine existenzielle Rolle waren die Hauptthemen. Was machte eine künstlerische Gemeinschaft aus? Gemeinsame Neigungen, gemeinsame Ideale oder gar gemeinsame Manifeste? Einigkeit wurde in diesen Punkten nie erreicht. Die Ansichten der Künstler prallten schroff aufeinander, die Fronten waren bald verhärtet. Die Mitglieder verfolgten die unterschiedlichsten ästhetischen Prinzipien. Es gab keine gemeinsamen Manifeste, keine Theorien oder Stile. Ideen kollidierten, wurden ausdiskutiert, abgelehnt, übernommen oder erschienen und verschwanden wieder. Der Club sollte sich stets neutral verhalten und keiner Gruppe oder Person allein eine Plattform bieten. Gruppenausstellungen waren verpönt, da man sich nicht in einen »destruktiven« Wettkampf bringen wollte. Über Händler, Aufträge und Geld zu sprechen war tabu.

Mit einer steigenden Zahl an Teilnehmern begann man, die Treffen formaler zu gestalten und Regeln einzuführen. Die Abende wurden nicht mehr unverbindlich am Telefon abgesprochen, sondern schriftlich per Postkarte anberaumt. Nichtmitglieder durften den Club nur in Begleitung eines Mitglieds betreten oder mussten ein Empfehlungsschreiben vorweisen. Neue Mitglieder wurden in geheimen Abstimmungen gewählt. Hierbei war es notwendig, dass eine jede Neuaufnahme einstimmig beschlossen wurde. Da das Gründungsmitglied Landis Lewitin jedoch meist mit »Nein« stimmte und eine Neuaufnahme somit stets vereitelte, übertrug man den neunzehn Gründungsmitgliedern bald ein Vetorecht: Fortan galt eine neue Mitgliedschaft nur dann als abgelehnt, wenn sich mindestens zwei der alten Hasen gegen eine solche aussprachen. Frauen, Kommunisten und Homosexuellen war es zu Beginn nicht erlaubt, der Vereinigung beizutreten – man warf ihnen vor, ohnehin schon gut organisiert zu sein, und wollte verhindern, dass mit dem Beitritt von Kommunisten das Komitee für unamerikanische Umtriebe auf den Verein aufmerksam wurde. Zumindest Elaine de Kooning und Mercedes Matter allerdings waren im Club sehr aktiv, sie wurden später die ersten beiden weiblichen Mitglieder der Vereinigung. Auch Kommunisten und Homosexuelle waren im Club vertreten, sodass die Regelung nur wenig Berücksichtigung gefunden haben dürfte. Die wichtigsten Aufnahmekriterien: Jeder Bewerber musste Künstler sein und in New York wohnen. Später lockerte man die Regelungen und nahm neue Mitglieder offener auf, schon allein deshalb, da die Kosten des Klubs gestiegen waren. Die Aufnahmegebühr betrug 10 Dollar, die monatlichen Gebühren beliefen sich auf 3 Dollar; später reduzierte man diese auf 10 bis 12 Dollar pro Jahr.[64] Bei den ersten Treffen war nur der Genuss von Kaffee erlaubt, später brachten einige Klubmitglieder für die Redner Alkohol mit, um die Stimme zu ölen, wie es hieß. Irgendwann geriet es zur Normalität, dass auch Hochprozentiges ausgeschenkt wurde und zu diesem Zweck Sammelbüchsen die Runde machten. Spiele waren verboten, aber es durfte getanzt werden.

Geleitet wurde der Verein von einem Vorstand aus Gründungsmitgliedern und hinzugewählten Teilnehmern. Dieses Komitee war zuständig für die Festlegung der Klubregeln und für die Aufnahme neuer Mitglieder. Die treibende Kraft in den ersten Jahren war Philip Pavia. Er organisierte die Treffen und verwaltete gemeinsam mit Lewitin die Finanzen des Klubs. Die Mitgliederzahlen stiegen schon bald nach der Gründung sprunghaft an: Schon im Sommer 1950 war die Teilnehmerzahl von den zwanzig ursprünglichen Mitgliedern auf sechzig Personen angestiegen, und ein Jahr später wurde in einem Tagungsprotokoll notiert: »77 Mitglieder + 11 Karteileichen.«[65] 1955 zählte der Club schließlich 150 Mitglieder. Jedes Mitglied besaß einen Schlüssel und konnte kommen und gehen, wie es ihm beliebte.

Eine zweite Gruppe von Künstlern scharte sich um Robert Motherwell. Dieser hatte bisher vergeblich versucht, sich mit einem Manifest als Sprachrohr der amerikanischen Künstler zu etablieren. 1948 rief er zusammen mit Rothko, Baziotes und Hare eine Schule für junge Künstler ins Leben, die er »The Subjects of the Artist School« nannte.[66] Der sonderbar anmutende Name sollte zeigen, dass es den Künstlern trotz abstrakter Tendenzen um den Bildinhalt ging und nicht um formalistische Themen, wie sie Greenberg stets forderte. Die Studierenden sollten nicht nach akademischen Vorgaben malen und konkrete Aufgabenstellungen bewältigen. Sie wurden dazu angehalten, sich und ihr Material zu entdecken, spontan, frei und ungezwungen kreativ zu sein. Sie sollten lernen, aus dem Innern heraus zu arbeiten. Besonderer Beliebtheit erfreuten sich die Freitagabende, an denen kein Abendunterricht stattfand, sondern von der Schule organisierte Diskussionen oder Vorträge abgehalten wurden. Die Veranstaltungen waren öffentlich und mit achtzig bis hundertzwanzig Personen meist gut besucht. Als die Schule im Herbst 1949 ihre Pforten schloss, führte man die freitäglichen Treffen unter dem Namen »Atelier 35« fort, benannt nach dem Treffpunkt in der 35 East 8th Street. Organisiert wurden diese Zusammenkünfte von Professoren der New York University. Im Atelier 35 fanden bis zum April 1950 Lesungen und Podiumsdiskussionen statt, an denen viele bekannte Künstler teilnahmen, unter ihnen wichtige Größen wie Arp, Gottlieb, Motherwell, Newman, Reinhardt, Rothko, Rosenberg und de Kooning. Die behandelten Themen waren vielfältig und reichten von der Produktion eines Kunstwerks über die Titelgebung bis hin zum Marketing. Die Aktivitäten mündeten in einer dreitägigen Konferenz, die zugleich das Ende der Zusammenkünfte einläutete. Man war der Meinung, sich im Kreis zu drehen und auf jedem Treffen die immer gleichen Fragen zu stellen.

Lange hatte sich die Künstlergruppe des Atelier 35 abgesondert, doch 1950 tauchte sie dann im Club auf, mit all ihren Vorbehalten gegen die Abstraktion. Es war der Zusammenprall zweier Welten: Die Künstler des Atelier 35 vermochten von ihren Werken zu leben und wurden sämtlich von Galerien vertreten. In Stil und Gesinnung standen sie dem Surrealismus nahe. Die Gründungsmitglieder des Club hingegen lebten von der Hand in den Mund und fühlten sich dem Kubismus, Picasso, Mondrian und Hofmann verbunden. Lange wurden die amerikanischen Surrealisten des Atelier 35 von den Club-Mitgliedern argwöhnisch beäugt. Rosenberg prägte den spöttischen Begriff »Redcoats« (Rotröcke), eine Anspielung auf die Soldaten der britischen Armee, die einst Amerika besetzt hatten und wohlgeordnet in den Kampf marschiert waren. Ihnen gegenüber hatten neben den Indianern die »Coonskins« (Waschbärfelle) gestanden, Trapper mit Waschbärmützen, die als Guerillakrieger gegen die Briten gekämpft hatten.[67] Die abstrakten Künstler und die Künstler der ehemaligen Subjects of the Artist School standen sich kurzzeitig unversöhnlich gegenüber, dann jedoch begannen die amerikanischen Surrealisten mehr und mehr in den Club zu strömen. Als auch Motherwell und Baziotes Mitglieder desselben wurden, war schließlich das Ende der Atelier-35-Künstlergruppe gekommen und der Club stieg zum Sammelbecken aller New Yorker Künstler auf. Mit dem Beitritt der beiden Künstler wurde das Vereinsleben formaler. Häufig wurde zu Podiumsdiskussionen geladen, Gastredner hielten Referate. Man lud Kritiker, Sammler und Museumsdirektoren ein, aber auch Philosophen und Gesellschaftskritiker, einen Jesuitenpater, einen Komponisten und mehrere Musiker. Mittwochs wurden runde Tische und Gespräche für Mitglieder organisiert, freitags Lesungen, Symposien und Konzerte, die auch vereinsfremden Gästen offen standen. Sonntags traf man sich zum geselligen Beisammensein.

Auch wenn er den offenen Abenden beiwohnte, wurde Pollock nie Mitglied des Club. Sprach man ihn darauf an, entgegnete er nur, dass er einen solchen nicht brauche. Von Anfang an hatte er die meisten Club-Mitglieder gegen sich, weil er so anders war als sie. Er hatte Erfolg, konnte sich durch seine Kunst finanzieren und stand im Mittelpunkt des öffentlichen Interesses. Nichtsdestotrotz wurden seine Leistungen respektiert: »[...] der Club respektierte nicht viele Künstler, vor allem nicht die Uptown-Leute [die Künstler von Atelier 35], aber sie respektierten Pollock«[68], so Phillip Pavia. George McNeil sah das ähnlich: »Ich glaube, [Pollocks Einfluss auf die Club-Mitglieder] war geradezu phänomenal. Ich glaube, es war eine fast mystische Sache, wie dieser Junge Grenzen einriss.«[69] Pollock musste dennoch das Gefühl besessen haben, dort nicht willkommen gewesen zu sein, schließlich war der Club auch als eine Reaktion gegen seine Popularität gegründet worden, die alle anderen in den Schatten stellte, und als Gegenpol zur Macht von Pollocks größtem Förderer, Clement Greenberg. Pollock merkte natürlich, dass seine Nähe zu Greenberg nicht unschuldig daran war, dass man sich ihm gegenüber so reserviert verhielt. Mehrmals versuchte er, sich von Greenberg zu distanzieren. Doch seine halbherzigen Versuche, sich der Gunst der Kollegen zu versichern, blieben ohne Erfolg. Auf dem Höhepunkt seines Schaffens wurde Pollock von vielen Künstlerkollegen gemieden.

An den Diskussionen nahm Jackson niemals aktiv teil, stattdessen lauschte er andächtig und nippte an seinem Bier. Die hitzigen Debatten waren ihm ein Gräuel, seine Schüchternheit stand ihm wie so oft im Weg. Die vielen Menschen auf engstem Raum bereitetem ihm Angst. Betrat Pollock den Raum, verkroch er sich meist in die hinteren Reihen. Irgendwann war er dann alkoholisiert, schimpfte auf die Kollegen und beleidigte die Frauen. Der Wunsch nach Aufmerksamkeit und Anerkennung war übermächtig. Pollock stellte alles und jeden in Frage, in seinem typischen machohaften Gebaren ging er Kollegen frontal an, kanzelte sie ab oder versuchte, einen Streit zu provozieren.[70] Ständig fühlte er sich angegriffen und gedemütigt. Thomas B. Hess, der neue Herausgeber der *Art News*, hatte begonnen, de Kooning öffentlich zu favorisieren und als besten Künstler unter den Abstrakten Expressionisten zu loben. Bei jeder Gelegenheit ließ Hess Pollock spüren, dass er de Kooning für den besseren Maler hielt. Als Jackson eines Abends im Jahr 1951 an einer Diskussion über Hess' 1951 veröffentlichtes Buch *Abstract Painting. Background and American Phase* teilnahm, kam es zu einem Eklat.

Hess hatte sich mit der Entstehung und den aktuellen Formen der Abstraktion in den USA beschäftigt. Pollock selbst behandelte er in dem Werk jedoch nur in aller Kürze in einem letzten Kapitel. Jackson war rasend vor Wut. Anfangs provozierte er de Kooning: »Hast du etwa dieses Buch geschrieben? Bist du ein besserer Künstler als ich? Du kannst nicht malen. Wer hat das Buch geschrieben? Deine Frau?«[71] Mehrmals sprang er auf und donnerte Obszönitäten, unruhig rutschte er auf dem Stuhl hin und her und murmelte unverständlich vor sich hin. Während eines Streitgesprächs warf er das Buch nach Philip Pavia,[72] den es aber verfehlte, später landete es vor den Füßen de Koonings. Als dieser den aufgebrachten Künstler nach dem Grund für dessen Verhalten fragte, zischte Pollock zurück: »Es ist ein mieses Buch, er behandelt dich besser als mich.«[73]

Aber auch andere Künstler waren mit dem Buch nicht einverstanden, es entbrannte eine wilde Diskussion um das Werk und die von Hess getroffenen Einordnungen. Pavia als Organisator des Club beschloss, die Debatte zu einem

Ende zu führen, und lud zu insgesamt sieben Diskussionsforen ein. Ärger hatte sich vor allem an dem Terminus »Abstrakter Expressionismus« entzündet, den Pavia zunächst auch als Titel für die Diskussionsrunden wählte, auf Drängen von Teilnehmern dann jedoch ändern musste. Manche der Kunstschaffenden verstanden sich nicht als abstrakte Künstler, andere nicht als expressionistisch, wieder andere wollten weder das eine noch das andere sein. Den Künstlern widerstrebte es, sich als Gruppe vereinnahmen zu lassen, sie beharrten auf ihrer Individualität.

Der Begriff des »Abstrakten Expressionismus« hatte schon 1946 durch Robert M. Coates Verwendung gefunden. Der Kunstkritiker hatte ihn in einem Katalogessay von Alfred Barr aus dem Jahr 1929 entdeckt und ihn dann in *The New Yorker* dazu genutzt, um Hofmanns abstrakte Arbeiten zu beschreiben. Er wollte damit zum Ausdruck bringen, dass die Künstler expressiv malten, um sich auszudrücken, dabei aber ungegenständlich blieben. Ab 1951 wurden die Abstrakten Expressionisten auch unter der Bezeichnung »New York School« zusammengefasst. Dies war der Titel einer Ausstellung, die Motherwell Anfang 1951 organisierte. Durch den Titel galt es, stilistische Zuschreibungen zu vermeiden, damit sich möglichst viele der New Yorker Künstler unter dem Namen wiederfinden konnten.

Kapitel 21
Ruhmreiche Zeiten (1950)

Trotz seines Ruhms schien Pollock verunsichert. Seit dem Erscheinen des *Life*-Artikels war er zum Mittelpunkt der amerikanischen Kunstszene geworden. Er stand unter ständiger Beobachtung der Öffentlichkeit – von Sympathisanten und Skeptikern, von Bewunderern und Neidern, von Journalisten, Kuratoren und Kollegen. Sie alle hatten sich ihr eigenes Bild von dem »Phänomen Pollock« gemacht, jener Kunstfigur, die so wenig mit dem Künstler und Menschen gemein hatte. Ein gewaltiger Druck lastete auf Jackson und er konnte sich kaum dagegen wehren. Mit gesenktem Blick sagte er irgendwann im Sommer 1950 zu Lee, dass er sich »wie eine Muschel ohne Schale«[1] fühle. Penny Potter vertraute er an, er habe manchmal das Gefühl, als ob man ihm die Haut vom Körper gezogen hätte. Und Jane Graves erinnerte sich später, dass Jackson in einem Moment völliger Panik gesagt habe, er wünsche sich, das alles wäre niemals passiert.[2] Pollocks Ruhm stillte seinen Drang nach Aufmerksamkeit und Würdigung, aber er rührte auch an alten Ängsten. »»Sie wollen mich nur ganz oben«, sagte er der Fotografin Denise Hare, »damit sie mich von dort hinunterstoßen können.‹ Das war ausgedrückte Angst. Er war so misstrauisch – sogar in Panik.«[3] Pollock hatte Angst, sich zu verlieren. Er fürchtete, dem enormen Erwartungsdruck, der auf ihm lastete, nicht gerecht werden zu können. »Dieser Scheiß ist nichts für einen richtigen Mann. Die Leute sehen dich nicht mehr so wie früher und sie haben Recht. Du bist nicht mehr du selbst. Vielleicht mehr, vielleicht weniger. Aber was immer du danach bist, du bist nicht mehr du.«[4] Betty Parsons kannte Pollocks Ängste: »Er glaubte, Ruhm sei eine große Verantwortung. Je erfolgreicher er wurde, desto nervöser wurde er auch.«[5]

Eine große Hilfe für Pollock wurde Tony Smith. Die eher lockere Freundschaft, die beide verband, wurde im Frühjahr 1950 enger. Pollock hatte Smith gebeten, ihm bei der Hängung seiner Werke in Parsons Galerie zu helfen, eine Bitte, der

Smith bereitwillig gefolgt war. Von nun an verbrachten Smith und Pollock viele Wochenenden miteinander.[6] Smith drängte Pollock dazu, etwas Neues auszuprobieren, als dieser ihm erzählte, dass er sich eingeengt fühle und nicht mehr wisse, was und wie er malen solle. Pollock glaubte, dass ihm das Dripping die Kreativität genommen habe, und fürchtete, sich in endlosen Wiederholungen zu verfangen. Immer wieder hatte er versucht, mit Formen zu spielen, hatte biomorphe Strukturen aus der Leinwand geschnitten oder aufgeklebt, Pinselstriche hinzugefügt oder kryptische Zeichen eingearbeitet. Immer wieder gab es Anzeichen von Figuration, die jäh wieder verschwanden. Hätte Jackson nicht immer größere Leinwände benutzt, wäre er vermutlich viel früher zu einer figurativen Formensprache zurückgekehrt.

Smith schenkte Pollock das Buch *On Growth and Form* des schottischen Biologen und Mathematikers D'Arcy Wentworth Thompson, das mit Illustrationen verschiedenartiger Formen der Natur angefüllt war: mit Abbildungen von Zellen, Schnecken, Muscheln, Schneeflocken, Schädeln und vielen weiteren in der Natur anzutreffenden Formen.[7] Sicherlich wusste Pollock mit den mathematisch-naturwissenschaftlichen Betrachtungen des Schotten nur wenig anzufangen, die Abbildungen jedoch beflügelten seine Kreativität. In zahlreichen Skizzen und Zeichnungen Pollocks finden sich Gegenstände aus dem Buch.

Smith brachte Jackson auch wieder mit den Bildern der Vergangenheit in Kontakt. Als er Jackson fragte, was dieser für das größte Kunstwerk Nordamerikas halte, gab der Künstler ohne Umschweife zur Antwort: »Orozcos Fresko im Pomona College.«[8] Jackson schien viel über Orozco nachzudenken, denn dessen Bildwelt trat gerade dann wieder in Erscheinung, als Jackson erneut in emotionale Not geriet, als die albtraumhaften Visionen des mexikanischen Muralisten wieder so sehr mit Jacksons Albträumen übereinstimmen. Wahrscheinlich wäre Jackson auch ohne das Einwirken Smiths in diese Bildwelt zurückgefallen, doch der Enthusiasmus des Freundes beschleunigte die Entwicklung Pollocks.

Es war auch Smith, der Jackson mit einem neuen Medium vertraut machte. Ende September 1950 brachte er ihm ein Heft mit Japanpapier und Tusche vorbei.[9] Jackson begann sich eingehend mit den Eigenschaften von Papier und Tinte auseinanderzusetzen und entdeckte seine alte Leidenschaft für das Zeichnen neu. Für den Künstler, der die Arbeit mit Ölfarbe, Industrielacken und Leinwand gewöhnt war, waren die neuartigen Materialien von großem Interesse: Die Tinte war flüssig wie Wasser und das Papier in der Lage, viel mehr Farbe aufzunehmen, als dies für die Leinwand galt. Lagen zwei Blätter übereinander, so ließ sich beobachten, dass die Farbe durch das obere Papier auf das darunter liegende Blatt hindurchsickerte und dort einen Schatten des Originals erzeugte. Diesen verarbeitete Jackson dann mit Tusche, Gouache und Wasserfarben weiter. Er probierte farbige Tinten aus, sogar mehrmals, doch kehrte er stets zum Schwarz zurück. Mit der verhaltenen Farbigkeit gewann die Form als Ausdruck der Gefühle wieder mehr Bedeutung. Zusätzlich dürften auch die Arbeiten anderer Maler Pollock zu diesem Schritt bewogen haben. De Kooning fertigte zwischen 1947 und 1951 zahlreiche Bilder an, die sich in ihrer Farbigkeit auf die Töne Schwarz und Weiß beschränkten. Auch Motherwell arbeitete in dieser Zeit mit den Farben Schwarz und Weiß und zeigte seine hierdurch entstandenen Bilder in einer Ausstellung bei Sam Kootz, von der sich auch Franz Kline inspirieren ließ. 1950 organisierte Kootz eine Ausstellung mit dem Titel »Black or White: Paintings by European and American Artists«, in der Baziotes, de Kooning, Gottlieb, Motherwell, Tobey und Dubuffet vertreten waren. Einen zusätzlichen Anreiz bot Pollock schließlich ein Buch über Goyas *Pinturas negras* (Schwarze Bilder), das ihm Ossorio schenkte.[10]

Pollock war von dem Japanpapier begeistert und fuhr eine Woche später nach Chinatown, um sich weitere Blöcke mit dem Papier zu beschaffen. Neben Reispapier nutzte er auch das farbigere Maulbeerbaumpapier, das aus gröberen Fasern besteht und deshalb mehr Farbe aufnimmt. Er erwarb das Papier im Stapel und begann, das oberste Blatt zu bemalen. Zuweilen arbeitete er später nach oder wendete das Papier, um das auf der Rückseite sichtbare Bild zu bearbeiten. Oftmals lief die Farbe auch auf das darunter liegende Blatt, das Pollock sogleich dazu nutzte, ein weiteres Bild entstehen zu lassen.[11] Vieles in den Bildern erinnert an seine Arbeiten aus dem Sommer 1950. Anfangs tröpfelte und goss Pollock die Farbe in gewohnter Manier, doch waren es keine dichten Gespinste mehr, die hierdurch erzeugt wurden. Die Striche wurden kürzer, hatten einen Anfang und ein Ende. Dann plötzlich waren sie da: Symbole und kryptografische Zeichen, geometrische Grundformen und Pfeile. Dabei wurde das Schwarz von Pollock sowohl zum Zeichnen von Formen als auch zur Erschaffung eines Positiv-Negativ-Effekts genutzt: Mit der schwarzen Farbe malte der Künstler auf den weißen Untergrund, wobei er nicht die Binnenflächen der entstandenen Formen selbst, sondern die dazwischen liegende Fläche ausmalte, sodass sich die Formen und deren Volumina aus den Restflächen des weißen Untergrunds ergaben. Gelegentlich nutzte er beide Möglichkeiten in einem Bild, führte die Formen also in schwarzer Farbe aus oder beließ sie als weiße Flächen. Figur und Hintergrund sind kaum noch voneinander zu unterscheiden. Was ist Form und was ist Farbe? Wo ist die Form und wo ihr Schatten?

In *Number 23, 1951 (Nummer 23, 1951)*, von einem frühen Besitzer *Frogman (Froschmann)* getauft, ist schwerlich etwas auszumachen. Auf den ersten Blick wirkt das Gemälde gänzlich abstrakt, das Gespinst aus wirbelnden, dicken Linien verdichtet sich teils zu schwarzen Flächen. Bei näherem Hinschauen sind jedoch Parallelen zum Gemälde *Bird* erkennbar.[12] In den unteren Ecken des Bildes sind freie weiße Flächen auszumachen, die mit ihren Rundungen an die beiden Schädel in *Bird* erinnern. Im oberen Zentrum befindet sich eine weitere weiße Fläche, die wie das große Auge in *Bird* anmutet, mittels kreisender Linien jedoch nahezu unkenntlich gemacht worden ist.

Jackson Pollock, *Number 23, 1951 (Frogman) (Nummer 23, 1951 [Froschmann])*, 1951, Emailfarbe auf Leinwand, Chrysler Museum, Norfolk, Virginia

In immer stärkerem Maße schien sich Pollock wieder auf die Figuration einzulassen. Aus den Linien und Klecksen wurden Augen, dann Gesichter, Arme, Beine, Hände und Brüste, erst abstrakt angedeutet, schemenhaft, fast zaghaft, dann deutlicher werdend, plötzlich als ganze Figuren erscheinend. Darstellungen von Menschen finden sich in Werken wie *Number 14, 1951 (Nummer 14, 1951)*, *Number 22, 1951 (Nummer 22, 1951)* oder *Number 7, 1952 (Nummer 7, 1952)*. In *Number 27, 1951 (Nummer 27, 1951)* porträtierte Pollock Lee, die mit ihrer markanten Nase und den vollen Lippen in der unteren rechten Ecke zu erkennen ist. Der Rest des Bildes ist kaum zu entschlüsseln. Über dem Gesicht Lees findet sich ein kreisrundes Gebilde – ein weiterer Kopf vielleicht? Links von den beiden Köpfen ist ein weiteres Motiv zu sehen, das als in sich zusammengesunkener Körper gedeutet werden könnte. Immer bestimmt die Linie das Werk und bleibt vorherrschende Form. Mit seiner Arbeit schien Pollock zufrieden zu sein. In einem Brief an Ossorio schrieb er: »Ich hoffe, dieser Brief klingt nicht so schrecklich faul, weil ich ein paar Zeichnungen auf Japanischem Papier angefertigt habe – und ich habe dabei ein gutes Gefühl.«[13]

Pollock kehrte in vielen Bildern zu dem zurück, was ihn ursprünglich zu seinen Dripping-Bildern motiviert haben könnte: Er verschleierte seine Bild-

Jackson Pollock, *Number 27, 1951 (Nummer 27, 1951)*, 1951, Öl und Lack auf Leinwand, Marlborough Gallery, New York

welt. In zahlreichen Werken lässt sich unter den schwarzen Netzen und Flächen Gegenständliches erkennen, so etwa in *Number 11, 1951 (Nummer 11, 1951)*, einem großen, querrechteckigen Bild, in dem sich die oberste Schicht aus Wirbeln zuweilen zu Flächen verdichtet. Köpfe werden sichtbar, Arme und Hände sind nur wenig versteckt. In einer ersten Phase der Bearbeitung waren diese sogar noch deutlich auszumachen, doch Pollock überarbeitete einige Stellen des Bildes, nachdem er es erstmals ausgestellt hatte. Pollock begann immer mehr und auch schneller zu arbeiten, in relativ kurzer Zeit produzierte er unzählige Bilder. Irgendwann ging er dazu über, anstelle von Stäben und Pinseln Pipetten und Spritzen als Malwerkzeuge zu benutzen. Mit diesen konnte er Linien in einem Zuge malen, ohne Farbe nachzufassen. Eine flüssige Konsistenz der Farbe war hierbei unerlässlich. »Seine Kontrolle war erstaunlich«, erzählte Lee, »einen Holzstab zu benutzen, war schon schwierig genug, aber die Spritze war wie ein riesiger Füller.«[14]

Die schwarze Farbe war für Pollock keine Neuentdeckung, sie wurde seit jeher von ihm als bevorzugtes Gestaltungsmittel genutzt. Dies betraf sowohl die frühen Arbeiten, in denen dunkle Töne und Schwarz dominieren, als auch die Dripping-Bilder, in denen das Schwarz schon immer eine herausgehobene Stellung besaß. Doch 1951 reduzierte Pollock die Farbigkeit seiner Bilder zur Gänze auf Schwarz, anfangs noch zaghaft, dann immer stärker.

Von der Arbeit mit dem Japanpapier inspiriert, begann Pollock wieder auf ungrundierten Leinwänden zu malen, wobei er die Leinwand ähnlich dem Reispapier nutzte. Dort, wo er die Farbe durch die Leinwand sickern ließ, entstanden matte Partien, dort, wo sie sich auf der Leinwand sammelte, glänzende Stellen von tiefschwarzer Tönung. Teilweise sind die Linien sehr dick, das die gegossene Linie umgebende Material hat die Farbe aufgesogen. Pollock malte auch weiterhin auf dem Boden, doch verzichtete er darauf, die Leinwand zurechtzuschneiden. Stattdessen entrollte er große Bahnen und malte dann ein Bild an das andere. Als Malgrund nutzte er kommerzielle, unbehandelte Leinwände, wie sie auch für Segel gebraucht wurden, und bestrich sie mit Leim, um sie härter und widerstandsfähiger zu machen. Als Farben verwendete er, wie schon so oft, die Industrielacke der Firma DUCO, die er mit Terpentin verdünnte. Pollocks Bereitschaft, sich neuartige Arbeitsweisen anzueignen, bewies erneut seine Rückbesinnung auf Siqueiros, auf dessen Experimentierfreude und Sinn für neue Techniken.

Die unbeschnittenen Leinwände erlaubten es Pollock, seinen Impulsen freien Lauf zu lassen und die Bilder mehr oder weniger ineinander übergehen zu lassen. War die Fläche der Leinwand mit Bildmotiven ausgefüllt, überlegte er gemeinsam mit Lee, welches »Teilbild« eine eigenständige ästhetische Einheit bildete und an welchen Stellen es die Bilder zu trennen galt. Erst dann signierte Pollock die Werke – etwas, das er hasste, weil es den endgültigen Abschluss eines Bildes markierte. Meist wartete er damit, bis das Bild verladen werden sollte, um es zur Galerie zu transportieren.

Die gegenständlichen Figurationen, die nun wieder im Werke Pollocks erschienen, lassen an Orozco und an diejenigen Bilder denken, die Pollock in früheren Jahren unter dem Einfluss der Muralisten geschaffen hatte. Christliche Bildthemen fanden Eingang in Pollocks Bildwelt. Er malte Bilder, die an Szenen der Kreuzigung oder der Kreuzabnahme Christi erinnern, so etwa *Black and White Painting III* (*Schwarz-weißes Gemälde III*, 1951) oder *Poster* (1951). Auch der Malstil und die Bildthemen Picassos werden wieder sichtbar. Pollock malte Gesichter und Köpfe, die in ihrer Formensprache deutlich von Picasso beeinflusst worden sind. Dies gilt sowohl für die Darstellung Lees in dem bereits angesprochenen Werk *Number 27, 1951* als auch für *Echo: Number 25, 1951* (*Echo: Nummer 25, 1951*), das links oben ein Gesicht mit einem übergroßen Auge zeigt, das an Picassos Malstil gemahnt. In *Number 14, 1951* lässt sich ebenfalls ein beliebtes Thema des spanischen Meisters erkennen: eine Frau auf einem Sofa. Das Thema »Frau« schien in den Werken Pollocks wieder eine größere Rolle zu spielen, angeregt vielleicht durch de Koonings zweite *Woman*-Serie (1947–49) oder durch die Eheprobleme der Pollocks.

Ein beredtes Zeugnis von Pollocks Malweise ist das Werk *Number 2, 1951* (*Nummer 2, 1951*). Dreht man das Bild um, lässt sich sehen, wie tief das Schwarz in die Leinwand eingedrungen ist. Deutlich erkennt man, dass Pollock das Gemälde mit zahlreichen Farben begonnen hatte, vor allem mit Rot und Gelb; kryptische Zeichen sind auszumachen. Auf der Vorderseite ist davon nicht mehr viel zu sehen. Um das Bildzentrum kreisen drei halbmondförmige Objekte, die in den Farben Gelb, Blau und Rotbraun ausgemalt worden sind. Im Untergrund bestimmt ein mattes Blausilber das Geschehen, sichtbar sind einige Tropfen von Rot. Über all das legte Pollock ein Muster dicker Pinselstriche, die alles einfangen und umrahmen und das Bildgeschehen bestimmen. In der linken unteren Bildecke könnte sich die Darstellung eines Kopfes finden, rechts unten diejenige einer Hand.

An Ossorio schrieb Pollock: »Eine Zeit lang zeichnete ich mit Schwarz auf die Leinwand – einige meiner früheren Bilder schimmerten durch – ich denke, die Abstrakten werden sie als beunruhigend empfinden – ebenso die Kinder, die glauben, es sei einfach, einen Pollock hin zu spritzen.«[15]

Plötzlich war die Linie nicht mehr eigenständig, sie definierte wieder eine Form, wurde Werkzeug zur Umrissgestaltung. Wo vorher Farbe war, herrschte nun Schwarz. Pollock schien zu verstehen, dass eine Linie stets eine Form von Abstraktion ist, nicht eine Abbildung der Natur. Die Linien in seinen Bildern umreißen zwar die dargestellten Objekte, deuten diese jedoch zumeist nur an, noch immer muss man genau hinschauen, zuweilen sogar raten, was auf den Bildern Pollocks zu sehen ist. Es ging dem Künstler also nicht um eine Abbildung des Gesehenen, sondern, auch weiterhin, um den Ausdruck seines Gefühlslebens – allerdings mit anderen Mitteln als zuvor. Plötzlich schien er sich wieder an Freud und Jung zu erinnern, an ihre Ansicht, dass Bilder ein Ausdruck des Innersten seien. Pollock sagte später, dass er es als heilig empfinde, ein Bild zu zerstören und wieder erstehen zu lassen. Es sei ein zutiefst schöpferischer Akt gewesen.[16] De Kooning sah das ähnlich: »Gelegentlich musste ein Maler die Malerei zerstören. Cézanne tat dies und Picasso tat es mit dem Kubismus erneut. Dann kam Pollock – er zerstörte unsere Vorstellung von einem Bild. Dann konnte es neue Bilder geben.«[17]

Pollocks Rückkehr zur Figuration war allerdings weniger neu, als in der Vergangenheit gern suggeriert wurde, denn figürliche Darstellungen finden sich schon in den 1948 geschaffenen Werken *Triad*, *Cut Out* und *Cut Out Figure*, und auch aus dem Gespinst von *Out of the Web*, 1949 gefertigt, erheben sich schemenhaft Formen. In *Rhythmical Dance (Rhythmischer Tanz, 1948)* und *Shadows: Number 2, 1948 (Schatten: Nummer 2, 1948)* schnitt Pollock aus der Leinwand lange, verrenkte Figuren heraus, die große Ähnlichkeit mit einigen von Picassos Werken aus den späten Zwanzigerjahren besitzen, darunter *Frau *im Sessel* (1929) und *Drei Tänzer* (1925). Doch ging Pollock mit seinen Darstellungen dieses Mal noch einen Schritt weiter. In den Bildern aus den Jahren 1948 und 1949 sind die figurativen Darstellungen als Teil der Experimente mit dem Dripping zu verstehen. Nun aber tritt das Dripping in den Hintergrund. Es gerät zur Nebensache, während sich die Figuren, zunächst noch zaghaft ausgeführt, immer weiter aus den Bildwerken herausschälen.

In einem Interview antwortete Krasner auf die Frage, ob Pollocks neue Bilder sie überrascht hätten, dass sie diese Entwicklung nicht für ungewöhnlich gehalten habe. Für sie seien alle seine Bilder aus der Periode Mitte der 1930er Jahre heraus entstanden: »Für mich erwuchs Jacksons Werk aus dieser Periode; ich sehe keine scharfen Brüche, eher eine kontinuierliche Entwicklung der gleichen Themen und Obsessionen. […] Ich habe Jackson einmal gefragt, warum er nicht aufhört zu malen, wenn ein bestimmtes Bild entstanden ist. Er sagte: ›Ich habe mich dazu entschlossen, das Bild zu verschleiern.‹ Nun, das war diese Art der Malerei. Mit den Schwarz-Weiß-Bildern hingegen entschied er, Gegenständliches wieder auszudrücken. Ich kann nicht sagen, warum. Es würde mich wundern, wenn er es sagen könnte.«[18]

Einige Bilder aus dieser Zeit zeigen sich deutlich von den figurativen Allover-Bildern Jean Dubuffets inspiriert, eines Malers und Bildhauers, den Pollock sehr achtete und dessen Arbeit er genau verfolgte. Er hatte in New York die Ausstellungen des französischen Künstlers besucht, und Ossorio hatte ihm 1951 zwei Bücher über Dubuffet aus Paris geschickt. Ossorio war bestrebt, die beiden Künstler miteinander vertraut zu machen, und schaute mit den Dubuffets in Springs vorbei. Doch Pollock hatte wohl beschlossen, dass es besser wäre, einander nicht zu begegnen, und tauchte ab. Den Abend mussten Lee, Ossorio und das Ehepaar Dubuffet ohne ihn verbringen.[19] Und dies, obwohl Dubuffet schon 1950 an Ossorio geschrieben hatte, dass Pollock einer der wenigen Künstler sei, die ihn interessierten.[20]

Seit Krasner mit Pollock zusammen war, hatte sie ihre Karriere praktisch aufgegeben. Seine Bedürfnisse standen im Vordergrund. Lee wollte jede Aufregung von Jackson fernhalten, jede belastende Situation vermeiden und Jackson keinem innerehelichen Konkurrenzkampf aussetzen. Nachdem der Artikel im *Life*-Magazin erschienen war und Jacksons Karriere an Fahrt aufgenommen hatte, blieb Lee auch gar keine Zeit mehr zum Malen, sie war viel zu sehr damit beschäftigt, seine Karriere zu fördern. Zwar gab sie die Malerei niemals auf und pflegte zuweilen früh am Morgen zu malen, doch war die Zeit, die ihr dafür zur Verfügung stand, auf ein Minimum reduziert. In der Öffentlichkeit bestritt es

Jackson Pollock und Lee Krasner, 1951
(Fotograf: Hans Namuth)

Lee stets, auf ihren Ehemann eifersüchtig zu sein: »Ich habe nicht gefragt: Warum hast du Erfolg und ich nicht?« Trotzdem bekannte sie, sich darüber geärgert zu haben, »im Schatten von Jackson Pollock zu stehen«.[21] Die Tatsache, dass Jackson Erfolg als Künstler hatte, während sie ihre Karriere hatte aufgeben müssen, wurde von ihr als ungerecht empfunden und kränkte sie. Dennoch wies sie einen Konkurrenzkampf in einem Interview zurück: »Ich erinnere mich wirklich nicht daran, jemals das Gefühl gehabt zu haben, mit ihm [Pollock] im Wettstreit zu liegen. Er behandelte mich wie eine professionelle Künstlerin. Hätte er das nicht getan, wären wir nicht zusammengeblieben.«[22] Gegenüber Lawrence Alloway indes soll sie sich nach Jacksons Tod misslaunig geäußert haben: »Dieser Bastard Pollock hatte das große Atelier da draußen und ich hatte das Schlafzimmer.«[23] Nicht nur Pollock, auch Freunde und Künstlerkollegen ließen sie spüren, wer der bedeutendere Maler war. So war es Jackson, der darum gebeten wurde, die Petition der »Irascibles« zu unterschreiben, nicht jedoch Lee, obwohl sie in den Jahren vor ihrer Ehe die politisch Aktive gewesen war. Im Haus in Springs hingen nur wenige Bilder von ihr. Keiner interessierte sich für ihre Werke, alle wollten Jackson und seine Bilder sehen, wollten sein Atelier betreten und die Bekanntschaft des Künstlers machen. Kein Galerist fragte nach ihren Arbeiten, keiner nach ihren Fortschritten, kein Journalist interessierte sich für ihre Herkunft oder ihre Vergangenheit, und niemand fotografierte sie, während sie malte.

Eine Aufnahme von 1951 zeigt deutlich, wie das Paar zueinander stand. Namuth hatte die beiden in einer Ecke des Hauses fotografiert. An der Wand hängt ein Anker – Strandgut, das die beiden mitgenommen hatten und mit dem Lee gern das Haus schmückte. Pollock steht an der Wand, die Arme hält er hinter dem Rücken verschränkt. Er trägt schwarze Schuhe, eine Jeans und ein T-Shirt. Seine Miene ist ernst, an der Kamera vorbei führt sein Blick ins Nichts. Krasner ist barfuß und in ein Baumwollkleid gekleidet. Sie lehnt in der Ecke, hat die Hände vor dem Körper zusammengeführt und schaut gelangweilt und apathisch in die Kamera. Man spürt die angespannte Stimmung zwischen beiden und die Gleichgültigkeit. Die einst innige Liebe und Zuneigung scheint verflogen.

In den Jahren zwischen 1945 und 1950 malte Krasner wenig. Ihre Arbeiten von 1946 und 1947 offenbaren Ähnlichkeiten mit Pollocks Serien *Accabonac Creek* und *Sounds in the Grass*, welche dieser in denselben Jahren fertigte. Krasner begann zunehmend zu abstrahieren. *Image Surfacing* und *Blue Painting*, vermutlich die ersten Bilder, die sie im neuen Zuhause malte, zeigen noch einen Rest von Gegenständlichkeit. Doch während Pollocks Werke vor einer ungeheuren Kraft, ja geradezu manischer Unruhe und Vitalität strotzen, sind die Arbeiten Krasners, die auch weiterhin einen Pinsel zum Malen nutzte, eher verhalten und ruhig. Bald wurden ihre Bilder abstrakter, bestanden ihre Kompositionen aus kleinen flirrenden Farbtupfern oder Farbnebeln mit Linien und geometrischen Strukturen. Lee malte im All-over-Stil, die Farbe ist pastos und in kurzen breiten Pinselstrichen aufgetragen. Einmal wurde sie direkt auf die Leinwand gebracht, ein anderes Mal kratzte Krasner in die aufgetragene Farbschicht hinein. In der Serie *Little Images* fand Krasner gegen Ende der Vierzigerjahre zu einem von Pollock unabhängigeren Stil: In *Painting No. 19* oder *Composition* wirken die Bildelemente wie kleine Mosaiksteine, die über den Malgrund verstreut sind. Manchmal handelt es sich bei ihnen um geometrische Formen, die Leinwand ist in mehreren Werken mit Rechtecken bedeckt, die Lee wiederum mit geometrischen Formen und Linien füllte – ein unendliches Labyrinth aus Zeichen oder Hieroglyphen. Man spürt förmlich, wie verbissen und diszipliniert sie an diesen Bildern gearbeitet haben muss. Erstmals versuchte sie, auf eine auf dem Boden oder einem Tisch liegende Leinwand zu malen.[24]

1950 ging es Pollock so gut, dass sich Krasner dazu ermutigt fühlte, wieder mehr Zeit für sich selbst zu beanspruchen. Wie so oft begann eine kreative Phase bei Lee mit der Nachahmung von Jacksons Arbeit. Durch seine Werke fasste sie den Mut, verwegener und kühner zu werden. Krasner wandte sich der gestischen Malerei zu, Bildgegenstand und Form wurden freier und spontaner. In *Continuum*, zwischen 1947 und 1949 entstanden, bediente sie sich der Technik des Farbschüttens. Anders als bei Pollock sind ihre Arbeiten jedoch disziplinierter, weniger energiegeladen und leidenschaftlich. Die Bilder wirken kontrolliert und mechanisch. Auch wenn die Arbeiten nicht gegenständlich sind, bleiben sie nahe an der Gegenständlichkeit. Krasner versuchte, Muster und Strukturen der Natur wiederzugeben und deren Schönheit in den Mittelpunkt der Werke zu stellen. In Bildern wie *Lava* (1949) gibt sie die strahlende Farbpalette von Matisse und Hofmann zugunsten einer dunkleren Farbigkeit à la Pollock auf. Statt Picassos weiche Kurven zu nutzen, verlieh sie ihren Figuren kantige Formen. In *Promenade* (1947) malte sie einen Zug von Menschen, der an Pollocks totemhafte Figuren erinnert. Und in *Ochre Rhythm* (1951) malte sie nicht mehr mit stark pastosem Pinselstrich, sondern mit dünnem Farbauftrag. Obwohl sie dem surrealistischen Einfluss über mehrere Jahre hinweg widerstanden hatte, begann sie nun, mit dem Automatismus zu arbeiten; sie erkannte das Unterbewusstsein als Quelle psychischer Inhalte an, auch wenn es ihr noch nicht gelang, ihr Innerstes mittels der Kunst auszudrücken.

Schließlich arbeitete sie mit automatischer und gestischer Malerei, gegen die sie sich so lange gewehrt hatte, und malte Figuren, die denen aus *Stenographic Figure* und *Male and Female* überraschend ähnlich sind. So wie die Leinwände Pollocks an Größe gewannen, wuchsen auch diejenigen Krasners, bis sie mit *Blue and Black* schließlich die beeindruckenden Maße von 1,47 mal 2,10 Metern erreichten. Solch eine enorme Größe war jedoch eine Seltenheit, hinsichtlich des Formats blieb Lee meist hinter ihrem Ehemann zurück. »Ihre frühen Werke [in Springs] waren sehr introvertiert«, erinnerte sich Ethel Baziotes. »Dann plötzlich werden sie extrovertierter. Da gab es diesen Riss in Lee, als ob sie nicht wusste, wo sie hin wolle.«[25] Krasner schien sehr unsicher und probierte ständig Neues aus, immer unter dem Einfluss von Pollocks Arbeiten. Jackson, dem dies nicht verborgen blieb, nahm ihr Treiben zunächst mit väterlichem Wohlwollen wahr. Doch irgendwann wurde ihm klar, wie sehr Lee seine Arbeiten als Inspirationsquelle nutzte. Mit Unbehagen stellte er fest: »Lee kopiert mich und ich wünschte, sie würde damit aufhören.«[26] Lee gegenüber scheint er seine Vorbehalte nicht erwähnt zu haben.

Lee leugnete nicht, dass Pollock sie in der Zeit, in der seine Dripping-Bilder entstanden, beeinflusst habe: »Natürlich interessierten sie mich. Alles, was ich in seinem Atelier sah, interessierte mich. Aber ich wurde nie zu einem Pollock. Ich wurde nicht dazu,

Lee Krasner, *Composition*, 1949, Öl auf Leinwand, Philadelphia Museum of Art, Philadelphia

weil ich im eigentlichen Sinne nie eine Schülerin von ihm war. Ich bewunderte ihn, aber auch Mondrian und Matisse. Man bewundert andere Künstler und ich glaube, ich hätte ihn auf jeden Fall bewundert, auch wenn ich nicht seine Frau gewesen wäre. Er hätte mich beeinflusst.«[27] Sich dem Dripping ihres Mannes anzunähern, ist Lee lediglich in einem unbetitelten Werk aus dem Jahr 1949 gelungen, einem Gemälde aus der Serie *Little Images*. Doch während Pollock beim Malen den ganzen Körper einsetzte, sind ihre Bilder aus dem Handgelenk heraus gemalt und strahlen so eine geringere Kraft und Energie aus. Lee kreierte feine Liniennetze, die wirken, als seien sie mit dem Pinsel auf die Leinwand gezeichnet worden, und die eher an Mark Tobeys kalligrafische Bilder als an die Dripping-Bilder ihres Mannes erinnern.

Krasners neues Selbstbewusstsein beschränkte sich nicht nur auf ihr Kunstschaffen. Sie wünschte sich, als Künstlerin nicht mehr ignoriert zu werden, und überredete Jacksons Besucher, ihr in ihr Atelier zu folgen. Die freundlichen Reaktionen von Freunden wie Clement Greenberg, John Little und Bradley Tomlin gaben ihr Selbstvertrauen. Im Juli 1950 gewann sie den zweiten Preis der Ausstellung »10 East Hampton Abstractionists«. Pollock belegte lediglich den dritten Platz.

Im August 1950 schaute Namuth vorbei und erzählte Pollock von einer neuen Idee. Er hatte die Absicht, Jacksons Art zu malen in Filmaufnahmen festzuhalten, um sie so der Öffentlichkeit besser präsentieren zu können. »Das war der nächste logische Schritt«, meinte der Fotograf, »Pollocks Methode zu malen forderte geradezu einen Film – der Tanz um die Leinwand, die ständige Bewegung, das Drama.«[28] Jackson willigte ein. Den Film drehte Namuth mit einer kleinen Handkamera seiner Frau; aus den Aufnahmen entstand ein siebenminütiger Schwarz-Weiß-Film. Doch das reichte Namuth noch nicht. Er kam in Jacksons Atelier und schlug dem Künstler vor, einen längeren Film in Farbe zu produzieren. Für eine Zusammenarbeit konnte er den Filmemacher Paul Falkenberg gewinnen, der schon mit dem Regisseur und Drehbuchautor Fritz Lang gearbeitet hatte. Falkenberg steuerte der Unternehmung 2000 Dollar bei und kümmerte sich um die organisatorischen Nebensächlichkeiten.

Im September begannen die Dreharbeiten. Trotz der aufkommenden Kälte bestand Namuth darauf, im Freien zu filmen, da er das natürliche Licht ausnutzen wollte. Als Drehort bestimmte er ein altes Fundament im Garten und stattete es mit einer große Leinwand, einem Schemel und jeder Menge Farbtöpfen aus. Die Dreharbeiten gestalteten sich äußerst mühsam. Szenen mussten wieder und wieder aufgenommen werden, immer gab es etwas, das Namuth missfiel: Mal störte ihn der Wind, mal waren die Lichtverhältnisse nicht seinen Vorstellungen gemäß, dann wieder arbeitete Jackson zu schnell, zu langsam, blickte in die Kamera oder wartete nicht lang genug, bevor er mit dem Malen begann. Technische Probleme, das Einlegen neuer Filme und zu ändernde Einstellungen sorgten für weitere Unterbrechungen. Diese ständigen Pausen nahmen Pollock seine Spontaneität und Kreativität. Die Aufnahme weniger Filmminuten verteilte sich somit auf ein ganzes Wochenende.

Am darauffolgenden Wochenende kam Namuth wieder, dieses Mal mit Anweisungen von Falkenberg. Namuth sollte Nahaufnahmen von Jacksons farbbespritzten Schuhen machen, dann hatte Jackson die Schuhe anzuziehen und Steinchen aus dem Schuh zu schütteln. Wenn er in den Malprozess einstieg, sollte er die Zigarette von sich werfen. Aufgrund der Kürze der aufzunehmenden Sequenzen gestaltete sich der Drehprozess äußerst mühevoll: Immer wieder musste Jackson die Zigarette wegwerfen, immer wieder die Schuhe an- und ausziehen, eine Farbdose hinstellen oder seinen Namen unzählige Male auf die Leinwand schreiben. Wieder und wieder und wieder.

Doch Namuth war noch immer nicht zufrieden. Er wollte Pollock bis ins Einzelne beleuchten, dessen Gesicht, das quasi Teil der Leinwand sein sollte, während des Malens zeigen; es galt, jeden Ausdruck des Malers während des künstlerischen Schaffens sichtbar zu machen. »Jackson sagte, dass er während des Malens in dem Gemälde sei, und ich wollte das zeigen. Wir sprachen darüber, ihn durch die Leinwand hindurch zu präsentieren.«[29] Namuth hatte eine Idee. Er filmte von unten durch eine Glasscheibe hindurch, die Jackson von oben her bemalen sollte. So sähe man zugleich das Kunstwerk und das Gesicht des Künstlers. Krasner glaubte sich später daran zu erinnern, dass es Pollock selbst gewesen sei, der, im Bestreben zu experimentieren, auf den Einfall mit der Scheibe gekommen sei.[30] Peter Blake wiederum reklamierte diese Idee für sich; er hatte schon bei der Ausarbeitung des »Idealen Museums« angeregt, dass Pollock seine Bilder auf Glas malen solle.[31] Blake beschaffte eine dicke Glasscheibe mit den Maßen 1,20 mal 1,80 Meter, wie sie in der Automobilindustrie Verwendung fand. Diese legte Jackson auf zwei Sägeböcke.[32] Unter der Scheibe befand sich Namuth, auf dem Rücken liegend, die Kamera nach oben gerichtet.

Die Dreharbeiten waren mühevoll und es war wie verhext: Wenn Namuth eine gute Position für sich gefunden hatte, war das Licht nicht recht. Da Namuth direkt nach oben filmte, befand sich Jacksons Gesicht unmittelbar vor dem Himmel, was zu gewissen Problemen führte: War die Sonne verschwunden, befand sich Jackson im Dunkeln, war die Sonne da, sah man nur seine Silhouette. Aber auch Jackson hatte seinen Anteil an den Schwierigkeiten, die den

Drehprozess begleiteten. In einem Moment fühlte er sich durch die Zuschauer gestört, im anderen blies der Wind so stark, dass die Farbe nicht auf dem Glas, sondern daneben landete. Sich zu konzentrieren, fiel Jackson schwer, weil ihm Namuth ständig Befehle gab und erklärte, wie er zu malen habe. Zudem war es inzwischen November und eine eisige Kälte kroch den beiden in die Glieder.

In einem ersten Versuch bemalte Pollock die Glasscheibe zunächst mit schwarzer Farbe. Wie er im Film erklärt, habe er jedoch »den Kontakt zum Bild« verloren, er musste von vorn beginnen. Möglicherweise wurden die Gespinste so dicht oder ungeordnet, dass Pollock selbst nicht mehr wusste, was er eigentlich hatte malen wollen, oder aber die Komposition gefiel im schlicht nicht, sie »funktionierte« so nicht. Da die Scheibe teuer war, entschlossen sich Namuth und Pollock, die Farbe abzuwischen und das Glas von neuem zu bemalen. Im zweiten Versuch näherte sich Pollock dem Werk auf andere und für ihn ungewöhnliche Weise: Auf der Scheibe verteilte er Draht und Drahtgitterstücke. Danach streute er Knöpfe sowie blaue und orangefarbene Glasstücke über die Fläche. Im Anschluss daran übergoss er den Malgrund mit schwarzer Aluminiumfarbe. Erst dann ging er mithilfe eines Pinsels zum Dripping über. Eindrücklich dokumentiert das Experiment die Arbeitsweise des Künstlers, die große Sensibilität im Umgang mit dem Material und den intellektuellen Aspekt des Malaktes; es zeigt, wie Pollock mit dem Bild und der Natur verschmolz. Auch wenn er zügig arbeitete, erweckte er niemals den Anschein von Hektik, alles scheint wohlüberlegt, sorgsam austariert und mit großer Leidenschaft und Hingabe arrangiert. Doch trotz alledem wirkt Pollock in dem Film gekünstelt und angespannt. Man merkt ihm die innere Anstrengung an und begreift schnell, dass das nicht der Pollock ist, den Freunde und Verwandte so oft beschrieben.

Die Arbeit mit Namuth verunsicherte Jackson. In den Tagen zwischen den Wochenenden mit dem Fotografen zog er sich immer häufiger in sein Atelier zurück. Hier arbeitete er indes nur wenig. Selbstzweifel schienen ihn zu plagen, er wirkte angespannt und verstört, Freunde beschrieben ihn in dieser Zeit als ängstlich und bedrückt.[33] Irgendwann kam Lee in das Atelier. Jackson zeigte auf eines seiner Bilder und fragte: »›Ist das Malerei?‹ Er fragte nicht, ob es gut sei oder nicht, er fragte, ob es überhaupt Kunst sei«[34], wunderte sie sich noch Jahre später.

Kurz nach Thanksgiving kam es zum Zusammenbruch. Namuth bestand auf einen letzten Drehtag, zu dem sich die Gelegenheit ergab, als Jackson und Lee zu einem verspäteten Truthahnessen am Samstag nach Thanksgiving luden. Es war ein eiskalter Tag, der Wind blies heftig. Namuth hatte seine übliche Position unter der Scheibe eingenommen und bat Jackson um eine Aufnahme nach der anderen, stets betonend, dass es auch wirklich die letzte sei. Immer wieder kam es zu Verzögerungen, Jackson rauchte eine Zigarette nach der anderen, um sich halbwegs warm zu halten. Er fror, war frustriert und missgestimmt. Namuth bemerkte, dass Pollock angespannt war, trotzdem machte er unbeirrt weiter. Endlich, gegen 16.30 Uhr, als das Licht zu schwinden begann, rief Namuth: »Wir sind fertig! Das war großartig, wunderbar!« Jackson ging schnurstracks ins Haus und Namuth folgte ihm.

Lee stand in der Küche und war fleißig mit der Zubereitung des Truthahns beschäftigt. Sie hatte einige enge Freunde eingeladen.[35] Peter Blake und Ted Dragon waren bereits eingetroffen und halfen ihr. Als Jackson eintrat, war er halb blau gefroren, »ganz steif von der Kälte«, wie Blake erzählte.[36] Der Künstler ging geradewegs zum Spülbecken und brachte eine Flasche Whiskey zum Vorschein, die für Gäste gedacht war. Lee wurde blass. Kein Wort wurde mehr gesprochen. Jackson füllte sich zwei Wassergläser randvoll und leerte eines in einem Zug. Er rief Namuth zu sich, der sich im Nebenraum aufwärmte, und verkündete aggressiv: »Das ist mein erster Drink seit zwei Jahren. Verdammt noch mal, das brauchen wir jetzt.«[37] Namuth sagte nur: »Sei doch kein Idiot.«[38] Aber Jackson hörte ihm schon gar nicht mehr zu. Drei Monate lang hatte er dessen Anweisungen befolgt und sich von ihm schikanieren lassen, jetzt reichte es. Die Gäste versuchten, ihn und sein Verhalten zu ignorieren, was jedoch nur schwerlich gelang. Jackson riss eine Reihe Glöckchen von der geschmückten Tür und ließ sie wild vor dem Gesicht des Fotografen bimmeln. Namuth verlor die Geduld und herrschte Jackson an: »Jack, häng sie zurück!«[39] Pollock gehorchte.

Doch all der Ärger, der Selbsthass und die angestaute Wut auf Namuth brauchten ein Ventil. Der Selbstbetrug der letzten Monate war zu viel. Jackson sagte später zu einem Freund: »Vielleicht haben die Ureinwohner recht, die glauben, dass ihnen ihre Seele gestohlen würde, wenn man sie fotografiert.«[40] Er fühlte sich seiner Seele beraubt. Um seinem Drang nach Berühmtheit nachzukommen, hatte er sich und seine künstlerische Integrität verkauft. Diese Erkenntnis entlud sich jetzt in seiner Wut: »Du bist ein Schwindler«, warf er Namuth entgegen. »Ich bin kein Schwindler, du bist ein Schwindler« lautete der Satz, den er wieder und wieder brüllte. Lee war bemüht, die Situation zu beruhigen, und rief zu Tisch. Doch Jackson hörte nicht auf. Er setzte sich an das Kopfende des Tisches, direkt neben Namuth, und redete wütend auf diesen ein, zunächst noch flüsternd, dann immer lauter: »Du weißt, dass ich kein

Schwindler bin. Ich bin kein Schwindler, aber du bist ein Schwindler.«[41] Plötzlich schnaufte er tief und schaute Namuth an. Mit beiden Händen packte er den Tisch und fragte: »Soll ich es tun?« Der Fotograf rief erschrocken: »Jackson – nein!« Es war totenstill, Pollock starrte Namuth unverwandt an. Dann fragte Pollock noch einmal: »Jetzt?« Und Namuth entgegnete aufgeregt: »Jackson – das solltest du nicht tun!« Pollock brüllte erneut: »Jetzt?« Doch noch bevor Namuth antworten konnte, stand der Künstler auf und hob den Tisch auf einer Seite an. Die reich gedeckte Tafel rutschte mitsamt der Tischdecke vom Tisch. Schüsseln und Teller gingen scheppernd zu Bruch, das Essen landete auf dem Boden, die Getränke ergossen sich über den Teppich, die Saucenspritzer liefen die Wand hinunter. Für einen Moment herrschte völlige Stille, keiner bewegte sich. Jackson stapfte aus dem Raum und durch die Hintertür nach draußen. Lee, vor Schreck erstarrt, sagte nur: »Kaffee gibt es im Wohnzimmer.«[42]

Baziotes hatte einmal zu Pollock gesagt, dass eine allzu große Nähe zu Kritikern, Kunsthändlern und Museumsdirektoren schädlich sei, da er glaubte, in »ihrem Netz gefangen zu werden«. Das Schlimmste, was einem Künstler geschehen könne, sei jedoch, ein Schwindler zu werden, ein Künstler, der »sein eigenes Königreich« auf der Suche nach Akzeptanz und Anerkennung verlässt.[43] War es diese Bemerkung, auf die Pollock anspielte, als er sagte, dass nicht er, sondern Namuth ein Lügner sei?

Pollock war wütend, wütend auf Namuth, vor allem aber wütend auf sich selbst. Namuth hatte ihn von seiner künstlerischen Arbeit entfremdet, er hatte das Werk von Pollock eingefangen, nicht jedoch den Künstler und dessen Leben. Beides aber war untrennbar miteinander verbunden. Pollock hatte zugelassen, dass der Ruhm ihm die Ruhe zum Arbeiten genommen hatte. Er hatte sich der Vorfreude auf den Film ergeben, war stolz darauf, dass es einen solchen über ihn und seine Arbeit geben sollte. Doch der Pollock, der schließlich in dem Film gezeigt wurde, hatte nur wenig mit dem echten Pollock gemein. Der Künstler war hinter dem Malakt zurückgetreten. Jackson erschien sich selbst wie ein Schauspieler, der nur seine Rolle spielte, er fühlte sich von Namuth auf ein Kunstprodukt reduziert. Und hatte nicht der Ruhm etwas Ähnliches mit ihm getan? Betrachteten ihn die Menschen und vor allem die Kritiker als einen ernsthaften Künstler oder hatten sie sich nur in das Kunstprodukt Jackson Pollock verliebt? Der Film hatte ihm etwas von seinem Mythos genommen, seine Arbeit war entzaubert, der Entstehungsprozess nun offengelegt.

Pollock litt unter dem Druck des Erfolgs. Der Verlust der Privatsphäre und die ständige Beobachtung nagten an ihm. Der Ruhm, den er sich so sehnlichst herbeigewünscht hatte, drohte jetzt, ihn zu zerfressen. Betty Parsons begründete Pollocks Rückfall in die Trunksucht mit diesem wachsenden Druck: »Pollock glaubte, dass Ruhm eine große Verantwortung bedeutet. Je mehr Erfolg er hatte, desto nervöser wurde er. So waren sie alle. Auch Rothko; je berühmter er wurde, desto stärker wuchs seine Nervosität. Und er trank umso mehr. Verantwortung und das Gefühl, überrumpelt zu werden – schrecklich.«[44] Pollock erkannte, dass es nicht der Ruhm war, den er wollte, er wollte nicht im Mittelpunkt stehen und den Ansprüchen der Öffentlichkeit genügen, er wünschte sich Aufmerksamkeit, Anerkennung und Zuneigung. Als Jeffrey Potter ihn zufällig traf und ihm zum Artikel im *Life*-Magazin gratulieren wollte, sprach Pollock: »Was ist so toll an der *Life*? Für mich ist das eher wie der Tod!«[45]

Im Frühjahr 1951 stellten Namuth und Falkenberg den Film über Jackson fertig. Um das Gezeigte zu erklären, unterlegten sie den Film mit einem gesprochenen Text des Künstlers, den dieser monoton und mit nasaler Stimme vorgetragen hatte:

Ich lebe in Springs, East Hampton, Long Island. Ich wurde vor 39 Jahren in Cody, Wyoming, geboren. In New York studierte ich für zwei Jahre an der Art Students League unter Thomas Benton. Er war eine starke Persönlichkeit, gegen die ich stark reagieren musste. Das war 1929. Ich arbeite ohne Vorzeichnungen oder Farbskizzen. Meine Malerei ist direkt. Ich male normalerweise auf dem Boden. Ich arbeite gern mit großen Leinwänden.

Manchmal benutze ich einen Pinsel, aber meistens nutze ich lieber einen Stab. Manchmal gieße ich die Farbe direkt aus der Dose [...]. Wenn ich male, habe ich eine grundsätzliche Idee von dem, was ich sagen möchte. Ich kann den Fluss der Farbe kontrollieren; es gibt keinen Zufall, so wie es kein Ende und keinen Anfang gibt.[46]

Jackson sagte kaum etwas zu dem Film. Er schien ohnehin überzeugt, dass Filme und Fotos nur ein Abbild der Außenwelt seien und nicht in der Lage, das Seelenleben des Künstlers darzustellen. Der Film war nicht sein Projekt, sollte Namuth doch damit machen, was er wollte. Lediglich als Falkenberg den Film mit balinesischer Musik unterlegen wollte, insistierte Pollock: »Paul, das ist doch exotische Musik, aber ich bin ein amerikanischer Maler.«[47] Die Filmmusik wurde schließlich von dem jungen Komponisten Morton Feldman komponiert und erinnert in ihrer Mischung aus zeitgenössischem Experiment und der Musik eines Western an die musikalische Begleitung eines Horrorfilms.

Der Film feierte am 14. Juni 1951 im MoMA Premiere. Er zeigt Pollock beim Malen im Freien, im Atelier und über der Glasscheibe, außerdem Bilder in einer Ausstellung und Details seiner Werke.

Kapitel 22
Wohin führt der Weg? (1950–1951)

Der Winter kündigte sich mit heftigen Stürmen an, die in eisigen Böen über den Accabonac Creek bis zum Haus hinauf fegten. Es regnete in Strömen, über mehrere Tage hinweg. Blitze tauchten die Landschaft in ein taghelles Licht, begleitet vom dröhnenden Grollen des Donners. Lee, die furchtbare Angst vor Gewittern hatte, verkroch sich im Haus, während Jackson die letzten Vorbereitungen für die Ende November geplante Ausstellung traf. Wegen des schlechten Wetters erreichten die Pollocks New York erst am Vorabend der Vernissage, die am 28. November 1950 stattfinden sollte. Noch war keine der Leinwände aufgezogen, kein Bildwerk gehängt – eine Arbeit, die normalerweise Tage beansprucht. Unterstützt von Giorgio Cavallon, Ted Dragon und Alfonso Ossorio arbeitete Jackson die ganze Nacht hindurch. Lee und die Künstlerin Ray Eames schauten zu, während Betty Parsons nervös daneben stand, eine Zigarette nach der anderen rauchend, und sich über die viel zu großen Leinwände ärgerte, die so schwer zu verkaufen seien.[1] Tatsächlich schafften sie es bis zur Eröffnung am nächsten Tag, alle zweiunddreißig Bildwerke aufzuhängen, darunter auch die riesigen Werke, die Jackson im Sommer gemalt hatte. Es war ein beeindruckender Anblick. Die Wände der Galerie waren mit den Bildern überzogen, von der Decke bis zum Boden, von einer Ecke bis zur nächsten. Allein *Autumn Rhythm* nahm eine ganze Wand für sich ein, ebenso *One: Number 31, 1950*, das sich an der gegenüberliegenden Seite befand.

Wenige Stunden später begann die Vernissage. Wie schon im Vorjahr war es auch dieses Mal voll, die gesamte Kunstwelt New Yorks hatte sich angekündigt. Lee nahm die Besucher am Eingang in Empfang, während Jackson, in Anzug und Krawatte gekleidet, pflichtbewusst in der Menge stand, kreidebleich, aber nüchtern. Die Akkordarbeit der vergangenen Nacht hatte ihm keine Zeit dazu gelassen, zum Alkohol zu greifen. Und auch jetzt hatte er alle Hände voll damit zu tun, die Besucher, die nur gekommen waren, um ihn zu sehen, zu begrüßen. Pollocks Bruder Jay schrieb an seinen Bruder Frank: »Das größte Ding hier ist Jacks Schau. [Die Vernissage] war in diesem Jahr größer als jemals zuvor und viele wichtige Leute aus der Kunstwelt [waren] da. Lee schien glücklich und begrüßte jeden mit einem Lächeln, Jack schien ganz in sich gekehrt und erfüllte die Rolle des berühmten Künstlers.«[2] Doch Pollock hielt dem Druck der Öffentlichkeit und den Ängsten nicht stand. Während immer mehr Gäste in die Galerieräume strömten, war Jackson irgendwann plötzlich verschwunden. Als er wieder zum Vorschein kam, war er völlig betrunken.

Die Reaktionen der Presse auf die Ausstellung fielen freundlich aus. Robert Goodnough schrieb in *Art News* enthusiastisch: »Sein starkes und persönliches Verständnis von den Mitteln eines Künstlers erlaubt großartige Erfahrungen, die einen höchst individuellen [...] Sinn für das Visuelle ermöglichen [...]. Pollock hat eine Diszipliniertheit erreicht, die eine gewaltige emotionale Energie freisetzt, kombiniert mit einer sensiblen Aussage, die erdrückend ist und nicht mit einem einzigen Besuch aufgenommen werden kann – man muss wiederkommen.«[3] In *The Art Digest* schrieb Belle Krasne, die Ausstellung sei die »bisher größte und aufregendste« Pollocks. Begeistert beschreibt sie in ihrer Kritik die Bilder und vergleicht sie mit der stilistischen Richung des Pointillismus.[4] Ein anonymer Kritiker setzte sich in *The Compass* intensiv mit Pollocks Kunst auseinander: »Seine besten Bilder erreichen eine unglaubliche, nicht abgenutzte, leuchtende Oberfläche. Die geglückten kommunizieren mit dem Auge in einer schillernden mosaikartigen Textur, einem Strudel wilder Bewegung, einem mitreißenden, unbekümmerten Draufgängertum. Sie sind eine völlige Hingabe an die bezaubernde Sinnlichkeit der Farbe und der Linie, wie sie auch Kunst in sich selbst sind.« Allerdings kritisierte der Autor die »kleineren Werke Pollocks, die wie schicke Verfeinerungen seines eigenen lebhafteren Stils erscheinen. Diese Leinwände sind gezähmte Kopien, die anscheinend dazu erschaffen wurden, um weniger waghalsige Käufer anzulocken. Hier ist Pollock am schwächsten und am wenigsten aufrichtig.«[5] Howard Devree beklagte in der *New York Times*: »Mehr als jemals zuvor scheint es mir, als ob Pollocks Arbeiten jenseits des Automatismus sind und sein Inhalt [...] meist nebensächlich ist – als ob man das, was man heraus liest, erst selbst vorher hineintun muss.«[6]

Greenberg hatte Jackson wenige Wochen vor der Vernissage prophezeit, dass die Ausstellung kein Erfolg werden würde, und er sollte recht behalten: Der finanzielle Erfolg blieb aus. Alle waren erpicht darauf, den berühmten Maler und dessen Kunst zu sehen, aber keiner wollte eines seiner Werke kaufen. Parsons begründete dies mit der enormen Größe der Leinwände, Greenberg hingegen vermutete, es hätten schlicht zu viele Bilder in der Galerie gehangen.[7] Doch waren inzwischen auch die gestiegenen Preise, die für einen »Pollock« aufzubringen waren, für die potenziellen Sammler ein Argument gegen den Erwerb. *Lavender Mist* sollte 4000 Dollar kosten, *One* und *Autumn Rhythm* jeweils 7500 Dollar. Aber auch die kleineren Gemälde wollten sich für 300 Dollar nicht verkaufen lassen. Ossorio sollte später *Lavender Mist* für 1500 Dollar erwerben und diese Summe in Raten bezahlen. Parsons sah die Ausstellung als einen Fehlschlag an: »Mir hat es das Herz gebrochen [...]. Für Jackson aber war es entsetzlich.«[8] Greenberg, der zwar die Eröffnung nicht besucht, sich die Ausstellung aber später angeschaut hatte, nannte die Schau rückblickend »einen furchtbaren Rückschlag«[9] für Pollock. Er glaubte, dass eine Ausstellung Pollocks für gewöhnlich zu überladen sei und nur wenige Bilder als herausragend gälten, die restlichen seien nicht wirklich gut – und auch Lee sei das stets bewusst gewesen. Die Ausstellung im November indes beschrieb Greenberg als die beste von Pollock: »Die Ausstellung war so gut, es ist unglaublich. Es verblüffte mich, dass es nur ein misslungenes Bild gab [...].«[10] Greenberg spielte auf dasjenige Bildwerk an, von dem so viele andere Kritiker begeistert waren: das für den Film auf Glas gemalte *Number 29, 1950 (Nummer 29, 1950)* (Tafel 7).

Jackson schien von dem schlechten Ergebnis überrascht. Freunde beschrieben ihn als wütend und verbittert. Irgendwann rief er Greenberg an und beklagte sich: »Nichts von dem, was du geschrieben hast, hat mir irgendetwas Gutes gebracht und ich war blöd genug, es zu glauben.«[11] Als er hörte, dass der Galerist Sidney Janis seine Arbeiten gelobt habe, rief er ihn mitten in der Nacht an und brüllte ins Telefon: »Hier ist Jackson Pollock und ich habe gehört, dass Sie meine Arbeiten mögen. Warum kaufen Sie dann keine?«[12] Für die schlechten Verkäufe machte Pollock vor allem Parsons verantwortlich. Er beschwerte sich, dass Parsons zu viele Künstler betreue und sich zu wenig um den Vertrieb der Bilder bemühe. An Ossorio schrieb er: »Es herrscht viel Unruhe unter den Künstlern ihrer Galerie. Ich weiß nicht, wie die Lösung, falls es überhaupt eine geben sollte, aussehen könnte. [...] Es gibt ein enormes Interesse und eine Begeisterung für die moderne Kunst – es ist so verdammt schade, dass Betty nicht weiß, wie sie da herankommen soll.«[13] Bereits im Winter 1950/51, ein Jahr bevor sein Vertrag mit Parsons auslief, versuchte Jackson andere Händler und Galeristen anzusprechen.

Den Winter verbrachten Jackson und Lee in Ossorios New Yorker Appartement in der 9 MacDougal Alley. Jackson trank wieder übermäßig viel, um den

Frust über den fehlenden finanziellen Erfolg zu betäuben. Doch er wusste, wie es um ihn stand und dass er Hilfe brauchte. Häufig torkelte er in betrunkenem Zustand in die Praxis seiner ehemaligen Psychotherapeutin de Laszlo, um mit ihr ein Gespräch zu führen. Mitte Januar 1951 musste auch Lee erkennen, dass Jacksons Zustand alles andere als harmlos war. Auf ihr Drängen hin besuchte er einige Male die Homöopathin Elizabeth Wright Hubbard, versank allerdings nach jeder Therapiestunde in irgendwelchen Bars und kam erst am nächsten Morgen betrunken und abgekämpft nach Hause zurück. In einem Brief an Ossorio lobte Jackson Hubbard dennoch für ihre »extrem wertvolle Hilfe«.[14] Im gleichen Brief schrieb er: »Ich habe wirklich einen absoluten Tiefpunkt erreicht – das Trinken und die Depression betreffend – NYC ist brutal [...]. Letztes Jahr noch dachte ich, dass ich von jetzt an oben schwimmen würde – aber die Dinge sind wohl nicht so einfach, wie ich vermutete.«[15] Lee machte sich große Sorgen um ihren Mann. Sie schien allmählich an ihrer Fähigkeit zu zweifeln, Jackson vor sich selbst beschützen zu können. Sein Alkoholkonsum, die starken Depressionen und seine waghalsigen Autofahrten ängstigten sie. So war vermutlich sie die treibende Kraft hinter Jacksons Wunsch, ein Testament aufzusetzen.

Am 9. März 1951 schrieb Pollock seinen letzten Willen nieder. Er schien intensiv darüber nachgedacht zu haben, was geschehen sollte, wenn es nicht gelänge, ihn vor sich selbst zu retten. Als seine Erbin ernannte er Lee. Sande war als zweiter Erbberechtigter vorgesehen, sollte Lee nicht in der Lage sein, das Erbe anzutreten. Würden weder Lee noch Sande als Erben zur Verfügung stehen, galt es, das Erbe unter den drei verbliebenen Brüdern Pollocks aufzuteilen. Als Nachlassverwalterin bestimmte Pollock ebenfalls Lee. Auch diese Position sollte, würde Lee vor Jackson sterben, an Sande fallen. Sollte dies nicht möglich sein, war vorgesehen, dass Greenberg oder Ossorio als Testamentsvollstrecker einspringen würden. Es wurde festgelegt, dass die Erben frei über das Erbe verfügen und es verkaufen dürften.[16] In einem erläuternden Brief bat Pollock sowohl Lee als auch Sande darum, seinen Brüdern Werke zu leihen. Zudem bat er Sande, der Mutter bei Bedarf auszuhelfen und Bilder zu verkaufen, sollte sie Unterstützung benötigen. Falls Greenberg oder Ossorio als Testamentsvollstrecker zum Zuge kämen, sollten die Bilder verkauft werden, statt sie unter den Brüdern aufzuteilen. Wer auch immer als Testamentsvollstrecker fungieren würde, sollte im Falle eines Verkaufs darauf achten, die Bilder möglichst beisammenzuhalten.[17]

Auf Hubbards Rat hin setzte sich Lee mit Dr. Ruth Fox in Verbindung. Pollock hatte bei der Psychiaterin, die sich auf die Behandlung alkoholkranker Patienten spezialisiert hatte, 1937 schon einmal eine kurze Therapie durchlaufen.

Fox lud Jackson zu einem ersten Gespräch ein und bat auch Lee hinzu, da sie Teil der Behandlungsgruppe sein sollte. Zwei Stunden lang befragte die Therapeutin Jackson freundlich und respektvoll. Sie merkte schnell, dass er genau in ihr Bild eines Alkoholikers passte: Er war egozentrisch, impulsiv, leicht reizbar und introvertiert, hatte nur wenig Selbstachtung und mit sexuellen Problemen zu kämpfen.

Wie ihre Vorgänger Wall, Henderson und de Laszlo glaubte auch Fox, dass die Charakterzüge eines Menschen »Spuren des frühen Kindesalters« seien. Darüber hinaus war sie sich sicher, dass es eine genetische Komponente für Alkoholabhängigkeit gebe, weshalb sie Jacksons Erzählungen von seinem Vater und dessen Alkoholismus aufmerksam zuhörte und durch konkrete Fragen näher zu ergründen suchte. Fox schlug eine Kombination aus zwei bis drei tiefenpsychologischen Therapiestunden pro Woche und Besuchen bei den Anonymen Alkoholikern vor.

Für die Psychiaterin war in den pharmakologischen Eigenschaften des Alkohols ein entscheidender Faktor zu sehen. Sie glaubte, der Alkohol lasse zu, dass die Charakterzüge des Alkoholikers die Persönlichkeit dominierten: »Diese alkoholanfälligen Charakterzüge drängen den Einzelnen zur Einnahme von Alkohol. Der Alkohol betont und fördert diese abhängig machenden Züge auch noch, sodass das Individuum wiederholt Zuflucht in der magischen Substanz sucht.«[18] Fox war der Ansicht, dass der Alkoholismus in erster Linie aber auch ein biochemisches Problem sei, das es zunächst zu lösen galt. An erster Stelle müssten somit der Entzug und die Abstinenz stehen. Patienten, denen es schwerfiel, nüchtern zu bleiben, verschrieb sie Antabuse, dessen übelkeiterregende Wirkung der Nüchternheit zuträglich sein sollte. Fox glaubte, dass eine Psychoanalyse allein dem Patienten nicht helfen und sein Ego nur »streicheln« würde.[19]

Ein kurzes Zwischenspiel ergab sich im Februar 1951, als die Chicagoer Künstlergruppe »Momentum« Pollock einen Sitz im Auswahlgremium ihrer jährlichen Gruppenausstellung anbot. Der Künstler nahm die Einladung gerne an und schrieb an Ossorio: »Ich denke, Chicago zu sehen und diese Erfahrung zu machen, wird mir gut tun, auf jeden Fall werde ich es versuchen.«[20] Lee wollte oder konnte ihn nicht begleiten und so musste er ohne sie fliegen. Die Begutachtung der Werke wurde zu einer Farce. Jackson, betrunken und streitsüchtig wie eh und je, legte sich bei jeder sich bietenden Gelegenheit mit den anderen beiden Juroren, dem Künstler James Lechay und dem siebzigjährigen Kubisten Max Weber, an. Die Juroren gerieten so oft aneinander, dass es ihnen kaum gelang, sich gemeinsam auf eine Bildauswahl zu einigen. Befand Lechay oder Weber ein Werk als gelungen, blaffte Pollock nur, dass es »schrecklich« sei. Die Maßstäbe, die er an sich selbst legte, galten auch für andere. Jackson schrieb später an Ossorio, der Wettbewerb sei »enttäuschend und deprimierend« gewesen, da nichts Originelles eingereicht worden sei.[21] Von 850 eingesandten Vorschlägen vermochten die drei Juroren lediglich siebenundvierzig in der Ausstellung zu zeigende Werke auszuwählen, obwohl in dieser eigentlich 200 Arbeiten zu sehen sein sollten. Die Sponsoren waren verärgert.

Auch das festliche Abendessen anlässlich der Prämierung nahm nicht den gewünschten Verlauf. Jackson war schon vorher betrunken und zeigte während der Tischreden ein blamables Verhalten. Er belästigte seine Sitznachbarn, flüsterte ihnen Obszönitäten zu und gähnte ohne Unterlass. Irgendwann begann er mit einer schweren Servierplatte zu spielen, die sich vor ihm auf dem Tisch befand. Er hielt sie vor das Gesicht und gab vor, sie eingehend zu untersuchen, er fächerte sich mit ihr Luft zu und drehte sie wild. Schließlich warf er sie über die Schulter, wandte sich wieder dem Redner zu und tat ganz konzentriert, während die schwere Platte hinter ihm mit lautem Getöse zu Boden fiel.[22]

Trotz seiner Trunksucht fand Jackson in Chicago die Zeit, einige wichtige Sammler zu treffen, darunter Maurice Culberg, einen der wichtigsten Förderer Dubuffets. Außerdem besuchte er den Professor für Stadt- und Landschaftsplanung an der Harvard University Reginald Isaacs, den Lee im Vorjahr zu einer der Partys bei den Pollocks eingeladen hatte. Seither war der Professor von den Arbeiten Pollocks begeistert und kaufte sie auch. *Number 2, 1950 (Nummer 2, 1950)* hatte in seinem Wohnzimmer einen Ehrenplatz erhalten.

Jacksons Popularität erhielt derweil weiteren Auftrieb. Bereits am 15. Januar 1951 war das Foto, das Nina Leen von den »Irascibles« aufgenommen hatte, im *Life*-Magazin veröffentlich worden. Und Namuths Fotografien von Jackson waren, ebenfalls im Januar, in der Zeitschrift *Portfolio* erschienen. Im Mai bildete man die Aufnahmen noch einmal in der *Art News* ab, zusammen mit dem Artikel »Pollock Paints a Picture« von Robert Goodnough. Ausführlich wurden in dem Artikel Jacksons Atelier und dessen Malmethode beschrieben.

Ein Lob hatte sich auch in der Januar-Ausgabe der *Art News* gefunden: Hier war Jacksons November-Ausstellung als zweitbeste Kunstschau des vergangenen Jahres ausgezeichnet worden, vor der Ausstellung Giacomettis und nach derjenigen Marins. Im März dienten die Gemälde *Lavender Mist* und *Autumn Rhythm* als Hintergrund für Modeaufnahmen für die *Vogue* – ein wichtiger

Schritt, der Pollocks Bilder weiter in den Fokus der Öffentlichkeit schob und seine Arbeiten zu Ikonen des modernen Geschmacks werden ließ. Pollock selbst dürfte es allerdings als eher unangenehm empfunden haben, seine ernsthafte Kunst als Kulisse für hübsche Kleider benutzt zu sehen, als schmückende Zierde für den Massenkonsum. Damit war Pollock Greenbergs Theorie vom Kitsch, nach der die Kunst eine bloße Dekoration des Massengeschmacks sei, äußerst nahe gekommen.

Vom 21. Mai bis zum 10. Juni 1951 organisierten einige Mitglieder des Club eine Ausstellung in einem heruntergekommenen Geschäftsgebäude, die bahnbrechend werden sollte und den Ruf der später als New York School bezeichneten Künstler begründete. Insgesamt einundsechzig Künstler waren auf der Kunstschau vertreten, als deren Kuratoren Franz Kline, Conrad Marca-Relli und John Ferren fungierten. Finanziert wurde sie von dem Kunsthändler Leo Castelli und den Künstlern Jean Steubing und Giorgio Cavallon. Die Ausstellung ging als »Ninth Street Show« in die Geschichte ein, benannt nach dem Ort des Geschäftsgebäudes in der 60 East 9th Street. Von Pollock wurde das Werk *Number 1, 1949* gezeigt.

Arbeiten Pollocks wurden auch auf einer Wanderausstellung in den USA präsentiert, die, vom MoMA organisiert, durch fünfundzwanzig Städte reiste. Mit dabei war das Gemälde *Number 31, 1949*, das später gegen *Number 12A, 1948 (Nummer 12A, 1948)* ausgetauscht wurde. Doch blieb das Echo auf Jacksons Arbeiten nicht nur auf die USA beschränkt, sondern war alsbald auch in der ganzen Welt zu hören. In einer Ausstellung in Österreich wurden Bilder Jacksons gezeigt, und in Tokio waren einige seiner Arbeiten Teil der dritten »Independent Art Exhibition«. Quer durch Europa – über Amsterdam, Brüssel und Zürich – reisten neunzehn von Pollocks Werken, die sich im Besitz von Peggy Guggenheim befanden. Jackson erhielt zahllose Briefe und Angebote zur Mitwirkung an Büchern über moderne Kunst.

In all dieser Zeit war Pollock äußerst unproduktiv. Sein Atelier blieb verwaist, während er sich, von Selbstzweifeln geplagt, in die tröstenden Arme des Alkohols stürzte. Seit dem vergangenen Herbst hatte er lediglich einige wenige Tuschzeichnungen auf japanischem Papier erstellt. Einige von ihnen nutzte er zur Ausarbeitung zweier Collagen, aus anderen formte er mit Maschendraht eine Plastik aus Pappmaché für die im März stattfindende Ausstellung »Sculpture by Painters« in der Peridot Gallery. Die Plastik erinnert an einen liegenden Stier, Tony Smith meinte, sie repräsentiere eine lagernde Frau: »Sie war wie ein Felsbrocken, ein Urding, eine Frau. Er [Pollock] hatte mehrere Schichten von Zeichnungen auf Japanpapier auf Maschendraht geklebt. Das Papier war ein bisschen transparent, sodass die Farben durchschienen wie Adern in einem Stein oder unter der Haut.«[23] Die Kritiker waren von dem Werk sehr angetan. Pollock selbst jedoch war anscheinend wenig begeistert: Nach dem Ende der Ausstellung holte er die Plastik zusammen mit Ossorio ab, und als sie nicht in das Auto passte, sprang er so lange auf ihr herum, bis sie flach genug war, um sie unterzubringen.[24] Zu Hause legte er sie in den Garten neben das Atelier: »Sie bleibt hier, bis sie sozusagen mit der Umgebung verschmilzt. Ich weiß nicht, ob sie jetzt funktioniert oder nicht, aber dann wird sie es. Das ist ein bisschen so, wie ich uns sehe [...]. Ein Teil von allem, was um uns herum ist [...], nur sehen wir es nicht wirklich. Schon mal versucht, etwas auf dem Green River zu hören? Vielleicht kannst du fühlen, was ich zu sagen versuche.«[25] Green River ist der Friedhof von Springs.

In jenen Tagen konnten die Zuhörer des lokalen Radiosenders WERI der nasalen, monotonen Stimme Jacksons lauschen. Er wurde von William Wright interviewt und sprach mit diesem über die Bedeutung der modernen Kunst. »Moderne Kunst ist für mich nicht weniger als der Ausdruck der spezifischen Ziele des Zeitalters, in dem wir leben«[26], so Pollock. Mit dieser Äußerung gab er sich als politischer und sozialer Künstler zu erkennen. Es war ein Satz, der seinem Mentor Thomas Benton sicher gefallen hätte. Doch anders als sein Lehrer aus Jugendtagen glaubte Pollock, dass man für die neue Zeit auch eine neue Kunst benötige, die sich weder mit dem Regionalismus im Besonderen noch mit gegenständlicher Kunst im Allgemeinen ausdrücken ließe. Pollocks politische Agenda war von anderer Art und direkter auf die Kunst ausgerichtet. Während Benton die Ansicht vertrat, dass die Kunst Teil der Gesellschaft sei und diese verändern müsse, war die Kunst für Pollock nur ein Ausdruck eigener seelischer Stimmungen wie auch ein Ausdruck gesellschaftlicher Verhältnisse – ohne den Anspruch, diese verändern zu wollen. In einem Brief an Louis Bunce schrieb er: »In der Magazine of Art-Ausgabe dieses Monats erschien ein intelligenter Angriff auf Benton – das ist etwas, was ich schon seit Jahren fühlte. Er [Benton] war vorbeigekommen, bevor ich hierher zog. Hatte gesagt, dass er mein Zeug mag, aber Du weißt ja, wie viel das bedeutet.«[27] Pollock spielte auf eine Kritik des Kunsthistorikers H. W. Janson an, in der dieser Benton und den Regionalisten vorwarf, eine dem Nationalsozialismus und den unkultivierten Massen nahestehende Kunst zu propagieren. Vorausgegangen waren dem Essay Artikel über die Kunst des Nationalsozialismus, die mit den Werken des Regionalismus verglichen wurde.

Die Nachkriegszeit war geprägt von neuen Techniken, den neuen Massenmedien Fernsehen und Radio, der Atombombe und der postindustriellen Ära mit einer zunehmenden Rationalisierung durch Maschinen. Sie war geprägt von der Angst vor der Zukunft, deren Ausdruck Pollock – selbst voller Zweifel und Angst – perfekt zu treffen vermochte. Gottlieb war der Meinung, dass die abstrakte Kunst der Nachkriegszeit die herrschenden Ängste widerspiegle und sich ideal zu den »Neurosen« einer Zeit füge, »in der nichts mehr zusammenpasst«[28]. Im Interview mit Wright sagte Pollock: »Der moderne Künstler lebt in einem technischen Zeitalter und wir haben technische Hilfsmittel wie die Kamera oder den Fotoapparat, um Dinge naturgetreu abzubilden. Der moderne Künstler, so scheint es mir, arbeitet aus seiner inneren Welt heraus und drückt diese aus – in anderen Worten – er drückt die Energie aus, die Bewegung, und andere innere Kräfte.« Auf Nachhaken führte Pollock aus: »Der moderne Künstler arbeitet mit Raum und Zeit, er drückt eher seine Gefühle aus, als nur [die Außenwelt] zu illustrieren.«[29]

Pollocks Suche nach sich selbst und der Ausdruck des eigenen Ich waren charakteristisch für die Nachkriegszeit, die sich durch eine zunehmende Individualisierung der Gesellschaftsmitglieder und eine Suche nach Selbstverwirklichung auszeichnete. Als er gefragt wurde, auf welche Weise sich die Öffentlichkeit einem Kunstwerk von Pollock nähern solle, antwortete Jackson, dass die Menschen sich seine Bilder »passiv anschauen« und »keine Meinung oder vorgefasste Ideen mitbringen [sollten] [...]. Ich denke, man sollte es genießen, so wie man Musik genießt – nach einer Weile mag man es oder man mag es eben nicht.«

Auf die Frage, wie denn die moderne (amerikanische) Kunst entstanden sei, erklärte Pollock: »Das geschah nicht aus heiterem Himmel; sie ist Teil einer langen Tradition, die zurück geht bis zu Cézanne, zu den Kubisten, den Postkubisten, bis zu den Bildern, die wir heute malen.«[30]

Die Sorgen und Ängste schlugen sich auch in den Träumen Pollocks nieder. Kritzeleien in seinen Skizzenbüchern zeugen von wilden Albträumen. In einem von ihnen wurde er von einem Staubsauger verfolgt, der sich in einen von Guggenheims Lhasaterriern verwandelte und ihn attackierte. In einem anderen Traum durchlebte er einen Autounfall. Mit seinem Auto schleuderte Pollock gegen das Auto von Lee, die es daraufhin fluchtartig verließ, um davonzulaufen. Zwischen den beiden Fahrzeugen entdeckte er einen toten Jungen.[31] Immer wieder träumte er davon, dass seine Brüder ihn über eine Klippe ins Meer warfen.

Fox bestand darauf, dass Jackson an einigen Treffen der Anonymen Alkoholiker teilnahm, doch für den schüchternen, wortkargen Künstler waren die Treffen ein Graus. »Ich brauche Antworten, keine Anweisungen [wie man nicht trinkt], und die bekomme ich nicht auf [solchen] Treffen.«[32] Jackson bezeichnete die Mitglieder der Gruppe als »einsame Herzen und Plappermäuler«[33]. Er sah einen gewaltigen Unterschied zwischen sich und den anderen: »Sie müssen trinken; ich trinke nur, wenn ich Lust dazu habe.«[34] Doch außer der Lust am Alkohol schien es sonst nicht mehr viel in seinem Leben zu geben. Jackson besuchte Fox' Therapiestunden eifrig, doch er weigerte sich, das verordnete Antabuse einzunehmen. Fox wusste, dass dies einem bedeutenden Fortschritt entgegenstand, da Alkoholiker die Frustrationen der Therapie ohne die ersehnte Droge nicht durchständen. Nach einem Besäufnis im Juni riet Fox Lee, dass sie Jackson zur Entgiftung in eine Privatklinik nach Manhattan bringen solle. Während des Sommers 1951 war Jackson zweimal im Regent Hospital zum Entzug, doch jedes Mal versteckte er Scotch im Badezimmer und die Behandlung schlug fehl.[35]

Pollocks soziales Leben war derweil zum Erliegen gekommen. Einladungen zu Empfängen und Abendessen erreichten nur noch selten das Paar in der Fireplace Road, und weil Lee es nicht riskieren wollte, Gäste einzuladen, blieb auch das Haus der Pollocks leer. Manchmal kamen Freunde vorbei, unter ihnen Tony Smith, aber im Vergleich zum Vorjahr war es ruhig. »Das war ein sehr stiller Sommer«, schrieb Pollock an Ossorio in Europa, »keine Partys, selten am Strand – und viel Arbeit.«[36]

Geschichten und Gerüchte über Pollock machten die Runde und Jackson war daran nicht unschuldig. Er war in das Haus der Zogbaums gestürmt, volltrunken und lauthals brüllend, dass er der größte Maler in der Geschichte sei.[37] Freunde, die das tiefe Brummen des herannahenden Cadillacs hörten, taten so, als ob sie nicht zu Hause seien: »Jeffrey löschte alle Lichter«, erinnerte sich Penny Potter, »in der Hoffnung, er [Pollock] würde wieder gehen. Manchmal habe ich sie dann wieder angemacht und Jeffrey ging beleidigt nach oben – sehr sauer. Er dachte, [Pollock] würde mich schlagen oder auf den Boden pinkeln.«[38] Bei dem Ehepaar Wilcox urinierte er zwar nicht auf den Boden, aber in das Bett.[39] Als Lucia Wilcox das Malheur am nächsten Morgen entdeckte, jagte sie ihn wütend und Besen schwingend aus dem Haus. »Sie sprach ein Machtwort«, erinnerte sich Wilcox. »Sie sagte: ›Ich will nicht, dass du in mein Haus kommst. Du bist hier nicht willkommen, wenn du betrunken bist.‹«[40] Lucia nannte Jackson einen »gefälschten Cowboy« – das traf ihn hart. Auch May Rosenberg wusste unschöne Dinge zu berichten. Als Pollock eines Nachts aus New

York nach Springs kam, hielt er vor dem Haus der Rosenbergs. Sturzbetrunken hämmerte er gegen die Eingangstür. »Er sagte furchtbare, furchtbare Dinge«, erinnerte sich May, »und drohte mit allem Möglichen, was er mir antun würde, in unflätigster Sprache, und sagte, dass ich es noch nie gut gehabt hätte.«[41] Harold Rosenberg war in jener Nacht in New York, also ging May ans Fenster und befahl Pollock, leise zu sein, da er sonst das Kind aufwecke. Sie sagte ihm, dass er nach Hause gehen und seinen Rausch ausschlafen solle, aber er schrie weiter. »Dann sah ich Lee im Auto sitzen, offensichtlich starr vor Angst, und ich wusste, er sagte das nur, weil sie da war. Er erniedrigte sie und sie nahm es einfach hin – gerade Lee, die sonst so kämpferisch war. Ich bemerkte, dass sie Angst hatte. Ich habe nie gesehen, dass er sie schlug, aber sie hatte ganz offensichtlich Angst, dass er das tun könnte.«[42] Immer wieder provozierte Jackson seine Frau, schwärmte von anderen Frauen, flirtete in ihrer Gegenwart oder beschimpfte sie auf vulgärste Weise.

Der Alkohol hatte wieder die Oberhand gewonnen und nichts anderes schien mehr wichtig – nicht Lee, nicht die Freunde und nicht einmal die Kunst. Immer häufiger wurde Pollock aus den Bars geworfen. Einige Male wurde er von der Polizei aufgegriffen und zur Ausnüchterung in eine Arrestzelle des Polizeireviers geworfen. Oft blieb er tagelang verschwunden und tauchte dann schmutzig, abgekämpft und verkatert wieder auf. Lee war im Spätsommer so verzweifelt, dass sie alles versuchen wollte, um Jackson vom Alkohol fortzureißen. Sie besaß ein großes Interesse an alternativen Behandlungsmethoden und nachdem auch die Behandlung von Fox keine Linderung, geschweige denn eine Besserung gebracht hatte, wollten die Pollocks etwas Neues ausprobieren. Hubbard schlug vor, Jackson solle einen »Biochemiker« konsultieren, der seine Lust auf den Alkohol heilen und seine Körperchemie wieder ins Lot bringen könne. Jackson stimmte zu.

Im September betrat er die Praxis von Dr. Grant Mark in der Park Avenue.[43] Mark war kein Arzt, aber er hatte eine einnehmende Art und Jackson unterlag seinem Charme sofort. Er sagte Jackson genau das, was der Künstler hören wollte: Jackson sei eigentlich gar kein Alkoholiker, er sei das Opfer eines chemischen Durcheinanders in seinem Körper, das man durch eine Kur wieder in Ordnung bringen könne.[44] Hierzu müsse er eine strenge Diät einhalten.[45] Außerdem sollte er jeden Tag in einem mit Steinsalz angereicherten Bad liegen.[46] Wichtigstes Element der Behandlung war eine auf Sojabohnen basierende »Emulsion«, die Dr. Mark verkaufte. Die mysteriöse milchige Substanz war in Fläschchen abgefüllt und musste gekühlt gelagert werden. Mark versprach Jackson, dass diesem der Alkohol, wenn er die Emulsion regelmäßig einnähme, nicht mehr schaden würde. Überdies wies er seinen Patienten an, einmal pro Woche bei ihm vorbeizuschauen, um eine chemische Analyse durchzuführen und ihm seine Wochenration der Emulsion zu verkaufen. Es wurden Proben von Blut und Urin genommen und Jackson bekam Injektionen mit Spurenelementen.[47] Den ganzen Herbst hindurch besuchte Jackson Mark regelmäßig und trank fleißig abwechselnd Alkohol und die Emulsion. Pollocks Freund und Nachbar, der Arzt Dr. Raphael Griebitz, sah die Behandlung kritisch: »Er bekam Zink- und Kupferinjektionen von einer Gruppe von Leuten, die ihn maßlos ausnahmen. Jackson hatte ein tief verwurzeltes Problem und ich wollte, dass er wenigstens eine echte Chance erhält; so hatte er gar keine Chance.«[48]

Kapitel 23
Auf und ab (1951–1952)

Während sich Jackson in seinen im Frühjahr 1951 geschaffenen Werken auf die Farben Schwarz und Weiß beschränkte, nahmen Lees Gemälde an Größe und Farbigkeit zu. Sie malte flächige Abstraktionen, die sie gelegentlich auch um geometrische Formen bereicherte. Lee war selbstbewusster geworden und begann sich künstlerisch von ihrem Mann zu emanzipieren; ihre Selbstzweifel und die Selbstkritik schienen sie nicht mehr zu blockieren. An Ossorio schrieb Jackson anerkennend: »Lee hat einige ihrer besten Bilder gemacht, sie haben eine Frische und Größe, die sie zuvor so nicht hinbekommen hat.«[1] Nach Krasners ersten Erfolgen bei der Guild Hall-Ausstellung und der »Ninth Street Show«, an der sie ebenfalls teilgenommen hatte, fühlte sie sich in ihrem künstlerischen Schaffen bestärkt und verlangte nach mehr. Sie drängte Jackson, dass dieser seine Galeristin Betty Parsons nach Springs einlud, damit diese sich Krasners Bilder anschauen könnte: »Jackson rief mich an und bat mich, eine Ausstellung für Lee zu machen«, erinnerte sich Parsons später, »ich sagte, dass ich die Ehepartner meiner Künstler grundsätzlich nicht zeige, aber er bestand darauf.«[2] Parsons besuchte die Pollocks in Springs und war beeindruckt. Sie gab nach, auch weil sie fürchtete, dass Pollock der Galerie den Rücken kehren könnte, und stellte Lee eine Ausstellung im Oktober in Aussicht, allerdings nicht kostenlos. Freudig machte sich Lee an die Arbeit, doch sie schien angesichts ihrer Kunst ins Zweifeln geraten zu sein, denn ihre farbigen Abstraktionen wurden im Sommer plötzlich wieder zu den wohlkalkulierten geometrischen, von Mondrian inspirierten Bildern, wie sie sie schon zuvor geschaffen hatte. Die Bilder hatten nichts mehr mit denjenigen Werken gemein, die Pollock noch im Frühjahr so gelobt hatte.[3]

Jackson half Lee bei der Hängung der Werke und versuchte, sich während der Vernissage am 15. Oktober im Hintergrund zu halten. Die Eröffnung war gut besucht, doch die Ausstellung wurde kein Erfolg. Kein einziges Werk wurde verkauft, Sammler und Medien ignorierten die Schau. Lees Frust saß tief – so tief, dass sie nach dem Ende der Ausstellung alle Bilder bis auf zwei zerstörte.[4]

Krasners Ausstellung bei Parsons war keine Einzelausstellung. Neben ihren Gemälden wurden Collagen gezeigt, welche die Künstlerin Anne Ryan aus handgeschöpftem Papier gestaltet hatte. Pollock war von dem Material so fasziniert, dass er auf der Rückfahrt von New York einen Zwischenhalt im Atelier des Papierherstellers Douglass M. Howell einlegte.[5] Dieser fertigte in seiner Werkstatt auf Long Island besondere Büttenpapiere, die ohne Kleber, Chemikalien oder sonstige Zusätze geschöpft wurden. Pollock war sofort begeistert von der Oberfläche des Papiers. Die grobe Faserung nahm die Farbe sehr unterschiedlich auf, ließ diese zerfließen und führte zur Bildung unscharfer Ränder. Pollock erwarb einen Stapel der Blätter und experimentierte mit dem Material wie auch mit unterschiedlichen Farben: Ölfarben, Industrielacken, Tusche, Aquarellfarben und Stiften.[6] Auf weißem, ecru- sowie rosafarbenem Papier fertigte Pollock neun Zeichnungen in Tusche und Wasserfarbe; bei den meisten wurde die Farbe auf die Bildfläche gespritzt und geträufelt. In ihrer Formensprache sind die Darstellungen mal stark figurativ (sie zeigen etwa einen liegenden Kopf oder totenhafte Figuren), mal expressiv und ohne figurative Anlehnungen.

Pollocks nächste Ausstellung war für den November 1951 anberaumt. Schon vor der Vernissage war Jackson äußerst nervös, akribisch arrangierte er seine Werke. Er bestand auf einen Katalog und bat Ossorio darum, einen Essay zu verfassen, in welchem die Themen der Bilder erklärt würden.[7] Auf Anraten von Tony Smith drängte Pollock Parsons außerdem dazu, von sechs Gemälden Drucke in einer limitierten Auflage von fünfundzwanzig Stück pro Werk anfertigen zu lassen, die sein Bruder Sande erstellte.[8] Mit diesen sollten auch weniger solvente Käufer angelockt werden. Doch trotz der intensiven Vorbereitungen wurde die Ausstellung kein Erfolg. Schon die Eröffnung war nur mäßig besucht und auch in den drei folgenden Wochen der Ausstellungsdauer verirrten sich nur selten Besucher in die Galerie. Jackson war entmutigt. Oft kam er betrunken in die Galerie, stand dann traurig und einsam vor den Bildwerken und betrachtete sie nachdenklich.[9] Bei einem dieser Besuche musste er entsetzt feststellen, dass jemand *Number 7, 1951 (Nummer 7, 1951)* mit Obszönitäten bekritzelt hatte.[10]

Nichtsdestotrotz, die Kunstkritiker der großen Magazine lobten die Ausstellung. Howard Devree urteilte in der *New York Times*: »[…] wie schon in seinem Bild für die jährliche Whitney-Ausstellung angedeutet, [gibt es] Hinweise auf eine bewusstere Organisation und Andeutungen von Köpfen und Figuren in dem Gewirbel aus schwarzen Netzen. So weit dies absichtliche gegenständliche Elemente sind, beinhalten sie eine enorme suggestive Kraft, die die automatischen emotionalen Irrgärten zu albtraumhaften expressionistischen Visionen werden lassen, wie ein flüchtig sichtbar gewordener und eingesponnener Hexensabbat, eine schwarze Messe und entsetzliche Aspekte des Jüngsten Gerichts, als ob Rops oder Munch ihre Themen abstrakt umgesetzt hätten.«[11] Devree lobte die Arbeiten und glaubte, Pollock hätte nun einen Ausweg aus der Sackgasse des Dripping gefunden. James Fitzsimmons pries Pollocks Arbeiten als gegenüber früheren Werken komplexere Erfahrung und fügte an, dass Pollock mit seinen Bildern, aus deren Gespinsten nun Gesichter und Figuren erschienen, seine Kritiker, die glaubten, dass er in einer Sackgasse sei, irritiert habe.[12]

Fairfield Porter meinte, Pollocks Arbeiten seien eher mit Zeichnungen zu vergleichen: »Figuren tauchen nun auf – Köpfe, Gesichter, Körper, und sie sind umkehrbar. Entweder der weiße Raum zählt als Bildsubjekt oder das Schwarze [...]. Sie [seine Bilder] sind weniger dekorativ und mehr emotionaler Ausdruck als frühere Arbeiten. [...] Dadurch dass er assoziative Elemente in sein Werk integrierte, hat Pollock seinen eigenen Weg gefunden, mit menschlichen Erfahrungen umzugehen.«[13]

In der Januar-Februar-Ausgabe 1952 der *Partisan Review* besprach auch Greenberg Pollocks Ausstellung:

Seine neueste Schau bei Parsons enthüllt eine Wende, aber keinen scharfen Richtungswechsel; es gibt so etwas wie eine Entspannung, aber das Ergebnis ist ein neuer und luftiger Triumph. Seine neuen Bilder sind alle schwarz und weiß, wie die von Kline, auf ungerahmten und nicht grundierten Leinwänden, und deuten sozusagen die zahllosen ungespielten Karten in der Hand des Künstlers an. Und vielleicht auch, dass die weitere Zukunft doch der Staffeleimalerei gehören könnte. [...]

Anders als der Eindruck einiger seiner Freunde vielleicht ist, sieht der Autor Pollocks Kunst nicht unkritisch. Ich habe mehrfach herausgestellt, was ich für einige seiner Schwächen halte, insbesondere in Bezug auf die Farbe. Aber die Aussage, dass Pollock eine Klasse für sich ist, überzeugt mich noch immer – nach seiner letzten Schau mehr als zuvor. Andere mögen größeres Talent haben oder größeren Erfolg, aber niemand in dieser Zeit schafft so viel und so starkes und das so ehrlich. Er gibt uns keine Beispiele übernatürlicher Handschrift, er gibt uns ausgereifte und monumentale Kunstwerke, jenseits jeder Kultiviertheit, Leichtigkeit und des Geschmacks. Die Bilder »Vierzehn« und

»Fünfundzwanzig« in der aktuellen Ausstellung repräsentieren hohe klassische Kunst: Nicht nur die Identifizierung von Form und Gefühl, sondern auch die Akzeptanz und Nutzung der besonderen Umstände des Mediums Malerei, das diese Identifikation eng begrenzt. Wenn Pollock Franzose wäre, da bin ich sicher, müsste ich jetzt nicht an die eigene Objektivität erinnert werden, wenn ich ihn lobpreise; die Menschen würden ihn längst »Maître« nennen und mit seinen Bildern finanziell spekulieren. In diesem Land weigern sich Museumsdirektoren, Sammler und Zeitungskritiker weiter noch lange Zeit – aus Furcht oder aus Inkompetenz – zu glauben, dass wir hier den besten Maler einer ganzen Generation hervorgebracht haben, und sie werden weiter allem glauben, außer ihren Augen.[14]

In der Februar-Ausgabe von Harper's Bazaar verteidigte Greenberg Pollocks Hinwendung zur Gegenständlichkeit und beschrieb sie als natürliche Entwicklung. Pollock enthülle nun die in seinen vorherigen Bildern vorhandenen Elemente; er verdeutliche und vergegenwärtige diese nun stärker. Mit seinen aktuellen Werken beweise der Künstler, dass er weit mehr als nur ein Dekorationsmaler sei.[15]

Pollocks Ausstellung war für ihn nicht nur künstlerisch, sondern auch finanziell – wie schon im Jahr zuvor – ein Misserfolg: Nur zwei der sechzehn Gemälde wurden verkauft. Die Pollocks kamen zu der Einsicht, dass etwas geschehen müsse. Jackson war seit dem Erscheinen des Life-Artikels Amerikas bekanntester Künstler und dennoch verkaufte er nur wenige Bilder. Als er sich bei anderen Künstlern der Galerie über diese Umstände beklagte, erkannte er, dass diese ähnliche Probleme mit Parsons' Verkaufstalent hatten. Es gab inzwischen zahlreiche erfolgreiche Galerien in New York und die Künstler sahen, welche Mühe sich die Galeristen bei der Förderung und Vermarktung ihrer Künstler gaben. An einem Abend im Spätherbst 1951 traf man sich deshalb in Parsons' Galerie, auf der einen Seite Parsons, die nervös auf dem Stuhl hin und her rutschte, auf der anderen Seite die sieben wichtigsten Künstler der Galerie: Mark Rothko, Barnett Newman, Ad Reinhardt, Herbert Ferber, Seymour Lipton, Alfonso Ossorio und Jackson Pollock. Die Männer wünschten ein klärendes Gespräch. Sie hatten genug davon, vernachlässigt zu werden; sie hatten genug von Parsons' Geschäftspolitik und deren fehlendem Verkaufstalent. Sie beschwerten sich darüber, dass von der Galerie zu viele zweitklassige Künstler vertreten und nur selten Kataloge zu den Ausstellungen aufgelegt würden. Die Künstler waren verärgert über die fehlende Unterstützung, den schlechten Verkauf und die geringen Einnahmen, die daraus resultierten. Also schlugen sie der Galeristin vor, alle Künstler bis auf zwölf zu entlassen. Doch Parsons lehnte dies ab. Sie erklärte den Künstlern, dass es noch immer ihre Galerie sei und dass sie gehen dürften, wenn sie ein Problem damit hätten, wie sie die Galerie führe.[16] Pollock war es leid. Den Streit über die Provisionen für die Wandgemälde hatte er noch akzeptieren können, er hatte auch darüber hinweggesehen, wenn Parsons bei den Sammlern kaum für ihre Künstler warb, Bilder verlor, wichtige Käufer verprellte oder sich herunterhandeln ließ. Dass Lees Ausstellung kein Erfolg beschieden war, konnte er verstehen, nicht jedoch, dass die Ausstellung mit seinen Schwarz-Weiß-Bildern gescheitert war. Das war einfach unentschuldbar. Als der Vertrag mit Parsons Anfang 1952 auslief, teilte er Parsons mit, dass er ihre Galerie verlassen und alle seine Bilder in ihrem Depot mit sich nehmen würde. Parsons war entsetzt. Sie hatte Pollock aufgenommen, als niemand anderes in New York ihn haben wollte, sie hatte ihn aufgebaut und seinen Ruf begründet – und jetzt wollte er einfach gehen. Aufgewühlt schrieb sie ihm:

Lieber Jack,
ich habe Angst, Dir klarzumachen, was ich betreffend der Rücknahme Deiner Werke aus der Galerie fühle. Wie Du weißt, bleiben alle Künstler bis zu einem Jahr nach einer Ausstellung bei mir, sodass ich die Möglichkeit habe, ein Geschäft mit ihren Bildern abzuschließen – und vergiss nicht, ich trage all Deine Unkosten. Ich dachte immer, das wäre klar zwischen uns. Wie auch immer, ich verstehe es natürlich, wenn Du Deine Bilder Ende Mai mitnehmen willst ... Wie immer, Betty [17]

Pollock hatte keine andere Wahl. Er beschloss, ihr die Bilder bis zum Mai zu überlassen, und versprach, über eine Erneuerung des Vertrages nachzudenken. Trotz dieses Kompromisses wusste aber auch Parsons, dass er seine Entscheidung nicht revidieren würde. Die beiden hatten von nun an privat nur noch wenig Kontakt und Geschäftsgespräche wurden auf das Nötigste beschränkt. Später sagte Parsons, sie sei damals nicht böse, sondern nur enttäuscht und verletzt gewesen. Ihre Reaktion auf Pollocks Kündigung war allerdings unzweideutig: Sie feuerte Lee. »Es hat nichts mit deinen Arbeiten zu tun«, sagte sie zu Lee. »Ich respektiere dich als Künstlerin, aber es ist mir unmöglich, dich zu sehen und nicht an Jackson zu denken, und das ist eine Assoziation, die ich hier nicht gebrauchen kann.«[18] Lee war entrüstet, ihr wurde bewusst, dass sie noch immer nicht als eigenständige Künstlerpersönlichkeit wahrgenommen wurde:

»Ich brauchte fast ein Jahr, bis ich mich von diesem Schock erholt hatte und wieder arbeiten konnte [...]. Ich wurde aus der Galerie geworfen, weil ich die Frau von Jackson Pollock war.«[19]

Die Pollocks erkannten, dass der amerikanische Kunstmarkt nicht groß war und es schwierig sein würde, alle Werke Pollocks an amerikanische Sammler zu verkaufen. Zugleich waren jedoch nur wenige europäische Sammler dazu bereit, Geld in amerikanische Künstler zu investieren. Peggy Guggenheim rührte in Europa emsig für Pollock die Werbetrommel, doch ging es ihr hauptsächlich darum, sich von den in ihrem Besitz befindlichen Werken zu befreien. Als Jackson seinem »Heiler« Dr. Grant Mark erzählte, welche Probleme er mit seiner Galeristin habe, war dessen Geschäftssinn geweckt: Statt sich den Museumsdirektoren, Galeristen und Sammlern auszuliefern, sollten die Künstler ihre Arbeiten direkt der Öffentlichkeit offerieren. Die Umsetzung eines solchen Vorhabens könnte eine Person übernehmen, die als Agent für wichtige Künstler agieren und die Werke großen öffentlichen Institutionen, Verbänden und Hotels zum Kauf anbieten würde. Mark dachte dabei wohl vor allem an sich selbst.

Kunst außerhalb der üblichen Kunstzirkel? Pollock gefielen die Idee und das Argument, den Museumsleuten und den Händlern aus dem Weg gehen zu können. Er kontaktierte Reginald Isaacs in Chicago, der sich bereits als Sammler seiner Werke hervorgetan hatte, und erzählte ihm, dass er seine Werke künftig selbst vermarkten werde. Isaacs, der Jackson kannte, war skeptisch, versprach jedoch, ihm zu helfen und in Chicago als sein Agent zu fungieren. Er erklärte sich dazu bereit, die in seinem Besitz befindlichen Bildwerke einem jeden zu zeigen, den Jackson zu ihm schicken würde. In einem Brief versprach er: »Da wir inzwischen vier Deiner Bilder besitzen, sind wir auf dem besten Weg, Deine Galerie in Chicago zu werden. Natürlich sind wir hocherfreut, jedem unsere Pollock-Bilder zu zeigen, den Du zu uns schickst [...]. Wir schätzen, dass 400 Leute Deine Bilder gesehen haben, seit wir sie aufgehängt haben; und ich denke, das lässt sich gut mit einer öffentlichen Galerie vergleichen.«[20]

Pollocks erste Probe als unabhängiger Unternehmer wurde eine Ausstellung in Paris. Ossorio war hier als sein Agent tätig. Er organisierte und finanzierte die Ausstellung zusammen mit Michel Tapié, einem französischen Kritiker, der im Vorjahr eine Kunstschau für Ossorio auf die Beine gestellt hatte. Anfang März erhielt Pollock einen Brief von Tapié: »Ich bin glücklich und fühle mich geehrt, Ihre Werke in Paris ausstellen zu können. Die Gelegenheit ist günstig, da in Paris momentan eine große Neugier auf die amerikanische Malerei besteht.«[21] Die Ausstellung wurde am 7. März 1952 im Atelier Paul Facchetti eröffnet. Zur Ausstellung erschien ein kunstvoll gestalteter Katalog. Tapié hatte ein Vorwort verfasst, und Ossorios Essay aus dem Katalog der 1951 in Parsons' Galerie stattgefundenen Ausstellung Pollocks wurde in das Französische übersetzt. Die Überschrift lautete nun »Mon Ami, Jackson Pollock«. Ossorios erste Berichte aus Europa dürften Jackson erfreut haben: »Die Ausstellung wird von jungen Malern und Kritikern gut besucht, die immer wieder zurückkommen und intensiv diskutieren […]. Schon nach wenigen Tagen waren fünf der fünfzehn Werke verkauft und einige weitere Verkäufe vorgemerkt.« Jackson schrieb zurück: »Die Verkäufe sind jenseits jeder Vorstellung – ich habe das natürlich nicht erwartet und alles andere rund um die Verkäufe ist natürlich ebenfalls erfreulich […].«[22] Doch die Freude währte nicht lang. Kurze Zeit später schrieb Ossorio, dass sich Kritiker und Kunstwelt entgegen der früheren Annahme eher misstrauisch und feindselig verhielten. Auch die Verkäufe waren weit weniger gut, als noch zuvor geglaubt. In Wirklichkeit hatte Tapié lediglich zwei Werke verkauft, *Number 19, 1951 (Nummer 19, 1951)* an einen Mailänder Sammler und *Number 14, 1951* an einen Sammler in der Schweiz. Zwei Werke hatte Tapié selbst erworben, dabei allerdings auf einen Nachlass von 50 Prozent bestanden. Ein fünftes Werk beabsichtigte der Schweizer Sammler zu kaufen, jedoch unter der Prämisse, einen hohen Preisnachlass zu erhalten. Geschmälert wurden die Einnahmen noch durch die Kosten für den enormen logistischen und bürokratischen Aufwand, der sich mit der Ausstellung verband, sowie durch die Kosten für den Katalog und die Öffentlichkeitsarbeit. Diese Dinge waren in der Vergangenheit von Betty Parsons übernommen worden, Pollock selbst hatte damit nur wenig zu tun gehabt. Ernüchtert stellte er fest, dass es gar nicht so einfach war, sich selbst zu vermarkten. An Ossorio schrieb er: »Ich fühle mich, als hätte man mir die Haut bei lebendigem Leibe abgezogen […]. Ich bin immer noch ein bisschen benommen von dieser ganzen Erfahrung.«[23] Pollock musste erkennen, dass seine geschäftlichen Fähigkeiten nicht ausreichen und er auch keine Lust hatte, sich um die Verkäufe seiner Werke zu kümmern. Er beendete die Geschäftsbeziehung mit Dr. Mark, der als sein Agent in New York fungiert hatte, blieb aber noch ein weiteres Jahr dessen Patient. Nun galt es, sich wieder um eine Galerie zu bemühen, die ihn vertreten würde.

Ende 1952 war es Jackson noch nicht gelungen, eine neue Galerie zu finden. Parsons hatte seit Januar kein einziges seiner Werke verkauft und die Pollocks gerieten erneut in finanzielle Schwierigkeiten. Die Emulsionen von Dr. Mark waren teuer und die Ersparnisse der beiden beinahe aufgebraucht. Ossorio überredete seinen Bruder Robert, drei Bilder Pollocks zu erwerben, und überlegte zudem, Pollock 10 000 Dollar zu leihen, damit dieser ein Jahr sorgenfrei leben könnte. Doch er zog das Angebot aus unbekannten Gründen zurück.[24]

Jackson war müde, frustriert und desillusioniert, zugleich jedoch besessen von der Idee, eine geeignete Galerie für sich zu finden. Er dachte an die Galerie von Pierre Matisse, doch lehnte dieser mit der Begründung ab, dass er amerikanische Kunst nicht zeige. Hierbei dürfte es sich allerdings nur um einen Vorwand gehandelt haben, denn Matisse hatte bereits vom geplanten Kommen Jacksons erfahren und Duchamp gefragt, was dieser von Jackson halte. Als Duchamp nur mit den Achseln zuckte, war entschieden: Matisse würde Jackson keinen Vertrag anbieten.[25] Auch die Galerie von Sam Kootz kam nicht infrage. Kootz und Pollock mochten sich nicht und waren in den letzten Monaten mehrere Male aneinander geraten. Der Galerist Charlie Egan wiederum hätte zwar keine Probleme mit Jackson gehabt, doch seine Galerie war zu klein, um dessen großformatige Leinwände auszustellen. Reeves Lewenthal von der Associated American Artists Gallery hatte Jackson schon seit dem letzten Sommer umworben, allerdings mochte dieser die Galerie nicht. Michel Tapié bot Jackson durch Ossorio an, im Herbst nach New York zu kommen und dort eine Galerie zu eröffnen, doch nach der Pariser Ausstellung verspürte Pollock nur wenig Lust auf eine Zusammenarbeit mit ihm. Auch Catherine Viviano, die langjährige Assistentin von Matisse, unterbreitete Jackson das Angebot, in ihre Galerie zu kommen – ein Vorschlag, über den er auch tatsächlich ernstlich nachdachte. Als er sie jedoch in ihrer Galerie besuchte, bekam er kein Wort heraus. »Ich hatte gehört, dass er sich dafür interessierte, mit mir auszustellen«, sagte Viviano, »aber er saß nur da und hat mit mir nicht darüber gesprochen.«[26] Irgendwann war Lees Geduld am Ende. Sie marschierte in die Galerie von Sidney Janis, die sich in der 15 East 57th Street, schräg gegenüber von Parsons Galerie befand, und sagte zu diesem: »Jackson ist zu haben.« Janis war erstaunt: »Glaubst du nicht, Lee, dass der Markt mit Pollocks Arbeiten gesättigt ist?« Lee entgegnete trocken: »Die Oberfläche ist noch nicht mal angekratzt!«[27] Janis, der Lees Geschäftssinn bewunderte, willigte ein, sich wenigstens mit Pollock zu treffen. Er mochte dessen Arbeiten, hegte aber Bedenken wegen des schwierigen Charakters des Künstlers. Als Leo Castelli ihm jedoch dazu riet, Pollock in seine Galerie aufzunehmen, zögerte Janis nur noch kurz.[28]

Janis war seit den frühen 1940er Jahren ein Förderer und leidenschaftlicher Bewunderer der abstrakten amerikanischen Künstler. Seit 1948 besaß er eine eigene Galerie, in der er bereits mehrere hochkarätige Ausstellungen mit Picasso, Léger, Mondrian, Giacometti und anderen europäischen Künstlern ausgerichtet hatte. Inzwischen waren auch einige Amerikaner bei ihm vertreten, darunter Gorky, Kline, Baziotes und de Kooning. Weil er nur wenige, aber herausragende Künstler unter Vertrag genommen hatte, konnte er sie ausgezeichnet betreuen und viel Zeit in seine Ausstellungen investieren. Und mit den bedeutenden Künstlern kamen auch die wichtigen Sammler.

Ende April kam es zu einem Treffen zwischen Pollock und Janis. Jackson fühlte sich unbehaglich, denn er war als Bittsteller in Anzug und Krawatte gekommen. Er war nervös und aufgeregt, auf der Fahrt im Taxi hatte er zwischen Panik und heftigen Wutanfällen geschwankt. Doch das Gespräch zwischen dem Galeristen und ihm verlief gut. Janis war überzeugt, Jackson zusammen mit Lee unter Kontrolle halten zu können, und bot dem Künstler einen Vertrag an, den dieser sofort akzeptierte.[29]

Von April bis Juli 1952 fand im MoMA die Ausstellung »15 Americans« statt. Pollock war in der von Dorothy Miller kuratierten Ausstellung mit acht Werken vertreten, die zwischen 1948 und 1951 entstanden waren, darunter *Autumn Rhythm* und das auf Glas gemalte *Number 29, 1950*. Letzteres hatte man freistehend aufgestellt, sodass es sich von beiden Seiten aus betrachten ließ. Der Katalogbeitrag, der sich mit Pollock beschäftigte, beruhte auf Ossorios Essay von 1951. An die Kuratorin schrieb Pollock: »Ich wollte Sie wissen lassen, was für wunderbare Arbeit Sie geleistet haben, als Sie meinen Raum im Museum hängten. Sicher war es Extraarbeit für Sie, weil ich nicht da war. Auf jeden Fall war dies aber ein weiser Entschluss von mir. Ich wünschte, ich könnte *Nr. 7* mit einem Leimüberzug versteifen, das würde einige Falten beseitigen. Vielleicht kann ich dies nach den Öffnungszeiten tun, wenn ich das nächste Mal da bin. Es würde nicht länger als zehn Minuten dauern.«[30]

Mit dem Wechsel Pollocks und anderer Künstler zu den großen arrivierten Galerien New Yorks und der Aufnahme vieler Abstrakter Expressionisten in die Ausstellungen des MoMA vollzog sich ein Wandel. Pollock und die Abstrakten Expressionisten waren nun nicht mehr die verschmähte Avantgarde, sondern rückten in den Fokus der Kunstszene. Den Nimbus des Neuen und Frischen hatten die Künstler damit gleichwohl verloren.

Als Ossorio von einem Aufenthalt auf den Philippinen zurückkehrte, beschwerte sich der überzeugte Katholik, dass es in den Hamptons nicht eine einzige private Kapelle gab – für ihn ein Skandal. Tony Smith und er schmiedeten den Plan, auf Long Island eine Privatkapelle zu errichten, und Smith schlug vor, die Wände von Pollock gestalten zu lassen. Ossorio war entzückt und lud ein paar katholische Freunde ein, unter ihnen der Herausgeber der *Liturgical Arts* Maurice Lavannoux, Rosalind Constable von Time-Life, James Johnson

Sweeney und das Sammlerehepaar Otto und Eloise Spaeth. Ihnen wollte Ossorio ein von Smith angefertigtes Modell und einige Zeichnungen präsentieren. Bezüglich des auszuführenden Gebäudes schwebte Smith eine Kombination von mehreren Sechsecken auf Stelzen vor. Eine kleine Taufkapelle war etwas abseits geplant und sollte über einen Steg erreichbar sein. Um möglichst viel Wandfläche zu erhalten, sollten Oberlichter in der Kirche für Tageslicht sorgen. Das Zentrum des Gebäudekomplexes gedachte Smith von einem Kreuz überragen zu lassen, unter dem der Altar seinen Platz finden sollte. Die Kuppel dieses zentralen Hexagons sollte aus grauem Glas bestehen und den Altar in ein diffuses Licht tauchen.[31] Das Innere der Kirche sollte dann mit Wandgemälden Pollocks verziert werden. Vorgesehen waren neben dem Bildwerk *Lucifer* fünf weitere von Pollock zu schaffende Bilder. Überdies sollte er die Decke gestalten, die es mit dreißig Bildern auszumalen galt. Auch eine Seitenkapelle sollte mit Deckenbildern ausgeschmückt werden. Als Smith den Film von Hans Namuth sah und wie Pollock dort auf Glas malte, diskutierte er mit dem Künstler die Idee, die Fenster der Kirche von diesem gestalten zu lassen. Pollock sollte die Scheiben bemalen, die es dann durch eine zweite Scheibe zu schützen galt. In den letzten Plänen zur Kapelle fehlte dieses Vorhaben allerdings. Warum sich Pollock und Smith letztendlich gegen eine Bemalung der Fenster entschieden, ist nicht bekannt. Vielleicht war es der Tatsache geschuldet, dass mit starkem Sonnenlicht im Hintergrund fast alle Farben schwarz erschienen und auch dichte Gespinste kaum möglich gewesen wären, da sonst nicht mehr genug Licht in den Innenraum eingedrungen wäre. Pollock selbst schien von der Idee durchaus angetan, bemaltes Glas als architektonisches Element der Ausgestaltung zu nutzen. Er selbst hatte die in Namuths Film bemalte Scheibe (*Number 29, 1950*) vor seinem Atelier im Freien aufgebaut. Als Ossorio im Sommer 1951 zu Besuch kam, zeigte Pollock ihm das Kunstwerk und erläuterte, dass er die Scheibe dort aufgestellt habe, um die Beziehung des Gemäldes zum Himmel und zur Landschaft im Hintergrund zu studieren. Als er in einem Interview nach dem Werk gefragt wurde, antwortete er: »Nun, das war etwas völlig Neues für mich und ich war fasziniert. Ich glaube, dass die Möglichkeiten, Malerei auf Glas in der modernen Architektur – in modernen Bauwerken – zu nutzen, unglaublich sind. Die Möglichkeiten, die man mit Glas hat, erscheinen mir unendlich groß.«[32]

Ossorio bat die geladenen Freunde in sein Stadthaus und Smith stellte die Pläne vor. Doch die potenziellen Sponsoren reagierten ablehnend. Sie hinterfragten das »christliche Ethos« von Pollocks Werken und den Nutzen, so viel Geld zu spenden. Man glaubte, dass kein Pastor in den USA jemals gewillt wäre, eine solche Kirche errichten zu lassen. Smith wurde wütend und stürmte aus dem Raum.[33] Damit waren die Pläne gescheitert.

In Sommer des Jahres 1952 kam Pollocks enger Freund Harry Jackson, der inzwischen in Wyoming lebte, häufig zu Besuch. Bei den gemeinsamen Trinkgelagen fragte Jackson ihn nach dem Westen aus: »Sag mir, wie es in Wyoming ist. Reitest du den ganzen Tag?«[34] Harry erzählte und lud Jackson dazu ein, ihn nach Wyoming zu begleiten, »um ein bisschen des New Yorker Mülls aus ihm herauszuklopfen«[35]. Jackson war begeistert und sagte sofort zu, überlegte es sich in den nächsten Tagen jedoch anders. Vermutlich wusste er, dass Lee etwas gegen eine solche Reise haben würde – vor allem wenn Harry Jackson mit von der Partie sein würde. Statt in den Westen zu reisen, fuhren die beiden Freunde abends gelegentlich nach Osten, weit hinaus bis an den östlichsten Zipfel Long Islands zu den grasbewachsenen Hügeln einer Ranch. Sie setzten sich auf einen der Koppelzäune und schauten den Pferden zu, die in der Ferne schemenhaft erkennbar waren und friedlich grasten. Manchmal zog Harry den Gürtel aus, schlang ihn einem Pferd um den Hals und ritt in wildem Galopp über die Wiese. Er versuchte, Jackson zum Mitmachen zu bewegen, doch dieser lehnte ab.[36]

In diesem Sommer lernte Pollock die Vashtis kennen, ein indisches Paar, das in einem Ferienhaus in der Nähe der Pollocks wohnte. Die Pollocks luden die Vashtis zum Abendessen ein. Sie sprachen viel über Mystik und orientalische Philosophien, was für Jackson, der sich schon in seiner Jugend – angeregt durch die Lehren Krishnamurtis – mit der Mystik des fernen Ostens beschäftigt hatte, von großem Interesse war. Sie redeten über den Hinduismus und den Pantheismus und Jackson war beeindruckt.[37] Er sprach über »die universelle Energie« und das Sein[38], las Khalil Gibrans *Der Prophet* und Ferdinand Ossendowskis *Tiere, Menschen und Götter*, die Geschichte einer Reise des Autors durch den fernen Osten. Er fragte Tony Smith über orientalische Philosophien aus und kramte wieder Krishnamurtis und Jungs Lehren hervor. Auch mit der Astrologie sowie anderen Religionen schien er sich intensiv zu beschäftigen. Pollock war auf den ägyptischen Künstler Abu Khalil Loty aufmerksam geworden. Der junge Mann hatte in Kairo Kunst und Design studiert und war danach in die USA gegangen. 1952 hatte er seine erste große Ausstellung in New York. Seine abstrakten Bilder sind oftmals mit arabischen Kalligrafien übersät. Pollock notierte den Namen in einem Skizzenbuch und kritzelte darunter allerlei arabische Schriftzeichen.[39] Doch die neuen und alten Einflüsse waren keine Inspiration für ihn.

Lee hatte gehofft, dass Jackson sich, sobald er eine neue Galerie gefunden hätte, seiner Malerei mit neuem Schwung zuwenden würde. Doch es ging genauso weiter wie in den Monaten zuvor. Jackson malte nur wenig und trank hemmungslos. Gerade als er Hilfe so dringend gebraucht hätte, entschloss er sich, seine Psychiaterin Ruth Fox nicht mehr aufzusuchen. Die Besuche bei den Anonymen Alkoholikern hatte er nach wenigen Besuchen abgebrochen und das Antabuse weigerte er sich einzunehmen. Damit waren wesentliche Voraussetzungen für eine sinnvolle Therapie und eine dauerhafte Abstinenz nicht erfüllt. Die Pollocks waren der Meinung, dass Fox ein Fehler gewesen sei, was insbesondere daran gelegen haben dürfte, dass diese die Behandlungen bei Dr. Mark als unsinnig empfand. Zum ersten Mal konnte Jackson eine Therapeutin nicht bezirzen und manipulieren. Fox bestand darauf, dass Jackson Alkoholiker sei, etwas, was er stets verneint hatte. Fox' größter Fehler aber war es, Lee in die Therapie miteinzubeziehen.

Fox ging davon aus, dass jeder Alkoholiker einen ko-abhängigen Partner habe. Viele Frauen von Alkoholabhängigen hätten »Lust am Leid« und sich »ihr Leid selbst ausgesucht«. Die Therapeutin beschrieb den Zustand der Beziehung zwischen einem Alkoholabhängigen und seiner Partnerin als von Isolation, Verbitterung, Streitereien, Ablehnung und Gefühlskälte sowie nachlassender sexueller Beziehungen gekennzeichnet. Sie war der Ansicht, dass auch der Partner des Alkoholikers unter Persönlichkeitsstörungen leide. Wahrscheinlich glaubte Fox, dass Lees Probleme in Wirklichkeit sehr viel schwerwiegender als die von Jackson seien und dass sie ebenfalls einer Psychotherapie bedürfe. Sie nahm an, dass Lee kein reales Interesse an einer Genesung Jacksons habe, sondern einen schwachen Mann brauche, den sie dominieren könne. Das war zu viel für Lee, sie protestierte heftig. Die Mutmaßungen Fox' gingen jedoch noch weiter: Fox behauptete, Lee sei an den aktuellen Trinkgelagen ihres Mannes mitschuldig, das Leid bereite ihr Vergnügen, ebenso wie die Streitereien und Spannungen, durch die sie Jackson Schaden zufügen konnte und von denen sie unterbewusst wisse, dass sie ihren Mann ins nächste Besäufnis trieben.[40] Für Jackson waren solche Argumente tödliche Waffen: Nicht er war Schuld an seinem Alkoholismus, sondern Lee. Nicht er benötigte Hilfe, sondern sie – sein einziges Problem war sie!

Auch Fox' Zukunftsprognosen waren düster. Lee hatte entsetzliche Angst davor, dass Jackson ihr gegenüber gewalttätig würde und ihre Gesundheit bedroht war. Nach Fox' Ansicht würde Jackson immer aggressiver werden und sich immer mehr in sich selbst zurückziehen, schließlich würde Lee ihn verlassen. Dieses Szenario bereitete Lee die größte Angst und sie setzte anfänglich wohl noch alles daran, dass Pollock seine Therapie beendete. Im Juni sagte Jackson seine Therapiesitzung jedoch ab und verkündete, dass er nicht mehr kommen werde.[41] Obwohl seine Sucht inzwischen dramatische Formen angenommen hatte, waren weder er noch Lee bereit, sich den harten Wahrheiten zu stellen und nach geeigneten Lösungen zu suchen. Lee war felsenfest davon überzeugt, dass sie die einzige sei, die in der Lage dazu wäre, ihrem Mann zu helfen. Dabei hatte sie alle Hände voll damit zu tun, Jackson in alkoholisiertem Zustand vor Schaden zu bewahren. Sie achtete darauf, dass er von den Kellnerinnen nichtalkoholische Getränke erhielt, bei Partys behielt sie stets die Bar im Auge und wenn sie selbst verhindert war, beauftragte sie Freunde, auf Jackson aufzupassen. Für zu Hause kaufte sie ihm Alkohol – jeden Tag wurde ihm ein Viertelliter gestattet –, damit sie kontrollieren konnte, wie viel er trank.

Zugleich war Lee inzwischen jedoch nicht mehr dazu bereit, allseits zur Stelle zu sein. Wenn es tatsächlich zu Problemen kam, versuchte sie sich im Hintergrund zu halten, statt Jackson aus problematischen Situationen zu retten. Sie lernte im Laufe des gemeinsamen Lebens, nicht in jeder Situation helfend einzugreifen und sich sogar zurückzuziehen, wenn er zu lästig wurde. Sie war nicht mehr um jeden Preis bemüht, Jackson zu unterstützen und sich selbst dabei zu erniedrigen, und begann, sich stärker von ihrem Ehemann abzugrenzen. Nicht mehr Jackson stand bei ihr im Vordergrund, sondern seine Kunst. Nur dafür schien es Lee noch lohnenswert, Jacksons Eskapaden zu ertragen.

Sicher wurde Pollock in dieser Zeit klar, dass Fox mit ihren Äußerungen nicht ganz Unrecht hatte: Lee war nicht mehr die Lösung seiner Probleme, sondern Teil des Problems. Als Lee sich von ihm zurückzuziehen begann, fing er an, sie aus seinem Leben auszuschließen, und aus der turbulenten Beziehung wurde ein wahrer Kleinkrieg. Ihre Auseinandersetzungen nahmen ungekannte Ausmaße an. Offen beschimpfte er Lee in Anwesenheit anderer. Ständig provozierte er sie oder tat etwas, von dem er wusste, dass es sie ärgern würde. Kamen Gäste, führte er sie auf die Veranda, um mit ihnen allein zu sein; die von Lee gesammelten Fundstücke vom Strand verschenkte er.[42] Waren die Gäste fort, stritten die beiden die halbe Nacht hindurch. Als Lees Neffe Ronald fragte, ob er die beiden besuchen dürfe, antwortete Lee schlicht: »Du wirst es nicht ertragen können.« Ronald kam trotzdem – und bedauerte es: »Ich konnte es wirklich nicht ertragen. Tag und Nacht, dauernd Streitigkeiten. Mir war nicht klar, dass ein Streit ein solches Niveau erreichen kann. Sobald man wach wurde, 24 Stunden lang furchtbare, brutale, brüllende Kämpfe.« Auch Harry Jackson erlebte den »unglaublichen Hass« und die »tiefe Verbitterung«.[43] Dass Jackson sie schlug, hatte Lee stets weit von sich gewiesen.[44] Doch in diesem Herbst sahen Freunde des Öfteren, dass Lee ein blaues Auge oder Blessuren im Gesicht oder an den Armen hatte. Harry Jackson erzählte, Pollock habe sie »zwei- oder dreimal windelweich« geprügelt, als er bei ihnen zu Gast war.[45] Eines Abends im Herbst 1952 warf Jackson bei einer Party im Haus plötzlich alle Gäste raus. Wieder war er sturzbetrunken. Er ging mit einer Flasche Bourbon und einem Kerzenständer durch das Haus in die Küche, griff sich eines der Küchenmesser und stürmte auf Lee zu: »Ich werde dich töten!«, schrie er außer sich. »Ich werde dich töten!« Nach dieser Nacht wusste Lee, dass sie Jackson nicht mehr allein in den Griff bekommen konnte.[46]

Im Herbst 1952 stand Jackson nur wenige Monate vor der ersten Ausstellung in der neuen Galerie mit leeren Händen da. Lee wusste, dass sie handeln musste, und bat Pollocks Mutter um Hilfe. Mitte Oktober kam Stella zu Besuch, und Jackson hörte auf zu trinken und begann zu malen.[47] Waren frühere Arbeiten des Jahres noch an die gegenständlichen Black Paintings aus dem Vorjahr angelehnt, änderte Pollock seinen Malstil nun. Er nahm sich eines seiner fertigen Gemälde, das schon seit Längerem an der Atelierwand hing, und fügte dem bereits bestehenden Dripping-Bild kalligrafische Zeichen hinzu, die das Werk als breite schwarze Bögen bedecken. Auf der beigebraunen Leinwand hatte er zuvor ein Durcheinander aus kurzen Wirbeln in den Farben Weiß, Gelb, Rot und Blau verewigt. Das Werk betitelte er mit *Number 1, 1952*. Als ein weiteres Bild entstand *Convergence: Number 10, 1952 (Konvergenz: Nummer 10, 1952)*. In dessen Hintergrund malte Pollock eines seiner typischen Schwarz-Weiß-Bilder und überzog dieses dann mit einem wilden Gespinst aus Weiß, Rot, Gelb und Blau. Hierbei ließ er die Farbe teils in breiten Feldern über die Leinwand fließen, sodass der Eindruck entsteht, als sei das Bild mit Tusche und Aquarellfarben auf Papier gemalt worden (Tafel 8). Im gleichen Jahr schuf Pollock *Yellow Islands (Gelbe Inseln)*. Auf eine helle Leinwand brachte er ein Muster aus Schwarz und Weiß auf, unter dem an einigen Stellen etwas Gelb hervorlugt. Viele der Bilder aus dieser Zeit spielen mit Figuration und Abstraktion. In *Number 7, 1952* nutzte der Künstler die Tröpfel- und Gießmethode, um einen Frauenkopf darzustellen – ein in hohem Maße figuratives Bild. Dann kehrte er wieder zu den eher abstrakt gehaltenen Dripping-Bildern zurück. Doch die Linie war nicht mehr autonom. Pollock grundierte eine Leinwand in verschiedenen Farbtönen und begrenzte die farbigen Flächen mit gegossenen schwarzen Linien.

Schon im Frühsommer 1952 hatte Pollock Tony Smith angerufen und ihm verzweifelt und deprimiert geschildert, dass er nicht vorwärts käme; was er auch versuche, die Bilder entsprächen nicht seinen Erwartungen. Smith wollte helfen und kam zu Pollock in das Atelier. Als er eintraf, saß Pollock betrunken im Kerzenschein am kleinen Ofen, aus dessen Öffnung Flammen loderten, und spielte mit einem Messer. Auf dem Boden des Ateliers lag eine unvollendete Leinwand, auf die Pollock mit leichtem Pinselstrich Kreise aufgetragen hatte. Nach ein paar Gläsern Bourbon fühlten sich beide betrunken genug, um gemeinsam ein Bild zu beginnen. Smith entrollte eine große Leinwand auf dem Boden und Pollock fing an, Kadmiumrot aufzutragen. Er brach jedoch jäh ab, woraufhin Smith Orange aus der Tube auf die Leinwand schmierte. Anschließend begann Pollock, Schwarz auf den Bildträger zu schleudern und zu spritzen. Bis zum Morgengrauen hatten die beiden die Leinwand mit dicken Farbschichten zugekleistert. Doch das Ergebnis sagte beiden nicht zu. Smith meinte nur, dass das Bild aussehe wie »ausgekotzt«, und wankte an die frische Luft. Pollock erwiderte, dass er bleibe und beten würde.[48] Einige Wochen später waren die Newmans zusammen mit Smith zu Besuch und amüsierten sich köstlich über die ihnen berichtete Anekdote. Newman wünschte das Bild zu sehen. Als er es betrachtete, wollte er wissen, wie Pollock und Smith die Farbe auf die Leinwand gebracht hätten, und Pollock demonstrierte es. Was dann geschah, ist ungeklärt. Gerüchten zufolge habe Newman zum Pinsel gegriffen und die schwarzen »Pfosten« im Vordergrund des Bildes gestaltet. Lee bestritt dies allerdings und bezog sich dabei auf Newman selbst, der eine Mitarbeit

Jackson Pollock, *Number 7, 1952 (Nummer 7, 1952)*, 1952, Emailfarbe und Öl auf Leinwand, The Metropolitan Museum of Art, New York

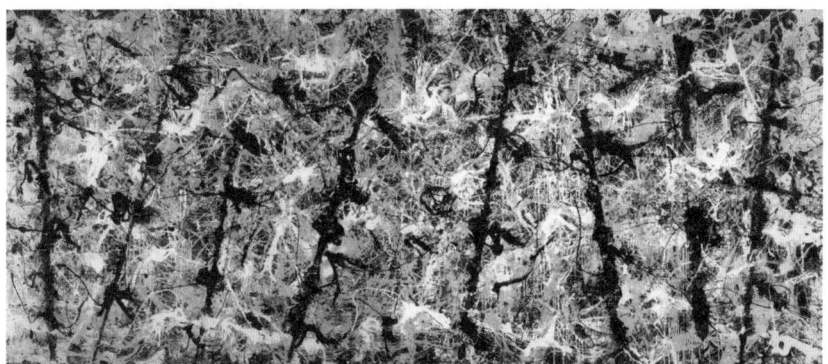

Jackson Pollock, *Blue Poles: Number 11, 1952 (Blaue Pfähle: Nummer 11, 1952)*, 1952, Emailfarbe und Aluminiumfarbe mit Glas auf Leinwand, National Gallery of Australia, Canberra

an der endgültigen Version des Gemäldes leugnete und nur an einer frühen Version desselben beteiligt gewesen sein wollte.[49] Irgendwann im Sommer 1952 musste sich Pollock dazu entschlossen haben, das Bild zu retten. Er begann erneut, Farbschichten auf die Leinwand zu bringen, doch dieses Mal wieder im Dripping-Stil. Wieder und wieder trug Pollock Farbe auf und versuchte sogar, ein paar Glasscherben in das Bild zu integrieren. Als er das Werk dann aber aufstellte und betrachtete, konnte er nur feststellen, dass es seinen Ansprüchen nicht gerecht wurde. Es fehlten Rhythmus und Energie der früheren Dripping-Bilder. Pollock griff zum letzten Mittel. Er fügte dem Werk acht »Totemfiguren« hinzu, acht Pfosten, die er in den Bildvordergrund setzte. Und plötzlich wurde das Gemälde für ihn stimmig, entwickelte ein Eigenleben. In den unteren Ebenen von *Blue Poles: Number 11, 1952 (Blaue Pfähle: Nummer 11, 1952)*, so der spätere Titel des Bildes, sind mehrere Farbschichten zu erkennen, über denen ein dichtes Gewirr aus feinen Linien in Beige, Rot und Gelb liegt. Darüber wiederum befindet sich eine Schicht aus Aluminiumfarbe, dick und breit auf die Leinwand gebracht.

Kein anderes Gemälde entzweit Kritiker und Kunsthistoriker mehr als dieses Werk. Während es die einen als eines von Pollocks Meisterwerken preisen, ist es für andere nur ein müder Abklatsch der Bilder aus früheren Jahren. Greenberg war der Überzeugung, dass *Blue Poles* kein Erfolg sei, und dass auch Pollock das Bild nicht als Meisterwerk ansähe.[50] Ossorio glaubte, das Bild sei das Ergebnis wilder Spielereien. Er erinnerte sich, mehrere Zeichnungen aus jener Periode zu besitzen, die mit ähnlichen vertikalen Elementen verziert sind, wie sie im Gemälde zu sehen sind. Seine Vermutung: Pollock habe sich in diesem Werk nicht an die Totemfiguren früherer Jahre angelehnt, sondern abstrakte Vergrößerungen von Spermien auf die Leinwand gebracht.[51] Auch über das Entstehungsjahr wurde gerätselt: Neben die Signatur setzte Pollock eine »5« und eine »3«, übermalte letztere Ziffer jedoch später mit einer »2«, die allerdings nur undeutlich sichtbar ist. Selbst über die Zusammenarbeit wurde gestritten. Lee konnte sich einer Zusammenarbeit von Smith, Newman und Pollock nicht entsinnen und war sich sicher, dass zumindest die sichtbare Oberfläche des Bildes von Pollock allein geschaffen wurde.[52] Letzteres bestätigte Pollock in einem Gespräch mit Greenberg.[53]

Pollock nutzte für seine Malerei inzwischen öfter Acrylfarben der Marke Magna, die langsamer trockneten und von ihm flüssig aufgebracht wurden. Die Oberfläche der getrockneten Farbe war rauer als die der Farben der Firma DUCO. Häufig bediente er sich auch der Farben, die der Chemiekonzern Du-Pont eigens für ihn anfertigte.

In die Ausstellung in der Galerie von Sidney Janis, die am 10. November 1952 beginnen und bis zum 29. November andauern sollte, schickte Pollock schließlich zwölf Bildwerke, darunter fünf Gemälde in Schwarz-Weiß. Jackson wusste, dass seine Karriere auf der Kippe stand, und so war er schon mehrere Tage vor Ausstellungsbeginn derart nervös, dass er nicht einmal mehr Auto fahren konnte und sich von Freunden nach New York chauffieren ließ, um die Ausstellung vorzubereiten. Kaum in der Stadt angekommen, betrank er sich zunächst einmal ausgiebig, um dann mitten in der Nacht in der Galerie zu erscheinen und die Bildwerke zu hängen. Um 4 Uhr morgens war er fertig.[54]

Die Vernissage war gut besucht und die meisten Besucher waren von der Ausstellung angetan. Da Stella nicht hatte kommen können, war Elizabeth Wright Hubbard von Lee darum gebeten worden, Jacksons Nüchternheit zu überwachen. Trotzdem gelang es diesem, sich im Laufe des Abends mit Franz Kline davonzustehlen; er wurde in der ganzen Nacht nicht mehr gesehen.[55]

Clement Greenberg bezeichnete die Ausstellung als »wackelig«, er glaubte, jeder Künstler habe seine Zeit und Jacksons beste Jahre seien nun vorüber. Die Bilder seien »nicht schlecht«, aber es fehle die Inspiration. Er verzichtete darauf, die Ausstellung in einer Kritik zu besprechen. Nach Greenbergs Aussagen wusste Pollock, dass »es vorbei war«, und Lee habe Pollock deshalb Vorwürfe gemacht;[56] er hätte seine Inspiration und seine Innovation verloren. Nichtsdestotrotz wurde die Ausstellung von der Kritik positiv aufgenommen. Robert Goodnough nannte die Bilder »quälend« und »ekstatisch«, sie hätten »die Galerie zum Kochen und Brodeln« gebracht. Er lobte die »Transzendenz des Materials« und die »Sinnlichkeit der Farbe«. Überschwänglich lobte er Pollocks Arbeiten.[57] Auch James Fitzsimmons würdigte die »prächtigen neuen Leinwände« des Künstlers und hob *Number 12, 1952 (Nummer 12, 1952)* als »enorm beeindruckend« hervor.[58] In der *Times* verglich Howard Devree Jackson mit Kandinsky und pries die neuen Arbeiten als »voller gepackt mit Andeutungen als alles, was ich bisher gesehen habe«. Er bescheinigte Pollock, »einen großen Schritt vorwärts« getan zu haben.[59] Robert M. Coates, der Jackson noch vor kurzem Chaos vorgeworfen hatte, schrieb in *The New Yorker*: »Unter der Oberfläche habe ich die Ausgelassenheit seiner Arbeit immer gefühlt, eine starke Anstrengung, die Formulierung von Ideen achtsam abzuwägen.«[60] Welch eine Revision der früheren Kritiken! Auch andere Kritiker ergingen sich in lobenden Worten über Jacksons Ausstellung, insbesondere über das Gemälde *Number 12, 1952*. Einige priesen auch die Rückkehr zur Farbigkeit. Im Januar des darauffolgenden Jahres wurde Jacksons Ausstellung von den Herausgebern der *Art News* zur zweitbesten Einzelausstellung des Jahres 1952 gewählt.[61] Finanziell war die Ausstellung indes ein Fiasko: Es wurde nur ein Bild verkauft. Das viel gelobte *Number 12, 1952* ging an Nelson Rockefeller.

Eine Woche nach der Eröffnung der Ausstellung in Janis' Galerie wurde Jackson mit einer Retrospektive am Bennington College in Vermont geehrt. In einem alten Haus, das zu einem Tanzstudio umgebaut worden war, waren acht von Jacksons wichtigsten Werken an verwitterten Holzwänden aufgehängt. Zum ersten Mal ließen sich Bilder aus unterschiedlichen Schaffensperioden gesammelt betrachten: *Pasiphaë* und *Totem II, The Key, Number 2, 1949 (Nummer 2, 1949), Autumn Rhythm, Number 9, 1950 (Nummer 9, 1950), Number 2, 1951* und die Zeichnungen für *Echo*. Diese Ausstellung war Jacksons erste Retrospektive und man kann sich unschwer vorstellen, wie stolz sich der Künstler angesichts dieser Ehrung gefühlt haben muss, wie schön es für ihn gewesen sein muss, diesen knappen, aber fast vollständigen Überblick über sein künstlerisches Schaffen versammelt zu sehen. Zusammengestellt worden war die Ausstellung von Tony Smith, Gene Goosen und dessen Frau Helen sowie von dem Künstler und Dekan der kunstwissenschaftlichen Fakultät des Bennington College Paul Feeley. Der zur Retrospektive erschienene Katalog enthielt einen Essay von Greenberg. Zur Eröffnung gab es eine kleine Feier, an der auch Greenberg und Helen Frankenthaler teilnahmen. Jackson war elegant gekleidet, stand allerdings regungslos abseits und begnügte sich damit, das Geschehen zu beobachten. Mehrfach versuchte Goosen, ihn in das Gespräch miteinzubeziehen, doch Jackson blieb einsilbig. Alkohol lag für ihn in ferner Reichweite, denn Helen Feeley hatte Lee mit der Aufsicht über die Bar betraut. Als ihm ein Gast einen Drink anbot, war Greenberg zur Stelle und sagte knapp: »Jackson, lass es.« »Ich mache doch gar nichts«, antwortete dieser und grummelte böse: »Du Idiot.« Greenberg war zutiefst beleidigt und sprach monatelang kein einziges Wort mit Jackson.[62]

Kapitel 24
Kritikerschelte (1953)

Als erklärter Marxist hatte Greenberg in seinen ersten Kunstkritiken Ende der 1930er Jahre, ausgehend von linken Ideen, Revolution und sozialen Wandel in der Kunst gesucht. Mit dem Sieg Stalins wandte sich Greenberg wie viele seiner Kollegen bei der *Partisan Review* vom Marxismus ab, auch wenn er dessen Idealen noch länger treu bleiben sollte. Wie viele andere linke Intellektuelle war auch er enttäuscht über die Moskauer Prozesse, den Hitler-Stalin-Pakt und den Einmarsch der Roten Armee in Finnland. Er wurde zu einem Liberalen und zu einem überzeugten Antikommunisten.

Greenberg lehnte es ab, Kunst als einen Ausdruck von etwas Spirituellem oder Geistigem anzusehen. Zur Beurteilung eines Kunstwerks solle nur das faktisch Wahrnehmbare herangezogen werden, jede Spekulation oder Interpretation verbiete sich. Für ihn zählten nur das Material und die Gestaltung der Oberfläche. Seine Obsession galt der »Flachheit« der Leinwand: Malerei sei nichts weiter als Farbe auf einer ebenen Fläche. Weil ein Bild nicht mehr als eine zweidimensionale Oberfläche sei, die mit visuellen Daten aufgeladen werde, könne ihre Schönheit nur beurteilt werden, wenn man sich auf die äußerlichen Eigenschaften der Oberfläche beziehe und nicht auf eine transzendentale Metaphysik des Künstlers. Symbolik, welcher Art auch immer, täusche eine dritte Dimension vor und negiere deshalb die Flächigkeit der Bildebene. In der abstrakten Malerei erkannte Greenberg die Chance, dem Betrachter jede Möglichkeit zur Interpretation zu nehmen, weil es keine imaginäre Figuration mehr gebe, die interpretatorisch aufgeladen werden könnte. Die Qualität eines Kunstwerks sei nur unmittelbar und intuitiv zu erkennen. Dabei gehe es darum, ein Bild ohne intellektuelle Anstrengung oder Untersuchung auf Bedeutungsinhalte zu analysieren und in einem einzigen Augenblick zu erkennen, was das Kunstwerk biete. Abstraktion dürfe aber trotzdem nie zufällig oder willkürlich sein.

Der Kritiker war der Ansicht, dass die europäische Kunst in der bürgerlichen Gesellschaft seit der Industrialisierung ihren Ausdruck in einer »düsteren« Malerei gefunden hätte. Diese emotionale Überreaktion sei als eine Folge des Stresses in der kapitalistischen Moderne anzusehen. Nicht mehr aristokratisches und klerikales Mäzenatentum bestimmten die Kunst, sondern die breite Masse der bürgerlichen Gesellschaft. Doch die Mittelschicht, so glaubte Greenberg, suche nach dem einfachen und bequemen Leben und begegne anspruchsvoller Kunst mit Unverständnis. Deshalb könne sich die Kunst nicht am politischen Leben und an der Gesellschaft orientieren. Wer sich auf den Massengeschmack einlasse, könne nur scheitern und letztlich nichts anderes als Kitsch produzieren. Der Künstler sei nur dann in der Lage, eine wahrhafte Kunst zu erschaffen, wenn er aus sich selbst heraus arbeiten und alle Ansprüche um sich herum ausblenden würde. Was man insbesondere in Amerika brauche, sei eine rationale Kunst, die dieses emotionale Ungleichgewicht ausbalanciere, so Greenbergs Fazit in seinem Essay »Avant-Garde and Kitsch«, der 1939 in der *Partisan Review* erschien.

Nur in einer Gesellschaft ohne politische und soziale Probleme könne der Künstler konzentriert tätig sein. Dies sei etwa in der Zeit vor dem Ersten Weltkrieg der Fall gewesen, als es Frankreich ökonomisch und sozial gut ging und der Kubismus entstand. Infolge des Krieges jedoch bildete sich dann der Surrealismus heraus, weil sich die Künstler nun mit gesellschaftlichen Problemen hätten auseinandersetzen müssen. Die Kunst sei auf diese Weise unnötig mythologisch aufgeladen worden. Eine Lösung sah Greenberg in einer Weiterentwicklung des Kubismus, dessen formale Strenge und Disziplin bildnerische Tiefe ausblende und dreidimensionale Objekte in zweidimensionale zerlege.

Greenberg, der seine Theorien überwiegend aus dem Kubismus und den Theorien seines Lehrers Hans Hofmann heraus entwickelt hatte, glaubte, dass die Fläche ein Fragment des Raumes sei und dass, wenn man mehrere Flächen einander entgegensetzt, ein räumlicher Effekt entstehe. Jeder Pinselstrich sei eine Markierung von bestimmter Farbe, Größe und Form, die in eine Beziehung zur Bildfläche trete. Der Maler beobachte nun, wie die Markierung wirke, und reagiere dann mit der Ausführung einer neuen Markierung oder mit der Beseitigung der alten. Ob ein Bild fertig und gelungen ist, beurteile der Maler anhand der Stimmigkeit. Die »Integrität der Bildfläche« müsse gewahrt bleiben – es dürften keine Brüche entstehen. Neben Fläche und Form sei die Farbe ein ausschlaggebender Faktor, und hier orientierte sich Greenberg vor allem an Kandinsky. Die Farbe müsse »singen«, ihre Wirkung dürfe nur gesteigert und nicht abgeschwächt werden. Für Greenberg war klar: Die strengen, flachen

Strukturen des Kubismus von Picasso und Braque, gepaart mit der intensiven Farbigkeit von Kandinsky, Miró, Matisse und Klee, ergäben die ideale Kunst. Der Reiz an der Kunst dieser Maler liege, so schrieb er 1939, »vor allem in der hingebungsvollen Beschäftigung mit der Findung und Anordnung von Raum, Oberfläche, Schatten, Farbe etc., wobei alles ausgeschlossen bleibt, was nicht notwendig in diesen Elementen enthalten ist«[1]. Für Greenberg war die Entwicklung der Kunst vom Impressionismus bis zum Kubismus eine logische Entwicklung, die von einer Abnahme der Illusion von Raum und Tiefe geprägt war. Die Kubisten hatten es geschafft, den Raum in die Fläche zu legen, doch gingen sie Greenberg nicht weit genug. Es war die Auflösung des Bildhaften zugunsten einer reinen Struktur und Oberfläche, hin zu einer reinen Sinnesempfindung, was Greenberg suchte.

Der Kritiker propagierte schon früh eine eigenständige amerikanische Kunst frei von Ideologien. Diese müsse ihren Ursprung in Amerika haben und auf amerikanische Traditionen zurückgreifen. Die »sentimentale« Kunst der Regionalisten attackierte Greenberg heftig: Sie sei zweitklassig und gewöhnlich. Den Sozialistischen Realismus beschrieb er gar als »einen wahren neuen Horror in unseren Zeiten«.[2] Lange musste Greenberg suchen, bis er mit Pollock den idealen Künstler fand: Pollocks Arbeiten seien voller Empfindungen, Impulse und Gedanken, ebenso positivistisch und konkret wie der Kubismus und deshalb auch dessen Weiterentwicklung. Pollocks Arbeiten seien »pure Malerei«.

Anfangs beobachtete er Pollock noch im Stillen und schrieb nur wenig über den Maler. Doch als sich dieser in zunehmendem Maße der Abstraktion zuwandte, wurde sein Beifall lauter und ging in den Vierzigerjahren in wahre Lobeshymnen über. Pollock selbst war zwar erfreut und auch dankbar für die Hilfe Greenbergs, doch dessen Theorien teilte er nicht. Für die künstlerische Richtung des Kubismus interessierte er sich kaum, seine Begeisterung galt dem Picasso der 1920er und 1930er Jahre. Auch die völlige Abstraktion ohne Bildinhalt war für Pollock kein Thema – ganz im Gegenteil: Zeit seines Lebens suchte er nach einer Möglichkeit, den Bildinhalt, den Ausdruck des eigenen Ich, perfekt auf die Leinwand zu bannen. Seine Kunst war immer auch am Spirituellen orientiert. Als dies in den 1950er Jahren mit der Rückkehr Pollocks zur Figuration offenbar wurde, wandte sich Greenberg von Pollock ab. Fortan lobte er vor allem die Farbfeld-Malerei von Clyfford Still, Helen Frankenthaler und Jules Olitski.

Neben Greenberg bewegten sich noch zwei weitere Kritiker im Dunstkreis der Abstrakten Expressionisten: Harold Rosenberg und Thomas B. Hess. Hess war

1920 geboren worden und hatte seine Jugend in einem Internat in der Schweiz verbracht. An der Yale University hatte er anschließend Französische Kunst und Literatur studiert und dann unter Barr im MoMA zu arbeiten begonnen. Als er 1944 aus dem Zweiten Weltkrieg heimkehrte, erhielt er eine Stelle in der Zeitschriftenredaktion der *Art News*, deren Herausgeber er später wurde. Hess hatte großen Einfluss auf die New Yorker Künstler und ihren Erfolg. Vor allem für de Kooning setzte er sich mit großem Eifer ein. Zu Rosenberg pflegte er ein freundschaftliches Verhältnis, beide teilten sie die Abneigung gegen Greenbergs formalistische Strenge. Hess glaubte, dass Greenbergs formaler Ansatz den einzelnen Künstler und dessen individuellen Schaffensprozess aus den Augen verliere. Beiden Kritikern war zudem gemein, dass sie Pollocks Kunst und dessen herausgehobenen Status in der amerikanischen Kunstwelt ablehnten.

Hess zählte zu den wenigen Kunstkritikern, die dem Club schon frühzeitig beitreten durften und dort hoch angesehen waren. Als Hess 1951 sein Buch *Abstract Painting. Background and American Phase* im Club präsentierte, wurde er allerdings von vielen Künstlern harsch attackiert. Hess glaubte, Abstraktion und Expressionismus seien zwei gegensätzliche Pole des gleichen ästhetischen Kosmos »Abstrakter Expressionismus«. Die Künstler jedoch waren sich einig, dass dies Unsinn sei. Wütende Diskussionen um die vermeintlich falsche, zusammenfassende Etikettierung waren die Folge. Die beiden Gruppen der abstrakten Künstler auf der einen und der expressiven Künstler auf der anderen Seite standen sich unversöhnlich gegenüber und wollten sich keine überordnende Bezeichnung überstülpen lassen. Als einzige Gemeinsamkeit akzeptierte man den Umstand, dass die Künstler sämtlich in New York lebten oder hier ihren Lebensmittelpunkt sahen, weshalb viele den Begriff der »New York School« bevorzugten.[3] Spätestens 1961 muss wohl auch Hess dies so gesehen haben: »Die New Yorker Schule ist ein Stil ohne Bezeichnung, denn sie hat keinen unverwechselbaren gemeinsamen Stil. Stattdessen hat es eine Reihe von miteinander verbundenen brillanten individuellen Visionen gegeben, die die Kunst revolutionierten und Stile zerschlugen.«[4]

Pollock hatte zu Hess ein ambivalentes Verhältnis. Er mochte den Intellekt des Kritikers, war jedoch zutiefst darüber verärgert, dass Hess ihn in seinem Buch so geringschätzig abgehandelt hatte und auch sonst kaum Notiz von ihm nahm.

Auch zu den Rosenbergs pflegten die Pollocks ein eher widersprüchliches Verhältnis. Man war miteinander befreundet und doch kam es immer wieder zu Spannungen. Lee und Harold Rosenberg kannten sich bereits seit der Zeit der

WPA und May war sogar Trauzeugin von Jackson und Lee gewesen. Nachdem die Pollocks nach Springs gezogen waren, sah man sich im Sommer häufiger, ging gemeinsam zum Strand, unternahm Spaziergänge oder traf sich zum Essen. Pollock mochte Rosenbergs Humor und bewunderte dessen Intellekt, lediglich dessen Arroganz ärgerte ihn. Von Rosenberg als Kritiker hielt Jackson nichts. Wenn Rosenberg vor Pollocks Bildern stand und über Ästhetik philosophierte, unterbrach ihn der Künstler meist barsch mit der Behauptung, Rosenberg hätte ohnehin keine Ahnung von Kunst. Der Kritiker wiederum mochte Pollock als Menschen, doch er hielt nicht viel von dem versoffenen und ungebildeten Künstler und dessen Arbeit. So kam es, dass Kritiker und Maler eine intensive Freundschaft pflegten, die jedoch niemals ungezwungen war.

Zu einem Bruch mit den Rosenbergs kam es an einem Sommerabend des Jahres 1953. Harold Rosenberg hatte Kollegen der Zeitschrift *Partisan Review* sowie ein paar Freunde, darunter die Pollocks, zu sich eingeladen. Lee sagte trotz Bedenken wegen Jacksons Alkoholproblemen zu, denn sie erhoffte sich die Bekanntschaft mit einigen Kritikern und wollte für die Kunst ihres Mannes werben. Die Gespräche des Abends kreisten um abstrakte philosophische Fragen und Jackson saß still in einer Ecke und trank. Gelegentlich ließ er sich zu der Bemerkung »Was für ein Scheiß« hinreißen. Rosenberg ignorierte ihn eine geraume Zeit und sagte dann höflich, aber bestimmt: »Hör mal, glaubst du nicht, dass du genug getrunken hast? Was du jetzt brauchst, ist ein Nickerchen oben, und hör auf, uns zu unterbrechen.«[5] Jackson lächelte nur freundlich, stand auf und verließ den Raum. Kaum war er fort, brach es aus Lee heraus: Sie sprang auf und preschte auf Rosenberg zu. »Wie kannst du nur! Er ist ein berühmter Mann«, brüllte sie ihm entgegen, »und du redest mit ihm, als sei er nur irgendwer.« Rosenberg stand auf und sprach: »Sag du mir nicht, wer berühmt ist. Aber wenn hier einer berühmt ist, bin ich es und nicht der Trunkenbold da oben.« Die anderen Gäste lachten und Lee stürmte aus dem Raum.[6]

Wenige Tage später kam Rosenberg vorbei, um sich zu entschuldigen: Er sei frustriert und enttäuscht von den Entwicklungen in der Kunstwelt. Die Künstler, die er so lange protegiert hatte, Baziotes und Hofmann, seien immer noch weitgehend unbekannt und seine Essays zu diesem Thema meist ignoriert worden. Seine Ausstellung zu den »Intrasubjektiven« hätte ebenfalls nur wenig Beachtung erfahren.[7] Am meisten aber ärgerte sich Rosenberg über den Aufstieg und die enorme Bedeutung Greenbergs. Als Greenberg begann, über Kunst zu schreiben, sei Rosenberg längst ein etablierter Kritiker gewesen. Er hielt Greenberg für einen Scharlatan, der von nichts eine Ahnung habe und sich von Hofmann und Krasner in die Geheimnisse der Kunst hätte einweisen lassen. Rosenberg sah sich selbst als Intellektuellen an, während Greenberg kaum mehr als ein Emporkömmling und ein Schwätzer sei. Es kränkte Rosenberg, dass er selbst noch immer relativ unbekannt war, Greenberg hingegen als die unumstößliche Instanz in der Kunstwelt galt. Als ihm Greenberg Anfang 1940 schließlich noch einen Posten als Redakteur bei der *Partisan Review* wegschnappte, war die Beziehung der beiden endgültig vergiftet. Rosenberg zog bei jeder sich bietenden Gelegenheit über Greenberg her.[8]

Dabei war auch Rosenberg kein Kunsthistoriker, sondern Jurist. Wie Greenberg hatte er sich zunächst als Künstler versucht und für die WPA Wandgemälde erstellt, bevor er sich in Washington, D. C. als Herausgeber der WPA American Guide Series betätigte. Und wie Greenberg war auch Rosenberg von dem Stalinismus und dessen Auswirkungen auf die Kunst der Sowjetunion enttäuscht. Rosenberg war begeisterter Trotzkist und der festen Überzeugung, dass Kunst ein Werkzeug politischer Ansichten sein müsse – eine Überzeugung, die er als Autor für die *Art Front*, eine linksradikale Zeitschrift der Artists Union, vehement vertrat. Für Rosenberg war die sozialistische Revolution ein Hort für die Künstler und ihre Kreativität. Im Sozialismus sei es dem Künstler möglich, seinen Platz in der Gesellschaft zu finden und sich ganz auf seine Kunst zu konzentrieren. Doch ähnlich wie Greenberg begann sich Rosenberg nach dem Zweiten Weltkrieg vom Kommunismus abzuwenden. Seine neue Obsession: Wie kann das Individuum in einer Gesellschaft überleben, die von den Massenmedien dominiert wird? Wie kann ein Künstler unabhängig von der Massenkultur kreativ sein? Nach der Großen Depression und dem Zweiten Weltkrieg konnte es kein »Weiter so« mehr geben.

Für Rosenberg war Kunst stets Politik mit anderen Mitteln. Während Greenberg vor allem die formalen und ästhetischen Prinzipien der Kunst beurteilte, zielte Rosenberg auf die sozialen und politischen Aspekte derselben ab. Er suchte das radikale Moment in der Kunst, untersuchte Kunstwerke auf ihre politischen wie gesellschaftlichen Aussagen hin, auf die subjektiven Aussagen des Künstlers, nicht jedoch auf objektive und formalistische Prinzipien, wie dies Greenberg tat. 1948 schrieb Rosenberg, dass der Künstler der einzige »nicht vom Gegenstand entfremdete Arbeiter in Amerika« sei, weil er unmittelbar mit dem Material seiner eigenen Erfahrungen arbeite; er sei damit »ein neuer revolutionärer Held«.[9] Dieser Held habe lange zwischen Politik und Kunst gestanden. Dabei seien seitens der Politik hohe Anforderungen an die Künstler gestellt worden, die diese nicht hätten erfüllen können oder wollen. Die Künstler hätten sich daraufhin in ihre Ateliers zurückgezogen und abseits der politischen Strömungen ihre Individualität entfaltet. Nun befreiten sie sich und die Gesellschaft: »Der große Moment war gekommen, da man beschloss, zu malen ... einfach zu malen. Die Geste auf der Leinwand war eine Geste der Befreiung – und zwar von Werten, politischen, ästhetischen, moralischen.«[10] Während Greenberg die amerikanische Kunst als eine natürliche Weiterentwicklung des Impressionismus und des Kubismus betrachtete, war Rosenberg überzeugt, dass die amerikanische Kunst ein Bruch mit ebenjenen Traditionen der Moderne sei.

Es heißt, dass sich Rosenberg und Pollock während einer Zugfahrt von New York nach Springs ausführlich über gestische Malerei unterhalten hätten und Pollock dabei von der Bedeutung des Malaktes geschwärmt habe.[11] Auch Rosenberg glaubte an die Wichtigkeit des Malprozesses. Er war der Ansicht, dass der Akt des Malens die spontane Geste allein wiedergeben solle, ohne Vorbereitungen oder Bestrebungen, Gegenständliches darzustellen. Inspiration finde der Künstler nicht im Sichtbaren, sondern in dem, was er nicht sehe. Als Rosenberg die Fotos Namuths sah, auf denen Pollocks künstlerischer Schaffensakt festgehalten war, muss er gewusst haben, dass hier etwas ganz Besonderes geschah. Schon häufiger hatte Pollock von einer »Arena« gesprochen, in der er sich während des Malens bewege.

Seine Theorien fasste Rosenberg in seinem Essay »The American Action Painters« zusammen, der in der Dezember-Ausgabe der *Art News* von 1952 erschien. Chefredakteur Thomas B. Hess selbst hatte den Artikel redigiert und in das Magazin mit aufgenommen. Rosenberg beschreibt das Action Painting, zu Deutsch »Aktionsmalerei«, genau so, wie es aus Namuths Aufnahmen ersichtlich wird:

Irgendwann erschien [...] amerikanischen Malern die Leinwand nicht mehr als eine Fläche, auf der ein wirklicher oder imaginärer Gegenstand reproduziert, neu entworfen, untersucht oder ausgedrückt werden sollte, sondern als eine Arena, in der es zu agieren galt. Was sich auf der Leinwand niederließ, war kein Bild, es war ein Ereignis.
Der Künstler trat nicht mehr mit einem Bild im Kopf an die Staffelei. Er trat mit dem Material in der Hand an sie heran, um etwas mit dem anderen Material vor ihm zu tun. Das Bild ist das Ergebnis dieses Zusammentreffens. [...] Seit der Maler zum Akteur geworden ist, muss der Betrachter in einer Terminologie der Aktion denken: Beginn, Dauer, Richtung – psychischer Zustand, Anspannung und die Entspannung des Willens, Passivität, aufmerksames

Warten. Er muss zum Kenner der feinen Übergänge zwischen dem Automatischen, dem Spontanen und dem Evozierten werden.[12]

Wie Pollock war auch Rosenberg der Meinung, dass die Biografie des Künstlers nicht von seinem Werk getrennt betrachtet werden dürfe, dass Kunst und Leben des Künstlers untrennbar miteinander verbunden seien. Der Kritiker schrieb dazu:

Ein Gemälde als Handlung ist mit der Biografie des Künstlers untrennbar verbunden. Das Bild repräsentiert einen »Moment« aus der Vielfalt seines Lebens – wobei »Moment« die eigentlichen Minuten der Leinwandbemalung sein kann oder die Gesamtdauer eines luziden Dramas, das in Zeichensprache aufgeführt wird. Der Malakt ist von der gleichen metaphysischen Substanz wie das Leben des Künstlers. Die neue Malerei hat alle Unterschiede zwischen Kunst und Leben hinfortgewischt. Daraus folgt, dass einfach alles relevant für sie ist. Alles, was mit Aktion zu tun hat: Psychologie, Philosophie, Geschichte, Mythologie, Heldenverehrung.[13]

Rosenberg beschrieb die gestische Malerei als das Ergebnis einer persönlichen Revolte, die zu einer kreativen Befreiung nicht nur vom Objekt, sondern auch von der Kunst, der Gesellschaft und der Vergangenheit geführt habe. Jedes Bild wiederhole das Drama der Befreiung, jedes Werk repräsentiere einen Akt der Selbsterschaffung. Doch anders als die europäischen Künstler, die mit der Ablehnung von Werten die bestehende Gesellschaft kritisierten und verändern wollten, beabsichtige der amerikanische Künstler, seine Welt auf der Leinwand auszudrücken.

Auch hier dürfte Rosenberg bewusst gewesen sein, dass er nichts anderes als Pollocks Arbeiten beschrieb. Kein anderer Künstler hatte sein Innerstes so nach außen gekehrt wie Pollock, kein anderer Maler mehr riskiert und gegen die bestehenden Dogmen der Kunstwelt revoltiert. Niemand war amerikanischer als er, keiner stand dem einfachen, hart arbeitenden Amerikaner näher. Und kein anderer Künstler stellte den Malprozess so in den Mittelpunkt. Es war Pollock, der wie in einer Stierkampfarena um die Leinwand tänzelte und in einem revolutionären Schaffensakt sein Werk erschuf, das Leben und Kunst miteinander vereinte. Spätestens in diesem Moment musste Rosenberg gemerkt haben, dass er in einem Dilemma steckte, denn seine schönen Theorien vom Künstler als Existenzialisten, als amerikanischem Pionier und revolutionärem Helden trafen auf einen ganz besonders zu: Jackson Pollock. Alle anderen

Künstler, die Rosenberg mochte, Baziotes, de Kooning und Gorky etwa, waren zu europäisch, zu wenig revolutionär oder zu intellektuell. Rosenbergs Problem bestand darin, dass er Pollocks Kunst schlicht nicht mochte. Er verabscheute dessen Bekanntheit, und dessen Kunst erschien ihm als zu unpolitisch. Rosenberg befand sich folglich auf einer Gratwanderung: Es galt, Pollock und dessen Malprozess zu loben, ohne Pollock selbst zu nennen.

Rosenberg hatte Pollocks Kunst so detailliert behandelt, dass jeder erkennen konnte, wer sich hinter dem beschriebenen Künstlertyp verbarg. Nun musste der Kritiker einen Grund finden, mit dem er Pollocks Werke attackieren konnte, damit man ihm nicht nachsagen würde, dass er Pollocks Arbeiten verherrliche. »Zur Bewährungsprobe der neuen Bilder wird ihre Aufrichtigkeit«, so Rosenberg, »und der Test der Ernsthaftigkeit ist, in welchem Maße die Bemühungen des Künstlers auf der Leinwand sichtbar werden, seine Erfahrungen in Kunst umzuarbeiten.«[14] Ernsthafte Kunst war für Rosenberg ein existenzialistisches Drama, das der Selbsterfahrung des Künstlers diene. Und selbst wenn der Künstler seinen Stil nach einer zerreißenden persönlichen Revolte erreiche und diese Revolte ein jedes Mal, wenn er male, wiederhole, müsse er aufrichtig sein. Wieder nennt Rosenberg keinen Namen, doch wird offensichtlich, dass er Pollock diese Aufrichtigkeit aberkennt und in dessen Arbeiten eine Hinwendung zum Mystizismus sieht, die ihn dazu veranlasst, Pollocks Kunst als »einfache Malerei« und »unverdientes Meisterwerk« zu kritisieren. Wenn sich ein Künstler zum Sprachrohr des Mystischen erhebe und der persönliche Kampf des Künstlers nicht mehr Teil des dramatischen Dialogs auf der Leinwand sei, verkomme das Leben und die Arbeit des Künstlers zur bloßen Dekoration, seine Kunst zu einer »apokalyptischen Tapete«. Der Größenwahn des Künstlers, den dieser mit der Behauptung, das Mystische spreche aus ihm, an den Tag lege, wurde von Rosenberg kritisiert. Die Bilder des Künstlers gälten nicht mehr als Sinnbild seines persönlichen Kampfes, der Maler sei kein wirklicher Künstler mehr. Er werde zur »Massenware mit einem Markenzeichen«, als die er fortan durch die Kunstwelt geistere.

Rosenberg erklärte niemals konkret, auf wen sich der Artikel bezog, doch vermeinten einige in dem beschriebenen Künstlertypus de Kooning zu erkennen. Im März 1953, nur wenige Monate nach Erscheinen des Essays von Rosenberg, veröffentlichte Thomas B. Hess in der Zeitschrift *Art News* den Artikel »De Kooning Paints a Picture«. In diesem versuchte er, de Kooning als Action Painter darzustellen, dessen Malprozess, gebildet aus sich wiederholenden technischen und konzeptuellen Elementen, als eine Aktion aufzufassen sei. Allerdings bewiesen die Fotografien Rudolph Burckhardts, die dieser von dem Künstler aufgenommen hatte, eher das Gegenteil. Sie dokumentieren, wie de Kooning in einem durchdachten Prozess aus sich wiederholenden Malakten, unter Verwendung von Skizzen und Zeichnungen, ein Bild entstehen ließ. Greenberg erinnerte sich, dass Elaine de Kooning lächelnd zustimmte, als er ihr gegenüber die Vermutung äußerte, dass Rosenberg, als er seinen Essay schrieb, nicht im Entferntesten an de Kooning gedacht habe: »Sie vertraute mir an, dass sie genau wusste, dass Harold nicht an Bill gedacht hatte.«[15] 1970 schrieb Rosenberg rückblickend: »Action Painting sollte nicht Rothko, Still, Gottlieb oder Newman beschreiben. Und auch nicht Gorky [...]. Kurz gesagt: A. P. [Action Painting] ist kein Synonym für den Abstrakten Expressionismus, auch wenn es eine Verbindung gibt [...].«[16] Klarer konnte Rosenberg kaum zum Ausdruck bringen, auf wen er in seinem Artikel anspielte, ohne zugleich einen Namen zu nennen. Pollock gegenüber bestritt er allerdings, dass er sich in seinem Essay auf ihn bezogen habe, und erwähnte dies auch in einem Artikel aus dem Jahr 1961.[17]

Als der Künstler Paul Brach »The American Action Painters« las, konfrontierte er Rosenberg mit dessen Absichten: »Du hast diesen Artikel nur geschrieben, um Jackson eins auszuwischen.« Rosenberg lächelte nur und antwortete: »Du bist ein schlauer Junge.« Dass Rosenberg seinen Essay einzig zu dem Zweck verfasst hatte, um Pollock zu schaden, ist sicher übertrieben. Dem Kritiker lag vor allem daran, die amerikanische Kunst in einem Aufsatz zu würdigen und sie klar zu definieren, ihr vielleicht sogar einen neuen Namen zu geben. Ihm wird aber wohl bewusst gewesen sein, dass nur Pollock seinem Bild vom amerikanischen Künstler entsprach, und diesen lobend hervorzuheben widerstrebte ihm sehr. Doch der behandelte Künstlertyp ließ sich auch keinem anderen Künstler mehr zuordnen. Rosenberg hatte so viel Mühe darauf verwandt, Pollocks Namen aus seiner Theorie herauszuhalten, dass seine Theoreme derart abstrus und abstrakt geraten waren, dass sie sich im Grunde auf keinen aktuellen Künstler mehr beziehen ließen. Den Künstler, den Rosenberg beschrieb, gab es nicht; der einzige, der ihm am nächsten kam, war Pollock. Der Schaffensprozess von Malern wie Rothko, Still und Newman, die zu den zentralen Figuren des Abstrakten Expressionismus gehörten, entsprach niemals dem energiegeladenen, spontanen Malakt, wie ihn Rosenberg forderte, sondern war eher ruhig und durchdacht. Auch die von Rosenberg verlangte politische Aktion im Schaffensakt traf auf kaum einen der Abstrakten Expressionisten zu, und das »Agieren in einer Arena« ist nur schwer zu realisieren, wenn die Leinwand auf einer Staffelei oder an einer Wand gelehnt steht.

Innerhalb des Club und der Cedar Tavern, der »Vereinskneipe« der Club-Mitglieder, genoss Rosenberg unumwundene Bewunderung und galt vielen als intellektueller Mentor. Man schätzte seinen Umgang mit den Künstlern, die er respektvoll und nicht herablassend behandelte. Am meisten aber bewunderte man an Rosenberg, dass er nicht Greenberg war, eben nicht jener intellektuelle, unnahbar erscheinende Kritiker, der die Künstler in ihren Ateliers besuchte und ihnen vorschrieb, was und wie sie zu malen hätten. Mit Rosenberg gab es jemanden, der einen zweiten Blick auf die abstrakte Kunst ermöglichte, der hinter der Kunst auch den Künstler wahrnahm, und für den auch die Bildaussage und der Inhalt eines Werkes von Bedeutung waren. Doch mit seinem Essay stieß Rosenberg bei vielen Künstlern auf Kritik. Viele sahen sich in ihrer Individualität verletzt und lehnten es ab, unter einem übergeordneten Titel verschlagwortet zu werden. Rothko meinte: »Rosenberg versucht, Dinge zu interpretieren, die er nicht versteht und die nicht interpretiert werden können. Ein Gemälde braucht niemanden, der versucht, es zu erklären. Wenn es irgendwie gut ist, spricht es für sich selbst, ein Kritiker, der versucht, da etwas hinzuzufügen, ist anmaßend.«[18] Still fühlte sich gar persönlich angegriffen und schrieb Rosenberg einen bitterbösen Brief. In diesem warf er dem Kritiker Unkenntnis von Kunstgeschichte, Ästhetik und Philosophie vor. Er schäme sich und sei enttäuscht, Rosenberg sei nichts anderes als ein intellektueller Tölpel.[19]

Auch andere Künstler begegneten dem Essay Rosenbergs mit Skepsis und Kritik. Sie bemängelten, dass es nicht ihre Art zu arbeiten sei, die in dem Artikel beschrieben werde, selbst die meisten Action Painter würden eher langsam und bedächtig malen – ohne furiosen Schwung. Für sie zählte weniger der künstlerische Schaffensprozess als vielmehr das Ergebnis. Das fertige Bild jedoch fand in Rosenbergs Essay keine Erwähnung. Malerei sei aber mehr als eine reine Herstellung von Bildern. Die Künstler monierten, dass jedes Werk einem Gestaltungswillen unterworfen sei; die Erschaffung einer kompositionellen Ordnung sowie Bildwirkung sei für sie durchaus von großer Wichtigkeit und werde nicht allein der Spontaneität oder Zufälligkeit überlassen. Die Formlosigkeit der Abstraktion schließe ja nicht aus, dass es einen Willen zur Gestaltung gebe. Auch Pollock hatte seinen Gestaltungswillen vielfach betont. Ausdrücklich hatte er immer wieder darauf hingewiesen, dass es nicht der Zufall sei, der die Gestaltung eines Bildes bestimme, sondern er. Das vollendete Bildwerk wurde von ihm mehrmals betrachtet und gegebenenfalls nachbearbeitet. Für Pollock zählte also nicht allein der Malprozess als künstlerische Aktion, sondern vor allem das Ergebnis und dessen Wirkung. Der Abwägungsprozess und die immer wieder sich selbst und anderen gestellte Frage »Does it work?« zeigen dies deutlich.

Die plakative Benennung der gestischen Malerei als Action Painting sollte dennoch ihren Eingang in die Kunstgeschichte finden, und schon wenige Wochen nach Erscheinen des Artikels war der Begriff in aller Munde. Eifrig wurden der Essay und die Benennung der Maler als Action Painter diskutiert und erörtert. So hatte Rosenberg erreicht, was er beabsichtigt hatte: Er hatte den New Yorker Künstlern seinen Stempel aufgedrückt.

Clement Greenberg verhielt sich ruhig, obwohl auch er nicht von Angriffen verschont blieb. Rosenberg hatte sich in seinem Essay auch mit der Kunstkritik beschäftigt und heftig auf Greenberg gefeuert: »Der Kritiker, der weiterhin in Begriffen wie Schulen, Stilen, Formen urteilt, als ob der Künstler noch immer mit der Produktion einer Art Gegenstand (dem Kunstwerk) beschäftigt wäre, statt auf der Leinwand zu leben, muss da wie ein Fremder wirken.«[20] Der Künstler müsse sich auf der Leinwand ausdrücken, Kunst um ihrer selbst willen, wie sie Greenberg propagiere, sei leer. Die neue amerikanische Malerei sei keine reine Kunst, so wie Greenberg sie erschaffen wolle, da die Austreibung des Gegenstandes nicht etwa um der Ästhetik willen geschah, sondern damit nichts dem der Selbstverwirklichung dienenden Akt des Malens in die Quere komme. Für Rosenberg war sein Rivale Greenberg, der sich nur der Ästhetik verpflichtet fühle, ein Mitglied der »Geschmacksbürokratie«. Er habe die Kunst der Avantgarde betrogen, so Rosenberg, indem er sich mit den Kräften des kommerziellen Establishments zusammentat, das die Avantgardekünstler zwar nutze, aber nicht wertschätze.

Greenberg geißelte den Terminus »Action Painting« als eine sprachliche Wortschöpfung, die sich auf nichts in der Realität beziehen lasse, und erklärte Lee: »Du bekämpfst jemanden nur, wenn du ihn respektierst, und ich respektiere Harold nicht. Er spricht nicht die Wahrheit.«[21] Damit war die Sache für ihn erledigt. Greenberg hatte seine Gründe für diese ungewöhnliche Zurückhaltung und Einsilbigkeit. Seine dogmatische Verteidigung der abstrakten Kunst hatte bei der *Partisan Review* inzwischen Missfallen ausgelöst. James Johnson Sweeney war zum Mitglied des Herausgebergremiums der Zeitschrift ernannt worden und Greenberg wusste, dass Sweeney seine Kritiken nicht mochte. Warum also sollte sich Greenberg wegen eines Künstlers, dessen Arbeiten er inzwischen selbst infrage stellte, mit seinen Vorgesetzten streiten? Noch viel wichtiger aber war ihm, seine Entdeckung, die talentierte und attraktive junge Malerin Helen Frankenthaler, nicht zu gefährden, denn sie entsprach Greenbergs formalistischen Forderungen in sehr viel höherem Maße, als dies für Pollock galt, den er ohnehin als über seinen Zenit hinaus erachtete. Greenberg gefiel längst nicht mehr, was Pollock schuf.

Erst 1962 äußerte er sich in einem Aufsatz zu Rosenberg und kritisierte dessen Thesen. In »How Art Writing Earns Its Bad Name« nannte er Rosenberg einen Komiker, der Pseudodiskurse führe und damit die Kunst ins Lächerliche ziehe.[22] Auf den Artikel antwortete Rosenberg einige Monate später und spielte belustigt auf Greenbergs Beratertätigkeit als Kunstexperte an.[23] In einem 1964 erschienenen Essay verhöhnte er Greenberg erneut. Der Aufsatz trug den Titel »After Next, What?«[24] – eine Anspielung auf Greenbergs Essay »After Abstract Expressionism«[25] aus dem Jahr 1962.

Seine Meinung über Pollock änderte Rosenberg erst in den 1960er Jahren. 1961 lobte er Pollocks Malerei und dessen rigorosen Schaffensakt. Er entschuldigte Pollocks Allüren als notwendig, um trotz des mühseligen Lebens malen zu können. Bei der Pollock-Retrospektive, die 1967 im MoMA ausgerichtet wurde, pries Rosenberg den Künstler als archetypischen Action Painter. Und als man ihn 1970 fragte, wer aus der ersten Generation der Abstrakten Expressionisten ein Action Painter sei, entgegnete Rosenberg: »Pollock war sicher einer der Hauptprotagonisten.«[26]

Natürlich las man Rosenbergs Artikel über das Action Painting auch in der Fireplace Road. Lee begriff schnell, dass darin versucht wurde, ihren Mann zu diskreditieren. Wen konnte Rosenberg schon meinen, wenn er auf einen der Anführer des neuen Stils anspielte, auf »B.[enton]« verwies, von täglicher Vernichtung und Größenwahn fabulierte und über unverdiente Meisterwerke sprach? Lee hatte wohl gehofft, dass Greenberg ihrem Mann zur Seite springen und ihn öffentlich verteidigen würde, doch sie wurde enttäuscht.

Pollock war entsetzt und fühlte sich verraten.[27] Auch ihm war klar, auf welchen Maler Rosenberg mit seinen Anspielungen zielte, und er nannte den Artikel später mehrfach »Rosenbergs Ding über mich«.[28] Er erinnerte sich auch an die Zugfahrt und das Gespräch über den »Akt des Malens«. Doch Rosenberg schien ihn falsch verstanden und seine Thesen verstümmelt zu haben: »Wie dumm! Ich sprach über den Vorgang des Malens, ich legte den Akt des Malens dar, nicht die Aktionsmalerei. Harold hat das alles falsch verstanden.«[29] Rosenberg tat, als ginge es ihm nur um den Malprozess und nicht um die Erschaffung guter Bilder. Pollock war wütend auf den Kritiker und ließ ihn das spüren. Mehrmals tauchte er betrunken vor dem Haus der Rosenbergs auf und schrie wütend: »Ich bin der verdammt beste Maler der Welt!«[30]

Der Streit eskalierte, als Willem de Kooning und Philip Pavia in den Wochen nach der Veröffentlichung von Rosenbergs Artikel bei Jackson vorbeischauten. Lee hatte sich in ihrem Zorn noch nicht beruhigt, da kamen ihr die beiden Künstler gerade recht. Als sie über den Artikel schimpfte, verkündete de Kooning ruhig, dass er den Artikel möge, und verteidigte Rosenberg. Lee reagierte äußerst aggressiv und so beschlossen de Kooning und Pavia, den Rückzug anzutreten. Doch Lee sollte das nicht vergessen: Sie begann, die de Koonings mit Anrufen zu terrorisieren, und beschuldigte Willem, sie, Jackson und die Kunst verraten zu haben. Sie glaubte, de Kooning wolle Pollock vom Sockel stoßen, um dessen Platz einzunehmen. In ihrer blinden Wut unterstellte sie Elaine de Kooning, die Schuld daran zu tragen, dass Thomas B. Hess Jackson in seinem Buch so geringschätzig behandelt hatte. Während sie Hess später vergab und ihn sogar fragte, ob er ein Buch über Pollocks Serie von Schwarz-Weiß-Bildern schreiben wolle, blieb die Beziehung zu den de Koonings angespannt.[31] Aber auch Elaine hatte ihre Vorbehalte gegen Lee. Mehrfach beschwerte sie sich über deren extreme Beschützerrolle, die Lee gegenüber Jackson eingenommen hätte, um ihn abzuschirmen und versuchen zu können, seinen Ruf zu festigen. Nicht ohne Vergnügen beobachtete sie Lees endlose Mühen, Jackson vor seinen selbstzerstörerischen Attacken zu schützen und seine Sünden vor der Welt zu verbergen.[32] Elaine war der Meinung, dass Jackson das Rampenlicht lange genug für sich allein beansprucht hätte. Auch Rosenbergs Frau May beschuldigte Lee, alle Rivalen Jacksons aus dem Weg räumen zu wollen, woraufhin diese sie als »paranoid und psychotisch« bezeichnete. May feuerte zurück und unterstellte Lee auf sarkastische Weise, an einer schweren Verlaufsform von Demenz zu leiden. Überdies beschuldigte sie sie, nur am Geld interessiert zu sein, weshalb sie schon seit Jahren die reichsten und wichtigsten Sammler um Pollock versammle und so die anderen Künstler vom Kunstmarkt verdränge.

Auch wenn de Kooning Rosenberg vor allem deshalb in Schutz nahm, um Lee zu provozieren, verwundert seine Parteinahme nicht. Er und der Kritiker kannten sich schon seit der Zeit der WPA und sahen sich seit dem Sommer 1952, als sich de Kooning im Wohnhaus Leo Castellis in East Hampton ein Atelier eingerichtet hatte, häufiger. Rasch entwickelte sich eine engere Freundschaft. Sie diskutierten leidenschaftlich über Kunst und gaben sich gern dem Alkohol hin. De Kooning soll mehrfach versucht haben, Rosenberg, dem eine geradezu unverbrüchliche Standfestigkeit zugesprochen wurde, unter den Tisch zu trinken. Dass de Kooning zum Alkoholiker wurde, soll nicht zuletzt die Schuld Rosenbergs gewesen sein.[33] Der Kritiker war kein glühender Verehrer de Koonings, auch wenn er dessen Bildwerke mochte. Er bevorzugte Hofmann, Baziotes und Gorky. De Kooning hatte wenig von dem idealen Action Painter, den Rosenberg in seinem Essay entworfen hatte. Er war weder Amerikaner noch ein revolutionärer Held, noch als spontan wirkender Action Painter zu beschreiben. Friedel Dzubas, ein Künstlerfreund Pollocks und de Koonings, erzählte, wie sehr sich de Kooning bei der Erschaffung eines Bildes abgemüht habe: »Ich wusste genau, wie sehr er sich selbst quälte, wie er immer versuchte, so eine Art absolute Antwort zu finden, ein absolutes Meisterwerk.«[34] Aber auch wenn de Kooning nicht perfekt in Rosenbergs Muster vom Avantgardekünstler passte und nicht mit der Vergangenheit gebrochen hatte, sah Rosenberg ihn als den legitimen Anführer der New Yorker Künstler an.

Obgleich sich eine Rivalität zwischen de Kooning und Pollock nicht vermeiden ließ, mochten sich die beiden oder respektierten sich zumindest. Zu Lionel Abel sagte Pollock über de Kooning: »Hier haben wir einen Maler, der besser ist als ich.«[35] Und auch Reuben Kadish erinnerte sich daran, dass Jackson immer in den höchsten Tönen von de Kooning gesprochen habe – woran auch die wachsende Feindschaft zwischen Lee und den de Koonings wenig zu ändern vermochte. Nachdem sich Pollock und de Kooning einmal gestritten hatten, beklagte sich Pollock am nächsten Tag bei seinem Freund Nicolas Carone: »[...] Jackson rief mich total traurig an und sagte mir, dass [...] Bill nicht verstehe. ›Bill ist mein Freund. Ich glaube, Künstler sollten brüderlich sein.‹ Genau das war es, was er wollte, brüderliche Liebe, und dafür wollte er kämpfen. Dann sagte er: ›Er denkt vielleicht, ich sei neidisch oder so etwas, aber ich bewundere ihn wirklich.‹«[36]

Allen Beschwerlichkeiten zum Trotz hörten Pollock und de Kooning niemals auf, sich zu treffen. Gemeinsam genossen sie Alkohol und diskutierten über Kunst. Auf die Frage, welchen Maler Pollock am meisten bewundere, entgegnete dieser: »Nur Bill.« Und als man de Kooning dieselbe Frage stellte, gab dieser zur Antwort: »Jackson.«[37] Eines Abends, als die beiden Künstler zusammen vor der Cedars Tavern saßen, sagte de Kooning: »Jackson, du bist der größte Maler Amerikas.« Und Jackson antwortete: »Nein, Bill, du bist der größte Maler Amerikas.«[38]

Trotz der gegenseitigen Wertschätzung herrschte jedoch immer auch eine gewisse Anspannung zwischen den beiden Malern. Als Künstlerrivalen buhlten Pollock und de Kooning um die Gunst des Publikums und der Kritiker. Ihre Rivalität war weniger eine künstlerische als vielmehr ein Ringen um die

Aufmerksamkeit der Öffentlichkeit. Sicher spielte auch Neid eine Rolle. Pollock war eifersüchtig auf de Kooning, der von den Künstlerkollegen geliebt und geachtet wurde und in der New Yorker Kunstszene großes Ansehen genoss. Und de Kooning war neidisch auf Pollocks Ruhm und dessen finanziellen Erfolg. Er selbst gab zu: »Ich war neidisch auf ihn – auf sein Talent.«[39]

Greenberg war sich sicher, dass Pollock de Kooning niemals ernstlich gemocht habe. Zudem glaubte er, dass Pollocks Aggressionen, die von vielen nur als bloße Spielerei abgetan wurden, echte Aggression gegen Kline und de Kooning waren, denn gegen Menschen, die Pollock mochte, wie Tony Smith oder James Brooks, habe er diese spielerische Gewalt niemals eingesetzt.[40] Am 16. März 1953 war Pollock bei der Vernissage zu de Koonings Ausstellung in Janis' Galerie zu Gast. An den Wänden hingen fünf große Gemälde und einige Zeichnungen; im Mittelpunkt stand der Gemäldezyklus *Woman*, der gequält anmutende Frauendarstellungen umfasst. Die gestisch abstrahierten Bilder zeigen Frauenfiguren mit maskenhaften Fratzen und üppigen Brüsten. Der Rest verschwindet in einem Farbenrausch, der mittels wuchtiger Pinselstriche gebildet ist. Wie Pollock hatte auch de Kooning unter einer scheinbar übermächtigen Mutter gelitten und Probleme mit Frauen. Sicher konnte Pollock die Kraft von de Koonings Bildern besser als jeder andere erfassen; in gewisser Weise waren die beiden Künstler Brüder im Geiste, denn die Werke de Koonings, die zwischen Figuration und Abstraktion changieren, entsprachen Pollocks quälenden Visionen von Frauen aus früheren Jahren.[41] Jackson war völlig verstört und versuchte, seine Irritation im Alkohol zu ertränken. Auf der Feierlichkeit im Anschluss an die Ausstellungseröffnung schrie er dann: »Bill, du hast es verraten. Du macht es immer noch figurativ, du machst immer noch die gottverdammte gleiche Sache. Du weißt genau, dass du nie aufgehört hast, ein figurativer Maler zu sein.« Pollock sah in de Kooning stets einen europäischen Maler, der sich nie von einer figurativen Bildsprache hatte lösen können.[42] »Nun, was machst du, Jackson?«, war die Antwort de Koonings, mit der er auf Jacksons Rückkehr zur Figuration vor zwei Jahren anspielte. Doch Jackson missverstand ihn und glaubte, sein Kollege beziehe sich auf seine Arbeitsblockade. De Kooning und alle anderen wussten, dass Pollock in den vergangenen Monaten kaum noch etwas gemalt hatte. Pollock stürmte aus dem Raum und begab sich zur nächsten Bar, wo er sich betrank und dann mit einem Bekannten prügelte. Anschließend rannte er auf die Straße und wartete, bis ein Auto herangefahren kam – es verfehlte ihn nur um wenige Zentimeter.[43] Für de Kooning wurde die Ausstellung ein großer Erfolg und man begann, ihn als zweiten wichtigen Abstrakten Expressionisten neben Pollock zu betrachten.

Dass Lee gegen Rosenberg in den Kampf zog, konnten zahlreiche Künstlerkollegen nachvollziehen, auch wenn sich viele von ihnen schützend vor Rosenberg stellten. Doch in ihrem Bemühen um die Gunst der Kollegen machte Lee einen entscheidenden Fehler: Sie intrigierte gegen de Kooning, der sich unter den Künstlern einer hohen Beliebtheit erfreute. De Kooning galt als sensibel und intelligent, als hilfsbereit und bescheiden. Anders als Pollock lebte er in der Downtown-Künstlergemeinschaft New Yorks. Junge Künstler bewunderten und respektierten ihn. Eine Aura der Genialität umgab ihn, jeder Satz und jede Bemerkung, wie kryptisch sie auch war, wurde aufmerksam registriert. Für die Arbeiten anderer fand er stets lobende Worte, und immer war er für die jüngeren Künstler da. Anders als Jacksons Kunst, die selbst vielen Bewunderern Rätsel aufgab, wurden de Koonings Werke begeistert aufgenommen. Der Künstler bediente sich einer Bildsprache, die man auf Anhieb verstand. Pollocks Werke hingegen waren schwer zugänglich und sperrten sich gegen eine rasche Erkenntnis. De Kooning konnte man nachahmen, Pollocks Arbeiten waren so einzigartig, dass jede Nachahmung zur bloßen Kopie geraten wäre. »Wenn du eine Wahl hattest und die ganze Tradition westlicher Kunst aufnehmen wolltest«, so der Kunsthistoriker Irving Sandler, »dann warst du gegen Jackson und für Bill. Jackson mag vielleicht ein Genie gewesen sein, aber der Maler war Bill.«[44]

In ihrer Wut und Verärgerung begann Lee einen Kriegszug gegen die vermeintlichen Feinde Pollocks. Sie ließ alle Welt wissen, dass Rosenberg die Idee und die Bezeichnung »Action Painting« von Jackson gestohlen habe. Pollock hatte Greenberg erzählt, dass viele Ideen, die Rosenberg in seinem Artikel »American Action Painters« verarbeitet hatte, aus ebenjenem Gespräch zwischen ihm und dem Kritiker stammten, das beide während einer Zugfahrt geführt hatten.[45] Rosenberg, der sich dieser Zugfahrt entsann, bestritt allerdings, die Idee gestohlen zu haben. Zu Lionel Abel sagte er, dass es zwar tatsächlich Jackson gewesen sei, der den Begriff als erster benutzte, dies jedoch nur deshalb getan hätte, weil Rosenberg ihm diese Idee quasi in den Mund gelegt habe. Als Rosenberg unter Druck geriet, leugnete er, die Idee oder die Bezeichnung irgendjemand anderem als sich selbst zu verdanken, am wenigsten Pollock. Und er ging noch weiter. Er behauptete sogar, dass der Artikel gar nichts mit Pollock zu tun habe.[46]

Der Streit eskalierte. Lee beschuldigte einen jeden, gegen sie und Jackson zu intrigieren, selbst langjährige Freunde wie die Zogbaums blieben nicht verschont. Von jedem verlangte sie, sich für eine Seite zu entscheiden, wobei sie lediglich zwei Möglichkeiten gelten ließ: für oder gegen Jackson.[47] Rosenberg spielte auf ihre Herkunft als russische Jüdin an, als er über Lee sagte: »Manche Menschen waren zu lange unter Stalinisten, sodass sie anfangen, wie Stalin zu handeln.«[48] Ein deutlicher Satz, der bewies, was Rosenberg über Lees Umgang mit Jacksons »Feinden« dachte. So kam es, dass Lee Jackson zunehmend isolierte, denn die meisten Freunde und Kollegen wollten sich nicht vereinnahmen lassen. Andere enge Freunde verließen das Land: Harry Jackson ging im Sommer 1953 nach Europa, um dort Kunst zu studieren, Tony Smith reiste zu seiner Frau nach Deutschland. Auch das Verhältnis zu Greenberg hatte sich verschlechtert. Schon 1952 und 1954 hatte Greenberg darauf verzichtet, Pollocks Ausstellungen zu rezensieren, ein deutlicher Hinweis auf Greenbergs Missfallen: Ehe er gezwungen war, etwas Schlechtes zu sagen, sagte er wohl lieber gar nichts. Der Kritiker besuchte Pollock nur noch selten, und trafen sich die beiden, gab es meist Streit. Als Greenberg im Streit mit Rosenberg nicht öffentlich Partei für Pollock ergriff, war dieser enttäuscht und die Freundschaft der beiden nicht mehr dieselbe wie einst. Als der Künstler Nicolas Carone Jackson Mitte der Fünfzigerjahre die Frage stellte, wer dessen Kunst, nach Meinung Jacksons, verstehe, und ob Greenberg dies tue, antwortete der Künstler verächtlich: »Nicht ein kleines bisschen.« Nach kurzem Überlegen fügte er hinzu: »Es gib nur einen Menschen, der meine Bilder versteht, und das ist John Graham.«[49]

Jacksons Benehmen, wenn er betrunken war, nahm in jener Zeit furchtbare Züge an. Während einer Party verließ er wütend das Haus. Einige Minuten später gab es draußen einen gewaltigen Krach. Die Gäste stürmten ins Freie und sahen, dass Jackson den schönen, blau-weiß gestrichenen Zaun des Gastgebers niedergefahren hatte. Ohne sich weiter darum zu scheren, bedachte er die erstaunten Anwesenden mit einem »Fickt euch!« und brauste davon.[50] Aber auch Lee benahm sich fürchterlich und brachte die New Yorker Künstlerszene durch den Konflikt mit den Rosenbergs und de Koonings gegen sich auf. Sie ließ keine Gelegenheit aus, um ausführlich darüber zu reden, zum Leidwesen der meisten Freunde und Bekannten, denen die unaufhörlichen Tiraden auf die Nerven fielen.

Jacksons und Lees Verhalten führte dazu, dass die Pollocks in der Kunstwelt auf Empörung und Ablehnung trafen. Ganz anders erging es de Kooning, der im Sommer 1954 ein im viktorianischen Stil erbautes Haus in Bridgehampton bezog. Gemeinsam mit seiner Frau, Franz Kline, Nancy Ward und Ludwig Sander betrieb er hier ein Atelier. Das Haus wurde schnell zu einem sozialen Treffpunkt der Künstler. Beinahe jeden Abend fanden Partys statt, es herrschte ein stetes Kommen und Gehen.[51] Der einzige, der nicht willkommen war, war Pollock, was ihn allerdings wenig zu stören schien. Und so ließ er es sich nicht nehmen, gelegentlich dort aufzutauchen. Die Gäste flüchteten, sobald sie hörten, dass Jackson im Anmarsch war. Wenn sie Glück hatten, war er nüchtern und begnügte sich damit, still in der Ecke zu sitzen oder sich auf dem Schwarz-Weiß-Fernseher Western und Cowboyserien anzusehen. Doch meist erreichte er das Haus schon in betrunkenem Zustand, stürzte noch ein paar Bier hinunter und versuchte, eine Schlägerei anzuzetteln. Lee fand sich nur selten ein. Meist kam sie nur kurz und blieb so lange, bis man ihre Anwesenheit bemerkt hatte, um ihre Abscheu dann mittels eines schnellen Abgangs kundzutun.

Während viele Freunde Pollock inzwischen mieden, traten neue Menschen in sein Leben. Conrad Marca-Relli, einer der Mitglieder des Club, zog in jenem Sommer in Pollocks unmittelbare Nachbarschaft. Als er eines Tages den Kamin erneuerte, stolperte Pollock herein und bot freundlich seine Hilfe an. Unsicher lehnte Marca-Relli ab. Er war bereits vor Pollock gewarnt worden. »Lass mich helfen«, sprach dieser, »ich bin darin echt gut.« Marca-Relli jedoch gab sich zurückhaltend, er hatte Angst, dass Pollock sein mühsames Werk zerstören könnte, und schickte seine Frau zu Lee, damit diese ihren Ehemann abholen käme. Als dieser das Verschwinden Anita Marca-Rellis bemerkte, fragte er traurig: »Sie geht doch nicht los, um Lee zu holen, oder? Du hättest das nicht tun müssen. Ich habe doch nichts falsch gemacht.« Marca-Relli fühlte sich furchtbar und meinte, dass er Pollock »seit diesem Zeitpunkt […] stets anständig behandelt [habe], egal ob er betrunken war oder nicht«. Marca-Relli revidierte seine vorgefasste Meinung über den Maler: »Einmal kam er betrunken zu uns und fragte nach mir, als ich nicht da war, und Anita bat ihn auf eine Tasse Kaffee herein. Aber er küsste nur ihre Hand, er war so lieb und nett, obwohl er betrunken war, und sagte nur, dass er mich sehen wollte und ging.«[52] Marca-Relli und Pollock verstanden sich prächtig und wurden in den nächsten Jahren enge Freunde.

Auch Pollocks Nachbar John Cole glaubte, dass Pollock im Grunde ein liebenswerter Mensch gewesen sei. Nur wenn er getrunken habe, habe er sich in ein Monster verwandelt und ein furchtbares Verhalten an den Tag gelegt: »Er wurde so leicht betrunken und hielt sich dann nicht mehr zurück. Alles, was er dann tat, war spucken, sabbern, niesen, husten, rotzen und pissen. Er war ein Schwein, ein einziges Ärgernis […]. Aber es gab auch eine unglaubliche Liebenswürdigkeit in ihm – absolut.«[53]

Kapitel 25
Grabenkämpfe (1953–1956)

Anders als in früheren Jahren fiel es Pollock im Sommer 1953 schwer, sich auf die Malerei zu konzentrieren. Sein Atelier war leer und die nächste November-Ausstellung in Janis' Galerie nicht mehr fern. Doch anstatt sich Farbe und Leinwand zuzuwenden, fuhr Pollock darin fort, sich hemmungslos zu besaufen. Es verging kaum ein Tag, an dem er nicht betrunken war. Er fühlte sich einsam und niedergeschlagen. Nur selten kamen Gäste vorbei. Neben den Potters, den Littles und Ossorio kamen gelegentlich de Kooning, Pavia und Kline zu Besuch, doch wurden die drei New Yorker Künstler von Lee jedes Mal abgewimmelt. Nur wenn diese nicht da war, durften die »New York Gangster«, wie Lee das Trio bezeichnete, vorbeikommen, dann trieb man allerlei Späße oder spielte Poker. Zu Beginn eines solchen Abends widmeten sich die Künstlerfreunde dem Pokerspiel noch auf ernsthafte Weise, doch mit fortschreitender Stunde stieg auch der Grad der Trunkenheit. Wie so oft wurde Pollock wütend und beschimpfte die anderen, wenn sie das Spiel gewannen. Irgendwann waren dann alle so berauscht, dass es drunter und drüber ging, die Männer beleidigten und prügelten sich; allerdings hatten sie reichlich Spaß dabei. Die Besuche endeten erst, als eines Abends jemand anregte, schwimmen zu gehen. Wie immer waren die Künstler bereits sturzbetrunken, schwangen sich aber trotzdem auf ihre Fahrräder. Es kam, wie es kommen musste: Innerhalb kürzester Zeit fiel Pollock mehrmals vom Rad, irgendwann konnte er nicht mehr aufstehen. Auf die Seite gekippt lag er da und hörte nicht auf, in die Pedale zu treten. Da er kurze Hosen trug, schmirgelte ihm die asphaltierte Straße die Haut blutig. Doch niemand durfte ihn anfassen, emsig strampelte er weiter, bis Ellenbogen und Beine zerschunden waren. Schließlich beschlossen die anderen, ihn gemeinsam zu packen und nach Hause zu tragen. Als Lee ihn am nächsten Tag sah, war sie schockiert und setzte von nun an alles daran, die Freunde fernzuhalten.[1]

Im August 1953 luden die Pollocks Stella nach Springs ein. Es war ein verzweifelter Versuch, Pollock Linderung und Ruhe zu verschaffen. Pollocks Mutter war mittlerweile achtundsiebzig Jahre alt und litt unter Rheumatismus. Sie hatte sich einer Kur unterzogen und wohnte seit einigen Wochen bei Charles. Die Arbeit in Sandes und Arloies Haushalt war ihr inzwischen zu viel geworden und die beengten Verhältnisse in der kleinen Wohnung der McCoys eine Zumutung. Zudem war ihr Verhältnis zu Arloie von Spannungen geprägt. Springs muss Stella da wie ein Paradies erschienen sein: Die gesunde Luft, die schöne Landschaft und das nahe New York mit all seinen Reizen waren für sie sicherlich mehr als verlockend.[2] Die älteren Pollock-Brüder allerdings hegten Zweifel. Sie waren skeptisch, ob Jackson reif genug wäre, die Verantwortung für seine alte Mutter übernehmen zu können, und auch von Lee waren die vier Brüder nicht angetan. Das arrogante Benehmen, das diese auf dem Familientreffen an den Tag gelegt hatte, war ihnen in schlechter Erinnerung geblieben. Doch trotz aller Bedenken war klar, dass etwas geschehen musste, sie wollten für ihre Mutter eine dauerhafte Lösung finden. Charles, Sande und Frank überlegten, den Schritt zu wagen und ihre Mutter nach Springs umziehen zu lassen. Lee meinte nur, dass Stellas Anwesenheit für Pollock vorübergehend gut sein könne, ein dauerhaftes Arrangement aber sah sie kritisch. Sie war skeptisch, wollte die Entscheidung jedoch Jackson überlassen, der schließlich seine Zustimmung gab. Man entschloss sich, Stella probeweise für einige Monate nach Springs zu bringen. Anfang September 1953 fuhr Charles mit seiner Mutter an die Ostküste.[3]

Zu Beginn lief es gut, das Wetter wurde besser und Stellas Rheumatismus verschwand. Jackson arbeitete fleißig im Garten, malte und kümmerte sich um seine Mutter. Die Bilder, die Jackson in dieser Zeit erschuf, knüpften an vergangene Zeiten an. Noch im Sommer hatte er vor allem Weiß, Schwarz und Grautöne zur Gestaltung genutzt, wovon *Ocean Greyness (Ozean-Grau)* ein beredtes Zeugnis gibt. Aus grauen Farbstrudeln steigen Fragmente von Masken empor. Augen werden sichtbar, wie bunte Inseln liegen sie in einem Meer aus Grau. In *Greyed Rainbow (Ergrauter Regenbogen)* hat Pollock die Farben noch weiter zurückgenommen, übrig geblieben ist ein waberndes schwarz-weißes Nebelgebilde, über dem sich ein feines Gespinst aus weißen Linien erstreckt. Nur im unteren Drittel schimmern Farbflimmer durch das graue Einerlei.

Im Herbst 1953 griff Pollock indianische Bildthemen und Motive auf. In *Ritual (Ritual)* kombinierte er totemartige Formen mit Fragmenten von Körpern. In *Sleeping Effort (Schlafbemühung)* und *Easter and the Totem (Ostern und das Totem)* tauchen ebenfalls totemhafte Figuren auf. Außerdem kehrte Pollock zu

Jackson Pollock,
*Ocean Greyness
(Ozean-Grau)*, 1953,
Öl auf Leinwand,
The Solomon R.
Guggenheim Foundation, New York

einer farbigeren Palette zurück. *Sleeping Effort* zeigt eine hügelige Landschaft im Hintergrund, im Vordergrund ist links eine Figur angeordnet, vor ihr liegt eine weitere Figur mit wehendem Haar. *Unformed Figure (Ungeformte Figur)* präsentiert sich dem Betrachter als eine wüste Komposition greller Farbflecken von Rosa, Gelb und Grün, die auf einem schwarz-weißen Hintergrund ausgebreitet sind. Eine Figur scheint skizzenhaft angedeutet, die in tanzenden Bewegungen über die Leinwand schwebt.

Pollock war inzwischen wieder dazu übergegangen, seinen Bildwerken beschreibende Titel zu verleihen. Janis hatte ihn darum gebeten, das System der Nummerierung aufzugeben und sich stattdessen Titel auszudenken, die das Gesehene für den Betrachter konkretisierten. Der Galerist glaubte, dass die in jedem Jahr von vorn beginnende Nummerierung, die zudem nicht einmal durchgängig war, das Publikum zu sehr verwirre. Mithilfe von Freunden, darunter Jeffrey Potter, begann Pollock alle Bilder, die er seit Anfang 1953 geschaffen hatte, mit Titeln zu versehen.[4]

Lee war über Stellas Anwesenheit glücklich, sie überließ ihr die Küche und konnte sich ganz auf sich selbst konzentrieren. Die heilsamen Effekte, die Stellas Aufenthalt auf Jackson ausübte, stimmten sie froh, endlich arbeitete er wieder mit voller Kraft. Doch Ende September war es mit der idyllischen Eintracht vorbei. Es ist nicht klar, was genau geschah. Möglicherweise hatte Pollock seine Mutter oder Lee in betrunkenem Zustand beschimpft oder sich auf andere Weise danebenbenommen. In Briefen der Familie wurde auf den Vorfall nicht eingegangen. Ende September jedenfalls holte Charles seine Mutter überhastet ab und brachte sie zurück zu Sande nach Deep River. Nach einigen Anrufen von Jackson und Lee entschied sich Stella zwar zu einer Rückkehr nach Springs, doch allen war klar, dass ihr Aufenthalt nur von begrenzter Dauer sein würde. Kaum war Stella Ende Oktober fort, verfiel Pollock wieder dem Alkohol und das alte Spiel begann: Er blieb abends außer Haus und kehrte erst spät in der Nacht zurück. Häufig musste sich Lee mit Freunden auf die Suche begeben oder sie saß am Telefon und wartete darauf, dass die Polizei anrief, um ihr mitzuteilen, wo sich Jackson befinde. Pollocks Nachbar John Cole pflegte in solchen Fällen in seinen Wagen zu steigen und Jackson abzuholen.

Im Dezember bat Jackson erneut darum, dass Stella kommen möge. Ihm war klar geworden, dass er nur arbeiten konnte, wenn sie in seiner Nähe war. Nichts anderes hielt ihn vom Alkohol fern. Mehrmals rief er betrunken bei Familienmitgliedern an und beschimpfte sie, doch die Brüder blieben hart. Ein weiteres Mal wollten sie den Fehler nicht begehen, Stella den Launen ihres jüngsten Sohnes auszusetzen. Lee und Jackson setzten sich daraufhin direkt mit Stella in Verbindung und vereinbarten mit ihr, dass sie das Paar im Januar in Springs besuchen sollte. Doch Charles bekam Wind von dem Plan und fand sich mit Sande, Stella und Arloie zusammen. An Frank schrieb er dann:

Mutter hatte geplant, kurz nach den Ferien nach Springs zu fahren. Ich bin hingefahren, um sie zu überreden, nicht zu fahren und stattdessen bei Sande zu bleiben. Jack hat wieder eine seiner fiesen Launen und ich bin überzeugt, er will nicht wirklich, dass Mutter da ist. Ich glaube nicht, dass wir auf seine Hilfe bauen können. Außerdem glaube ich nicht, dass man Mutter seinem irrationalen Verhalten aussetzen sollte. Arloie und Sande wollen beide, dass Mutter bleibt. Natürlich gibt es Schwierigkeiten, aber ich weiß nicht, wie wir die vermeiden können.[5]

Jackson versuchte verzweifelt, diese Entscheidung rückgängig zu machen, doch er hatte keinen Erfolg. Die älteren Brüder waren sich einig und Sande und Arloie überredeten Stella zum Bleiben, indem sie Arloies erneute Schwangerschaft vorschoben und Stella um Unterstützung baten.

Ende Oktober musste Sidney Janis einsehen, dass es wenig Zweck hatte, mit den wenigen Werken, die Jackson bis dahin geschaffen hatte, im November eine Ausstellung auszurichten, und er verschob die für November angesetzte Ausstellung auf Ende Januar. Zum ersten Mal seit zehn Jahren hatte Jackson 1953 keine Einzelausstellung. Für die Anfang Januar 1954 vorgesehene Gruppenausstellung »9 American Painters Today« in Janis' Galerie wählte Pollock keines seiner aktuellen Bilder, sondern *Blue Poles*.⁶ Janis war redlich darum bemüht, Pollock zu motivieren, mehrfach schrieb er ihm, wie gut ihm die neuen Arbeiten gefielen und wie sehr er sich auf eine neue »bombastische Pollock-Schau« freue. Er hatte einige der Werke, die in Paris verloren gegangen waren, wieder aufgetrieben und deutete an, dass es neue Käufer gäbe.⁷

Auch Clyfford Still hörte von Pollocks Problemen und dessen Arbeitsblockade. Er schrieb ihm einen Brief und lobte die Tiefgründigkeit der neuen Arbeiten, die er im Büro der Galerie gesehen hatte.⁸ Pollock war dankbar für so viel Lob und Anerkennung. Still schrieb später: »Die Bilder von Pollock, die ich an jenem Tag in Janis' Hinterzimmer sah, waren aus zweierlei Gründen interessant. Erstens zeigten sie, dass Pollock beschlossen hatte, sich von den Dingen zu lösen, die ihm künstlerischen und finanziellen Erfolg eingebracht hatten. Zweitens, das Geschwätz der feinen Gesellschaft über seine Werke, die ich da gesehen hatte, hatte einen bitteren Beigeschmack – weil sie seine älteren Werke als Misserfolg bezeichnete. Und Jack war spürbar enttäuscht von den Kommentaren und dem Verhalten der Kritiker und mutmaßlicher Freunde.«⁹ Wenige Monate später jedoch beschwerte sich Still in einem Brief an Ossorio bitterlich über Jacksons Feigheit, dessen »Elend und den destruktiven Selbsthass«.¹⁰ Warum Still so enttäuscht von Jackson war, ist nicht bekannt. Möglicherweise missfielen ihm schlicht Pollocks Benehmen und dessen Trunksucht.

Im Herbst 1953 malte Jackson *The Deep (Die Tiefe)*. Inmitten eines weißen Nebels öffnet sich, als würde sich der Nebel lüften, der Blick auf einen schwarzen Abgrund. Aufnahmen des Fotografen Tony Vaccaro (geb. 1922) dokumentieren die Anfänge des Bildes, großflächige ineinander verzahnte Farbflächen in Rot, Blau und Gelb. Doch später schrieb Pollock in einem Brief an Janis: »Das Bild (rot-blau-gelb), das Du hier im letzten Sommer gesehen hast, habe ich zerstört. Wenn das Bild in mir ist, wird es wiederkommen – auf jeden Fall hat es mich eingeengt und ich hatte das Gefühl, dass es nötig ist, es zu zerstören.«¹¹ Pollock entschied sich, das zuvor horizontale in ein vertikales Bildformat umzuändern. Einige Abschnitte des alten Bildes blitzen aus dem Nebel noch hervor, Stellen in Rot und Gelb lassen sich auf der Leinwand ausmachen. Pollock hatte das ursprüngliche Werk teils mit silbergrauer Farbe übermalt, die ebenfalls an einigen Stellen zum Vorschein kommt. Das Zentrum des Bildes malte er schwarz, einige Tröpfeleien sind erkennbar. Anschließend bearbeitete er das Werk mit einem Pinsel, der in weiße Farbe getaucht worden war, auch hier werden Tropfen und Spritzer sichtbar.

Pollocks kreative Phase währte nur kurz, dann verfiel er wieder in Lethargie und Depressionen. Nichts konnte ihn dazu bewegen, mit der Arbeit fortzufahren, nichts ließ ihn ein wenig Hoffnung schöpfen. Wenn er nicht arbeiten konnte, gab er als Grund vor, dass »der Gedanke oder das Bild seiner Mutter ihn so sehr überfällt, dass er sie sieht«[12]. Er erzählte, dass er sehr oft von ihr träume, dass er sie auf einem Feld sehe, ihr entgegenlaufe und dann aufwache, kurz bevor sie ihn in ihre Arme schließe.

Erst im Winter begann Jackson mit der Arbeit an einer neuen großen Leinwand. Zum ersten Mal seit zwanzig Jahren fertigte er Zeichnungen an, bevor er sich an den Malprozess machte – ein sichtbares Zeichen seiner Unsicherheit. Rechts auf der Leinwand ist ein großer Kopf im Stile Picassos zu sehen, links eine Traumszene, die eine liegende Frau mit geöffneten Beinen zeigen könnte, aus deren Vagina eine Fontäne schwarzer Farbe spritzt. Im oberen rechten Bereich dieser Szene finde sich laut Pollock die »dunkle Seite des Mondes« dargestellt. Pollock nannte das Bild *Portrait and a Dream (Porträt und ein Traum)*. Auf die Frage hin, wen das Bildnis präsentiere, antwortete er: »Das ist ein Porträt von mir, kannst du das nicht sehen?«[13] Auch Dr. Hubbard erzählte er, das Porträt zeige ihn im betrunkenen Zustand. Pollock zu erkennen ist allerdings tatsächlich nicht ganz leicht, die Figur trägt nämlich durchaus auch weibliche Züge, etwa lange Augenwimpern, die der Künstler stets als Symbol für das Weibliche nutzte. Immer wieder arbeitete Pollock an *Portrait and a Dream*. Zwei Freunden, die Jackson in seinem Atelier besuchten, erklärte er, dass das Bild »große Seelenqualen« ausdrücken solle, dass es den »Schrecken der Leere« symbolisiere.[14] Auf der Leinwand stellte Pollock seine unbewusste (Traum-)Welt und die reale Welt nebeneinander, Gegenständliches und Nichtgegenständliches stehen sich gegenüber.

Jackson Pollock, *The Deep (Die Tiefe)*, 1953, Öl und Emailfarbe auf Leinwand, Musée National d'Art Moderne, Centre Georges Pompidou, Paris

Jackson Pollock, *Portrait and a Dream (Porträt und ein Traum)*, 1953, Öl auf Leinwand, Dallas Museum of Art, Dallas, Texas

Gequält malte Pollock weiter, um die nahende Ausstellung füllen zu können. Stella gegenüber behauptete er in einem der unzähligen Telefonate, die er mit der Mutter führte, die Bilder seien »besser als erwartet«.[15]

Die Ausstellung eröffnete am 1. Februar 1954 und präsentierte zehn Gemälde Jacksons. Die Pollocks blieben nur kurz in New York. Vermutlich glaubte Lee, dass Jackson fernab der New Yorker Bars besser aufgehoben sei. Die Kritiken zur Ausstellung waren außerordentlich gut. In der *Herald Tribune* schrieb Emily Genauer, dass Jackson einen großen Schritt vorwärts getan habe, weil die gezeigten Bilder »wirklich gemalt und nicht getröpfelt« seien. Sie seien »vielversprechend«, »poetisch« und einige voller leidenschaftlicher Bewegung, die älteren Dripping-Bilder hingegen verwarf sie auch weiterhin als »leere und pompöse Wanddekorationen«.[16] In einer Kritik in *Arts & Architecture* kritisierte Fitzsimmons die Dripping-Bilder als »limitiert«, weil sie »zu viele Möglichkeiten des Mediums, zu viele Ebenen des Verstandes und des Gefühls ausklammern« würden. Danach jedoch setzte er zu einer wahren Lobeshymne an, erkannte in Pollock »einen der stärksten Maler seiner Generation« und schloss mit dem Fazit: »Für den Kritiker ist das Aufregendste an Pollocks neuen Bildern – den erfolgreichen wie auch den weniger erfolgreichen – der flüchtige Eindruck, den sie auf die metaphysischen und psychologischen Strukturen der Dinge ermöglichen.«[17] Stuart Preston schrieb in der *Times*, die neuen Bilder seien mit viel Wut gemalt worden, »überhäuft und aufgewühlt von der Farbe, manchmal dick, manchmal dünn, und die Muster variieren von den Folgen springender Formen greller Farben in ›Ocean Greyness‹ bis zu den barocken

Spiralen in ›Four Opposites‹ und der kraftvollen Doppeldeutigkeit der ruhelosen Schatten in ›Sleeping Effort‹«. Die Werke seien ein »großer Fortschritt zu der Unpersönlichkeit der früheren Werke«.[18] In der *Art News* äußerte Hess Erleichterung darüber, dass Jackson »zurückgekehrt ist zu einigen seiner früheren Aussagen« und sich weg entwickelt habe von den »nun berühmten Abstraktionen aus gegossenen und geflochtenen Geweben«.[19] Auch Coates lobte in *The New Yorker* Pollocks Arbeiten und die Reduzierung der Dripping-Technik, er glaubte, die Bilder seien »eine Besinnung auf alte Stärken und [eine] Suche nach neuen Quellen«.[20]

So angenehm diese Lobeshymnen auch klangen, sie hatten einen bitteren Beigeschmack. Pollocks wichtigste Bilder aus den letzten Jahren wurden von den Kritikern weiterhin infrage gestellt. Das muss ihn sehr verunsichert haben, denn er schien unschlüssig, ob der von ihm eingeschlagene künstlerische Weg der richtige sei. Er hatte das Gefühl, mit den Bildern nichts mehr auszusagen: Sie seien nicht mehr Ausdruck seiner Gefühle, entstammten nicht mehr seinem Innersten. Aber lag er mit diesen Gefühlen womöglich falsch, wenn allen anderen seine Werke gefielen? Greenberg schrieb in diesem Jahr keine Kritik, doch er teilte Pollock mit, dass er enttäuscht sei. Er glaubte, Pollock habe seine Inspiration verloren, und empfand die Ausstellung als die schlechteste, die er von dem Künstler jemals gesehen habe. Auf die Frage Pollocks, was er von seinen Werken *Greyed Rainbow* und *Easter and the Totem* halte, nickte Greenberg nur beifällig. Pollock meinte, dass er bei *The Deep* auf dem richtigen Weg gewesen sei, es »aber nicht ganz geschafft« habe.[21] Finanziell geriet die Ausstellung zu einem erneuten Misserfolg: Kein einziges Bild wurde verkauft.

Pollocks künstlerische Unsicherheit, der Rosenkrieg mit Lee, der Streit mit Greenberg und die Kritiker, die seine neuen Arbeiten lobten, seine Meisterwerke jedoch in Grund und Boden schrieben – all das frustrierte Pollock, verbitterte und deprimierte ihn. Der erhoffe Ausstellungserfolg blieb aus. Pollock reagierte, wie er immer auf Enttäuschungen reagiert hatte: Er trank ohne Sinn und Verstand. Noch schlimmer aber war, dass er resignierte und sich völlig aufgab. Greenberg gegenüber äußerte er, dass er es dieses Mal wohl nicht mehr schaffen werde, vom Alkohol loszukommen.[22]

Schon morgens durchstreifte er die Bars in New York oder rund um East Hampton und trank. Mehrfach verursachte er Unfälle. So endeten die Tage für Pollock meist in Polizeigewahrsam. In einem Polizeibericht vom 23. Dezember 1953 heißt es: »Jackson Pollock auf dem Bürgersteig liegend aufgefunden.«[23] Da Pollock inzwischen eine Berühmtheit war, sahen die Polizisten geflissentlich über sein Verhalten hinweg oder halfen, so gut sie konnten.

Die Beziehung zwischen Jackson und Lee gestaltete sich unterdessen immer schwieriger. Frank hatte seinen Bruder im Sommer 1953 in Springs besucht und berichtete, dass »Jackson trank und Lee verbal entsetzlich quälte, unbarmherzig, er nannte sie Nutte, Hure – all diese schlimmen Dinge«[24]. Lee ging es schon seit einigen Monaten gesundheitlich schlecht. Sie litt unter gelegentlichen Darmentzündungen, die sich 1953 verschlimmerten. Abgemagert und schwach wurde sie zu einer leichten Beute für Jackson, der erbarmungslos seine Spielchen mit ihr trieb.

Die Kluft zwischen Lee und ihrem Mann wurde immer größer. Sie hatte sich einen neuen Freundeskreis abseits der Kunstwelt aufgebaut und war wieder häufiger in ihrem Atelier, um zu malen, zum ersten Mal seit der misslungenen Ausstellung in Parsons' Galerie 1951 auch wieder kontinuierlich. Unmittelbar nach der Ausstellung hatte sie fast nur gezeichnet, manchmal mit Tusche und Pinsel gearbeitet und war damit auf den Spuren von Pollocks Black Paintings gewandelt. 1953 begann sie, eine Serie von Collagen zu erstellen. Sie zerriss Zeichnungen, arrangierte die Teile auf Leinwänden oder Holzfaserplatten neu und kreierte komplexe Schwarz-Weiß-Mosaike. Viele ihrer Arbeiten aus den Jahren 1953 und 1954 greifen Pollocks Werke aus dem gleichen Zeitraum auf. Lee verwertete sogar unbrauchbare Arbeiten Pollocks, indem sie diese zerriss und in ihre Werke integrierte.[25] *Black and White* (1953) ist eines dieser Bilder. Auf schwarzem Grund hat Krasner drei vertikal ausgerichtete Strukturen erstellt, die an Personen erinnern. Die rechte lässt mit ihren Rundungen auf die Darstellung einer Frauengestalt schließen. Möglicherweise hat Krasner hier das Motiv »Modell und Maler« nachgestellt, wie es Picasso häufig tat, und dabei die aktive Rolle des Modells betont, vielleicht zeigt das Gebilde aber auch eine Frau, die sich im Spiegel betrachtet. Auffällig sind die Ähnlichkeiten zwischen ihren Bildern und den Werken Pollocks aus den beginnenden 1940er Jahren. Im Winter 1953/54 wurden Lees Collagen größer und komplexer. Farbige Linien traten hinzu, Pinselstriche tauchten über den Papierfetzen auf, Leinwandfetzen und Andeutungen von Landschaften wurden erkennbar. Fast schon symbolhaft schien Lee ihre Vergangenheit zu zerreißen und neu zu arrangieren. Im Frühjahr 1954 nahm sie an einer Ausstellung in Amagansett teil, die zeitgenössische Künstlerinnen präsentierte. Im Juni wurde ihr eine Einzelausstellung in einem Buchladen in East Hampton gewährt.

Im Juli brach sich Pollock das Bein. Er und de Kooning hatten in dessen Garten miteinander gerangelt und waren, da nicht mehr ganz nüchtern, in einer engen Umarmung zu Boden gestürzt. Dabei war de Kooning unglücklich auf

Jackson gefallen, dessen Fußgelenk brach. Nachdem Pollock im Krankenhaus behandelt worden war, lud man ihn bei Conrad Marca-Relli ab. Keiner traute sich, Lee zu informieren. Als diese endlich von dem Unfall erfuhr, stürmte sie das Haus Marca-Rellis und ließ ihre Wut auf die Beteiligten niedergehen. Sie beschuldigte de Kooning, ihren Mann geschlagen zu haben, ihn gar umbringen zu wollen, und drohte damit, die Polizei zu rufen.[26]

Pollock verbrachte die nächsten Wochen in seinem Bett im oberen Stockwerk des Hauses. Er bemitleidete sich selbst und nutzte Lee als Ventil seines Ärgers. Weil er sich kaum bewegen konnte, nahm er an Gewicht zu und ließ sich einen Bart wachsen. Nicht einmal die Briefe der Freunde konnten ihn aufheitern. Besuch kam nur selten. So war Lee ganz allein mit dem unleidlichen Jackson und musste seine Wut und sein Selbstmitleid ertragen. Sie riet ihm, wenigstens zu zeichnen, doch Jackson weigerte sich. Stattdessen las er in Kunstbüchern.

Da Pollock an das Bett gefesselt war, konnte sich Krasner ganz auf ihre Kunst fokussieren. Den Sommer über wuchsen ihre Collagen weiter. Immer mehr und größere Elemente kamen hinzu, die Bilder wurden farbiger, ihr Pinselstrich gewann an Sicherheit. Dadurch, dass sie immer wusste, wo Jackson sich befand, und ihn in Sicherheit wähnte, konnte sie entspannt und sorgenfrei arbeiten. Freunde bemerkten, dass sie sich veränderte, sie schien lebendiger und beteiligte sich auf Partys wieder rege an Diskussionen. Lee traute sich mehr und mehr zu und tat schließlich einen noch größeren Schritt in die Freiheit und Unabhängigkeit: Sie lernte das Autofahren. Bisher war sie stets auf Jackson angewiesen gewesen, wenn sie mit dem Auto einkaufen wollte oder Besorgungen machen musste. Egal, wie betrunken Jackson dann war, sie musste ihn bitten, sie zu chauffieren. Eine Freundin hatte schon mehrere Male versucht, Lee das Fahren beizubringen, doch hatte dies nicht funktioniert. Nun wollte Patsy Southgate, eine neue Freundin Lees, sie das Fahren lehren, und tatsächlich waren ihre Bemühungen Ende August von Erfolg gekrönt.[27]

Auch Pollock gönnte sich ein wenig mehr Mobilität. Er entschloss sich in diesem Sommer dazu, ein neues Auto zu kaufen. Er verkaufte zwei seiner Black Paintings an Martha Jackson und erhielt dafür das grüne 1950er Oldsmobile-Cabrio der Kunsthändlerin – das ideale Gefährt für den Autonarr.[28] Den Rest des Sommers verbrachte Pollock humpelnd oder mit seinem neuen Spielzeug über die Straßen brausend. Manchmal saß er am Strand und schaute den anderen beim Schwimmen zu, oder er besuchte de Kooning und beobachtete die Freunde beim Softballspiel. Diese behandelten Jackson allerdings wie einen Außenseiter und ignorierten ihn meist. Irgendwann pflegte er dann mit hängenden Schultern nach Hause zu trotten.

Im November 1954 erlitt Stella kurz hintereinander drei Herzinfarkte. Die Erkrankung überraschte die Familie, denn bisher war Stella stets gesund und robust erschienen. Pollock schickte 25 Dollar nach Deep River, einen Teil des Geldes, das er durch den Verkauf von *Ocean Greyness* an das Guggenheim Museum Anfang November erhalten hatte. Dreimal besuchte er Stella gemeinsam mit Lee: Mitte Dezember, an Weihnachten und Anfang Januar kamen die Pollocks nach Deep River, um der Mutter einen Krankenbesuch abzustatten. Dann ließen Lees erneut aufflammende Kolitis-Beschwerden weitere Besuche unmöglich werden.

Aber Lee hatte eine bessere Idee. Sie rief Sande an und bat ihn abermals, Stella nach Springs zu schicken. Wenigstens für den Rest des Winters sollte sie bei ihnen sein, und wenn das funktioniere, könnte man vielleicht eine dauerhaftere Lösung in Erwägung ziehen. Lee hoffte wohl, dass ein Besuch Stellas sich sowohl auf die Mutter als auch auf Jackson vorteilhaft auswirken würde. Doch Sandes Frau Arloie war strikt dagegen, die kranke alte Dame ihrem jüngsten Sohn zu überlassen: »Ich sagte absolut Nein. Ich wollte Stella nicht gehen lassen. Diese Frau war achtzig Jahre alt und hatte gerade erst einen Herzinfarkt gehabt. Sie brauchte an diesem Punkt in ihrem Leben nicht fortzugehen und Jacksons Schlachten zu schlagen.« Der im vergangenen Jahr unternommene Versuch, Stella bei ihrem Jüngsten wohnen zu lassen, war Arloie im Gedächtnis geblieben. Karen, die gemeinsame Tochter Sandes und Arloies, erinnerte sich: »Es gab viele Kämpfe und einen Haufen Ärger, und Lee war wütend auf meinen Vater, dass er das zuließ.« Doch obgleich Stella und Arloie nicht gut miteinander auskamen, ließ sich Arloie nicht umstimmen, was Lee niemals vergessen sollte.[29]

Mitte Februar 1955 brach sich Pollock bei einer kleinen Rauferei mit einem Bekannten erneut das Bein. Wieder musste er den Bruch einen Monat lang auskurieren.[30] Niedergeschlagen lungerte er den ganzen März hindurch im Bett herum. Er aß kaum etwas und verweigerte Besuch. Als er endlich wieder ein wenig laufen konnte, verbrachte er ganze Nachmittage im Kino oder tauchte unangemeldet bei Freunden auf.

Pollock langweilte sich, aber es fehlte ihm an Kraft und Inspiration, um sich wieder der Malerei zu widmen. Oft schlich er in der Nachbarschaft von Haus zu Haus und besuchte befreundete Nachbarn. Wurde ihm eine Tasse Tee angeboten, bat er darum, diese mit einem Schuss Whiskey versetzen zu dürfen. Lee hatte die Nachbarn zwar instruiert, Jackson keinen Alkohol zu geben, doch kam es häufiger vor, dass die Freunde ihm dennoch etwas einzuschenken pflegten. Pollocks täglicher Alkoholkonsum war inzwischen auf mehr als einen Liter

Whiskey und zahlreiche Flaschen Bier gestiegen. War er nüchtern, versank er in tiefe Depressionen und wimmerte oft stundenlang vor sich hin. Plötzliche tränenreiche Ausbrüche waren keine Seltenheit. Als ihn Cile Lord auf einer Party fragte, wie es ihm gehe und was er so mache, brach er in Tränen aus. Alles, was er zwischen zwei herzerweichenden Schluchzern hervorbrachte, war: »Ich bin ein alter Mann.«[31] Auch Maia Rodman, die Gattin des Schriftstellers Seldon Rodman, erinnerte sich an eine ähnliche Begebenheit aus jener Zeit: Als sie mit Pollock in dessen Atelier war und sich ein paar Bilder ansah, fing er plötzlich an zu weinen. Im Bestreben, ihn zu trösten, nahm Rodman seinen Kopf in ihre Hände, doch er schluchzte nur noch heftiger. Traurig fragte er sie: »Glaubst du, ich hätte all diesen Müll gemalt, wenn ich gewusst hätte, wie man eine Hand zeichnet?« Tiefe Selbstzweifel plagten ihn.[32]

Pollocks Laune verfinsterte sich zusehends, als er die neueste Ausgabe der *Partisan Review* durchblätterte. Greenberg hatte den Artikel »›American-Type‹ Painting« veröffentlicht, eine grundlegende Abhandlung über den Abstrakten Expressionismus und dessen Protagonisten. In dem Artikel bezeichnete er Jacksons letzte Ausstellung als die erste, »in der gekünstelte, aufgeblasene, geschönte Bilder zu sehen waren, doch sie wurden freundlicher aufgenommen als alle seine früheren Ausstellungen – unter anderem deshalb, weil sie sichtbar machen, was für ein perfekter Techniker er geworden ist und wie gefällig er die Farben einzusetzen wusste, da er nun nicht mehr sicher ist, was er mit ihnen eigentlich sagen will.«[33] Ausdrücklich lobte Greenberg die Werke *One* und *Lavender Mist*, ebenso *Number 1, 1948*, und verdammte die Hinwendung Pollocks zur Figuration in den Schwarz-Weiß-Bildern aus dem Jahr 1951. Er warf dem Künstler vor, seit 1952 unsicher zu sein und nicht zu wissen, was er mit seiner Malerei aussagen wolle. Damit sprach er aus, was Pollock bereits dachte. Dem Maler wird Greenbergs Meinung sicherlich bekannt gewesen sein, doch sie von seinem Freund und Förderer öffentlich niedergeschrieben zu sehen, war ein Schlag ins Gesicht. Jackson war zutiefst verletzt und getroffen. Lee war über den Artikel entsetzt und betrachtete ihn als einen persönlichen Verrat, nach Harold Rosenberg hatte sich nun auch der zweite wichtige Kritiker gegen Pollock gestellt. Lee erzählte einige Male, dass die öffentliche Entthronung Pollock derart zugesetzt hätte, dass er sich nie wieder davon erholt habe.[34] Obwohl Greenberg überrascht schien von dieser Reaktion, blieb er unnachgiebig und entschuldigte sich nicht: »Ich habe gehört, dass es Unruhe wegen meines Artikels in der Partisan gab«, schrieb er an die Pollocks im Mai. »Ich hoffe, dass Ihr beiden das Stück wenigstens bedächtig gelesen habt; ich habe jedes Wort sorgfältig gewählt.«[35]

Greenberg war in den letzten beiden Jahren selten bei den Pollocks zu Gast gewesen, doch nun schaute er wieder öfter vorbei – ihn plagte wohl ein schlechtes Gewissen, auch wenn er sich den Pollocks gegenüber im Recht fühlte. Da Lee um Greenbergs Einfluss wusste und auch darum, dass sie ihn für Jacksons und ihre eigene Karriere weiterhin brauchen würde, schluckte sie ihren Ärger hinunter und mimte die nette Gastgeberin. Pollock allerdings war aufgebracht und enttäuscht und ließ Greenberg das spüren. Der Kritiker versuchte immer wieder, Pollock zu helfen, und sagte ihm, was dieser anders und aus seiner Sicht besser machen könne. Doch jedes Mal wurde der Maler wütend und beschimpfte Greenberg auf das Übelste, woraufhin sich dieser schließlich beleidigt zurückzog. Trotzdem schien Greenberg an den Pollocks zu hängen und lud sie auch zu seiner Hochzeit Anfang Mai 1956 ein. Doch das Künstlerpaar verzichtete auf ein Erscheinen. Es sendete als Hochzeitsgeschenk eine kleine Gouache und sagte seine Teilnahme ab.

In der Zwischenzeit war die Situation zwischen Jackson und Lee unerträglich geworden. Die Eheleute befanden sich in einer Art Dauerkriegszustand. Mal herrschte eisiges Schweigen, dann wieder stritten sich die beiden heftig, um schließlich einen Waffenstillstand auszurufen, der nicht lange anhalten sollte. Streitereien endeten in wüsten Beschimpfungen, Jackson rannte durch das Haus und schrie immer wieder: »Miststück, Miststück, Miststück!«[36] Lee giftete zurück, und wenn sich der Sturm gelegt hatte, begann sie mit subversiver Ruhe, ihn zu kritisieren oder zu piesacken. Wann immer es ging, versuchte sie ihren Mann zu ignorieren, was diesen allerdings zur Weißglut trieb und dazu reizte, es nur noch schlimmer zu treiben.

Selbst über Kunst ergingen sie sich in endlosen Streitereien. Lee unterstellte ihrem Mann, »subjektives Zeug« zu malen, dessen Verständnis sich jedem entziehe.[37] Immer wieder warf sie ihm vor, dass er trinke, statt zu malen. Ihre Enttäuschung über seine Arbeitsblockade ließ sie ihn deutlich spüren und mahnte immer wieder an, dass er endlich wieder zum Pinsel greifen solle. Jackson rächte sich auf seine Art. Egal, um was Lee ihn bat, er tat das genaue Gegenteil.

Lee versuchte auch weiterhin, sich um Pollock zu kümmern und ihm zu helfen, doch dieser begegnete ihr mit kindlichem Protest. Sein Lieblingsspiel war die Weigerung, dasjenige zu essen, was Lee für ihn kochte. Wenn sie ihm etwas servierte, raunzte er: »Ich will kein Essen, ich will Tee.« War Lee dann aufgestanden und hatte ihm einen Tee aufgesetzt, sagte er bissig: »Ich will keinen Tee«, und füllte den Becher mit Whiskey auf.[38]

Die beiden ließen keine Gelegenheit aus, um sich gegenseitig zu drangsalieren und aufs Bitterste zu verletzen. Irgendwann war der Punkt erreicht, da es Lee überdrüssig war, und sie zwang Jackson zu einer Eheberatung bei Elizabeth Wright Hubbard. Diese jedoch hatte kaum mehr als ein paar gute Ratschläge für das Künstlerpaar übrig. So änderte sich nichts.[39] Im August kam Greenberg für ein Wochenende zu Besuch. Der Kritiker beschrieb die Situation im Hause Pollock als einen kriegsähnlichen Zustand. »Jackson war von morgens bis abends wütend auf sie«, erinnerte er sich, »er hatte einen unglaublichen Spürsinn für den wunden Punkt anderer und er war darauf aus, sie [Lee] zu zerstören.«[40] Als sich Greenberg auf Lees Seite schlug, hatte Jackson das Gefühl, dass die beiden sich gegen ihn verschworen hätten, und wurde nur noch zorniger. Er verunglimpfte Lee und verkündete ihr, sie nie geliebt zu haben. Jeder Angriff Jacksons veranlasste Lee, entrüstet zurückzufeuern. Greenberg war entsetzt über das, was sich im Haus der Pollocks abspielte, und davon überzeugt, dass die Ehe der beiden bald am Ende wäre. Er glaubte, dass Lees Darmerkrankung und die Beziehung zu Jackson ihr langsam, aber sich alle Kraft raube, und überredete sie, einen Psychologen aufzusuchen.[41] Greenbergs Psychologe Dr. Ralph Klein führte mit Lee ein Gespräch und war der Meinung, dass sie sich sofort in eine Therapie begeben müsse. Lee war einverstanden. Kurz vor der Scheidung war dies ein nachdrücklicher Befreiungsschlag. Wenn es ihr schon nicht gelänge, die Beziehung zu retten, wollte sie wenigstens mehr Unabhängigkeit von Jackson. Klein verwies sie an Dr. Leonhard Siegel.[42]

Krasner begann sich zunehmend von Pollock abzugrenzen. Sie entledigte sich des gemeinsamen Ehebetts und kaufte getrennte Betten. Immer wenn Jackson einen seiner berüchtigten Wutanfälle bekam, verließ sie ruhig das Haus und besuchte Freunde. Es war in jener Zeit, da Jackson und Lee zum ersten Mal offen über eine Scheidung sprachen. Doch darf bezweifelt werden, dass beide eine solche ernsthaft in Erwägung zogen. Jackson war weit davon entfernt, allein und selbstständig leben zu können; ohne Lee wäre er hoffnungslos verloren gewesen. Und Lee? Sie konnte sicher ohne Jackson leben, aber vermochte sie sich von ihrer Verantwortung ihm gegenüber loszusagen? Und was sollte dann mit seinem Werk geschehen? Er würde sich und seine Arbeit in kürzester Zeit zugrunde richten, das war ihr klar. Auch wusste sie, dass Jackson nicht lange ohne sie überleben würde. Und liebte sie ihn nicht noch immer?[43] Dass sich beide nicht gleichgültig waren, bezeugt ein Tagebucheintrag von Lee. Auf kleinen Zetteln notierte sie Träume und Ereignisse. Auf einem ist zu lesen: »J. [Jackson] geht es besser, aber er ist immer noch unruhig – gingen ins Bett und er versuchte, mit mir darüber zu reden, dass wir einander näher kommen sollten. Er sagte, dass er unser Zusammenleben schätze.« Einen Tag später notierte sie ernüchtert: »J. nahezu am Ende.«[44]

Pollock schien sich davor zu fürchten, was Lee bei der Therapie über sich selbst, über ihn und über ihre gemeinsame Ehe herausfinden würde, und was die Konsequenzen wären. Er sah ein, dass er krank war, und erklärte, dass er dringend einer Therapie bedürfe. Im September 1955 begab sich Jackson in die fünfte Therapie seines Lebens. Bis zu seinem Tod besuchte er einmal wöchentlich Dr. Ralph Klein in New York.[45]

Kapitel 26
Dem Ende entgegen (1956)

In den 1950er Jahren erfuhr der amerikanische Kunstmarkt eine grundlegende Veränderung. Rekordpreise, eine große Medienaufmerksamkeit und der wachsende Nachkriegswohlstand führten zu einem Boom auf dem Kunstmarkt. Eine neue Generation von Kunstsammlern entstand und trug ihr Übriges zu einem Wachstum des Marktes bei. Kunst war nicht mehr nur Statussymbol oder Sammelobjekt, es war zu einem Investitions- und Spekulationsgegenstand geworden. Erworben wurden hierbei nicht mehr nur europäische Kunsterzeugnisse, sondern auch Werke der amerikanischen Avantgarde.

Der Textilfabrikant Ben Heller war einer dieser Sammler. Seit 1955 verfolgte er ein reges Interesse an amerikanischer Kunst. Im Winter 1955/56 traf er sich häufig mit Pollock auf einen Kaffee und unterhielt sich mit ihm über Kunst. Es entwickelte sich eine intensive Freundschaft zwischen dem Kunstsammler und dem Maler. Heller mochte Pollocks raue Art und bewunderte dessen Kunst. Er erwog schon bald, ein Kunstwerk von ihm zu erstehen. Erst wollte er *Echo* kaufen, doch konnte man sich über den Preis nicht einig werden. In einem Brief an Ossorio bat Heller sodann, das Gemälde *Lavender Mist* erwerben zu dürfen.[1] Doch Ossorio lehnte ab. Anfang Januar 1956 kam Heller eigens nach Springs in Pollocks Atelier, um sich dort nach einem geeigneten Gemälde umzuschauen. Seine Wahl fiel auf *Number 31, 1950*. Jackson hatte sich bislang immer geweigert, es zu verkaufen, doch jetzt war er dazu bereit. Er verlangte die Summe von 10 000 Dollar. Lee übernahm die Verhandlungen und man einigte sich schließlich auf den Kaufpreis von 8 000 Dollar – ein neuer Höchstpreis für ein Gemälde Pollocks und zudem für die damalige Zeit eine beträchtliche Summe für das Werk eines zeitgenössischen amerikanischen Künstlers. Heller durfte die Summe innerhalb einer Frist von vier Jahren begleichen und erhielt außerdem eines der Black Paintings.[2] Da die anonymen Nummern von Pollocks Bildern dem Sammler missfielen, bat er Pollock, dem Bild einen Titel zu geben. Greenberg hatte für das Werk den Namen »Lowering Weather« vorgeschlagen, aber das war Heller zu prosaisch. Künstler und Sammler setzten sich zusammen und überlegten, welchen Titel das Gemälde tragen solle. Als Jackson von seinem »Einssein« mit der Natur und dem Bild erzählte, war der Titel gefunden: *One*.[3] Heller war zufrieden und telegrafierte am 11. Februar 1956 an Pollock: »Ich habe unser Bild stundenlang betrachtet. Es ist zu spät, um anzurufen. Es hat so viel mit meinem Leben und meinen Gefühlen zu tun, mit dem Leben an sich, mit Malerei eines großen P, dass ich beinahe weinen musste. Großer Gott, das ist etwas für Generationen. Was auch immer Dein Problem ist, arbeite weiter. Sehen uns Montag. In Liebe, Ben.«[4]

Heller war nicht der einzige junge Sammler, der um Jacksons Gunst bemüht war. Er machte den Künstler mit dem jungen Immobilienmakler Bernard Harper Friedman bekannt, in dessen Appartement er die Pollocks eines Abends im Frühjahr 1955 mitbrachte. Jackson war bereits betrunken und wirkte angespannt. »Bieten Sie ihm nichts Hartes an – nur Bier, wenn er das möchte«, flüsterte Lee dem Gastgeber zu.[5] Jackson schaute sich interessiert Friedmans Sammlung an, in der sich auch sein eigenes Werk *Number 11, 1949 (Nummer 11, 1949)* befand. Nachdem er einige der Bilder als »Scheißdreck« beschimpft hatte, schlief er auf der Couch im Gästezimmer ein. Die anderen erlebten derweil einen vergnüglichen Abend. Hauptgesprächsgegenstand war Friedmans Artikel »The New Baroque«, der im Herbst 1954 in *The Art Digest* erschienen war und in dem der Autor Pollock als »einen der besten und einflussreichsten« Abstrakten Expressionisten bezeichnet hatte.[6] Trotz dieses merkwürdigen ersten Treffens zeigte Friedman ein ehrliches Interesse an Pollock. Von Anfang an war er für Jackson wichtig und wurde zu einem guten Freund. Die beiden verbrachten fortan sehr viel Zeit miteinander. Im Frühjahr 1956 sahen sich die beiden Männer fast jede Woche, besuchten Bars und Jazzklubs, plauderten angeregt über Kunst und die Welt und gingen gemeinsam ins Cedars.

Die Cedar Tavern in der 82 University Place war einer der Lieblingsplätze Pollocks. Die Kneipe galt als inoffizieller Treffpunkt der Club-Mitglieder und der New Yorker Künstler. Auch die Schriftsteller der Beat Generation kamen hierher, um sich auszutauschen. Im Gegensatz zu den anderen Bars in der Straße war das Cedars ein eher karger Ort: Es verfügte über keinen Fernseher, keine Jukebox, und nur wenige Bilder hingen an den grünen Wänden. Der schmale Raum wurde zur Gänze von der langen Theke beherrscht, an deren Front sich die Barhocker aneinanderreihten. An der holzvertäfelten Wand hinter der Theke befand sich ein niedriger Schrank, auf dem zahlreiche Whiskeyflaschen drapiert waren. Wer es sich gemütlich machen wollte, nahm auf den langen Kunstlederbänken Platz. Es roch nach Bier, Schwaden von Zigarettenqualm durchwaberten den Raum und Neonröhren hüllten die Bar in ein fahles Licht.

Für Jackson repräsentierte das Cedars einen Zufluchtsort, zu dem er sich jeden Montag nach den Sitzungen bei seinem neuen Psychologen hin flüchten konnte. Meistens betrat er die Bar wie ein Westernheld, der zum Duell antrat. In Jeans, Cowboystiefeln und T-Shirt gekleidet, schlurfte er lässig durch die Tür. Dann beschimpfte er die Anwesenden, warf mit Gläsern und Essen um sich und belästigte die Damenwelt. Je später der Abend, desto obszöner wurde er, keine Provokation ließ er aus. Seine Auftritte

Cedar Tavern, 82 University Place zwischen 11th und 12th Street, New York

wurden legendär, geradezu berühmt-berüchtigt. Sobald Jackson die Bar betrat, war er die Hauptattraktion, das Cedars wurde sein Saloon. Viele Menschen ließen es sich nicht nehmen, am Montagabend eigens im Cedars vorbeizuschauen, um Jackson zu erleben. Von allen Seiten wurde er begrüßt und erhielt hier und da einen freundlichen Klaps, jeder wollte mit ihm reden oder ihm einen Drink spendieren. Jede Bewegung von ihm wurde wahrgenommen, ein Raunen und Flüstern ging durch den Raum. Man wartete darauf, dass er die Beherrschung verlor und sich verrückt zu gebärden begann, um am nächsten Tag davon erzählen zu können und anfügen zu dürfen, dass man dabei gewesen war. War Jackson gut gelaunt, brüllte er der Menge entgegen: »Wer ist der größte Maler aller Zeiten?« Und alle antworteten ihm im Chor: »Du!«[7]

Pollock pflegte sein Image vom Macho und Cowboy bewusst. Wenn er tagsüber in das Cedars kam und es ruhig war, begnügte er sich damit, still in einer Ecke zu sitzen. Abends schaute er oft durch die Fenster hinein, bevor er die Kneipe betrat, um zu sehen, ob ausreichend »Publikum« anwesend war. War dies nicht der Fall, kam er später zurück, um seinen Einmarsch gebührend zu zelebrieren. Für das Cedars war Pollock kein Segen, denn er zerstörte die Einrichtung mit größtem Eifer. Einmal riss er eine Telefonkabine aus der Wand, während Kline telefonierte, ein anderes Mal hob er die Tür der Herrentoilette aus den Angeln, woraufhin Mitinhaber Bodner Jackson hinauswarf und ihm Lokalverbot erteilte. Als dieser jedoch vor der Tür des Cedars lungerte und traurige Blicke in das Innere warf, ließ sich Bodner erweichen, revidierte seine Entscheidung und rief Pollock wieder hinein.[8]

Drinnen saßen Freunde und Kollegen, altbekannte, aber auch zahlreiche jüngere Künstler. Unter ihnen befanden sich Lionel Abel, Norman Bluhm, Paul Brach, Herbert Ferber, Conrad Marca-Relli und Milton Resnick, die später zur zweiten Generation der Abstrakten Expressionisten gehörten. Einer der eifrigsten Besucher aber war Franz Kline, der hier fast jeden Abend verkehrte. Ähnlich wie Jackson flüchtete er vor seiner Ehe – seine Frau lebte in einer Nervenheilanstalt – und vor den Erinnerungen an eine traurige Kindheit. Wie Pollock und de Kooning trank auch Kline mehr Alkohol, als gut für ihn war. Nur selten verschwand er für mehrere Wochen, um dann wie ein Besessener in seinem Atelier zu werken.

Kam Jackson in die Bar, suchte er Kline und dessen Nähe. Er und Jackson saßen sich stundenlang gegenüber, musterten sich und kauten dabei auf Plastiklöffeln. Wenn Kline beschäftigt war oder sich mit anderen unterhielt, tat Jackson alles, um dessen Aufmerksamkeit zu erlangen, was oftmals so weit führte, dass er mit Biergläsern warf, Kline an den Haaren zog oder dessen Hut zerstörte.[9] Kline gehörte zu den wenigen Menschen, die Jackson besänftigen konnten. »Franz sagte etwas Lustiges«, erinnerte sich Mercedes Matter, »und ein Grinsen fügte sich in Jacksons Gesicht, dieses liebenswerte Lächeln, und die ganze Gefahr verschwand.«[10]

Für Pollock war das Cedars vor allem ein Ort, an dem er sich beweisen konnte. Er wusste, dass die meisten anderen Maler seine Arbeiten nicht verstanden und ihn als Künstler nicht sonderlich schätzten. Oft genug hatte man ihn das spüren lassen – auch wenn es nie offen ausgesprochen worden war. So wurde das Cedars zu einer Arena, in der Pollock erst versuchte, Bestätigung und Zuneigung zu gewinnen, und in der er sich dann, wenn er diese nicht erhielt, frustriert betrank, um anschließend wild durch die Bar zu toben.[11] Seine Wutanfälle gewannen mit der Zeit an Theatralik, seine kleinen Kämpfe wurden zu Schauveranstaltungen. Eines Abends machte er sich über de Kooning und dessen uneheliche Tochter lustig und wurde dafür von de Kooning mit einem Faustschlag ins Gesicht belohnt. Als die Menge johlend skandierte, Pollock solle zurückschlagen, fragte dieser mit gespieltem Entsetzen: »Was? Ich soll einen Künstler schlagen?«[12]

Doch Pollock brauchte mehr. Einmal in der Woche Star zu sein, war ihm nicht genug. Auch wenn ihn der Montag oft aufzubauen vermochte, Jackson wollte Trost, Jackson wollte Aufmerksamkeit und Jackson wollte in Gesellschaft sein. Doch je mehr er sich gegen die Einsamkeit stemmte, desto einsamer wurde es um ihn. Immer wieder saß er allein im Kino und schaute sich Filme mit Humphrey Bogart und James Dean an, oder er wanderte stundenlang einsam über Long Island.

Während Jacksons Atelier verwaiste, war Lee mit den Vorbereitungen für eine im Oktober stattfindende Ausstellung in der Galerie von Eleanor Ward beschäftigt. Die begonnene Therapie schien Wirkung zu zeigen und Lees Schaffenskraft erwachte zu neuem Leben. Während Pollock an seinem Leben zu zerbrechen drohte und nicht mehr wusste, wie er Vergangenheit und Zukunft in Einklang bringen sollte, gelang es Lee, Leben und Werk zu versöhnen und miteinander zu vereinen. Ihr Ehrgeiz war wieder geweckt. Pollocks Kreativität und seine Fähigkeit zur freien Assoziation waren dabei, zu erlöschen, sie hingegen begann zunehmend aus dem Unterbewusstsein heraus zu arbeiten und sich immer weiter von ihm und seinem Werk zu entfernen. All das erkannte auch Pollock – und es dürfte seine Depression noch verschlimmert haben.

Zahlreiche große Leinwände standen inzwischen in Lees Atelier im oberen Stock. Im Laufe des Sommers 1955 wurden ihre Bilder immer gewagter und freier, sie zeugen von einem gestiegenen Selbstbewusstsein. Die Farbigkeit nahm zu. Aus den kleinen mosaikhaften Collageschnipseln waren große Fragmente geworden, die Schnipsel aus früheren Arbeiten, scharf gezackte Schnipsel aus schwarzem Karton und Teile von Pollocks weggeworfenen Gemälden in sich vereinten. In *Bald Eagle* (1955) nutzte Lee ein schwarz-weißes Dripping-Bild Pollocks, zerrupfte es und arrangierte es vor einem farbigen Hintergrund neu. Einer der Papierschnipsel aus Pollocks Bild ist im Zentrum der Darstellung aufgeklebt und erinnert ein wenig an den Kopf eines Adlers, um ihn herum verteilt sind weitere Fragmente aus Pollocks Werken, sodass der Eindruck entsteht, als stünde man einem zerrupften Adler gegenüber. Die Bilder sind sichtbares Zeichen dessen, was in Lees Innersten vor sich ging. Sie strebte danach, die Vergangenheit zu überwinden und hinter sich zu lassen. Ihr neu gewonnenes Selbstbewusstsein fand seinen Ausdruck in der ausgeschriebenen Signatur: Lee signierte nicht mehr mit »L. K.«, sondern immer häufiger mit »Lee Krasner«. Sie wollte ein größeres und schöneres Atelier. Dafür hatte sie sich einen kleinen Schuppen nördlich des Hauses ausgesucht, der über zwei kleine Räume verfügte.

Greenberg, der für gewöhnlich kein Anhänger von Lees Arbeiten war, lobte ihre neuen Werke als die besten, die sie je geschaffen hätte. Jackson war weniger freundlich. Anfangs ermunterte er Lee, als diese unsicher war, ob der von ihr eingeschlagene Weg der richtige sei und ob ihre Bilder als gut zu bezeichnen wären. Doch das änderte sich bald. Er begann, ihre Collagen zu kritisieren, und verkündete boshaft, dass die Collage generell kein geeignetes künstlerisches Medium sei. Er beschuldigte sie sogar, Marca-Relli nachzuahmen, der kurz vor Lee mit Collagen zu arbeiten begonnen hatte.[13] Als Eleanor Ward nach Springs kam, um gemeinsam mit Lee Bilder für die Ausstellung auszuwählen, fragte Jackson Ward in Anwesenheit seiner Frau: »Können Sie sich vorstellen, mit diesem Gesicht verheiratet zu sein?« Seine mangelnde Unterstützung nahm geradezu gehässige Züge an. Als Lee eines Abends damit beschäftigt war, die letzten Bilder für die Ausstellung fertigzustellen, ging ihr irgendwann im Laufe der Arbeit der Leim aus. Da sie sich nicht wohlfühlte, bat sie Jackson, in sein Atelier zu gehen und den kleinen Topf wieder aufzufüllen. Doch Jackson weigerte sich.[14] Er wollte keine Frau, die künstlerisch tätig war, und der womöglich mehr Erfolg beschienen sein würde als ihm selbst. Sie sollte nur für ihn da sein, sie würde ohnehin nichts Großes leisten. Zu einem Freund sagte er: »Lee ist anders, sie ist zuerst Ehefrau, dann Künstlerin. Sie ist die Basis, von der aus ich handle [...]. Sie lässt sich von niemandem etwas gefallen [...], nicht mal von den Sammlern, hinter denen sie her ist. Sie ist talentiert, sehr sogar, aber für große Kunst braucht man einen Schwanz. Den hat nicht mal Lee.«[15]

Im Oktober 1955 eröffnete Lees Ausstellung in Eleanor Wards neuer Galerie an der Ecke 58th Street und 7th Avenue in New York. Zwar verkaufte sie nur wenige Werke – Betty Parsons zählte zu den ersten Käufern –, doch fielen die Meinungen der Besucher durchweg positiv aus.[16] Entgegen Lees Befürchtungen erschien Jackson pünktlich, nüchtern und gut angezogen, auf seine Frau sei er »stolz wie ein Pfau«[17] gewesen. Und dennoch: In dem Moment, in dem Pollock die Galerie betrat, richteten sich alle Blicke auf ihn, alle wollten ihn kennenlernen und begrüßen. Er hatte seinen großen Auftritt und diesen wohl kalkuliert. Es war nicht mehr Lees Ausstellung, sondern Jacksons Bühne.

Nur einen Monat später sollte Pollocks neue Ausstellung in Sidney Janis' Galerie eröffnet werden. Lee und Janis hatten auf Jackson eingewirkt, damit dieser sein Einverständnis für eine retrospektive Ausstellung gebe. Obwohl Pollock von der Idee nicht sonderlich angetan war, stimmte er zu, denn er hatte nichts Neues, was es wert gewesen wäre, gezeigt zu werden. Doch Lee und Janis wollten unbedingt eine Ausstellung ausrichten, um Jacksons Namen nicht in

Blick in Pollocks November-Ausstellung 1955 in Sidney Janis' Galerie, New York

Vergessenheit geraten zu lassen. Präsentiert wurden sechzehn Gemälde, die aufgrund der Enge der Räume teils sogar an die Decke gehängt werden mussten. Vierzehn waren zuvor schon einmal gezeigt worden, außerdem ließen sich *White Light* (*Weißes Licht*, 1954), *Scent* (*Duft*, ca. 1953–55) und *Search* (*Suche*, 1955) bewundern. *White Light* und *Scent* waren zwei Bilder, die Pollock in den vergangenen Monaten geschaffen hatte und Erinnerungen an die Serie *Accabonac Creek* aus dem Jahr 1946 wachrufen. Der Hintergrund von *White Light* wurde in den Farben Weiß und Schwarz gestaltet und schimmert durch das darüber liegende Farbgewirr hindurch. Dieses dichte Netz aus pastos aufgetragener Farbe wurde mit dem Pinsel aufgetragen oder direkt aus der Tube auf die Leinwand gepresst, außerdem gespritzt, getröpfelt und gegossen. An manchen Stellen verschwimmen die Farben, an anderen erscheinen sie wie mit dem Lineal gezogen. Letzteres gilt vor allem für die weiße Farbe, die dem Bild einer dicken Kruste gleich aufliegt. Ganz anders präsentiert sich das Gemälde *Scent*, ein Werk, das an Monets Seerosenbilder denken lässt. Es ist ein wahrer Far-

Jackson Pollock, *Scent (Duft)*, ca. 1953–55, Öl auf Leinwand, Collection Marcia Simon Weisman, Beverly Hills

benrausch, fiebrig flirrt die Farbe vor dem Auge des Betrachters. Die Farbe hat Pollock mittels kurzer Bewegungen auf die Leinwand gebracht, mit dem Pinsel oder unmittelbar aus der Tube gedrückt; das Ergebnis mutet fast wie ein pointillistisches, aus einzelnen Farbpunkten zusammengesetztes Bildwerk an. *Search* wiederum erinnert an Werke wie *The Flame* (*Die Flamme*, ca. 1937), die Pollock Mitte der Dreißigerjahre geschaffen hatte. Die Farbgebung ist stark zurückgenommen und düster. Es herrscht ein rauchiges Schwarz vor, welches flüssig mit einer Spritze aufgetragen worden zu sein scheint. Dazu gesellen sich Flächen von Weiß, die in kürzeren Strichen aus der Tube aufgebracht und unter Beimischung von Rot zu einem rosafarbenen Ton vermischt worden sind. Zusätzlich finden sich Partien von Grün, Gelb und Rot, immer wieder blitzt auch die braune Leinwand hervor. Die untere Bildhälfte zieren ein paar Spritzer Schwarz, Rot und Gelb, die Pollock in einem letzten Arbeitsgang auf der Fläche verteilte. Den Titel des Bildes, »Suche«, hätte der Künstler kaum besser wählen können. Er war auf der Suche nach sich und seinem Stil. Innerhalb von drei Jahren hatte er nur wenige Bilder geschaffen und diese waren in Stil und Ausführung sehr unterschiedlich. Sie gelten als sichtbarer Ausdruck dessen, was in Pollock vorging.

Janis nannte die Ausstellung »15 Years of Jackson Pollock«, um der Kunstschau auf diese Weise den Anschein einer Jubiläumsausstellung zu geben. Das Wort »Retrospektive« wollte man vermeiden, um nicht zu suggerieren, dass Pollock seine beste Zeit bereits hinter sich habe. Nichtsdestotrotz klangen die Kritiken zur Ausstellung wie ein Nachruf auf einen großen Künstler. In der *Time* schrieb Alexander Eliot im Dezember: »Jackson Pollock, mit 43 Jahren der vollbärtige Schwergewichtschampion des Abstrakten Expressionismus, schlurfte in den Ring der Sidney Janis Gallery in Manhattan und ließ für die Massen seine Muskeln spielen mit einer retrospektiven Schau, die 15 Jahre seiner Karriere umfasst.«[18] Stuart Preston lobte Pollock in der *New York Times* für

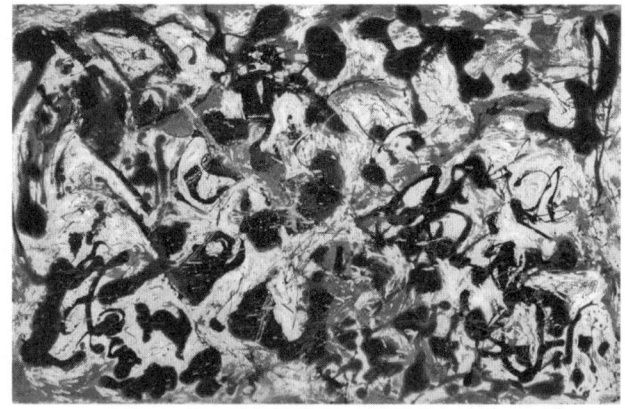

Jackson Pollock, *Search (Suche)*, ca. 1955, Öl und Emailfarbe auf Leinwand, Collection Samuel and Ronnie Heyman

dessen Mut zum Zufall. Pollock habe »unnachgiebige Schritte« getan, um die Konventionen der Kunst zu erschüttern, und zum ersten Mal in der Kunst »die elementaren und weitgehend unterbewussten Antriebe seiner kreativen Natur« genutzt.[19] Friedman hob in *Art in America* zu einer wahren Lobeshymne auf Pollock an.[20] Nur Leo Steinberg beklagte sich. In *Arts* erkannte er Pollocks Rolle im radikalen Wandel der amerikanischen Kunst zwar an, beschwerte sich jedoch darüber, dass dem Künstler diese Rolle von nur wenigen Kritikern und Kuratoren verliehen worden war.[21] Alexander Eliot verlor unterdessen keine Zeit und holte im Februar 1956 zu einem weiteren Schlag gegen Jackson aus. In seinem Artikel »The Wild Ones«[22] charakterisierte er die jungen Amerikaner als Möchtegernrebellen, die nichts weiter als Aufmerksamkeit suchten und, wenn sie diese nicht erhielten, entweder mit den Achseln zuckten oder sich schmollend zurückzögen. Eliot verspottete Jackson als »Jack, the Dripper«, was bei dem Künstler zu heftigen Wutausbrüchen führte. Auch Lee war über die Verballhornung des Namens verärgert. Trotz des Rosenkrieges, der noch immer zwischen den beiden herrschte, hatte sie keinen Spaß an Jacksons Niederlagen und vermied es, ihre künstlerischen Triumphe zur Schau zu stellen. Für sie war Jackson noch immer der größte Künstler der Welt und seine Blockade ein tragischer Verlust für die Kunst.[23]

Physisch und psychisch ging es Pollock Ende des Jahres 1955 zunehmend schlechter und mit seinem persönlichen Verfall ging auch ein Niedergang seiner Kunst einher. »Jeder gute Künstler malt, was er ist«[24], erklärte Pollock einmal in einem Interview. Doch was sollte er malen, wenn er nicht mehr wusste, wer er war? Und wer war er, wenn er nicht malte? Für ihn waren Leben und Kunst ein untrennbares Ganzes: »Man kann mich und meine Kunst nicht trennen – das ist dasselbe«[25], sagte er einmal zu Lee. Und Friedman gegenüber äußerte er: »Das Leben eines Mannes ist seine Arbeit, seine Arbeit ist sein Leben.«[26] Doch von beidem war zu jener Zeit nicht mehr viel übrig geblieben.

Pollocks Gesundheitszustand verschlechterte sich. Die Jahre des Alkoholmissbrauchs hatten ihre Spuren hinterlassen, seine mangelhafte Ernährung tat ein Übriges. Auf Bildern aus jener Zeit ist Jacksons Gesicht angeschwollen und aufgedunsen, die Augen wirken traurig und ohne Glanz. Er scheint müde, angeschlagen, wirkt kraft- und auch lustlos. Eine Hepatitiserkrankung setzte ihm zu, die zusammen mit dem übermäßigen Alkoholkonsum vermutlich eine Leberzirrhose heraufbeschwor.[27] Jackson schien um seine Gesundheit besorgt, denn er griff nur noch selten zu hochprozentigem Alkohol, trank dafür allerdings Unmengen von Bier. Körper und Seele schienen der Trunksucht und der psychischen Belastung schon längst nicht mehr standzuhalten. Immer häufiger zog sich Jackson zurück, saß im Atelier oder auf der Veranda und starrte vor sich hin.

Mit aller Kraft stemmte sich Pollock gegen seine Arbeitsblockade. Er wusste zwar nicht, wie er malen sollte, wusste nur, dass er sich nicht wiederholen, sondern etwas Neues schaffen wollte, doch war er entschlossen, es zu versuchen. Im Januar und Februar 1956 stapfte er jeden Morgen durch den Schnee in sein Atelier und zündete den Ofen an. Doch anstatt zu malen, starrte er auf den Boden oder auf seine fertigen Leinwände, trank Kaffee oder Bier und wartete auf eine Eingebung. Als Marca-Relli ihn fragte, warum er jeden Morgen das Atelier beheize, antwortete Jackson: »Dann ist das Atelier warm, wenn der Tag kommt, an dem ich wieder male.«[28] Doch der Tag kam nicht.

Jackson wieder zum Malen zu bewegen, war das Ansinnen zahlreicher Freunde. Marca-Relli wollte von ihm wissen, welches das größte Bildwerk sei, das er jemals gemalt habe. »Ungefähr 9 mal 20 [Fuß] – das war für Peggy«, entgegnete Pollock. Und Marca-Relli griff den Faden auf: »Warum malst du nicht mal etwas wirklich Großes, etwas, was vorher noch nie jemand gemacht hat, vielleicht 40 mal 60 [Fuß] […]?« Pollock war sofort Feuer und Flamme, begeistert sagte er: »Das werde ich tun. Tony hat eine Garage in dieser Größe.«[29] Er schmiedete Pläne und überlegte, was er malen könnte und wo sich ein solches Gemälde realisieren ließe, doch schon kurze Zeit später hatte Jackson im Alkoholrausch alles vergessen.

Reuben Kadish versuchte, seinen Freund für das Modellieren mit Ton zu begeistern, und Lee erinnerte Jackson daran, dass es einen großen Haufen Schrott im Garten gebe, mit dem man experimentieren könnte. Sie selbst und viele andere Freunde schauten im Atelier vorbei und begannen an Leinwänden zu arbeiten, um Jackson einen Anstoß zu geben.[30]

Niemand aber war derart besessen davon, Jackson wieder zum Malen zu animieren, wie Tony Smith. Die Smiths waren einige Monate in Europa gewesen und im Frühjahr 1955 in die USA zurückgekehrt. In Europa hatte Smith sich noch einmal an Ossorios bereits totgeglaubtes Projekt einer Kapelle gewagt und eine zeltartige Struktur entworfen, die drei Wandbilder von Jackson aufnehmen sollte. Nach seiner Rückkehr zeigte er Jackson den Entwurf, und dieser war begeistert. Die Idee, Lichtquellen hinter den Leinwänden einzubauen, faszinierte ihn. Trotzdem wurde auch dieser Entwurf nie in die Tat umgesetzt. Während eines Wochenendes im Januar 1956 waren Smith und Newman mit Jackson im Atelier und »warfen ein bisschen mit Farbe« um sich, ein recht durchsichtiger Versuch, Jackson zum Arbeiten zu bewegen. Und im Sommer 1956 lud Smith Jackson für ein Wochenende zu sich nach South Orange ein, wo dieser in Smiths Atelier, einer kleinen Turnhalle, zwei Tage in emsiger Arbeit verbrachte. Er experimentierte mit Draht und Ton und versuchte, die kleinen Skulpturen, die er für Blakes Museumsmodell gefertigt hatte, in einen größeren Maßstab zu übertragen. Es entstanden mehrere Werke aus Gips, Gaze und Draht, die Pollock in einem Sandkasten goss.[31]

Nur selten arbeitete Pollock tatsächlich. Den Weg, den er mit seinen Black Paintings eingeschlagen hatte, ging er konsequent weiter. Er malte vor allem gegenständlich und kreierte Ölbilder, die an die Werke der Muralisten und Orozcos denken lassen. »Sie waren [...] figurativ, in höherem Maße als die Schwarz-Weiß-Bilder, und mit dem Pinsel gemalt, nicht getröpfelt«, so Wilcox' Beschreibung.[32] Ein Atelierbesucher beschrieb die Bildmotive als Silhouetten von Figuren, wie in *Guardians of the Secret*, in Schwarz mit dem Pinsel gemalt und ohne weitere Farben. Marca-Relli hingegen erzählte, dass er die Bilder noch im Winter 1955/56 gesehen habe und die dargestellten Figuren mit zahlreichen Farben ausgemalt gewesen seien. Andere Besucher vermeinten die Bilder schon im Sommer gesehen zu haben und erzählten, dass sie im Herbst 1955 zerstört worden seien.[33] Keines der Bilder ist erhalten. Wer sie zerstört hat, ist allerdings ungeklärt. Unter der Prämisse, dass sie ihm nicht gefallen haben, könnte sich Pollock dazu entschlossen haben, die Bilder zu vernichten. Es gibt aber auch Vermutungen, dass Lee, im Glauben, die Arbeiten seien qualitativ minderwertig, die Werke nach Pollocks Tod zerstört haben könnte.

Nur selten war Besuch in der Fireplace Road und das Telefon läutete nur noch gelegentlich. Feste im Hause Pollock waren rar geworden und kaum mehr als ein Abklatsch früherer Geselligkeiten. Das Haus wirkte ruhig und verwaist. Eingeladen wurde Pollock nur noch von wenigen Menschen, weshalb er verletzt und verbittert war, er fühlte sich ausgegrenzt. Erhielt er dennoch eine Einladung, fühlte er sich verpflichtet, seine Rolle zu spielen und einen Skandal zu provozieren, wie er es im Heim von Paul Wiener tat, wo er in einen Pflanzenkübel urinierte.[34] Danach rief wochenlang niemand mehr an. Das Ehepaar Meert hatte ihn oft zu sich eingeladen, wenn er an den Montagabenden betrunken vor dem Cedars stand. Doch eines Abends setzte er die Matratze des Gästebetts in Brand und löschte sie mit seinem Urin. Danach hatten die Meerts ein merklich abgekühltes Verhältnis zu Jackson. Auch John Graham gegenüber benahm sich Jackson fürchterlich. Während einer Party in Leo Castellis Stadthaus stürmte er Grahams Atelier im Erdgeschoss, eine johlende Menge im Schlepptau, die es danach gierte, zu sehen, wie der große Jackson Pollock ein Meisterwerk kreiert. In dem aufgeräumten Atelier erzeugte Jackson ein Chaos. Graham war außer sich vor Wut. »Wie kannst du es wagen, die Pinsel eines Künstlers für so eine leichtfertige Sache zu benutzen«[35], schrie er Jackson entgegen, als dieser sich bei ihm entschuldigen wollte. Später beschwerte sich Graham bei Bekannten über »den Verrat durch seinen Freund«[36].

Pollock schien nicht zu verstehen oder zu realisieren, dass er selbst schuld daran war, dass sich viele seiner Freunde von ihm abwandten. Zu Marca-Relli sagte er: »Was ist los? Warum wollen sie nicht, dass ich komme? Vielleicht glauben sie, ich bin als Künstler ein Betrüger.« Lee stellte nüchtern fest: »Jackson, so wie du dich benimmst, haben die Leute Angst, dich einzuladen; so einfach ist das.«[37] Meist bedauerte Pollock seine Taten irgendwann und versuchte, sich zu entschuldigen. Mit hängenden Schultern stand er dann vor seinen Freunden und bat tränenreich, dass sie ihm verzeihen mögen.

Immer wieder beleidigte Pollock auch engere Freunde oder kanzelte ihr Werk als schlecht, bedeutungslos oder langweilig ab. Die Kollegen rächten sich auf ihre Weise. Auf einem Fest bei Robert Motherwell, zu dem Jackson nüchtern und gut gekleidet erschien, bezeichneten ihn de Kooning und Kline als »Vergangenheit« – er wehrte sich nicht einmal mehr.[38] Noch schlimmer aber war für Jackson ein Seitenhieb Clyfford Stills. Dieser hatte die retrospektive Ausstellung in Janis' Galerie als einen Ausverkauf Jacksons aufgefasst und war wütend auf ihn, dass er sich so verkaufte. Den Umstand, dass Janis es versäumt hatte, ihm eine Einladung zu schicken, nutzte Still für einen Rundumschlag: Am 3. Dezember schrieb er Jackson einen Brief, in dem er fragte, ob er keine Einladung erhalten habe, weil sich Pollock für sein Werk schäme oder für die Menschen, die ihn ausnutzen und als Künstler geringschätzig behandeln würden. Doch sei dies nun einmal der Preis, den man bezahlen müsse.[39] Als der Brief Pollock erreichte, weinte dieser bitterlich bis tief in die Nacht. Irgendwann rief er seinen Freund und Kollegen Nicolas Carone an und bat ihn, vorbeizukommen.[40] Carone kam und fand Jackson am Boden zerstört vor: »Er war deshalb in fürchterlichem Zustand. Das traf ihn im Innersten ... Ich habe nie jemanden so weinen gesehen.«[41] Dem Freund gelang es kaum, den Künstler zu beruhigen. Immer wieder überflog dieser Stills Zeilen, die er in der Küche aufgehängt hatte. Selbst Monate später ging ihm der Brief nicht aus dem Kopf, und jedes Mal, wenn er ihn las, beschlich ihn eine unsägliche Traurigkeit.

War Pollock gut gelaunt, so sprach er davon, mit der Kunst aufzuhören und zurück in den Westen oder nach Europa zu gehen. Er wollte den Louvre sehen und die Sixtinische Kapelle, oder die Werke El Grecos, die er früher so oft kopiert hatte. Als Milton Resnick ihn fragte, weshalb er nach Europa wolle, antwortete er: »Ich muss hier weg. Ich hasse Kunst – ich hasse sie. Und ich hasse die Leute.«[42] Im April erhielten die Pollocks Besuch von dem amerikanischen Maler Paul Jenkins (1923–2012) und man aß gemeinsam zu Abend. Jenkins lebte in Paris und erzählte, dass viele der dortigen Künstler Jackson und seine Kunst bewunderten. Er lud die beiden ein, ihn in Paris zu besuchen. Lee war sogleich voller Enthusiasmus und auch Jackson schien ernsthaft darüber nachzudenken. Er ließ sich einen Reisepass ausstellen, doch sollte es nie zu der Reise kommen. Zu groß war seine Angst, dass ihm in Europa in betrunkenem Zustand etwas zustoßen könnte, und zu groß waren die Befürchtungen, nicht mehr als echter amerikanischer Maler ohne europäischen Einfluss zu gelten.[43]

Die Werke Pollocks fehlten derweil in keiner großen Ausstellung mehr, die, egal in welchem Winkel der Welt, der zeitgenössischen oder amerikanischen Kunst gewidmet war. Im Rahmen der Ausstellung »Aktuelle Tendenzen« waren im Frühjahr 1955 elf Gemälde in der Kunsthalle Bern zu sehen. Kurz darauf zeigte das Musée Nationale d'Art Moderne in Paris Arbeiten aus dem New Yorker MoMA, zu denen auch zwei Werke Pollocks zählten. Bereits 1954 war er auf einer Ausstellung in Caracas mit einem Gemälde vertreten gewesen, und auch in den jährlichen Ausstellungen im Whitney Museum of American Art waren zu jener Zeit Werke Pollocks zu bewundern. Im Mai 1956 plante das MoMA eine Ausstellungsserie mit den Kunstwerken führender zeitgenössischer Künstler. Pollock sollte die Reihe »Work in Progress« mit einer Einzelausstellung eröffnen.[44] Kurator Andrew Ritchie hatte eigentlich beabsichtigt, die Serie mit de Kooning beginnen zu lassen, doch Museumdirektor Barr überstimmte ihn, weil er der Meinung war, Pollock verdiene es mehr.[45]

Jackson Pollocks Reisepass, 1955

Jacksons Therapie bei Dr. Klein lief unterdessen bereits einige Monate, ohne große Erfolge zu zeigen. Pollock mochte Klein und war überzeugt, dass er der einzige Mensch sei, der ihn verstünde. Den ganzen Winter über versäumte Jackson nicht eine Therapiestunde. Nicht selten rief er nach den montäglichen Sitzungen, im weiteren Verlauf der Woche, noch einmal in der Praxis an, um Fragen zu stellen oder die letzte Stunde Revue passieren zu lassen. Klein gehörte zu dem kleinen, aber erlesenen Kreis von Psychologen und Psychoanalytikern unter der Führung des Psychotherapeuten Saul B. Newton und dessen Frau Dr. Jane Pearce. Die Gruppe hatte mit den traditionellen Freud'schen Psychoanalysen gebrochen und berief sich auf die Theorien des amerikanischen Psychiaters Harry Stack Sullivan. Die grundlegende Kritik an Freud bezog sich auf die Natur des Menschen. Wo Freud die menschliche Natur als zutiefst räuberisch bewertete und es als notwendig erachtete, dies zu kontrollieren, glaubten Pearce und Newton, dass die menschliche Natur gut und kreativ sei, dass sie freie Entfaltung statt zusätzlicher Repression benötige. Die Losung lautete:

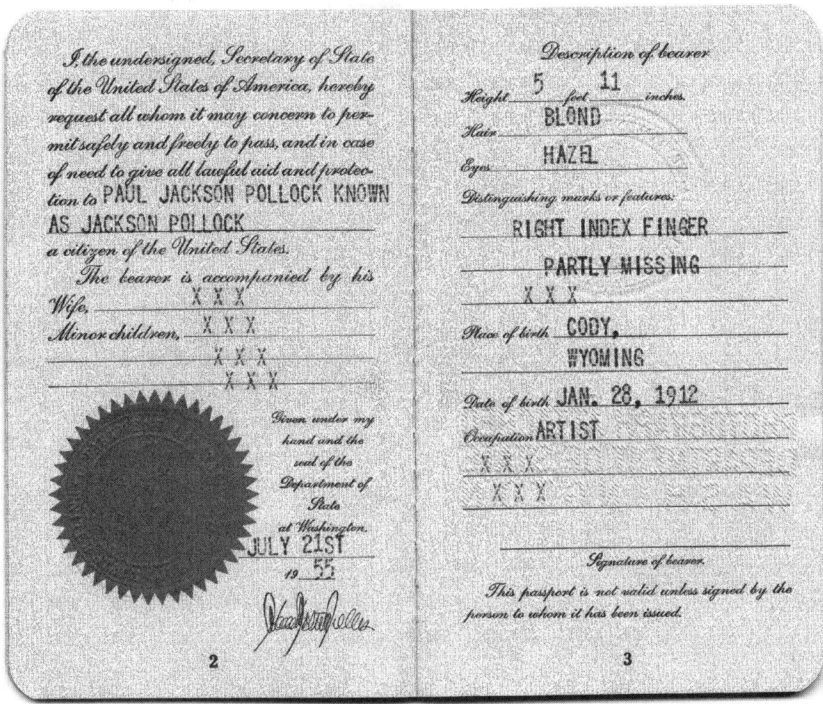

Wenn es sich gut anfühlt, tue es. Die Gespräche bei Dr. Klein schienen sich um Jacksons Mutter und dessen Beziehung zu ihr zu drehen, denn Pollock sprach viel über seine Mutter. Er nannte sie »that old womb with a build-in tomb«, »dieser alte Mutterschoß mit dem eingebauten Grab«, und spekulierte darüber, ob der Wunsch zu malen daher rühre, weil er mit seiner Mutter schlafen wolle.[46] Greenberg erzählte er, dass er seine Mutter hasse.[47]

Den Satz »Wenn es sich gut anfühlt, tue es« nahm Jackson wortwörtlich. Nichts fühlte sich besser an, als zu trinken, und diese Empfehlung gab ihm Rückendeckung. Klein war allerdings wenig begeistert, als Jackson betrunken in die Sitzungen kam, und beklagte sich darüber bei seiner Mentorin Dr. Pearce.[48] Diese war der Meinung, der Alkoholismus entziehe sich Kleins unmittelbarem Einfluss; alles, was er tun könne, sei zu beten und zu hoffen, dass Jackson regelmäßig zur Therapie erscheinen und einen besseren Weg finden würde, mit seinen Ängsten umzugehen. Nach Jacksons Angaben habe Dr. Klein ihm gegenüber nie etwas wegen seines Alkoholproblems gesagt, nie habe er einen Einwand geäußert, dass Jackson betrunken Auto fuhr, niemals angemahnt, dass er sich Hilfe bei den Anonymen Alkoholikern suchen solle. Im Frühjahr 1956 nahmen Jacksons Alkoholexzesse zu. Viele Freunde zweifelten an der Kompetenz des Psychologen. Als Marca-Relli fragte, ob Jackson sein Alkoholproblem dem Psychologen gegenüber erwähnt habe, erzählte Jackson: »Ja, aber er hat gesagt: ›Das ist Ihr Problem.‹«[49] Ben Heller sprach Klein auf Jacksons schlechte Ernährungsgewohnheiten an, doch dieser antwortete nur: »Schauen Sie sich doch an, was alles im Bier enthalten ist, das Getreide und so weiter.«[50] Als Marca-Relli Pollock dazu drängte, die Therapie zu beenden und sich einen neuen Therapeuten zu suchen, meldete sich Jackson bei Dr. Klein und sagte ihm, dass er nicht mehr kommen werde – um dennoch am darauffolgenden Montag in der Praxis zu erscheinen. Seine Verzweiflung war einfach zu groß und auch er wusste, dass er es ohne Hilfe nicht schaffen würde.

Nach Dr. Klein bestand Pollocks Problem darin, dass der Künstler sich niemals richtig ausgelebt habe. Er sei zu fokussiert auf die Vergangenheit gewesen und auf die destruktive Beziehung zu Lee, mit der er eigenen Angaben zufolge seit drei Jahren nicht mehr geschlafen habe. Kleins Lösung: Jackson müsse damit aufhören, seine Gefühle zu unterdrücken, und stattdessen seinen sexuellen Impulsen folgen, um seine kreative Energie zurückzugewinnen.[51] Oder anders ausgedrückt: Jackson brauchte eine Frau. Auf diesen Ratschlag seines Therapeuten reagierte Jackson mit einer neuen Lust auf das andere Geschlecht, allen erzählte er, wie wunderbar Frauen seien und wie sehr er die Frauen liebe. Cile Lord gegenüber äußerte er, dass er den weiblichen Körper entdeckt habe. »Sie sind so schön«, schwärmte er, »ihre Brüste, ihre Schultern, ihre Ohren, ihre Knöchel, ihre Nasen, ihre Handgelenke.« Jackson zählte alles auf, was ihm beim Gedanken an den menschlichen Körper in den Sinn kam, bis Lord in Gelächter ausbrach.[52] Reuben Kadish erzählte Pollock sogar, dass er der Malerei überdrüssig sei und sich fortan nur noch für Frauen interessiere.[53]

Wilde Geschichten rankten sich um Pollocks Verhältnis zur Damenwelt. Er selbst trug dazu nicht unwesentlich bei, erzählte er doch immer wieder Legenden von neuen Eroberungen. Im Cedars begrapschte er Frauen, versuchte sie zu küssen und fragte sie, ob sie nicht mit ihm schlafen wollten; er machte ihnen schlüpfrige Komplimente, beschimpfte sie jedoch auch auf seine altbekannte Weise.[54] Franz Kline und ein paar andere Freunde machten sich aus Jacksons Geschichten einen Spaß und heuerten eines Abends, wie eine Anekdote berichtet, eine Prostituierte an. Als Jackson sie entdeckte und sein übliches »Willst du ficken?« raunte, sprang die Dame auf, nahm ihren Mantel und sagte: »Lass uns gehen«, worauf Jackson augenblicklich in sich zusammengesunken sei.[55]

Pollock spielte eine Rolle und ließ seinen Fantasien freien Lauf. Meist war er viel zu betrunken, als dass die Frauen geneigt gewesen wären, seine Avancen ernst zu nehmen, und eben darin steckte sein Kalkül. Er konnte den wilden Frauenhelden mimen und wusste zugleich, dass die Frauen sich nicht auf ihn einlassen würden. Die Grobheiten und Obszönitäten waren letztlich nichts anderes als ein Schutzschild, das ihn vor Intimität bewahrte, vor allem aber Teil seiner Rolle des machohaften Cowboys aus dem Westen.

Kapitel 27
Der Vorhang fällt (1956)

Im Frühjahr 1956 wurde Jackson und Lee allmählich bewusst, dass ihre Ehe am Ende war und eine Lösung gefunden werden musste. Doch keiner der beiden wagte den entscheidenden Schritt. Wer sollte zuerst gehen? Wer würde aufgeben? Lee, inzwischen unabhängiger geworden, besaß die Kraft dazu. Aber sie wurde von Zweifeln geplagt, ob sie Jackson allein lassen könnte. Ihr erschien dies ausgeschlossen, zu groß war das Verantwortungsgefühl, das sie ihm gegenüber empfand, zu wichtig seine Kunst. Und Jackson? Dem ging es so schlecht, dass ihm alles um ihn herum gleichgültig schien. Anfang 1956 traf er Dr. Hubbard und erzählte ihr, dass er die Wirklichkeit nicht mehr ertrage.[1] Aber ein Leben ohne Lee? Unmöglich. Also drehte sich das Karussell weiter. Jackson beleidigte Lee, diese blaffte zurück. Er verletzte sie mit seinen Eskapaden, sie rächte sich mit Gängeleien. Er schrie, dass er sie umbringen werde, und sie drohte damit, ihn in eine Nervenheilanstalt einweisen zu lassen. Es änderte sich nichts und so warteten beide auf ein Wunder oder den großen Knall. Pollocks kleines Wunder hieß Ruth Kligman.

Ruth Kligman (1930–2010) war eine schöne junge Frau. Sie war feminin, hatte zarte Gesichtszüge, dunkles lockiges Haar und eine sanfte Stimme. Sie entstammte einer russisch-jüdischen Familie und war in ärmlichen Verhältnissen in Newark, New Jersey, aufgewachsen. Schon früh hatte sie ein Interesse für Kunst gezeigt und als Künstlerin wie auch Galerieassistentin zu arbeiten begonnen. 1956 studierte die damals Fünfundzwanzigjährige Kunst in New York. Eines Tages saß sie in der Cedars Tavern, dort, wo alle jungen Künstler abends einzukehren pflegten. Natürlich interessierte sie sich auch für Pollock. Sie bewunderte ihn, wie für viele andere junge Künstler auch war er ein Idol für sie. Als Ruth Jackson im Februar oder März 1956 zum ersten Mal sah, war sie sofort fasziniert. Die beiden wurden einander vorgestellt, unterhielten sich und flirteten ein wenig. Ruth ging der charismatische Künstler nicht mehr aus dem

Kopf. Eine Woche später rief sie mit zittrigen Fingern im Cedars an und fragte nach ihm. Pollock wurde zum Telefon gerufen und man verabredete sich. Die beiden begannen eine leidenschaftliche Affäre.

Jackson war glücklich und stolz. Besondere Mühe, seine Liebschaft zu verheimlichen, gab er sich nicht. Offen besuchte er gemeinsam mit Kligman Galerien und Bars und stellte sie seinen Freunden vor. War er in Springs, rief er sie jeden Tag an und telefonierte stundenlang mit der jungen Frau, selbst dann, wenn Lee in der Nähe war. Schon bald überlegte er, sich scheiden zu lassen. Offen spekulierte er darüber, mit Ruth etwas Dauerhaftes aufzubauen, wohl wissend, dass Lee irgendwann davon erfahren würde. Er wusste genau, wie sehr es sie treffen würde.[2] Lee versuchte die Affäre so lange wie möglich zu ignorieren. Sie fragte nicht, warum er montags in der Stadt zu bleiben pflegte. Auch die unzähligen Ferngespräche nach New York ließen sie äußerlich ungerührt. Pollock brachte das nur noch mehr in Rage; es veranlasste ihn, noch offener mit seiner neuen Beziehung umzugehen, um Lee zu einer Reaktion zu zwingen. Als deren Freunde mit Unverständnis reagierten, protestierte Jackson mit den Worten: »Lee versteht mich nicht.«[3] Schließlich verhärteten sich die Fronten, als Lee von Freunden darüber unterrichtet wurde, dass Jackson eine Scheidung plane. Obwohl sie noch vor kurzem selbst über eine solche nachgedacht hatte, gab sie sich nun entschlossen, niemals in eine Scheidung einzuwilligen.[4]

Im Juni zog Ruth Kligman von New York nach Sag Harbor, nur wenige Kilometer von Springs entfernt, um dort eine Stelle an der Abraham Rattner School of Art anzutreten.[5] Sie hatte genug von den konspirativen Treffen und dem Leben als Geliebte, sie wollte in Jacksons Nähe sein und den Künstler für sich allein. Jackson saß in der Klemme. Er sehnte sich nach einem gemeinsamen Leben mit Ruth, zugleich aber konnte und wollte er seine Frau nicht gehen lassen. Wer sonst sollte sich um ihn kümmern, um seine Kunst und seine Karriere? Niemand konnte das besser als Lee. Jackson träumte davon, mit beiden Frauen zusammenzuleben: Er wollte Ruth und Lee. Patsy Southgate erzählte: »Er sah das Ganze als tolles Abenteuer. Wie ein kleiner Junge war es sein Traum, beide zu haben.«[6]

Pollock war klar, dass er einer baldigen Konfrontation mit seiner Frau nicht aus dem Weg gehen konnte. Was also sollte er tun? Sie verlassen oder sie darum bitten, mit Ruth und ihm zusammenzuleben? Letzteres würde wohl kaum ihre Zustimmung finden. Ruth wartete unterdessen sehnlichst darauf, dass Pollock Lee endlich die Wahrheit sagen und sie bitten würde, ihre Sachen zu packen und zu gehen. Doch Pollock hielt an der Idee einer Dreierbeziehung fest, zu groß war seine Angst, ohne Lee leben zu müssen, und zu schön die junge Liebe zu Ruth. Sein Plan: Ruth sollte mit ihm das große Haus in Springs beziehen und Lee in dem angrenzenden Schuppen wohnen, den sie sich bereits als Atelier ausgesucht hatte. Im Glauben, dass alles gut werden würde und die beiden Frauen sich sicher mögen würden, schlug er seiner Geliebten vor, gemeinsam vor Lee zu treten und mit ihr zu reden »wie Erwachsene«. Doch die »heimliche« Geliebte konnte der Idee nur wenig abgewinnen, sie beschuldigte Jackson, ein Feigling zu sein oder aber nicht ernstlich eine Trennung von Lee in Erwägung zu ziehen. Um sie zu beruhigen, bat er sie um ihre Hand.[7] Ruth war entzückt, bestand jedoch darauf, dass Pollock sein Verhältnis zu seiner Ehefrau klären müsse. Jackson antwortete lapidar: »Für sie wird gesorgt sein.«[8] Er schien die Hoffnung zu hegen, auf diese Weise Zeit zu gewinnen, um eine Entscheidung treffen oder eine Lösung finden zu können.

Bald schon sah Pollock Kligman fast jeden Tag und drei oder vier Nächte in der Woche. Die beiden gingen gemeinsam essen, zeigten sich am Strand und besuchten Freunde von Jackson und Lee. Irgendwann ging er dazu über, jede Nacht bei Ruth zu verbringen. Lee reagierte gelassen und verzichtete darauf, eine Szene zu machen; sie war wohl der Ansicht, dass die Affäre bald von selbst ihr Ende finden würde, wenn Jackson erst sein wahres Ich offenbarte. Keine Frau außer ihr sei in der Lage, dies auszuhalten. Lees offen zur Schau gestellte Gleichgültigkeit trieb Jackson zur Weißglut. Immer wieder tauchte er betrunken bei Dr. Klein auf, wetterte gegen Lee und darüber, dass sie ihn in eine Falle gelockt habe. Er fragte den Analytiker, wie er handeln solle, doch dieser riet Pollock lediglich, gar nichts zu tun, oder antwortete ihm mit Gegenfragen: »Warum leben Sie nicht mit Ruth zusammen?«[9]

Unterdessen wuchs bei Ruth die Ungeduld. Jedes Mal, wenn sie die Sprache auf eine gemeinsame Zukunft brachte, entgegnete Jackson, dass sie verstehen müsse, dass er Lee etwas schulde und noch etwas Zeit brauche, um eine geeignete Lösung zu finden. Doch Ruth merkte bald: Es war weniger Zeit, was ihm fehlte, als vielmehr der Wille, seine Frau zu verlassen. Eines Nachts im Juli fanden sich Jackson und Ruth in seinem Atelier wieder, betrunken und kichernd. Als sie am nächsten Morgen aus der Scheune traten, stand Lee im Bademantel an der Hintertür. »Sie war rot vor Wut«, erinnerte sich Ruth. »Ihr Gesicht war wutverzerrt und ihr Körper zitterte. Sie starrte mich an und versuchte etwas zu sagen, sie stotterte, und schließlich schrie sie uns an und brüllte: ›Schaff diese Frau von meinem Grund und Boden oder ich rufe die Polizei!‹«[10] Jackson brachte Ruth nach Hause. Als er zurückkehrte, wurde er von Lee vor ein Ultimatum gestellt: Wenn er nicht aufhören würde, Ruth zu sehen, würde sie ihn verlassen. Jackson entgegnete kühl: »Dann geh doch!« »Wenn ich gehe, werde ich nicht zurückkommen«, blaffte Lee zurück. Doch für Jackson gab es kein Zurück, weshalb er trotzig rief: »Hau ab!«[11]

Die beiden waren an einen Punkt gelangt, an dem sie sich schon häufig befunden hatten. Nach einer gewissen Zeit würde Jackson seinen Rausch ausgeschlafen haben und alles wieder gut sein. Die Affäre wäre nur eine Frage der Zeit, irgendwann würde die andere Frau merken, dass ein Leben mit Pollock nur wenig glanzvoll und äußerst mühselig war; eine junge Frau wie Ruth würde es mit einem Charakter wie Pollock kaum langfristig aushalten. Dieses Mal allerdings war es anders. Es vergingen mehrere Tage, doch Pollock erschien nicht, um sich bei Lee zu entschuldigen. Lee bekam Panik und suchte nach einem Kompromiss, um ihr Gesicht zu wahren. Sie überlegte, die geplante und lang ersehnte Reise nach Europa in die Tat umzusetzen, danach könnte man sehen, was geschehen würde. Gleichzeitig beschäftigte sie die Frage, ob sie noch vor ihrer Abreise die Scheidung in die Wege leiten sollte. Doch Freunde rieten ihr ab. Sie empfahlen Lee, während der Reise über die gegenwärtige Situation nachzusinnen. Nachdem Lee sich noch einmal mit ihrem Psychotherapeuten unterhalten hatte, sprach sie nicht mehr von Scheidung, sondern von einer Trennung auf Probe. Als der Tag der Abreise näher rückte, wagte Lee einen letzten verzweifelten Versuch. Sie flehte Jackson an, sie auf der Reise zu begleiten. Als er sich weigerte, bot sie ihm an, zurückzukommen und gemeinsam etwas auszuarbeiten: keine Fragen, keine Entschuldigungen, eine völlige Kapitulation. Alles, was er tun müsse, sei, die junge Frau zu verlassen. Pollock lehnte ab.

Am 12. Juli 1956 begleiteten die Newmans und der Bildhauer Day Schnabel Lee zu dem Pier, an dem die R.M.S. Queen Elizabeth – das Schiff, auf welchem sie nach Europa reisen sollte – vor Anker lag. Lee war erschüttert, dass Jackson sie tatsächlich verstoßen hatte. Kurz bevor sie an Bord gehen sollte, brach sie in Tränen aus und schluchzte: »Ich kann nicht gehen, Jackson braucht mich.« Sie suchte ein Telefon, um ihn anzurufen. Als er abhob, behauptete sie, ihren Reisepass vergessen zu haben. Sie führten ein kurzes Telefonat, doch Jackson sagte kaum ein Wort. Lee gab auf: »Oh, ich habe den Reisepass gefunden.«[12] An Bord versuchte sie erneut, Jackson telefonisch zu erreichen, doch er hob nicht ab. In ihrer Verzweiflung kontaktierte sie ihre Schwester Ruth Stein. Diese erinnerte sich: »Sie war tief betrübt, mitten im Gespräch kam dann ein Anruf für sie. Sie sagte: ›Vielleicht ist er das‹, und hing auf. Ein paar Minuten später, nachdem sie erneut mit ihm geredet hatte, rief sie zurück. ›Oh Gott, ich kann ihn nicht überreden zu kommen.«‹ Krasner musste ohne ihn fahren.[13] Was Lee nicht wusste: Als sie Jackson vor ihrer Abreise angerufen hatte, war Ruth bereits im Haus in Springs gewesen und hatte ihre Sachen ausgepackt. Kaum war Lee fort, erhielt Ruth, was sie über Monate hinweg erhofft hatte: Sie hatte Lees Platz eingenommen.

Die ersten gemeinsamen Tage waren wunderbar. Jackson und Ruth lebten in den Tag hinein, schliefen lange und ignorierten jedes Klopfen an der Tür. Abends trafen sie sich mit Freunden oder Jacksons Künstlerkollegen, kochten gemeinsam oder gingen ins Kino. Manchmal sahen sie auch einfach nur fern oder lümmelten auf der roten Samtcouch im Wohnzimmer. Ruth fühlte sich in dem Haus mit seinem gehobenen Standard auf Anhieb wohl und war glücklich, mit ihrem Jackson zusammenleben zu können.

Allerdings: Das Glück währte nur kurz. Cile Downs erinnerte sich: »Sie [Ruth] war sehr lieb zu ihm und ich glaube, auch er empfand große Zuneigung für sie – aber, du liebe Güte – ich konnte mir nicht vorstellen, dass das klappen würde. Mit der Zeit redete er darüber, dass es ernst sei, aber ich glaube nicht, dass es das war.«[14] Hatte Ruth Jackson zu Beginn noch eine Zuflucht vor Lee geboten, war sie selbst nun zu Lee geworden. Es oblag nun Ruth, Jackson mit all seinen Launen zu erdulden. Stundenlang putzte sie sich für eine Party heraus, nur um Jackson kurz vor der Abfahrt sagen zu hören, dass er keine Lust mehr habe. Ihre Kleidung kritisierte er als zu aufreizend und freizügig, ihr Make-up als zu üppig aufgetragen. Wollte sie ihre Schallplatten spielen, so winkte er ab, er mochte ihre Musik nicht sonderlich. Wurde sie krank, war er gereizt und nervös. Wenn sie ihm Zärtlichkeiten entgegenbringen wollte, stieß er sie mit dem Hinweis auf die neugierigen Nachbarn weg, und wenn Freunde anwesend waren, herrschte er sie oft rüde an. Als sie eines Tages in Lees Atelier malen wollte, geriet er förmlich außer sich.[15] Oft trank er bis zur Bewusstlosigkeit, ging früh zu Bett oder weinte stundenlang. Er sprach davon, mit Ruth durchbrennen und mit ihr durch das Land reisen zu wollen, dorthin, wo ihn niemand kannte.[16]

Pollock wurde bald bewusst, dass er Lee hintergangen hatte. Er sehnte sich nach ihr und ihrer Fürsorglichkeit. Nun musste er alles allein bewältigen und überdies noch dieses junge Ding an seiner Seite unterhalten und versorgen. Und was würde bloß geschehen, wenn Lee aus Europa zurückkäme? Pollock wusste nicht ein noch aus. Als Ossorio Jackson in diesen Tagen am Bahnhof traf, erschrak er angesichts dessen Erscheinungsbildes. Obwohl Jackson nüchtern war, konnte er kaum laufen. Er war depressiv und krank, der Körper aufgedunsen, die Gelenke geschwollen, das Gesicht rot und fleckig.[17]

Eine Woche nach ihrer Abreise ließ Jackson seiner Frau einen Strauß roter Rosen zukommen, der in ihr Hotel in Paris geschickt wurde. Am 22. Juli schrieb Lee ihm einen Brief, in dem sie von der Stadt und ihren Besuchen im Louvre und in Pariser Galerien erzählte. Ihre letzten Sätze galten Jackson: »Ich vermisse Dich und wünschte, Du könntest das alles mit mir teilen. Die Rosen hatten ein wunderschönes tiefes Rot. Gib Gyp & Ahab einen Kuss von mir. Es wäre wunderbar, eine Nachricht von Dir zu erhalten. In Liebe, Lee.« Darunter fügte sie einen Satz in Klammern hinzu: »Wie geht es Dir, Jackson?«[18] Lee vermisste Jackson tatsächlich sehr. Sie war im Hotel Quai Voltaire untergekommen. Von ihrem Zimmer aus genoss sie einen traumhaften Blick auf den Louvre und die Seine, doch war sie hier nur selten anzutreffen. Stattdessen durchstreifte sie unermüdlich die Museen und Galerien der französischen Hauptstadt. Abends war sie mit Freunden unterwegs, die gerade in der Stadt waren oder hier lebten, darunter Betty Parsons, Ben Heller, Helen Frankenthaler und John Graham. Nur selten redete sie über Jackson, doch jedem war klar, wo ihre Gedanken weilten.

Auch wenn Ruth nichts von den Rosen und Lees Brief erfuhr, begriff sie schnell, dass etwas nicht stimmte. Ihr blieb nicht verborgen, dass von der anfänglichen Verliebtheit in der Realität des Alltags wenig geblieben war. Häufig langweilte sie sich, war misslaunig und verspürte Angst vor der Zukunft. Ihr wurde bewusst, wie stark Lees Einfluss auf Jackson noch war. Oft ärgerte sie sich über ihn und ängstigte sich vor seinen Wutanfällen. Seine Depression und die weinerliche Anhänglichkeit waren nur schwer zu ertragen. Doch das größte Ärgernis bestand für sie in der Art und Weise, in der seine Freunde sie behandelten. Die wenigsten wollten sie kennenlernen und ignorierten sie meist. Als Jackson und Ruth bei Greenberg und dessen Frau zu Besuch waren, machte der Kritiker etwas, was bisher kein anderer gewagt hatte. Eine abstrakte Diskussion über Freundschaft brachte Greenberg auf Lee. Unumwunden fragte er nach Jacksons Plänen mit ihr und Ruth. Letztere ärgerte sich fürchterlich über den anklagenden Ton des Kritikers: »Er behandelte uns, als ob wir etwas Schlimmes getan hätten, als seien wir irgendwie schuldig.« Jackson brach weinend zusammen. Als Ruth auf der Heimfahrt fragte, warum Jackson sie nicht verteidigt habe, sagte er: »Das ist alles sehr kompliziert.«[19]

Ruth war Jackson nun ausgeliefert und völlig von seinen Launen abhängig. Statt auszugehen, verbrachten die beiden ganze Abende damit, zu schmollen und kaum ein Wort miteinander zu wechseln. Ihre Beziehung entwickelte sich zu einem ähnlich subtilen Kleinkrieg wie die Ehe von Jackson und Lee. Von Heirat war inzwischen keine Rede mehr. Wenn Ruth darauf zu sprechen kam, sagte er nur: »Ich schulde der Frau etwas«, oder: »Wir werden alle zusammenleben«.[20] Ihm dürfte allerdings längst klar gewesen sein, dass keine der beiden Frauen dazu Lust haben würde. Ruth begann sich immer mehr vor dem Tag, da Lee wieder heimkommen würde, zu fürchten. Sie glaubte, dass Jackson sie dann verlassen und zu Lee zurückkehren würde.

Ende Juli 1956 gab die Autorin und Fotografin Dorothy Norman eine Party. Pollock überlegte lange, ob er hingehen sollte oder nicht. Er hatte Angst und betrank sich schon Stunden, bevor die Feier begann, hemmungslos. Doch kaum auf der Party angekommen, wandelte er sich. Aus dem ängstlichen, deprimierten und verzweifelten Menschen wurde ein Star. Alle drehten sich nach ihm um, jeder wollte mit ihm reden, eine festliche Begrüßung setzte ein. Schnell war Ruth vergessen. Später in der Nacht machte Pollock eine Kopfbewegung, die ihr andeuten sollte, dass er gehen wolle. Ruth hatte die Feierlichkeit im Hintergrund und ohne Gesellschaft verbracht und die Szenerie fasziniert und enttäuscht bestaunt. Nach der Party war sie aufgebracht und noch betrunkener als Pollock selbst. Sie bekam einen Wutanfall und warf mit Gläsern um sich, schrie, weinte und schimpfte, bis Jackson ihr eine schallende Ohrfeige gab.[21] Es war nicht das erste Mal, dass Pollock ihr gegenüber gewalttätig wurde, doch dieses Mal reichte es Ruth. Sie rief eine Freundin an und erzählte ihr, dass Pollock sie geschlagen habe. »Sie sagte, dass er wirklich gewalttätig gewesen sei«, so Terry Liss, »dass Jackson sie verprügelt habe. Und ich sagte: ›Schau, ich habe ein freies Zimmer in meinem Haus, sei nicht dumm. Komm zu mir. Wozu tust du dir das an?‹«[22] Aber Ruth kam nicht. Stattdessen suchte sie eine Ausrede und gab vor, ihren Psychologen in New York besuchen zu wollen. Am 2. August fuhr sie in die Stadt. Jackson hatte sich lange dagegen gesträubt und wollte sie, um nicht allein sein zu müssen, mit dem Wagen nach New York fahren, um sie am selben Abend wieder mit nach Hause zu nehmen. Doch sie gab vor, noch ihre Familie besuchen zu wollen. Sie brauchte einfach Abstand.[23]

Nun war Jackson wirklich allein. Stella, Charles, Sande, Lee und Ruth – seit seiner Geburt war ständig jemand bei ihm gewesen, um ihn zu unterstützen und ihm zu helfen. Freunde sahen ihn in dieser Woche häufig allein durch die Landschaft streifen, am Strand entlang oder in den Dünen, manchmal fuhr er ziellos in der Gegend umher; irgendwann stand er dann vor den Häusern seiner Freunde, traute sich jedoch nicht, bei ihnen anzuklopfen. Wenn man ihn fragte, wie es ihm gehe, war seine Antwort stets die gleiche: Er sei sehr einsam und arbeite nicht. »Es war eine sehr schlimme Zeit für ihn«, erzählte Carone. »Ich habe ihn nie so traurig gesehen.«[24] Seine Abende verbrachte Pollock am Telefon, stundenlang mit Freunden ins Gespräch vertieft. Oftmals rief er mitten in der Nacht bei den Bentons in Kansas City an, die sich dann mit ihm unterhielten und ihn zu trösten versuchten. Tony Smith lud ihn für das folgende Wochenende zu sich ein und Jackson sagte freudig zu. Nur bei Ruth meldete er sich in der ganzen Woche kein einziges Mal.

Jackson vermisste Lee. Ihm war klar geworden, was er getan und wie schlecht er sie behandelt hatte. Als Carone ihn in diesen Tagen besuchte, war Jackson von der Beziehung zu Ruth völlig desillusioniert. »Er hatte begriffen, dass diese Affäre Scheiße war«, so Carone, »dass er einen furchtbaren Fehler begangen hatte und dass er Lee brauchte.«[25] Pollock schmiedete Pläne: Er beabsichtigte Lee am Ende des Monats in Europa zu treffen, sodass sie gemeinsam in die USA zurückkehren könnten. Sie telefonisch zu erreichen, gelang ihm allerdings nicht. Pollock versuchte sogar, mit dem Trinken aufzuhören. Er trank nur noch ein oder zwei Flaschen am Tag, die er meist lediglich zur Hälfte leerte. Wenn Lee zurückkäme, so sein Empfinden, müsse er nüchtern sein und seinen guten Willen beweisen. Sie sollte sich freuen, wie gut es ihm ginge.[26]

Pollock versuchte auch, wieder künstlerisch tätig zu sein, doch ohne Erfolg. Als James Brooks bei Jackson vorbeischaute, saß dieser im Garten im Gras und starrte auf das Atelier. Brooks erzählte er, dass er über all die Kunstwerke nachdenke, die noch nicht geschaffen worden seien. Ruth gegenüber hatte er noch kurz zuvor gesagt: »Du weißt, ich bin Maler und ich muss sehr bald wieder arbeiten.«[27] Jackson rief den Bildhauer Ibrahim Lassaw an und bat ihn, ihm zu zeigen, wie man schweißt und mit Metall arbeitet – eine Idee, die von Lee stammte. Doch begann er nie mit der Schaffung von eigenen Arbeiten: Beinahe jeden Morgen ging er in sein Atelier, machte auf dem Absatz kehrt und kam wieder heraus, oftmals in Tränen aufgelöst: »Das war es nicht wert, das war die Qualen und das Opfer nicht wert, es verlangt mir zu viel ab; ich kann nicht mehr so viel geben, ich bin zu armselig und sie verstehen sowieso nicht, was ich meine, sie verwechseln ständig Dinge.«[28] Als er mit einigen Freunden am Strand saß, erwähnte jemand den Film *Rebel Without a Cause* (... denn sie wissen nicht, was sie tun): »Die Geschichte war künstlich, die psychische Ausrichtung war stark vereinfacht, aber [James] Dean war klasse.«

»Ich kenne mich mit Filmen nicht aus«, schnauzte Pollock in die Runde.

»Du würdest [den Film] mögen. Er ist fast so gut wie *The Wild One* [Der Wilde].«

Pollock schrie nun fast: »Was wissen die schon über das Wildsein? Ich bin wild. Da ist etwas Wildes in mir. Da ist etwas Wildes in meinen Händen.« Er machte eine kurze Pause und fügte dann leise hinzu: »Da war so etwas.«[29]

Donnerstagabend meldete sich Ruth und verkündete, dass sie zum Wochenende zurückkommen und eine Freundin mitbringen wolle. Jackson habe sich »düster und verloren« angehört, so erinnerte sich Ruth in späterer Zeit. Er war einverstanden, er war einfach zu lange allein gewesen, um jetzt noch zu protestieren. Ruth bat Jackson, sie am Samstagmorgen abzuholen.[30] Er rief Tony Smith an, um das Treffen für den nächsten Tag abzusagen, doch der war unterwegs. Jane Smith jedoch spürte, dass es Jackson nicht gut ging, und unterhielt sich mit ihm. Als Tony zurückkam, telefonierten Jackson und er bis tief in die Nacht hinein. Jackson wirkte »sehr müde und depressiv«.[31] Smith war überzeugt, dass er unbedingt wieder arbeiten müsse, und empfahl ihm das Malen von Porträts. »Male ganz viele Selbstporträts«, schlug er vor, »wie van Gogh. Aber tu was!«[32]

Am nächsten Tag fuhr Jackson zu den Potters und gab Jeffrey Potter ein paar Werkzeuge zurück, die er sich von diesem geliehen hatte. Man merkte ihm an, dass er keine Lust verspürte, wieder nach Hause zu fahren. Also lud Penny Potter ihn zum Bleiben ein. Er schaute ihr beim Kochen zu und spielte mit dem sechsjährigen Sohn der Potters, wobei Potter bemerkte, dass Jackson äußerst nüchtern schien.[33] Am Abend tauchte Pollock bei den Marca-Rellis auf. Conrad Marca-Relli war von Jacksons Verfassung geschockt. Die beiden unterhielten sich und Jackson betrachtete die neuesten Werke des Freundes. Als er ging, trat er in die Nacht hinaus, schaute in den Himmel empor und murmelte: »Das ist wunderbar, die Bäume sind wunderbar, der Himmel ist wunderbar. Aber alles, woran ich denke, ist der Tod.«[34]

Ruths Zug traf am nächsten Morgen gegen 9 Uhr ein. Jackson war an diesem Samstag bereits frühzeitig aufgestanden und hatte intensiv mit Potter über ein neues Fundament für Lees Atelier diskutiert; er wollte sich einen Wagenheber leihen, um das Atelier anzuheben.[35] Pünktlich holte er Ruth am Bahnhof ab. Sie bemerkte sofort, dass Jackson schlechte Laune hatte. Er war schmutzig und wirkte krank. Mürrisch begrüßte er Ruths Freundin Edith Metzger und ignorierte sie dann auf der Rückfahrt völlig. Ruth hatte die junge lebenslustige Frau mitgebracht, da sie wenig Lust verspürte, mit Pollock allein zu sein, sie wollte einen Menschen ihres Alters um sich haben und das Leben genießen. Als sie nach Hause kamen, bot sich den Frauen ein Bild des Chaos. Es war schmutzig und unordentlich, der Abwasch stapelte sich zuhauf. Ruth vermisste ihre Katze und begab sich auf die Suche nach ihr. Als sie sie jedoch nicht finden konnte, gab sie entnervt auf und bereitete das Mittagessen zu. Doch Jackson leerte seinen Teller in den Abfalleimer und griff sich eine Flasche Gin.

Ruth und Edith wünschten den Nachmittag am Strand zu verbringen und zogen ihre Badeanzüge an.[36] Danach konnten sie Jackson zu einem Foto im Garten überreden. Er setzte sich auf einen Felsen und Ruth halb neben ihn, halb auf seinen Schoß. Gequält lächelte er in die Kamera. Sein Gesicht war geschwollen, die Augen zu schmalen Schlitzen verengt. Dann fuhren sie los, doch Jackson fuhr nicht zur Küste, sondern besuchte die Brooks. Auch auf dem Rückweg brachte er Ruth und Edith nicht zum Strand, sondern brauste einfach daran vorbei. Zu Hause angekommen, zog er sich ohne Umschweife in das Schlafzimmer zurück. Als Ruth wenig später nach ihm sah, lag er zusammengekauert auf dem Bett und weinte.[37]

Zum Abendessen grillte Jackson, aber anstatt zu essen, schüttete er erneut Unmengen an Gin in sich hinein. Ruth bot an, ihm einen Kaffee zu kochen, doch er lehnte ab. Die beiden gerieten hinsichtlich der Pläne für den Abend in Streit. Jackson war zu einem Benefizkonzert im Hause Ossorios eingeladen worden. Ruth war begeistert, doch Jackson fühlte sich wenig motiviert. Stundenlang diskutierte das Paar. Sie freute sich auf die Abwechslung, Pollock indes hatte keine Lust auf die zahlreichen Menschen. Gerade als sich Ruth ihrem Schicksal ergeben wollte, änderte er seine Meinung. Sie zogen sich an und machten sich auf den Weg nach East Hampton.[38]

Der Gin und die schlaflose Nacht forderten allmählich ihren Tribut: Abwechselnd beschleunigte und verlangsamte Jackson den Wagen, einige Male sank sein Kopf auf die Brust, dann schreckte er plötzlich wieder auf. Edith und Ruth blickten sich einige Male fragend und ängstlich an, bis Edith flüsterte: »Ruth, er ist betrunken. Lass uns heimfahren.« Kurz vor dem Ziel machte Jackson am Straßenrand halt und sackte in sich zusammen. Ein vorbeikommender Polizist hielt an und fragte: »Guten Abend, Herr Pollock. Ist etwas nicht in Ordnung?« Jackson murmelte höflich: »Alles in Ordnung; wir reden nur.«[39] Als der Polizist davonfuhr, kam Roger Wilcox auf dem Weg zum Konzert vorbei. Er fuhr heran und stieg aus. »Hey Jackson, was machst du?«, fragte er ihn, während Lucia und Friedrich Kiesler im Auto warteten. »Gehst du nicht zu dem Konzert?« »Ich fühle mich nicht so wohl«, antwortete Jackson schwach. »Ich fühle mich irgendwie krank, mir geht es fürchterlich. Ich bin mir nicht sicher, ob ich zu der Party gehen sollte.«[40] Roger bemerkte, dass es Edith und Ruth zu der Party drängte, »sie hatten sich zurechtgemacht und wollten nicht zurück und einen langweiligen Abend verbringen«[41]. Ruth war frustriert, sie wollte ihrer Freundin die glanzvolle Welt des gefeierten Malers Jackson Pollock zeigen, nicht jedoch den Abend gelangweilt und verdrossen vor dem Fernseher verbringen. Schließlich vermochte sie sich durchzusetzen, sie würden zu dem Benefizkonzert fahren. Doch zunächst galt es, Jackson wieder zu Kräften zu bringen. Selbst für seine Verhältnisse war er nicht in der Verfassung für Gesellschaft. Die drei fuhren zu einer nahe gelegenen Bar, wo die beiden Frauen ihm etwas zu essen besorgen wollten. Von dort aus rief Jackson, der kaum laufen konnte, bei Ossorio an. Dieser befand sich bereits im Musikzimmer und war gerade dabei, den ersten Pianisten anzukündigen, als das Hausmädchen die Nachricht überbrachte, dass sich Mister Pollock verspäten würde.[42]

Doch Edith wollte nicht mehr weiter. Verängstigt weigerte sie sich, in den Wagen zu steigen, als sie sah, dass es Jackson trotz der Pause keinen Deut besser ging. »Ich hole Hilfe, ich rufe ein Taxi, ich muss etwas tun.« Jackson wurde wütend, er schrie die beiden Frauen an und befahl ihnen, sich in das Auto zu setzen. Sie würden jetzt wieder nach Hause fahren. Doch Edith sträubte sich. »Sie weinte, weil sie so nervös war und Todesangst hatte«, wie sich Ruth in ihren Memoiren erinnerte. Doch ihre Angst machte Jackson nur noch zorniger: »Steig ein oder wir gehen nirgendwo hin!« Ruth redete beruhigend auf Edith ein und bat sie, endlich nachzugeben. »Aber Ruth«, protestierte Edith, »er ist betrunken. Ich will nicht mit ihm fahren.« »Nein, ist er nicht, es geht ihm gut«, behauptete Ruth. »Ich verspreche dir, wir fahren heim. Komm schon, steig ein.« Metzger ließ sich widerwillig überzeugen und stieg auf den Rücksitz hinter den Beifahrersitz. Kaum hatte sie sich gesetzt, drückte Jackson das Gaspedal durch und der Wagen schoss auf die Straße hinaus. Edith schrie auf. Gegen 22.15 Uhr waren sie wieder in der Fireplace Road, immer noch gab Jackson Vollgas und ließ das Auto über die Straße rasen. Ediths Angst wurde immer größer. Sie wimmerte und schrie: »Halt das Auto an, lass mich raus!« Doch das schien Jackson nur noch anzuspornen, weiterhin gab er Gas. Ruth versuchte die aufgelöste Edith zu beruhigen: »Edith, mach keinen solchen Wirbel, es geht ihm gut.« Doch sie selbst geriet allmählich in Furcht. Jackson schien wie von Sinnen. Sie ermahnte ihn: »Bitte, Jackson, halt an! Hör auf damit«, und schaute ihn an. Sein Mund war geöffnet, mit weit aufgerissenen Augen starrte er hinaus in die Nacht. Der Fahrtwind dröhnte laut in den Ohren. Und immer wieder schrie Edith vom Rücksitz her: »Lass mich raus, lass mich raus!«[43]

Am Ende der langen Geraden ging die Straße in eine leichte Linkskurve über, es war nun nicht mehr weit bis zum Haus der Pollocks. Der Betonuntergrund wandelte sich hier zu bloßem Asphalt. Einheimische wussten, dass diese Stelle gefährlich war, und auch Jackson hatte hier schon tausende Male das Auto gedrosselt. Doch dieses Mal nicht. Das Oldsmobile-Cabrio hob kurz ab und schlug dann hart auf. Die Reifen auf der rechten Seite kamen von der Straße ab, wirbelten Staub und Steine auf. Jackson riss das Lenkrad herum. Das Auto geriet ins Rutschen, kam von der Straße ab, schleuderte 50 Meter über den Asphalt und riss am Straßenrand Gras, Büsche und Bäume mit. Der Wagen hob erneut kurz ab und flog in ein Gebüsch, er berührte rechts vorn zwei junge

Bäume und begann sich gegen den Uhrzeigersinn zu drehen. Noch immer war das Auto schnell, rückwärts schlingerte es weitere 6 Meter, bevor es sich überschlug. Dann kam der Wagen zum Stillstand. Jackson und Ruth wurden aus dem Wagen geschleudert, Edith Metzger kam unter dem Fahrzeug zum Liegen.[44]

Um 3 Uhr in derselben Nacht rief Clement Greenberg in Paul Jenkins Appartement in Paris an. In Europa war es 9 Uhr morgens. Jenkins ging an das Telefon, Lee saß in seiner Nähe. Beim Blick in sein Gesicht wurde ihr klar, dass etwas Schlimmes geschehen sein musste. Als Jenkins ihr schließlich die schreckliche Nachricht erzählte, brach Lee in Tränen aus und wimmerte: »Jackson ist tot. Nein, Jackson, Jackson ...« Jenkins hob sie auf und legte sie auf die Couch. Lee weinte bitterlich, immer und immer wieder schluchzte sie: »Jackson, Jackson, Jackson.«[45]

Epilog

Pollock war auf der Stelle tot, ebenso Edith Metzger. Ruth Kligman überlebte den Unfall schwerverletzt. In Pollocks Autopsiebericht werden zahlreiche schwere Verletzungen aufgelistet: So hatte Jackson mehrere Schädelbrüche sowie zahlreiche Brüche im Gesicht erlitten, außerdem waren mehrere Rippen gebrochen, die Lunge auf beiden Seiten eingerissen, innere Blutungen die Folge. Als Nebenbefund informiert der Bericht über eine stark vergrößerte Leber.

Viel wurde darüber spekuliert, ob das Unglück ein Unfall war oder Pollock Selbstmord begangen hatte. Pollock hatte häufig von Selbstmord gesprochen und mit seinem Leben mehr als ein Mal gespielt. Doch wie ernst es ihm war, ist ungewiss. Die meisten seiner Selbstmorddrohungen dürften ein Schrei nach Aufmerksamkeit und Zuwendung gewesen sein. Pollock galt als äußerst miserabler Autofahrer, er war oft mit überhöhter Geschwindigkeit gefahren und hatte einige Unfälle verschuldet. Aufgrund seines Alkoholkonsums waren seine Fahrkünste an jenem Abend vermutlich zusätzlich eingeschränkt gewesen. Zu den Gerüchten sagte Krasner später: »Es gibt so viele dumme Mythen über Pollock, ich kann das nicht verstehen. Da gibt es diesen Mythos vom Selbstmord. Da ist nichts dran. Das war ein gefährlicher Straßenabschnitt; nur kurze Zeit zuvor bin ich selbst dort ins Schleudern geraten. Das Straßenbauamt hat den Straßenabschnitt nur kurze Zeit nach Pollocks Tod repariert. Das spricht für sich selbst.«[1] Auch Tony Smith sah das so: »Nein, ich glaube nicht an die Selbstmordtheorie. Absolut nicht. Als erstes, dieser Teil der Straße war furchtbar. Als mir Clem[ent Greenberg] am Telefon davon erzählte, wusste ich genau, wo das war [...]. Selbstmord? Nein. Das heißt aber nicht, dass er nicht besessen war vom Tod oder dass er nicht müde war, depressiv und möglicherweise wütend.«[2] Auch die Familie glaubte nicht an Suizid. Charles verneinte diese Theorie und Arloie, Sandes Gattin, meinte später: »Es war kein Selbstmord, aber er hatte schon lange eine Todessehnsucht, sodass uns schon ein zwiespältiges Gefühl blieb.«[3]

Es erscheint unwahrscheinlich, dass Pollock tatsächlich einen anderen Menschen ernsthaft gefährden wollte und ihn absichtlich mit in den Tod gerissen hätte, auszuschließen ist es aber nicht. Vielleicht war ihm einfach alles egal. Es mag sein, dass er keinen Ausweg mehr wusste, dass er nicht mehr wusste, wie er Ruth und Lee bei sich halten sollte, und es schlicht darauf anlegte, zu sterben.

Nur kurze Zeit nach dem Unfall trafen Ossorio, Greenberg und Marca-Relli am Unfallort ein und trauerten um den verlorenen Freund. Die Nachricht von dem Unglück verbreitete sich wie ein Lauffeuer. Pollocks Freunde und Bekannte trafen sich in der Cedar Tavern, kaum jemand tat in dieser Nacht ein Auge zu. Man weinte und erzählte Geschichten von Jackson, musste dabei unwillkürlich lachen. Dawson Fielding saß lange Zeit still in der Ecke und nippte an einem Bier. Dann fragte er Kline, der in der Nähe saß, was dessen Ansicht nach Pollocks Verdienst sei. Kline antwortete mit Tränen in den Augen: »Er hat den gesamten Himmel angemalt; er hat die Sterne neu verteilt und selbst die Vögel bestellt.« Traurig schaute er zu Boden und fuhr mit heiserer Stimme fort: »Der Grund, warum ich ihn vermisse – der Grund, warum ich ihn wirklich vermissen werde, ist, dass er nie wieder durch diese Tür kommen wird.« Dann weinte er bitterlich.[4]

In Paris versuchten die Freunde alles, um Lee zu beruhigen und zu trösten. Schreckliche Schuldgefühle plagten sie, weil sie ihren Mann allein gelassen hatte, und sie war wütend auf den Therapeuten Dr. Klein, der Pollock gesagt hatte, dass es in Ordnung sei, wenn er trinke und fahre.[5] Noch in der Nacht buchte sie einen Rückflug in die USA. In aller Eile räumten Freunde das Haus der Pollocks auf und ließen alle Spuren des Zusammenlebens von Jackson und Kligman verschwinden.[6] Am Montag, den 13. August, landete Lee in New York. Heller, Ossorio, Southgate und Lees Neffe Ronald Stein bildeten das Empfangskomitee am Flughafen. Schnell füllte sich das Haus in Springs und die engsten Freunde trafen ein, um Lee zu begrüßen und ihr beizustehen. Diese gab sich tapfer und beherrscht und plante die Beerdigung bis ins kleinste Detail. Sie bestand darauf, dass Greenberg am Grab sprechen solle, doch der Kritiker weigerte sich. Er konnte Jackson nicht vergeben, dass er Edith Metzger mit ins Verderben gerissen hatte.[7]

Pollock wurde am 15. August 1956 auf dem Green-River-Friedhof in Springs beigesetzt. Es war ein heißer, sonniger Mittwochnachmittag. Lee hatte entschieden, in der Kirche allein in der vordersten Reihe zu sitzen; die Familie musste hinter ihr Platz nehmen. Um Stella zu beruhigen, hatte Ossorio ihr ein paar Biere eingeflößt. Nun saß sie gefasst auf der Bank und ließ die Zeremonie über sich ergehen. Die Kapelle war völlig überfüllt, viele Menschen mussten draußen stehen, es war heiß und stickig. Reverend George Nicholson, Pfarrer der Amangasett Presbyterian Church, sprach salbungsvolle Worte. Sande und Kadish schluchzten laut. Der Sarg wurde von Charles, Frank und Sande sowie von James Brooks, Ben Heller und Reginald Isaacs getragen.

Da Lee zu jenem Zeitpunkt nur über wenig Geld verfügte, kamen Barnett und Annalee Newman für die Beerdigung auf. Als Grabstein wählte Lee etwas Außergewöhnliches: Sie ließ einen großen Stein aus dem Garten auf das Grab Pollocks stellen. Doch er gefiel ihr nicht und sie machte sich in der Umgebung auf die Suche nach einem anderen Stein. Einen passenden Fels fand schließlich Tony Smith. Er fand Lees Zustimmung und Potter hievte das Ungetüm auf das Grab. Statt einer Grabinschrift findet sich an dem Fels eine Bronzeplatte, die Pollocks Namen trägt, der im Stil seiner Signatur gehalten ist.

Nach der Beerdigung trafen sich Familie und Freunde im Haus der Pollocks. Es war sehr still. Penny Potter hatte Chili gekocht und bewirtete die Gäste. Nachdem man ein wenig Alkohol genossen hatte, kam beinahe so etwas wie Feierstimmung auf und es wurde getanzt. Am darauffolgenden Tag traf sich die Familie erneut und Lee verlas Jacksons Testament. Die Familienmitglieder waren entsetzt, als sie hörten, dass Lee alles erhalten sollte und ihnen lediglich Gemälde als Leihgabe überlassen werden durften, und das, obwohl die Pollocks und McCoys über einen nur geringen Besitz verfügten. Man vermutete Lees Einfluss hinter diesem Testament.

Stella kehrte kurz nach Pollocks Tod nach Iowa zurück und widmete sich dort der Pflege ihres Bruders. Zwei Jahre später verstarb sie. Den Tod des Sohnes hatte sie nie überwunden. Sande starb 1963 an Leukämie. Charles heiratete ein zweites Mal und widmete sich seiner Kunst. 1971 zog er mit seiner Familie nach Paris, wo er 1988 im Alter von fünfundachtzig Jahren verstarb.

Jackson Pollock wurde im Club eine späte Ehre zuteil. Am 30. November 1956 veranstalteten die Club-Mitglieder einen »Abend für Jackson Pollock«. Anwesend waren neben Greenberg und Rosenberg auch Kline, de Kooning, Marca-Relli, James Brooks, Kiesler, Kadish und Barnett Newman sowie weitere Freunde und Künstlerkollegen. Vom 19. Dezember 1956 bis zum 3. Februar 1957 fand im MoMA eine große Retrospektive statt. Die Ausstellung mit dem Titel »Jackson Pollock« zeigte fünfunddreißig Gemälde sowie neun Aquarelle

Pollocks Atelier etwa einen Monat nach dessen Tod, September 1956 (Fotograf: Maurice Berezov)

und Zeichnungen, die zwischen 1938 und 1956 entstanden waren. Dr. Hubbard schrieb an Krasner einen tröstenden Brief und erzählte ihr, dass Pollock sie »angerufen hat, als Du abgereist warst, und sagte, er fühle sich furchtbar ohne Dich […]. [Er sagte,] er wünschte, er hätte Dich nicht gehen lassen.«[8]

Schon bald nach Pollocks Tod kümmerte sich Krasner gewissenhaft um seinen Nachlass. Zusammen mit Freunden sichtete sie seine künstlerischen Arbeiten, ordnete sie ihm zu und datierte sie. Es ist zu vermuten, dass Jackson viele seiner Kunstwerke unsigniert hinterließ. Krasner sorgte sich zeit ihres Lebens um Pollocks Kunst und ehrte sein Vermächtnis. Mit Argusaugen bewachte sie den Markt der Pollock-Bilder, mit großer Sorgfalt wählte sie Museen und Sammler aus, denen sie Pollocks Werke veräußerte. Sie selbst sollte ihren künstlerischen Durchbruch erst nach dem Tod ihres Gatten erleben. Die Geburt ihrer eigenen Kunst ist zugleich das Ende der Anlehnung an diejenige Pollocks. Trotzdem sprach sie nur selten über sich, die Mehrzahl der von ihr gegebenen Interviews drehten sich um ihren verstorbenen Mann. Sie wurde in die Rolle der Witwe eines toten Genies gedrängt – und sie akzeptierte die Rolle. Während das Ausland schon bald nach dem Tod ihres Gatten Notiz von ihrer Arbeit zu nehmen begann, dauerte es noch bis in die 1970er Jahre hinein, bis ihr in den USA der Durchbruch gelang und sie als eigenständige Künstlerin wahrgenommen wurde. Sie bezog Pollocks Atelier und lebte im Sommer auch weiterhin in Springs; die Wintermonate verbrachte sie in New York.

Sein Gemälde *Birth* hatte Pollock 1942 in der ersten gemeinsamen Ausstellung mit Krasner präsentiert. Nun, 1956, kurz nach Pollocks Tod, malte Lee ein eigenes Werk mit dem Titel *Birth*, das deutliche Anklänge an Pollocks Bild offenbart und doch zugleich so anders ist. Es ist Sinnbild für Krasners Weg: Für sie musste Pollocks Tod, so traurig er auch war, ein Zeichen für eine Wiedergeburt gewesen sein. Endlich konnte und musste sie unabhängig von ihrem Mann künstlerisch tätig sein. Endlich war sie in der Lage, sich nur noch mit sich selbst und ihrer Malerei zu befassen. Und das gelang ihr auch. Ihre späteren Arbeiten, die zu den qualitativ besten in ihrem Œuvre gehören, sind vollkommen eigenständig und losgelöst von Pollock entstanden. Achtundzwanzig Jahre blieben ihr, um ihren eigenen künstlerischen Weg zu vollenden.

Krasner starb im Alter von fünfundsiebzig Jahren nach einer schweren Erkrankung am 19. Juni 1984 in New York. Sie wurde neben Pollock auf dem Green-River-Friedhof beigesetzt.

Anmerkungen

Kapitel 1

1. Der Winter 1911/12 gilt bis heute als einer der kältesten in den USA seit Beginn der Wetteraufzeichnung, siehe die Wetterdaten aus der Umgebung von Cody im National Climate Data Center.
2. Geburtsurkunde, vgl. O'Connor, Francis V. und Thaw, Eugene V. (Hgg.): Jackson Pollock. A Catalogue Raisonné of Paintings, Drawings, and other Works, 5 Bde., New Haven u. a. 1978 und 1995, Bd. 4, S. 203, D1; Geburtsanzeige in der *Park County Enterprise*, Spalte »Gesellschaft«, in: Park County Enterprise, 31. Januar 1912, Nr. 47, S. 5.
3. Vgl. Potter, Jeffrey: To a Violent Grave. An Oral Biography of Jackson Pollock, New York 1985, S. 18, 23.
4. Vgl. Naifeh, Steven und Smith, Gregory W.: Jackson Pollock. An American Saga, New York 1989, S. 32f., 811.
5. Vgl. O'Connor, Francis V.: The Genesis of Jackson Pollock. 1912 to 1943, unveröffentl. Diss., John Hopkins University, Baltimore 1965, S. 3.
6. Eine ausführliche Biografie der Eltern findet sich bei Naifeh/Smith 1989, S. 16ff., 24ff.
7. Vgl. Naifeh/Smith 1989, S. 42.
8. Die Lokalzeitung *Park County Enterprise* berichtet in ihrer Ausgabe vom 16. November 1912 über den Weggang von LeRoy Pollock; an das Nachziehen der Familie erinnert sich Stella Pollock in einem Brief an Charles Pollock vom 6. Februar 1958.
9. Vgl. Naifeh/Smith 1989, S. 42.
10. Vgl. Potter 1985, S. 19.
11. Vgl. ebd.
12. Vgl. ebd., S. 20ff.
13. Vgl. ebd., S. 60.
14. Von der Kindheit erzählt Sande ausführlich in einem unveröffentlichten, 1959 geführten Interview mit Kathleen Shorthall.
15. Vgl. Horn, Axel: »Jackson Pollock: The Hollow and the Bump«, in: The Carleton Miscellany 7, 1966, Nr. 3, S. 80–87.
16. Vgl. Naifeh/Smith 1989, S. 63.
17. Vgl. Potter 1985, S. 23; O'Connor 1965, S. 8f.
18. Vgl. O'Connor 1965, S. 9.
19. Solomon, Deborah: Jackson Pollock. A Biography, New York 2001, S. 30.
20. Vgl. Naifeh/Smith 1989, S. 63ff.
21. Vgl. Potter 1985, S. 22f.

Kapitel 2

1. Sanford McCoy erwähnt dies als Grund für die Aufgabe der Farm, vgl. O'Connor 1965, S. 3.
2. Vgl. die Erzählungen Charles' in O'Connor 1965, S. 5 sowie Sandes Erinnerungen in einem unveröffentlichten, 1959 geführten Interview mit Kathleen Shorthall.
3. Vgl. Potter 1985, S. 25.
4. LeRoy Pollock in einem Brief an Frank Pollock, zit. nach: O'Connor 1965, S. 48.
5. Vgl. Solomon 2001, S. 26.
6. Vgl. Naifeh/Smith 1989, S. 37f., 70f.
7. Vgl. ebd., S. 78.
8. Vgl. Solomon 2001, S. 27.
9. Vgl. Naifeh/Smith 1989, S. 78f.
10. Vgl. Potter 1985, S. 25f.
11. Vgl. Butte County Records, 31. Dezember 1919, S. 442.
12. Vgl. O'Connor 1965, S. 3.
13. Vgl. ebd., S. 7.
14. Vgl. Hunt, Leigh A.: Rite of Spring. A History of the Mountain Maidu Bear Dance, M.A., California State University, Sacramento 1991.
15. Vgl. Rushing, William J.: »Jackson Pollock and Native American Art«, in: Ders.: Native American Art and the New York Avant-Garde. A History of Cultural Primitivism, Austin 1995, S. 169–190; Rushing, William J.: »Ritual and Myth. Native American Culture and Abstract Expressionism«, in: Tuchman, Maurice (Hg.): The Spiritual in Art. Abstract Painting 1890–1985, Ausst. Kat., Los Angeles County Museum of Art, New York 1986,

S. 281.
16 Vgl. Naifeh/Smith 1989, S. 85.
17 Vgl. ebd., S. 101f.; Sande in einem unveröffentlichten, 1959 geführten Interview mit Kathleen Shorthall.
18 Vgl. Solomon 2001, S. 28; Naifeh/Smith 1989, S. 86f.
19 Das Lokalblatt *Lassen Advocate* berichtete am 2. September 1921 vom Umzug der Familie Pollock; im August 1921 hatte die *Orland Unit* vermeldet, dass sich die Familie Pollock im September im Ort niederlassen werde. Vgl. Solomon 2001, S. 29.
20 Vgl. Naifeh/Smith 1989, S. 89f.
21 Vgl. Solomon 2001, S. 30.
22 Vgl. ebd.
23 Die Zeitschriften schienen die beiden zutiefst beeindruckt zu haben. Noch in der Nacht vor seinem Tod sprach Sanford davon, wie sehr sie ihn beeinflusst hätten. Vgl. hierzu »Charles Pollock in conversation with Terence Maloon, Peter Rippon and Sylvia Pollock«, in: Artscribe, September 1977, Nr. 8, S. 8–13.
24 Sande erzählt hiervon in einem unveröffentlichten, 1959 geführten Interview mit Kathleen Shorthall.
25 Näheres zu Charles und Benton siehe Adams, Henry: Tom and Jack. The Intertwined Lives of Thomas Hart Benton and Jackson Pollock, New York 2009, S. 28f.
26 Vgl. ebd.
27 Laut amtlicher Bekanntmachung von Glenn County wurde die Farm im beginnenden Januar 1923 verkauft.
28 Vgl. Solomon 2001, S. 33; O'Connor 1965, S. 4.
29 Vgl. Solomon 2001, S. 32f.; Naifeh/Smith 1989, S. 109.
30 Vgl. O'Connor, Francis V.: Jackson Pollock, Ausst. Kat., The Museum of Modern Art New York, New York 1967, S. 13.
31 Vgl. Naifeh/Smith 1989, S. 111.
32 Vgl. Friedman, Bernhard H.: Jackson Pollock. Energy Made Visible, New York 1995, S. 7f.; O'Connor/Thaw 1978 und 1995, Bd. 4, S. 205.
33 Vgl. Friedman 1995, S. 7ff.
34 Vgl. Naifeh/Smith 1989, S. 118.
35 Vgl. Solomon 2001, S. 34; O'Connor 1965, S. 11.
36 O'Connor/Thaw 1978 und 1995, Bd. 4, S. 205f., D2.
37 Vgl. ebd., S. 206.
38 Pollocks Vater erwähnt den Aufenthalt in einem Brief an seinen Sohn, vgl. O'Connor/Thaw 1978 und 1995, Bd. 4, S. 206, D3.
39 Ebd.
40 Ebd.

Kapitel 3

1 Vgl. Solomon 2001, S. 37.
2 Vgl. O'Connor/Thaw 1978 und 1995, Bd. 4, S. 207f., D6.
3 Vgl. O'Connor 1965, S. 15.
4 Vgl. Manuel J. Tolegian in einem Interview mit Betty Hoag, 12. Februar 1965, Archives of American Art, Smithsonian Institution.
5 Vgl. ebd.
6 Naifeh/Smith 1989, S. 123.
7 Jackson Pollock in einem Brief an Charles Pollock, 31. Januar 1930.
8 Vgl. Potter 1985, S. 22; O'Connor 1965, S. 14.
9 O'Connor/Thaw 1978 und 1995, Bd. 4, S. 206, D3.
10 Vgl. Gardner, Adelaide: Einführung in die Theosophie, Graz 1952.
11 Vgl. Jayakar, Pupul: Krishnamurti. Ein Leben in Freiheit. Die autorisierte Biographie, 2. Aufl., Freiburg 2004, S. 84ff., 91ff.
12 O'Connor 1965, S. 16.
13 Vgl. Krishnamurti, Jiddu: Vollkommene Freiheit. Das große Krishnamurti-Buch, Frankfurt a. M. 2001, S. 81ff.
14 Vgl. O'Connor/Thaw 1978 und 1995, Bd. 4, S. 206f., D4 und D5.
15 Vgl. Potter 1985, S. 29.
16 O'Connor/Thaw 1978 und 1995, Bd. 4, S. 207f., D6.
17 LeRoy Pollock schildert den Alltag kurz in einem Brief vom 20. Juli 1929.
18 Vgl. Naifeh/Smith 1989, S. 140f.
19 Pollock, Silvia Winter (Hg.): American Letters 1927–1947. Jackson Pollock & Family, Cambridge 2011, S. 12–15.
20 Vgl. Manuel J. Tolegian in einem Interview mit Betty Hoag, 12. Februar 1965, Archives of American Art, Smithsonian Institution; Reuben Kadish in einem Interview mit James T. Valliere, ca. 1965, Archives of American Art, Smithsonian Institution.
21 Vgl. Ausst. Kat. New York 1967, S. 14.
22 Ausführlicheres hierzu siehe Naifeh/Smith 1989, S. 144f.
23 O'Connor/Thaw 1978 und 1995, Bd. 4, S. 207f., D6.
24 Ebd.
25 Ebd.
26 Ebd.
27 Ebd., Bd. 4, S. 208f., D7.
28 Vgl. Naifeh/Smith 1989, S. 149.
29 Vgl. ebd.
30 Vgl. Solomon 2001, S. 44f.
31 Vgl. O'Connor 1965, S. 24.
32 Vgl. ebd.
33 Vgl. Potter 1985, S. 30.
34 Dass Pollock aus dem genannten Grund nach New York wollte, habe er – so Tony Smith in einem Interview mit James T. Valliere – mehrfach erwähnt, vgl. Jackson Pollock and Lee Krasner Papers, ca. 1914–1984, Archives of American Art, Smithsonian Institution.

Kapitel 4

1 Siehe hierzu Davidson, Abraham A.: »Die *Armory*

Show und die frühe Moderne in Amerika«, in: Chrēstos M. Iōakeimidēs (Hg.): Amerikanische Kunst im 20. Jahrhundert. Malerei und Plastik 1913-1993, München 1993, S. 45-54; Brown, Milton W.: The Story of the Armory Show, New York 1988; Brown, Milton W.: American Painting. From the Armory Show to the Depression, Princeton 1955.
2 Vgl. Potter 1985, S. 32.
3 Vgl. O'Connor/Thaw 1978 und 1995, Bd. 4, S. 209; O'Connor 1965, S. 56.
4 Vgl. O'Connor 1965, S. 30, 38.
5 Vgl. dazu ausführlich Levin, Gail: »Thomas Hart Benton: Synchromism and Abstract Art«, in: Arts Magazine 56, Dezember 1981, Nr. 4, S. 144-148.
6 Landau, Ellen G.: Jackson Pollock, London 2005, S. 26.
7 Cohen-Solal, Annie: Painting American. The Rise of American Artists, Paris 1867 – New York 1948, New York 2001, S. 293.
8 O'Connor/Thaw 1978 und 1995, Bd. 4, S. 214, D16.
9 Friedman 1995, S. 20.
10 Naifeh/Smith 1989, S. 163.
11 Ebd., S. 164.
12 Siehe auch Landau 2005a, S. 26, 28.
13 Benton in einem unveröffentlichten, 1959 geführten Interview mit Kathleen Shorthall, Time Archiv.
14 Vgl. Benton, Thomas H.: An Artist in America, 4. überarb. Aufl., Columbia 1983, S. 332-334.
15 Vgl. ebd., S. 332-334.
16 Landau 2005a, S. 28.
17 Ebd.
18 Ebd., S. 33.
19 Vgl. Adams 2009, S. 31.
20 Vgl. Naifeh/Smith 1989, S. 185.
21 Potter 1985, S. 34.
22 Vgl. Adams 2009, S. 358; Potter 1985, S. 212.
23 Vgl. Adams 2009, S. 359.
24 Potter 1985, S. 213.
25 Vgl. ebd., S. 48.
26 Adams 2009, S. 358.
27 Vgl. Levin, Gail: Lee Krasner. A Biography, New York 2011, S. 280.
28 Vgl. O'Connor 1965, S. 49f.
29 Vgl. Naifeh/Smith 1989, S. 192ff.
30 Benton 1983, S. 338f.
31 Solomon 2001, S. 68.
32 Vgl. Pollock 2011, S. 20.
33 Vgl. Potter 1985, S. 38.
34 Die Reiseroute lässt sich den Briefen Pollocks und den Erzählungen Tolegians entnehmen, siehe auch O'Connor 1965, S. 38.
35 O'Connor/Thaw 1978 und 1995, Bd. 4, S. 210f., D10.
36 Vgl. Naifeh/Smith 1989, S. 205.
37 O'Connor/Thaw 1978 und 1995, Bd. 4, S. 211, D11.
38 Vgl. O'Connor 1965, S. 42.

Kapitel 5

1 Vgl. Ausst. Kat. New York 1967, S. 17.
2 Vgl. Naifeh/Smith 1989, S. 205f.
3 Vgl. Solomon 2001, S. 53.
4 Vgl. Potter 1985, S. 47ff.
5 Vgl. ebd., S. 41.
6 Ebd.
7 Vgl. hierzu die Briefe der Familie aus den Monaten Februar und Mai 1932.
8 Vgl. Friedman 1995, S. 28; Potter 1985, S. 43; O'Connor 1965, S. 42f.
9 Vgl. hierzu die Aussagen Darrows in O'Connor 1965, S. 42f. Pollocks Bilder wandelten sich in dieser Zeit tatsächlich sehr.
10 Naifeh/Smith 1989, S. 221.
11 Vgl. Adams 2009, S. 171; Potter 1985, S. 43.
12 Vgl. Potter 1985, S. 44.
13 Vgl. Solomon 2001, S. 61.
14 Vgl. O'Connor 1965, S. 43, 140f.
15 Solomon 2001, S. 61.
16 Vgl. ebd.
17 Vgl. Doss, Erika L.: Benton, Pollock, and the Politics of Modernism. From Regionalism to Abstract Expressionism, Chicago 1991; Guilbaut, Serge: How New York Stole the Idea of Modern Art. Abstract Expressionism, Freedom, and the Cold War, Chicago 1983.
18 Zur Auseinandersetzung siehe Adams 2009, S. 185ff. 1933 malte Benton einen Wandbildzyklus für den Bundesstaat Indiana. Auf 24 Tafeln stellte er – unter Beachtung der übergeordneten Themen Kultur und Industrie – dessen Gesichte dar. Im Hintergrund einer dem Bereich Kultur zugeordneten Tafel bildete Benton den Ku-Klux-Klan ab. Kritiker glaubten hierin den endgültigen Beweis für Bentons bigotten Rassismus gefunden zu haben. Benton entgegnete, er habe lediglich die Geschichte Indianas porträtieren und sowohl gute wie auch schlechte Aspekte innerhalb der Geschichte des Bundesstaates aufzeigen wollen.
19 Naifeh/Smith 1989, S. 227.
20 Vgl. ebd., S. 228.
21 O'Connor/Thaw 1978 und 1945, Bd. 4, S. 214f., D16.
22 Vgl. O'Connor 1965, S. 43.
23 Vgl. Ausst. Kat. New York 1967, S. 18.
24 O'Connor/Thaw 1978 und 1945, Bd. 4, S. 214f., D16.
25 Ebd., Bd. 4, S. 211f., D12.
26 Vgl. Friedman 1995, S. 25.
27 Potter 1985, S. 37.
28 O'Connor/Thaw 1978 und 1945, Bd. 4, S. 214f., D16.
29 Ebd., Bd. 4, S. 211f., D12.
30 Ebd., Bd. 4, S. 213, D13.
31 Vgl. Naifeh/Smith 1989, S. 240.
32 Vgl. Ausst. Kat. New York 1967, S. 18.

33 Von den Arbeiten ist keine erhalten. Vgl. Naifeh/ Smith 1989, S. 242.
34 O'Connor/Thaw 1978 und 1945, Bd. 4, S. 216f.
35 Adams 2009, S. 191.
36 Vgl. O'Connor/Thaw 1978 und 1945, Bd. 4, S. 121, Nr. 1042. Naifeh und Smith behaupten, bei dem Werk handle sich um eine Totenmaske von LeRoy Pollock, Beweise dafür gibt es nicht. Sanford McCoy datierte die Arbeit auf die Zeit um 1932, laut Charles Pollock stamme sie von 1933 und zeige Einflüsse von Ben-Shmuel. Horn berichtet in Potter 1985, S. 45, dass Pollock an vielen Stücken gleichzeitig gearbeitet und dabei nur jeweils Fragmente angefertigt habe.
37 Vgl. O'Connor/Thaw 1978 und 1945, Bd. 4, S. 215. Stella Pollock beschreibt die letzten Tage in einem Brief an ihre Söhne in New York, vgl. O'Connor 1965, S. 45.
38 Vgl. O'Connor 1965, S. 44.
39 O'Connor/Thaw 1978 und 1945, Bd. 4, S. 215f.
40 Ebd.
41 Vgl. Naifeh/Smith 1989, S. 236.

Kapitel 6

1 Vgl. Potter 1985, S. 46. Zum Grundriss der Wohnung siehe O'Connor, Francis V.: »Jackson Pollock's Mural for Peggy Guggenheim: Its Legend, Documentation, and Redefinition of Wall Painting«, in: Davidson, Susan und Rylands, Philip (Hgg.): Peggy Guggenheim & Frederick Kiesler. The Story of Art of This Century, New York 2004, S. 150–169.
2 Vgl. Naifeh/Smith 1989, 244f.
3 Vgl. hierzu Arloie McCoy in einem Interview mit James T. Valliere, 2. August 1965, Jackson Pollock Papers, Archives of American Art, Smithsonian Institution.
4 Vgl. Naifeh/Smith 1989, S. 246.
5 Vgl. ebd., S. 250.
6 Ebd., S. 249.
7 Pollock 2011, S. 54; Brief Frank Pollocks an Charles Pollock, 30. Oktober 1933.
8 Vgl. O'Connor/Thaw 1978 und 1945, Bd. 1, S. 6f.
9 Vgl. Charles Pollocks Briefe an Elizabeth, in: Pollock 2011, S. 61–73.
10 Vgl. Solomon 2001, S. 70f.; Benton 1983, S. 334ff.
11 Solomon 2001, S. 70.
12 Vgl. O'Connor 1965, S. 69.
13 Vgl. ebd., S. 52.
14 Vgl. hierzu die Briefe der Familie aus den Jahren 1933/34.
15 Adams 2009, S. 163.
16 Potter 1985, S. 50.
17 Vgl. O'Connor 1965, S. 52.
18 Vgl. O'Connor/Thaw 1978 und 1945, Bd. 4, S. I; O'Connor 1965, S. 53ff.
19 Vgl. O'Connor/Thaw 1978 und 1945, Bd. 4, S. 6, Nr. 920.
20 Vgl. ebd., Bd. 4, S. 5, Nr. 919.
21 Vgl. Naifeh/Smith 1989, S. 280f. Zeichnungen aus dieser Zeit belegen die Einflüsse, vgl. hierzu O'Connor/Thaw 1978 und 1945, Bd. 3, S. 40ff.
22 Vgl. hierzu Rushing, William J.: »Jackson Pollock and Native American Art«, in: Ders., Native American Art and the New York Avant-Garde. A History of Cultural Primitivism, Austin 1995, S. 169.
23 Ausst. Kat. New York 1967, S. 18.
24 Vgl. ebd. S. 19f.; O'Connor 1965, S. 60f.
25 O'Connor/Thaw 1978 und 1945, Bd. 4, S. 20.
26 Vgl. Benton, Thomas H.: »Art and Nationalism«, in: Modern Monthly 8, Mai 1934, Nr. 4, S. 35.
27 Nachzulesen in *New York Herald Tribune* vom April 1935, in: Adams 2009, S. 188.
28 Vgl. Adams 2009, S. 185ff.
29 Vgl. Ausst. Kat. New York 1967, S. 20.
30 Vgl. Solomon 2001, S. 150.
31 Vgl. O'Connor/Thaw 1978 und 1945, Bd. 4, S. 132ff.
32 Vgl. Potter 1985, S. 51.
33 Ein unerschöpflicher Fundus an Informationen zur Geschichte der PWAP findet sich in O'Connor, Francis V.: The New Deal Art Projects. An Anthology of Memoirs, Washington, D. C. 1972.
34 Vgl. O'Connor, Francis V.: »The Genesis of Jackson Pollock: 1912 to 1943«, in: Artforum 5, Mai 1967, Nr. 9, S. 18; Ausst. Kat. New York 1967, S. 20; O'Connor 1965, S. 63ff.
35 Zur Geschichte der WPA und des New Deal siehe Cohen-Solal 2001, S. 294ff. und Bustard, Bruce I.: A New Deal for the Arts, Washington, D. C. 1997.
36 Charles Maddox in einem Gespräch vom 1. März 1972, Jackson Pollock Papers, Archives of American Art, Smithsonian Institution.
37 Vgl. O'Connor/Thaw 1978 und 1945, Bd. 4, S. 120, 158.
38 Naifeh/Smith 1989, S. 275.
39 Vgl. ebd.

Kapitel 7

1 Vgl. Guilbaut 1983, S. 17ff.
2 Vgl. Storr, Robert: »A Piece of the Action«, in: Varnedoe, Kirk und Karmel, Pepe (Hgg.): Jackson Pollock. New Approaches, New York 1999, S. 44f.; Hurlburt, Laurence P.: »The Siqueiros Experimental Workshop: New York, 1936«, in: Art Journal 35, Frühjahr 1976, Nr. 3, S. 237ff.
3 Storr 1999, S. 45.
4 Horn, Axel: »The Hollow and the Bump«, in: Karmel, Pepe (Hg.): Jackson Pollock. Interviews, Articles, and Reviews, New York 1999, S. 108.
5 Ebd.
6 Vgl. Friedman 1995, S. 37f.
7 Ebd.
8 Charles Pollock in einem Brief an Francis O'Connor, zit. nach: O'Connor 1967, S. 23, Anm. 9.
9 Williams, Dave und Williams, Reba: »The Prints of

Jackson Pollock«, in: Print Quaterly 5, Dezember 1988, Nr. 4, S. 351.
10 Vgl. O'Connor 1965, S. 65.
11 Vgl. Potter 1985, S. 56.
12 Ebd.
13 Vgl. Solomon 2001, S. 85; Potter 1985, S. 53.
14 Vgl. Friedman 1995, S. 38.
15 Vgl. hierzu einen Brief Sandes an Charles Pollock, in: O'Connor/Thaw 1978, Bd. 4, S. 220f., D24.
16 Vgl. hierzu Jackson Pollock in einem Brief an seine Mutter, 7. November 1936.
17 Vgl. O'Connor/Thaw 1978, Bd. 1, S. 46, Nr. 59.
18 Jackson Pollock in einem Brief an Charles Pollock, Januar 1940.
19 Vgl. Naifeh/Smith 1989, S. 297.
20 Vgl. Ausst. Kat. New York 1967, S. 21.
21 Vgl. Levin 2011, S. 102.
22 Potter 1985, S. 51.
23 Solomon 2001, S. 86.
24 Naifeh/Smith 1989, S. 305.
25 Vgl. Solomon 2001, S. 86f.
26 Vgl. O'Connor 1965, S. 66.
27 O'Connor/Thaw 1978, Bd. 4, S. 222, D27.
28 Vgl. Solomon 2001, S. 87.
29 Vgl. Benton 1983, S. 335f.; O'Connor 1965, S. 67f.
30 Solomon 2001, S. 89.
31 Noch in einem Brief vom 15. September schrieb Sande der Mutter, wie gut es Jackson gehe, in einem Brief vom 27. Dezember 1937 an die Mutter deutet er hingegen an, dass es Jackson schlecht ergehe.
32 Vgl. O'Connor 1965, S. 70.
33 O'Connor/Thaw 1978, Bd. 4, S. 223.
34 Vgl. ebd.
35 Vgl. hierzu ausführlich Wall, James H.: »A Study of Alcoholism in Men«, in: American Journal of Psychiatry, Mai 1936, Nr. 92, S. 1389–1401.
36 Vgl. Potter 1985, S. 57f.
37 Vgl. ebd.
38 Zu Walls Behandlungen siehe Wall, James H.: »Psychotherapy of Alcohol Addiction in a Private Mental Hospital«, in: Quarterly Journal of Studies on Alcohol 5, März 1945, Nr. 4, S. 99–100; Wall, James H. und Allen, Edward B.: »Results of Hospital Treatment of Alcoholism«, in: American Journal of Psychiatry 100, Januar 1944, S. 474–480; Wall 1936.
39 Vgl. O'Connor/Thaw 1978, Bd. 4, S. 123, Nr. 1045.
40 Vgl. ebd., Bd. 4, S. 124, Nr. 1046.
41 Vgl. hierzu einen Brief Walls an Lee Krasner, 12. September 1963, in Auszügen abgedruckt in: O'Connor/Thaw 1978, Bd. 4, S. 124.
42 Vgl. O'Connor/Thaw 1978, Bd. 3, S. 49, Nr. 445r.
43 Vgl. ebd., Bd. 4, S. 223.
44 Vgl. Ausst. Kat. New York 1967, S. 23.
45 Vgl. Naifeh/Smith 1989, S. 320f.
46 Vgl. Potter 1985, S. 58.
47 O'Connor 1965, S. 72, Brief Sandes an Charles Pollock, März 1939.
48 Vgl. Wysuph, C. L.: Jackson Pollock. Psychoanalytic Drawings, New York 1970, S. 13.

Kapitel 8

1 Zum Lebenslauf Joseph Hendersons siehe Hill, Gareth S.: »Joseph L. Henderson: His Life and His Work«, in: Hill, Gareth S. (Hg.): The Shaman from Elko, San Francisco 1978, S. 8–19.
2 Vgl. Potter 1985, S. 58f.
3 Vgl. hierzu Henderson, Joseph L.: Jackson Pollock. A Psychological Commentary, unveröffentl. Essay, o. O. u. J., o. S.
4 Vgl. Friedman 1995, S. 41; Wysuph 1970, S. 10.
5 Zu den Theorien Jungs siehe Jacobi, Jolande: Die Psychologie von C. G. Jung. Eine Einführung in das Gesamtwerk, 21. Aufl., Frankfurt a. M. 2006; Jung, Lorenz (Hg.): C.-G.-Jung-Taschenbuchausgabe in elf Bänden, München 2001.
6 Carl G. Jung: »Das Werk bringt seine Form mit; was er dazu tun möchte, wird abgelehnt, was er nicht annehmen will, wird ihm aufgezwungen. Er kann nur gehorchen und seinem anscheinend fremden Impuls folgen […].« Zit. nach Hultberg, Peer: »Jungs Theorien zu Kunst und Literatur«, in: Analytische Psychologie 24, 1993, Nr. 4, S. 247.
7 Carl G. Jung: »Das Persönliche ist eine Beschränkung, ja sogar ein Laster in der Kunst. Kunst, die nur der vorwiegend persönlich ist, verdient es, als Neurose behandelt zu werden.« Zit. nach Hultberg 1993, S. 252.
8 Den Unterschied zu Freud erklärte Jung folgendermaßen: »Wenn von der Freud'schen Schule die Meinung vertreten wird, dass jeder Künstler eine infantil-autoerotisch beschränkte Persönlichkeit besitze, so mag dieses Urteil für diesen als Person gelten, es ist aber ungültig für den Schöpfer in ihm. Denn dieser ist in höchstem Maße sachlich, unpersönlich, ja sogar un- oder übermenschlich, denn als Künstler ist er sein Werk und kein Mensch.« Zit. nach Hultberg 1993, S. 252.
9 Carl G. Jung: »Der Moment, in dem wir das urtümliche Bild finden, ist gekennzeichnet von besonderer emotionaler Intensität; es ist wie, wenn Saiten in uns berührt wurden, die sonst nie klangen, oder Gewalten entfesselt wurden, von deren Dasein wir nichts ahnten.« Zit. nach Hultberg 1993, S. 250.
10 Vgl. Henderson o. J., o. S.
11 Vgl. Wysuph 1970, S. 10.
12 Vgl. O'Connor/Thaw 1978 und 1945, Bd. 4, S. 23, Nr. 940.
13 In einer Zeichnung erwähnt Pollock diese Zuordnungen, vgl. O'Connor/Thaw 1978 und 1945, Bd. 3, S. 118, Nr. 556. Siehe auch Cernuschi, Claude: Jackson Pollock. »Psychoanalytic Drawings«, Durham u. a. 1992, S. 21.
14 Vgl. Henderson o. J., o. S.

15 Potter 1985, S. 197.
16 Interview mit Seldon Rodman, siehe Rodman, Selden: Conversations with Artists, New York 1961, S. 82.
17 Vgl. Wysuph 1970, S. 16ff.
18 Vgl. O'Connor/Thaw 1978 und 1945, Bd. 2, S. 117, Nr. 555.
19 Ebd., S. 17.
20 Friedman 1995, S. 42f.
21 Ebd.
22 Vgl. Wysuph 1970, S. 14.
23 Vgl. Henderson, Joseph L.: »Jackson Pollock: Notes concerning the nature of his drawings and his art psychotherapy«, in: Harrison, Helen A. (Hg.): Such Desperate Joy. Imagining Jackson Pollock, New York 2000, S. 84f.
24 Adams 2009, S. 215.
25 Friedman 1995, S. 43.
26 Potter 1985, S. 150.
27 Ebd., S. 79.
28 Lee Krasner in einem Interview, festgehalten in: Du Plessix, Francine und Gray, Cleve: »Who was Jackson Pollock?«, in: Art in America 55, Mai/Juni 1967, Nr. 3, S. 51.
29 »Interview with Lee Krasner Pollock by B. H. Friedman«, in: Jackson Pollock. Black and White, Ausst. Kat. Marlborough-Gerson Gallery New York, New York 1969, S. 8.
30 Landau 2005a, S. 249, Anm. Nr. 26.
31 Sandler, Irving: A Sweeper-Up After Artists. A Memoir, New York 2009, S. 93.
32 Vgl. Potter 1985, S. 58f.
33 Ebd.
34 Levin 2011, S. 288.
35 Potter 1985, S. 42.
36 Vgl. Levin 2011, S. 167.

Kapitel 9

1 Zur Biografie Grahams siehe Longwell, Alicia G.: John Graham and the Quest for an American Art in the 1920s and 1930s, unveröffentl. Diss., The City University of New York, 2007 sowie Green, Eleanor: John Graham. Artist and Avatar, Ausst. Kat., Philips Collection Washington, D. C., Washington, D. C. 1987.
2 Vgl. hierzu Agee, William C., Sandler, Irving und Wilkin, Karen: American Vanguards. Graham, Davis, Gorky, De Kooning, and their Circle, 1927–1942, New Haven 2011 sowie FitzGerald, Michael C.: Picasso and American Art, Ausst. Kat., Whitney Museum of American Art New York, San Francisco Museum of Modern Art, Walker Art Center Minneapolis, New York u. a. 2006.
3 Carl Hotly erzählte in einem Interview von diesen Übungen, vgl. Carl Holty in einem Interview, 8. Dezember 1964, Archives of American Art, Smithsonian Institution.

4 Vgl. Ashton, Dore: The New York School. A Cultural Reckoning, Berkley u. a. 1992.
5 Zur Bedeutung Grahams siehe Wilkin, Karen: »All for one«, in: Agee/Sandler/Wilkin 2011, S. 35–61, ferner Longwell 2007.
6 Graham, John: System and Dialectics of Art, Baltimore 1971, S. 153.
7 Siehe hierzu Solomon 2001, S. 265, Anm. 99; Naifeh/Smith 1989, S. 346.
8 Potter 1985, S. 56 und Ellen G. Landau, An Interview with Lee Krasner about John Graham, 28. Februar 1979, Jackson Pollock and Lee Krasner Papers, ca. 1914–1984, Archives of American Art, Smithsonian Institution.
9 Solomon 2001, S. 101.
10 Du Plessix/Gray 1967, S. 51.
11 Graham 1971, S. 134.
12 Vgl. Graham, John: »Primitive Art and Picasso«, in: Magazine of Art 30, April 1937, Nr. 4, S. 236–239, 260; Graham 1971, S. 95.
13 Vgl. Naifeh/Smith 1989, S. 337f.
14 Vgl. Rushing 1986, S. 291f.
15 Vgl. Landau 2005a, S. 58ff.
16 Vgl. Varnedoe, Kirk mit Karmel, Pepe: Jackson Pollock, Ausst. Kat., Museum of Modern Art New York, 2. Aufl., New York 1999, S. 32.
17 Vgl. ebd.
18 Vgl. Naifeh/Smith 1989, S. 337.
19 In Pollocks Bibliothek finden sich mehrere Bände der Publications of the Bureau of Ethnology. Er hatte sie schon zwischen 1930 und 1935 als gebrauchte Exemplare in einem New Yorker Buchladen erstanden. Pollock muss sich also schon früher für diese Kunst interessiert haben, doch erst durch Graham und die Besuche in den Museen wurde sein Interesse tatsächlich geweckt. In der Folge wurden die Farben und Symbole indianischer Kunst in seinen Arbeiten sichtbar. Vgl. O'Connor/Thaw 1978 und 1945, Bd. 4, S. 188.
20 Graham, John: »Primitive Art and Picasso«, zit. nach: Weinberg, Jonathan: »Pollock and Picasso, The rivalry and the escape«, in: Arts Magazine 61, Juni 1987, Nr. 10, S. 43.
21 O'Connor/Thaw 1978 und 1945, Bd. 4, S. 224.
22 Roueché, Berton: »Unframed Space«, in: The New Yorker 26, 5. August 1950, Nr. 24, S. 16.
23 Potter 1985, S. 33.
24 O'Connor/Thaw 1978 und 1945, Bd. 4, S. 226.
25 Naifeh/Smith 1989, S. 340.
26 Vgl. ebd.
27 Vgl. O'Connor/Thaw 1978 und 1945, Bd. 4, S. 224.
28 Vgl. ebd., Bd. 4, S. 225.
29 Vgl. ebd.
30 Vgl. Naifeh/Smith 1989, S. 359.
31 Vgl. Henderson, Joseph L.: »Jackson Pollock: Notes concerning the nature of his drawings and his art psychotherapy«, in: Harrison, Helen A. (Hg.): Such Desperate Joy. Imagining Jackson Pollock,

New York 2000, S. 84f.
32 Vgl. Henderson o. J., o. S.
33 Ebd.
34 So de Laszlo über ihre Therapie, zit. nach: Potter 1985, S. 66f.
35 Naifeh/Smith 1989, S. 362.
36 Potter 1985, S. 63.
37 Vgl. ebd., S. 66f.
38 Vgl. Brief de Laszlos an den zuständigen Offizier, 3. Mai 1941, Jackson Pollock and Lee Krasner Papers, ca. 1914–1984, Archives of American Art, Smithsonian Institution.
39 Vgl. ebd.
40 Vgl. Solomon 2001, S. 105.
41 Vgl. O'Connor/Thaw 1978 und 1945, Bd. 4, S. 225f.
42 Vgl. Solomon 2001, S. 105.
43 Bustard 1997, S. 9, 123ff.
44 O'Connor/Thaw 1978 und 1945, Bd. 4, S. 225, D37.
45 Ebd., Bd. 4, S. 225, D39.
46 O'Connor 1965, S. 78.

Kapitel 10

1 Vgl. Landau, Ellen G.: Lee Krasner. A Catalogue Raisonné, New York 1995, S. 300.
2 Vgl. Levin 2011, S. 19ff.
3 Naifeh/Smith 1989, S. 370.
4 Vgl. Levin 2011, S. 27f., 35f.
5 Vgl. Solomon 2001, S. 111.
6 Vgl. Levin 2011, S. 30.
7 Vgl. Lee Krasner Interviews, November 1964 – April 1968, Dorothy Seckler, Smithsonian Institution, Jackson Pollock and Lee Krasner Papers, ca. 1914–1984, Archives of American Art, Smithsonian Institution.
8 Ebd.
9 Vgl. ebd.
10 Vgl. Landau 1995, S. 301.
11 Vgl. ebd.
12 Levin 2011, S. 55.
13 Vgl. ebd., S. 68f.
14 Vgl. Campbell, Lawrence: »Of Lilith and Lettuce«, in: Art News 67, März 1968, S. 63.
15 Vgl. Rose, Barbara: Miró in America, Ausst. Kat., Museum of Fine Arts Houston, Houston 1982, S. 15.
16 Vgl. Levin 2011, S. 72.
17 Vgl. Potter 1985, S. 64f.
18 Vgl. Naifeh/Smith 1989, S. 385ff.
19 Die Sekretärin war Lilian Olinsey, die später Friedrich Kiesler heiratete. Lilian Kiesler in einem Interview mit Ellen G. Landau, 27. Februar 1997.
20 Levin 2011, S. 129.
21 Ebd.
22 Landau 1995, S. 304.
23 Greenberg über Lee Krasner, vgl. Levin 2011, S. 136.
24 Vgl. Lee Krasner in einem Interview mit Barbara Rose, 31. Juli 1966, Jackson Pollock and Lee Krasner Papers, ca. 1914–1984, Archives of American Art, Smithsonian Institution.
25 Lee Krasner in einem Interview mit Dorothy Seckler, Jackson Pollock and Lee Krasner Papers, ca. 1914–1984, Archives of American Art, Smithsonian Institution.
26 Levin 2011, S. 137.
27 Vgl. Igor Pantuhoff in einem Brief an Lee Krasner, Pollock and Krasner House and Study Center.
28 Vgl. Igor Pantuhoff in zwei Briefen an Lee Krasner, 23. November 1939 und 26. Februar 1940, Pollock and Krasner House and Study Center.
29 Levin spekuliert über Suizidgedanken Krasners, vgl. Levin 2011, S. 147.
30 Vgl. Igor Pantuhoff in einem Brief an Lee Krasner, 19. März 1940, Pollock and Krasner House and Study Center.
31 Friedman 1995, S. 71.
32 Vgl. Levin, 2011, S. 138f.
33 Landau 1995, S. 304.
34 Lee Krasner in einem Interview mit Barbara Rose, 31. Juli 1966, Archives of American Art, Smithsonian Institution.

Kapitel 11

1 Vgl. Lee Krasner über John Graham in einem Interview mit Ellen G. Landau, 28. Februar 1979, Jackson Pollock and Lee Krasner Papers, ca. 1914–1984, Archives of American Art, Smithsonian Institution.
2 John Graham in einem Brief an Lee Krasner, Jackson Pollock and Lee Krasner Papers, ca. 1914–1984, Archives of American Art, Smithsonian Institution.
3 Es ist nicht ganz sicher, wer Krasner Pollocks Adresse gab. Mehrere Quellen, darunter Landau 1995, nennen Louis Bunce. Auch Krasner selbst nannte in einem Interview seinen Namen.
4 Lee Krasner in: Du Plessix/Gray 1967, S. 49.
5 Vgl. Levin 2011, S. 173.
6 Vgl. Potter 1985, S. 65.
7 Lane, James: »Mélange«, in: Art News, Januar 1942, S. 29, zit. nach: Ausst. Kat. New York 1967, S. 26f.
8 Vgl. Friedman 1995, S. 65; Potter 1985, S. 66.
9 Potter 1985, S. 66.
10 Vgl. Levin 2011, S. 195.
11 Friedman 1995, S. 64f.
12 Vgl. hierzu Friedman 1995, S. 64f., ferner Dorothy Seckler, Interview mit Lee Krasner und Barbara Cavaliere, Interview mit Lee Krasner, Jackson Pollock and Lee Krasner Papers, ca. 1914–1984, Archives of American Art, Smithsonian Institution.
13 Landau, Ellen G. und Cernuschi, Claude (Hgg.): Pollock Matters, Ausst. Kat., McMullen Museum of Art Boston College, Chicago 2007, S. 32.
14 Ebd.
15 Lader, Melvin P.: Peggy Guggenheim's Art of This

Century. The Surrealist Milieu and the American Avant-Garde, 1942–1947, Diss., University of Delaware, 1981, S. 237.
16   Vgl. Solomon 2001, S. 106.
17   Vgl. Friedman 1995, S. 56.
18   Du Plessix/Gray 1967, S. 49.
19   Vgl. ebd.
20   Vgl. Glueck, Grace: »Scenes from a Marriage. Krasner and Pollock«, in: Art News 80, Dezember 1981, S. 60.
21   Vgl. Rose, Barbara: Lee Krasner, New York 1983, S. 49f.
22   Solomon 2001, S. 109.
23   Naifeh/Smith 1989, S. 404.
24   Vgl. Solomon 2001, S. 117.
25   Potter 1985, S. 75.
26   Vgl. Potter, Jeffrey: »Jackson Pollock and Relationships«, in: Harrison, Helen A. (Hg.): Such Desperate Joy. Imagining Jackson Pollock, New York 2000, S. 97.
27   Naifeh/Smith 1989, S. 404.
28   Ebd.
29   Vgl. Lee Krasner in einem Interview mit Dorothy Seckler, Jackson Pollock and Lee Krasner Papers, ca. 1914–1984, Archives of American Art, Smithsonian Institution.
30   Vgl. ebd.
31   Solomon 2001, S. 118.
32   Vgl. Du Plessix/Gray 1967, S. 51.
33   Vgl. Glueck 1981, S. 59.
34   Rago, Louise: »We Interview Lee Krasner«, in: School Arts, September 1960, S. 32.
35   Naifeh/Smith 1989, S. 408.
36   Vgl. Kuthy, Sandor und Landau, Ellen G.: Lee Krasner, Jackson Pollock. Künstlerpaare, Künstlerfreunde, Ausst. Kat., Kunstmuseum Bern, Bern 1989, S. 26.
37   Jackson Pollock and Lee Krasner Papers, Archives of American Art, Smithsonian Institution.
38   Vgl. Glueck 1981, S. 59.

Kapitel 12

1   Vgl. Sawin, Martica: Surrealism in Exile and the Beginning of the New York School, Cambridge, Mass. 1995, S. 158.
2   Vgl. ebd., S. 291.
3   Vgl. Edgar, Natalie (Hg.): Club Without Walls. Selections from the Journals of Philip Pavia, New York 2007, S. 22.
4   Vgl. Sawin 1995, S. 168; Ernst, Jimmy: Nicht gerade ein Stilleben. Erinnerungen an meinen Vater Max Ernst, Köln 1991, S. 309ff.; Simon, Sidney: »Concerning the beginnings of the New York School: 1939–1943. An Interview with Peter Busa and Matta in December 1966«, in: Art International 11, Sommer 1967, Nr. 6, S. 17–20, hier S. 17.
5   Vgl. Sawin 1995, S. 80f.

6   Solomon 2001, S. 123.
7   Vgl. Landau 2005a, S. 131.
8   Vgl. Sawin 1995, S. 168.
9   Vgl. Landau 2005a, S. 96f.; Sawin 1995, S. 168.
10   Vgl. Naifeh/Smith 1989, S. 417.
11   Vgl. Landau 2005a, S. 93; Sawin 1995, S. 239; Simon, Sidney: »Concerning the Beginnings of the New York School: 1939–1943. An Interview Conducted with Robert Motherwell by Sidney Simon«, in: Art International 11, Sommer 1967, Nr. 6, S. 20–23, hier S. 21.
12   Vgl. Simon 1967a, S. 18.
13   Ebd., S. 17.
14   Vgl. ebd., S. 18.
15   Ebd., S. 19.
16   Sawin 1995, S. 241f.
17   Vgl. Landau 2005a, S. 94.
18   Es handelt sich um das Werk in O'Connor/Thaw 1978, Bd. 4, S. 35, Nr. 952. Über das Entstehungsdatum des Werks wurde spekuliert, denn Pollock schenkte es Greenberg bei dessen Hochzeit 1956 und sagte, es sei sein Durchbruch gewesen und er habe es 1939 bei der WPA gemalt. Greenberg bezweifelte später dieses frühe Datum. Tatsächlich brachte Pollock die Techniken, mit denen das Werk geschaffen wurde, erst nach 1940 zur Anwendung.
19   Vgl. Sawin 1995, S. 230.
20   Vgl. Interview with Motherwell, Bryan Robertson, 1964, The Motherwell Papers, Greenwich sowie Landau 2005a, S. 90.
21   Vgl. Solomon 2001, S. 123.
22   Vgl. Landau 2005a, S. 92; Solomon 2001, S. 123f.; Sawin 1995, S. 239; Ernst 1991, S. 311.
23   Rubin, David S.: »A case for content: Jackson Pollock's subject was the automatic gesture«, in: Arts Magazine 53, März 1979, Nr. 7, S. 103–109, hier S. 105.
24   Zu den Abläufen dieser Abende siehe Rubin 1979a, S. 105.
25   Vgl. Sandler, Irving: »The Surrealist emigres in New York«, in: Artforum 6, 1968, Nr. 9, S. 24–31, hier S. 29.
26   Vgl. Rubin 1979a, S. 105.
27   Vgl. Landau 2005a, S. 99.
28   Sawin 1995, S. 242.
29   Naifeh/Smith 1989, S. 427.
30   Vgl. ebd.
31   Vgl. ebd.
32   Vgl. Simon 1967b, S. 20.
33   Motherwell selbst erwähnt dies in Simon 1967b, S. 21f.
34   Ebd., S. 22.
35   Ebd.
36   Vgl. Motherwell, Robert: »The Modern Painter's World«, in: Dyn 1, November 1944, Nr. 6, S. 9–14.
37   Zit. nach: Rushing 1986, S. 275.
38   Vgl. Sawin 1995, S. 265ff. Eine großartige Ein-

führung in das Thema bietet auch Winter, Amy: »Wolfgang Paalen, DYN und die Geschichte des Abstrakten Expressionismus«, in: Schrage, Dieter (Hg.): Wolfgang Paalen. Zwischen Surrealismus und Abstraktion, Ausst. Kat., Museum Moderner Kunst Stiftung Ludwig Wien, Klagenfurt 1993, S. 145–180.
39 Vgl. Greenberg, Clement: »Surrealistische Malerei«, in: Greenberg, Clement und Lüdeking, Karlheinz (Hg.): Die Essenz der Moderne. Ausgewählte Essays und Kritiken, Dresden u. a. 1997, S. 82–93.
40 Sawin 1995, S. 422.
41 Weld, Jacqueline B.: Peggy. The Wayward Guggenheim, London 1986, S. 323.
42 Vgl. Sawin 1995, S. 359.

Kapitel 13

1 Vgl. Landau 2005a, S. 107.
2 Vgl. ebd.
3 Zur Diskussion siehe Lewison, Jeremy: Interpreting Pollock, London 1999, S. 17f.
4 Vgl. Peter Busa in einem Interview mit Dorothy Seckler, Archives of American Art, Smithsonian Institution.
5 Vgl. O'Connor 1965, S. 82.
6 Vgl. Williams/Williams 1988, S. 362.
7 Vgl. O'Connor/Thaw 1978, Bd. 5, S. 66, DS2/D41a und DS3/D42b.
8 Vgl. Solomon 2001, S. 128f.; Landau 2005a, S. 103; Dankesbrief Pollocks an von Rebay, in: O'Connor/Thaw 1978, Bd. 5, S. 67, DS4/D42c.
9 Vgl. Myers, John B.: Tracking the Marvelous. A Life in the New York Art World, New York 1983, S. 81.
10 Vgl. Solomon 2001, S. 129.
11 Vgl. Hobbs, Robert C. und Levin, Gail: Abstract Expressionism. The Formative Years, Ausst. Kat., Herbert F. Johnson Museum of Art Ithaca, Whitney Museum of American Art New York, Ithaca, N. Y. 1978, S. 36f., 100f.
12 Den Begriff »Correalism« entlehnte Kiesler der »Design Correlation« und beschrieb damit die korrelierenden Spannungsverhältnisse eines Objekts im Raum, womit Kiesler letztlich nichts anderes meinte als die Flexibilität seiner Möbel, die sich auf mehrere Arten nutzen lassen. So lässt sich zum Beispiel durch Kippen aus einem Tisch eine Liege machen. Zur Konstruktion nutzte Kiesler streng geometrische Prinzipien.
13 Eine ausgezeichnete Einführung in die Galerie und ihre Architektur bietet die Publikation Davidson, Susan und Rylands, Philip (Hgg.): Peggy Guggenheim & Frederick Kiesler. The Story of Art of This Century, New York 2004.
14 Vgl. Lader 1981, S. 129.
15 Zit. nach: Weld 1986, S. 290.
16 Zit. nach: Lader 1981, S. 129.
17 Zit. nach: Lader 1981, S. 126.
18 Vgl. Weld 1986, S. 300.
19 Vgl. Dearborn, Mary V.: Ich bereue nichts! Das außergewöhnliche Leben der Peggy Guggenheim, Bergisch Gladbach 2005, S. 298.
20 Vgl. Guggenheim, Peggy: Ich habe alles gelebt, 9. Aufl., Bergisch-Gladbach 2006, S. 472.
21 Naifeh/Smith 1989, S. 442.
22 Howard Putzel in einem Brief an Gordon Onslow-Ford, 2. November 1942, Onslow-Ford Papers, abgedruckt in: Sawin 1995, S. 337.
23 Ausst. Kat. New York 1967, S. 29.
24 Ernst 1991, S. 400f.
25 Ebd., S. 401.
26 Connolly, Jean: »Art: Spring Salon for Young Artists«, in: The Nation 156, 29. Mai 1943, Nr. 22, S. 786.
27 Vgl. Coates, Robert M.: »The Art Galleries: From Moscow to Harlem«, in: The New Yorker 19, 29. Mai 1943, Nr. 15, S. 49.
28 O'Connor/Thaw 1978, Bd. 4, S. 228, D44.
29 Naifeh/Smith, S. 446.
30 Rose 1983, S. 52.
31 Naifeh/ Smith, S. 448ff.
32 Vgl. Ausst. Kat. New York 1967, S. 27f.
33 O'Connor/Thaw 1978, Bd. 4, S. 228, D43.
34 Vgl. ebd., Bd. 5, S. 67, DS5/D42d.

Kapitel 14

1 Siehe hierzu Rushing, William J.: Native American Art and the New York Avant-Garde. A History of Cultural Primitivism, Austin 1995, S. 180.
2 Vgl. Rubin, William: »Pollock as Jungian Illustrator: The Limits of Psychological Criticism«, in: Art in America 67, November 1979, Nr. 7, S. 104–123, hier S. 117.
3 Im Nachlass Pollocks existiert ein Papier, auf dem sich Notizen des Künstlers zu diesem Mythos finden, vgl. Jackson Pollock and Lee Krasner Papers, ca. 1914–1984, Archives of American Art, Smithsonian Institution.
4 Potter, Jeffrey: »Jackson Pollock: Fragments of Conversations and Statements«, in: Harrison, Helen A. (Hg.): Such Desperate Joy. Imagining Jackson Pollock, New York 2000, S. 88.
5 Vgl. Naifeh/Smith 1989, S. 727.
6 Vgl. hierzu die anschauliche Darstellung bei Rushing 1995, S. 176f.
7 Vgl. Landau 2005a, S. 119.
8 Pollock in: O'Connor/Thaw 1978 und 1995, Bd. 4, S. 234, D60.
9 Das Buch befindet sich in Pollocks Bibliothek. Da Pollock im gleichen Zeitraum zahlreiche Skizzen und Tuschzeichnungen anfertigte, die den Abbildungen im Buch entsprechen, liegt es nahe, dass er sich auch intensiv damit auseinandersetzte.
10 Vgl. O'Connor/Thaw 1978 und 1995, Bd. 4, S. 229,

461

D48.
11 Howard Putzel in einem Brief an Jackson Pollock, Archives of American Art, Smithsonian Institution, Karton 2, Ordner 9.
12 Potter 1985, S. 74. Siehe auch Guggenheim 2006, S. 474.
13 Vgl. Weld 1986, S. 314, 323, 347.
14 Vgl. ebd., S. 343.
15 Vgl. Howard Putzel in einem Brief an Jackson Pollock und Lee Krasner, 8. Oktober 1943, Jackson Pollock and Lee Krasner Papers, ca. 1914–1984, Archives of American Art, Smithsonian Institution.
16 Vgl. O'Connor/Thaw 1978 und 1995, Bd. 4, S. 229, D48.
17 Ebd., Bd. 4, S. 229, D47.
18 Ebd., Bd. 4, S. 228, D44.
19 Von dem Angebot berichtete Lee in einem Brief an Stella Pollock, vgl. O'Connor/Thaw 1978 und 1995, Bd. 4, S. 228, D46.
20 O'Connor/Thaw 1978 und 1995, Bd. 4, S. 230, Abb. 26.
21 Du Plessix/Gray 1967, S. 51.
22 O'Connor/Thaw 1978 und 1995, Bd. 4, S. 230, D50.
23 Vgl. Friedman 1995, S. 60; Du Plessix/Gray 1967, S. 51.
24 Riley, Maude: »Young Man From Wyoming«, in: The Art Digest 18, 1. November 1943, Nr. 3, S. 11.
25 Vgl. Naifeh/Smith 1989, S. 464.
26 Vgl. Weld 1986, S. 324.
27 Motherwell, Robert: »The Painter's Object«, in: Partisan Review 11, Winter 1944, Nr. 1, S. 93–97, auszugsweise abgedruckt in: Ausst. Kat. New York 1967, S. 31.
28 Jewell, Edward A.: »Art: Briefer Mention«, in: The New York Times, 14. November 1943, S. 6, zit. nach: Ausst. Kat. New York 1967, S. 30.
29 Coates, Robert M.: »The Art Galleries: Situation Well in Hand«, in: The New Yorker 19, 20. November 1943, Nr. 40, S. 97–98.
30 Riley, Maude: »Fifty-Seventh Street in Review: Explosive First Show«, in: The Art Digest 18, 15. November 1943, Nr. 4, S. 18.
31 Greenberg, Clement: »Art«, in: The Nation 157, 27. November 1943, Nr. 22, S. 621, zit. nach: Ausst. Kat. New York 1967, S. 30.
32 Vgl. Naifeh/Smith 1989, S. 466; Potter 1985, S. 75.
33 Irving Sandler in The New Yorker, 23. Dezember 1944, zit. nach: Friedman 1995, S. 78.
34 Anonyme Kritik in: Art News 42, November 1943, Nr. 13, S. 177.
35 Coates 1943b, S. 97f.
36 Greenberg, Clement: »The Present Prospects of American Painting and Scuplture«, in: Horizon 93, Oktober 1947, S. 20–29, zit. nach: Friedman 1995, S. 101.
37 Vgl. Naifeh/Smith 1989, S. 466ff.
38 Vgl. O'Connor 2004, S. 150–169.
39 O'Connor/Thaw 1978 und 1995, Bd. 4, S. 228, D44.

40 O'Connor 2004, S. 154, Abb. 68a und b.
41 Ebd., S. 155.
42 Vgl. ebd., S. 151–165.
43 Adams 2009, S. 271.
44 Guggenheim 2006, S. 445.
45 Vgl. Anfam, David: »Pollock als Zeichner, Linien des Geistes«, in: Davidson, Susan (Org.): No Limits, Just Edges. Jackson Pollock, Malerei auf Papier, Ausst. Kat., Deutsche Guggenheim Berlin, Ostfildern-Ruit 2005, S. 32f.
46 Vgl. Benton, Thomas H.: »The Mechanics of Form Organization in Painting«, in: The Arts, November 1926, S. 285–289 (Teil I); Dezember 1926, S. 340–342 (Teil II); Januar 1927, S. 43–44 (Teil III); Februar 1927, S. 95–96 (Teil IV); März 1927, S. 145–148 (Teil V).
47 Vgl. Guggenheim 2006, S. 445.
48 Vgl. Mancusi-Ungaro, Carol C.: »Jackson Pollock: Response as Dialougue«, in: Storr 1999, S. 118.
49 Farber, Manny: »Jackson Pollock«, in: The New Republic 112, 25. Juni 1945, Nr. 6, S. 871–872.
50 Naifeh/Smith 1989, S. 472.

Kapitel 15

1 [o. Verf.]: »Jackson Pollock: A Questionnaire«, in: Arts & Architecture 61, Februar 1944, Nr. 2, S. 14, zit. nach: Karmel, Pepe (Hg.), Jackson Pollock. Interviews, Articles, and Reviews, New York 1999, S. 15f.
2 Vgl. O'Connor 1965, 1967, S. 34.
3 Vgl. Potter 1985, S. 96.
4 Vgl. ebd., S. 79.
5 Sweeney, James J.: »Five American Painters«, in: Harper's Bazaar, April 1944, Nr. 2788, S. 77, 122–124, auszugsweise abgedruckt in: Friedman 1995, S. 63.
6 Jackson Pollock and Lee Krasner Papers, ca. 1914–1984, Archives of American Art, Smithsonian Institution.
7 Vgl. Guggenheim 2006, S. 475.
8 O'Connor/Thaw 1978 und 1995, Bd. 4, S. 233, D55.
9 Dass Pollock sich beschwerte, lässt sich einem Brief Howard Putzels entnehmen, vgl. O'Connor/Thaw 1978 und 1995, Bd. 4, S. 233, D57.
10 Vgl. Naifeh/Smith 1989, S. 476.
11 Potter 1985, S. 167. Siehe auch ebd., S. 189f.
12 Naifeh/Smith 1989, S. 561.
13 Ebd.
14 Vgl. Potter 1985, S. 189f., 211. Zu Maria Motherwell siehe Naifeh/Smith 1989, S. 531.
15 Lee Krasner in einem Interview mit Ellen G. Landau, Archives of American Art, Smithsonian Institution.
16 O'Connor/Thaw 1978 und 1995, Bd. 5, S. 68.
17 Vgl. ebd., Bd. 4, S. 234.
18 Vgl. ebd., Bd. 4, S. 234, Bd. 5, S. 68.
19 Levin 2011, S. 214f.

20 Vgl. O'Connor/Thaw 1978 und 1995, Bd. 4, S. 234, D59. Pollock erwähnt die Familie; der Bericht von Lees Zwischenhalt findet sich in einem Brief Sanfords an Charles vom 18. August 1944.
21 Vgl. Friedman 1995, S. 72.
22 Sande berichtete Charles hiervon in zwei Briefen vom 21. November 1944 und 9. Juli 1945.
23 Vgl. Naifeh/Smith 1989, S. 491.
24 Vgl. Potter 1985, S. 98.
25 Vgl. Sawin 1995, S. 153ff. und Moser, Joann: »The Impact of Stanley William Hayter on Post-War American Art«, in: Archives of American Art Journal 18, 1978, Nr. 1, S. 2–11, hier S. 2f.
26 Vgl. Hayter, Stanley W.: »Line and Space of the Imagination«, in: View 4, Dezember 1944, Nr. 4, S. 127–128, 140, 143.
27 Vgl. Halasz, Piri: »Stanley William Hayter: Pollock's Other Master«, in: Arts Magazine 59, November 1984, Nr. 3, S. 73–75.
28 Vgl. Moser 1978, S. 3.
29 Vgl. Williams/Williams 1988, S. 353f.
30 Vgl. Potter 1985, S. 98.
31 Vgl. O'Connor/Thaw 1978 und 1995, Bd. 1, S. 98, 103.
32 Vgl. Ausst. Kat. New York/San Francisco/Minneapolis 2006, S. 203f.
33 Vgl. Devree, Howard: »Among The New Exhibitions«, in: The New York Times, 25. März 1945, S. X8.
34 Vgl. Tyler, Parker: »Nature and Madness Among the Younger Painters«, in: View 5, Mai 1945, Nr. 2, S. 30–31, auszugsweise abgedruckt in: Ausst. Kat. New York 1967, S. 37.
35 Riley, Maude: »Jackson Pollock«, in: The Art Digest 19, 1. April 1945, Nr. 13, S. 59.
36 Farber 1945, S. 871f.
37 Greenberg, Clement: »Art«, in: The Nation 160, 7. April 1945, Nr. 14, S. 396–398.
38 Vgl. ebd.
39 Vgl. Lader 1981, S. 171f.
40 Der Katalogessay findet sich abgedruckt in: Landau, Ellen G. (Hg.): Reading Abstract Expressionism. Context and Critique, New Haven 2005, S. 152f.
41 Vgl. Jewell, Edward A.: »Toward Abstract, Or Away?«, in: The New York Times, 1. Juli 1945, S. 2.
42 Sawin 1995, S. 368.
43 Zit. nach: Lader 1981, S. 174.
44 Vgl. Potter 1985, S. 80.
45 Zur Beschreibung des Alltags siehe Naifeh/Smith 1989, S. 500f.
46 Ebd., S. 501.
47 Du Plessix/Gray 1967, S. 50.
48 Valliere, James T.: »An Interview with Daniel T. Miller«, in: Harrison, Helen A. (Hg.): Such Desperate Joy. Imagining Jackson Pollock, New York 2000, S. 229.
49 Vgl. Friedman 1995, S. 217.

50 Vgl. Lee Krasner in einem Brief an Francis V. O'Connor, 10. September 1966, Jackson Pollock and Lee Krasner Papers, ca. 1914–1984, Archives of American Art, Smithsonian Institution.
51 Vgl. Glueck 1981, S. 60.
52 Vgl. Solomon 2001, S. 159.
53 Vgl. Weld 1986, S. 344.
54 Siehe die Heiratsurkunde in: O'Connor/Thaw 1978 und 1995, Bd. 5, S. 69, DS9/D60a.
55 Weld 1986, S. 343.
56 Vgl. Potter 1985, S. 87.
57 James Brooks in einem Interview mit James T. Valliere, Jackson Pollock and Lee Krasner Papers, ca. 1914–1984, Archives of American Art, Smithsonian Institution. Siehe außerdem Potter 1985, S. 87.

Kapitel 16

1 O'Connor/Thaw 1978 und 1995, Bd. 5, S. 69, DS10/D60b.
2 Vgl. Naifeh/Smith 1989, S. 511.
3 Solomon 2001, S. 160.
4 Du Plessix/Gray 1967, S. 50.
5 Vgl. O'Connor/Thaw 1978 und 1995, Bd. 5, S. 70.
6 Vgl. Weld 1986, S. 343.
7 Vgl. Solomon 2001, S. 157; Weld 1986, S. 343.
8 Vgl. Naifeh/Smith 1989, S. 511.
9 Greenberg, Clement: »Art«, in: The Nation 162, 13. April 1946, Nr. 15, S. 444–445.
10 [o. Verf.]: »Reviews & Previews: Jackson Pollock«, in: Art News 45, Mai 1946, Nr. 3, S. 63.
11 Du Plessix/Gray 1967, S. 51f.
12 Vgl. ebd.
13 Vgl. Rose, Barbara: Pollock Painting, New York 1978, o. S.
14 Naifeh/Smith 1989, S. 522.
15 Zum Besuch von Greenberg siehe Naifeh/Smith 1989, S. 524.
16 Vgl. Carmean, E. A., Rathbone, Eliza E. und Hess, Thomas B.: American Art at Mid-Century. The Subject of the Artist, Washington, D. C. 1978, S. 148.
17 Potter 1985, S. 113.
18 Ausst. Kat. New York 1967, S. 41.
19 Greenberg, Clement: »Art«, in: The Nation 163, 28. Dezember 1946, Nr. 26, S. 767.
20 Laut Ausstellungskatalog war auch Mural in der Ausstellung zu sehen; es gibt jedoch keinerlei Hinweise darauf, dass sich das Bild tatsächlich in der Galerie befand. Guggenheim wünschte es wohl zu verkaufen und gewährte potenziellen Käufern Zutritt zu ihrem Haus. Vgl. Sharp, Jasper: »Serving the Future: The Exhibitions at Art of This Century 1942–1947«, in: Davidson/Rylands 2004, S. 342.
21 Vgl. Greenberg, Clement: »Art«, in: The Nation 164, 1. Februar 1947, Nr. 5, S. 137–139.
22 [o. Verf.]: »Reviews & Previews: Jackson Pollock«, in: Art News 45, Februar 1947, Nr. 12, S. 45.

23 Vgl. Sharp, Jasper: »Serving the Future: The Exhibitions at Art of This Century 1942-1947«, in: Davidson/Rylands 2004, S. 342.
24 Vgl. Friedman 1995, S. 115.
25 Tomkins, Calvin: »Profiles: A Keeper of the Treasure«, in: The New Yorker 51, 9. Juni 1975, Nr. 16, S. 51.
26 Vgl. Betty Parsons in: Du Plessix/Gray 1967, S. 55.
27 Potter 1985, S. 116.
28 Vgl. ebd., S. 91.

Kapitel 17

1 Vgl. dazu ausführlicher Langhorne, Elizabeth: »The Magus and the Alchemist: John Graham and Jackson Pollock«, in: American Art 12, November 1998, Nr. 3, S. 46-67.
2 Vgl. Friedman 1995, S. 97 und ausführlicher Naifeh/Smith 1989, S. 533.
3 Potter 1985, S. 98.
4 Vgl. Polcari, Stephen: »Jackson Pollock and Thomas Hart Benton«, in: Arts Magazine 53, März 1979, Nr. 7, S. 120-124, hier S. 120f.
5 Vgl. Potter 1985, S. 99.
6 Vgl. Sandler 2009, S. 93.
7 Rubin, William: »Jackson Pollock and the Modern Tradition«, in: Artforum 5, Mai 1967, Nr. 9, S. 28-33, hier S. 31.
8 Vgl. ebd., S. 30.
9 Vgl. Solman, Joseph: »The Easel Division of the WPA Federal Art Project«, in: O'Connor 1972, S. 128f.
10 Vgl. Ausst. Kat. Berlin 2005, S. 32f.
11 Vgl. Ausst. Kat. Boston 2007, S. 24ff.
12 Vgl. ebd.
13 Vgl. Greenberg, Clement: Art and Culture. Critical Essays, Boston 1961, S. 218. Greenberg irrt sich allerdings bezüglich des Datums: Die Ausstellung Sobels war erst 1946, nicht wie von ihm behauptet 1944.
14 Vgl. Valliere, James T.: »Interview with Clement Greenberg«, in: Harrison, Helen A. (Hg.): Such Desperate Joy. Imagining Jackson Pollock, New York 2000, S. 252.
15 Simon 1967b, S. 23.
16 Vgl. Lee Krasner in einem Interview mit Barbara Rose, Jackson Pollock and Lee Krasner Papers, ca. 1914-1984, Archives of American Art, Smithsonian Institution.
17 Vgl. Coddington, James: »No Chaos, Damn It«, in: Ausst. Kat. New York 1999, S. 106.
18 Vgl. Osterwold, Tilman (Hg.): Jackson Pollock. Zeichnungen, Ausst. Kat., Württembergischer Kunstverein Stuttgart, Stuttgart 1990, S. 7.
19 Vgl. O'Connor/Thaw 1978 und 1995, Bd. 4, S. 4, Nr. 918.
20 Vgl. Ausst. Kat. New York 1967, S. 40.
21 Vgl. Rubin 1979b, S. 85. Zur Diskussion siehe Ausst. Kat. New York 1999, S. 105ff. und Ausst. Kat. New York 1969, S. 7.
22 Vgl. MoMA röngt Full Fathom Five, Interview mit Chefkonservator James Coddington (unter: http://www.moma.org/explore/conservation/pollock/interview1.html, konsultiert am 23. Juni 2013) und Coddington, James: »No Chaos, Damn It«, in: Ausst. Kat. New York 1999, S. 103ff.
23 Vgl. O'Connor/Thaw 1978 und 1995, Bd. 5, S. 77, 1:144.
24 Vgl. Levin 2011, S. 236f.
25 O'Connor/Thaw 1978 und 1995, Bd 4, S. 253, D90 und Abb. 56.
26 Ebd., Bd. 4, S. 253, D89.
27 Potter 1985, S. 98f.
28 Naifeh/Smith 1989, S. 539.
29 Ebd.
30 Vgl. ebd., S. 539f.
31 Sandler 2009, S. 93.
32 Ausst. Kat. New York 1999, S. 94.
33 Simon 1967a, S. 19.
34 Ebd., S. 19f.
35 O'Connor/Thaw 1978 und 1995, Bd. 4, S. 248ff., D87.
36 Rodman 1961, S. 82.
37 Ausst. Kat. New York 1967, S. 40.
38 Ebd.

Kapitel 18

1 Jackson Pollock in einem Brief an Louis Bunce, 29. August 1947, Louis Bunce Papers, Archives of American Art, Smithsonian Institution.
2 Vgl. Friedman 1995, S. 119f.
3 Ausgestellt wurden 17 Gemälde: *Enchanted Forest, Cathedral, Lucifer, Vortex, Phosphorescence, Unfounded, Gothic, Shooting Star, Sea Change, Full Fathom Five, Comet, Magic Lantern, Watery Paths, Prism, The Nest, Alchemy* und *Reflection of the Big Dipper*. Vgl. Ausst. Kat. New York 1967, S. 42f.
4 Vgl. Naifeh/Smith 1989, S. 555.
5 Vgl. Friedman 1995, S. 116.
6 Lansford, Alonzo: »Fifty-Seventh Street in Review: Automatic Pollock«, in: The Art Digest 22, 15. Januar 1948, Nr. 8, S. 19.
7 Vgl. Coates, Robert M.: »The Art Galleries: Edward Hopper and Jackson Pollock«, in: The New Yorker 23, 17. Januar 1948, Nr. 48, S. 56-57.
8 [o. Verf.]: »Reviews & Previews: Jackson Pollock«, in: Art News 46, Februar 1948, Nr. 12, S. 58-59.
9 Greenberg, Clement: »Art«, in: The Nation 166, 24. Januar 1948, Nr. 4, S. 107-108.
10 Jackson Pollock in einem Brief an Betty Parsons, 1948, Betty Parsons Papers, Archives of American Art, Smithsonian Institution.
11 Vgl. Potter 1985, S. 102f.
12 Vgl. Solomon 2001, S. 184.
13 Potter 1985, S. 92.

14 Vgl. Betty Parsons in einem Brief an Peggy Guggenheim, 5. April 1948, Betty Parsons Papers, Archives of American Art, Smithsonian Institution.
15 Vgl. Peggy Guggenheim in einem Telegramm an Betty Parsons, 13. April 1948, Betty Parsons Papers, Archives of American Art, Smithsonian Institution.
16 Vgl. Potter 1985, S. 93f.; Roueché 1950, S. 16.
17 Vgl. Ausst. Kat. New York 1967, S. 42.
18 Vgl. Solomon 2001, S. 184; Ausst. Kat. New York 1967, S. 42.
19 Peggy Guggenheim in einem Brief an Betty Parsons, 8. Oktober 1948, Betty Parsons Papers, Archives of American Art, Smithsonian Institution.
20 Vgl. Cohen-Solal 2001, S. 338ff.
21 Vgl. [Davenport, Russell W. und Sargeant, Winthrop:] »A Life Round Table on Modern Art: Fifteen Distinguished Critics and Connoisseurs Undertake to Clarify the Strange Art of Today«, in: Life 25, 11. Oktober 1948, Nr. 15, S. 56–73.
22 Vgl. hierzu ausführlich Collins, Bradford R.: »Life Magazine and the Abstract Expressionists, 1948–51: A Histiographic Study of a Late Bohemian Enterprise«, in: The Art Bulletin 73, Juni 1991, Nr. 2, S. 283–308.
23 Doss 1991, S. 398.
24 Vgl. Naifeh/Smith 1989, S. 560f.
25 Vgl. ebd.
26 Vgl. Friedman 1995, S. 121f.; Naifeh/Smith 1989, S. 561.
27 Vgl. Naifeh/Smith 1989, S. 561.
28 Vgl. Roueché 1950, S. 16.
29 Rodman 1961, S. 82.
30 Vgl. Naifeh/Smith 1989, S. 568.
31 Ebd., S. 571.
32 Vgl. ebd.
33 Vgl. O'Connor/Thaw 1978 und 1995, Bd. 4, S. 126, Nr. 1048.
34 Vgl. Landau 1995, S. 106.
35 Vgl. ebd.
36 Vgl. Naifeh/Smith 1989, S. 571.
37 O'Connor/Thaw 1978 und 1995, Bd. 4, S. 243, D74.
38 Vgl. Naifeh/Smith 1989, S. 572.
39 Vgl. Friedman 1995, S. 126.
40 O'Connor/Thaw 1978 und 1995, Bd. 4, S. 243.
41 Potter, Jeffrey: »Jackson Pollock: Fragments of Conversations and Statements«, in: Harrison, Helen A. (Hg.): Such Desperate Joy. Imagining Jackson Pollock, New York 2000, S. 90.
42 O'Connor/Thaw 1978 und 1995, Bd. 4, S. 243, D76.

Kapitel 19

1 Vgl. Naifeh/Smith 1989, S. 578.
2 Vgl. ebd.
3 Auch finanziell entwickelte sich die Ausstellung zu einem vollen Erfolg: Elf Gemälde wurden verkauft.
4 Vgl. Greenberg, Clement: »Art«, in: The Nation 168, 19. Februar 1949, Nr. 9, S. 221–222.
5 Lowengrund, Margaret: »Pollock Hieroglyphics«, in: The Art Digest 23, 1. Februar 1949, Nr. 9, S. 19–20.
6 Elaine de Kooning in Art News, März 1949, zit. nach: Ausst. Kat. New York 1967, S. 46f.
7 Paul Moscanyi in United Press Red Letter, 9. Februar 1949, zit. nach: Ausst. Kat. New York 1967, S. 46.
8 So ein unbekannter Autor im Time Magazine, 7. Februar 1949, zit. nach: Ausst. Kat. New York 1967, S. 46.
9 Genauer, Emily: »This Week in Art«, in: New York World-Telegram 81, 7. Februar 1949, Nr. 185, S. 19.
10 Hunter, Sam: »Among the New Shows«, in: The New York Times, 30. Januar 1949, S. 9.
11 Naifeh/Smith 1989, S. 578.
12 Ebd., S. 579. Zu Pollocks Trinkgewohnheiten in den Jahren 1948–50 siehe ebd., S. 578f.
13 Vgl. O'Connor/Thaw 1978 und 1995, Bd. 4, S. 245.
14 Vgl. ebd., Bd. 4, S. 229, Nr. 1053.
15 Vgl. Preston, Stuart: »By Husband and Wive«, in: The New York Times, 25. September 1949, S. X9.
16 Vgl. Potter 1985, S. 105.
17 Vgl. Solomon 2001, S. 197; Potter 1985, S. 106.
18 Vgl. Potter 1985, S. 110ff. Zum Bilderverkauf siehe einen Brief Sanford McCoys an Frank und Marie Pollock.
19 Naifeh/Smith 1989, S. 587.
20 Potter 1985, S. 94.
21 Vgl. ebd., S. 104, 108f. und Newhouse, Victoria: Art and the Power of Placement, New York 2005, S. 156ff.
22 Vgl. Potter 1985, S. 107.
23 Vgl. [o. Verf.]: »The Best?«, in: Time, 1. Dezember 1947, S. 55.
24 Vgl. Lee Krasner in einem Interview mit Dorothee Seckler, Jackson Pollock and Lee Krasner Papers, ca. 1914–1984, Archives of American Art, Smithsonian Institution.
25 Naifeh/Smith 1989, S. 591.
26 Vgl. Solomon 2001, S. 193.
27 Naifeh/Smith 1989, S. 591.

Kapitel 20

1 Vgl. Dorothy Seiberling in Life, 8. August 1949, zit. nach: Karmel 1999, S. 63f.
2 Vgl. Solomon 2001, S. 194.
3 Reginald Isaacs in einem Brief an die Herausgeber des Life-Magazins, 8. August 1949, Jackson Pollock and Lee Krasner Papers, ca. 1914–1984, Archives of American Art, Smithsonian Institution.
4 Vgl. Naifeh/Smith 1989, S. 629f.
5 Ebd., S. 598.
6 Coates, Robert M.: »The Art Galleries: Persia, 2000 B.C. to the Present«, in: The New Yorker 25, 3. Dezember 1949, Nr. 41, S. 92.
7 Robinson, Amy: »Reviews and Previews: Jackson

Pollock«, in: Art News 48, Dezember 1949, Nr. 8, S. 43.
8   Vgl. Burrows, Carlyle: »Review«, in: Herald Tribune, 27. November 1949, o. S.
9   Vgl. Preston, Stuart: »Abstract Quartet«, in: The New York Times, 29. November 1949, S. X12.
10 Eliot, Alexander: »Handful of Fire«, in: Time 54, 26. Dezember 1949, Nr. 26, S. 26.
11 Vgl. McBride, Henry: »Abstract Painting: The Whitney Museum Annual is Completely Inundated With It«, in: Sun 117, 23. Dezember 1949, Nr. 96, S. 13.
12 Tyler, Parker: »Jackson Pollock: The Infinite Labyrinth«, in: Magazine of Art 43, März 1950, Nr. 3, S. 92–93.
13 Vgl. Potter 1985, S. 119; Friedman 1995, S. 150.
14 Vgl. O'Connor/Thaw 1978 und 1995, Bd. 4, S. 246, D82.
15 Vgl. Naifeh/Smith 1989, S. 607.
16 Vgl. Lieberman, William S.: »Pollock's Sketchbook at the Morgan Library«, in: Maroni, Monica und Bigatti, Giorgio (Hgg.): Jackson Pollock. The Irascibles and the New York School, Mailand 2002, S. 114ff.; Friedman 1995, S. 152f.
17 Solomon 2001, S. 202.
18 Vgl. Hedda Sterne Papers, ca. 1944–1970, Archives of American Art, Smithsonian Institution.
19 Barr, Alfred H., Jr.: »7 Americans Open in Venice: Gorky, De Kooning, Pollock«, in: Art News 49, Sommer 1950, Nr. 4, S. 20–21, zit. nach: Ausst. Kat. New York 1967, S. 52f.
20 Vgl. Genauer, Emily: »Art and Artists: American Selection For Venice Show: Does It Represent Us As It Should?«, in: New York Herald Tribune, 28. Mai 1950, S. 5.
21 Vgl. Cooper, Douglas: »The Biennale Exhibition in Venice«, in: Listener 44, 6. Juli 1950, Nr. 1119, S. 12–14.
22 Alexander Eliot in der *Time*, 21. August 1950, zit. nach: Ausst. Kat. New York 1967, S. 53.
23 [o. Verf.]: »Vernissage«, in: Art News 49, September 1950, Nr. 5, S. 13.
24 Sylvester, David: »The Venice Biennale«, in: Nation 171, 9. September 1950, Nr. 11, S. 232–233.
25 Louchheim, Aline B.: »Americans in Italy: Biennale Representation Raises Many Issues«, in: The New York Times, 10. September 1950, Sekt. 2, S. X8.
26 Potter 1985, S. 125.
27 Alfieri, Bruno: »Piccolo discorso sui quadri di Jackson Pollock (con testimonianza dell'artista)«, in: L'Arte Moderna, 8. Juni 1950, zit. nach: Karmel 1999, S. 68f.
28 [o. Verf.]: »Chaos, Damn it!«, in: Time 56, 20. November 1950, Nr. 21, S. 70–71.
29 Ausst. Kat. New York 1967, S. 56.
30 In einem Brief an Ossorio beschreiben Pollock und Krasner ihr Leben zu jener Zeit, vgl. O'Connor/Thaw 1978 und 1995, Bd. 4, S. 247, D83 und D85.
31 Vgl. Myers 1983, S. 105.
32 In einem Brief an Ossorio beschreiben Pollock und Krasner ihr Leben zu jener Zeit, vgl. O'Connor/Thaw 1978 und 1995, Bd. 4, S. 247, D83 und D85.
33 Naifeh/Smith 1989, S. 610.
34 Ebd.
35 Ebd.
36 Ebd., S. 477.
37 Ebd., S. 611.
38 Ebd., S. 612.
39 Zum Treffen mit Roueché siehe Naifeh/Smith 1989, S. 612.
40 Roueché 1950, S. 16.
41 Naifeh/Smith 1989, S. 612.
42 Vgl. Solomon 2001, S. 205f.
43 Vgl. Carmean/Rathbone/Hess 1978, S. 135.
44 Vgl. ebd.
45 Vgl. ebd.
46 Namuth, Hans: »Photographing Pollock«, in: Rose 1978, o. S.
47 Ebd.
48 Ebd.
49 Ebd.
50 Namuth, Hans: »Jackson Pollock: Photographed by Hans Namuth«, in: Portfolio 1, Frühling 1951, Nr. 3, zit. nach: Friedman 1995, S. 162.
51 Naifeh/Smith 1989, S. 645.
52 Vgl. Solomon 2001, S. 204.
53 Ebd.
54 Zum Ablauf des Familientreffens siehe Naifeh/Smith 1989, S. 641ff. und Solomon 2001, S. 203f.
55 Vgl. Naifeh/Smith 1989, S. 624.
56 O'Connor/Thaw 1978 und 1995, Bd. 4, S. 245, D78.
57 Betty Parsons in einem Brief an Pollock, 25. Juni 1950, Jackson Pollock and Lee Krasner Papers, ca. 1914–1984, Archives of American Art, Smithsonian Institution.
58 Vgl. Potter 1985, S. 144 und Valliere, James T.: »Interview mit Dan Miller«, in: Harrison, Helen A. (Hg.): Such Desperate Joy. Imagining Jackson Pollock, New York 2000, S. 234.
59 Vgl. Sandler, Irving: »The Club«, in: Artforum 4, September 1965, Nr. 1, S. 27–31, hier S. 27.
60 Es ist nicht ganz klar, wann man sich zum ersten Mal traf. Pavia erklärte in einem der ersten Interviews, dass der Club sechs Monate nach der Schließung von der The Subjects of the Artist School geöffnet habe, dies wäre dann der Spätherbst 1949 gewesen(vgl. Pavia Interview, Archives of American Art). Später bestand Pavia jedoch darauf, dass das erste Treffen im Herbst 1948 erfolgt sei. 1948 wird von Ad Reinhardt in seinen Kalendern genannt, die in den Archives of American Art lagern. Reinhardt, Club-Mitglied der ersten Stunde, galt als sehr genau. Auch Thomas B. Hess nennt in einem Vorwort für Pavias erste Einzelausstellung in der Galerie von Samuel Kootz das Jahr 1948. In Ed-

gar 2007, S. 47 und S. 53 erscheint ebenfalls 1948 als Gründungsdatum.
61 Vgl. ebd., S. 29.
62 Potter 1985, S. 122.
63 Vgl. Sandler 1965, S. 30.
64 Vgl. Sandler 2009, S. 30.
65 Ebd.
66 Vgl. Sandler 1965, S. 27.
67 Vgl. Edgar 2007, S. 46.
68 Stevens, Mark und Swan, Annalyn: De Kooning. An American Master, 4. Aufl., New York 2008, S. 291.
69 Ebd.
70 Vgl. Potter 1985, S. 121f.
71 Sandler 2009, S. 35f.
72 Vgl. Edgar 2007, S. 109.
73 Friedman 1995, S. 148 und Pavia, Philip: »The Unwanted Title: Abstract Expressionism«, in: It Is 5, Frühjahr 1960, S. 8–11, zit. nach: Landau 2005b, S. 230.

Kapitel 21

1 Friedman 1995, S. 140.
2 Vgl. Naifeh/Smith 1989, S. 628f.
3 Potter 1985, S. 114.
4 Ebd.
5 Ebd.
6 Vgl. Ausst. Kat. New York 1967, S. 58.
7 Vgl. Friedman 1995, S. 92.
8 Tony Smith in einem Interview mit James T. Valliere, ca. 1965, Jackson Pollock and Lee Krasner Papers, ca. 1914–1984, Archives of American Art, Smithsonian Institution.
9 Vgl. Carmean/Rathbone/Hess 1978, S. 137.
10 Vgl. Lewison 1999, S. 57.
11 Vgl. Rose, Bernice: Jackson Pollock. Drawing into Painting, Ausst. Kat., Museum of Modern Art New York, New York 1980, S. 21.
12 Vgl. O'Connor, Francis V.: The Black Pourings. 1951–1953, Ausst. Kat., Institute of Contemporary Art Boston, Boston 1980, S. 10.
13 O'Connor/Thaw 1978 und 1995, Bd. 4, S. 258, D94.
14 Lee Krasner in einem Interview mit Bernard H. Friedman, zit. nach: Ausst. Kat. New York 1969, S. 10.
15 O'Connor/Thaw 1978 und 1995, Bd. 4, S. 261, D99.
16 Vgl. Harten, Jürgen: Siqueiros, Pollock. Pollock, Siqueiros, Ausst. Kat., Städtische Kunsthalle Düsseldorf, Düsseldorf 1995, S. 256.
17 Johnson, Ellen: »Jackson Pollock and Nature«, in: Studio International 185, Juni 1973, Nr. 956, S. 257–262, hier S. 257.
18 Lee Krasner in einem Interview mit Bernard H. Friedman, zit. nach: Ausst. Kat. New York 1969, S. 7.
19 Vgl. Potter 1985, S. 155f.
20 Vgl. Friedman 1995, S. 191.

21 Vgl. Naifeh/Smith 1989, S. 638.
22 Glueck 1981, S. 58.
23 Naifeh/Smith 1989, S. 638.
24 Vgl. Nemser, Cindy: »A Conversation with Lee Krasner«, in: Arts Magazine 47, April 1973, Nr. 6, S. 43–48, hier S. 44.
25 Naifeh/Smith 1989, S. 640.
26 Potter 1985, S. 115.
27 Glueck 1981, S. 61.
28 Namuth, Hans: »Photographing Pollock«, in: Rose 1978, o. S.
29 Potter 1985, S. 130.
30 »Interview with Lee Krasner«, in: Rose 1978, o. S.
31 Vgl. Potter 1985, S. 128f.
32 Vgl. ebd., S. 130.
33 Vgl. ebd., S. 131.
34 Lee Krasner in einem Interview mit Bernard H. Friedman, zit. nach: Ausst. Kat. New York 1969, S. 8.
35 Eingeladen worden waren die Ehepaare Namuth, Potter und Zogbaum, außerdem John Little, Peter Blake, Ted Dragon und Alfonso Ossorio.
36 Vgl. Potter 1985, S. 131.
37 Ebd.
38 Friedman 1995, S. 164.
39 Namuth, Hans: »Photographing Pollock«, in: Rose 1978, o. S.
40 Potter 1985, S. 129.
41 Naifeh/Smith 1989, S. 652.
42 Potter 1985, S. 132f.
43 Vgl. Naifeh/Smith 1989, S. 417.
44 Potter 1985, S. 114.
45 Ebd.
46 »Narration Spoken by Jackson Pollock in Film by Hans Namuth and Paul Falkenberg 1951«, in: Rose 1978, o. S.
47 Falkenberg, Paul: »Notes on the Genesis of an Art Film«, in: Rose 1978, o. S.

Kapitel 22

1 Vgl. Naifeh/Smith 1989, S. 654.
2 O'Connor/Thaw 1978 und 1995, Bd. 4, S. 255, D92.
3 Goodnough, Robert: »Reviews and Previews«, in: Art News 49, Dezember 1950, Nr. 8, S. 47.
4 Vgl. Krasne, Belle: »Jackson Pollock«, in: Art Digest 25, 1. Dezember 1950, Nr. 5, S. 16.
5 So ein anonymer Autor in The Compass, 3. Dezember 1950, zit. nach: Ausst. Kat. New York 1967, S. 57.
6 Devree, Howard: »Artists of Today: One Man Shows Include Recent Paintings by Jackson Pollock and Mark Tobey«, in: The New York Times, 3. Dezember 1950, Sekt. 2, S. X9.
7 Vgl. Potter 1985, S. 134f.
8 Ebd., S. 134.
9 Ebd., S. 135.
10 Ebd., S. 134f.

11 Naifeh/Smith 1989, S. 656.
12 Potter 1985, S. 152.
13 O'Connor/Thaw 1978 und 1995, Bd. 4, S. 258, D95.
14 Vgl. ebd., Bd. 4, S. 257, D94.
15 Ebd.
16 Vgl. Naifeh/Smith 1989, S. 661.
17 Vgl. O'Connor/Thaw 1978 und 1995, Bd. 4, S. 260, D97.
18 Naifeh/Smith 1989, S. 660.
19 Zur Therapie von Fox siehe Naifeh/Smith, S. 660f.
20 O'Connor/Thaw 1978 und 1995, Bd. 4, S. 258, D94.
21 Vgl. O'Connor/Thaw 1978 und 1995, Bd. 4, S. 258, D95.
22 Vgl. Naifeh/Smith 1989, S. 659.
23 Du Plessix/Gray 1967, S. 52f.
24 Vgl. ebd., S. 58.
25 Potter 1985, S. 137.
26 Jackson Pollock in einem Interview mit William Wright, ausgestrahlt vom Radiosender WERI, 1951, zit. nach: Karmel 1999, S. 20–23, hier S. 20.
27 O'Connor/Thaw 1978 und 1995, Bd. 5, S. 70f., DS13/D62a.
28 Doss 1991, S. 341.
29 Jackson Pollock in einem Interview mit William Wright, ausgestrahlt vom Radiosender WERI, 1951, zit. nach: Karmel 1999, S. 20–23, hier S. 20.
30 O'Connor/Thaw 1978 und 1995, Bd. 4, S. 248ff., D87.
31 Die Zeichnung ist abgebildet in: O'Connor/Thaw 1978 und 1995, Bd. 2, Nr. 897.
32 Potter 1985, S. 218.
33 Ebd.
34 Ebd.
35 Vgl. Adams 2009, S. 350.
36 O'Connor/Thaw 1978 und 1995, Bd. 4, S. 262f., D101.
37 Vgl. Naifeh/Smith 1989, S. 670.
38 Potter 1985, S. 136.
39 Vgl. Naifeh/Smith 1989, S. 671.
40 Ebd.
41 Ebd., S. 673.
42 Ebd.
43 Vgl. Potter 1985, S. 145f.
44 Vgl. ebd., S. 146.
45 Zur Diät siehe Grant, Mark: »Pollock's ›Proteen‹ Diet«, in: Harrison, Helen A. (Hg.): Such Desperate Joy. Imagining Jackson Pollock, New York 2000, S. 29–35.
46 Vgl. Potter 1985, S. 145f.
47 Vgl. ebd., S. 145.
48 Ebd.

Kapitel 23

1 O'Connor/Thaw 1978 und 1995, Bd. 4, S. 261, D99.
2 Du Plessix/Gray 1967, S. 55.
3 Vgl. Rose 1983, S. 70.
4 Vgl. Landau 1995, S. 123; Potter 1985, S. 146.
5 Die erste Begegnung beschreibt Douglass M. Howell in Potter 1985, S. 179.
6 Vgl. O'Connor/Thaw 1978 und 1995, Bd. 3, S. 308–313.
7 Vgl. Friedman 1995, S. 186.
8 Vgl. Friedman 1995, S. 185, 187; Potter 1985, S. 145.
9 Vgl. Naifeh/Smith 1989, S. 675.
10 Vgl. Solomon 2001, S. 225.
11 Devree, Howard: »By Contemporaries: Group and One-Man Shows of Sculpture And Painting Are Varied and Vital – From the Left«, in: The New York Times, 2. Dezember 1951, Sekt. 2, S. X11.
12 Vgl. Fitzsimmons, James: »Fifty-Seventh Street in Review: Jackson Pollock«, in: Art Digest 26, 15. Dezember 1951, Nr. 6, S. 19.
13 Porter, Fairfield: »Reviews and Previews«, in: Art News 50, Dezember 1951, Nr. 8, S. 48.
14 Greenberg, Clement: »Art Chronicle: ›Feeling Is All‹«, in: Partisan Review 19, Januar/Februar 1952, Nr. 1, S. 97–102.
15 Vgl. Greenberg, Clement: »Jackson Pollock's New Style«, in: Harper's Bazaar 85, Februar 1952, Nr. 2883, S. 174.
16 Vgl. Potter 1985, S. 146f. und Bystryn, Marcia: »Art Galleries as Gatekeepers: The Case of the Abstract Expressionists«, in: Social Research 45, Sommer 1978, Nr. 2, S. 390–408, hier S. 400f.
17 Naifeh/Smith 1989, S. 679.
18 Ebd.
19 Landau 1995, S. 211.
20 Reginald Isaacs in einem Brief an Jackson Pollock, 22. Februar 1952, Jackson Pollock and Lee Krasner Papers, ca. 1914–1984, Archives of American Art, Smithsonian Institution.
21 Michel Tapié in einem Brief an Jackson Pollock, 29. Februar 1952, Jackson Pollock and Lee Krasner Papers, ca. 1914–1984, Archives of American Art, Smithsonian Institution (fälschlicherweise unter Ossorio abgelegt).
22 O'Connor/Thaw 1978 und 1995, Bd. 4, S. 267, D103.
23 Ebd.
24 Vgl. Potter 1985, S. 152.
25 Vgl. Naifeh/Smith 1989, S. 679f.
26 Ebd., S. 682.
27 Friedman 1995, S. 193.
28 Vgl. Cohen-Solal, Annie: Leo and His Circle: The Life of Leo Castelli, New York 2010, S. 222.
29 Vgl. Naifeh/Smith 1989, S. 684.
30 O'Connor/Thaw 1978 und 1995, Bd. 4, S. 267f., D104.
31 Vgl. Carmean, E. A.: »Les peintures noires de Jackson Pollock et le projet d'église de Tony Smith«, in: Abadie, Daniel: Jackson Pollock, Ausst. Kat., Centre Georges Pompidou Paris, Paris 1982, S. 54–77, hier S. 63ff.
32 Wright, William: »An Interview with Jackson Pollock«, in: Ausst. Kat. New York 1967, S. 79–81.

33 Vgl. Potter 1985, S. 154 und Alfonso Ossorio in einem Interview mit Forrest Selvig, Archives of American Art, Smithsonian Institution.
34 Potter 1985, S. 142.
35 Ebd.
36 Vgl. ebd.
37 Vgl. Adams 2009, S. 350; Du Plessix/Gray 1967, S. 55.
38 Vgl. Potter 1985, S. 154.
39 Vgl. O'Connor/Thaw 1978 und 1995, Bd. 3, S. 344.
40 Vgl. Fox, Ruth: The Alcoholic Spouse, New York 1956; Fox, Ruth und Lyon, Peter: Alcoholism. Its Scope, Cause and Treatment, New York 1955.
41 Zu Fox' Ansichten siehe Naifeh/Smith 1989, S. 686ff.
42 Vgl. Naifeh/Smith, S. 694f.
43 Vgl. ebd.
44 Beispielhaft sei hier erwähnt: Du Plessix/Gray 1967, S. 50.
45 Naifeh/Smith 1989, S. 695.
46 Vgl. ebd.
47 Vgl. Stella Pollock in einem Brief an Frank und Marie Pollock, 27. Oktober 1952.
48 Vgl. Solomon 2001, S. 232f.
49 Vgl. hierzu ausführlicher Friedman, Stanley P.: »Loopholes in ›Blue Poles‹«, in: New York Magazine 6, Oktober 1973, Nr. 44, S. 48–51.
50 Vgl. Potter 1985, S. 163.
51 Vgl. ebd., S. 164.
52 Vgl. O'Connor/Thaw 1978 und 1995, Bd. 2, S. 193, 196.
53 Vgl. Landau 2005a, S. 223.
54 Vgl. Potter 1985, S. 164f.; Du Plessix/Gray 1967, S. 55.
55 Vgl. Naifeh/Smith 1989, S. 696.
56 Vgl. Potter 1985, S. 165.
57 Vgl. Goodnough, Robert: »Reviews and Previews«, in: Art News 51, Dezember 1952, Nr. 8, S. 42–43.
58 Vgl. Fitzsimmons, James: »Fifty-Seventh Street in Review: Jackson Pollock«, in: Art Digest 27, 15. November 1952, Nr. 4, S. 17.
59 Vgl. Devree, Howard: »Ingres to Pollock«, in: The New York Times, 16. November 1952, Sekt. 2, S. X9.
60 Coates, Robert M.: »The Art Galleries: From Ingres to Pollock, Direct«, in: The New Yorker 28, 22. November 1952, Nr. 40, S. 176–179.
61 Vgl. Ausst. Kat. New York 1967, S. 68.
62 Vgl. Naifeh/Smith 1989, S. 697.

Kapitel 24

1 Greenberg, Clement: »Avant-Garde and Kitsch«, in: Partisan Review 6, Herbst 1939, Nr. 5, S. 34–49.
2 Vgl. Cox, Annette: Art-As-Politics. The Abstract Expressionist Avant-Garde and Society, Ann Arbor, Mich. 1982, S. 144f.
3 Vgl. Edgar 2007, S. 109f.
4 Perl, Jed: New Art City. Manhattan und die Erfindung der Gegenwartskunst, München/Wien 2006, S. 34.
5 Potter 1985, S. 181.
6 Vgl. ebd.
7 Vgl. Naifeh/Smith 1989, S. 701.
8 Vgl. Rubenfeld, Florence: Clement Greenberg. A Life, Minneapolis, Minn. 2004, S. 166f.
9 Vgl. Rosenberg, Harold: »The Herd of Independent Minds: Has the Avant-Garde Its Own Mass Culture?«, in: Commentary 6, September 1948, S. 244–245, 248, 250–252, hier S. 244, zit. nach: Naifeh/Smith 1989, S. 703.
10 Rosenberg, Harold: »The American Action Painters«, in: Art News 51, Dezember 1952, Nr. 8, S. 22–23, 48–50.
11 Vgl. Naifeh/Smith 1989, S. 711f.
12 Rosenberg 1952, S. 22.
13 Ebd.
14 Ebd., S. 48.
15 Rubenfeld 2004, S. 171.
16 Naifeh/Smith 1989, S. 707.
17 Vgl. Rosenberg, Harold: »The Search of Jackson Pollock«, in: Art News 59, Februar 1961, Nr. 10, S. 35, 58–60.
18 Breslin, James E. B.: Mark Rothko. A Biography, Chicago 1993, S. 385.
19 Clyfford Still schrieb einen Brief an Pollock und legte seinen Brief an Harold Rosenberg bei. Vgl. hierzu Jackson Pollock and Lee Krasner Papers, ca. 1914–1984, Archives of American Art, Smithsonian Institution.
20 Rosenberg 1952, S. 23.
21 Naifeh/Smith 1989, S. 707.
22 Vgl. Greenberg, Clement: »How Art Writing Earns Its Bad Name«, in: Greenberg, Clement und O'Brian, John (Hg.), The Collected Essays and Criticism, 4 Bde., Chicago/London 1986–95, Bd. 4: Modernism With a Vengeance. 1957–1969, S. 135–144.
23 Rosenberg, Harold: »Action Painting: A Decade of Distortion«, in: Art News 61, Dezember 1962, Nr. 8, S. 42–44.
24 Rosenberg, Harold: »After Next, What?«, in: Art in America 52, April 1964, Nr. 2, S. 64–73.
25 Greenberg, Clement: »After Abstract Expressionism«, in: Art International 6, Oktober 1962, Nr. 8, S. 24–32.
26 Kleeblatt, Norman L.: »Greenberg, Rosenberg, and Postwar American Art«, in: Ders. (Hg.): Action/Abstraction. Pollock, de Kooning, And American Art, 1940–1976, New Haven/New York 2008, S. 137–183, hier S. 137.
27 Vgl. Rubin 1979b, S. 88.
28 Vgl. Friedman 1995, S. 197.
29 Rubenfeld 2004, S. 171. Clement Greenberg äußert sich dazu in einem unveröffentlichten Interview, das er mit Kathleen Shorthall für das *Life*-Magazin

führte.
30 Solomon 2001, S. 243.
31 Vgl. Naifeh/Smith 1989, S. 708f.
32 Vgl. ebd., S. 710f.
33 Vgl. Kingsley, April: The Turning Point. The Abstract Expressionists and the Transformation of American Art, New York 1992, S. 143f.
34 Rubenfeld 2004, S. 171.
35 Naifeh/Smith 1989, S. 709.
36 So Nicolas Carone, zit. nach: Potter 1985, S. 195.
37 Sandler 2009, S. 190.
38 Solomon 2001, S. 241.
39 Valliere, James T.: »De Kooning on Pollock«, in: Harrison, Helen A. (Hg.): Such Desperate Joy. Imagining Jackson Pollock, New York 2000, S. 245–248.
40 Vgl. Valliere, James T.: »Interview with Clement Greenberg«, in: Harrison, Helen A. (Hg.): Such Desperate Joy. Imagining Jackson Pollock, New York 2000, S. 250.
41 Vgl. Cernuschi, Claude: Jackson Pollock. Meaning and Significance, New York 1992, S. 180f.
42 Vgl. Rodman 1961, S. 84f.
43 Vgl. Naifeh/Smith 1989, S. 715.
44 Ebd., S. 714.
45 Vgl. Greenberg, Clement und O'Brian, John (Hg.): The Collected Essays and Criticism, 4 Bde., Chicago/London 1986–95, Bd. 4: Modernism With a Vengeance. 1957–1969, S. 138.
46 Vgl. Leserbriefe von Rosenberg und Rubin in der April- und Mai-Ausgabe 1967 der Zeitschrift Artforum sowie Rosenberg 1961.
47 Vgl. Naifeh/Smith 1989, S. 712.
48 Ebd., S. 710.
49 Potter 1985, S. 183.
50 Vgl. Naifeh/Smith 1989, S. 740f.
51 Vgl. Friedman 1995, S. 209.
52 Potter 1985, S. 159f.
53 Ebd., S. 166.

Kapitel 25

1 Vgl. Naifeh/Smith 1989, S. 718.
2 Vgl. Charles Pollock in einem Brief an seine Brüder, 27. August 1953.
3 Vgl. O'Connor/Thaw 1978 und 1995, Bd. 4, S. 272.
4 Vgl. Friedman 1995, S. 205; Potter 1985, S. 187.
5 Charles Pollock in einem unveröffentlichten Brief an Frank Pollock, 2. Januar 1954.
6 Vgl. O'Connor/Thaw 1978 und 1995, Bd. 4, S. 271, D106, D107 und D109.
7 Vgl. ebd.
8 Vgl. ebd., Bd. 4, S. 271, D108.
9 Friedman 1995, Anm. auf S. 223.
10 Vgl. ebd., S. 224.
11 O'Connor/Thaw 1978 und 1995, Bd. 4, S. 271, D109.
12 Potter 1985, S. 204.
13 Ausst. Kat. Boston 1980, S. 20.
14 Vgl. Naifeh/Smith 1989, S. 729.
15 Vgl. Stella Pollock in einem Brief an Charles Pollock, 14. Januar 1954.
16 Vgl. Genauer, Emily: »Art and Artists: Reappraisal of the Avant-garde«, in: New York Herald Tribune, 7. Februar 1954, Sekt. 4, S. 9.
17 Fitzsimmons, James: »Arts«, in: Arts & Architecture 71, März 1954, Nr. 3, S. 6–7, 30.
18 Vgl. Stuart Preston in der Times, zit. nach: Friedman 1995, S. 206f.
19 Vgl. Hess, Thomas B.: »Reviews and Previews«, in: Art News 53, März 1954, Nr. 1, 40–41.
20 Coates, Robert M.: »The Art Galleries: American and International«, in: The New Yorker 30, 20. Februar 1954, Nr. 1, S. 81–83.
21 Vgl. Valliere, James T.: »Interview with Clement Greenberg«, in: Harrison, Helen A. (Hg.): Such Desperate Joy. Imagining Jackson Pollock, New York 2000, S. 254f.
22 Vgl. Naifeh/Smith 1989, S. 732.
23 Solomon 2001, S. 239.
24 Potter 1985, S. 188.
25 Vgl. Landau, Ellen G.: »Channeling Desire. Lee Krasner's Collages of the Early 1950s«, in: Maroni, Monica und Bigatti, Giorgio (Hgg.): Jackson Pollock. The Irascibles and the New York School, Mailand 2002, S. 192.
26 Vgl. Potter 1985, S. 201.
27 Vgl. ebd., S. 198.
28 Vgl. Potter 1985, S. 198 und O'Connor/Thaw 1978 und 1995, Bd. 4, S. 273.
29 Vgl. Naifeh/Smith 1989, S. 741.
30 Vgl. O'Connor/Thaw 1978 und 1995, Bd. 4, S. 273.
31 Solomon 2001, S. 240.
32 Vgl. ebd.
33 Greenberg, Clement: »›American-Type‹ Painting«, in: Partisan Review 22, Frühjahr 1955, Nr. 2, S. 179–196, hier S. 187f.
34 Vgl. Rubenfeld 2004, S. 194.
35 Clement Greenberg in einem Brief an Jackson Pollock, 21. Mai 1955.
36 Potter 1985, S. 188.
37 Vgl. ebd.
38 Vgl. Solomon 2001, S. 245.
39 Vgl. Naifeh/Smith 1989, S. 744ff., 753.
40 Rubenfeld 2004, S. 194.
41 Vgl. ebd.
42 Vgl. Potter 1985, S. 221.
43 Vgl. Naifeh/Smith 1989, S. 753.
44 Tagebucheinträge von Lee Krasner, Jackson Pollock and Lee Krasner Papers, ca. 1914–1984, Archives of American Art, Smithsonian Institution. Die Einträge sind ohne Datumsvermerk, müssen aber in diesem Zeitraum niedergeschrieben worden sein, da der Tod von Bradley Walker Tomlin (am 11. Mai 1953) darin seine Erwähnung findet.
45 Vgl. Friedman 1995, S. 220.

Kapitel 26

1. Vgl. Ben Heller in einem Brief an Alfonso Ossorio, 21. Oktober 1955, Alfonso Ossorio Papers, Archives of American Art, Smithsonian Institution.
2. Vgl. Naifeh/Smith 1989, S. 764.
3. Vgl. Naifeh/Smith 1989, S. 765; Potter 1985, S. 187.
4. Ben Heller in einem Telegramm an Jackson Pollock, 11. Februar 1956, Jackson Pollock and Lee Krasner Papers, ca. 1914–1984, Archives of American Art, Smithsonian Institution. Mit dem großen »P« spielt Heller wohl auf Pollock an.
5. Vgl. Friedman 1995, S. XVI–XXI.
6. Vgl. ebd.
7. Naifeh/Smith 1989, S. 758.
8. Vgl. Sandler 2009, S. 25.
9. Vgl. Potter 1985, S. 194.
10. Naifeh/Smith 1989, S. 750.
11. Vgl. Valliere, James T.: »Interview with Clement Greenberg«, in: Harrison, Helen A. (Hg.): Such Desperate Joy. Imagining Jackson Pollock, New York 2000, S. 250; Potter 1985, S. 194.
12. Gruen, John: The Party's Over Now, New York 1972, S. 229.
13. Vgl. Naifeh/Smith 1989, S. 751.
14. Vgl. Solomon 2001, S. 245; Potter 1985, S. 202f.
15. Potter, Jeffrey: »Jackson Pollock: Fragments of Conversations and Statements«, in: Harrison, Helen A. (Hg.): Such Desperate Joy. Imagining Jackson Pollock, New York 2000, S. 91.
16. Vgl. Potter 1985, S. 208.
17. Glueck 1981, S. 61.
18. Eliot, Alexander: »The Champ«, in: Time 66, 19. Dezember 1955, Nr. 25, S. 64–65.
19. Vgl. Preston, Stuart: »Among Current Shows«, in: The New York Times, 4. Dezember 1955, Sekt. 2, S. X14.
20. Vgl. Bernhard H. Friedman in Art in America, Dezember 1955, zit. nach: Ausst. Kat. New York 1967, S. 73.
21. Vgl. Steinberg, Leo: »Month in Review: Fifteen Years of Jackson Pollock«, in: Arts 30, Dezember 1955, Nr. 3, S. 43–44, 46.
22. Eliot, Alexander: »The Wild Ones«, in: Time 67, 20. Februar 1956, Nr. 8, S. 70–75.
23. Vgl. Potter 1985, S. 227.
24. Rodman 1961, S. 85.
25. Gruen 1972, S. 232.
26. Friedman 1995, S. XX.
27. Der Autopsiebericht nach Pollocks tödlichem Unfall erwähnt eine stark vergrößerte Leber, siehe hierzu O'Connor/Thaw 1978 und 1995, Bd. 5, S. 73, DS19/D117a.
28. Friedman 1995, S. 214.
29. Ebd., S. 215.
30. Vgl. Potter 1985, S. 214f.
31. Vgl. Jackson Pollock & Tony Smith: Sculpture. An Exhibition on the Centennial of their Births, Ausst. Kat., Matthew Marks Gallery New York, New York 2012.
32. Vgl. Naifeh/Smith 1989, S. 756.
33. Vgl. ebd. Ob es die Werke tatsächlich gab, ist nicht zu ermitteln, auch nicht, wann und von wem sie zerstört wurden. Da jedoch mehrere Augenzeugen unabhängig voneinander davon berichtet haben, ist anzunehmen, dass die Bilder tatsächlich existierten.
34. Vgl. Naifeh/Smith 1989, S. 760.
35. Ebd., S. 762.
36. Ebd.
37. Ebd., S. 760.
38. Vgl. Potter 1985, S. 220.
39. Vgl. Clyfford Still in einem Brief an Jackson Pollock, 3. Dezember 1955, Jackson Pollock and Lee Krasner Papers, ca. 1914–1984, Archives of American Art, Smithsonian Institution.
40. Vgl. Friedman 1995, S. 224.
41. Ebd.
42. Potter 1985, S. 224.
43. Vgl. ebd., S. 223f.
44. Vgl. Ausst. Kat. New York 1967, S. 69–73.
45. Vgl. Clement Greenberg in einem Brief an David Smith, 16. August 1956, David Smith Papers, Archives of American Art, Smithsonian Insitution, hier zit. nach: Solomon 2001, S. 244.
46. Vgl. Potter 1985, S. 203.
47. Vgl. Naifeh/Smith 1989, S. 768f.
48. Vgl. ebd., S. 769.
49. Ebd.
50. Ebd.
51. Vgl. ebd.
52. Vgl. Potter 1985, S. 211.
53. Vgl. Naifeh/Smith 1989, S. 770f.
54. Vgl. Potter 1985, S. 209ff.
55. Vgl. Naifeh/Smith 1989, S. 771.

Kapitel 27

1. Vgl. O'Connor/Thaw 1978 und 1995, Bd. 4, S. 275.
2. Vgl. Potter 1985, S. 228ff.
3. Ebd., S. 231.
4. Vgl. ebd., S. 233.
5. Vgl. Solomon 2001, S. 246.
6. Potter 1985, S. 231.
7. Vgl. ebd., S. 232.
8. Kligman, Ruth: Love Affair. A Memoir of Jackson Pollock, New York 1999, S. 86.
9. Naifeh/Smith 1989, S. 780.
10. Kligman 1999, S. 95.
11. Ebd., S. 96f.
12. Naifeh/Smith 1989, S. 782.
13. Vgl. Solomon 2001, S. 247.
14. Potter 1985, S. 233.
15. Vgl. hierzu Ruth Kligmans Beschreibungen in Kligman 1999 sowie Friedman 1995, S. 233.
16. Vgl. Kligman 1999, S. 104ff.

17 Vgl. Du Plessix/Gray 1967, S. 57.
18 O'Connor/Thaw 1978 und 1995, Bd. 4, S. 276, D115.
19 Kligman 1999, S. 122f.
20 Vgl. ebd., S. 161f.
21 Vgl. ebd., S. 165ff.
22 Naifeh/Smith 1989, S. 786.
23 Vgl. Kligman 1999, S. 171ff.
24 Naifeh/Smith 1989, S. 786.
25 Ebd.
26 Vgl. ebd., S. 787.
27 Kligman 1999, S. 127.
28 Ebd., S. 128.
29 Friedman 1995, S. 228.
30 Vgl. Kligman 1999, S. 185.
31 Vgl. Du Plessix/Gray 1967, S. 54.
32 Naifeh/Smith 1989, S. 788.
33 Vgl. Potter 1985, S. 237.
34 Friedman 1995, S. 233f.
35 Vgl. Potter 1985, S. 238.
36 Vgl. Kligman 1999, S. 185ff.
37 Vgl. Potter 1985, S. 239.
38 Vgl. Kligman 1999, S. 197ff.
39 Ebd., S. 200.
40 Naifeh/Smith 1989, S. 791.
41 Ebd.
42 Vgl. Du Plessix/Gray 1967, S. 57.
43 Kligman 1999, S. 200f.
44 Vgl. hierzu den Polizeibericht in: O'Connor/Thaw 1978 und 1995, Bd. 4, S. 276f., D116. Zur Szenerie nach dem Unfall siehe auch Potter 1985, S. 240ff.
45 Naifeh/Smith 1989, S. 793. Siehe auch Levin 2011, S. 311; Potter 1985, S. 246f.

Epilog

1 Du Plessix/Gray 1967, S. 51.
2 Ebd., S. 54.
3 Potter 1985, S. 248.
4 Vgl. Fielding, Dawson: An Emotional Memoir of Franz Kline, New York 1967, S. 87f.
5 Vgl. Glueck 1981, S. 61.
6 Vgl. Potter 1985, S. 250.
7 Vgl. Rubenfeld 2004, S. 202f.
8 Landau 1995, S. 312.

Ausgewähltes Literaturverzeichnis

Die persönlichen Dokumente Jackson Pollocks werden in den Archives of American Art der Smithsonian Institution aufbewahrt. Pollocks Briefe befinden sich, sofern nicht anders angegeben, in Privatbesitz.

Adams 2009
  Adams, Henry: Tom and Jack. The Intertwined Lives of Thomas Hart Benton and Jackson Pollock, New York 2009
Agee/Sandler/Wilkin 2011
  Agee, William C., Sandler, Irving und Wilkin, Karen: American Vanguards. Graham, Davis, Gorky, De Kooning, and their Circle, 1927–1942, New Haven 2011
Ashton 1992
  Ashton, Dore: The New York School. A Cultural Reckoning, Berkley u. a. 1992
Ausst. Kat. Berlin 2005
  Anfam, David: »Pollock als Zeichner, Linien des Geistes«, in: Davidson, Susan (Org.): No Limits, Just Edges. Jackson Pollock, Malerei auf Papier, Ausst. Kat., Deutsche Guggenheim Berlin, Ostfildern-Ruit 2005
Ausst. Kat. Bern 1989
  Kuthy, Sandor und Landau, Ellen G.: Lee Krasner, Jackson Pollock. Künstlerpaare, Künstlerfreunde, Ausst. Kat., Kunstmuseum Bern, Bern 1989
Ausst. Kat. Boston 1980
  O'Connor, Francis V.: The Black Pourings. 1951–1953, Ausst. Kat., Institute of Contemporary Art Boston, Boston 1980
Ausst. Kat. Boston 2007
  Landau, Ellen G. und Cernuschi, Claude (Hgg.): Pollock Matters, Ausst. Kat., McMullen Museum of Art Boston College, Chicago 2007
Ausst. Kat. Düsseldorf 1995
  Harten, Jürgen: Siqueiros, Pollock. Pollock, Siqueiros, Ausst. Kat., Städtische Kunsthalle Düsseldorf, Düsseldorf 1995
Ausst. Kat. Houston 1982
  Rose, Barbara: Miró in America, Ausst. Kat., Museum of Fine Arts Houston, Houston 1982
Ausst. Kat. Ithaca/New York 1978
  Hobbs, Robert C. und Levin, Gail: Abstract Expressionism. The Formative Years, Ausst. Kat., Herbert F. Johnson Museum of Art Ithaca, Whitney Museum of American Art New York, Ithaca, N. Y. 1978
Ausst. Kat. New York 1967
  O'Connor, Francis V.: Jackson Pollock, Ausst. Kat., The Museum of Modern Art New York, New York 1967
Ausst. Kat. New York 1969
  Jackson Pollock. Black and White, Ausst. Kat., Marlborough-Gerson Gallery New York, New York 1969
Ausst. Kat. New York 1980
  Rose, Bernice: Jackson Pollock. Drawing into Painting, Ausst. Kat., Museum of Modern Art New York, New York 1980
Ausst. Kat. New York 1999
  Varnedoe, Kirk mit Karmel, Pepe: Jackson Pollock, Ausst. Kat., Museum of Modern Art New York, 2. Aufl., New York 1999
Ausst. Kat. New York 2012
  Jackson Pollock & Tony Smith: Sculpture. An Exhibition on the Centennial of their Births, Ausst. Kat., Matthew Marks Gallery New York, New York 2012
Ausst. Kat. New York/San Francisco/Minneapolis 2006
  FitzGerald, Michael C.: Picasso and American Art, Ausst. Kat., Whitney Museum of American Art New York, San Francisco Museum of Modern Art, Walker Art Center Minneapolis, New York u. a. 2006
Ausst. Kat. Stuttgart 1990
  Osterwold, Tilman (Hg.): Jackson Pollock. Zeichnungen, Ausst. Kat., Württembergischer Kunstverein Stuttgart, Stuttgart 1990
Ausst. Kat. Washington, D. C. 1987
  Green, Eleanor: John Graham. Artist and Avatar, Ausst. Kat., Philips Collection Washington, D. C.,

Washington, D.C. 1987
Benton 1926-27
  Benton, Thomas H.: »The Mechanics of Form Organization in Painting«, in: The Arts, November 1926, S. 285-289 (Teil I); Dezember 1926, S. 340-342 (Teil II); Januar 1927, S. 43-44 (Teil III); Februar 1927, S. 95-96 (Teil IV); März 1927, S. 145-148 (Teil V)
Benton 1934
  Benton, Thomas H.: »Art and Nationalism«, in: Modern Monthly 8, Mai 1934, Nr. 4, S. 32-36
Benton 1983
  Benton, Thomas H.: An Artist in America, 4. überarb. Aufl., Columbia 1983
Breslin 1993
  Breslin, James E. B.: Mark Rothko. A Biography, Chicago 1993
Brown 1955
  Brown, Milton W.: American Painting. From the Armory Show to the Depression, Princeton 1955
Brown 1988
  Brown, Milton W.: The Story of the Armory Show, New York 1988
Burrows 1949
  Burrows, Carlyle: »Review«, in: Herald Tribune, 27. November 1949, o. S.
Bustard 1997
  Bustard, Bruce I.: A New Deal for the Arts, Washington, D.C. 1997
Bystryn 1978
  Bystryn, Marcia: »Art Galleries as Gatekeepers: The Case of the Abstract Expressionists«, in: Social Research 45, Sommer 1978, Nr. 2, S. 390-408
Campbell 1968
  Campbell, Lawrence: »Of Lilith and Lettuce«, in: Art News 67, März 1968, S. 42-43, 61-64
Carmean 1982
  Carmean, E. A.: »Les peintures noires de Jackson Pollock et le projet d'église de Tony Smith«, in: Abadie, Daniel: Jackson Pollock, Ausst. Kat., Centre Georges Pompidou Paris, Paris 1982, S. 54-77
Carmean/Rathbone/Hess 1978
  Carmean, E. A., Rathbone, Eliza E. und Hess, Thomas B.: American Art at Mid-Century. The Subject of the Artist, Washington, D.C. 1978
Cernuschi 1992a
  Cernuschi, Claude: Jackson Pollock. Meaning and Significance, New York 1992
Cernuschi 1992b
  Cernuschi, Claude: Jackson Pollock. »Psychoanalytic Drawings«, Durham u. a. 1992
Coates 1943a
  Coates, Robert M.: »The Art Galleries: From Moscow to Harlem«, in: The New Yorker 19, 29. Mai 1943, Nr. 15, S. 49

Coates 1943b
  Coates, Robert M.: »The Art Galleries: Situation Well in Hand«, in: The New Yorker 19, 20. November 1943, Nr. 40, S. 97-98
Coates 1948
  Coates, Robert M.: »The Art Galleries: Edward Hopper and Jackson Pollock«, in: The New Yorker 23, 17. Januar 1948, Nr. 48, S. 56-57
Coates 1949
  Coates, Robert M.: »The Art Galleries: Persia, 2000 B.C. to the Present«, in: The New Yorker 25, 3. Dezember 1949, Nr. 41, S. 92
Coates 1952
  Coates, Robert M.: »The Art Galleries: From Ingres to Pollock, Direct«, in: The New Yorker 28, 22. November 1952, Nr. 40, S. 176-179
Coates 1954
  Coates, Robert M.: »The Art Galleries: American and International«, in: The New Yorker 30, 20. Februar 1954, Nr. 1, S. 81-83
Cohen-Solal 2001
  Cohen-Solal, Annie: Painting American. The Rise of American Artists, Paris 1867 - New York 1948, New York 2001
Cohen-Solal 2010
  Cohen-Solal, Annie: Leo and His Circle: The Life of Leo Castelli, New York 2010
Collins 1991
  Collins, Bradford R.: »Life Magazine and the Abstract Expressionists, 1948-51: A Histiographic Study of a Late Bohemian Enterprise«, in: The Art Bulletin 73, Juni 1991, Nr. 2, 283-308
Connolly 1943
  Connolly, Jean: »Art: Spring Salon for Young Artists«, in: The Nation 156, 29. Mai 1943, Nr. 22, S. 786
Cooper 1950
  Cooper, Douglas: »The Biennale Exhibition in Venice«, in: Listener 44, 6. Juli 1950, Nr. 1119, S. 12-14
Cox 1982
  Cox, Annette: Art-As-Politics. The Abstract Expressionist Avant-Garde and Society, Ann Arbor, Mich. 1982
Davenport/Sargeant 1948
  [Davenport, Russell W. und Sargeant, Winthrop:] »A Life Round Table on Modern Art: Fifteen Distinguished Critics and Connoisseurs Undertake to Clarify the Strange Art of Today«, in: Life 25, 11. Oktober 1948, Nr. 15, S. 56-73
Davidson 1993
  Davidson, Abraham A.: »Die Armory Show und die frühe Moderne in Amerika«, in: Chrēstos M. Iōakeimidēs (Hg.): Amerikanische Kunst im 20. Jahrhundert. Malerei und Plastik 1913-1993, München 1993, S. 45-54
Davidson/Rylands 2004
  Davidson, Susan und Rylands, Philip (Hgg.):

Peggy Guggenheim & Frederick Kiesler. The Story of Art of This Century, New York 2004
Dearborn 2005
Dearborn, Mary V.: »Ich bereue nichts! Das außergewöhnliche Leben der Peggy Guggenheim, Bergisch Gladbach 2005
Devree 1945
Devree, Howard: »Among The New Exhibitions«, in: The New York Times, 25. März 1945, Sekt. 2, S. X8
Devree 1950
Devree, Howard: »Artists of Today: One Man Shows Include Recent Paintings by Jackson Pollock and Mark Tobey«, in: The New York Times, 3. Dezember 1950, Sekt. 2, S. X9
Devree 1951
Devree, Howard: »By Contemporaries: Group and One-Man Shows of Sculpture And Painting Are Varied and Vital – From the Left«, in: The New York Times, 2. Dezember 1951, Sekt. 2, S. X11
Devree 1952
Devree, Howard: »Ingres to Pollock«, in: The New York Times, 16. November 1952, Sekt. 2, S. X9
Doss 1991
Doss, Erika L.: Benton, Pollock, and the Politics of Modernism. From Regionalism to Abstract Expressionism, Chicago 1991
Du Plessix/Gray 1967
Du Plessix, Francine und Gray, Cleve: »Who was Jackson Pollock?«, in: Art in America 55, Mai/Juni 1967, Nr. 3, S. 48–59
Edgar 2007
Edgar, Natalie (Hg.): Club Without Walls. Selections from the Journals of Philip Pavia, New York 2007
Eliot 1949
Eliot, Alexander: »Handful of Fire«, in: Time 54, 26. Dezember 1949, Nr. 26, S. 26
Eliot 1955
Eliot, Alexander: »The Champ«, in: Time 66, 19. Dezember 1955, Nr. 25, S. 64–65
Eliot 1956
Eliot, Alexander: »The Wild Ones«, in: Time 67, 20. Februar 1956, Nr. 8, S. 70–75
Ernst 1991
Ernst, Jimmy: Nicht gerade ein Stilleben. Erinnerungen an meinen Vater Max Ernst, Köln 1991
Farber 1945
Farber, Manny: »Jackson Pollock«, in: The New Republic 112, 25. Juni 1945, Nr. 6, S. 871–872
Fielding 1967
Fielding, Dawson: An Emotional Memoir of Franz Kline, New York 1967
Fitzsimmons 1951
Fitzsimmons, James: »Fifty-Seventh Street in Review: Jackson Pollock«, in: Art Digest 26, 15. Dezember 1951, Nr. 6, S. 19

Fitzsimmons 1952
Fitzsimmons, James: »Fifty-Seventh Street in Review: Jackson Pollock«, in: Art Digest 27, 15. November 1952, Nr. 4, S. 17
Fitzsimmons 1954
Fitzsimmons, James: »Arts«, in: Arts & Architecture 71, März 1954, Nr. 3, S. 6–7, 30
Fox 1956
Fox, Ruth: The Alcoholic Spouse, New York 1956
Fox/Lyon 1955
Fox, Ruth und Lyon, Peter: Alcoholism. Its Scope, Cause and Treatment, New York 1955
Friedman 1973
Friedman, Stanley P.: »Loopholes in ›Blue Poles‹«, in: New York Magazine 6, Oktober 1973, Nr. 44, S. 48–51
Friedman 1995
Friedman, Bernard H.: Jackson Pollock. Energy Made Visible, London 1995
Gardner 1952
Gardner, Adelaide: Einführung in die Theosophie, Graz 1952
Genauer 1949
Genauer, Emily: »This Week in Art«, in: New York World-Telegram 81, 7. Februar 1949, Nr. 185, S. 19
Genauer 1950
Genauer, Emily: »Art and Artists: American Selection For Venice Show: Does It Represent Us As It Should?«, in: New York Herald Tribune, 28. Mai 1950, S. 5
Genauer 1954
Genauer, Emily: »Art and Artists: Reappraisal of the Avant-garde«, in: New York Herald Tribune, 7. Februar 1954, Sekt. 4, S. 9
Glueck 1981
Glueck, Grace: »Scenes from a Marriage. Krasner and Pollock«, in: Art News 80, Dezember 1981, S. 57–61
Goodnough 1950
Goodnough, Robert: »Reviews and Previews«, in: Art News 49, Dezember 1950, Nr. 8, S. 47
Goodnough 1952
Goodnough, Robert: »Reviews and Previews«, in: Art News 51, Dezember 1952, Nr. 8, S. 42–43
Graham 1937
Graham, John: »Primitive Art and Picasso«, in: Magazine of Art 30, April 1937, Nr. 4, S. 236–239, 260
Graham 1971
Graham, John: System and Dialectics of Art, Baltimore 1971
Greenberg 1939
Greenberg, Clement: »Avant-Garde und Kitsch«, in: Partisan Review 6, Herbst 1939, Nr. 5, S. 34–49
Greenberg 1945
Greenberg, Clement: »Art«, in: The Nation 160, 7. April 1945, Nr. 14, S. 396–398

475

Greenberg 1946a
Greenberg, Clement: »Art«, in: The Nation 162, 13. April 1946, Nr. 15, S. 444–445
Greenberg 1946b
Greenberg, Clement: »Art«, in: The Nation 163, 28. Dezember 1946, Nr. 26, S. 767
Greenberg 1947
Greenberg, Clement: »Art«, in: The Nation 164, 1. Februar 1947, Nr. 5, S. 137–139
Greenberg 1948
Greenberg, Clement: »Art«, in: The Nation 166, 24. Januar 1948, Nr. 4, S. 107–108
Greenberg 1949
Greenberg, Clement: »Art«, in: The Nation 168, 19. Februar 1949, Nr. 9, S. 221–222
Greenberg 1952a
Greenberg, Clement: »Art Chronicle: ›Feeling Is All‹«, in: Partisan Review 19, Januar/Februar 1952, Nr. 1, S. 97–102
Greenberg 1952b
Greenberg, Clement: »Jackson Pollock's New Style«, in: Harper's Bazaar 85, Februar 1952, Nr. 2883, S. 174
Greenberg 1955
Greenberg, Clement: »›American-Type‹ Painting«, in: Partisan Review 22, Frühjahr 1955, Nr. 2, S. 179–196
Greenberg 1962
Greenberg, Clement: »After Abstract Expressionism«, in: Art International 6, Oktober 1962, Nr. 8, S. 24–32
Greenberg 1997
Greenberg, Clement: »Surrealistische Malerei«, in: Greenberg, Clement und Lüdeking, Karlheinz (Hg.): Die Essenz der Moderne. Ausgewählte Essays und Kritiken, Dresden u. a. 1997, S. 82–93
Greenberg/O'Brian 1986–95
Greenberg, Clement und O'Brian, John (Hg.): The Collected Essays and Criticism, 4 Bde., Chicago/London 1986–95
Gruen 1972
Gruen, John: The Party's Over Now, New York 1972
Guggenheim 2006
Guggenheim, Peggy: Ich habe alles gelebt, 9. Aufl., Bergisch-Gladbach 2006
Guilbaut 1983
Guilbaut, Serge: How New York Stole the Idea of Modern Art. Abstract Expressionism, Freedom, and the Cold War, Chicago 1983
Halasz 1984
Halasz, Piri: »Stanley William Hayter: Pollock's Other Master«, in: Arts Magazine 59, November 1984, Nr. 3, S. 73–75
Harrison 2000
Harrison, Helen A. (Hg.): Such Desperate Joy. Imagining Jackson Pollock, New York 2000
Hayter 1944

Hayter, Stanley W.: »Line and Space of the Imagination«, in: View 4, Dezember 1944, Nr. 4, S. 127–128, 140, 143
Henderson o. J.
Henderson, Joseph L.: Jackson Pollock. A Psychological Commentary, unveröffentl. Essay, o. O. u. J.
Hess 1954
Hess, Thomas B.: »Reviews and Previews«, in: Art News 53, März 1954, Nr. 1, 40–41
Hill 1978
Hill, Gareth S.: »Joseph L. Henderson: His Life and His Work«, in: Hill, Gareth S. (Hg.): The Shaman from Elko, San Francisco 1978, S. 8–19
Horn 1966
Horn, Axel: »Jackson Pollock: The Hollow and the Bump«, in: The Carleton Miscellany 7, 1966, Nr. 3, S. 80–87
Hultberg 1993
Hultberg, Peer: »Jungs Theorien zu Kunst und Literatur«, in: Analytische Psychologie 24, 1993, Nr. 4, S. 243–261
Hunt 1991
Hunt, Leigh A.: Rite of Spring. A History of the Mountain Maidu Bear Dance, M.A., California State University, Sacramento 1991
Hunter 1949
Hunter, Sam: »Among the New Shows«, in: The New York Times, 30. Januar 1949, S. 9
Hurlburt 1976
Hurlburt, Laurence P.: »The Siqueiros Experimental Workshop: New York, 1936«, in: Art Journal 35, Frühjahr 1976, Nr. 3, S. 237–246
Jacobi 2006
Jacobi, Jolande: Die Psychologie von C. G. Jung. Eine Einführung in das Gesamtwerk, 21. Aufl., Frankfurt a. M. 2006
Jayakar 2004
Jayakar, Pupul: Krishnamurti. Ein Leben in Freiheit. Die autorisierte Biographie, 2. Aufl., Freiburg 2004
Jewell 1945
Jewell, Edward A.: »Toward Abstract, Or Away?«, in: The New York Times, 1. Juli 1945, S. 2
Johnson 1973
Johnson, Ellen: »Jackson Pollock and Nature«, in: Studio International 185, Juni 1973, Nr. 956, S. 257–262
Jung 2001
Jung, Lorenz (Hg.): C.-G.-Jung-Taschenbuchausgabe in elf Bänden, München 2001
Karmel 1999
Karmel, Pepe (Hg.): Jackson Pollock. Interviews, Articles, and Reviews, New York 1999
Kingsley 1992
Kingsley, April: The Turning Point. The Abstract Expressionists and the Transformation of

Kleeblatt 2008
Kleeblatt, Norman L.: »Greenberg, Rosenberg, and Postwar American Art«, in: Ders. (Hg.): Action/Abstraction. Pollock, de Kooning, And American Art, 1940–1976, New Haven/New York 2008, S. 137–183

Kligman 1999
Kligman, Ruth: Love Affair. A Memoir of Jackson Pollock, New York 1999

Krasne 1950
Krasne, Belle: »Jackson Pollock«, in: Art Digest 25, 1. Dezember 1950, Nr. 5, S. 16

Krishnamurti 2001
Krishnamurti, Jiddu: Vollkommene Freiheit. Das große Krishnamurti-Buch, Frankfurt a. M. 2001

Lader 1981
Lader, Melvin P.: Peggy Guggenheim's Art of This Century. The Surrealist Milieu and the American Avant-Garde, 1942–1947, Diss., University of Delaware, 1981

Landau 1995
Landau, Ellen G.: Lee Krasner. A Catalogue Raisonné, New York 1995

Landau 2005a
Landau, Ellen G.: Jackson Pollock, London 2005

Landau 2005b
Landau, Ellen G. (Hg.): Reading Abstract Expressionism. Context and Critique, New Haven 2005

Langhorne 1998
Langhorne, Elizabeth: »The Magus and the Alchemist: John Graham and Jackson Pollock«, in: American Art 12, November 1998, Nr. 3, S. 46–67

Lansford 1948
Lansford, Alonzo: »Fifty-Seventh Street in Review: Automatic Pollock«, in: The Art Digest 22, 15. Januar 1948, Nr. 8, S. 19

Levin 1981
Levin, Gail: »Thomas Hart Benton: Synchromism and Abstract Art«, in: Arts Magazine 56, Dezember 1981, Nr. 4, S. 144–148

Levin 2011
Levin, Gail: Lee Krasner. A Biography, New York 2011

Lewison 1999
Lewison, Jeremy: Interpreting Pollock, London 1999

Longwell 2007
Longwell, Alicia G.: John Graham and the Quest for an American Art in the 1920s and 1930s, unveröffentl. Diss., The City University of New York, 2007

Louchheim 1950
Louchheim, Aline B.: »Americans in Italy: Biennale Representation Raises Many Issues«, in: The New York Times, 10. September 1950, Sekt. 2, S. X8

Lowengrund 1949
Lowengrund, Margaret: »Pollock Hieroglyphics«, in: The Art Digest 23, 1. Februar 1949, Nr. 9, S. 19–20

Maroni/Bigatti 2002
Maroni, Monica und Bigatti, Giorgio (Hgg.): Jackson Pollock. The Irascibles and the New York School, Mailand 2002

McBride 1949
McBride, Henry: »Abstract Painting: The Whitney Museum Annual is Completely Inundated With It«, in: Sun 117, 23. Dezember 1949, Nr. 96, S. 13

Moser 1978
Moser, Joann: »The Impact of Stanley William Hayter on Post-War American Art«, in: Archives of American Art Journal 18, 1978, Nr. 1, S. 2–11

Motherwell 1944
Motherwell, Robert: »The Modern Painter's World«, in: Dyn 1, November 1944, Nr. 6, S. 9–14

Myers 1983
Myers, John B.: Tracking the Marvelous. A Life in the New York Art World, New York 1983

Naifeh/Smith 1989
Naifeh, Steven und Smith, Gregory W.: Jackson Pollock. An American Saga, New York 1989

Nemser 1973
Nemser, Cindy: »A Conversation with Lee Krasner«, in: Arts Magazine 47, April 1973, Nr. 6, S. 43–48

Newhouse 2005
Newhouse, Victoria: Art and the Power of Placement, New York 2005

O'Connor 1965
O'Connor, Francis V.: The Genesis of Jackson Pollock. 1912 to 1943, unveröffentl. Diss., John Hopkins University, Baltimore 1965

O'Connor 1967
O'Connor, Francis V.: »The Genesis of Jackson Pollock: 1912 to 1943«, in: Artforum 5, Mai 1967, Nr. 9, S. 16–23

O'Connor 1972
O'Connor, Francis V.: The New Deal Art Projects. An Anthology of Memoirs, Washington, D. C. 1972

O'Connor 2004
O'Connor, Francis V.: »Jackson Pollock's Mural for Peggy Guggenheim: Its Legend, Documentation, and Redefinition of Wall Painting«, in: Davidson, Susan und Rylands, Philip (Hgg.): Peggy Guggenheim & Frederick Kiesler. The story of Art of This Century, New York 2004, S. 150–169

O'Connor/Thaw 1978 und 1995
O'Connor, Francis V. und Thaw, Eugene V. (Hgg.): Jackson Pollock. A Catalogue Raisonné of Paintings, Drawings, and other Works, 5 Bde., New Haven u. a. 1978 und 1995

Perl 2006
Perl, Jed: New Art City. Manhattan und die Erfindung der Gegenwartskunst, München/Wien 2006
Polcari 1979
Polcari, Stephen: »Jackson Pollock and Thomas Hart Benton«, in: Arts Magazine 53, März 1979, Nr. 7, S. 120–124
Pollock 2011
Pollock, Silvia Winter (Hg.): American Letters 1927–1947. Jackson Pollock & Family, Cambridge 2011
Porter 1951
Porter, Fairfield: »Reviews and Previews«, in: Art News 50, Dezember 1951, Nr. 8, S. 48
Potter 1985
Potter, Jeffrey: To a Violent Grave. An Oral Biography of Jackson Pollock, New York 1985
Preston 1949a
Preston, Stuart: »By Husband and Wive«, in: The New York Times, 25. September 1949, S. X9
Preston 1949b
Preston, Stuart: »Abstract Quartet«, in: The New York Times, 29. November 1949, S. X12
Preston 1955
Preston, Stuart: »Among Current Shows«, in: The New York Times, 4. Dezember 1955, Sekt. 2, S. X14
Rago 1960
Rago, Louise: »We Interview Lee Krasner«, in: School Arts, September 1960, S. 32
Riley 1943a
Riley, Maude: »Young Man From Wyoming«, in: The Art Digest 18, 1. November 1943, Nr. 3, S. 11
Riley 1943b
Riley, Maude: »Fifty-Seventh Street in Review: Explosive First Show«, in: The Art Digest 18, 15. November 1943, Nr. 4, S. 18
Riley 1945
Riley, Maude: »Jackson Pollock«, in: The Art Digest 19, 1. April 1945, Nr. 13, S. 59
Robinson 1949
Robinson, Amy: »Reviews and Previews: Jackson Pollock«, in: Art News 48, Dezember 1949, Nr. 8, S. 43
Rodman 1961
Rodman, Selden: Conversations with Artists, New York 1961
Rose 1978
Rose, Barbara: Pollock Painting, New York 1978
Rose 1983
Rose, Barbara: Lee Krasner, New York 1983
Rosenberg 1952
Rosenberg, Harold: »The American Action Painters«, in: Art News 51, Dezember 1952, Nr. 8, S. 22–23, 48–50

Rosenberg 1954
Rosenberg, Harold: »After Next, What?«, in: Art in America 52, April 1964, Nr. 2, S. 64–73
Rosenberg 1961
Rosenberg, Harold: »The Search of Jackson Pollock«, in: Art News 59, Februar 1961, Nr. 10, S. 35, 58–60
Rosenberg 1962
Rosenberg, Harold: »Action Painting: A Decade of Distortion«, in: Art News 61, Dezember 1962, Nr. 8, S. 42–44
Roueché 1950
Roueché, Berton: »Unframed Space«, in: The New Yorker 26, 5. August 1950, Nr. 24, S. 16
Rubenfeld 2004
Rubenfeld, Florence: Clement Greenberg. A Life, Minneapolis, Minn. 2004
Rubin 1967
Rubin, William: »Jackson Pollock and the Modern Tradition«, in: Artforum 5, Februar 1967, Nr. 6, S. 14–22; Artforum 5, März 1967, Nr. 7, S. 28–37; Artforum 5, April 1967, Nr. 8, S. 18–31; Artforum 5, Mai 1967, Nr. 9, S. 28–33
Rubin 1979a
Rubin, David S.: »A case for content: Jackson Pollock's subject was the automatic gesture«, in: Arts Magazine 53, März 1979, Nr. 7, S. 103–109
Rubin 1979b
Rubin, William: »Pollock as Jungian Illustrator: The Limits of Psychological Criticism«, in: Art in America 67, November 1979, Nr. 7, S. 104–123; Dezember 1979, Nr. 8, S. 72–91
Rushing 1986
Rushing, William J.: »Ritual and Myth. Native American Culture and Abstract Expressionism«, in: Tuchman, Maurice (Hg.): The Spiritual in Art. Abstract Painting 1890–1985, Ausst. Kat., Los Angeles County Museum of Art, New York 1986, S. 272–296
Rushing 1995
Rushing, William J.: Native American Art and the New York Avant-Garde. A History of Cultural Primitivism, Austin 1995
Sandler 1965
Sandler, Irving: »The Club«, in: Artforum 4, September 1965, Nr. 1, S. 27–31
Sandler 1968
Sandler, Irving: »The Surrealist emigres in New York«, in: Artforum 6, 1968, Nr. 9, S. 24–31
Sandler 2009
Sandler, Irving: A Sweeper-Up After Artists. A Memoir, New York 2009
Sawin 1995
Sawin, Martica: Surrealism in Exile and the Beginning of the New York School, Cambridge, Mass. 1995
Simon 1967a
Simon, Sidney: »Concerning the Beginnings of

the New York School: 1939-1943. An Interview with Peter Busa and Matta Conducted in December 1966«, in: Art International 11, Sommer 1967, Nr. 6, S. 17-20

Simon 1967b
Simon, Sidney: »Concerning the Beginnings of the New York School: 1939-1943. An Interview Conducted with Robert Motherwell by Sydney Simon«, in: Art International 11, Sommer 1967, Nr. 6, S. 20-23

Solomon 2001
Solomon, Deborah: Jackson Pollock. A Biography, New York 2001

Steinberg 1955
Steinberg, Leo: »Month in Review: Fifteen Years of Jackson Pollock«, in: Arts 30, Dezember 1955, Nr. 3, S. 43-44, 46

Stevens/Swan 2008
Stevens, Mark und Swan, Annalyn: De Kooning. An American Master, 4. Aufl., New York 2008

Storr 1999
Storr, Robert: »A Piece of the Action«, in: Varnedoe, Kirk und Karmel, Pepe (Hgg.): Jackson Pollock. New Approaches, New York 1999, S. 33-70

Sylvester 1950
Sylvester, David: »The Venice Biennale«, in: Nation 171, 9. September 1950, Nr. 11, S. 232-233

Tomkins 1975
Tomkins, Calvin: »Profiles: A Keeper of the Treasure«, in: The New Yorker 51, 9. Juni 1975, Nr. 16, S. 51

Tyler 1950
Tyler, Parker: »Jackson Pollock: The Infinite Labyrinth«, in: Magazine of Art 43, März 1950, Nr. 3, S. 92-93

Wall 1936
Wall, James H.: »A Study of Alcoholism in Men«, in: American Journal of Psychiatry, Mai 1936, Nr. 92, S. 1389-1401

Wall 1945
Wall, James H.: »Psychotherapy of Alcohol Addiction in a Private Mental Hospital«, in: Quarterly Journal of Studies on Alcohol 5, März 1945, Nr. 4, S. 99-100

Wall/Allen 1944
Wall, James H. und Allen, Edward B.: »Results of Hospital Treatment of Alcoholism«, in: American Journal of Psychiatry 100, Januar 1944, S. 474-480

Weinberg 1987
Weinberg, Jonathan: »Pollock and Picasso: The Rivalry and the Escape«, in: Arts Magazine 61, Juni 1987, Nr. 10, S. 42-48

Weld 1986
Weld, Jacqueline B.: Peggy. The Wayward Guggenheim, London 1986

Williams/Williams 1988
Williams, Dave und Williams, Reba: »The Prints of Jackson Pollock«, in: Print Quaterly 5, Dezember 1988, Nr. 4, S. 346-373

Winter 1993
Winter, Amy: »Wolfgang Paalen, DYN und die Geschichte des Abstrakten Expressionismus«, in: Schrage, Dieter (Hg.): Wolfgang Paalen. Zwischen Surrealismus und Abstraktion, Ausst. Kat., Museum Moderner Kunst Stiftung Ludwig Wien, Klagenfurt 1993, S. 145-180

Wysuph 1970
Wysuph, C. L.: Jackson Pollock. Psychoanalytic Drawings, New York 1970

Bildnachweis

(Photographs of Reuben Kadish, Philip Guston, and others), Archives of American Art, Smithsonian Institution: S. 92. Archiv des Verlags: S. 48–51, 110, 305, 421. Betty Parsons Gallery Records and Personal Papers, Archives of American Art, Smithsonian Institution: S. 215. Braun, Emily und Branchick, Thomas: Thomas Hart Benton. The American Today Murals, Ausst. Kat., Williams College Museum of Art, Williamstown 1985: S. 53. Charles Pollock Papers, Archives of American Art, Smithsonian Institution: S. 46, 324. Grosenick, Uta (Hg.): Women Artists. Künstlerinnen im 20. und 21. Jahrhundert, Köln 2005: S. 150. Jackson Pollock and Lee Krasner Papers, Archives of American Art, Smithsonian Institution: S. 6, 14, 16–18, 23, 26, 29, 31, 43, 96, 158, 211, 243, 250, 254, 259, 262, 278–80, 296, 301, 316, 325, 425, 432–33, 451. Landau, Ellen G.: Jackson Pollock, London 2005: S. 78–79, 105, 120, 131, 134, 139, 188, 233, 251, 255, 269, 289, 339–40, 380, 410, 426–27, Taf. 1–4. Matta, Ausst. Kat., Centre Georges Pompidou, Musée National d'Art Moderne, Paris 1985: S. 179. Pohl, Frances K.: Framing America. A Social History of American Art, New York 2002: S. 45, 346. Rochfort, Desmond: Mexican Muralists. Orozco, Rivera, Siqueiros, London 1993: S. 104. Souter, Gerry: Amerikanische realistische Malerei, New York 2009, S. 56, 69. Stiel, Reinhard: »Der Kleckser – 100 Jahre Jackson Pollock«, 30. Januar 2012 (unter: http://www.stiehlover.com/agenturblog/der-kleckser-100-jahre-jackson-pollock/, konsultiert am 07. August 2013): S. 344. Varnedoe, Kirk mit Karmel, Pepe: Jackson Pollock, Ausst. Kat., Museum of Modern Art New York, New York 1998: S. 83, 99, 113, 208, 211, 270, 300, 381. Wigal, Donald: Jackson Pollock. Verschleierungen, New York 2006: S. 80–81, 102, 106, 129, 133, 138, 191–92, 209–10, 237–38, 248, 268, 282, 288, 302, 320–21, 406, 409, Taf. 5–8.

Benton, Thomas Hart © VG Bild-Kunst, Bonn 2013: S. 56
Burckhardt, Rudy © VG Bild-Kunst, Bonn 2013: S. 262
Pollock, Jackson © Pollock-Krasner Foundation / VG Bild-Kunst, Bonn 2013: S. 300, 425, Taf. 1–8
Zogbaum, Wilfrid © VG Bild-Kunst, Bonn 2013: S. 6, 158, 250, 259

Der Verlag hat sich bemüht, sämtliche Rechteinhaber ausfindig zu machen. Sollte es in Einzelfällen nicht gelungen sein, Rechteinhaber zu benachrichtigen, so bitten wir diese, sich mit dem Verlag in Verbindung zu setzen.

Personen- und Sachregister

Abel, Lionel 399, 401, 422
American Abstract Artists (AAA) 154ff., 329
Arensberg, Walter Conrad 48, 62
Armory Show 48f., 71, 170 ff., 238, 258
Arp, Hans (Jean) 125, 171, 174, 187, 194, 198f., 264, 332
Art of This Century, Galerie 195f., 204, *215*, 216, 231, 235f., 247, 257, 260
Art Students League, New York 27, 33, *50*, 54ff., 64ff., 73ff., 125, 148, 152, 225, 284, 352
Ashcan School 47f., 71, 174
Atelier 35 310, 332f.
Avery, Milton 174, 227
Barr, Alfred Hamilton, Jr. 226ff., 287, 307, 312f., 335, 388, 431
Baziotes, William 174ff., 192, 199ff., 217, 233, 240, 264, 285f., 308, 312, 318, 332f., 338, 346, 351, 374, 389, 393, 399
Beckmann, Max 125, 138
Ben-Shmuel, Ahron 50, 72ff.
Benton, Rita 27, 59f.
Benton, Thomas Hart 8, 27, 31, 39, 45ff., 48, 51ff., 62ff., 106ff., 138, 167f., 189, 214, 221ff., 263, 285ff., 303, 352, 361, 442
Benton, Thomas Piacenza (T. P.) 60
Biennale, Venedig 285, 312ff.
Blake, Peter 300, 307ff., 316, 348f., 429
Braque, Georges 70, 149, 157ff., 387
Breton, André 170ff., 196ff., 314
Breuer, Marcel 309
Brooks, James 243, 287, 312, 317, 400, 443ff.
Bultman, Fritz 153, 195, 210, 285, 312
Burckhardt, Rudolph »Rudy« *262,* 320, 394
Busa, Peter 77, 176ff., 192, 202, 275, 284
Carone, Nicolas 274, 399, 402, 431, 442f.
Castelli, Leo 360, 373, 398, 430
Cavallon, Giorgio 354, 360
Cézanne, Paul 51, 68, 149f., 342, 362
Chirico, Giorgio de 159, 172
Club, The 330ff., 360, 388, 395, 403, 420, 450
Coates, Robert M. 202, 216, 218, 240, 283, 307, 335, 383, 411

Cornell, Joseph 172, 174
Curry, John Steuart 54, 68
Dalí, Salvador 171f., 179, 187, 286
Darrow, Whitney 66ff., 123
Davis, Richard 75f.
Davis, Stuart 47, 87, 93, 127, 156ff., 285
de Chirico, Giorgio 159, 172
de Laszlo, Dr. Violet Staub 122, 141ff., 164, 209, 357f.
de Nagy, Tibor 317
Dehner, Dorothy 127
Domínguez, Óscar 171
Dragon, Edward »Ted« 298, 350, 354
Dreier, Katherine 49
Dubuffet, Jean 303, 338, 343, 359
Duchamp, Marcel 47ff., 170ff., 181, 195ff., 222, 238, 373
Duthuit, Georges 286
Eames, Ray 254
Ernst, Jimmy 312
Ernst, Max 171ff., 181, 187, 196, 197ff., 233, 264, 298
Falkenberg, Paul 347ff.
Feldman, Morton 352
Ferargil Galleries 78, 85, 87f.
Fox, Dr. Ruth 357ff., 377f.
Frankenthaler, Helen *316,* 317, 383, 387, 396, 441
Frankfurter, Alfred Moritz 285
Friedman, Bernard Harper 420, 427f.
Goldstein, Phillip *siehe* Guston, Philip
Goodman, Job 85, 90f., 151
Goodnough, Robert 275, 320, 355, 359, 382
Gorky, Arshile 93, 127, 151, 156, 174, 177ff., 199, 227, 264, 285, 297, 313f., 374, 393ff.
Gottlieb, Adolph 127, 174, 240, 286, 310ff., 332, 338, 362, 394
Goya, Francisco de 86, 304, 338
Graham, John 9, 122, 125ff., 135ff., 152, 157, 159f., 166f., 174f., 318, 402, 430, 441
Greco, El 55, 67, 80, 86, 103, 304, 431
Greenberg, Clement 8, 123, 160f., 166ff., 187, 213ff., 239, 248, 253ff., 274, 283ff., 295, 302ff., *316,* 317ff., 347, 355ff., 378f., 381ff., 411ff., 433, 441, 447ff.
Greene, Theodore 286

481

Greenwich House, New York 50, 66, 71ff., 82, 148
Grosz, George 68
Guggenheim, Peggy 126, 181, 184, 188, 195ff., 207, 212ff., 228ff., 236ff., *215, 238,* 257ff., 265, 283ff., 315, 360ff.
Guggenheim, Solomon R. 193f.
Guston, Philip 34, 36f., 62, 86, *92*
Hare, David 175, 181, 187, 200, 332
Hayter, Stanley William 122, 160, 173, 183, 233f., 240f.
Heller, Ben 419f., 434, 441, 449f.
Heller, Dr. Edwin H. 293, 310
Henderson, Joseph 116ff., 128, 141ff., 303, 358
Henri, Robert 48
Hess, Thomas B. 334, 387ff., 411
Hofmann, Hans 86, 152ff., 168ff., 230ff., 264, 272, 297, 302, 312, 329, 333, 335, 345, 386ff.
Hopper, Edward 47ff.
Horn, Axel 96ff., 264
Hubbard, Dr. Elizabeth Wright 212, 236, 357, 364, 382, 409, 417, 436, 450
Huxley, Aldous 286
Isaacs, Reginald 306, 371, 450
Jackson, Harry 122, 220, 263, 291, 376, 402f.
Janis, Sidney 187, 213, 226f., 297, 356, 373f., 382f., 404ff., 424ff.
Jenkins, Paul 431, 447
John Reed Club 87
Jung, Carl Gustav 9, 116ff., 126ff., 141ff., 168, 174ff., 207ff., 342, 376
Kadish, Reuben 34, 62, 66, 86, *92*, 93, 107, 123, 167, 200f., 213, 230ff., 240ff., 263, 399, 428, 434, 450
Kaldis, Aristodemos 157
Kamrowski, Gerome 174ff.
Kandinsky, Wassily 125, 129, 192ff., 218, 304, 321, 383ff.
Kees, Weldon 312
Kiesler, Friedrich 127, 197f., 260, 445, 450
Klee, Paul 125, 178ff., 233f., 387
Klein, Dr. Ralph 417f.
Kligman, Ruth 436ff., 448f.
Kline, Franz 312, 330, 338, 360, 368, 374, 382, 400ff., 449f.
Kooning, Elaine de 295, 331, 394, 398
Kooning, Willem de 127, 151, 156, 178, 286, 297ff., 330ff., 374, 388, 393ff., 450
Kootz, Samuel M. 173, 231, 247, 257, 297, 338, 373
Krasner, Lee 7ff., 59, 113, 122, 145ff., *150, 158, 165,* 175, 178, 181f., 188ff., 190, 192ff., 202ff., 207, 210, 212ff., 228ff., 240ff., *243,* 249, *250,* 252f., *254,* 256, 263, 266, 269, 274, 284f., 287, 290ff., 297ff., 303, 307, 309ff., 316, *316,* 318f., 322, *324,* 325f., 336, 339ff., *344, 346,* 349ff., 354ff., 362ff., 366f., 370, 373ff., 382, 384, 388ff., 396ff., 410ff., 423f., 427ff., 447ff.
Krishnamurti, Jiddu 35f., 376
Larkin, Roseanne 300f.
Lassaw, Ibrahim 330, 443
Laurent, Robert 72f.
Lechay, James 358f.

Leen, Nina 311, 359
Lehman, Harold 34, 62, 66, 86, 96ff.
Levy, Julien 49, 174, 204, 284
Little, John 231, 287ff., 318, 347, 404
Macdonald-Wright, Stanton 51, 62
Magritte, René 171, 181, 187
Manual Arts High School, Los Angeles 33, 36f., 41, 44, 46, 62, 71
Marca-Relli, Conrad 330, 360, 403, 413, 422ff., 444ff.
Mark, Dr. Grant 364f., 371ff.
Marot, Helen 115ff., 140ff., 212, 237
Masson, André 171ff., 233ff.
Matisse, Henri 49, 70, 128, 145, 149ff., 252, 286, 345ff., 373, 387
Matisse, Pierre 49, 125, 172, 176, 180, 373
Matta, Roberto 173ff., *179,* 199ff., 227
Matter, Herbert 160, 199, 230, 237, 265, 287
Matter, Mercedes 159, 160f., 290, 331, 422
Metropolitan Museum of Art, New York 49, 132, 310f.
Metzger, Edith 444ff.
Mili, Gjon 222, 264
Miró, Joan 125, 168, 174ff., 188ff., 225, 233ff., 264ff., 286, 387
Mondrian, Piet 128f., 154, 167, 173, 180, 198ff., 329, 333, 347, 366, 373
Motherwell, Robert 177ff., 195ff., 216, 224ff., 264ff., 297, 312, 332ff., 430
Museum of Modern Art (MoMA), New York 49, 132, 135, 139, 149, 156, 172, 189f., 195, 199, 210, 213, 221, 226, 264, 269, 285ff., 297, 300, 307, 313, 327, 353, 360, 374, 388, 397, 431, 450
Museum of Non-Objective Painting, New York 193
Museum of the American Indian, New York 86
Myers, John Bernard 194, 253, 317
Namuth, Hans 261, 270, 322f., *344,* 344ff., 375, 391
Newman, Barnett 258, 287, 308ff., 332, 369, 380, 382, 394, 429, 450
Ninth Street Show 360, 366
O'Keeffe, Georgia 47, 285
Onslow-Ford, Gordon 172f., 186, 200, 264
Orozco, José Clemente 27, 37ff., *45,* 66, 86, *92,* 101ff., 119ff., 131, 134, 138, 168, 189
Ossorio, Alfonso 298ff., 309, 338ff., 354ff., 404, 408, 419, 429, 440, 445ff.
Paalen, Wolfgang 171, 173, 175f., 178, 185f., 264
Pantuhoff, Igor 150f., 153, 155, 160f.
Parsons, Betty 257f., 260, 281, 283ff., 287, 295ff., *296,* 307, 309, 327, 336, 352, 354ff., 366ff., 372f., 412, 424, 441
Pavia, Philip 73f., 330, 332ff., 398, 404
Petersen, Vita 230, 287, 290, 317
Picabia, Francis 170, 200, 264
Picasso, Pablo 70, 125, 127ff., 132, 134ff., 145, 149, 152, 154, 157, 159f., 167f., 172, 179, 181, 188ff., 194, 200, 206, 208ff., 216ff., 223, 225, 235f., 248, 252, 258, 266, 273, 286, 304, 315f., 318, 326, 333, 341f., 346, 373, 387, 409, 412
Pollock, Charles Cecil 11, 14, *14,* 18f., 22, 24ff., 31, 33,

35ff., 40ff., 44ff., *46*, 50f., 57, 59, 61ff., 67, 74, 76f., 81ff., 88f., 98, 100f., 106ff., 116, 135, 138, 143f., 202, 213, 219, 228, 293, 303, 324, 326, 405ff., 442, 448, 450
Pollock, Frank Leslie 11, 14, *14*, 22ff., *23*, 27f., 30f., 37, 40f., 44, 46, 59, 62f., 65f., 74, 81, 84, 107, 213, 220, 297, 324, 326, 355, 405, 407, 412, 450
Pollock, LeRoy 11ff., *14*, *16*, *17*, 20f., *23*, 23ff., 28, 30, 35, 37f., 62f., 74f.
Pollock, Marvin Jay 11, 14, *14*, 22, 24, 28, 32, 35, 63, 75, 84, 243, 324, *324*, 355
Pollock, Sanford »Sande« Leroy 11, 14, *14*, 16f., 19, 22f., *23*, 25ff., 30, 32, 38, 66, 74f., 84, 87f., 91, 93, 97, 101ff., 107ff., 115ff., 121, 138ff., 143f., 162f., 188, 232, 303, 306, 310, 324, *324*, 357, 367, 405ff., 414, 442, 450
Pollock, Stella May McClure 11ff., *14*, 18, 20f., 23ff., 27f., 30, 32, 37, 41, 50, 75, 81, 84, 108, 143f., 162f., 188f., 232, 247, 306, 310, 324f., *325*, 379, 382, 405ff., 410, 414, 442, 450
Pousette-Dart, Richard 240, 312
Putzel, Howard 196f., 199ff., 211f., 214, 228f., 230f., 239ff., 244, 256
Ray, Man 170, 173
Rebay, Hilla von 126, 174, 193f., 204
Reinhardt, Ad 200, 311f., 332, 369
Rembrandt van Rijn 86, 304
Resnick, Milton 307, 330, 422, 431
Rivera, Diego 27, 37, 39
Rosenberg, Harold 160, 242, 245, 276, 298, 318, 330, 332f., 364, 387ff., 401ff., 415, 450
Rothko, Mark 174, 199, 233, 240, 258, 285, 297, 310, 312, 332, 352, 369, 394f.
Roueché, Berton 319
Russell, Morgan 51
Ryder, Albert Pinkham 78ff., *78*, 86, 89, 123, 189, 225
Schardt, Bernhard 101
Schwankovsky, Frederick John de St. Vrain 33ff., 40, 44, 55, 57, 264
Seligmann, Kurt 173ff., 177, 181
Siqueiros, David Alfaro 27, 37, 66, 86, 91, 95ff., *96*, 103, 106, 168, 176, 188f., 264, 266, 275, 341
Sloan, John French 48, 70f., 73, 125, 285
Smith, Tony 122f., 264, 295, 299f., 336f., 360, 363, 367, 374ff., 379f., 382f., 400, 402, 429, 442, 444, 448, 450
Sobel, Janet 265
Soby, James Thrall 200, 213, 227, 286
Stamos, Theodoros 312
Steinberg, Saul 317
Sterne, Hedda 282, 312, 317, 330
Steubing, Jean 360
Stieglitz, Alfred 47f.
Still, Clyfford 199, 258, 312, 317, 387, 394f., 408, 430f.
Sweeney, James Johnson 199ff., 207, 213ff., 227f., 286, 375, 396
Tanguy, Yves 173, 200, 286
Tapié, Michel 371ff.
Tarwater, Rebecca »Becky« 107, 109

Tobey, Mark 219, 265, 283, 297, 338, 347
Tolegian, Manuel 34, 36f., 44, *46*, 61ff.
Tomlin, Bradley Walker 312, 347
Wahl, Theodore 89, 100, 176
Wall, Dr. James Hardin 112ff., 117, 306, 358
Weber, Max 358f.
Whitney Museum of American Art, New York 49, 69, 87, 90, 256, 308, 367, 431
Whitney, Gertrude Vanderbilt 49
Wilcox, Roger 230, 252, 274, 292, 318, 363, 429, 445
Wood, Grant 54, 68f., 285
WPA (Works Progress Administration) 91, *92*, 93f., 101, 106, 110f., 114, 140, 144f., 151, 154, 156, 162, 164, 174, 176, 184, 192f., 195, 218, 228, 291, 329, 389f., 398
Zogbaum, Wilfrid 6, *158*, *250*, *259*, 287, 317, 363, 401

Lee Seldes

Das Vermächtnis Mark Rothkos

Aus dem Amerikanischen
von Marcus Mohr

528 Seiten,
Hardcover mit Schutzumschlag
12,5 x 20,5 cm

ISBN: 978-3-86601-710-8

Als Mark Rothko sich am 25. Februar 1970 das Leben nahm, war er längst ein international gefeierter Superstar der zeitgenössischen Kunst. Der zeitweilige Weggefährte von Robert Motherwell, Willem de Kooning, Barnett Newman, Jackson Pollock und anderen hatte bereits 1960 im MoMA eine große Retrospektive, seine Arbeiten waren gefragt und die Preise kletterten stetig nach oben. Wie Hyänen scharten sich der boomende Kunstmarkt und falsche Freunde um den zunehmend verzweifelten Künstler, der sein Werk einerseits behüten wollte und andererseits Ruhm für sich und Geld für die finanzielle Absicherung seiner Familie suchte.

Heute wissen wir, dass der kommerzielle Erfolg den Künstler in einen unauflösbaren Konflikt stürzte und Menschen, die ihm nahestanden, dazu brachte, zu Verbrechern zu werden. Denn was am Tag seines Todes beginnt, ist beispiellos: Korrumpierte Nachlassverwalter lassen zu, dass zahlreiche Gemälde außer Landes gebracht und unter Preis veräußert werden, Galerien organisieren Ringverkäufe und Insidergeschäfte, um die Preise hochzutreiben, und Museen der öffentlichen Hand beteiligen sich an Geldwäsche. Dem Treiben wird erst ein Ende gesetzt, als Rothkos minderjährige Tochter eine Klage gegen die Stiftung ihres Vaters einreicht.

Dino Heicker (Hg.)

**Francis Bacon
Ein Malerleben in Texten
und Interviews**

Lesebuch zum 100. Geburtstag

336 Seiten,
Hardcover mit Schutzumschlag
12,5 x 20,5 cm

ISBN: 978-3-86964-010-5

Bacons Werk inspirierte Intellektuelle, Schriftsteller, Kuratoren, Philosophen und Kunstwissenschaftler über Jahrzehnte zu Stellungnahmen, die zwischen Verstörung und Begeisterung schwanken. Sein Lebenswandel – von den Zeitgenossen als skandalös empfunden – sorgte ebenfalls für reichlich Stoff (es existieren mehrere Biografien und Filme über sein Leben). Und nicht selten wird Biografisches zur Ausdeutung seiner Gemälde herangezogen.

Dass Bacon auch ein sehr nachdenklicher Künstler war, belegen die von ihm gewährten Gespräche und Interviews; sie zählen zu dem Interessantesten, was aus Künstlersicht veröffentlicht wurde. Kritiker und Kuratoren der letzten sechzig Jahre haben nahezu jeden Aspekt seines Schaffens ausgeleuchtet und waren dabei stets den Moden ihrer Zeit unterworfen. Einblicke in Leben und Werk gewähren u. a. so unterschiedliche Autoren wie Gilles Deleuze, Marguerite Duras, Michel Leiris, Fritz J. Raddatz und David Sylvester.

In chronologischer Reihenfolge sortiert entsteht eine Rezeptionsgeschichte, die als Einführung in Bacons Werk dienen kann und gleichzeitig die unterschiedlichen Fragestellungen der Kunstwissenschaft über ein halbes Jahrhundert nachzeichnet.

Roswitha Mair

**Handwerk und Avantgarde
Das Leben der Künstlerin
Sophie Taeuber-Arp**

344 Seiten, mit ca. 60 s/w- und
16 farbigen Abbildungen,
Hardcover mit Schutzumschlag
12,5 x 20,5 cm

ISBN: 978-3-86964-047-1

Roswitha Mairs Biografie erschließt Leben und Werk einer der bedeutendsten Künstlerinnen des 20. Jahrhunderts. Sophie Taeuber-Arp (1889–1943), geboren in Davos, lernte Teppiche zu weben an der École des arts decoratifs in St. Gallen, studierte Ausdruckstanz bei Rudolf Laban und tanzte später mit Mary Wigman auf dem Monte Verità und bei den Dadaisten im Zürcher Cabaret Voltaire. Sie unterrichtete viele Jahre an einer Kunstgewerbeschule, entwarf Innendekorationen und betätigte sich als Architektin. Sie beschäftigte sich in ihrer Malerei auf vielfältige Weise mit der Komposition von Form und Farbe und gab eigene Zeitschriften heraus. Als Vertreterin der Konkreten Kunst bewegte sie sich still unter ihren Künstlerzeitgenossen (darunter so unterschiedliche Charaktere wie Hugo Ball, Emmy Hennings, Tristan Tzara, Claire und Yvan Goll, Max Ernst, Piet Mondrian, Theo van Doesburg, Kurt Schwitters, Hannah Hoech, Paul und Gala Éluard, Salvador Dalí, Robert und Sonja Delaunay, Joan Miró und Marcel Duchamp oder Max Bill) und war doch stets sehr präsent. Und sie lebte an der Seite eines anderen Künstlers, der ohne sie nicht konnte und wollte, Hans Arp. Mit dem Thema Nationalsozialismus setzt die Biografie außerdem einen wichtigen Schwerpunkt, der in anderen Publikationen über die Künstlerin fehlt.